「司法と福祉の連携」の展開と課題

刑事立法研究会 編

土井政和・正木祐史
水藤昌彦・森久智江
責任編集

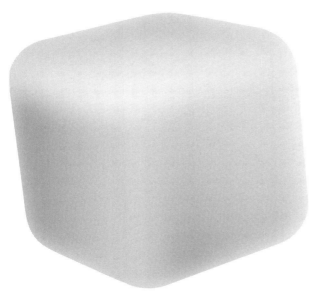

現代人文社

はしがき

　近年、「刑事司法と福祉の連携」についてさまざまな試みが行われている。刑事施設出所者のうち特に障害者や高齢者を福祉へとつなぐための地域生活定着支援センターの設置、刑事施設や更生保護施設さらには検察庁への社会福祉士の配置、執行猶予や起訴猶予の対象者に対する福祉的支援、出所者に対する就労支援などがこれである。

　政府の犯罪対策閣僚会議の策定した「犯罪に強い社会の実現のための行動計画」(2008)は、「犯罪者を生まない社会の構築」を重点課題の一つに掲げ、刑務所出所者等の地域生活定着支援の実施や就労先の確保等を政府全体で取り組む姿勢を示した。2008年6月に更生保護法が施行され、2009年には、厚労省と法務省の連携で各都道府県に刑事施設と地域社会福祉をつなぐ地域生活定着支援センターが設置されるとともに刑事施設や更生保護施設に社会福祉士が配置された。また、出所者就労支援事業者機構が新設されるなど、福祉との連携による刑事施設出所者の社会復帰支援も行われている。

　この刑事司法と福祉の連携の動きは、地域生活定着支援センターの活動が開始されて以降、刑事施設からの「出口支援」にとどまらず、刑事司法の前段階である捜査・公判段階における「入口支援」へと拡大している。長崎の福祉法人である南高愛隣会及び長崎県地域生活定着支援センターは、2010年に保護観察付執行猶予判決や起訴猶予の決定を受けた知的障害のある被疑者・被告人を福祉施設で受け入れ、障害特性に合わせた更生支援を開始した。また、2011年「検察の在り方検討会議」は、知的障害によってコミュニケーション能力に問題がある身柄拘束事件の被疑者について、取調の録音・録画の試行を提言し、その試行にあたっては心理・福祉関係者の立会いを求める等、さまざまな取組を試行すると表明した。さらに、2013年2月から、東京地検には社会福祉士が配置され、起訴猶予対象者を福祉へつなぐ業務が始まり、同年10月からは、検察庁と保護観察所との連携による更生緊急保護事前調整モデルが全国7か所で試行されることになった（翌2014年からは、新たに13庁が施行庁に指定された）。2015年度からは、全国の保護観察所において、「起訴猶予者に係る更生緊急保護の重点実施等の試行」が実施されている。

　近年の特徴として、「刑事司法と福祉との連携」については、「再犯防止」の観点からその必要性が強調され、政府をはじめ地方自治体等の行政機関、

福祉機関や民間団体、実務に携わる職員や研究者においても大きな関心が寄せられている。2012年には、犯罪対策閣僚会議において「再犯防止に向けた総合対策」が決定され、日本の刑事政策に初めて数値目標が盛り込まれた。2016年12月には、「再犯の防止等の推進に関する法律」が制定され、翌2017年12月には、この法に基づき、「再犯防止推進計画」が犯罪対策閣僚会議によって策定された。また、多機関連携も進んでいる。犯罪白書平成29年版「更生を支援する地域のネットワーク」によれば、2012年に南高愛隣会が設立した「福祉的支援協力事業所協議会」は、罪を犯した人をも受け入れ、支援を提供している長崎県内の福祉事業所、更生保護施設、自立準備ホーム、ホームレス支援団体、医療機関、社会福祉協議会等で構成されるが、2017年4月1日現在，同協議会に所属する福祉事業所は26法人・33施設まで拡大している。このように、関係機関のネットワークの構築・拡充が進み、同センターが地方公共団体の主導する福祉のネットワークにつながることで、より有効で、安定した、持続可能な福祉的支援が可能になったといわれている（犯罪白書平成29年版312頁）。

　このような刑事司法と福祉との連携の動きは、刑事施設出所後の出口支援から起訴猶予や執行猶予段階における入口支援へと拡大するにつれ、警察、検察、裁判所、刑務所、保護観察所など、刑事司法を担う諸機関と福祉機関との連携の在り方について新たな課題を提起している。

　それは、刑事司法の福祉化か、福祉の刑事司法化かという問題提起にも端的に表現される。すなわち、前者として、社会復帰支援策の充実強化が一層強く求められる中で、司法と福祉の連携は「入口支援」に拡大し、福祉的観点から、高齢・障害のある被疑者・被告人の刑事司法手続からの早期離脱を促進するのと合わせて、更生支援等を社会内で行う新たな枠組みが形成されようとしている。他方、後者については、福祉側から、更生支援を担っていくに際して、起訴猶予や執行猶予の対象者には再犯防止の見地から保護観察若しくは類似の監督的役割を刑事司法の側に求める主張もみられる。同時に、支援の委託を受けた福祉団体等には、保護観察の実施に際して、社会内処遇規則に基づき被支援者の行状に関して通報義務を課すことも可能となっている。このような運用は、福祉的支援を司法の強制力によって担保することになりかねず、本人の任意に基づく福祉本来の性格を、強制的で社会防衛的なものに変質させるおそれもある。

　他方、「刑事司法と福祉の連携」の試みが刑事司法全体に与える影響も看

過しえない。これらの試みが刑事司法にいかなる影響を与えようとしているのか、それを積極的に組み込むことによって刑事司法そのものを改革し再構成することができるのか。刑罰がウルティマ・ラティオ（最終手段）でなければならないとすれば、その実現のために刑事司法はどうあるべきか。実体法である刑法の再犯加重や執行猶予など刑罰規定の見直しや、執行裁判所の設置なども検討すべき課題である。また、入口支援においては、検察官の訴追裁量の幅とそれに伴う権限の拡大、検察中心司法への転換の可能性、無罪推定原則との衝突など刑事手続への深刻な影響も懸念される。これらについて、適正手続を保障しつつ、できる限り刑罰に依存しないで犯罪に対応する社会の実現へ向けての検討が必要であろう。

　このような課題を前提にすれば、ここ数年にわたる「刑事司法と福祉の連携」をめぐるさまざまな試行モデルの運用を刑事司法と福祉の両面から検証し、問題点を整理したうえで、望ましい解決策を明らかにすることが必要である。

　そのため本書では、そのような試行モデルの中から、地域生活定着支援センターに焦点を当て、全国48か所のうち28カ所について実態調査を行い、情報を整理するとともに、積極的試みや課題を明らかにした。また、比較法的研究を行い、諸外国の制度や運用をも調査した上で、刑事司法と福祉の連携をめぐる理論的検討を行うとともに、それぞれの場面で現れる問題を個別に検討している。

　上述のように、近年の動きの中で、「再犯防止」が、刑事司法と福祉の連携に関しても、統合的目的あるいは総合的標語として用いられるようになっている。しかしながら、「再犯防止」の概念は、本人支援と社会防衛の両者を内包しており、その用い方によっては、視点が本人支援から社会防衛へと容易に転換しうるものであって、保安処分の正当化根拠ともなりかねない。また、「刑事司法と福祉の連携」を学術的に分析検討する概念としても適切ではない。われわれは、これを意識し、監視と援助という分析枠組みを用いてきた。本書においても、この分析枠組みは維持されている。また、適正手続の保障や、さまざまな生きづらさを抱えた本人の生存権や幸福追求権など権利論からのアプローチを欠いてはならない。

　福祉が本人の任意性を前提としている以上、刑事司法が福祉へ介入できる範囲は自ずと限定され、また、福祉が「再犯防止」という刑事司法的視点を自ら取り込むことにも慎重でなければならない。しかし、このことは「刑事

司法と福祉の連携」を否定するものではない。問題は、刑事司法と福祉が相互に対等な立場を維持しつつ連携する具体的な在り方であって、本書は、この課題に対する解決の方向と制度設計に向けた、われわれの現段階での研究成果を示すものである。本研究に参加した刑事立法研究会社会内処遇班のメンバーは、以下の通りである。

　相澤育郎（立命館大学）、赤池一将（龍谷大学）、甘利航司（國學院大学）、石田侑矢（九州大学大学院博士後期課程）、井上宜裕（九州大学）、上田光明（同志社大学）、大貝葵（金沢大学）、大塚英理子（愛知教育大学）、金澤真理（大阪市立大学）、木下大生（武蔵野大学）、佐々木光明（神戸学院大学）、謝如媛（台湾国立政治大学）、高橋有紀（福島大学）、高平奇恵（東京経済大学）、武内謙治（九州大学）、田中祥之（一橋大学大学院博士後期課程）、崔鍾植（神戸学院大学）、土井政和（九州大学名誉教授）、中村悠人（東京経済大学）、西原有希（九州大学協力研究員）、野澤充（九州大学）、朴姫淑（旭川大学）、原田和明（中部学院大学）、渕野貴生（立命館大学）、本庄武（一橋大学）、前田忠弘（甲南大学）、正木祐史（静岡大学）、丸山泰弘（立正大学）、水藤昌彦（山口県立大学）、森久智江（立命館大学）、安田恵美（國學院大学）（50音順）

　本書は、日本学術振興会科学研究費による平成26～29年度基盤研究（A）（一般）課題研究「刑事司法と福祉の連携に関する試行モデルの検証と制度設計のための総合的研究」（課題番号JP26245008、研究代表者：土井政和）の研究成果の一つである。

2018年4月

土井政和

「司法と福祉の連携」の展開と課題　目次

はしがき　iii

第1部　総論

第1章　「刑事司法と福祉の連携」の権利論的構成
「再犯防止推進計画」の批判的検討を通して　土井政和——3

1. はじめに————3
2. 「再犯防止」の方針決定とその具体化————4
3. 「再犯防止推進計画」の内容————5
4. 「推進計画」の批判的検討————10
5. 福祉的支援の権利論的構成————13
6. むすび————20

第2章　対人援助ニーズを有する犯罪行為者への福祉による支援の理論的位置づけ　水藤昌彦——25

1. はじめに————25
2. 犯罪行為者への福祉支援の変遷————26
3. 一般福祉による支援の理論的基盤————31
4. 「司法と福祉の連携」論の問題点————35
5. 結びにかえて————39

第3章　刑事司法に関与した人のアセスメント／マネジメントのあり方
その人の「生きる」の支援のために　森久智江——47

1. はじめに————47
2. 日本の刑事司法制度におけるアセスメント／マネジメント————49
3. あるべきアセスメント／マネジメントのあり方————61
4. むすびにかえて————66

第4章　刑事司法における犯罪行為者処遇と社会復帰支援
受刑者の法的地位論、処遇モデル論および国際準則を中心に　相澤育郎——73

1. はじめに————73
2. 受刑者の法的地位論————74
3. 処遇モデル論————80
4. 国際準則————84
5. むすび————86

第5章 社会復帰支援と保護観察官　正木祐史 ― 95

1. はじめに ― 95
2. 「要綱試案」の内容 ― 96
3. 更生保護領域におけるケースワーク ― 98
4. 保護観察官およびSWの役割について ― 105
5. 結びに代えて――残された検討課題 ― 109

第6章 司法と福祉の連携による福祉の司法化のリスクファクターとその影響に関する検討　木下大生 ― 115

1. はじめに ― 115
2. 用語整理 ― 116
3. ソーシャルワークのパターナリズム ― 117
4. 日本の社会福祉士にみる司法化に向かう要素 ― 124
5. まとめにかえて――「福祉の司法化」回避のポイント ― 130

第7章 司法と福祉の連携におけるアカウンタビリティのあり方　本庄 武 ― 137

1. はじめに ― 137
2. アカウンタビリティの内容 ― 140
3. 司法から福祉へのアカウンタビリティ ― 142
4. 福祉機関の司法への関与形態とアカウンタビリティ ― 145
5. 福祉機関から地域社会へのアカウンタビリティ ― 149
6. 結びに代えて ― 152

第2部　各論

第8章 自由刑単一化論と処遇　中村悠人 ― 159

1. はじめに ― 159
2. 自由刑単一化論の整理 ― 161
3. 処遇概念の検討 ― 167
4. 施設内処遇と社会内処遇との連携 ― 172
5. おわりに ― 173

第9章 対人援助ニーズを有する者に関する刑罰制度の問題
刑事司法制度が社会復帰の困難を増幅しないために　金澤真理 ——181

1・はじめに ——181
2・対人援助ニーズを有する者への支援と刑事司法における取扱い ——182
3・累犯加重規定の問題点 ——185
4・累犯加重の政策上の問題点 ——187
5・再度の執行猶予の際の必要的保護観察の問題 ——188
6・結びにかえて——対象者の個別のニーズに焦点を合わせた対人援助 ——191

第10章 ダイバージョンの刑事訴訟法上の問題点　渕野貴生 ——199

1・ダイバージョンと刑事手続の基本原則との緊張関係 ——199
2・犯罪事実に関する供述の任意性への影響 ——201
3・捜査の肥大化・糾問化 ——203
4・解決の方向性 ——204
5・保護観察付起訴猶予の問題 ——208
6・福祉と司法の連携の在り方 ——210
7・結びに代えて—再び同意の任意性について ——212

第11章 対人援助ニーズを有する被疑者・被告人に対する弁護活動の在り方　高平奇恵 ——217

1・はじめに ——217
2・対人援助ニーズを有する被疑者・被告人の権利と適正手続 ——218
3・対人援助ニーズを有する被疑者・被告人に対する弁護活動の目的 ——220
4・対人援助ニーズを有する被疑者・被告人に対する弁護活動の近時の動向 ——222
5・弁護活動の活発化のための課題 ——224
6・弁護人と対人援助職の協働に関する課題 ——226
7・制度上の課題 ——230
8・結びに代えて ——232

第12章 対人援助職による刑事手続への関与のあり方　原田和明 ——235

1・はじめに ——235
2・対人援助のあり方 ——236
3・被疑者段階における対人援助職の関与 ——238
4・被告人段階における対人援助職の関与のあり方 ——242
5・受刑中における対人援助職の関与のあり方 ——245

- 6・少年事件における対人援助職支援のあり方　247
- 7・おわりに——更生保護における対人援助の関与のあり方　248

第13章　刑務所におけるソーシャルワークの制約と可能性
社会福祉士及び精神保健福祉士の経験から　朴 姫淑　251

- 1・「司法福祉」から司法と福祉との「連携」へ　251
- 2・研究方法　253
- 3・刑務所の社会福祉士等の現状　254
- 4・刑務所における福祉的支援の課題　258
- 5・刑務所で働く社会福祉士等の実践戦略　263
- 6・刑務所におけるソーシャルワークの可能性　265

第14章　立ち直りを支える居住・就労支援のあり方　高橋有紀　269

- 1・はじめに　269
- 2・更生保護における居住・就労支援の展開と現状　270
- 3・福祉における居住・就労支援——地域生活定着支援センター等の実践例を踏まえて　276
- 4・「犯罪をした者」に対する居住・就労支援のあり方　279
- 5・結びにかえて　282

第15章　高齢犯罪者に対する地域生活定着支援センターによる支援　安田恵美　285

- 1・はじめに　285
- 2・「高齢」犯罪者の特性　286
- 3・地域生活定着支援センターと高齢犯罪者　291
- 4・結びにかえて　296

第16章　薬物等依存症を抱える人に刑事司法は何ができるか　丸山泰弘　301

- 1・はじめに　301
- 2・近時の薬物事犯者を取り巻く環境　302
- 3・刑の一部の執行猶予制度　305
- 4・再犯防止推進計画の中間報告から　309
- 5・薬物依存症を抱える人への社会保障としての支援　311
- 6・おわりに——福祉が司法の下請けにならないために　316

第3部 各国の動向

第17章 ドイツにおける更生保護制度改革　武内謙治 ──── 323
1・はじめに ──── 323
2・再社会化法討議案の前提と背景 ──── 323
3・討議案の内容 ──── 328
4・むすびにかえて ──── 333

第18章 フランスにおける刑事強制および強制下釈放について　井上宜裕 ──── 337
1・刑事強制および強制下釈放の導入 ──── 337
2・刑事強制 ──── 338
3・強制下釈放 ──── 345
4・刑事強制および強制下釈放の帰趨 ──── 347

第19章 アメリカにおけるホームレス・コートの取組みについて
「援助」と「監視」の視角から　石田侑矢 ──── 355
1・はじめに ──── 355
2・一般福祉におけるホームレス対策 ──── 356
3・ホームレス生活者に対する権力的介入 ──── 358
4・ホームレス・コートについて ──── 362
5・わが国への示唆 ──── 366
6・むすびにかえて ──── 369

第20章 アメリカ合衆国における公判前ダイバージョンと手続的権利の保障　田中祥之 ──── 375
1・はじめに ──── 375
2・アメリカの公判前ダイバージョン制度と手続的権利の保障 ──── 377
3・終わりに ──── 387

第21章 オーストラリアにおける新しい刑事司法政策のアプローチ
Justice Reinvestment Approach　前田忠弘 ──── 393
1・はじめに ──── 393
2・オーストラリアにおける新しい刑事司法政策の価値 ──── 394

- 3・ビクトリア州の新しい刑事司法政策 399
- 4・西オーストラリア州の新しい刑事司法政策──Social Reinvestment WA 404
- 5・むすびにかえて 407

第22章 韓国の条件付起訴猶予　西原有希・崔 鍾植 411

- 1・はじめに 411
- 2・韓国の条件付起訴猶予制度の実情 412
- 3・日本への示唆 422
- 4・おわりに 424

第4部 地域生活定着支援センター調査結果

第23章 地域生活定着支援センター全国調査結果について
森久智江・水藤昌彦・木下大生・大塚英理子 433

- 1・調査概要 433
- 2・調査結果 434
- 3・その他 476

第24章 地域生活定着支援センターの課題と今後　森久智江 479

- 1・はじめに 479
- 2・定着と各機関との連携の課題 480
- 3・定着支援センターによる本人支援の課題 486
- 4・定着支援事業の制度的課題 491
- 5・定着支援センターという事業主体のあり方 494
- 6・むすびにかえて 498

執筆者一覧 501

第1部 総論

第1章
「刑事司法と福祉の連携」の権利論的構成
「再犯防止推進計画」の批判的検討を通して

土井 政和
九州大学名誉教授

1　はじめに

　「再犯防止」という言葉が社会的広がりをみせている。犯罪対策閣僚会議による一連の行動計画や戦略等の策定を経て、2016年には再犯の防止等の推進に関する法律（以下、「推進法」という。）が制定された。これに基づき、翌2017年には、政府により「再犯防止推進計画」（以下、「推進計画」という。）も策定され、これに合わせて地方自治体においても「地方再犯防止推進計画」が策定されつつある。また、法制審議会においては、法務大臣諮問103号（2017年2月9日）によって、「近時の犯罪情勢、再犯の防止の重要性等に鑑み、少年法における『少年』の年齢を18歳未満とすること並びに非行少年を含む犯罪者に対する処遇を一層充実させるための刑事の実体法及び手続法の整備の在り方」について意見が求められており、現在、少年法・刑事法（少年年齢・犯罪者処遇関係）部会で審議が行われている[1]。さらに、民間レベルにおいても、例えば日本社会福祉士会では、司法分野における社会福祉士の関与の在り方などの検討事業[2]や、推進法の制定を受けて全国研究集会なども行われている。地域の福祉機関や事業者等においても、再犯防止に対する関心が高まっている。しかし、それと同時に、再犯防止が福祉の役割とされることには福祉関係者や研究者から大きな戸惑いや疑念も表明されている[3]。

　このように、再犯防止は、今日では「総合的目的」あるいは「統合的標語」であるかのように用いられるようになっている。しかし、誰もが一見否定しがたいようにみえる再犯防止も、その理念や内容について明確な共通認識があるわけでもなく、その概念には曖昧さが伴う。すなわち、現在用いられて

いる再犯防止は、本人支援と社会防衛の両者を内包しており、その用い方によっては、視点が本人支援から社会防衛へと容易に転換しうるものである。再犯防止を目的にした福祉との連携は、福祉的支援を本人に事実上強制し、柔らかな保安処分とでもいうべき運用をもたらすおそれがあり、福祉の刑事司法化あるいは福祉を刑事司法の下請け機関化することにつながりかねない。今日主張されている「刑事司法と福祉の連携」は、このような問題点も考慮に入れて検討する必要がある。

そのためには、刑事法の基本原則を損なうことなく、また、福祉の目的である「本人の生活の質の向上」を尊重しつつ、さまざまな生きづらさを抱えた人の生存権や幸福追求権など本人の主体性を尊重した権利論からの検討が必要である。再犯防止は、そのような権利が実現され、自立的な生活が維持できるようになったことの反射的効果と捉えるべきである。

本稿は、このような問題意識に基づいて、推進計画についての検討を行うとともに、「刑事司法と福祉の連携」の権利論的構成について論じるものである。「刑事司法と福祉の連携」の在り方についての個別的な検討は、本書の他の論稿を参照していただきたい。

2 「再犯防止」の方針決定とその具体化

当時の犯罪認知件数の激増の中で、犯罪対策閣僚会議は、2003年に『犯罪に強い社会の実現のための行動計画』を策定し、「今、治安は危機的水準にある」として、治安悪化に対して積極的な対策を講ずる方針を示した。再犯防止が初めて閣議決定されたのは、2005年の『経済財政運営と構造改革に関する基本方針2005』(いわゆる「骨太の方針」) 別表1である。2008年の犯罪対策閣僚会議による『犯罪に強い社会の実現のための行動計画2008――「世界一安全な国、日本」の復活を目指して――』では、刑務所出所者等の再犯防止のための具体的施策が示され、これ以降、高齢・障害のある刑務所出所者等への福祉との連携による対応が本格化することになった。再犯防止が正面から打ち出されたのは、2012年の『再犯防止に向けた総合対策』(犯罪対策閣僚会議) である。ここでは、高齢又は障害のため、自立した生活を送ることが困難な者に対する「指導及び支援」を強化すること、特に地域生活定着促進事業の推進、そして再犯防止対策の数値目標も掲げられた。2013年には、2020年の東京オリンピック・パラリンピックの開催を控え、『「世界一安

全な日本」創造戦略』（閣議決定）が策定され、安全なサイバー空間の構築やテロ対策とともに、戦略構成の一つとして再犯防止対策の推進が挙げられた。「犯罪の繰り返しを食い止める再犯防止対策の推進」のために、行き場のない刑務所出所者等の住居の確保の推進等が掲げられている。2014年には、『宣言：犯罪に戻らない・戻さない～立ち直りをみんなで支える明るい社会へ～』（犯罪対策閣僚会議）において、「再犯防止につながる社会での居場所づくり」を掲げ、高齢者・障害者といった自立が困難な受刑者の割合が増えている現状を踏まえ、関係機関がシームレスに連携した医療・福祉的支援を更に強化することが必要だとしている。

　そして2016年には、再犯防止推進法が制定された。推進法は、政府に推進計画の策定を義務付けるとともに、国の推進計画に基づき、地方自治体も「地方再犯防止推進計画」を定めるよう求めている。また、法は、「再犯防止推進計画において定める事項」として、次の5つを定めている。

(1) 再犯の防止等に関する施策の推進に関する基本的な事項
(2) 再犯の防止等に向けた教育・職業訓練の充実に関する事項
(3) 犯罪をした者等の社会における職業・住居の確保、保健医療・福祉サービスの利用に係る支援に関する事項
(4) 矯正施設における収容・処遇、保護観察に関する体制の整備等に関する事項
(5) その他再犯の防止等に関する施策の推進に関する重要事項

　翌2017年には、犯罪対策閣僚会議において「再犯防止推進計画」が決定された。ここでは、「刑事司法関係機関がそれぞれ再犯防止という刑事政策上の目的を強く意識し、相互に連携して職務を遂行することはもとより、就労、教育、保健医療・福祉等関係機関や民間団体等とも密接に連携する必要があること」などが盛り込まれた。このような国の施策に基づき、地方自治体においても、次々に「地方再犯防止推進計画」が策定されている。

3　「再犯防止推進計画」の内容

　推進法第1条は、「再犯の防止等に関する施策を総合的かつ計画的に推進し、もって国民が犯罪による被害を受けることを防止し、安全で安心して暮らせる社会の実現に寄与することを目的とする。」と規定している。これに基づき、第3条で、4つの基本理念を掲げている。その基本理念にのっとり、国には、

「再犯の防止等に関する施策を総合的に策定し、及び実施する責務」が負わされている。推進計画は、その責務として策定されたものである。計画は、5つの基本方針と7つの重点課題を掲げている。

(1) 5つの基本方針
その概要を示せば、以下のとおりである。
① 犯罪をした者等が、孤立することなく、再び社会を構成する一員となることができるよう、関係行政機関が相互に緊密な連携をしつつ、地方公共団体・民間の団体その他の関係者との緊密な連携協力をも確保し、再犯の防止等に関する施策を総合的に推進すること。
② 犯罪をした者等が、その特性に応じ、刑事司法手続のあらゆる段階において、切れ目なく、再犯を防止するために必要な指導及び支援を受けられるようにすること。
③ 再犯の防止等に関する施策は、犯罪被害者等が存在することを十分に認識して行うとともに、犯罪をした者等が、犯罪の責任等を自覚し、犯罪被害者の心情等を理解し、自ら社会復帰のために努力することの重要性を踏まえて行うこと。
④ 再犯の防止等に関する施策は、犯罪及び非行の実態、効果検証及び調査研究の成果等を踏まえ、必要に応じて再犯の防止等に関する活動を行う民間の団体その他の関係者から意見聴取するなどして見直しを行い、社会情勢等に応じた効果的なものとすること。
⑤ 国民にとって再犯の防止等に関する施策は身近なものではないという現状を十分に認識し、更生の意欲を有する犯罪をした者等が、責任ある社会の構成員として受け入れられるよう、再犯の防止等に関する取組みを、分かりやすく効果的に広報するなどして、広く国民の関心と理解が得られるものとしていくこと。

ここで強調されているのは、①国が中心になって地方や民間も巻き込みながら、全社会的に再犯防止等に関する施策を総合的に推進することである。再犯防止等の施策を一気に社会全体に広げる方針が示されている。②「刑事手続のあらゆる段階」とは、例えば、刑務所出所者等に対する「出口支援」のみならず、被疑者・被告人に対する「入口支援」でも、再犯防止のための「指導及び支援」を受けられるようにするということである。現在、刑事手続のあらゆる段階で行われていることが、すべて再犯防止目的に包括される

ことになれば、刑事法の基本原則と間で深刻な緊張関係をもたらす可能性がある。③犯罪行為者の責任等の自覚、犯罪被害者の心情等の理解、自らの社会復帰のための努力が強調されているが、社会の側の問題を解決する観点は弱い。④再犯防止施策は、効果検証や調査研究の成果等を踏まえ、社会情勢等に応じた効果的なものにすることとされている。その効果が何を基準として測られるのか、もっぱら再犯率のみで測られたのでよいか、検討の余地があろう。⑤再犯防止についての国民への広報活動により、国民の関心と理解を得るようにすることが意図されている。それがもっぱら治安の維持すなわち社会防衛の観点から捉えられていないかどうか検討が必要であろう。

(2) 7つの重点課題

推進計画では、重点課題として以下の7つが挙げられている。
①就労・住居の確保等
②保健医療・福祉サービスの利用の促進等
③学校等と連携した修学支援の実施等
④犯罪をした者等の特性に応じた効果的な指導の実施等
⑤民間協力者の活動の促進等、広報・啓発活動の推進等
⑥地方公共団体との連携強化等
⑦関係機関の人的・物的体制の整備等

それぞれについて、現状認識と課題等が述べられたのち、具体的施策が挙げられている。その中には、資格制限の見直しなど本人支援に立って実施されれば一定の問題解決と社会復帰につながると思われるものもある（9頁）。他方で、これらの施策は再犯防止策として策定されていることから、本来ならば、本人の享受すべき権利として実現されるべきものも再犯防止策と構成されることによって、行政機関の裁量にゆだねられる可能性が大きくなるという問題もある。

次に、重点課題の中からいくつかについて検討しておこう。

(a)　「就労・住居の確保等のための取組」のうち、「就労の確保等」に係る具体的施策の1つである「就労した者の離職の防止」(12頁)として、「法務省及び厚生労働省は、矯正施設、保護観察所、更生保護施設、ハローワーク等において、就職した犯罪をした者等に対し、仕事や職場の人間関係の悩みなどを細かに把握し、適切な助言を行うなど、離職を防止するための支援の充

実を図る」ことにしている。しかし、刑罰内容としての刑務作業と刑務所における作業体制の抜本的改革を抜きに離職の防止に傾注することにどれほどの効果があるか疑問であるし、[11]矯正施設や保護観察所がいつまで関与することになるのかも明らかでない。福祉には期限はないが、権力的介入を伴う刑事司法には期限がある。さらに、主体は「法務省及び厚生労働省」であり、それぞれの介入の限界が曖昧になっている。そのことによって、司法による監視が継続されることも考えられる。

　また、「住居の確保等」の具体的施策として、「更生保護施設における受入れ・処遇機能の充実」が挙げられている（14頁）。「法務省は、社会福祉法人等といった更生保護法人以外の者による整備を含め、更生保護施設の整備及び受入れ定員の拡大を着実に推進する」としているが、社会福祉法人がどのような資格で関与するのか、社会福祉法人に業務委託するのか、更生保護施設として認可するのか、[12]それとも、その他の形態で関与するのか、明らかでない。社会福祉法人が保護観察所の下請け機関化することにならないか、注意が必要であろう。また、「地域社会における定住先の確保」のための「住居の提供者に対する継続的支援の実施」方法として、「保護観察対象者等についての必要な個人情報を提供する」ことにしている（14-15頁）。しかし、これもまた、対象者の動静について住居所有者の保護観察所への通報義務と結合される可能性がある。[13]これは、住居所有者個人を保護観察所の下請け機関化することにつながりかねない。

(b)　「高齢者又は障害のある者等への支援等」[14]に関しては、「福祉的支援が必要であるにもかかわらず、本人が希望しないなどの理由から特別調整の対象とならない場合があること、地方公共団体や社会福祉施設等の取組状況等に差があり、必要な協力が得られない場合があること、刑事司法手続の各段階を通じた高齢又は障害の状況の把握とそれを踏まえたきめ細かな支援を実施するための体制が不十分であることなどの課題がある」としている（16頁）。この現状認識に立って、「刑事司法関係機関におけるアセスメント機能等の強化」として、「少年鑑別所におけるアセスメント機能の充実」や「保護観察所における福祉サービス利用に向けた調査・調整機能の強化」を図るとしている。これは、更生緊急保護事前調整において試行されているが、後述する条件付起訴猶予における起訴前調査にも結び付けられる可能性がある。しかし、起訴前調査は、無罪推定原則等と衝突することになる。

ⓒ 「特性に応じた効果的な指導の実施等」について、「対象者の特性や処遇ニーズを的確に把握するためのアセスメント機能や、刑事司法関係機関や民間団体等における指導・支援の一貫性・継続性が不十分であるなどの課題があり、これらを強化するとともに、指導・支援の効果の検証を更に推進していく必要がある」として、「刑事司法関係機関におけるアセスメント機能の強化」や「関係機関等が保有する処遇に資する情報の適切な活用」について提案している（26頁）。しかし、そもそも本人のプライバシーに関する情報をどの範囲まで取得することが許されるのか、また、そのアセスメントをどのような視点で、誰のために、いかなる目的で行うのかが問われなければならない。もちろん、本人の立ち直りを支援するのであれば、同意は前提とされなければならない。しかし、そのような観点は推進計画の中にはない。「再犯防止のため」が、本人支援ではなく、社会防衛のためということになれば、そのアセスメントに基づく処遇は、義務付けられた強制的なものとなろう。特に、推進計画では、性犯罪者に対しては、「矯正施設収容中から出所後まで一貫性のある効果的な指導の実施を図る」、ストーカー加害者に対しては、「仮釈放の取消しの申出又は刑の執行猶予の言渡しの取消しの申出など……適切な措置を実施する」、暴力団関係者等に対しては、「暴力団離脱に向けた働き掛けの充実を図るとともに、離脱に係る情報を適切に共有する」など、指導、措置、働き掛けといった「指導等」が行われることになる（27-28頁）。こうして、再犯防止の観点から、アセスメントに基づき、処遇プログラムが「指導等」として義務付けられることになる。また、それがいつまで継続するのかも明らかでない。

ⓓ 「民間協力者の活動の促進等」の一つとして、「更生保護施設による再犯防止活動の促進等」が計画されている（32-33頁）。特に、「更生保護事業の在り方の見直し」は、更生保護施設に大きな影響を与えるであろう。「法務省は、更生保護施設が、一時的な居場所の提供だけではなく、犯罪をした者等の処遇の専門施設として、高齢者又は障害のある者、薬物依存症者に対する専門的支援や地域における刑務所出所者等の支援の中核的存在としての機能が求められるなど、……多様かつ高度な役割が求められるようになり、その活動は難しさを増していることを踏まえ、これまでの再犯防止に向けた取組の中で定められた目標の達成に向け、更生保護事業の在り方について検討を行い、

２年以内を目途に結論を出し、その結論に基づき所要の措置を講じる」としている（33頁）。この改革が実現すれば、更生保護施設は、設立当初とは性格が全く異なる施設となる。しかし、処遇専門施設の設置を検討するのであれば、このような「社会内刑事施設」ともいうる指導監督を強化した更生保護施設を構想するのではなく、社会復帰のためのニーズに基づき必要な福祉的サービスの提供が権利として保障される処遇施設であることが望ましい。

(e) 「地方公共団体との連携強化等のための取組」については、推進法によって、地方公共団体は、「その地方公共団体の地域の状況に応じた施策を策定し、実施する責務がある」ことや、地方再犯防止推進計画を「定めるように努めなければならないことが明記された」ことから、法務省は、「全ての地方公共団体に再犯の防止等を担当する部署を明確にするよう、必要な働き掛けを実施する」としている（36頁）。そして、「地域のネットワークにおける取組の支援」や、「地方公共団体が地方再犯防止推進計画や再犯防止に関する条例等、地域の実情に応じて再犯の防止等に関する施策を検討・実施するために必要な支援を実施する」としている（37頁）。このように、再犯防止に向けて、国、地方自治体、各種民間団体の連携の強化により、全社会的な社会防衛システム形成に向けての取組が計画されている。

以上、推進計画の内容について、主要な点を紹介し、評価を加えてきた。次に、それらを前提に推進計画の特徴を挙げて批判的検討を行うことにする。

4　「推進計画」の批判的検討

(1) 社会防衛の重視

推進計画は、再犯防止という目的に向けて、社会防衛の観点が色濃くにじみ出ているところに第一の特徴がある。推進計画は、再犯者率が上昇していることに鑑み、刑事司法関係機関による取組のみでは、内容や範囲に限界が生じているとして、「貧困や疾病、嗜癖、障害、厳しい生育環境、不十分な学歴など様々な生きづらさを抱える犯罪をした者等が地域社会で孤立しないための『息の長い』支援等刑事司法関係機関のみによる取組を越えた政府・地方公共団体・民間協力者が一丸となった取組を実施する必要性が指摘されるようになった。これを受け、最良の刑事政策としての最良の社会政策を実施すべく、これまでの刑事司法関係機関による取組を真摯に見直すことはも

とより、国、地方公共団体、再犯の防止等に関する活動を行う民間の団体その他の関係者が緊密に連携協力して総合的に施策を講じることが課題として認識されるようになった。」（2頁）と述べている。

　しかし、そのような「様々な生きづらさを抱える犯罪をした者等が地域社会で孤立しないための『息の長い』」取組を行うにあたって、彼らが主体として尊重され、生きる権利や幸福を追求する権利を保障されるという観点からの具体的提案になっていない。むしろ、本来享受しうる権利が再犯防止のための施策の中に解消され、再犯防止の反射的効果としての便益供与にすぎないものとして再編されているように思われる。例えば、就労や住居の確保は、憲法で保障された勤労の権利や生存権によって保障されるべきものであるが、権利論からの言及はない。

(2) 「再犯防止」のための指導・支援

　推進計画には、再犯防止のための「指導・支援」という言葉が頻繁に用いられている。

　上述のとおり、性犯罪者、ストーカー加害者、暴力団関係者等に対しては、指導、措置、働き掛けといった「指導等」が行われることになる。それぞれの性格は異なるが、本来的な立ち直り支援として行われるものであれば、いずれも本人の主体的な意欲が前提になるはずである。しかしながらここで言われているのは、再犯防止の観点からアセスメントを行い、「指導等」と呼ばれる処遇プログラムの義務付けであり、仮釈放の取消しの申出又は刑の執行猶予の言渡しの取消しであり、暴力団から離脱させるための働きかけである。こういった、再犯防止目的からの強制的な義務付けでは問題は解決しないと思われる。他方、高齢者または障害者に対しては、障害者手帳の交付や消除された住民票の回復など保健医療・福祉サービスの利用に向けた手続の円滑化をはかり、矯正施設在所中から必要な支援を実施するとしている。これは、重要な積極的提案で評価できるが、再犯防止目的というよりも権利として保障すべき事柄である。

(3) 高齢者又は障害のある者等への入口支援

　推進計画は、「高齢者又は障害のある者等への効果的な入口支援の実施」のために、「刑事司法関係機関の体制整備」と「刑事司法関係機関と保健医療・福祉関係機関等との連携の在り方の検討」を挙げている（18頁）。前者として、

検察庁において社会復帰支援を担当する検察事務官や社会福祉士の配置を充実させることや、保護観察所において福祉的支援や更生緊急保護を担当する保護観察官の配置を充実させることなどが挙げられている。後者として、刑事司法関係機関と保健医療・福祉関係機関等との連携の在り方についての検討を行い、2年以内を目途に結論を出し、その結論に基づき施策を実施することを挙げている。

起訴段階の入口支援については、起訴猶予と福祉の連携をめぐり、後述のように、意見が分かれるところである[17]。条件付起訴猶予など再犯防止目的による両者の連携は、検察官の訴追裁量の幅とそれに伴う権限の拡大、検察中心司法への転換の可能性、無罪推定原則との衝突など刑事手続への深刻な影響が懸念されることから妥当ではない。また、捜査機関への社会福祉士の配置については、権利擁護機能、専門性の担保、職能者としての自律性の観点から、社会福祉士の中からも批判が出ている[18]。

(4) 「再犯防止」に向けた全社会的・多機関連携

推進計画には、再犯防止に向けた取組の課題として、国、地方公共団体、民間協力者が緊密に連携協力することが表明されている[19]。刑事司法関係機関による取組のみでは再犯防止に限界が生じている中で、「政府・地方公共団体・民間協力者が一丸となった取組を実施する必要性が指摘されるようになった。これを受け、最良の刑事政策としての最良の社会政策を実施すべく、これまでの刑事司法関係機関による取組を真摯に見直すことはもとより、国、地方公共団体、再犯の防止等に関する活動を行う民間の団体その他の関係者が緊密に連携協力して総合的に施策を講じることが課題として認識されるようになった」（2頁）と述べている。

このように、再犯防止目的の全社会的な拡大は、再犯防止概念が不明確で、その理念や内容に共通の理解がない中では、本人支援から全社会的な監視体制の構築へとつながるおそれがあると言わねばならない。また、「関係機関の人的・物的体制の整備等のための取組」の「現状認識と課題等」では、刑事司法関係機関と保健医療・福祉関係機関等が並列され、あたかも保健医療・福祉関係機関等もまた再犯の防止等に関する施策を実施する機関であるかのような誤解を招く記述となっている（39頁）。さらに、「関係機関の職員に対する研修の充実等」では、「再犯の防止等に関する施策が、犯罪をした者等の円滑な社会復帰を促進するだけでなく、犯罪予防対策としても重要で

あ[る]」と、円滑な社会復帰と犯罪予防対策が並列されている。これは、更生保護法第1条が、法の目的として、再犯防止と改善更生とを並列的に規定しているのと同様である。しかし、このような並列的記述は妥当ではない。「再犯防止は、対象者との信頼関係を築く努力をし、彼らの生活再建のための援助を提供し、その自立的生活が構築された結果として実現されるものである。すなわち、できる限り非権力的援助を通じて対象者の更生を促進し、その反射的効果として再犯が防止されるという方向が追求されるべきである」[20]。推進計画では、本来再犯防止を直接の目的としていない文部科学省や厚生労働省のような機関までも、再犯防止対策の直接の担い手もしくは主体であるかのような誤解を与えかねない。

5　福祉的支援の権利論的構成

(1)　「刑事司法と福祉との連携」を再犯防止によって正当化することには問題が大きい。出口支援であれ、入口支援であれ、再犯防止で構成することによって、行為者の再犯の危険性に基づき、社会防衛の観点から監視統制の強化をもたらす可能性がある。それは福祉を社会秩序維持のための統制機関化することになりかねない。そうならないためには、「刑事司法と福祉の連携」を、再犯防止ではなく、本人の主体性を尊重した権利論の観点から構成する必要があろう[21]。

(2)　入口支援の段階における福祉的支援の必要性と理論的根拠
(a)　対象者の負因
　一般に受刑者にはその成育歴や犯罪行為に至る前に社会的負因を抱えた者が多いことが知られている[22]。とりわけ、最近「刑事司法と福祉の連携」の背景として注目を集めるようになってきた高齢者・障害者にその特徴をみることができる。彼らの多くは、犯罪行為をする以前から、貧困で社会的に孤立し、「多様で複雑な対人援助ニーズ」をもっていることが明らかにされている。「知的障害のある犯罪行為者の生活体験に目を向けると、精神疾患、ネグレクトや虐待による被害、教育や就労の機会の限定、対人関係、社会的孤立の問題があることが分かる[23]」。法務総合研究所が、2012年1月1日から同年9月30日までに処遇施設に入所した者のうち、知的障害受刑者548人（知的障害を有する者296人〔54.0％〕、知的障害の疑いのある者252人〔46.0％〕）を

対象に、生活環境・生活歴に関する事項（住居・家族状況、就労状況、教育歴、暴力団加入歴）について調査したところ、それ以外の受刑者と比較して、次のような特徴がみられた。住居の状況では、入所前に住所不定の者（調査対象受刑者27.2％＞それ以外の受刑者20.2％。以下、同様の比較で示す）が多い。家族状況では、未婚者の構成比（72.9％＞39.1％）が高く、結婚歴のない者が多い。教育歴では、「不就学・中学校未了」及び「中学校卒業」の構成比（72.3％＞41.8％）が高く、「高校在学・中退」及び「高校卒業以上」の構成比（27.7％＞58.2％）が低い。就労状況では、受刑前には無職（75.6％＞68.0％）であった者が4分の3を超えている。また、知的障害以外の疾病・障害のある者が53.5％と半数を超えていた。多い疾患では、統合失調症3.8％、アンフェタミンその他の精神作用物質による精神及び行動の障害3.3％、気分障害（うつ病）3.1％、アルコール使用（飲酒）による精神及び行動の障害2.7％、発達障害2.6％などである。身体疾患としては多い順に、高血圧症性疾患、てんかん、糖尿病、C型ウイルス肝炎などに罹患している[24]。これらの負因が複合的に重なって犯罪をした高齢者・障害者の中には、社会的な生きづらさを抱えている者が多い。

(b) 入口支援と「再犯防止」

　このような多様で複雑な対人援助ニーズをもつ人に対して、「被疑者・被告人」段階、いわば刑務所への「入口」の段階で刑事司法から福祉へ繋げる試みが広がっている。それは、一方は、検察庁を中心とした試みであり、他方は、弁護士（会）を中心とした試みである。しかし、入口支援が拡大するにつれて、福祉的支援のあり方についてその基本立場の違いも明確になってきている。検察庁を中心とした「福祉的支援」は再犯防止を目的としており、他方、弁護士（会）は再犯防止を目的とすることに警戒感を示し[25]、あるいは明確な批判を展開している。そのような中にあって、日本社会福祉士会は、「社会福祉士が連携モデルに関与する目的は、あくまでも被疑者・被告人の再犯防止に向けた福祉的支援である」としており、その立ち位置は明確ではない[27]。ここでは、まず、起訴段階における再犯防止の観点について検討する。

　起訴段階では、検察において、起訴猶予処分と同時に、これまで保護カードの支給を行ってきた。しかし、「検察官が起訴猶予として釈放する際に、保護観察所において更生保護を受けることが相当と判断して保護カードを交付し、保護観察所において、必要と判断した場合に、更生緊急保護として一

時保護、継続保護の援助を与える（更生保護法85条1項）以上の措置はあまり採られてこなかった」[28]。これは更生緊急保護の一つとしての方法であり、福祉につないでいく方法ではない。これに対し、近年始まった検察庁への社会福祉士の配置は、福祉への繋ぎの試みである。「不起訴の方針が見込まれる被疑者や、公判において執行猶予付きの判決が見込まれる被告人につき、高齢・障害等のため、社会復帰に何らかの困難が予想される場合」に、「検察官等から相談を受け、再犯防止のために有効な福祉、医療等の支援策を検討して事件担当検察官等にアドバイスをするほか、必要に応じて、社会福祉アドバイザーによる被疑者やその親族との面談や助言、支援室職員による福祉事務所や社会福祉に携わる事業者の事業所までの同行、精神障害等を持つ者の入院先の調整等も行っている」[29]。当初は、再犯防止とはいえ、知的障害や高齢等のため、自力では施設や福祉事務所等にたどり着けないおそれのある対象者については、職員がそれらの場所まで同行し、申請手続きの補助をするなどの支援をしていた。その点ではまだ本人支援の観点が強かったと思われる。しかし、更生緊急保護事前調整モデルの開始によって、検察庁の依頼により保護観察所が福祉との繋ぎの役割を負うようになり、検察庁配置の社会福祉士がそれに関与するようになると、再犯防止目的が前面に出されていく。

　研究者の中からも、刑事司法と福祉との連携を再犯防止の観点から再構成する見解も現れた。すなわち、福祉的支援を受けることを起訴猶予の条件とし、その条件違反に対しては再起するというものである。「条件付起訴猶予は、起訴猶予に際して本人の改善更生や再犯防止に必要な一定の遵守事項や履行事項を条件として付加する制度である。起訴猶予処分後の一定期間を猶予期間とし、被疑者が条件を遵守又は履行すれば当該被疑事実について起訴できないものとするが、条件に違反し、更生の支障を来すおそれがある場合、起訴猶予を取消して、被疑者を訴追することを認める」[30]。このような条件付起訴猶予制度の立法化を図るべきだとの立場から、起訴猶予の裁定前に被疑者に対し一定の働きかけを行う「事前型」と、起訴猶予裁定後に行う「事後型」に分けて分析したのち、前者は、「被疑者の地位がより不安定となり、条件の遵守や履行期間も余り長く取ることができない」ため、「起訴猶予処分後に条件の遵守や履行を求める」事後型の導入を検討すべきだとする[31]。

　このような条件付起訴猶予の提案に対しては、次のような問題が指摘されている[32]。①検察官が第三者による統制を受けることなく、訴追、判断、執行

の権限を持つことになり、糾問主義を排斥し、弾劾主義を採用した近代刑事訴訟法の原則に反する。②裁判所による有罪認定をされていない者に指導・監督という積極的処遇を行うことになり、無罪推定原則に反する。③再犯防止措置のための調査の必要性から捜査の過度の精密化をもたらし、プライバシー侵害を招く。④捜査の糾問化・長期化を招き、被疑者も長期間、脆弱かつ不安定な地位に置かれる。⑤犯した行為ではなく再犯の可能性ゆえに対象者を検察官の指導・監督下に置くことになり、一種の保安処分となりうる。

　このような再犯防止の観点から起訴猶予を積極的活用する提案については、「再犯防止に結びつけた起訴猶予を積極活用するというのではなく、起訴猶予の『微罪処分』化、捜査・取調べのスリム化、起訴前・起訴後の身体拘束の回避、起訴後の手続打切の活用などにより、起訴に伴う公判手続の負担を軽減する方向も追求すべきであろう[33]」との主張もある。これに加えて、本稿では、被疑者・被告人（とりわけ高齢者・障害者）に対する福祉的支援の権利論的構成について論じることとする。

(c)　入口支援の権利論的構成

　上述のように、犯罪行為をして刑事手続に関わる以前に、多様で複雑な対人援助ニーズをもっていれば、本来犯罪行為をする前に福祉のネットワークの中で何らかの支援を受けられたはずである。しかし、軽微な犯罪行為を繰り返していた高齢者・障害者の多くはそのような支援を受けることもなく、同じような犯罪行為を繰り返していた。しかし、犯罪行為により刑事司法に関与することになったとしても、本来受けられるはずの福祉的支援から排除されるわけではない。逮捕・勾留される者も、一定の行動の自由を制限されることはあっても、そのこと自体で福祉的支援を排除されてはならない。むしろ、「犯罪とは関係なしに、本来、本人が受けることができたはずの医療・福祉資源の活用と関係の回復を図ること[34]」が必要である。

　入口支援の段階においても、その福祉的支援の理論的根拠は、「憲法に保障された基本的人権についての一般的保障としての『人格的発展の保障』、セーフティネットから排除された犯罪や非行をした人についての『生存権の保障』、刑事手続に関わったことによる不利益を排除するための『刑事手続の弊害除去』という三点に求められると考える[35]」。

　福祉的支援は、個人の尊厳と基本的人権の保障（実体的保障）がまず前提とされるべきであり、そこでの支援は、本人の主体性の尊重と、支援者と本

人との信頼関係に基づくものとして、刑事手続の他の段階同様、適正手続に則って行われなければならない。実質的にも、本人の生活の質の向上が実現できるかどうかは、支援者と本人との間に協力・信頼関係が築けるかどうかにかかっており、本人の協力を得るための基礎は、本人がその人権や尊厳に対して適正な敬意をもって取り扱われることにあるからである。これが実現できなければ、本人は、自分に対して提供される支援の適切さについて確信を持つこともできないであろう。再犯防止は、本人との信頼関係を築く努力をし、彼らの生活再建のための支援を提供し、その自立的生活が構築された反射的効果として実現されるものである。このような観点に立って、刑事手続に関与することになる以前から抱えていた本人の生きづらさに対して、また、刑事手続に関与することになって増幅される生きづらさに対して、入口段階で支援を行うにあたっては、以下のような点に留意すべきである。

　第一に、福祉的支援は、再犯防止の手段ではなく、本人が尊厳を回復するための「権利」であって、本人の生活の質の向上を主眼として行われなければならない。

　第二に、福祉的支援が契約主義に基づいて提供される以上、本人の真意による同意が前提とされなければならない。生活保護、障害福祉、介護、医療など、様々な社会資源は、本人が「納得して」「主体的に」選び取ることができなければならず、それにより刑事手続に至る過程で損なわれた本人の尊厳と主体性を取り戻し、より良き人生の再出発を支援するものでなければならない。十分な説明にもかかわらず、本人があくまでも支援を拒否する場合は、支援を強制するべきではない。

　第三に、福祉的支援を提供する担い手は、独自の目的や倫理に従って活動するものであり、刑事司法の下請け的な環境調整をするものではない。従って、刑事司法機関から独立、対等な関係性が保障されなければならず、その下請け機関となってはならない。

　第四に、地域生活支援のために、福祉的支援の担い手として、社会福祉の諸機関や専門家NGO、篤志家等の団体、弁護士、市民との多機関連携（ネットワーク）の構築が必要である。特に、福祉的支援の方法および範囲が本人の生活状況によって方向づけられるがゆえに、支援者にはソーシャルワークの原則および方法に関して専門性の向上が図られなければならない。また、福祉機関がコーディネートしながら、本人の対人支援ニーズの解決のために福祉的支援を重層的に提供できるよう、『一貫した社会的援助』の観点に立

つ『市民に開かれた福祉的支援ネットワーク』が構築されなければならない。他方、このようなネットワークは犯罪予防目的による監視又はコントロールの手段として利用されてはならない。

　第五に、福祉的支援において、本人自身が真に必要な支援を受けられることを担保し、また、司法と福祉という異分野が連携する仕組みとして、司法及び福祉から本人へのアカウンタビリティ、司法から福祉へのアカウンタビリティ、福祉機関から地域社会へのアカウンタビリティ[39]が相補的に機能する制度的枠組みが必要である。アカウンタビリティの目的は、効率性や再犯防止の観点からこれを行うことにあるのではなく、本人の生活の質の向上に向けた適正な支援が提供されることを保障することである。

(3) 出口支援の段階における福祉的支援の理論的根拠

　筆者はかつて、受刑者及び被釈放者の「社会的援助を受ける権利」[40]の根拠について、自由刑の純化論と人間としての自己発達権という二つの根拠をあげた。これは福祉的支援の理論的根拠としても妥当する[41]。

　第一に、自由刑純化論によれば、国は自由刑執行に必然的に伴う弊害を除去する義務を負っており、それは施設内において始められねばならない。自由刑の純化を主張したフロイデンタールは、法治国家思想と自由刑純化論を基礎に、自由刑の機能に着目して、まず被釈放者が自由喪失以外の不利益を刑の終了後に受けている事実を指摘し、これを放置するのは裁判官によって言い渡された刑罰以上の刑罰を科すことであって許されない。従って、国家はこれを除去する義務があるとしたのである[42]。この主張は、ザイファートによって、被釈放者から受刑者への援助の問題へと発展させられた。ザイファートは、自由刑の弊害除去という観点から出発し、被釈放者に対する援助は、拘禁中に始めなければ遅きに失するという理由から、被釈放者に対する援助を施設内処遇へと貫徹させることによって、受刑者の釈放後の生活再建に協力することを国家に義務づけた[43]。それは、職業教育、健康管理、学科教育など施設内における処遇として遂行されるべきだとした。このように、自由刑の弊害除去の措置は、刑罰執行による威嚇的性格の緩和という消極的なものにとどまらず、受刑者の積極的な能力付与へと発展させられたのである。

　しかし、受刑者の拘禁以前の事情に基づく援助を根拠づけるには自由刑純化論のみでは不十分である。拘禁以前の負因は解決されることなく、拘禁中

及び釈放後まで継続しており、しかも拘禁による弊害がこれに加わるため、釈放後に背負うハンディキャップは個人的に解決できない重みをもつことになる。

そこで、第二に、受刑者の人間としての自己発達権から社会的援助を受ける権利が根拠づけられる。すなわち、国は、拘禁によって受刑者に対し人間としての自己発達の機会を阻害している以上、それを可能にする機会を刑務所内で保障する義務を負うこと、そして、受刑者に対して自己発達の機会を提供するプログラムを準備すべきだということである。これは、憲法13条で保障された国民の幸福追求権並びに25条の生存権および26条の教育を受ける権利によって根拠づけられよう。[44]

このように解すると、さまざまな理由から犯罪行為をするに至った受刑者の有する拘禁以前の個人的、社会的問題を解決・援助するための、そして、拘禁という特殊な生活環境の弊害を排除するための福祉的処遇プログラムを国家は用意し、受刑者は社会復帰処遇を受ける主体としてそれを選択的に享受する関係が認められることになる。これは、社会復帰の理念を放棄するものではなく、受刑者の同意を前提として、受刑者の社会復帰への援助を実効的なものにするプログラムを提供しようとするものである。施設側は、社会的援助を全く何も提供しないで拘禁確保のみを追求することは許されず、拘禁に伴う弊害除去のための施策、被収容者の問題解決や生活再建のための援助プログラムを用意する義務を負う。被収容者の側には、それらの中から社会復帰に必要な社会的援助を請求する権利が保障されるといえよう。[45]

かりに受刑者が社会的援助受ける権利を放棄した場合であっても、国は、施設生活によってもたらされる受刑者の人格的退行あるいは刑罰の持つ付随的影響を考慮し、受刑者の人間としての品位の尊重と、単なる物理的生存を超えた人間の基本的ニーズの充足をもたらす政策を実現しなければならない。[46] いいかえれば、自由刑の純化は、拘禁を確保するだけでは実現できないのであって、国は自由刑の弊害を除去する積極的な施策を行わねばならないのである。したがって、仮に受刑者が権利を放棄したとしても、施設は、受刑者の権利である以上強制にわたってはならないことはいうまでもないが、受刑者に援助を受けるよう助言、説得に努めることまでは義務づけられる。このように、受刑者の人格を矯正するというよりも釈放後の生活の再建をめざした援助的処遇は、受刑者の権利であるとともに、受刑者が拒否したとしても、それを受けるよう助言、説得を行わねばならない国の義務でもある。[47] その助

言・説得にもかかわらず社会的援助を受けることを拒否する受刑者には援助を強制することはできない。

このように考えてくると、今日行われている地域生活定着支援センターを中心に行われている特別調整は、再犯防止目的として行われるものではなく、多様で複雑な対人支援ニーズをもつ受刑者及び被釈放者の支援を受ける権利として構成することができよう。また、就労支援についても、再犯防止の手段としての就労支援という刑事政策的発想から脱却して、本人の生活全般に対する支援を受ける権利の一環として位置づけることができよう。

6　むすび

以上見てきたように、とりわけ近年においては、再犯防止が刑事司法の運用や制度改革の目的としてのみならず、刑事司法以外の福祉や教育を担う機関や民間支援団体等をも包摂した取組のスローガンとして用いられるようになっている。しかし、一見否定しがたいように思われる再犯防止という言葉も、その含意するところは、論者によって一様ではない。いつの間にか自分の意図したのとは異なる内容をもつものとして理解され、用いられるかもしれない。それが国家機関、自治体、職能集団、民間団体などで多数を占めるようになれば、その影響はとてつもなく大きなものとなる。「刑事司法と福祉の連携」について、その理論的根拠を再犯防止ではなく、本人の主体性を尊重した権利論として展開することが求められる。

1　ここでの論点・議論の問題点につき、本庄武＝武内謙治編著『刑罰制度改革の前に考えておくべきこと』（日本評論社、2017年）、「特集：年長少年を含む犯罪者処遇と刑事法」法律時報90巻4号（2018年）4-53頁等参照。
2　日本社会福祉士会「司法分野における社会福祉士の関与のあり方に関する連携スキーム検討事業報告書」(2015年) https://www.jacsw.or.jp/01_csw/07_josei/2014/files/shihobunya.pdf（最終閲覧日2018年4月11日）。
3　本書・水藤論文および木下論文参照。関連して、本書・原田論文および丸山論文も参照。
4　土井政和「刑事司法と福祉の連携をめぐる今日的課題」犯罪社会学研究39号（2014年）67頁参照。
5　「生きづらさ」の概念については、本書・水藤論文参照。
6　以上につき、土井政和「更生保護制度改革の動向と課題——有識者会議提言と更生保護法案を中心に」刑事立法研究会編『更生保護制度改革のゆくえ』（現代人文社、2007年。以下、『ゆくえ』）2頁、同「日本における非拘禁的措置と社会内処遇の課題

──「『福祉連携型』刑事司法のあり方」刑事立法研究会編『非拘禁的措置と社会内処遇の課題と展望』（現代人文社、2012年。以下、『非拘禁的措置』）8頁、刑事立法研究会社会内処遇班「更生保護基本法要綱試案」龍谷大学矯正・保護研究センター研究年報5号（2008年）112頁等参照。

7 水藤昌彦「障害者福祉と刑事司法の連携──障害のある犯罪行為者への地域生活支援の国際比較」社会保障研究2巻4号（2018年）530-531頁に一連の動きが要領よくまとめられている。

8 これについては、主として本書・渕野論文、高平論文、石田論文、田中論文を参照。また、特集「刑事手続と更生支援」法律時報89巻4号（2017年。以下、『法時特集』）所収の各論文参照。

9 渕野貴生「出所後の生活再建のための法制度試案──資格制度、前歴調査、社会保険制度の問題点とその克服に向けて」刑事立法研究会編・前掲注（6）『ゆくえ』104頁以下参照。

10 関連するものとして、本書・高橋論文参照。

11 土井政和「自由刑の純化と刑務作業」本庄＝武内編著・前掲注（1）25頁、浜井浩一「懲役刑の廃止と自由刑の一本化の課題」季刊刑事弁護90号（2017年）175頁参照。

12 更生保護事業法45条以下参照。

13 この問題に関連して、本書・本庄論文参照。

14 高齢者支援に係る問題点につき、本書・安田論文参照。

15 本書・森久（第3章）論文、本庄論文および相澤論文参照。

16 関連して、相澤育郎「更生保護施設の役割について」刑事立法研究会編・前掲注（6）『非拘禁的措置』236頁参照。

17 本書・渕野論文と引用文献を参照。

18 及川博文＝原田和明＝黒田和代＝宮澤進「法務省法制審議会で議論されている『捜査機関への社会福祉士配置案』に対し公益社団法人日本社会福祉士会として断固反対の立場を表明することの公開要望書」（2018年1月31日）http://goope.akamaized.net/27820/180131152037-5a716035057c0.pdf（最終閲覧日2018年4月11日）。

19 関連するものとして、藤井剛「更生保護の担い手と関係機関のネットワーク」刑事立法研究会編・前掲注（6）『ゆくえ』160頁参照。

20 刑事立法研究会社会内処遇班・前掲注（6）112頁。

21 入口支援及び出口支援をうけることを本人の権利とする最近の構想につき、本庄武「福祉的ニーズを有する犯罪者の社会復帰支援を巡る自立と保護」法の科学48号（2017年）参照。福祉的観点からする支援の理論的根拠については、本書・水藤論文参照。

22 土井政和「社会的援助としての行刑（序説）」法政研究51巻1号（1984年）70頁以下参照。

23 水藤・前掲注（7）528-529頁。

24 法務総合研究所「研究部報告52知的障害を有する犯罪者の実態と処遇」（2013年）34-42頁。

25 例えば、大阪弁護士会「大阪地方検察庁『再犯防止対策室』の設置についての会長声明」（2014年10月1日）は、再犯防止対策室の設置を歓迎しつつも、再犯防止目的の福祉的支援にならないように運用に留意すべきことを表明している。刑事弁護の役割は「再犯防止」ではないとするものとして、浦崎寛泰「刑事弁護と更生支援──福祉専門職と連携したケース・セオリーの構築」前掲注（8）『法時特集』33頁、池原毅

26 社団法人日本社会福祉士会「被疑者・被告人への福祉的支援に関する弁護士・社会福祉士の連携モデル推進事業報告書」（2014年）13頁。
27 これについて水藤は、次のように述べている。「福祉的支援の第一義的な目的は再犯防止ではなく、生活の質を向上させるための支援が犯罪原因への対処につながった結果、反射的効果として再犯が防止されるのである。社会福祉士が関係者とネットワークを構築しながら、この視点を共有していくことが必要とされている」。水藤昌彦「社会福祉士等による刑事司法への関わり——入口支援としての福祉的支援の現状と課題」前掲注（8）『法時特集』53頁。
28 市原久幸「東京地方検察庁における『入口支援』——検察から福祉へのアプローチ」罪と罰51巻1号（2014年）101頁。
29 市原・同前102頁。
30 太田達也「起訴猶予と再犯防止措置——積極的活用と条件付起訴猶予の導入に向けて」法律時報89巻4号（2017年）10頁。また、法制審議会少年法・刑事法（少年年齢・犯罪者処遇関係）部会においても、「起訴猶予等に伴う再犯防止措置の在り方」について議論が行われている。
31 太田・同前10-11頁。
32 日本弁護士連合会「検察官による『起訴猶予に伴う再犯防止措置』の法制化に反対する意見書」（2018年3月15日）。また、本書・渕野論文、土井・前掲注（4）、葛野尋之「検察官の訴追裁量権と再犯防止措置」前掲注（8）『法時特集』12頁以下参照。
33 葛野・同前17頁。
34 池原・前掲注（25）46頁。
35 われわれは、これまでの研究成果として「更生保護基本法要綱試案」を策定するに際し、更生保護制度の基本思想について述べたが、それは入口支援においても妥当しよう（刑事立法研究会社会内処遇班・前掲注（6）参照）。
36 浦崎・前掲注（25）39頁。
37 浦崎・前掲注（25）39頁。
38 土井・前掲注（6）「日本における非拘禁的措置と社会内処遇の展望」30頁。土井・前掲注（4）79頁。
39 アカウンタビリティについては、本書・本庄論文参照。
40 ここで述べている「社会的援助」という用語の概念は、今日的にいえば「福祉的支援」とほぼ同意義である。
41 土井・前掲注（22）92頁。
42 Freudenthal, B., Entlassenenfuersorge, eine Pflicht der Allgemeinheit, ZStW. Bd. 46, 1926 ; ders., Gefaengnisrecht und Recht der Fuersorgeerziehung, in: Enzyklopaedie der Rechtwissenshaft, Bd.5, 1914.
43 Seyfarth, H., Fuersorge fuer Gefangene und Entlassene, in: Bumke(hrsg.,), Deutsches Gefaengniswesen, 1928.
44 福田雅章「受刑者の法的地位と『要綱案』」ジュリスト712号（1980年）44頁。「外部の社会においては、人は、自分が一個の社会的責任を負い得る存在になれるように、様々の社会内の便益を利用して、自己啓発・教育を行うことができる。これはすべての人に保障された自然的な固有の権利である。……ところが受刑者は強制的に身柄を拘束されることによってこの自由の行使が妨げられるに至る。……国家が受刑者を強

制的に拘禁することによって、受刑者が人間として固有に保有する右のような自由権の行使を妨げる以上、国家はその行使を可能ならしめる機会を刑務所内で保障する義務を負うに至り、受刑者は自由権を実質化する文化的な生存権としてこれを享受する権利を有するものと言わなければならない」。

45 土井政和「刑事施設における社会的援助と市民参加」刑事立法研究会編『21世紀の刑事施設――グローバル・スタンダードと市民参加』（日本評論社、2003年）68-69頁。

46 Rotman, R., Do Criminal Offender have a Constitutional Right to Rehabilitation?, in: The Journal of Criminal Law and Criminology, Vol. 77, No.4 (1986), pp.1025-1028.
 2006年のヨーロッパ刑事施設規則は、106条の1において、「スキルトレーニングを含む制度的な教育プログラムは、責任のある、しかも、犯罪のない生活を送るという期待のみならず受刑者の全体的な教育レベルの引き上げという目的を持つものであって、受刑者に対する執行形成の重要な部分とならなければならない」を規定し、また、同条の2では、「すべての受刑者は、教育およびトレーニングのプログラムに参加するよう奨励されなければならない」と規定している。

47 土井政和「受刑者の権利保障」菊田幸一編著『社会の中の刑事司法』（日本評論社、2007年）及び土井政和「社会復帰のための処遇」菊田幸一＝海渡雄一編『刑務所改革』（日本評論社、2007年）参照。自由刑と処遇の関係については、本書・相澤論文及び中村論文も参照。刑事立法研究会の「改訂・刑事拘禁法要綱案（2002年改訂）」第81は、このことを「原則」として規定し、「①既決収容者は、収容の始めから、釈放後生じるであろう一身上または経済上の困難を克服し、生活関係を再建するために、社会的援助を請求することができる」と規定している。また、被収容者に対する個別的処遇計画の実施は、地域社会との連携を意識し、釈放後の自律的かつ遵法的な生活に向けて環境を整えるために、当初からソーシャルワーカーと保護観察官を参加させることにしている。刑事立法研究会編・前掲注（45）299頁参照。

（どい・まさかず）

第2章
対人援助ニーズを有する犯罪行為者への福祉による支援の理論的位置づけ

水藤 昌彦
山口県立大学

1　はじめに

　2000年代半ばから、「司法と福祉の連携」による対人援助ニーズを有する犯罪行為者への対応・支援が活発化してきている。両者の連携が開始される契機は、福祉による支援を従来から受けていた人が刑事司法機関と接触する場合よりも、福祉と関わりがそれまでなかった人が刑事司法機関と接触し、手続の過程において何らかの対人援助ニーズが顕在化したことによって、福祉による支援につながる場合が多い。

　犯罪をした人に対する福祉的支援は、少年司法や更生保護という刑事司法領域における福祉的機能の問題として議論され、実務が展開してきたという歴史がある。それに対して、近時の「司法と福祉の連携」の特徴は、高齢や障がい、疾患がある犯罪行為者を特に対象として、これまで犯罪行為者という属性を明確にした人への支援に関わることの少なかった、刑事司法制度の枠組みの外に存在する福祉機関と、刑事司法機関のあいだの連携が模索、推進されているという点にある。具体的には、高齢者・障がい者福祉領域の事業所が支援に関わるようになってきている。それらへの導入にあたっての連絡調整、支援に携わる者への支援などを実施することで、矯正施設からの釈放段階における司法と福祉の連携の中心的存在となってきたのが地域生活定着支援センター（以下、定着支援センターという）である。

　本稿では、このように比較的最近になって対人援助ニーズを有する犯罪行為者への支援に関わるようになった、刑事司法の枠組みの外に存在する福祉

機関を「一般福祉」という。一般福祉の従事者にとっては、犯罪行為をした人への支援は新しい活動領域であることから、福祉による支援がどのように理論的に位置づけられるのかは十分に議論されているとは言い難い。また、連携自体は一般福祉の実践において広く用いられている手法ではあるが、刑事司法機関を相手先とするものは新出の現象である。従来、典型的な連携の相手先は医療保健機関、学校などであるが、人の福利の向上を目指すという意味において、これらは一般福祉と共通する価値基盤に立っている。それに対して、刑事司法機関は社会の安全確保のための統制、治安維持の機能を担うことから、依拠する価値に本質的な違いがある。ところが、社会の安全確保自体は誰もが否定し難い「望ましいもの」であるがゆえに、ともすれば一般福祉が無自覚のうちに統制機能に追従する危険性がある。仮にそのような事態が生じれば、一般福祉は主体性を失い、連携という名のもとに刑事司法機関の下請けと化し、民間団体等が監視統制体制へ編入される可能性[1]、支援が社会防衛、犯罪対策としての処遇に転換する可能性があると指摘される[2]。

以上の問題意識に基づき、本稿では、一般福祉の視点から対人援助ニーズを有する犯罪行為者への支援を理論的に位置づけることを試みたうえで、「司法と福祉の連携」の在り方の問題について検討する。その際、2014年10月から2017年4月にかけて社会内処遇班が定着支援センターに対して実施したヒアリング調査（以下、ヒアリング調査という）の結果を適宜参照していく[3]。

なお、本稿で用いている社会福祉（福祉）、ソーシャルワーク、司法の語の意味について、説明を加えておく。まず、社会福祉には政策（ソーシャルポリシー）と援助技術（ソーシャルワーク）の2つの定点が存在するという説に依拠し、政策と援助技術の双方を含む概念としては社会福祉の語を、援助技術を指す概念としてはソーシャルワークという語を用いる[4]。以降、社会福祉は福祉とのみ記述する。また、司法は刑事司法機関を指す[5]。

2　犯罪行為者への福祉支援の変遷

(1) 司法機関による福祉的機能

戦前期においては、司法保護事業・更生保護事業は社会事業のなかに包含されていた[6]。19世紀後半から20世紀初頭にかけて、良民形成の目的のもとに、情熱的で先見的思想を持ち合わせた篤志家によって、国家による社会事業政策の貧困を補完する形で慈善事業が勃興した[7]。感化事業、監獄改良、教誨、

出獄人保護事業などに従事する篤志家は、往々にしてその他の社会事業にも並行して参画していた。この時期には、更生保護事業、司法保護事業は一般福祉とは未分化であり、犯罪行為者は一般福祉の領域における慈善事業の対象者とされていた。

戦後になっても少年司法や更生保護の領域においては、司法と福祉は不可分の関係にあった。司法による援助機能、つまり司法機関に所属する専門家による活動の福祉的機能をいかに考えるべきかという観点から理論の検討が進み、実践が蓄積されたからである。少年司法領域では、家庭裁判所調査官による実践を基礎として、司法業務の一環として構想された司法福祉の概念が1960年代に出現した。司法福祉モデルは、司法か福祉かを二者択一するものではなく、両者の高い次元での統一を目指したものであるとされる。また、更生保護の領域においては、保護観察はケアであるのかコントロールであるのか、つまり補導援護と指導監督の在り方をめぐる「ケア・コントロール論争」の歴史がある。これに加えて、保護観察にまつわるケースワークにおける権威、権力の問題、特に権威的機能と治療的機能の相克をどのように捉え、臨床的に解明するかを論ずる「有権的ケースワーク論」が展開された。

このように、少年司法における少年の要保護性への対処、保護観察における補導援護は福祉の価値や実践との親和性が高く、また、保護司をはじめとする民間協力者による活動は対象者の福祉的ニーズの充足を目指した援助的性質が強いものであった。従って、少年司法や更生保護においては、犯罪行為者への処遇と福祉は不可分の関係にあり、司法機関の果たす福祉的援助機能は強く意識され続けてきているといえる。

(2) 犯罪行為者と一般福祉

一般福祉に従事する者の側からみると、犯罪行為者は司法機関が処遇する対象であって、福祉による支援の対象者ではないと認識される時期が長く続いてきた。1951年に社会福祉の基本法である社会福祉事業法が成立した際、更生保護事業は社会福祉事業に含まれないと規定されたことによって、犯罪行為者に関わる福祉的活動は一般福祉から分離され、福祉と司法は分業化した。犯罪行為によって少年司法・刑事司法が関与した人は「非行少年・犯罪者」であるからあくまでも司法の対象者であって、一般福祉が支援する「クライエント」として日常的に接するものではなくなったのである。前述した司法福祉モデル、ケア・コントロール論争、有権的ケースワーク論について

の議論も少年司法、更生保護領域において主に展開されてきたものであり、一般福祉においては非行・犯罪行為をした人への福祉による支援の問題は強く意識されてはいなかった。[15]高齢者福祉や障がい者福祉の現場で犯罪行為歴のある人が支援される場合も、犯罪行為者という属性が明確にされるのは稀であった。また、犯罪をした人にとっては、一般福祉の利用が困難であったため、そもそも利用者として支援者の面前にめったに現れなかったからである。[16]

　一般福祉において犯罪行為者に対する支援者としての関わりの問題が注目されたのは、2003年に成立した心神喪失者等医療観察法に関連してであった。同法に精神保健福祉士の役割を位置づけることの是非、位置づけの在り方、法の目的と介入要件によるソーシャルワークへの影響などをめぐってさまざまな議論がなされた。[17]ただし、これらは主に精神保健福祉領域で起こったものであり、それ以外の福祉の領域にまで広がりをもつようなものではなかった。[18]

(3) 「司法と福祉の連携論」の出現と発展

　2000年代半ば以降、上述の状況に大きな変化が生じている。犯罪行為者のなかに対人援助ニーズのある人がかなりの数含まれていることが認識されるようになり、対応策として司法と一般福祉の連携が注目されるようになった。その結果、犯罪行為者という属性をもつ人を対象とした支援領域が一般福祉のなかに形成されるようになってきた。

　変化の契機は、高齢あるいは障がいがある受刑者が刑務所に多数収容されているという事実が受刑体験者によって紹介されたことにある。[19]また、矯正実務出身の研究者も当時の刑務所の過剰収容問題との関係で同時期に同様の問題を指摘していた。[20]対人援助ニーズを有する犯罪行為者に対する地域における支援の問題を明らかにするため、2006年から福祉関係者を中心として厚生労働科学研究が実施された。これによって障がいのある矯正施設被収容者の状況の一端が明らかにされ、地域における一般福祉による支援の不備が示された。[21]具体的には、対人援助ニーズがあるために福祉による支援を必要としていると思われる人が矯正施設には多数収容されているが、そのほとんどは支援を必要とする者として社会的に認知されておらず、[22]従って支援につながることもなく、刑務所入退所を繰り返していることが報告された。[23]

　この研究では具体的な支援体制の在り方についても提言され、2007年頃よ

り対人援助ニーズを有する矯正施設釈放者への福祉による支援が本格的に開始された。その具体的な内容は、①矯正施設への社会福祉士の配置、②保護観察所への担当官の配置、③各都道府県への定着支援センターの設置、④指定された更生保護施設への福祉スタッフの配置である。このうち、定着支援センターは地域生活定着促進事業（開始時の名称は地域生活定着支援事業）を実施するために新たに設けられた機関であり、現在に至るまで司法と福祉のあいだの連携の推進に大きな役割を果たしている[24]。地域生活定着促進事業では、高齢または障がいがあって釈放後の帰住先がなく、福祉による支援が必要だと思われる矯正施設被収容者を収容中の段階で発見して、本人の同意のもとに保護観察所が支援の相当性と必要性について判断したうえで、適当だと考えられる福祉サービスへの導入を定着支援センターが仲介している[25]。その結果、高齢あるいは障がいのある犯罪行為者が、その行為歴を明示して一般福祉を利用するようになった。

上記に加えて、更生保護領域における取組みとして出所者就労支援事業者機構がほぼ同時期に新設されたことにより、就労支援の分野でも犯罪行為者への支援がより強く意識されるようになってきている。

その後、2010年代に入り、被疑者・被告人段階にある人に対しても福祉による支援を模索する動きが活発化した。ここでも「司法と福祉の連携」が求められたため、一般福祉従事者が犯罪行為者の支援に関わる機会は更に増加してきている。被疑者・被告人段階では急速に多様な取組みが広がってきているが、主なものとして次の3つがある。

第1は検察による再犯防止・社会復帰支援である。主なものには、保護観察所との連携による更生緊急保護の重点実施、及び一部の地方検察庁における社会福祉士との連携がある。前者としては、勾留中の被疑者に対して起訴猶予処分の前から検察官による申し入れによって保護観察所が調査を行い、重点的な社会復帰支援が必要であると判断されれば、福祉サービスの調整等を行っている。後者は、起訴猶予処分や執行猶予付き判決等が見込まれる被疑者や被告人について、検察官からの相談に応じて社会福祉アドバイザーがサービス等に関する助言、関係機関との連絡調整をするものである[26]。これらに加えて、地域の関係機関との継続的な連絡・調整のための体制作りも行われている[27]。第2は一部の定着支援センターによる支援である。弁護士会、検察庁などからの依頼によって、福祉による支援を必要とすると考えられる被疑者・被告人に対して、定着支援センターの相談支援業務の仕組みを用いる

などして福祉サービスへの導入が図られている。ヒアリング調査によれば、①被疑者・被告人段階での支援を行うべきであると考え、現に行っているセンター、②被疑者・被告人段階での支援を行うべきであると考えるが、現状では取り組んでいないセンター、③定着は被疑者・被告人段階での支援を行うべきではないと考えるセンターが混在していることが明らかになっている。また、取り組んでいないセンターのなかにも、弁護士会との連携体制の構築など、何らかの対応策を模索しているところもあり、定着支援センターによる取組みには地域差が大きい。第3は弁護士と社会福祉士等の協働による更生支援である。障がい、高齢などの理由で福祉的な支援を必要とする被疑者・被告人に対して、その人の障がいや疾病などを踏まえて、同じ行為を繰り返さないで生活するために望ましいと思われる生活環境、周囲との関係、それらを形成・維持するために必要な支援内容を具体的に提案し、裁判所や検察官に提示する活動が行われている。なお、第3番目の類型の活動は、弁護士会と社会福祉士会、精神保健福祉士協会が組織として連携しているもの、弁護士と社会福祉士等が個人レベルで連携して個別事案に対応しているものの2つに大別される。

被疑者・被告人段階での支援は「入口支援」、矯正施設からの釈放段階での支援は「出口支援」といわれることが多い。入口支援、出口支援のいずれにおいても、司法に関与したことを契機として一般福祉への導入が図られており、これによって司法と福祉の連携が広く実践されるようになってきた。また、出口支援から入口支援へと発展をするなかで対象が拡大していく兆しがみられる。

更に、2016年12月には「再犯の防止等の推進に関する法律」（再犯防止推進法）が制定され、2017年12月に犯罪対策閣僚会議によって「再犯防止推進計画」が策定された。同法では「再犯防止に向けた教育・職業訓練の充実等」「社会における職業・住居の確保等」が基本的施策に含まれており、計画に挙げられた7つの重点分野と主な施策のなかに「保健医療・福祉サービスの利用の促進」として、刑事司法関係機関と保健医療関係機関の連携の強化が示されている。また、地方自治体に対しても再犯防止推進計画を策定する努力が求められていることから、従来の国レベルでの施策に加えて、今後はより市民生活に密着した地方自治体レベルでも犯罪をした者等への支援・対応が推進されていくと考えられる。従って、司法と福祉の連携はこれからも促進されていく傾向にあるといえるだろう。

3　一般福祉による支援の理論的基盤

(1)　特殊な支援対象者観とその変化

　ここまで確認してきたように、犯罪行為をしたという属性を明示した者は一般福祉にとっては近年になって「発見された」支援の対象であった。それでは、この新たに登場した対象者を支援者はどのように捉えたのだろうか。本書のテーマである定着支援センターを題材として検討してみると、刑務所に多数の障がい者や高齢者が収容されているという問題が注目された当初は、犯罪行為をしたという属性を明示した者を特殊な対象者として捉えていたが、実際に支援が開始され、関わりの経験が蓄積するとともに特殊視を否定する捉え方へと変わってきている。つまり、具体的な支援の開始前後で対象者像が変化してきたといえる。

　前述の厚生労働科学研究の実施前、つまり対人援助ニーズを有する犯罪行為者の実態についての詳細が不明な時期には、特殊な対象者観が強く存在していたと考えられる。その根拠は、「契約になじまない人への支援」への検討がこの研究班の前身であったという点にある。[34]2000年の社会福祉事業法を中心とした法改正によって、福祉サービスの提供根拠が措置から契約に転換された。従前の措置制度では、措置権者である行政がサービス利用についての決定を行政処分として行い、それにもとづいて福祉事業者がサービスを提供し、発生する費用は行政が利用者から徴収していた。[35]そこに契約制度が新たに導入された。利用者と福祉事業者が直接契約を締結し、サービスの提供と利用料の支払いが行われるようになった。これによって、利用者は福祉事業者を選択することができ、福祉事業者はサービス提供の責任を利用者に対して直接負うという形が成立した。措置制度のもとでは利用者に選択権や異議申立権がほとんどなく、福祉事業者がサービスの質を向上させるインセンティブが弱い側面があったので、措置から契約への転換は福祉制度の改善に寄与するものとして肯定的に評価されている。ただし、他者からみれば支援の必要性が認められるが、本人が必要性を認識しない、支援を希望する旨を表出できないなど、一定の状況下にある人には契約制度はなじみにくいので、従来の措置制度を完全に廃止することは適当ではないと考えられ、どのような場合に措置制度を用いるべきかが問題だとされた。[36]

　厚生労働科学研究の結果は、定着支援センターをはじめとする各種支援体

制の整備につながっていることから、影響力の大きい調査研究活動であったといえる。その関係者が、犯罪行為をしたという属性をもつ者への支援を契約になじまないという文脈から検討したということは、一般福祉が関与するにあたって、本人の意思に基づく契約ではなく、行政機関による措置を必要とすることになる可能性のある対象として当事者を捉えていたからであろう。つまり、契約による福祉サービス提供がより望ましいとされていた一般的な利用者とは異なり、場合によっては本人の意思によらない支援が必要とされるかもしれないと、この段階では認識されていたと思われる。

　このような特殊な対象者観は、支援の開始や拡大とともに変化してきており、本人の支援ニーズがより着目されるようになっている。2011年に実施された矯正施設から釈放された障がい者の支援に関わる一般福祉関係者へのインタビュー調査によれば、「支援の本質は対象者が犯罪をしたかどうかによって変わるものではなく、支援方法は基本的に同じである」との回答が共通していた。[37]また、支援者向けのガイドブックでは、支援対象者にかかわるにあたっての基本姿勢として「罪を犯した人ではなく、支援が必要な人という視点」が重要であることが強調されている。[38]同様の対象者観の変化は、今回のヒアリング調査でも職員個人のレベルでの認識の変容として確認されており、業務に携わるようになった後に犯罪行為歴に起因する特殊な対象者観が消失したと定着支援センター職員の多くが回答している。[39]

　実際に支援が開始され、日常的な関わりが進むなかで支援対象者の困難な生活経験、犯罪の背景事情が明らかになり、支援者がそれらを理解することによって、支援対象者観に変化が生じたと考えられる。具体的には、犯罪をした人という属性ではなく、支援を必要としている、対人援助ニーズを有する人という属性の方が注目されるようになってきたのである。また、実態が知られることによって、自らがこれまで認識してこなかった救済対象が発見されたという捉え方もされるようになった。[40]

(2) 社会的孤立と「生きづらさ」への着目

　対人援助ニーズを有する犯罪行為者との関わりと支援にあたって、支援者が着目したのが社会的孤立と「生きづらさ」の問題であった。「『意味のある』ソーシャルサポートの欠如した状態」である[41]社会的孤立は、ソーシャルサポートネットワークを喪失させ、それが生活上のさまざまな困難につながる[42]とされることから、社会的孤立と「生きづらさ」の両者は密接に関連してい

る。

　国内外の先行研究を参照すると、犯罪行為者は社会的に孤立していることが多く、環境や生活で不利な状況を経験していることが示されている。例えば、海外における調査によれば、元受刑者による再犯には、①教育、②雇用、③薬物とアルコールの乱用、④精神と身体の健康、⑤態度と自己制御、⑥施設化（institutionalisation）と生活スキル、⑦住居、⑧経済状態と負債、⑨家族の9つの要因が関わっているとされるが、これらの要因は社会的孤立と深く関係しており、本人を取り巻く環境や生活経験にまつわるものが多く含まれている。障がいがある犯罪行為者の場合も、こうした状況は同様であるか、あるいはより顕著である。日本における実証研究でも、知的障がいのある受刑者は、そうでない受刑者に比較して、より不利な生活を経験しており、社会的にも孤立していることが報告されている。

　社会的孤立と並んで、支援対象者の困難な生活経験が犯罪の背景事情として支援者によって注目された。典型的には、貧困、不安定な家族関係、虐待、いじめ、搾取などによる被害体験、これらに起因する強い不安感や学習性無力感などの心理的影響、他者との意思疎通及び自己の感情や要求の表出の難しさなどである。日本ではこれらを指して「生きづらさ（生きにくさ）」という概念が使われている。地域生活定着促進事業が開始される前から、知的障がいなどのある犯罪行為者の支援に長年にわたって積極的に携わってきた石川恒は、支援対象者は「生きにくさを抱えた人」であって、矯正施設に収容されたか否かは問題ではなく、孤立しているか否か、居場所があるか否かが問題であると指摘している。そして、このように考えることによって、「問題を起こす困った人」から「生きにくさを抱えた人」へと支援対象者の見方が変わってきたと述べている。国内の別な支援従事者からも、生活困窮の背景要因として貧困や虐待、教育の欠如、精神疾患や障がい、社会的孤立があり、生活困窮が矯正施設への収容と深く関係しているという指摘がある。このような見方は定着支援センター職員にも共有されており、ヒアリング調査では、支援対象者の自己理解、生活が安定した後に生じる問題の顕在化、犯罪行為の背景要因との関係で「生きづらさ」の問題が言及されていた。

　「生きづらさ」が支援にあたっての根拠となることは、福祉における「vulnerability（傷つきやすさ、脆弱性）」概念によって説明できるであろう。様々な事情によって精神的、身体的、経済的な自立が困難な状況にあることがvulnerabilityであり、福祉ないし社会福祉は社会的に傷つきやすい人びと

に対する援助を意味している。前述の生きづらさ、生きにくさとは、精神的、身体的、経済的な自立を困難にする様々な事情を換言したものであることから、支援対象者はvulnerabilityをもつ人であり、従って福祉による援助が必要とされるのである。

(3) 「生活モデル」と「ソーシャルサポート」に基づく支援

　社会的孤立や生きづらさに着目する支援の理論的基盤となるのは、ソーシャルワークにおける「生活モデル」と「ソーシャルサポート」である。生活モデルは、生態学（エコロジー）の概念をもとに、人と、その人を取り巻く環境との相互作用に着目し、支援者は両者の接点に介入する。「クライエントをめぐる環境に焦点を当てた実践に関する考え方」をエコロジカル視点といい、人と環境が相互作用しているシステム及び人とシステム間の相互作用を含む諸システム全体がエコシステムである。エコロジカル視点にもとづく、エコシステムに焦点を当てた働きかけは、福祉援助技術の体系であるソーシャルワークの基礎をなしており、対象者を理解し、支援方法を検討する際の枠組として広く受け入れられている。生活モデルを用いた支援は「生活支援活動」であり、生活者としての本人を主体として、本人の自己決定により、本人が経験する生活のしづらさに対処する。また、支援者は当事者とともに歩む支え手として、本人の主体性を促す関わりを通じて、環境・生活を整えることに重点を置く。

　対人援助ニーズを有する犯罪行為者の社会的孤立や生きづらさに着目する支援では、支援者が支援対象者と関係性を築いて本人を理解するように努め、生活のなかで生じる困難について、関係性のなかで丁寧にひとつひとつ本人の納得を得ながら解決していくことを目指す。この過程は、上述の生活モデルにおける生活支援活動との類似性が極めて高い、社会的に孤立した状態を改善しようとする活動である。

　先述したように「『意味のある』ソーシャルサポートの欠如した状態」が社会的孤立であり、それが生活上のさまざまな困難、換言すれば更なる生きづらさにつながることから、これを改善することを目指す一般福祉による支援はソーシャルサポートとして理論的に説明できる。ソーシャルサポートとは、人間関係を通じて受けるさまざまな支援のことであり、ストレス状態を経験している人が問題を解決したり、適応したりするために重要であるとされる。対人支援ニーズを有する犯罪行為者の生きづらさは、ここでいうスト

レス状態にあたる。ソーシャルサポートには、道具的サポートと情緒的サポートがある。前者は何らかのストレスに対処するために必要な資源を提供したり、そのような資源を利用できるような情報を提供したりするような働きかけをいい、後者はストレスによって傷ついた人が自発的に問題解決できるように自尊心の回復や情緒の安定に資するように働きかけることをいう[56]。これらの概念を用いて一般福祉による支援を説明すれば、衣食住の確保、日中活動の選択、経済的基盤の確立などに向けた支援をすることなどは道具的サポートであり、学習性無力感や不安感への対処、他者との意思疎通、自己の感情や要求の表出を容易にするための支援をすることなどは情緒的サポートといえる[57]。

ソーシャルサポートに着目した支援を行ううえでは、道具的サポートと情緒的サポートのいずれにおいても支援者が支援対象者とのあいだに支持的でエンパワメントに配慮した人間関係を構築し、維持することが必須となる[58]。定着支援センターよる支援において、支援対象者との「関係づくり」の重要性が強調され、関係形成が正確なアセスメントにもつながるという指摘がある[59]。また、ヒアリング調査の結果をみると、定着支援センター職員による支援が道具的・情緒的サポートにあたり、なかでも関係性の形成が重視されていることが示されている。例えば、支援対象者本人の社会生活に対する意識や本人自身に対する認識の変化を感じることがあるかどうか、問題行動に至る具体的な危険性を感じることがあるかどうかといういずれの問いに対しても、本人と周囲の人間との関係性が挙げられている[60]。このことは、ソーシャルサポートの観点から支援を捉えれば当然の帰結であるといえるだろう。

4 「司法と福祉の連携」論の問題点

(1) 一般福祉からみた連携における目的の在り方

一般福祉領域では、連携の必要性が繰り返し指摘されている。連携の相手先は、医療、保健、教育、心理などの分野の専門職、雇用主としての民間企業、家族など多岐にわたるが、そのなかで司法はごく新しい存在である。そこで、一般福祉における連携の概念を確認したうえで、前節において確認した、社会的孤立や生きづらさに着目し、「生活モデル」と「ソーシャルサポート」に理論的基盤を置く一般福祉からみて、司法との連携における目的の在り方を検討する。

保健医療福祉領域における連携の概念についての先行研究レビューを実施した吉池と栄は、それら既出の概念を比較検討したうえで、連携とは「共有化された目的を持つ複数の人々及び機関（非専門職も含む）が、単独では解決できない課題に対して、主体的に協力関係を構築して、目標達成に向けて取り組む相互関係の過程」であると定義している[61]。そして、連携の構成要素には、①目的の一致、②複数の主体と役割、③役割と責任の相互確認、④情報の共有、⑤連続的な協力関係過程、の5つがあり、連携の過程は、①単独の主体では解決できない課題の確認、②課題を共有し得る他者の確認、③協力の打診、④目的の確認と目的の一致、⑤役割と責任の確認、⑥情報の共有、⑦連続的な協力関係の展開、の7段階から成るとする[62]。

　上記の概念、構成要素、過程の整理によれば、一般福祉では、連携にあたって目的の一致が不可欠だと考えられていることが分かる。それでは、「司法と福祉の連携」において、両者が一致する目的は何であろうか。犯罪の抑止を目的とする刑事政策としては、司法からみた連携の第一義的な目的は犯罪対策としての再犯防止にある[63]。一方、一般的に福祉の目的は、「人びとの自立生活と自己実現を支援し、社会参加を促進するとともに、社会の統合力を高め、その維持発展に資すること」とされる[64]。これまでみてきたように、対人援助ニーズを有する犯罪行為者に対する一般福祉による支援の本質は、対象者の社会的孤立や生きづらさを解消することにあり、そのために生活モデルに基づいたソーシャルサポートの構築、再構築が行われている。従って、再犯防止自体は直接の目的たり得ない。

　それでは、司法と連携するための一般福祉による目的設定の在り方とはどのようなものか。社会的孤立、生きづらさと犯罪行為の関係に着目すると、それらを改善することで前述の「自立生活と自己実現を支援し、社会参加を促進する」ことを目的として置き、犯罪行為の再発の防止はその反射的効果として捉えるのが適切であると考えられる[65]。

　さまざまな理由によって生活していくうえで困難な状況に直面すると、人は誰しもが自分なりにその状況に対処しようとする。その際、障がいなどによる個人の資質への制約、社会的孤立によるソーシャルサポートネットワークの不在あるいは喪失などの理由によって、一定の人びとにとっては特に対処が難しくなる場合がある。それでも自分なりに困難な状況に対処しようとすることが犯罪とされる行為の誘発につながり、刑事司法機関との接触の結果、「犯罪をした者」としてラベリングされ、強固な「犯罪者イメージ」が

付与される。刑事司法機関、特に捜査機関との接触自体は、生活における困難な状況に対処するために必要とされる個人的資質を向上させる機会にはならず、また、強固な「犯罪者イメージ」が社会からの排除を更に進めることになる。こうした状況にある人びとは、従来から先述の生きづらさを抱えている場合が多いが、上記の過程は生きづらさを増すことにつながる。犯罪の背景要因として社会的孤立や生きづらさを捉えると、それらを改善するための支援が、結果的に犯罪をしない生活に至る可能性を高めることになるだろう。

このような考え方をとれば、一般福祉による支援の目的は対象者の社会的孤立や生きづらさの解消などの支援ニーズへの対応に純化される。刑事司法機関との接触を契機として、さまざまな対人援助ニーズを有する人の存在が顕在化することから、一般福祉にとって司法との連携を正当化する根拠は潜在的支援対象者の発見に求められる。

(2) 誰のための再犯防止なのか

連携にあたっての目的設定に関連して、再犯防止という語の意味、特に、誰のための再犯の防止なのかという問題がある。上述したように、一般福祉による支援は再犯防止のために支援対象者を管理統制する手段ではない。一方で、支援対象者がどうすれば犯罪をしない生活を実現できるかを支援者は本人とともに模索している。なぜなら、「生活支障としての犯罪」という考え方によれば、犯罪をすることが支援対象者本人の生活にとっての支障であると捉えられるので、社会生活を送るための必要性という観点から、犯罪は福祉による改善・解決を要する生活ニーズとなるからである[66]。犯罪行為の再発によって支援対象者が刑事司法機関と接触すれば、往々にして拘禁によって再び社会生活から切断、隔離されることになり、犯罪行為者としてのラベリングが更に強固なものとなる[67]。従って、支援を通じて改善を目指していた社会的孤立は深化し、本人の生きづらさが強化されることにつながってしまう。これは、本人の社会生活にとって著しい不利益である。そのため、このような状態を避けるために犯罪をしない生活の実現を目指すことになる。これは、「本人への更なる負因賦課を回避するための再発防止」という立場である。

これに対して、社会の構成員に更なる被害が生じることを避けるため、つまり「社会防衛のための再犯防止」を目指す立場がある。犯罪者予防更生法

と執行猶予者保護観察法が統合され、更生保護法が成立した際、目的規定として再犯防止が新たに加えられたことをはじめとして、再犯防止推進法の目的規定、政府の犯罪対策閣僚会議による一連の犯罪対策にみられるように、近時の刑事政策では社会防衛としての再犯防止が強調されている。特に、犯罪対策閣僚会議によって策定された犯罪対策計画をみると、高齢・障がいのある累犯者が再犯防止対策の主要な対象のひとつとして挙げられ、その対応のために福祉との連携の推進が目指されている。

「本人への更なる負因賦課を回避するための再発防止」と「社会防衛のための再犯防止」のいずれの立場も、犯罪とされる行為の再発を防ごうとする指向性は共通するが、実現しようとする価値には大きな相違が存在している。前者は個人の幸福、福利の向上であり、後者は社会の安全、治安の維持である。表は、両者の比較を整理したものである。

連携にあたっては、一般福祉と司法の双方が「本人への更なる負因賦課を回避するための再発防止」と「社会防衛のための再犯防止」の違いを自覚する必要がある。これらを区別することなく、司法と一般福祉のあいだに「再

表 「本人への更なる負因賦課を回避するための再発防止」と「社会防衛のための再犯防止」の比較

	本人への更なる負因賦課を回避するための再発防止	社会防衛のための再犯防止
準拠する価値	個人の幸福、福利の向上	社会の安全、治安の維持
犯罪行為の捉え方	ライフイベントのひとつ	社会として対処すべき事案
焦点化するポイント	本人の長所・つよみに着目したソーシャルサポート	本人が及ぼすリスクの同定と対処
対応の方法	ニーズの充足	不利益処分の賦課
対応の前提	自律による自己決定	他律による強制
期間についての考え方	本人が望めば無期限となり得る	不利益処分であるので有期限でなければならない

（筆者作成）

犯防止」を目指すという共通理解が得られたと捉えてしまうと、近時の刑事政策が「社会防衛のための再犯防止」を強く意識したものであるがゆえに、支援が監視や監督による統制の性格を帯びたものに歪むおそれがある。具体的には、事件数の増減への強い関心から、事案の発生から刑事手続による処理の完了までを一単位として考える事案主義が優先され、犯罪行為者の社会的孤立や生きづらさを生じさせるライフイベントとしての犯罪への関心は弱まる。また、再犯がないことが何よりも重視されれば、リスクへの焦点化が進み、不利益処分の賦課を威嚇の手段としながら他律的強制をすることが当然視、あるいは必然視されかねない。監視や監督のもとに置かれた人びとはより一層社会的に孤立し、ソーシャルサポートネットワークは弱体化するであろう。つまり、一般福祉による支援の理論的基盤が失われることになる。

再犯防止への焦点化が進んでいる最近の社会状況に鑑みると、誰のための再犯防止であるのかを改めて問うことが今こそ求められているといえるだろう。

5　結びにかえて

本稿では、対人援助ニーズを有する犯罪行為者への一般福祉による支援を生活モデルとソーシャルサポートに依拠して理論的に位置づけたうえで、「司法と福祉の連携」の在り方について検討した。「司法と福祉の連携」論では、連携における目的の設定のされ方、及びそれと関連して再犯防止概念の問題が特に重要となる。支援を必要とする人に対して一般福祉が関わる目的が、社会防衛のための再犯防止にあると捉えられることとなれば、福祉による支援が対象者への管理統制の手段となる可能性がある。一般福祉と司法の双方の視点から、この問題にどのように対処すべきかについて、さらなる検討が必要である。ここでは具体的な問題点として、次の3点を指摘しておきたい。

第1は、現行の一般福祉による支援の限界の問題である。犯罪行為者の生きづらさの内容は多岐にわたっており、その意味では支援対象者は「多様かつ複雑化したニーズ」（multiple and complex needs）を有しているといえる。しかし、一般福祉は伝統的に高齢者福祉、障がい者福祉、児童福祉を中心として領域ごとに分化して発展してきているため、このような多様かつ複雑化したニーズに横断的に対処するのに十分な体制が整っているとは言い難い。また、福祉専門職である社会福祉士、精神保健福祉士の現行の養成課程のカ

リキュラムは、国家試験で問われる法や制度をはじめとする知識の獲得に重きが置かれており、生物・心理・社会の複合的な視点から支援対象者の多様かつ複雑化したニーズを理解して、支援方策を策定、実施できる専門職を養成する育成体制になっているのかどうか疑問もある。

　第2は、福祉による支援の対象者が限定されているという問題である。定着支援センターによる特別調整の対象は高齢者と障がい者に限られている。被疑者・被告人段階における支援・介入についても、対象を完全に限定している訳ではないとはいえ、実質的には大多数が高齢者と障がい者である。これは第1の問題点と関連するが、ニーズに横断的に対処する福祉制度が乏しいため、生活保護を除けば、現行では高齢者・障がい者福祉制度を利用しなければ福祉的支援を提供することが難しい。このことが、対象が限定される一因であると思われる。しかし、生活モデルとソーシャルサポートによる支援を必要としているのは、必ずしも高齢者と、公的に認定をされた障がい者だけではないだろう。犯罪の背景要因としての社会的孤立や生きづらさの問題を考えれば、犯罪行為者の多くに何らかの福祉的支援ニーズが存在しているとも考えられる。対人援助ニーズを有する人は、高齢者・障がい者に限られていないのである。

　第3は、福祉が孕む権力性と支援対象者を支配してしまう可能性の問題である。司法と福祉の連携においては、犯罪行為者への支援に関わる一般福祉従事者は統制機能の問題に直面することが不可避である。そこでは、「本人への更なる負因賦課を回避するための再発防止」と「社会防衛のための再犯防止」の相違にみられるように、依拠する価値の対立が際立つ場面も発生する。その際、福祉には支援対象者本人の「自立生活と自己実現を支援し、社会参加を促進する」という目的の追求を徹底し、本人の権利擁護を図ることが求められる。しかし、「福祉ポリス」[72]という言葉に象徴されるように、過剰なパターナリズムや自らの統制機能への無自覚さが福祉による支援対象者への支配へとつながるおそれがある[73]。

　一般福祉による犯罪行為者の支援が、多様かつ複雑化したニーズに十分に応えるものとして必要とする人びとに行き渡り、それが支援対象者への支配へと転換することを回避するためには、これらの問題についての更なる検討が不可欠である。これについては、今後の課題としたい。

1　土井政和「日本における非拘禁的措置と社会内処遇の課題——「福祉連携型」刑事司

2　　法のあり方」刑事立法研究会編『非拘禁的措置と社会内処遇の課題と展望』（現代人文社、2012年）30頁。
2　この点について、土井政和「はじめに」犯罪社会学研究39号（2014年）6頁、及び葛野尋之『刑事司法改革と刑事弁護』（現代人文社、2016年）123頁を参照。
3　ヒアリング調査については、本書・第4部を参照。
4　「社会福祉の2定点構造」といわれ、社会福祉は政策かそれとも援助かという、それまで続けられてきた論争を一定解決することを意図して提唱された。古川孝順「変革期社会福祉学の展望」一般社団法人日本社会福祉学会編『対論　社会福祉Ⅰ　社会福祉原理・歴史』（中央法規出版、2012年）11-12頁。
5　弁護士については、本書・高平論文に示されているように、その活動が本人への援助的性質の強いものになる可能性が十分にあり得る。また、更生保護官署についても、その社会的援助機能の重要性を強調する立場もある。この点について、本書・正木論文参照。これらの点を認識したうえで、本稿では、刑事司法機関の社会統制・治安維持機能に着目する。
6　司法と福祉の関係の歴史的経緯について、本書・朴論文参照。
7　菊池正治ほか編著『日本社会福祉の歴史――制度・実践・思想〔改訂版〕』（ミネルヴァ書房、2014年）44頁。
8　池田由子＝矢花芙美子「わが國における児童虐待防止運動の歴史――とくに明治時代における原胤昭の業績を中心として」東洋大学発達臨床研究紀要2号（2002年）49-54頁によれば、出獄人保護事業の先駆者の1人とされる原胤昭は1909年から被虐待児の救済に関係しており、その他の社会福祉課題にも献身したとする。
9　藤原正範「司法福祉学の本質と対象領域に関する考察」鈴鹿医療科学大学紀要13号（2016年）74-76頁。
10　吉中信人「非行少年処遇における保護処分の意義」広島法学28巻4号（2005年）56頁。
11　瀬川晃『犯罪者の社会内処遇』（成文堂、1991年）160頁。
12　保護観察における有権的ケースワーク論について、法的な「権力」関係と「権威」の観点から論じたものとして、吉中信人「フランスの少年保護観察制度――保護観察の形態に関する研究序説（3）（完）」一橋研究20巻1号（1995年）60-64頁。また、有権的ケースワークについては、安形静男『社会内処遇の形成と展開』（日本更生保護協会、2005年）283-297頁を参照。
13　司法と福祉を二項対立的に捉えることの問題性について、本書・本庄論文参照。
14　社会福祉事業法（昭和26年3月29日法律第45号）2条4項1号。2000年に社会福祉法に改題。
15　酒井龍彦「地域生活定着支援センター設立の背景と実際の支援」ホームレスと社会6号（2012年）33頁によれば、刑務所に多数の知的障がい者や高齢者が収容されていることを福祉側はまったく知らず、法務サイドと福祉サイドの間では受刑者に対する情報提供や連携はなかった。
16　福祉制度整備の過程における対象者の属性と支援課題による専門分化、および役割分担を重視する行政組織による申請主義に基づく対応が福祉の利用を困難にさせている点について、水藤昌彦「社会福祉士等による刑事司法への関わり――入口支援としての福祉的支援の現状と課題」法律時報89巻4号（2017年）47-48頁。
17　樋澤吉彦「心神喪失者等医療観察法における強制的処遇とソーシャルワーク」Core Ethics 4号（2008年）305頁以下。

18 日本では、精神保健福祉領域のソーシャルワークを担う専門職は精神保健福祉士として独自化されている。社会福祉士と精神保健福祉士の両資格を保持する実務家も多く存在するが、数的には社会福祉士が圧倒的多数を占めているため、医療観察法をめぐる議論は精神保健福祉領域にとどまり、多数の社会福祉士によっては共有されなかったのではないかと思われる。また、一般福祉従事者のなかには、これらの国家資格を保持しない者が多く存在することも問題の共有が進まなかった一因であろう。

19 山本譲司『獄窓記』(ポプラ社、2003年)。福祉の側から司法との連携を強力に推進した田島良昭全国地域生活定着支援センター協議会代表理事は、「(地域生活)定着支援センター設立の契機となったのは、元衆議院議員・山本譲司氏の執筆によって明らかになった「累犯障がい者」の問題である」と述べている。田島良昭「地域生活定着支援センターの役割と今後の展望」社会福祉法人全国社会福祉協議会政策企画部編『権利擁護・虐待防止白書2013』(社会福祉法人全国社会福祉協議会、2013年) 1頁。

20 浜井浩一『刑務所の風景』(日本評論社、2006年)。

21 田島良昭『厚生労働科学研究(障害保健福祉総合研究事業)報告書 罪を犯した障がい者の地域生活支援に関する研究(平成18〜20年)』(2009年)。

22 ここでいう支援を必要する者としての社会的認定とは、身体障害者福祉法、知的障害者福祉法、精神保健福祉法の各規定によって障がいの存在を行政機関が認めているという意味である。それを証明するための仕組みが知的障がい者の療育手帳をはじめとする各種手帳制度となる。

23 田島・前掲注(21) 7-8頁。

24 2009年の地域生活定着促進事業開始に至るまでの流れについては、関根徹「地域生活定着支援事業について——富山県での地域生活定着支援センターの設置にあたっての課題」高岡法学30号(2012年)153-200頁収録の三井英紀「二 地域生活定着支援事業の現状」158-161頁が詳しい。

25 地域生活定着促進事業の詳細については、「セーフティネット支援対策事業実施要綱(第4次改正 平成21年5月11日社援発第0511001号)「地域生活定着促進事業実施要領」」(2009年)、及び厚生労働省社会・援護局総務課長 社援総発第0527001号 「「地域生活定着支援センターの事業及び運営に関する指針」について」(2009年)を参照。

26 稲川龍也「検察における再犯防止・社会復帰支援の取組み」罪と罰53巻4号(2016年) 5-20頁。

27 東京地方検察庁における取組みとして、東京地方検察庁総務部社会復帰支援室「ドキュメント・東京地検社会復帰支援室〜3年間で1,200件!!その驚きの内幕〜「お?新しい彼女かい?」」罪と罰53巻4号(2016年)62-71頁。

28 複数の定着支援センター職員等による被疑者・被告人段階での支援の実践報告として、石川正興編著『司法システムから福祉システムへのダイバージョン・プログラムの現状と課題』(2014年、成文堂)55-133頁がある。

29 本書・第4部調査結果の問20への回答を参照。

30 一般社団法人東京TSネット編『更生支援計画をつくる——罪に問われた障害のある人への支援』(現代人文社、2016年)16頁。また、弁護士と社会福祉士等の連携について、本書・原田論文、及び本書・高平論文参照。

31 「入口支援」「出口支援」という名称に対しては批判もある。法と心理学会第18回大会公開シンポジウム「治療的司法・正義の実践と理論」(2017年10月15日に成城大学に於いて開催)における中村正による報告では、福祉からすれば、矯正施設から釈放さ

れた時点が支援への入口であり、司法制度に取り込まれた時点が支援からの出口となるのであって、刑事司法手続の流れに沿って入口、出口と称することは、福祉による支援を司法に従属させる思考につながるのではないかという主旨の疑問が呈された。

32 松友了「東京地方検察庁社会復帰支援室における「入口」支援の取組み」石川編著・前掲注(28) 175-177頁によれば、2013年1月に設置された東京地方検察庁社会復帰支援室が2014年3月までに関わった対象者の3分の2は広い意味でホームレスの状態にあり、療育手帳所持者は少ない。

33 犯罪対策閣僚会議『再犯防止推進計画』(平成29年12月15日)(https://www.kantei.go.jp/jp/singi/hanzai/kettei/171215/honbun.pdf)(2018年1月31日最終アクセス)。

34 酒井・前掲注(15) 32頁、小林良子「刑事事件における社会復帰支援について」早稲田大学社会安全政策研究所紀要9号(2016年) 69-70頁。

35 本多勇「利用者-援助者関係のバランス——援助するひとと援助されるひととは、どこまで対等になれるか」児島亜紀子編著『社会福祉実践における主体性を尊重した対等な関わりは可能か——利用者-援助者関係を考える』(ミネルヴァ書房、2015年) 175頁。

36 現在でも障がい者虐待への対応などでは、措置制度が用いられている。厚生労働省が実施する「「障害者虐待の防止、障害者の養護者に対する支援等に関する法律」に基づく対応状況等に関する調査」では、2016年度に被虐待者の保護として虐待者からの分離を行った699事例のうち10.6%が「身体障害者福祉法又は知的障害者福祉法に基づくやむを得ない事由等による措置」であった。大村美保＝五味洋一「養護者による障害者虐待への対応の現状と地域における体制整備の課題」発達障害研究38巻2号(2016年) 175頁。

37 『平成23年度厚生労働省セーフティーネット支援対策等事業費(社会福祉推進事業)「矯正施設を退所した福祉の支援を必要とする人の地域生活の自立に向けた福祉施設等における支援モデル及び研修プログラム構築に関する研究」報告書』(独立行政法人国立重度知的障害者総合施設のぞみの園、2012年) 37頁。

38 社会福祉法人南高愛隣会編『罪を犯した障がい者・高齢者を受け入れるために～福祉事業所・更生保護施設版～平成27年3月版』(2015年) 18頁。

39 本書・第4部調査結果の問22への回答を参照。

40 田島・前掲注(19)は、「罪を犯した障がい者(高齢者)の取り組みは、「本来は福祉で支える人達を福祉が支えていなかった」「申し訳ない！」という思いから始まった」という(5頁)。田島・前掲注(21)は「累犯障害者とは、法務サイド(矯正・更生保護)と厚生労働サイド(福祉)の連携不足、あるいは福祉サービスの立ち遅れにより、支援の網(セーフティネット)からもれ、法の狭間に落ち込んだ存在」であるとしている。また、松友了「地域生活定着支援事業——創設の経過と展望」ホームレスと社会2号(2010年) 98頁は、支援体制が整備されるまで、一般福祉においては、犯罪行為者への支援に対して自らが果たすべき役割があるとの認識は希薄であって、地域生活定着促進事業の開始はこれまでの無作為に対する発見に由来しており、福祉の可能性の再発見であったと指摘する。

41 後藤広史「社会福祉援助課題としての「社会的孤立」」福祉社会開発研究2号(2009年) 8頁。

42 後藤・前掲注(41) 12頁。

43 Social Exclusion Unit (2002) Reducing re-offending by ex-prisoners. Criminal Justice

Matters (Vol. 50).

44 2002年にイギリスで実施された、反社会的行為あるいは犯罪行為を理由として、社会内・施設内の支援サービスに紹介された18歳以上の知的障がいのあるクライエントを対象とした調査によれば、他者との親密な関係の欠如、児童期からの精神疾患、ネグレクトや被虐待経験の存在が示されている。O'Brien, G., Taylor, J., Lindsay, W., Holland, A., Carson, D., Steptoe, L., Price, P., Middleton, C. & Wheeler, J. (2010) A Multi-Centre Study of Adults with Learning Disabilities Referred to Services for Antisocial or Offending Behaviour: Demographic, Individual, Offending and Service Characteristics. Journal of Learning Disabilities and Offending Behaviour. 1(2), 5-15.

45 法務総合研究所『研究部報告52 知的障害を有する犯罪者の実態と処遇』(2013年) 27-42頁によれば、2012年1月1日から同年9月30日までに処遇施設に入所した、知的障がいを有する、あるいはその疑いのある受刑者548名を対象とした調査においては、それ以外の受刑者と比較すると、入所前の居所が住所不定、未婚である者の構成比が高く、教育歴は短く、約4分の3が受刑前には無職であり、知的障がい以外の疾病・障がいのある者が半数を超えていた。

46 石川恒「「生きにくさ」を抱えた人への支援――かりいほの取り組み」月刊福祉96巻7号(2013年)32-33頁。

47 有田朗「生活困窮者相談窓口における出所者への支援の課題」水野有香編『地域で支える出所者の住まいと仕事』(法律文化社、2016年)36頁によれば、生活困窮者自立支援法の相談事業窓口従事者が「生活困窮と刑務所等との関係は想像以上に深いもの」であり、「貧困、虐待、教育の欠如、精神疾患や障がい、社会的孤立が深く関わっている」と指摘している。

48 本書・第4部調査結果の問7、8、22への回答を参照。

49 高齢犯罪行為者とvulnerabilityの問題については、本書・安田論文参照。

50 武川正吾『福祉社会の社会政策――続・福祉国家と市民社会』(1999年、法律文化社)23-24頁。

51 杉山章子「医療における実践モデル考――「医学モデル」から「生活モデル」へ」日本福祉大学社会福祉論集107号(2002年)69頁。

52 ルイーズ・C・ジョンソン=ステファン・J・ヤンカ(山辺朗子=岩間伸之訳)『ジェネラリスト・ソーシャルワーク』(ミネルヴァ書房、2004年)600頁。

53 杉山・前掲注(51)69頁掲載の図をもとに記述。

54 石川・前掲注(46)33-34頁。また、関口清美「福祉的な支援を必要とする刑事施設出所者の社会復帰支援：地域生活定着支援センターの活動を通して」法律のひろば65巻8号(2012年)32頁も同様の点を指摘している。

55 山縣文治=柏女霊峰編『社会福祉用語辞典〔第8版〕』(ミネルヴァ書房、2010年)244頁。

56 浦博光『支え合う人と人――ソーシャルサポートの社会心理学』(1992年、サイエンス社)58-61頁。ただし、浦によればソーシャルサポートの定義や類型は論者によって違いがあり、一致した見解はない。例えば、渡部律子『高齢者援助における相談面接の理論と実際〔第2版〕』(医歯薬出版、2011年)42-51頁によれば、ソーシャルサポートの機能別に、自己評価のサポート・地位のサポート・情報のサポート・道具的サポート・社会的コンパニオン・モチベーションのサポートの6種に分類できる。また、人間関係は必ずしも常に肯定的に作用するとは限らず、他者との関係が別なスト

レスを生じさせる可能性はある。ヒアリング調査においても、人間関係の変化が新たなストレスとなっているとの回答がみられた。本書・第4部調査結果の問8。

57 一般社団法人全国地域生活定着支援センター協議会編『都道府県地域生活定着支援センターにおける罪を犯した高齢・障害者への包括的福祉の支援と対象者の満足度に関わる調査』（2017年）14-19頁は、定着支援センターが支援した当事者への聞取り調査の結果をソーシャルサポートの観点から分析している。

58 「人と人との関係のあり方。人と人との生き生きとした出会いのもち方。わたしとあなたが互いに内在する力にどう働きかけあうか。お互いがそれぞれのうちにもつ力をいかに発揮し得るかという関係性」のこと。森田ゆり『エンパワメントと人権　こころの力のみなもとへ』（解放出版社、1998年）14頁。

59 岸恵子「地域生活定着支援センターにおける連携支援の実践に係る実態調査　考察」一般社団法人全国地域生活定着支援センター協議会編『都道府県地域定着支援センターにおける連携支援の実践に係る実態調査（事例）』（2016年）3-4頁。

60 本書・第4部調査結果の問7、8への回答を参照。この他にも、サービスの利用拒否への対応（問10）、福祉的ニーズ以外の支援（問15）についても、関係性への言及があった。

61 吉池毅志＝栄セツコ「保健医療福祉領域における「連携」の基本的概念整理──精神保健福祉領域における「連携」に着目して」桃山学院大学総合研究所紀要34巻3号（2009年）117頁。

62 吉池＝栄・前掲注（61）117-119頁。

63 ここでは、犯罪対策閣僚会議によって策定された一連の行動計画、再犯防止推進法などにみられる、近時の犯罪対策における目的設定が再犯防止に焦点化し、その対象として高齢者や障がい者が注目されていることを念頭に置いている。実務家や研究者なども含めて、刑事政策に関わる者のすべてが福祉との連携を犯罪対策としての再犯防止の観点からのみ捉えているわけではない。連携の援助的側面の重要性に注目し、再犯防止へ傾倒することへの強い批判がある。この点について、本書・土井論文参照。

64 古川孝順『社会福祉原論〔第2版〕』（誠信書房、2005年）15頁。

65 支援の反射的効果としての再犯防止という考え方については、刑事立法研究会社会内処遇班「更生保護基本法要綱試案」龍谷大学矯正・保護研究センター研究年報5号（2008年）の基本思想（113-114頁）を特に参照した。

66 原田和明「触法障がい者に対する刑事裁判における福祉的支援──ソーシャルワーカーと弁護士の連携」ホームレスと社会6号（2012年）48頁。

67 刑事司法制度が対人援助ニーズを有する人の社会復帰の困難を増幅するという点について、本書・金澤論文参照。

68 再犯防止推進法1条（目的）は、「（略）再犯の防止等に関する施策の基本となる事項を定めることにより、再犯の防止等に関する施策を総合的かつ計画的に推進し、もって国民が犯罪による被害を受けることを防止し、安全で安心して暮らせる社会の実現に寄与することを目的とする」と定めている。

69 犯罪対策閣僚会議『「世界一安全な日本」創造戦略（閣議決定）』（2013年）25頁。http://www.kantei.go.jp/jp/singi/hanzai/kettei/131210/kakugi.pdf（2018年1月31日最終アクセス）。

70 再犯防止推進法は、都道府県及び市町村に対して、国の定める再犯防止推進計画を勘案し、当該都道府県または市町村における再犯の防止等に関する施策の推進に関する

計画(地方再犯防止推進計画)を定める努力義務を課している(8条1項)。

71 "multiple and complex needs"は、イギリスやオーストラリアなどの対人援助領域を中心として広く使われている概念である。「健康や社会生活にわたる、多様かつ結合したニーズを理解するための枠組」であり、ニーズの複雑性は、それが複数の相互に関連した領域にわたるという意味での幅広さ、及び深刻さの度合の双方によって生じる。Rankin, J., & Regan, S. (2004) Meeting Complex Needs : The Future of Social Care. at pp.7-8.

72 「福祉ポリス」とは、支援の名の下に福祉が支援対象者の個人生活の細部にまで干渉し、その行動を監督・制御しようとすること、支援者が望ましいと考える生活の仕方を支援対象者に強制するかのようにふるまうことを揶揄した表現である。

73 ソーシャルワークにおけるパターナリズム、近時の司法との連携により日本の社会福祉士がパターナリズムを一層強化させ、ソーシャルワーカーとしてのアイデンティティの揺らぎが生じる危険性について、本書・木下論文を参照。また、近年では、パターナリズムに依拠するのではなく、犯罪行為をした当事者と支援者が対話を通じて相互に変容する更生支援のパラダイムシフトが必要だという主張もなされている。この点については、吉間慎一郎『更生支援における「協働モデル」の実現に向けた試論――再犯防止をやめれば再犯は減る』(LABO、2017年)を参照。

(みずとう・まさひこ)

第3章
刑事司法に関与した人のアセスメント／マネジメントのあり方
その人の「生きる」の支援のために

森久 智江
立命館大学

1 はじめに

　日本で「司法と福祉の連携」が開始されて以降、刑事司法に関与した福祉的ニーズのある人のアセスメント（評価）や、そのアセスメント結果について、実際の生活の中にどう活かすのかというマネジメント（〔アセスメント結果に基づく〕管理・支援）の問題に、広く焦点が当てられることとなった。
　例えば、本書における定着への調査において、保護観察所や刑務所と定着では、本人に対する評価やコミュニケーションにおいて重視する点が異なっていることがわかる（質問1、2）。刑事司法機関による本人像は、一般に犯罪行為との関連によりとらえられがちであり、定着からは「刑事司法機関には、むしろ（再犯のおそれの問題等ではなく、本人がいかに自分で生活できるようになっているかを知るという趣旨で）その後の本人の生活について知ってもらうことが必要」であると指摘されている（質問11）。定着は、本人が変化しうる要素を犯罪行為類型と必ずしも関連しないところで見出すことの重要性を認識しており（質問7、8、9、10）、本人を包括的な視点で見ることで支援に繋がることが窺える。
　しかし一方で、定着においても「本人の変化の評価方法や測定方法が確立していないため、変化があったのかどうか判断ができない」（質問7）といった、本人を評価する際の評価軸や方法論について迷いがあることも示されている。アセスメントとしては本人を包括的な視点で見つつも、実際の支援場面、つまりマネジメントにおいては、各犯罪行為類型に対応したプログラムや何らかの強制性をもって管理することの必要性、直接的な再犯防止のため

の措置に言及されることもある（質問16）。

　こうした状況から、刑事司法から福祉領域へと移行する本人の支援を行うにあたって、本人に関するどんな情報を、どのように評価し、その結果を本人の日々の生活においてどう活かしていくのか、という問題があることがわかる。すなわち、刑事司法機関と福祉機関の間で、同じ人間のどの側面をどう評価しているのか、その差異が浮き彫りとなったゆえに生じた問題であるといえる。司法によるアセスメントは、犯罪行為を中心とした限定的なものであるが、福祉によるアセスメントは包括的に本人を捉える。しかし、そのマネジメントにおいては、犯罪行為、つまり再犯防止に焦点を当てようとする傾向もある。

　このような司法と福祉のアセスメント／マネジメントの差異は、a. 従来の司法におけるアセスメント／マネジメントの適正性・妥当性の問題、b. 福祉におけるアセスメント／マネジメントのあり方に関する動揺をもたらした。その結果、「刑事司法に関与した」という要素を有する人への支援を契機に、いずれの機関にとっても、従来、曖昧であった（と評価せざるを得ない）そのあり方が問い直されることとなった。

　しかし、その「問い直し」への回答として、果たしてどのような考え方に拠って立つべきであるのか、また、刑事司法に関与した人への支援に関する、アセスメントとマネジメントのあり方について、現状、日本における共通理解があるとも言い難い。

　そこで本稿では、刑事司法に関与した福祉的ニーズのある人の支援にあたり、その本人をどのような方法によって評価し理解しようとするのか、また、そこで明らかになったものを、誰がどのように扱うべきであるのかについて、若干の検討を行うこととする。そのために、まず、従来刑事司法機関がどのようにアセスメント／マネジメントに取り組んできたのか、また近時新たに取り組もうとしているアセスメント／マネジメントについて検討・評価を行う。その上で、本来あるべきアセスメント／マネジメントのあり方につき考察するものとする。

2　日本の刑事司法制度におけるアセスメント／マネジメント

(1)　日本の刑事司法制度・少年司法制度におけるアセスメントとマネジメント

　従来、日本の刑事・少年司法制度において、いわゆる人間諸科学の専門家が関与して行われているもので、その本人につき、何らかのアセスメントを行い、その結果に基づいた何らかのマネジメントを行うことが予定されている仕組みとしてどのようなものがあるのか、まず確認することとしたい。

(a)　公判における鑑定

　刑事司法手続においては、主に捜査機関が嘱託して行う鑑定（刑事訴訟法223条1項）や裁判所の命じる鑑定（同法165条）や、弁護人等を通じて私的に行われる鑑定という形で、被疑者・被告人の行った犯罪行為に関連したアセスメントが行われる。ここでいう鑑定は「裁判上必要な実験則等に関する知識経験の不足を補給する目的でその指示する事項につき第三者をして新たに調査をなさしめて法則そのもの又はこれを適用して得た具体的事実判断等」であるとされる。

　これらの鑑定の中心を占めるのは、被疑者・被告人の刑事責任能力を明らかにするための精神鑑定であり、身体医学的検査、神経学的検査、心理検査、飲酒試験、薬物負荷試験等の検査を基礎資料として書かれた（主として医学的な）総合所見によってなされる。当該鑑定は、精神科医により実施されるのが一般的であり、臨床心理学者は心理テストを行う鑑定補助者として参加している場合が多い。

　精神科医として刑事司法手続における鑑定に携わる高岡健は、「精神鑑定の目的は、何も責任能力に限られているわけではな」く、訴訟能力や情状、受刑能力等、精神鑑定によって提供されるべき知見は他にもありうるにもかかわらず、従来「責任能力に偏重して、焦点が当てられてきた」とする。それは、精神鑑定が裁判に必要とされるのは、飽くまで裁判所が判断するにあたっての「知識経験の不足」を補うために必要な限りであるということに基づくというのである。つまり、現状の刑事責任能力にかかる鑑定は、被告人本人に関する心理検査等を判断材料にしてはいるものの、その「人」そのものを理解する、臨床のためのものというよりも、裁判所が当該犯罪行為に関する「事実」、すなわち罪責を判断するにあたって必要とされているものと

いえる。

　一方、裁判所が量刑判断するにあたって考慮する諸事情について鑑定を行う情状鑑定がある。情状には「犯情」と「狭義の情状[6]」があるとされ、前者は、犯行の動機・目的、手段方法、計画の有無等、直接または間接に犯罪事実の内容に属する犯情をいい、後者は、被告人の家庭環境、生活歴、性格・行動傾向等を指す[7]。須藤明は、訴因事実（犯罪行為そのもの）についての鑑定とは異なり、このような情状について明らかにするためには、医師に限定されない専門家の知見が必要であり、本来、量刑判断には、犯罪学、医学、心理学、社会学、教育学、経済学等、経験科学の諸知識を用いる学際的アプローチが必要であると指摘する[8]。

　森武夫によれば、情状鑑定の依頼がなされるのは、奇妙な事件、動機の分かりづらい事件、犯行の本当の事情を知りたい事件、真実を隠していると思われる事件、事件以外の面も知りたいような事件、世間的に大きな影響があるがその割に刑が軽く手を尽くしたことを明らかにしたい事件等であるという[9]。

　そもそも情状鑑定は、このように「事件」に焦点化するべく求められるべきものなのであろうか。現状、日本において、刑事責任能力判断のための鑑定については、被告人の犯罪行為にかかる罪責判断のために、裁判所や捜査機関による公的鑑定が実施されるが、情状鑑定については、原則、弁護人による情状弁護の一環として公判廷に顕出され、私的鑑定にほぼ依存している状況にある。つまり、量刑判断にあたっては、裁判所が必ずしも専門家の知見を要していないものといえる。

　しかしながら、単に量刑（刑の量定）にとどまらず、公判後の対応を臨床的知見から考慮しようとするのであれば、本来的には、被告人という「人」を理解しようとする試みとして、情状鑑定が求められるべきであるといえよう。

　こうした「人」の理解をも射程に入れた既存の枠組みとして、従来、司法福祉の中心であった、少年司法における社会調査がある。

(b) 少年司法手続における社会調査

　少年司法手続においては、家庭裁判所に送致された少年[10]に対して、非行事実に関連する事項を裁判官が調査する法的な調査（＝法的調査）とは別に、要保護性を明らかにするために家庭裁判所調査官（及び少年鑑別所）が行う社会調査（少年法8条）がある。

　これは、医学、心理学、教育学、社会学その他の専門的智識を活用した科

学的調査方法（少年法9条）による人格調査でなければならないとされている。調査の対象とされるのは、まず少年本人について、家庭及び保護者の関係、境遇、経歴、教育の程度及び状況、不良化の経過、性行、事件の関係、心身の状況等であり、少年の家族や関係人の経歴、教育の程度、性行及び遺伝関係等についてもできる限り調査を行い（少年審判規則11条）、少年の健全育成・成長発達のために最適な処遇の見極めを行うことが目指されている。

つまり、少年司法手続における社会調査は、保護処分含め、今後の少年への対応のあり方を決定すべく、将来の予測及び可能性を明らかにすることにその本質があるとされる。そうであるからこそ、社会調査にはその根拠を明確に示すことが可能となるための科学性が必要とされ、調査事項を意図的に限定することなく行う包括調査でなければならないといえよう。また、この調査結果は、処分執行機関に送付される（少年審判規則37条の2）。

社会調査実施の時期について、日本の少年司法手続は、審判に調査が先行する調査前置主義を採っているが、社会調査は少年本人や関係者のプライバシーに深く関わることから、法的調査によって、審判条件の存在、非行事実ありの蓋然的心証を得てから裁判官による調査官への調査命令を出すべきであるとされる。また、少年本人の手続に対する納得の観点からしても、少年が非行事実を否認している場合には、原則として社会調査を中断し、非行事実認定を先行させるべきであるとされる。

さらに、少年審判に特徴的なものとして、少年をアセスメントしつつマネジメント（処遇）を行うべく、一旦少年を試験的に観察処分に付し、一定期間社会内で観察を行った上で、それを家庭裁判所に再度フィードバックし終局判断を行う、試験観察制度がある（少年法25条1項）。このような試験観察における一連の経過についても、社会調査記録同様、終局処分を行う処遇機関へと送られることとなる。

(c) 矯正における処遇調査

刑務所をはじめとする刑事施設において、矯正処遇を行うにあたり、その実施要領として刑執行開始時に処遇要領が策定される。その策定のために、「受刑者の資質及び環境の調査」として行われるのが処遇調査である（刑事施設被収容者処遇法84条）。

処遇調査は、「必要に応じ、医学、心理学、教育学、社会学その他の専門的知識及び技術を活用し、面接、診察、検査、行動観察その他の方法により」、

当該施設の分類職員が行うものとされている（受刑者の処遇調査に関する訓令4条1項）。刑執行開始時の当該調査の調査項目は、受刑者の精神状況、身体状況、成育歴・教育歴及び職業歴、暴力団その他の反社会的集団への加入歴、非行歴及び犯罪歴並びに犯罪性の特徴、家族その他の生活環境、職業・教育等の適性及び志向、将来の生活設計、その他受刑者の処遇上参考となる事項である（同訓令6条3項）。この調査により、矯正処遇の種類・内容、受刑者の属性及び犯罪傾向の進度から構成される「処遇指標」が指定されることとなる。また、精密な処遇調査を必要とする場合は、各矯正管区に指定された「調査センター」での調査を行うことも可能である（同訓令8条）。

処遇要領の策定にあたっては、「必要に応じ、受刑者の希望を参酌」することとされている（刑事施設被収容者処遇法84条4項）。これは、矯正処遇が「本人の意思にかかわらず、強制的に実施するべき性質のもの」である一方、「その自覚に訴え、改善更生の意欲の喚起及び社会生活に適応する能力の育成を図ることを旨として行う」ものであることから、本人にも「自発的に受ける気持ちを涵養させることが重要」であるとされる[15]。つまり、飽くまでここでの本人の意思や意見は（職員の観点から見た）「必要に応じて」参酌されるに過ぎないものであることに留意する必要がある。

(d) 保護における生活環境調整と保護観察実施計画策定

保護においては、刑の執行中に刑事施設等に収容されている人について、「その社会復帰を円滑にするため必要があると認めるとき」に「その者の家族その他の関係人を訪問して協力を求めることその他の方法により、釈放後の住居、就業先その他の生活環境の調整」が行われる（更生保護法82条）[16]。この施設収容中の生活環境調整は収容開始直後から可能であり[17]、仮釈放審理に際しては地方更生保護委員会からの依頼を受けて行う。また、保護観察付執行猶予判決を受ける可能性のある人についても、本人の同意の下、環境調整を行うことができ（同法83条）、本人の申出に基づいて更生緊急保護の要否を判断し（社会内処遇規則119条）、保護を実施する場合もある（更生保護法85条）。このように、保護観察所は、後に社会内処遇を受ける可能性のある人に対して一定のアセスメントとそれに基づく調整を行っている場合がある。

保護観察事件が係属した際には、保護観察を「必要かつ相当な限度」において、個別処遇を実施するべく（更生保護法3条）、保護観察開始前に「処遇の目標並びに指導監督及び補導援護の方法並びにとるべき措置の内容を定め

た保護観察の実施計画を作成」しなければならない（社会内処遇規則42条1項）。これは実施状況に応じて適宜見直されるべきものでもある（同条2項）。仮釈放や仮退院の場合は、既に仮釈放等の審査時に本人に関する調査が行われているため、当該実施計画もそれに基づいて決定されていくこととなるが（更生保護法37条）、保護観察付執行猶予の場合は、いわゆる判決前調査がないことから、保護観察官が事件係属時にアセスメントを行うものとされる。[18]また保護観察付執行猶予者の特別遵守事項の設定等にあたり、更生保護法54条5項（社会内処遇処遇規則51条1項）では、保護観察に付する旨の言渡しをした裁判所の意見を聴いた上で定めるとされている。そこでは「対象者や家族らと面接し、関係記録を精査の上、対象者や家族らの問題を整理して、心理学や社会学等の人間関係諸科学の知見を基に、再犯を誘発する要因、更生を阻害または促進する要因などを総合的に明らかにし、改善更生のための道筋について仮説を立てる」こととされ、これに基づいて保護観察実施計画が策定されるという。くわえて、このように設定される遵守事項については、本人がそれを「遵守することの重要性について自覚を促す」ため、「遵守する旨の誓約をする」ことを求めることとされている（社会内処遇規則53条）。

　2007年の更生保護制度改革以降、当該改革が保護観察対象者による重大再犯事件を契機としていたこともあり、保護観察対象者に対する再犯リスクの評価とその管理が、保護における近時の大きな課題とされている。[19][20]具体的には、RNR（Risk-Need-Responsivity）モデルに基づく再犯リスク管理と、本人のストレングスに着目したアプローチを融合させた処遇が目指されており、[21]RNRモデルに基づくアセスメントを行うことでリスクを把握し、それに対して認知行動療法等による治療的介入を、特別遵守事項に義務づけて実施する等の積極的処遇が行われている。しかし、社会内処遇における適切なリスクアセスメントツールが現状存在しないことから、その開発と発展の必要性があるという。さらに近時、刑の一部執行猶予制度の施行等による保護観察対象者層の変化にともない、成人の保護観察付執行猶予ケースへの対応におけるアセスメントが課題とされていることも、このようなリスクアセスメントツールの必要性に拍車をかけているといえよう。このことにより、保護観察における実際の処遇は、原則、保護観察官と保護司の協働態勢によって実施されるが（更生保護法32条）、「再犯リスク管理の担い手」としての保護観察官がクローズアップされているという。今福章二は、この「再犯リスク管理」は「単に監督面の強化を意味するものではなく」、「リスク・ニーズの的

確な把握とそれに対する適切な応答としての処遇により再犯のリスクを最小化していく（リスクマネジメント）と同時に、対象者の長所に着目し、良い面を広げ、対象者がいわば自分の人生の主人公になれるよう支援していくかかわり（ストレングスモデル）の両面を融合させた形態により実現されるもの」として理解すべきであると述べている[22]。

(2) 刑事司法における新たなアセスメント／マネジメントの動き
(a) 更生緊急保護の重点実施

ここまで述べた従来の刑事司法制度における取り組みにくわえ、2013（平成25）年から試行され、翌2014（平成26）年、2015（平成27）年と拡充された「更生緊急保護の重点実施」の取り組みがある（2014年度までは「更生緊急保護の事前調整」の試行として実施[23]）。これは、捜査段階において、保護観察所（支援担当官）が、検察官からの依頼に基づき、起訴猶予による更生緊急保護が見込まれる勾留中の被疑者について、釈放後の福祉サービスの受給や住居の確保に向けた調査・調整等を行うものである。当該被疑者が実際に起訴猶予処分となった場合、保護観察所は、同人から更生緊急保護の申出を受けて、事前調整を踏まえた福祉サービスの受給等を支援するとともに、その後も本人の申出に基づき、更生緊急保護の期間中（原則6か月間まで）、継続的な相談対応及び支援（フォローアップ）を実施するとともに、重点的かつ継続的な生活指導を行うという[24]。

当該取り組みの対象となるのは、更生緊急保護対象者のうち「特に支援の必要性が高い起訴猶予者」であるとされ、実際の「措置」の内容としては、「更生保護施設又は自立準備ホームに委託」（平均3か月間程度の実績）、「就労支援、福祉サービスの調整等の実施」がなされ、「更生保護施設等退所後の転居先は、アパート、住込み就労先等が多い」とされている。

例えば、京都地方検察庁の場合、2014（平成26）年の試行庁には指定されていなかったものの、その当時、独自に行っていた「更生緊急保護事前連絡システム」をベースに、2015（平成27）年に試行庁となってから、「重点実施」を進めているという。具体的には、大きく3つの段階があり、捜査段階において、検察官が保護観察官に、被疑者の釈放の前々日までに電話で事前連絡し、その内容を確認した保護観察官が重点実施の対象を判断する（①事前協議）。重点実施の場合、検察官が被疑者に更生緊急保護を説明し、保護観察所の支援担当官との面談、保護観察所への被疑者に関する情報の提供、保護

観察所による情報の利用、福祉機関等へ情報提供等を説明して、同意書を取り、その写しを「調査・調整協力依頼書」とともに保護観察所に送付する（②検察官の事前説明等）。その後、保護観察所において更生緊急保護が実施され、福祉機関との調整が行われ、保護観察所の支援担当官から検察庁へ「調査・調整結果報告書」、支援修了者に係る「保護経過一覧表」が送付される。検察広報官は、これを担当検察官に報告し、記録に編綴する（③支援担当官からの結果報告等）という[25]。

2015（平成27）年～2016（平成28）年度の試行状況によれば、いずれの年度も対象とされた人の総数が200名前後、その属性として、「ホームレス」状態にある人が最も多く（いずれも約130名）、年代は40～60代が多い。支援内容としては、就労支援がいずれも最も多く約150件、生活保護申請支援が約40件、その他の福祉サービス利用支援が約10件程度と続く[26]。

2011（平成23）年以降の検察改革の流れ[27]の中で、検察における再犯防止に向けた刑事政策的取り組みが、いわゆる「入口支援」として種々行われてきた。各地の検察庁において社会福祉士を非常勤の「社会福祉アドバイザー」として置き、障がい・高齢等、検察が何らかの福祉的ニーズがあると判断した被疑者・被告人について、処分前に約30分程度のアドバイザー面接を実施させ、生活調整や福祉支援等についての助言を得ることが行われたり、各地の地域生活定着支援センターに協力を仰いで、不起訴となった被疑者につき、「社会福祉士に被疑者を面談させ、被疑者に対する適切な支援」の検討が行われたりしている[28]。

この「更生緊急保護の重点実施」においては、保護観察所の支援担当官が、事案に応じて社会復帰調整官から専門的助言を受けながら調査・調整を行うことで、アセスメント／マネジメントへの福祉職の直接的関与をある意味では回避しつつ、再犯防止のために、福祉的支援を確実に受けさせるべく「重点的・継続的な生活指導」を行うこととなる。

(b) 「再犯防止」を目的としたリスクアセスメントツールの導入

近時の日本の法務省によるアセスメントは、2006年に成人矯正における性犯罪処遇プログラムの実施に際してリスクアセスメントツールを用いた分類と処遇密度の確定を行うようになり、2013年に少年矯正において、法務省矯正局が開発した、静的・動的リスク要因によって構成された全52項目からなるリスク・ニーズ・アセスメントツールである「法務省式ケースアセスメン

トツール（Ministry of Justice Case Assessment tool: MJCA）」が導入され、「第4世代」に入ったとされる。

一般に、これまで「リスクアセスメントツール」は4つの段階を経て発展してきたとされる。ここでいう「リスクアセスメント」とは、前述のRNRモデルに基づいて「①犯罪者の特質を調べること」と「再犯リスクの程度の査定」、「②犯罪者の再犯リスクを下げるためにどのような働きかけを行えばよいか決めること」であるという。実際に用いられるリスクアセスメントツールの時代的変遷は以下の通りである。

まず、臨床的アプローチとも称される「第1世代（1G）」においては、非構造化面接や心理検査の結果に基づくプラン作成が行われた。これは、現在もなお日本の「家庭裁判所、少年鑑別所、刑務所、児童相談所等で広く行われている手法」であるとされるが、「担当者の主観に左右される」等、「実証的な根拠に乏しい」との批判があった。これに対し、「第2世代（2G）」は、「保険統計学的手法」により静的リスク要因のみを考慮した。しかし、これでは再犯リスクは査定できるものの、介入計画作成ができないとされた。そこで「第3世代（3G）」は、2Gに動的リスク要因を考慮してアセスメントを行い、介入計画策定が可能となった。さらに「第4世代（4G）」は、1G〜3Gを統合的に運用するもので、「静的・動的リスク要因の査定に加え、処遇プランの策定、処遇目標の達成度の評価、動的リスク要因の改善度の評価といったフォローアップまでを実証的な根拠に基づいて統合的に管理するシステムが構築されたもの」であるという。

こうしたリスクアセスメントにおける「教育目標」は「再犯リスクの低下」であり、「再犯率」という単一の指標を基に数値で評価され、「再犯は教育の失敗を意味する」とされる。刑事政策は必ずしも「再犯防止のみが目的とされるわけではない」ため、「リスクアセスメントの枠組みのみで犯罪者の取り扱いを賄うことはできないが、リスクアセスメントは理論的に一貫して効果的な犯罪者処遇の在り方を提案することができる」という。森丈弓は、リスクアセスメントのような側面が「一般の学校教育と同じ価値観で犯罪者の教育モデルを構築してきた現場の実務家から拒否感を抱かれることも少なくない」が、このような「エビデンスに基づいた再犯防止政策の実施は必要不可欠」であるとする。

前述の、保護における社会内処遇に適したリスクアセスメントツールの開発に注力されている現状も、このような流れの中にあるものといえよう。但し、

保護においてはリスクマネジメント（管理）の考え方として、本人のストレングス（強み）に着目すべきことが追加されている点には留意すべきであろう。

(3) 現行刑事司法におけるアセスメント／マネジメントにおける問題点

　近時の新たな動向も含め、現行刑事司法制度において行われているアセスメント／マネジメントの問題点とは何か。前述の通り、現状の刑事裁判における責任能力鑑定は、他のアセスメントと異なり、（少なくともそれを基に判断を行う裁判所にとっては）「人」そのものの理解に必ずしも重きが置かれていないことから、これを除くアセスメント／マネジメントについて検討する。

ⓐ アセスメントの連続性と独立性

　第一に、各段階におけるアセスメントの連続性と独立性に関する疑問がある。
　刑事司法の各段階におけるアセスメントは、相互にどのように関連しているのであろうか。前のアセスメントが後のアセスメントにどう関連しているのか、また、各アセスメントの内容は考慮された上でマネジメントがなされているのであろうか。例えば、少年の社会調査の結果は、処遇の参考とするべく保護観察所・児童相談所・少年院等の保護処分執行機関に、少年とともに送致される（少年審判規則37条の2）。しかし、成人については必ずしも裁判段階でのアセスメントの結果が、その後の処遇において活かされるという制度設計にはなっていない。確かに、保護観察所における保護観察付執行猶予者に対する遵守事項設定にあたっては、裁判所に意見を求めるものとされてはいるが、そもそもかような意見形成の根拠となるべき資料や判断の基礎を、裁判所自体が有しているのか否かも明らかではないように思われる。
　一方、近時、情状鑑定書の一環として公判廷に顕出されている、福祉職によって被告人本人の同意のもとに作成された「更生支援計画」は、被告人が執行猶予判決等を受けて刑事施設に収容されなかった場合、原則、当該計画書に記された支援内容を本人に対して提供していくこととなるし、刑事施設収容となった場合であっても、出所後の支援において一定活かされることが可能となっている。
　しかし、このような「更生支援計画」が作成されていない場合、施設入所前の本人にかかる情報は相当程度限定され、出所時に刑事施設収容前の本人の生活等にかかる情報が引き継がれない。また、刑事施設内で被収容者ごとに作成されるいわゆる「身分帳簿」については、①身上関係や裁判関係事項

等を記載した書類、②視察表・懲罰表等の処遇経過等を記載した書類、③分類調査表、④教育原簿、⑤健康診断簿等があるとされている。[38]これらの書類は、被収容者の釈放や死亡後も施設内部で合冊編綴して、①は30年、②〜⑤は10年間保管されるというが、施設外に引き継がれることはない。[39]

くわえて、このような連続性が担保されたとしても、各段階におけるアセスメントが、独立した評価行為として機能するかという疑問もある。各段階におけるアセスメントは、前段階までのアセスメントとそれに基づくマネジメントの内容を踏まえつつも、現段階で改めてアセスメント／マネジメントをし直すようなものでなければならない。

刑事司法手続において、判決確定前の本人に関する情報と評価は、どうしても犯罪行為そのものに関わることへと偏りを生じる。しかし判決確定後の処遇にあたって必要とされる情報とその評価は、社会復帰を志向したものであるべきである。前述のように、刑事司法手続当初からの情報とその評価結果そのものはまずもって引き継がれるべきであるが、一方で、捜査・公判段階で収集された情報に、支援者が収集した、本人に関する別の観点や情報を加え、その時点での本人に関するアセスメントをし直すべきであろう。前述の通り、保護観察付執行猶予者の遵守事項については、保護観察所が行うアセスメントに対して裁判所が意見するものの、むしろこれは裁判段階での法的判断に基づいて、つまり社会内処遇開始にあたってやや臨床的に拡がった視点を、裁判段階での犯罪行為に焦点化した視点へと引き戻しうるものに過ぎない。

評価の基礎となる情報や視点、捜査機関が収集した本人の過去の犯罪行為そのものにかかることを中心としている限り、独立した評価であるとは言い難いであろう。刑事司法手続における現状のアセスメント／マネジメントには、評価とそれに基づく管理や支援の結果を、その後の過程においてどのように扱うべきであるのか、あるべき一連の手続が不明確であるといえる。

(b) アセスメントの位置づけと本人の同意・関与

第二に、各段階のアセスメントの位置づけと対象となる人の同意・関与の問題がある。刑事司法機関によるアセスメントは、必ずしも本人の同意を得ることなく行われる。もちろん、実際の調査のプロセスにおいて、アセスメントを行う上で有用な情報を得るためには（少年に対する社会調査をはじめ）調査者と本人の間で一定のラポール形成の必要性が生じることとなろう。し

かし、本人の関与のあり方として、「必要に応じて」、「意見を参酌」する程度でよいのであろうか。

　この点、国際的には、施設内処遇について、国連被拘禁者処遇最低基準規則（マンデラ・ルール）が、被拘禁者の個人のニーズの考慮（規則2）、（正当な分離や規律秩序に付随する場合を除いた）自己に関する決定の権利の過度の剥奪の禁止（規則3）、自己情報へのアクセス権と自己に関する記録の正式な謄写授受の権利の保障（規則9）等を謳っている[40]。また、社会内処遇（非拘禁的措置）についても、国連非拘禁的措置に関する最低基準規則（東京ルールズ）において、何らかの義務を課す場合の本人の同意の不可欠性（3.4）、本人に関する社会調査報告書の根拠と意見の明確化と客観性の担保（7.1）本人自らが犯罪行為を統制するのを支援するための非拘禁的措置の実施と定期的な見直しの必要性（10.3）等が規定されている[41]。

　このような観点からは、矯正における処遇要領の策定過程や、「身分帳簿」の取り扱い、検察における再犯防止にかかる計画策定や「更生緊急保護重点実施」の際の調査結果、保護における保護観察実施計画等、いずれにしても、本来は本人の同意と関与が必要とされるべき場面であろう。前述の通り、たとえば遵守事項設定時には、本人に遵守事項の内容書面を交付すると同時に、本人にその誓約を求めることとなる。しかし、これは既に定めた遵守事項を本人に「自覚させる」べく、その認識を促すものであって、その設定そのものに真に本人の同意が確保されているとは言い難い。このように、形式的には一定考慮されていると思われる場面もあるものの、実質的には本人の関与や事後的な情報の確認・訂正等の契機はほぼ見られないように思われる。

(c) 「再犯防止」を目的とする（リスク）アセスメント／マネジメントの適正性

　第三に、「再犯防止」を目的とするアセスメントとマネジメントの適正性の問題がある。

　森丈弓は、従来、日本の犯罪行為者処遇におけるリスクアセスメントが発展してこなかったのは、実証的な根拠に基づいた再犯リスクの評価や処遇プログラムの開発を行うにあたり、基礎となる実証的な再犯研究の実施に困難があったことと、日本の矯正教育が、一般の教育等と同様、人格的な成長を促すことを目指すものであって、「再犯防止」のみに焦点化するという発想を生みにくい風土が実務家において形成されていたことを指摘する[42]。そのよ

うな前提のもとでは、再犯があっても「犯罪者教育が失敗したわけではない」、少年については「再犯に及んだからといって、健全育成は達成できなかった、処遇は失敗に終わったとまでは言えない」という意見もあり得たという。しかし、再犯時の事案について「相対的に事案が軽微であるといっても」、「被害者にとっては、再犯防止ができない処遇は無意味」であって、「健全育成における最低限の線引として再犯をしないことを条件に掲げるのは妥当」であるとする。また、「再犯は珍しく明確で客観的な基準」であることもその利点であると述べるのである。

確かに、再犯がどのようにして生じるのかにかかる追跡研究や、実証的な根拠に基づくアセスメントツールや処遇プログラムの開発が、それとして重要であることは言を俟たない。しかしながら、GL（Good Lives）モデルの提唱者であるWardがRNRモデルを批判したように[43]、RNRモデルに基づいて「再犯防止」のみを目的とするリスクアセスメントには、アセスメントを受ける「本人の視点」が欠落している[44]。

森は同著書の中で、GLモデルによるRNRモデルへの批判についても触れ[45]、RNRモデルとGLモデルの両者が「相互背反的」なものではなく、GLモデルがRNRモデルの必要性も認識していること、RNRモデルが原則の一つとして本人の長所に着目して処遇を行うことを盛り込んだことから、「あたかも両者がお互いのモデルに手を伸ばして融合してきている」とする。つまり、長所や保護的因子に着目した処遇や、犯罪行動からの離脱を検討するデシスタンス研究の発展等により、包括的な「再犯防止」処遇が構築されるとするのである。

ただ、ここで言及されているGLモデルとRNRモデルの融合は、飽くまで実質的・効率的な「再犯防止」に寄与しうるか否かという視点によるものである。「本人の視点」の欠落は、単にRNRモデルの中に保護的因子や長所基盤アプローチの要素を取り入れれば埋められるものではない。それは、本人自身の権利として、自らの処遇に自律的に関与することが保障されているか否かということこそ、この問題の本質であるからである。既に指摘した通り、刑事司法制度におけるアセスメント／マネジメントには、本人の同意や関与が保障されていない。加えて、アセスメント／マネジメントに対する第三者評価もほぼ存在していない。しかし、国際的観点からも刑事司法制度におけるアセスメント／マネジメントを無抵抗に受け入れることが、刑罰そのものとして本人に当然強制されるべきものであるとはいえない。ゆえに、本人に

とっての理解や納得を制度的に担保しうるものの不存在は許されないというべきであろう。そのような理解・納得に基づいて、「再犯防止」が結果的に達成され得る生活状況を、最終的に持続可能な形で作り出せるよう尽力できるのは、まさしく本人自身なのである。

　以上、現行刑事司法制度におけるアセスメント／マネジメントの問題点について概観した。福祉をはじめとする対人援助が支援を行うにあたり、「再犯防止」をその支援の直接の目的とすることは、その本質的役割に照らしてあり得ないであろう。[46]かねてより、前述の検察における社会福祉士との連携の取組のような形態によって行われる「入口支援」については、刑事手続に関連づけて行われることで、時間的制約があること、福祉サービスの利用が本人に対して実質的に強制されるおそれがあることや、支援の成否が検察をはじめとする刑事司法機関によって追跡されることで、福祉機関が監視者の役割を担わされる可能性があること等の問題が指摘されてきた。新たな「更生緊急保護の重点実施」においては、保護観察所の支援担当官が調査・調整を行うことにより、刑事司法機関以外の対人援助職がアセスメント／マネジメントを担うのを形式的には一定回避することで、このような指摘を斥ける意図があるのかもしれない。しかし本質的には、そこで本来あるべき福祉的支援に向けたアセスメント／マネジメントが適正かつ適切に行われるといえるのか否かが重要であって、そうでなければその後の支援を構想することには繋がり得ないであろう。本人に対する支援を志向する、かようなアセスメント／マネジメントは、やはり刑事司法に関与した人に対しても、対人援助職によってその独立性・自律性を確保した上で行われるべきものといえる。

　福祉が自らの独立性・自律性を見失いかねないほど、「再犯防止施策」の推進が謳われる中、リスクとそのアセスメント／マネジメントに対する近時の刑事司法によるプレッシャーは大きいともいえる。次節では、刑事司法に関与した福祉的ニーズのある人に対して、福祉が支援を行うにあたり、果たしてどのようなアセスメント／マネジメントを行うべきであるのか、改めて検討を行う。

3　あるべきアセスメント／マネジメントのあり方

(1)　対人援助領域におけるアセスメント／マネジメントの現在

　福祉におけるアセスメントとは、支援を目的として情報を収集し、支援対

象者のおかれた状況と課題について評価・分析・解釈し、他の支援者との共通理解の形成を図ることであるとされる[47]。

また、精神医療におけるアセスメントにおいては、医療的対応の有無や入院の有無等の様々な条件を仮定して検討し、再発の要因になりうるもの（リスクファクター）が探求される。その上で、過去になぜ、どのようにしてその人がその行動を選択したのかを理解し、将来、それらの要因や新たな別の要因がその人に同様の行動を選択させうるのかが考慮されるという[48]。従来の再発予測がある・なしという二分法であるとすると、アセスメントは個々のリスクファクターを減らす介入を目指す、リスクマネジメントを具体化するところに違いがあるとされる。また、最終判断には多職種の専門家による総合的な視点が組み入れられるべきであることも指摘されている[49]。

さらに、臨床心理におけるアセスメントとは、支援を必要とする事例（個人、事態）について、その人格、状況、規定因に関する情報を系統的に収集し、分析し、その結果を総合して事例への介入方針を決定するための作業仮説生成過程と、その当事者・関係者との協議・修正であるという。くわえて、介入後の効果検証、作業仮説の検討・修正という「循環過程」を含む場合もあるとされる[50]。

これらの各領域におけるアセスメントはいずれも、本人との協働や、関係者・他の領域との連携を意識した定義であることがわかる。しかし、このような定義は必ずしも伝統的なものではないという。例えば、臨床心理におけるアセスメントは、心理検査そのものであるとの理解や、アセスメントではなく医学の疾病モデルを連想させる「診断」という語句が用いられていたこともあったという[51]。それではなぜ、いずれの領域においてもこのような様式に収束しつつあるのであろうか。

(a) BPSモデルに基づく包括的アセスメントと多職種相互連携

「生物―心理―社会モデル（Bio-Psycho-Social Model: BPS Model）」は、病気と健康をテーマとする領域全体を対象とする、ある事象が生じたコンテクストや環境を含めた、問題理解の枠組みであるとされる[52]。このモデルは、従来の生物学的・医学的モデルに基づくアセスメントの偏りや限界から、それに代わるものとして提案された。

問題を「生物的要因」、「心理的要因」、「社会的要因」の３つに分類し、これらの多様な用意が絡み合って生じる事象について、それぞれの要因に医学

を含む生物学、心理学、社会福祉学の各専門職が協働して対応することとなる。

　刑事司法に関与した福祉的ニーズのある人への支援にあたって、数多くのケースのアセスメント／マネジメントに関与してきたフランク・ランブリックは、オーストラリア・ビクトリア州での実践に照らして、福祉において一般的なモデルであるこのような包括的アセスメントを行うことの重要性を指摘する。こうした包括的アセスメントの過程を経ることで、「見落とされがちなその人の学習スタイル、個人の強みや関心、コミュニケーションスキルのレベル等を明らかに」し、「さらなる専門的アセスメントを必要とする領域が認識されるに至る」ことがあるという。つまり、本人に関する「強みと弱みをはじめとして、外面に表れている彼らの行為が本当に犯罪的なものであって、ゆえにこの広範なアセスメント過程に加えてリスクアセスメントを必要とするのかどうか」（傍点部は筆者による）をまず知らなければならないとするのである。ランブリックは、このように、まず本人の包括的アセスメントを行うことで本人の支援ニーズは原則十分に把握可能であることを前提に、それでもなお何らかの犯罪的リスクアセスメントを必要とする場合にのみ、改めて何らかの特定ツールを用いたリスクアセスメントを行うという考え方を、刑事司法制度の枠内で用いるべきことを主張しているのであって、福祉的支援にあたってのアセスメントは、ここでいう「包括的アセスメント」で十分に果たされるものというべきであろう。

　また、その過程で、多職種相互連携が促進され、専門職間や本人に対するアカウンタビリティの向上、エビデンスに基づく実践（Evidence-Based Practice）の促進が図られうる。それは、異なる領域の専門家が相互連携していく中で、各々のアセスメント／マネジメントについて、他領域の専門家にも伝わるように説明することが求められ、その判断の根拠となるエビデンスについても明確化されていくこととなる。どこか一つの領域が他領域に対して支配的になるのではなく、各専門領域や個別の専門職間の独立性を保持した連携を促進するためには、互いの専門性を尊重した、このような連携のあり方が不可欠であるように思われる。

　さらに、ランブリックは、アセスメントとマネジメントの過程をはっきり区別することの重要性を指摘する。（必ずしも犯罪的ではない、また犯罪的ニーズもしくは動的リスク要因であっても、人間の基本財を得ることを妨げたり、得にくくしたりしている、内的・外的障壁と位置付けた）日々の生活におけるリスクと、それに基づく支援ニーズを明らかにし、何にどの程度対応すべきで

あるのかを特定した上で、当該リスク要因の評価を確認し続ける継続的評価構造を作ることが重要であるとする。このようにして、アセスメント／マネジメントの連続性が確保される。かような一連の包括的アセスメントとそのマネジメントの過程に、各専門職が独立性をもって関与できる体制構築がなされることとなるのである。

(b) 本人との協働によるアセスメント／マネジメントの重要性

各専門職によるアセスメントは、多元的な問題を理解するにあたり、いくつかの問題把握の基準を用いることが有用であるとされる。臨床心理におけるアセスメントにおいては、問題に関する本人なりの判断や理解を受け止めつつ、事実を確認していくことを通して実際に何が問題になっているのかについての仮説を生成するという。そして、その仮説を「本人に提示し、相互に検討することによって両者が合意できる問題理解の仮説を構成していく」のである。つまり、ここでのアセスメントとは、本人との「対話を通して問題に関する仮説を生成する協働作業」であるとされる。

しかし、これらの対話において用いられる問題把握の基準には、それぞれに特徴と一定の限界があるという。具体的には、以下の4つがある。まず、①適応的基準とは、所属している社会に適応しているのが正常で、社会生活が円滑にできなくなったのが異常である考え方に基づき、期待される機能の障害の有無により、適応か不適応かということを確定する基準である。しかしこの基準の限界は、本人への環境によるストレスが原因で不適応を起こしている場合や、青年期の自我の確立のための一時的な不適応等、不適応であれば異常とは限らない場合があるということである。

次に、②理念的基準とは、判断のための理念体系に基づく規範が存在し、その規範の許容範囲にあれば正常、逸脱している場合を異常であるとの考え方に基づき、判断者それぞれが依拠する理念体系の規範の許容範囲か否かに基づいて判断する基準である。この限界は、理念的判断基準は時代や文化、個人により異なるものである点にある。法律的規範もこうした規範であるといえるが、個々の生活史等に根ざした生活場面における判断は、法律的規範では割り切れないことが多いとされる。

また、③標準的基準とは、集団のなかで平均に近い標準的状態にあるものを正常として、平均からの偏差の程度が強い状態を異常とする考え方に基づき、平均かそこから偏っているかを統計的方法による平均の算出と標準範囲

の決定によって判断する基準である。この限界は、平均は母集団において相対的なものであり、検査法や数量化の問題も生じる点にある。

最後に、④病理的基準とは、病理学に基づく医学的判断により、健康と判断された場合が正常であり、疾病と診断された場合を異常とする考え方に基づき、健康なのか疾病であるのかを、生物学・病理学的診断分類体系に基づいて専門的に判断する基準である。しかし、障害と疾患の診断基準の曖昧さが問題となり、疾病の原因ではなく症状に着目する場合には、①で見たとおり、何が機能不全であるのかを確定することとなり、同様の限界が生じることとなる。

以上、専門職がいずれかの判断基準にのみ拘って判断を行うことは、多元的な問題把握が妨げられるのみならず、本人との対話を困難にしうる。本人が何らかの生活的価値基準に基づいて問題について話している場合に、専門職がそれを専門性の立場から理論的価値基準に従って否定すれば、そこで葛藤が生じるとされる。そうであるからこそ、本人との「対話を通して問題に関する仮説を生成する協働作業」が必要とされるのである。とりわけ、刑事司法機関において収集された情報を含めたアセスメントを行う場合、それらの情報収集の目的は飽くまで刑事司法制度上（捜査機関においては訴追において、刑事施設においては保安や規律秩序の維持にとって）必要かつ重要な情報が「整合的」かつ「説得的」に「整理」されていることから、本人との「協働作業」を通して、それらの情報の「偏り」の程度についても、本人との対話を通して確認することが可能となる[57]。

この「協働作業」は、本人の生活場面に即した理解（＝当事者の生活において問題が生じたコンテクストにおける理解）をもとに、的確な問題把握（＝アセスメント）とその対応（＝マネジメント）を検討する過程であろう。これにより、実効的なアセスメント／マネジメントが可能となるのみならず、支援に際しての本人の参加・関与が確保されるということでもある。

ランブリックは、アセスメントの結果として策定される「再発防止計画」は、「個人のための包括的再発防止の指針となるような、計画の開発でなければなら」ず、「本人やその支援者によって容易に参照される形に落とし込まれなければならない」とする[58]。つまり、本人がマネジメントの意義や内容を理解した上で、それに自律的に関与することができるよう、実際の対応における「概念・言語・スキルの一般化と簡素化」が必要となる[59]。このようなスキームを活用することが、福祉的ニーズのある人への支援（介入）を、本

人に対する他律的管理としてではなく、本人自らが自律的・能動的に得た上で、持続可能な自律的生活の確立へと繋げていくことができる契機になりうるのではないだろうか。

(c) アセスメント／マネジメントにかかる振り返りと第三者評価について

最後に、アセスメント／マネジメントにかかる情報や、その過程の評価について述べておきたい。

前述のような、本人との協働作業に基づくアセスメント／マネジメントが、支援者の主観的には十分に行われたと思われる場合であっても、それが本人にとってどのように評価されうるのかを事後的に確認すべき場合もありうることを前提に、一連のアセスメント／マネジメント過程に関する振り返り、とりわけ関係者間での相互の振り返りが行われることも考慮されるべきであろう。

オーストラリア・ビクトリア州では、保健及び対人援助省（Department of Health and Human Services: DHHS）内に設置された部局において、現場のアセスメントや処遇の適正性を担保し、新たな方法論の開発、実務におけるアセスメント・処遇の専門的サポートとモニタリングが担われている。また、ビクトリア州民事行政審判所（Victorian Civil and Administrative Tribunal : VCAT）は、福祉領域において拘束や投薬等、一定の強制性のある措置が採られる場合の可否判断を行っており、福祉における説明責任や透明性を担保する第三者[60]として機能している[61]。

こうした第三者評価は、日本においてはややネガティブなイメージを持たれがちなところがあるかもしれないが、それは、よき実践の共有等を目的としたモニタリングやスーパーバイズとどのように関連付けてこれを行うのかという方法論の問題であって、第三者評価そのものがネガティブに受け止められるべきものではないであろう。むしろ、福祉自らの透明性や適正性を確保する仕組みを備えることは、福祉が自らの役割として「本人がよりよく生きるためのニーズに基づくサポートを提供すること」を明確にし、刑事司法からの独立性を担保することにもつながるのではないだろうか。

4　むすびにかえて

本稿では、日本の刑事司法制度や少年司法制度における、犯罪をした人に

対するアセスメント／マネジメントについて、従前から存在した課題にくわえ、近時の新たな動向に付随する問題点をそれぞれ指摘した。すなわち、必ずしも一貫していない、「人」を理解することに重きが置かれていないアセスメント／マネジメントが、「本人不在」のまま進められてきたこと、さらに、近時の「再犯防止」を直接的な目的とするリスクアセスメントの積極的な導入が、ますます本人を埒外に置いたアセスメント／マネジメントシステムを構築しつつあることが明らかとなった。

　その上で、刑事司法制度に関与した福祉的ニーズのある人への支援にあたって行われるアセスメント／マネジメントは、BPSモデルに基づく包括的アセスメントをまずもって行う中で、本人との「対話を通して問題に関する仮説を生成する協働作業」によって行われるべきである。また、こうしたアセスメント／マネジメントの方法論を、本人の目線から事後的に検証できるようにしつつ、よりよいものへと洗練させていくためにも、第三者評価が行われることが望ましいことを指摘した。

　なお、今後このようなアセスメント／マネジメントを一般化していくためには、専門家養成課程におけるアセスメント／マネジメントに関しての教育や研修も重要となる。前節で示した単一の問題把握の基準に縛られることなく、本人や他領域の専門家との協働作業に臨むことのできる専門職養成のためには、「専門職」である以前にまず「人」として、本人と向き合うことのできる姿勢が不可欠なのではないだろうか。

1　国立国語研究所によると「アセスメント（assessment）」という語の日本語言い換え語として「影響評価」、文脈によっては「評価」、「査定」等といった言い換えが分かりやすい旨が述べられており、それが用いられる領域によってその意味内容が異なること、「環境アセスメント」等、複合語によって用いられることも多いとされる。ちなみに、日本国内での意識調査で「アセスメント」の意味が分かるとした人の比率は25％未満であり、一定時間が経過していることに鑑みても、当該語句の意味内容が、それほど正確に浸透しているとは言い難いことは明らかであろう。国立国語研究所「外来語」委員会『『外来語』言い換え提案──分かりにくい外来語を分かりやすくするための言葉遣いの工夫（第１回～第４回総集編）」（平成18〔2006〕年３月）http://pj.ninjal.ac.jp/gairaigo/Teian1_4/iikae_teian1_4.pdf（last visited 2018/01/15）20頁。
2　「マネジメント（management）」の言い換え語としては「経営管理」、「運営管理」、「管理」等が示されているが、「ケアマネジメント」という複合語の場合は「在宅介護支援」との言い換え語が提示されている。なお、当該語句の意味が分かるとした国民は50％以上70％未満、60歳以上の国民はそれよりもやや低くなるという。同上152頁。
3　最一小判昭和28・２・19刑集７巻２号306頁。

4 須藤明「裁判員制度における経験科学の役割——情状鑑定事例を通して」駒沢女子大学研究紀要18号（2011年）151-152頁。
5 高岡健『精神鑑定とは何か——責任能力論を超えて』（明石書店、2010年）28頁。
6 これらは各々「狭義の犯情」、「一般情状」とも称される。なお、量刑理論においては、刑事裁判で当該事件の「犯情（狭義の犯情）」についての裁判所の認識が変化すると、それは罪責認定に影響を及ぼすこととなる。つまり、犯行の動機・目的、手段方法、計画の有無等についての事実認定が変化すれば、当該犯罪行為に対する被告人の責任の認定も変化するということである。
7 上野正雄「情状鑑定について」法律論叢78巻6号（2006年）284頁。
8 須藤・前掲注（4）152頁。
9 森武夫「情状鑑定について——実務経験から」専修大学法学研究所紀要36巻（2011年）37頁。
10 少年司法手続においては、ここで挙げた家庭裁判所調査官による社会調査以外にも、少年を観護措置として少年鑑別所に収容し、鑑別技官が行う資質鑑別（少年法17条）がある。
11 武内謙治『少年法講義』（日本評論社、2015年）253頁。
12 「調査前置主義」とは、調査過程は審判過程に先行するという考え方であり、この立場を採るメリットとして、予め調査を尽くしておくことで、当該調査資料に基づいて少年に向き合うことが可能となること、審判段階における少年への教育的働きかけ（保護的措置）が可能となること、審判前にフォーマルな処分の要否を見極められることが挙げられる。同上249頁。
13 同上250頁。
14 平18・5・23矯成訓3308法務大臣訓令。
15 林眞琴＝北村篤＝名取俊也『逐条解説刑事収容施設法〔改訂版〕』（有斐閣、2013年）401頁。
16 具体的な調整項目は以下の通りである（犯罪をした者及び非行のある少年に対する社会内における処遇に関する規則〔社会内処遇規則〕112条1項）。
一　生活環境調整対象者の釈放後の住居を確保すること。
二　引受人等を確保すること。
三　生活環境調整対象者の釈放後の改善更生を助けることについて、引受人等以外の生活環境調整対象者の家族その他の関係人の理解及び協力を求めること。
四　生活環境調整対象者の釈放後の就業先又は通学先を確保すること。
五　生活環境調整対象者の改善更生を妨げるおそれのある生活環境について、当該生活環境調整対象者が釈放された後に影響を受けないようにすること。
六　生活環境調整対象者が釈放された後に、公共の衛生福祉に関する機関その他の機関から必要な保護を受けることができるようにすること。
七　その他生活環境調整対象者が健全な生活態度を保持し、自立した生活を営むために必要な事項。
17 保護観察所が、本人の施設収容中に行う生活環境調整にあたって、「当該生活環境調整対象者の帰住予定地、釈放後の生活の計画等に関し、参考となる資料又は情報の提供、当該生活環境調整対象者に対する助言その他必要な協力を求める」こともできる（社会内処遇規則112条3項）。
18 今福章二「保護観察とは」今福章二＝小長井賀輿編『保護観察とは何か——実務の視

19 重大再犯事件と更生保護改革の動向の関係やその問題性については、土井政和「更生保護制度改革の動向と課題——有識者会議提言と更生保護法案を中心に」刑事立法研究会編『更生保護制度改革のゆくえ——犯罪をした人の社会復帰のために』(現代人文社、2007年) 2-16頁参照。
20 今福・前掲注 (18) 7-8頁。
21 RNR (Risk-Need-Responsivity) モデルとは、AndrewsとBontaによって提唱された犯罪者処遇モデルである。処遇密度を対象者の再犯リスクに応じて決めるべきであるとするリスク原則、介入すべき再犯危険因子を明らかにした上で処遇を行うべきであるとするニード原則、処遇に対する応答性を高めるような処遇の個別化がなされるべきであるとする応答性原則、この3つの原則に基づいて処遇を行おうとするモデルであり、1960年代の「処遇悲観論」をはじめとする犯罪者処遇に対する懐疑的視点を払拭すべく、処遇が再犯リスクの低減という結果に繋がったか否かという実証的根拠を強く求める点に特徴がある。J. Bonta & D. A. Andrews, The Psychology of Criminal Conduct, 6th ed., 2017, New York, Routledge.
22 今福・前掲注 (18) 8頁。
23 法務省「起訴猶予者に対する更生緊急保護を活用した新たな社会復帰支援策の拡充について」(平成25年5月23日) http://www.moj.go.jp/hogo1/soumu/hogo02_00050.html (last visited 2018/01/15)。なお、「事前調整」であった間は、まさにサービスの「調整」や「相談対応及び支援」に重きが置かれていたが、「重点実施」においては、新たに「継続的かつ重点的な生活指導」を行うことが明示された。
24 法制審議会少年法・刑事法 (少年年齢・犯罪者処遇関係) 部会第3分科会第1回会議配布資料「更生緊急保護及び更生保護における社会復帰支援施策について」http://www.moj.go.jp/content/001236860.pdf (last visited 2018/01/15) 3頁。
25 中村葉子「検察における起訴猶予者等に対する再犯防止の取組について——京都地方検察庁における取組を中心に (特集:刑務所出所者等の社会復帰支援と国民理解)」犯罪と非行180号 (2015年) 53頁。
26 法制審議会少年法・刑事法 (少年年齢・犯罪者処遇関係) 部会・前掲注 (24) 3頁。
27 最高検察庁「検察改革について」http://www.kensatsu.go.jp/kakuchou/supreme/kensatukaikaku.html (last visited 2018/01/15)。
28 和田雅樹「検察における再犯防止・社会復帰支援のための取組 (特集:刑事手続と更生支援)」法律時報89巻4号 (2017年) 19-25頁。
29 森丈弓『犯罪心理学——再犯防止とリスクアセスメントの科学』(ナカニシヤ出版、2017年) 72頁。
30 森丈弓「犯罪・非行のリスクアセスメントについて (特集:犯罪・非行研究の最前線〔その3〕——気鋭の犯罪心理学研究)」青少年問題57巻 (2010年) 11-12頁。
31 森・前掲注 (29) 42-69頁。
32 「静的リスク要因」とは、再犯リスクを高める要因である犯因論的リスク要因 (criminogenic risk factor) のうち、後から変化させることが不可能な要因を指す。過去の犯罪歴、性別、初発非行年齢等がこれに当たる。J. Bonta & D. A. Andrews, supra note 21, at 20.
33 「動的リスク要因」とは、犯因論的リスク要因の中で、後から変化させることが可能な要因を指す。家庭環境、自己統制力の低さ、不就労等がこれに当たる。動的リスク

要因は、その時間的安定性により、動的・安定的リスク要因（dynamic stable risk factor）と、動的・急性的リスク要因（dynamic acute risk factor）に分化され、前者の方がより変化に時間がかかるものとなる。Id. at 18-20.

34 森・前掲注（30）12-13頁。

35 本来、責任能力鑑定がいかように行われるべきであるのか、また、責任能力鑑定と情状鑑定が本来どのような関係性に立つべきであるのかについては、別途検討を要するところである。高岡は、とりわけ裁判員制度導入後の刑事裁判において、「（精神）疾患の診断基準が形式的に満たされているかどうか」といった「責任能力」判断に偏重している日本の刑事裁判が、ますます被告人の「生活史・病歴・性格」といった要素が省略され、「被告人の人間像を、具体的かつトータル」に知ることが難しくなる旨を指摘する。高岡・前掲注（5）106-108頁。心身の障がいを社会モデル的に理解することを前提にすべき現代において、行為と障がいの関連性をいかに判断すべきであるのかが問われなければならない時期に来ているのではなかろうか。

36 「更生支援計画」については、一般社団法人東京TSネット編／堀江まゆみ＝水藤昌彦監修『更生支援計画をつくる　罪に問われた障害のある人への支援』（現代人文社、2016年）等を参照。

37 本書第4部の定着調査結果においても、刑事司法機関によって収集された情報ではなく、裁判段階における弁護人によって収集された情報の方が、福祉的支援の見立てに資する旨が言及されている。

38 行刑運営に関する調査検討委員会「行刑運営をめぐる問題点の整理（国会審議における指摘を踏まえて）」（平成15年7月28日）http://www.moj.go.jp/content/000002322.pdf（last visited 2018/01/15）17-18頁。

39 本書第4部の定着調査結果においては、例えば、刑事施設内で行われている各種処遇プログラムの実施状況や、本人の刑事施設内における生活状況についての情報を求める声等が多々あった。

40 United Nations, "Standard Minimum Rules for the Treatment of Prisoners: the Nelson Mandela Rules", General Assembly Resolution 70/175 of 17 Dec. 2015.

41 United Nations, "Standard Minimum Rules for Non-Custodial Measures: the Tokyo Rules", General Assembly Resolution 45/11 of 02 Apr. 1991.

42 森・前掲注（29）14-15頁。

43 GL（Good Lives）モデルとは、「よき人生」モデルと訳され、犯罪行為者が自らにとって重要なゴールに辿り着くことを支援することに焦点をあてた「行為者の自信・長所に基づく（strength-based）包括的社会復帰モデル」であるとされる。犯罪行為者自身に能力（内的条件）の獲得とその機会（外的条件）を提供するよう努めることによって、人間の基本財（primary goods）（基本的行動、経験、状況など個人を満たし、高めるもの）を、後天的に獲得される財（second goods）（自ら問題を解決し、本来あるべき資質を守る方法）の獲得によって自ら得ることが目指されることとなる。T. Ward, & S. Maruna, Rehabilitation: Beyond the risk paradigm, 2007, London: Routledge.

44 RNRモデルとそれに対するGLモデルによる批判を整理し、ソーシャル・インクルージョンの観点から各モデルの検討を行ったものとして、相澤育郎「ソーシャル・インクルージョンと犯罪者処遇──『公正』と『効率』のモメントから」龍谷大学矯正・保護総合センター研究年報5号（2015年）16-35頁を参照。

45 森・前掲注（29）73-74頁。

46 本書・水藤論文、木下論文参照。
47 独立行政法人国立重度知的障害者総合施設のぞみの園『理論と実践で学ぶ知的障害のある犯罪行為者への支援』（独立行政法人国立重度知的障害者総合施設のぞみの園、2017年）9頁。
48 安藤久美子「暴力に関する欧米の司法精神医学的研究（2）暴力のリスクアセスメントツール」犯罪学雑誌69巻6号（2003年）220-221頁。
49 同上229頁。
50 下山晴彦『臨床心理アセスメント入門——臨床心理学は、どのように問題を把握するのか』（金剛出版、2008年）220頁。
51 津川律子『精神科臨床における心理アセスメント入門』（金剛出版、2009年）46-53頁。
52 下山・前掲注（50）25-27頁。
53 フランク・ランブリック（水藤昌彦＝森久智江共訳）「障がいのある人のリスクのアセスメント（Risk Assessment）とマネジメント可能性（Manageability）、その支援の理念とあるべき方法（共同研究：福祉と司法の連携における『リスク評価（Risk Management）』と支援——オーストラリアの実践に学ぶ）」立命館法学361号（2015年）332-334頁。
54 但し、現状の福祉における一般的なアセスメント／マネジメントが、こうした「包括的アセスメント」としてすべからくなされているか否かについては、疑問なしとしない。福祉そのものが抱える問題点については、本書・水藤論文参照。
55 ランブリック・前掲注（53）334-335頁。
56 下山・前掲注（50）56-64頁。
57 刑事司法機関から福祉職が得られる情報につき、このようなバイアスが存在することに留意すべき点を指摘するものとして、独立行政法人国立重度知的障害者総合施設のぞみの園・前掲注（47）11頁。
58 ランブリック・前掲注（53）336-337頁。
59 例えば、オーストラリアにおいて用いられている「古い自分、新しい自分（Old me, New me）モデル」は、「われわれが2つの相矛盾する、思考もしくは自分自身の姿勢、信念、行動に関する認識を有しているとき、一定の心理的困難に陥る」として、この「認知の不一致」から脱し、内的調和を再構築しようとするということを簡略化した絵にして本人に示すものである。これ以外にも、「きっかけカード（Cue card）」と呼ばれる、本人の思考のきっかけを促す視覚的なカードを用いることが、認知に何らかの制約を有する人にとっても、自らマネジメントを行うことに資することが紹介されている。ランブリック・前掲注（53）340-343頁。
60 支援におけるアカウンタビリティについては、本書・本庄論文参照。
61 森久智江「障害のある犯罪行為者（Justice Client）に対する刑事司法手続についての一考察」立命館法学327・328号（2009年）945-947頁。若干の組織改編を経て、名称が変更されているが、基本的に対人援助を管轄する省庁の中に、こうしたモニタリングやスーパーバイズを行う部局が置かれていることは、現状もなお変わりはない。

（もりひさ・ちえ）

第4章
刑事司法における犯罪行為者処遇と社会復帰支援
受刑者の法的地位論、処遇モデル論および国際準則を中心に

相澤 育郎
立命館大学

1 はじめに

　犯罪行為者処遇[1]のあり方をめぐっては、これまで長きにわたり、多様な論者によって、様々な観点から論じられてきている。ところが近時、そのあり方に、再びないし新たな議論が提起されている。

　その一つは、成人年齢の引き下げにともなう「懲役刑・禁錮刑の一本化」（いわゆる自由刑の単一化）に関わるものである[2]。これは2016年12月の「『若年者に対する刑事法制の在り方に関する勉強会』取りまとめ報告書」によって、「懲役刑・禁錮刑を一本化した上で、その受刑者に対し、作業を含めた各種の矯正処遇を義務付けることができることとする法制上の措置を採ること」が提案されたことを契機としている[3]。ここでは刑法ないし自由刑と処遇との関係をどのように理解するのか、言い換えると処遇の義務づけの根拠をめぐる議論があらためて提起されることになった。

　またもう一つは、いわゆる「司法と福祉の連携」に関わるものである。これは、ここ数年、刑事施設に多くの高齢者や障がい者が収容されていることが明らかとなり、そうした人々に対する社会復帰支援の必要性が強く意識されたことに起因している。全国に「地域生活定着支援センター」が設置され、犯罪行為者処遇に社会福祉士などの新たなアクターの関与もみられるようになった[4]。そこでは「出口支援」や「入口支援」といった新たな用語が生み出されるとともに、「福祉が司法の下請けとなる」といったこれまであまり聞かれなかった懸念も表明されている[5]。両者の連携のあり方が模索される中で、犯罪行為者処遇の目的や関与するアクターの役割規定のあり方が、あらため

て問われているといえよう[6]。

　こうした近時提起される議論は、かつての刑法改正や監獄法改正論議でなされたものと共通点も多く、その意味では、これらは古くて新しい議論であるということができる。そこで本稿では、これまで日本で検討ないし紹介されてきた犯罪行為者処遇をめぐる議論を整理し、その主要な論点を明らかにするとともに、現状に対する若干の提案を行おうとするものである。もっとも、これまで日本において提起された犯罪者処遇に関するすべての議論をここで検討することは不可能であるので、その主なもの、具体的には受刑者の法的地位論（2）、処遇モデル論（3）および国際準則における犯罪者処遇のスタンダード（4）を検討の素材としたい。

2　受刑者の法的地位論

(1)　特別権力関係理論

　有罪を宣告され刑に服する者の法的地位を論じる余地は、かつては存在していなかった。クローネ（Karl Krohne）の講じたごとく、「受刑者は無権利（Rechtlos）であり、その人格と財産とをもって刑罰目的達成のために無条件に国権に服従する」存在であった[7]。しかしながら、19世紀以降の法治国家思想のもとでは、受刑者といえども国家の奴隷ではなく、自由と権利の制限が一定の根拠のもとに成立可能なものであることを説明する法理が必要とされた。そこで援用されたのが、いわゆる特別権力関係理論であった。

　特別権力関係理論（ないし特別権力関係論）は、国家と特別な関係に立つ私人の権利義務関係を根拠づける法理として、ドイツ公法学において発展したものである。室井力によれば、特別権力関係とは、一般権力関係に対する概念であり、一般権力関係が国または地方公共団体とその一般統治権に服する国民または住民の関係をいうのに対し、特別権力関係は、国または地方公共団体とその特別統治権に服する国民または住民との間の行政法関係である。これは何らかの特別の法原因によって成立した限りにおいて、一般権力関係における以上に人民が特別権力の包括的支配に服する地位に立つ関係である。具体的には、一般権力関係においては法治主義が全面的に妥当するのに対し、特別権力関係における特別権力主体（国）は、当該関係の設定に内在する行政目的達成に必要な範囲と限度において、特別権力服従者（私人）に対して、各個の場合に法規の根拠に基づかずに命令・強制・懲戒をなしうる（法律の

留保の排除)。また特別権力関係においては、当該関係内部における諸権力行為に対する訴訟を原則として提起できない(司法審査の排除)。そこでは私人は、特定の行政目的達成に必要な限りにおいて、「強められた義務」と「弱められた自由」に服することになる。その典型は、公務員の勤務関係、国立学校の在学関係および国公立病院の在院関係などであったが、刑事施設における受刑者等の収容関係にもこれが援用された。

堀雄は、この特別権力関係理論を受刑者の法的地位論において以下のように展開している。「監獄と在監者との法律関係は、法律の留保に属しない行政における法律関係(=特別権力関係:引用者注)である。したがって、そこにおける両者の権利義務は、抽象的な形であれ、個別化したものとして示されることは理論上必要とはせられず、監獄の長は設定目的を達成するために必要な命令強制をなす権利を有し、在監者はこれに服従する義務を負うのである。そして、包括的な授権の限界をなすものとしては、個々の特別権力関係の設定目的がある」。堀によれば、当該授権の限界をなす特別権力関係の設定目的、すなわち刑事施設(監獄)の設定目的は、受刑者の拘禁(行動の自由の制限)、隔離(外部との交通の遮断)、そして改善(犯罪性の矯正)である。したがって、この目的達成に必要な範囲で、すなわち受刑者の拘禁、隔離および改善のために必要な範囲で、国は、個々の法規によらず受刑者の権利自由の制限が可能となり、かつ、これに対する司法審査は及ばないものとされたのである。

こうした特別権力関係理論による受刑者の権利自由への制約に対しては、ドイツにおいても早い段階で根本的な批判論が展開されていた。その代表的論者がフロイデンタール(Berthold Freudenthal)であった。フロイデンタールは、1909年11月3日、フランクフルト・アム・マイン、社会・商業学アカデミー総長就任式において、「囚人の国法上の地位」を講じた。それは次の3点に要約される。まず個人の自由権への制限は、行政命令ではなく法律によって規定されなければならない。すなわち「個人の権利の領域への侵害が行政規定で行われるとするなら、それは、自由権、すなわち、わたしたちの生きる立憲国家の本質に適しているといえるのだろうか。わたしたちの生きる国家の実体は、単なる命令でなく、法律によって規定するべきである」(行刑における法治主義)。次に自由刑は、自由の制限であって他のものへの制限となってはならない。すなわち自由刑は、その執行の方法によって身体刑や生命刑となってはならず、また財産に対する刑にもなってはならない。加え

て責任のない第三者（受刑者の家族、被害者およびその家族）に対しても、自由刑による害悪が及ぼされてはならない（自由刑の純化）[14]。最後に国家は、受刑者に対して、裁判によって言い渡された自由刑をできるだけ純粋に執行しなければならない（自由刑の弊害除去）[15]。こうしたフロイデンタールの所論は、ドイツ、そして日本における受刑者の法的地位論に多大な影響を与えたのである[16]。

　戦後、日本国憲法における基本的人権尊重の思想は、当然に、特別権力関係理論の見直しと、受刑者の法的地位の再考を迫った[17]。大阪地判昭和33・8・20行裁集9巻8号1662頁は、被拘禁者（死刑確定者）と刑事施設の収容関係において、特別権力関係の存立そのものは認めつつも、「被拘禁者が身体の自由を拘束されるのはやむをえないところであるが、拘禁が法律に基づいて容認された以上、被拘禁者のすべての人権の制限は当然それに内包され、具体的の法律の根拠なしに人権の侵害が許されると考うべき理はない」とし、法律の留保の排除を否定した。また法律による自由への制限も「設定目的に照して必要最小限度の合理的制限のほかは認められるべきでない」とし、それを超える違法な人権侵害に対しては、司法救済を求めることができると判示した[18]。これは下級審の裁判例でありながら、後のリーディングケースとなった。また学説においても、もはや法治主義と司法審査を排除する伝統的な特別権力関係を認める見解は支持されておらず、この意味では当該理論は克服されたと見る向きもある[19]。

　しかしながら、行刑実務においては、行政の円滑な遂行という観点から、拘禁目的を達成するために必要かつ合理的な範囲においては、必ずしも個別の法律の根拠を要しないとする見解がなお支配的であるとの指摘もある[20]。また2000年代にあっても、特別権力関係論を援用し、法治主義の例外を認める裁判例もなお存在している[21]。したがって、安易な「特別権力関係論の終了」が問題の客観的認識を誤らせるものであり、当該法律関係に立ち入った具体的理論的分析が必要との認識は、今なお重要なものということができよう[22]。

(2)　自由刑純化論

　フロイデンタールは、既にみたように行刑の法律化とともに、いわゆる「自由刑の純化」の思想を提唱した。立憲国家における刑罰は、法律に定められているだけではなく（形式的法治主義）、その内容の面でもふさわしいものでなければならないこと（実質的法治主義）が要求された。これは自由刑の内

容と受刑者の権利制限の実質的根拠をめぐる議論において、極めて重要な示唆を与えるものであった。もっとも、フロイデンタール自身は、自由刑が健康等の他の権利自由への制約となってはならないことを主張したのであって、自由刑自体がどのようなものであるべきか、言い換えるとこれを何に純化するのかについては、当初必ずしも明らかにしてなかった。この点で牧野英一は、フロイデンタールがリストとの論争において「自分は、ただ行刑の当事者が互いに権利義務を持つことを主張するだけである。その権利義務の内容についてはまだ何事をもいわない。いかなる権利と義務とが存すべきかは目的が定める」としたところから、教育という目的において自由刑が純化されるべきと主張した[23]。これは自由刑の教育刑への純化ということができる[24]。したがって、一言で自由刑の純化といっても、自由刑をどのような刑罰として理解し、その内容に何を折り込むのかによって結論は異なることになる。

　この点で吉岡一男は、日本においてよりドラスティックな自由刑の純化を主張したことで知られている。吉岡は、フロイデンタールの所論を、「自由刑の目的を高調するよりも、刑罰が国家権力による個人への強制的介入である点に着目して、その内容を明確化したもの」と捉え、刑罰を「必要悪として最小限認めざるを得ないという立場に立つもの」と理解する[25]。そして、この刑罰内容の明確化ないし縮減という観点から、自由刑を文字通り移動の自由の制限へと純化し、そこから犯罪者の改善矯正目的を排除すべきと主張した[26]。つまり刑罰としては移動の自由のはく奪に尽きており、受刑者の改善矯正は、自由刑の目的でも内容でもないと理解するのである。ゆえに「犯罪者個人への働きかけは、刑罰制度の中で再犯防止を目指した処遇として行われるのではなく、彼自身の問題を一般的な社会福祉活動の場で解決するという形で行われるべき」となる[27]。そこでの刑事施設（国）の役割は、あくまで本人の問題を一般福祉の場で解決するための補助的なものとなり、その達成も「努力目標」に過ぎなくなる[28]。そして受刑者は、移動の自由のはく奪以外には、一般市民とまったく同じ権利を持つとみなされるので、例えば刑務作業は一般労働と同じであり、賃金請求権が発生すべきことも主張された[29]のである。

　こうした吉岡の所論は、自由刑の改善矯正目的が強調されることによる問題性を強く意識したものであった（この点は、次に論じる犯罪行為者処遇の医療モデルの失敗を強く意識したものでもあった）。受刑者の改善矯正を理由にした権利制約の正当化や、その目的実現のための矯正処遇の義務付けを排除するところに、その主眼はあった[30]。この点で吉岡説は、すぐれて自由主義的（自

由保障重視的)な自由刑・犯罪者処遇制度の構想であったといえよう。しかし、処遇を一般福祉に還元すべきとする吉岡の立場は「消極行刑」と呼ばれ、むしろ改善矯正こそが自由刑本来の目的であるとする「積極行刑」の立場から批判を受けた[31]。また刑罰制度の合理化に向けては、むしろ「改善主義」が強調されるべきとの主張もなされた[32]。確かに、自由刑から改善矯正目的を排除すれば、自由保障の側面は徹底されるが、受刑者に対する働きかけは、その根拠を失うことになる。さりとて、処遇を自由刑の一部とすれば、吉岡の指摘するように受刑者の権利制約や国家からの過剰な干渉を招くおそれがある。ここに自由刑と処遇をめぐるアポリアがあった。

　この難問に対して、自由刑を「刑の執行」と「行刑」に分かち、それぞれの根拠を別のところに求めることで解決を図ったのが土井政和である。土井は、吉岡の所論が人権保障の点で優れていることは認めつつも、「受刑者であるが故に、一般市民に対する福祉的援助とは質的に異なった独自の援助を必要としている側面がある」と指摘する[33]。多くの受刑者は、様々な社会的なハンディキャップを犯罪の以前から抱えており、単なる一般福祉への還元では、処遇の内容は不十分なものとなる。しかしながら、土井は、自由刑の内容に改善矯正処遇を含ませる立場はとらず、以下のように整理する。「不利益の付加を本質とする『刑の執行』と社会復帰のための援助を本質とする『行刑』とを区別し、行刑を自由刑の特別予防的側面としてではなく、『刑の執行』に随伴しつつも、それとは別個の行政作用ととらえるべきだと考えている。刑罰は、過去の犯罪行為に対する責任非難の体現であり、不利益を内容とするものである。しかし、それは、一定期間刑事施設に生活の本拠を強制されるという意味での不利益であり、それを課すことが自由刑＝刑の執行である。これに対し、『行刑』作用として行われる受刑者自身の個人的問題を解決するための措置、あるいは、刑の執行に伴う弊害を除去するための措置(処遇)は、自由刑の『内容』でも『目的』でもなく、国家による受刑者に対する福祉活動であると共に、それを通じた犯罪予防活動である」[34]。これを簡単に定式化すれば、自由刑は、「刑の執行」＝「移動の自由のはく奪(のみ)」と、「行刑」＝「刑罰とは別個の国家による福祉活動(処遇)」とに分けられるものとされた。

　土井の所論が優れていたのは、フロイデンタールから吉岡へと続く自由刑純化の思想を徹底させつつ、国家による積極的な処遇を位置づけたところにあった。それは自由保障機能と積極行刑の両立というアポリアを解決する試

みといえよう。しかしながら、こうした土井説にも異論がないわけではなかった。特に自由刑のうち、「刑の執行」（＝移動の自由のはく奪）は、犯罪行為に対する責任非難によって根拠づけられうるが、「行刑」（＝処遇）を刑罰目的や内容から離れて根拠づけるものは何かが問題とされた。積極行刑の立場であれば、「それは自由刑の目的ないし内容である」と答えることができるが、土井説は、処遇を自由刑から離れた行政作用として捉えるので、別の根拠づけを要することになる。この点をして、処遇を提供するのは国家の義務なのか、あるいは受刑者がこれを受ける権利を有するのか、また権利であるとするならば、それはどのような性格のものなのかといった疑義も呈された[35]。

そこで土井は、自由刑の弊害除去論と受刑者の自己発達権という二重の観点からその根拠づけを試みた。まず弊害除去論からは、フロイデンタールとこれを発展させたザイファート（Heinrich Seyfarth）の所論に依拠しながら、自由刑の弊害除去は、受刑者の釈放後の生活再建に協力する国家の義務であるとした。そして、この自由刑の弊害除去は、刑罰執行における威嚇的性格の緩和という消極的なものにとどまらず、受刑者の積極的な能力付与へと発展させられるべきと主張した[36]。しかしながら、これだけでは処遇は、あくまで自由刑に付随するものに過ぎず、受刑者の拘禁以前の事情に基づく援助を根拠づけるには不十分となる。そこで土井は、個人の自己発達権という観点から、受刑者の社会的援助を受ける権利を根拠づけることを試みた。すなわち国家は、拘禁によって受刑者の自己発達の機会を阻害している以上、これを可能にする機会を刑務所内で保障し、受刑者に対して自己発達の機会を提供するプログラムを準備する義務を負う[37]。これは憲法13条（幸福追求権）、25条（生存権）ならびに26条（教育を受ける権利）から根拠づけられる[38]。そこでは国家が援助の提供義務を負い、受刑者がそれを選択的に享受するという、いわば反射的な国家の義務＝受刑者の権利という関係が認められる。こうして処遇は、自由刑そのものから離れた根拠を持つことになる。それは単に自由刑の弊害を除去するにとどまらず、犯罪以前の事情をも考慮した幅広い内容を含むものとなる。またその提供も、拘禁をきっかけとしつつ施設内から社会内へと続くものとなる。処遇は、従来の改善矯正処遇の枠を超えた「一貫した社会的援助」として再構成されるのである[39]。

以上のように土井説は、自由刑の純化を徹底しつつ、社会復帰のための処遇に積極的な根拠を与える画期的な理論的営為であった。確かに、社会復帰

権の実質は、なお検討を要する課題であるといえよう。しかし、処遇を受刑者の改善矯正目的から解放し、社会的援助へと再構成する土井の所論は、「司法と福祉の連携」が強調される昨今、極めて示唆的かつ有益であるように思われる。またこうした土井の処遇観は、近時欧米で注目される処遇モデルである、よき人生モデルとの親和性が高いようにも思われる。この点を確認するためにも、以下では、日本の処遇論に大きな影響を与えてきた、アメリカを中心とした英語圏の処遇モデル論の歴史を検討しよう。[40]

3　処遇モデル論[41]

(1)　医療モデルと公正モデル

　犯罪者（受刑者）処遇のあり方は、かつてアメリカにおいて医療モデルと公正モデルの対立として論じられた。ここでいう医療モデル（Medical model）とは、1930年代以降の社会不安が蔓延するアメリカにおいて隆盛を誇った犯罪者処遇の考え方である。そこでは犯罪行為は病気（の兆候）に、犯罪者は病人に、そして処遇は治療に類するものとみなされた。[42]医療モデルは、具体的な刑事司法システムにおいては、不定期刑を刑務所制度の中核とし（犯罪が病気であれば、治療が終わるまで施設から出すべきでなく、またこれが終われば速やかに施設から出す必要がある）、受刑者の処遇の個別化を「診断」や「分類」という医学用語で説明し、そしてすでに医療アナロジーの強い影響下にあったソーシャル・ケースワークをプロベイションの分野で採用するという形態となって現れた。[43]しかしながら、医療モデルに対しては、1960年代後半から規範的および実証的観点からの批判が提起されることになる。

　規範的な観点からの批判は、保守派によるものとリベラル派によるものがあった。保守派は、医療モデルを犯罪者に対する一種の甘やかしであるとみなし、刑罰の応報という側面を強調した。ヴァン・デン・ハーグ（Ernest van den Haag）は、刑罰の効用がどれほど強調されてようとも、人々の間から正義への要求が消えることはないと主張した。[44]またウィルソン（James Q. Wilson）は、医療モデルが犯罪者に対する不平等な取り扱いを招いていると批判し、矯正システムを更生ではなく、隔離による無害化と処罰による抑止とみるべきことを要求した。[45]他方でリベラル派は、受刑者の人権という観点から医療モデルを批判した。アレン（Francis A. Allen）は、医療モデルを支える更生理念の隆盛によって、刑事施設内で行われている過酷な処遇が治療

(therapy) の名のもとに正当化され、その実態が隠蔽されていることを批判した[46]。また医療モデルの前提が個人の責任を超える刑を正当化し、拘禁刑の長期化をもたらしていることも指摘した[47]。こうした医療モデルへの規範的な観点からの批判は、公正モデル（Justice model）と呼ばれた。

　実証的な観点からの批判は、マーティンソン（Robert Martinson）らによるものがよく知られている。マーティンソンは、1945年から1967年までに英語で公表された犯罪者処遇に関する公刊物を検証し、処遇の再犯への効果に対して、「わずかなかつ独立した例外を除いて、現在までに報告された犯罪者の更生への試みは、再犯に対して何ら評価可能な効果をもたない」と結論づけた[48]。もともと医療モデルは、犯罪行為者への治療（処遇）が有効であり、それは社会のみならず本人にとっても利益となるという、素朴なパターナリズムに依拠していた。ところがマーティンソンらの研究は、その前提を否定したものであった[49]。このマーティンソンらの「何も効果がない（nothing works）」という言辞は、医療モデルの批判論者、つまり公正モデル（特に保守派）の論者から頻繁に引用され[50]、犯罪者処遇に対する悲観論をアメリカのみならず世界に蔓延させていった。日本においても上述の吉岡らの消極行刑論に、その影響をみることができる。

(2) RNRモデルとGLモデル

　しかし、マーティンソンらによる処遇効果への否定以降も、その有効性を検証する研究は継続されていた。特に1980年代半ばから、メタ・アナリシスなどの厳密な統計手法を用いた系統的レヴューが公表され、再犯予防に効果のある処遇とそうでない処遇とが次第に明らかにされるようになった[51]。こうした統計的な根拠に基づいた政策立案・遂行を志向する動向は、エビデンス・ベイスド・ポリシーと呼ばれた。

　中でも近時注目され、日本においても導入が主張されているのが[52]、カナダのアンドリューズ（Donald A. Andrews）とボンタ（James Bonta）によって提唱されたリスク・ニード・レスポンシビティ（Risk Need Responsivity）モデルである[53]。RNRモデルは、次の3つの原則によって構成された、再犯リスクの減少を目的とする処遇モデルである。

　その構成原理の第1は、「リスク原則」である。これは「誰を処遇するのか（who to treat）」に関する原則であり、処遇による便益のもっとも大きい高リスクの犯罪行為者に対して処遇を集中すべきとするものである。この再

犯危険性の評価には、保険数理的統計を用いた評価基準が用いられる[54]。

　第2の構成原理は、「ニード原則」である。これは「何を処遇するのか（what to treat）」に関する原則であり、個々の犯罪行為者のもつ再犯危険要因に応じて、処遇を設定すべきとするものである。再犯危険要因には、犯罪誘発ニーズ（criminogenic needs）と非犯罪誘発ニーズ（non-criminogenic needs）があり、前者のうちの変化可能なものを対象として働きかけがなされる[55]。

　第3の構成原理は、「レスポンシビティ（応答性）原則」である。これは「どのように処遇するのか（how to treat）」に関する原則であり、認知行動療法を用いて（一般応答性）、対象となる者の個別の学習スタイルや動機に合った（特別応答性）、効果的な処遇を提供すべきとするものである。処遇にあたっては、以上3原則に忠実であればあるほど、その効果が高くなるとされている[56]。[57]

　実証的根拠に裏打ちされたRNRモデルは、マーティンソン以来の懐疑にさらされてきた犯罪者処遇の領域における「新風」として注目され、各国の犯罪者処遇政策に影響を与えている。しかし、当該理論に対しては、ニュージーランドのウォード（Tony Word）らによる次のような批判がある[58]。第1にRNRモデルの関心は、対象者の福祉よりも社会の保護に向けられており、処遇を受ける者からの協力を引き出すことが難しい。第2にRNRのようなリスク管理的アプローチは、相互の合意に基づいたものというよりも押し付けられたものとなりがちであり、治療的関係の質を向上させることが難しい。第3に最近の研究では、犯罪行為をやめる背景に親密で援助的な人間関係や就職といった外的要因が重要な役割を果たしていることが明らかとなっているが、リスク管理的アプローチにはそうした関心は皆無である。第4にこのようなアプローチは、人間とは価値を求め、意義を追求し、そして目標に向かう存在であるということを無視しており、犯罪行為者であっても刑に服した後にはやり直す「権利」があるということを見落としている。第5にRNRモデルでは、「有効であること」によって介入が正当化されているが、こうした功利的な正当化は、一度介入が効果的であるとみなされれば、もっとも極端な介入（去勢から死刑まで）さえ正当化する恐れがある、というものであった[59]。こうしたウォードらの批判は、広義のリスク管理アプローチと狭義のRNRモデルとを混同している様子がうかがえるが、RNRモデルの一般的な危険性を十分に指摘しているものといえよう。

　このRNRモデルの批判論者であるウォードを中心に、その対抗モデルと

して提唱されているのが、よき人生モデル（Good Lives model）である。ウォードによれば、GLモデルの目的は、再犯リスクの減少ではなく、文字通り本人のよき人生（good life）の追求である。これは次の3つの原理によって構成される。

　第1の構成要素は「一般的仮説」であり、これがGLモデル全体を基礎づける。それによるとGLモデルは、人間の尊厳と普遍的な人権というコンセプトに基づき、人間の行為主体性を重視する。犯罪行為者であっても、一般の人と同じように一定の特性や経験に価値を求めるとされる。この基本的な価値をGLモデルでは「基本財（primary human goods）」と呼ぶ[60]。それは要するに、人間であれば誰でも欲しがるよいもの（good）といったような意味である。犯罪行為者であっても一般人と変わらず、これを追い求める存在であることが前提となっている。

　第2の構成要素は「原因論的仮説」であり、これはGLモデルが想定する犯罪発生経路に関する仮説である。そこでは基本財の獲得自体を犯罪行為を通じて行ったり（直接経路）、あるいは基本財の獲得の試みが不首尾に終わった結果、アルコール乱用などの適応性のない行動をもたらし、結果的に犯罪行動に至る（間接経路）といった状況が想定されている。ウォードらは、多くの犯罪行為者が間違った経路により基本財を獲得しようとしたり、またそうした財を得る外的・内的能力が欠如していることで犯罪行為に及んでいると考えている[61]。

　第3の構成要素は「実務への含意」であり、具体的な処遇の実施方策に関わるものである。処遇者は、GLモデルの適用にあたり本人が望む基本財を特定するために詳細なインタビューを実施し、個別の「良き人生プラン」を策定する。犯罪行為者への処遇は、社会的に受け入れられる方法で基本財を満たすための能力とスキルを構築し、かつ外的資源と社会的支援を最大化するために行われるものとなる。

　以上のようなGLモデルは、とかく効用（ないし効果）という点に注目しがちな英語圏の犯罪者処遇論の中で、人間の尊厳と人権という価値に依拠した包括的な処遇モデルと評価できるように思われる。とはいえ、GLモデルに対しても批判や疑問があることは確かである。中でも、その再犯予防効果が必ずしも証明されていないという批判に対するウォードらの回答は、やや一貫していないようにも思われる。というのもウォードらは、そのような批判に対して、一方ではGLモデルは包括的な更生の枠組みであり、具体的な介

入の内容を示すものではないと反論する。しかし、他方ではGLモデルにおいても、モデルに整合的なプログラムの導入により、再犯に対する有益な結果が得られるとし、リスク管理アプローチとGLモデルとの統合も提案している[62]。しかし、GLモデルの基本的な前提からすれば、処遇の目的はよき人生の追求であり、再犯予防は必ずしも主たる目的にはならないように思われる。また異なる前提を有する2つのモデルが調和しうるのかについても、疑問がないわけではない[63]。むしろ、人間の尊厳と人権という価値に基づき、個人の福利を促進するというGLモデルの処遇観には、前述の土井説に近い発想をみることができるように思われる。この両者を補完的なものと捉え、受刑者の法的地位を土井説に依拠し、犯罪行為への経路と具体的な処遇の方針をGLモデルに求めることで、双方の長所を生かした処遇の方向性を提示することが可能であるように思われる。そしてこうした処遇観は、国際準則が要求する犯罪行為者処遇のスタンダードからも支持されうるものである。その点を次に確認したい。

4　国際準則

　人権の普遍性が日本国憲法においても確認され、行刑の「人道化」と「国際化」が志向される現代において、国際的な犯罪行為者処遇のスタンダードを無視することはできない。以下では、2015年に改訂された国連被拘禁者処遇最低基準規則（SMR）[64]および2006年に改訂された欧州刑事施設規則（EPR）[65]における被拘禁者（受刑者）処遇の部分を参照し、国際準則の求める犯罪行為者処遇のスタンダードを確認する（以下、丸括弧内の数字は、各規則の条文番号を示す）[66]。

　国連被拘禁者処遇最低基準規則は、被拘禁者処遇の原則において、人間として生まれながらにもつ尊厳と価値への尊重を要求する（SMR.1）。拘禁刑その他の処分は、「自由の剥奪によって自己決定の権利を被拘禁者から奪うものであり（taking from these persons the right of self-determination by depriving them of their liberty）」、まさに「その事実によって苦痛を与える（afflictive）」ものである。したがって、行刑制度は、正当な分離または規律維持に付随する場合を除いては、「そのような状況に固有の苦痛を増大させてはならない」（SMR.3）。また拘禁刑その他の自由剥奪処分の目的は、第1に犯罪から社会を守り、再犯を減少させることであるが、それは犯罪行為者

が遵法的かつ自立的な生活を送ることができるように拘禁期間が利用されることによって達成される（SMR.4-1）。そのために刑務所その他当局は、適切かつ利用可能な教育、職業訓練、作業その他の形態の援助を提供しなければならない（SMR.4-2）。

こうした被拘禁者処遇の原則は、受刑者処遇の箇所においても確認されるが、こちらでは処遇の目的は、「自立した生活を営む意思と能力を持たせること」であり（SMR.91）、そのために「あらゆる適切な手段が用いられなければならない（all appropriate means shall be used）」と強調される（SMR.92）。あわせて刑事施設の執行制度は、施設と自由な世界との差異を縮小するように努めなければならず（SMR.5-1）、また身体的、精神的その他障がいのある被拘禁者に対して、合理的な便宜および調整を行わなければならない（SMR.5-2）。釈放後の将来については、受刑者の刑執行開始当初から配慮されなければならず、家族の利益や社会復帰を促進するような施設外の個人・機関との関係を維持するよう一貫した援助が与えられなければならない（SMR.107）。

欧州刑事施設規則は、概ね国連規則と同様の基準を定めている。自由を剥奪されたすべての者の取り扱いは、人権を尊重したものでなければならず（EPR.1）、施設での生活は、一般社会とできるだけ近似したものでなければならない（EPR.5）。自由を剥奪された者に対する制限は、「これが課される正当な目的に対して、必要最小限かつ比例的なものでなければならない（shall be the minimum necessary and proportionate to the legitimate objective for which they are imposed）」（EPR.3）。これは受刑者の場合、「拘禁刑は、自由の剥奪それ自体が刑罰（imprisonment is by the deprivation of liberty a punishment in itself）」であり、「拘禁刑に本来備わっている苦痛を増大させてはならない（shall not aggravate the suffering inherent in imprisonment）」と強調されている（EPR.102-2）。すべての被拘禁者に対する処遇は、バランスの取れた活動プログラムを提供し（EPR.25-1）、本人の福祉的ニーズを満たし（EPR.25-2）、そして身体的・精神的・性的被害を受けた者に対する特別な注意を払ったものでなければならない（EPR.25-3）。自由刑の執行制度は、受刑者が社会的責任をもち犯罪を行うことのない生活を送ることができるように構成されなければならず（EPR.102.1）、受刑者自身が個別的処遇計画に協働するよう奨励されなければならない（EPR.103.3）。これらは収容開始後可能な限り早く開始されなければならず（EPR.103-1、103-2）、あわせて早い段

階で釈放のための支援がなされなければならない（EPR.107-1）。さらに行刑処遇には、ソーシャル・ワーク、医療および心理的ケアも含むことができる（EPR.103-5）。

　以上、2つの国際準則を概観すると、被拘禁者とりわけ受刑者処遇の内容は、今日、犯罪性の除去やリスクの管理といった狭い範囲にとどまらず、刑の開始から釈放まで続く、一貫した社会復帰支援へと拡大されていることがわかる。また自由刑の内容は、自由を奪うことそれ自体ないしそれに伴う自己決定権の制限へと限定されており、そこに自由刑純化の思想をみることができる。そして、そのための多様なプログラムの提供と施設外の多様な社会資源の利用が求められているのである。

5　むすび

　ここまでの検討をふまえて、最後に現在の処遇法（刑事収容施設及び被収容者等の処遇に関する法律）の解釈と「司法と福祉の連携」に対する若干の方向づけをして本稿を終えることにしたい。

　処遇法は、受刑者処遇の原則に「改善更生の意欲の喚起」と「社会生活に適応する能力の育成」を掲げている（30条）。そして「矯正処遇」（84条）として、「作業」（92条、93条）、「改善指導」（103条）および「教科指導」（104条）を行うとしている。ところが、同法は遵守事項として、これらを「正当な理由なく……拒んではならない」（74条2項9号）としており、この違反を懲罰の対象としている（150条）。ここから処遇法は、受刑者に矯正処遇を義務づけたものとの解釈もなされている[67]。しかしながら、こうした解釈に対しては、刑罰の内容ではない改善指導や教科指導を根拠なく受刑者に義務づけることはできず、その拒否にはすべて「正当な理由」があると解すべきとの有力な批判がある[68]。これに対してさらに、処遇法による受刑者に対する義務の賦課は、懲役・禁錮刑の目的に沿った執行の一内容として位置付けられており、その意味で、「刑事施設への拘置という刑罰の内容に織り込まれている」ので、刑法で定められた刑罰の内容を超えるものではないという反論もなされている[69]。

　こうした矯正処遇が義務付けられているとする解釈は、本稿における受刑者の法的地位論の項でみたように、自由刑の刑罰内容に改善矯正目的が含まれ、それゆえに処遇の強制が可能であるとする見方と共通する。しかし、こ

れに対しては、吉岡の所論にみたように、受刑者に対する権利制約や自由保障といった点で問題が多いことが理解されよう。もちろん、受刑者に矯正処遇を義務づける立場にあっても、そのねらいは処遇を受けるように積極的な働きかけを行うところにあり、その拒否に直ちに懲罰をもって対応するものではないとする見解もある[70]。しかも受刑者に何ら義務づけをせず、本人の「同意」がなければ処遇ができないとするのであれば、自力更生に自発的に取り組む「少数の良質な受刑者」だけを対象とし、改善・社会復帰理念を建前に終わらせるとの異論も出されている[71]。

しかし、本稿が懸念するのは、再犯予防が強調される昨今の時流において、自由刑の内容に受刑者の改善矯正が含まれ、これを目的とした処遇が強制的にでも行いうるとする発想が、リスク管理的アプローチと結びつくことの危険性である。かつての医療モデルでは、まがりなりにも本人の利益(パターナリズム)が考慮されていたが、ウォードの指摘するように、リスク管理アプローチが重視するのは社会の利益(安全)であり、本人の価値への関心は極めて薄い。これが前述の発想と逢着すると、受刑者に対して、社会の安全を守るためであれば、処遇を強制的に行っても良いとの理解がもたらされるようになる。現在のところRNRモデルは、個別的な処遇技法としては認知行動療法を採用しており、これには参加者の同意と協力が不可欠である。しかしながら、今後、本人の同意や協力がなくても再犯予防に有効な処遇技法が開発されることは十分に考えられる。こうしたものが刑の目的によって強制的にでも行うことが可能となってしまえば、かつての医療モデルのような多大な人権侵害をもたらしかねない[72]。

加えて、処遇の目的において改善矯正や再犯予防を強調することは、そうした目的を有さないアクターの処遇への関与を排除したり、あるいは本来そうした目的を有さないものにまでそのような役割を課したりすることになりかねない。「司法と福祉の連携」が進むなかでしばしば表明される「福祉が司法の下請けとなる」との懸念は、本来はそのような目的を有しない福祉専門職に、改善矯正や再犯予防という「司法の目的」を課すところから生じる葛藤に起因しているように思われる。そこには改善矯正や再犯予防が犯罪行為者処遇の所与の目的であるという前提が横たわっている。

しかしながら、そのような前提が必ずしも動かしがたいものではないということは、本稿においてすでに検討した通りである。吉岡の論じたように、自由刑純化の思想を徹底すれば、自由刑は移動の自由の剥奪へと縮減され、

犯罪行為者への処遇は自由刑の内容ではなくなる。確かに、処遇を一般福祉へと還元してしまえば、国家の役割は消極的に、その内容は不十分なものになりかねない。しかし、土井の論じたように、自由刑の弊害除去と自己発達権の保障という観点からは、処遇の提供は国家の義務へと、その内容は本人の成長発達の実現を目的とした社会的援助へと再構成される。そこでの目的である本人の成長発達とは、よき人生の実現と言い換えることも可能であろう。ここでは土井理論に基づいたGLモデルの日本への応用可能性が認められるように思われる。

加えて、こうした目的は、再犯予防やリスク管理とは異なり、福祉専門職をはじめとした多様な処遇関与者が共有しやすい点にその優位性がある。刑事施設は、この目的を実現するために、外部の処遇関与者とも協力しながら、場合によっては外出・外泊や外部通勤作業と組み合わせて、プログラムを提供することも考慮すべきであろう。そして、こうした処遇の方向性は、施設内処遇のみならず、社会内処遇にも妥当するものであり、むしろこれを含めて「一貫した社会的援助」が実現することになる。このような方向性は、犯罪行為者処遇の国際的なスタンダードからも支持されるものであることは、本稿においてすでに検討した通りである。

以上のような犯罪行為者処遇のあり方に対しては、観念的・理想主義的に過ぎるとの批判がありえよう。しかし、犯罪行為者処遇に関するこれまでの議論を振り返れば、受刑者の法的地位の明確化と人権保障を重視したうえで、積極的な処遇（援助）を根拠づけ、さらに多様なアクターの関与と独立を確保する本稿の方向性には、十分な合理性があることが理解されるのではないだろうか。刑罰改革が喫緊の課題となり、「司法と福祉の連携」が求められる今だからこそ、従来の議論の積み重ねを十分にふまえた制度を検討すべきであるように思われる。

1　刑事司法における犯罪行為者の「処遇」という用語には、広狭さまざまな意味や内容が含まれうる。例えば、①犯罪や非行をきっかけとして、国家がその行為者に対して行う一切の干渉を指す最広義の処遇、②拘禁刑の執行場面における犯罪行為者の生活場面への干渉、自由の制限などを指す広義の処遇、そして③犯罪行為者に対して施される科学的・人道的な社会復帰のための措置を指す狭義の処遇があるとされる。これに従えば「刑事収容施設及び被収容者等の処遇に関する法律」にいう処遇は上記②に、また同法85条にいう「矯正処遇」は上記③に含まれよう。本稿において処遇という場合には、原則として③を指すことになる。なお上記処遇の定義につき、福田雅章『日本の社会文化構造と人権』（明石書店、2002年）132-134頁を参考にした。

2 自由刑のあり方、単一化をめぐる議論の詳細に関しては、本書・中村論文に詳しく論じられている。なお本庄武＝武内謙治編著『刑罰制度改革の前に考えておくべきこと』（日本評論社、2017年）に所収の各論考も参照されたい。
3 「若年者に対する刑事法制の在り方に関する勉強会」取りまとめ報告書10頁（〔最終閲覧日2017年12月8日〕http://www.moj.go.jp/shingi1/shingi06100055.html）。
4 犯罪行為者支援の従来のアクターと新たなアクターの関与につき、高橋有紀「日本社会における『犯罪をした人に対する支援』の担い手」龍谷大学矯正・保護総合センター研究年報5号（2015年）37-51頁を参照されたい。
5 このような犯罪行為者処遇に関与する福祉職の懸念については、本書・第4部調査結果を参照されたい。
6 福祉の視点から見た犯罪行為者支援に関しては、本書・水藤論文に詳しく論じられている。
7 Karl Krohne, *Lehrbuch der Gefängniskunde: unter Berücksichtigung der Kriminalstatistik und Kriminalpolitik*, F. Enke: Stuttgard, 1889, p. 2．訳語につき、正木亮『新監獄学』（一粒社、1968年）159頁・脚注（1）を参照した。
8 以上の特別権力関係の説明は、室井力「受刑者の収容関係と特別権力関係理論」刑政74巻5号（1963年）12-21頁による。
9 室井力『特別権力関係論――ドイツ官吏法理論史をふまえて』（勁草書房、1968年）7頁。
10 堀雄『行刑法の基本構造』（非売品、1991年）58頁。
11 ただし、堀自身も、もっぱら改善目的によって権利自由の制限を強化することには、異論がありうることを認めている。同上書69頁。
12 この講演の翻訳には、小川太郎「フロイデンタール・囚人の国法上の地位（Berthold Freudenthal, Die staatsrechtliche Stellung des Gefandenen）――1909年11月3日フランクフルト・アム・マイン、社会・商業学アカデミーの総長職交代における就任総長・教授フロイデンタール博士の講演」亜細亜法学8巻1号（1972年）122-130頁がある。なお訳語に関しては、石塚伸一「受刑者の法的地位」朴元奎＝太田達也編『リーディングス刑事政策』（法律文化社、2016年）206-217頁を参考に一部変えた箇所がある。
13 同上書127頁。
14 同上書128-129頁。
15 同上書130頁。ただし、この時点における自由刑の弊害除去は、「できるだけ」という消極的な位置づけにとどまっていた。これを国家の義務へと推し進めたのが、後述するザイファートや土井である。
16 フロイデンタールの刑事政策思想については、宮澤浩一「刑事政策家としてのフロイデンタール」同『刑事政策の源流と潮流』（成文堂、1977年）422-484頁を参照されたい。
17 初期の検討として、木村亀二「新憲法と行刑の理念」同『新憲法と刑事法』（法文社、1950年）205-223頁を参照されたい。
18 本件の評釈は多数公刊されているが、さしあたり松島諄吉「特別権力関係と基本的人権」『〔憲法判例百選〕ジュリスト臨時増刊』276-2号（1963年）16-17頁、菊田幸一「監獄拘禁関係の特殊性（特別権力関係）」同編『判例刑事政策演習：矯正処遇編（増補改訂版）』（新有堂、1987年）1-9頁など。
19 この点を強調するものとして、川出敏裕＝金光旭『刑事政策』（成文堂、2012年）190

頁、石原明＝炭谷葵＝藤岡一郎＝荒川雅行『刑事政策』（青林書院、1993年）198頁など。

20 森本益之「受刑者の法的地位と人権」同『刑事政策と人権』（風詠社、2016年）187頁。

21 金沢地判平成14・12・9判時1813号117頁。この点を指摘したものとして、本庄武「受刑者の法的地位と自由刑の改革」本庄＝武内編著・前掲注（2）83-100頁。

22 平田和一「監獄、それは『法から自由』な領域か」刑事立法研究会編『入門・監獄改革』（日本評論社、1996年）120-128頁。

23 牧野英一「教育方法としての刑罰と法律関係としての刑罰」牧野英一＝松井和義編『行刑論集』（刑務協会、1930年）47頁。なお引用に際して、一部仮名づかいをあらためた。

24 なおリストとの論争を通じて、フロイデンタールも後に刑罰の意義を教育に求めたとされている。この点につき、宮澤・前掲注（16）463頁を参照。

25 吉岡一男「自由刑の新展開」同『自由刑論の新展開』（成文堂、1997年）77頁。

26 ただし、吉岡自身は、自由刑の刑罰内容の明確化・縮減を進めることで、究極的には施設処遇の発展的解消を目指す立場であり、むしろ自由刑否定論と呼ぶべきものかもしれない。この点につき、吉岡一男「施設処遇と自由刑」同・前掲注（25）78-98頁を参照されたい。

27 吉岡・前掲注（25）77頁。

28 もっとも、施設収容において受刑者が直接的に国家の監視下にあるということから、一般国民より密度の高い福祉的援助を肯定することも可能であるとしている。この点につき、吉岡一男「監獄法の改正と処遇理念」同『刑事制度の基本理念を求めて』（成文堂、1984年）46-68頁。

29 吉岡一男「受刑者の作業報酬に関する賃金制の主張について」同・前掲注（28）3-30頁。

30 吉岡・前掲注（28）61頁。

31 「積極行刑」と「消極行刑」の分析として、石原明「受刑者の法的地位考察の方法論――将来の行刑のために」刑法雑誌21巻1号（1978年）16頁以下。

32 沢登俊雄「刑事法学の動き」法律時報47巻4号（1975年）121-124頁。

33 土井政和「社会的援助としての行刑（序説）」法政研究51巻1号（1984年）43頁。

34 土井・前注37頁。

35 この点を指摘したものとして、平野龍一「監獄法改正について」法律時報48巻7号（1976年）8-11頁。

36 土井政和「社会復帰のための処遇」菊田幸一＝海渡雄一編『刑務所改革――刑務所システム再構築への指針』（日本評論社、2007年）75頁。

37 土井・前注76頁。

38 同上。なお土井は、このほかにもアメリカの議論を参照しながら、平等権、デュー・プロセスおよび残虐な刑罰の禁止といった観点から、社会復帰権の基礎づけを検討している。この点につき、土井政和「受刑者の社会復帰の権利」横山晃一郎＝土井政和編『現代における刑事法学の課題――井上祐司先生退官記念論集』（櫂歌書房、1989年）293-334頁。

39 土井政和「一貫した社会的援助」刑政108巻4号（1997年）54-55頁。また未決拘禁者への社会的援助については、斎藤司「未決拘禁者に対する社会的援助」刑事立法研究会編『代用監獄・拘置所改革のゆくえ――監獄法改正をめぐって』（現代人文社、2005年）152-173頁、社会的援助の理論については、正木祐史「社会的援助の理論と課題」刑事立法研究会編『21世紀の刑事施設――グローバル・スタンダードと市民参

加』（日本評論社、2003年）114-124頁を参照されたい。

40　なお本稿で検討したもの以外にも、刑事施設における収容関係を憲法31条が保障するデュー・プロセス関係として捉えるべきとの重要な指摘がある。このデュー・プロセス関係論の詳細につき、福田雅章「受刑者の法的地位と『監獄法改正要綱案』」同前掲注（1）106-129頁、また現下の刑罰改革に対するその示唆につき、本庄・前掲注(21)も参照されたい。

41　本節は、以下の拙稿の一部を再構成したものである。相澤育郎「ソーシャル・インクルージョンと犯罪者処遇──『公正』と『効率』のモメントから」龍谷大学矯正・保護総合センター5号（2015年）16-35頁。なお本稿で取り上げるもの以外にも、ホール（Jay Hall）らやダフィー（David Duffee）らによる処遇モデルの類型化が知られている。その検討として、吉田敏雄『行刑の理論』（慶応通信、1987年）215-240頁を参照されたい。

42　医療モデルに関しては、伊藤康一郎「医療モデル（Medical Model）」藤本哲也編『現代アメリカ犯罪学事典』（勁草書房、1991年）279-284頁を参照されたい。

43　ポール・E・レーマン（榎本正也訳）「犯罪者処遇における医療モデル──未熟な基準の歴史的発展」更生保護と犯罪予防17巻2号（1982年）36-48頁。

44　Ernest van den Haag, *Punishing Criminals: Concerning a Very Old and Painful Question*, New York: Basic Books, 1975, pp.24-33.

45　James Q. Wilson, *Thinking about crime*, New York: Basic Books, 1975, pp.169-182.

46　例えば、消火用ホースによって少年の背に水を浴びせ続けることが、ハイドロ・セラピーとして行われていたり、クワイエット・ルームの名のもとに厳正独居措置が用いられていたことなどが指摘されている。Francis A. Allen, *The Borderland of Criminal Justice: Essays in Law and Criminology*, Chicago: University of Chicago Press, 1964, pp.32-41.

47　アレンは「個人を、その現実的かつ意思に反する自由の剥奪に服せしめることは、不可避的に懲罰的な要素を含むものであり、拘禁をもたらす動機が治療を提供すること、または別の仕方で個人の福利もしくは改善に貢献することであるという事実は、この現実を何ら変えるものではない」と指摘する。Id., pp.33-34.

48　Robert Martinson, "What works ?──Questions and answers about prison reform", *The Public Interest* 35, 1974, p.25. なおジュディス・ウィルクス＝ロバート・マーティンソン「犯罪者処遇は本当に必要か」杉原鎮雄訳、更生保護と犯罪予防14巻4号（1980年）71-82頁も参照のこと。

49　もっとも彼らの評価研究には、その公表の当時から、プログラムを成功とする基準が厳格すぎ、犯罪者処遇に対する万能薬を求め過ぎているとの批判もなされていた。この点につき、シーモア・L・ハレック＝アン・D・ウィッテ（榎本正也訳）「『犯罪者処遇の悲観論批判』──社会復帰は死んだか」犯罪と非行53巻（1982年）29-33頁を参照されたい。

50　しかしながら、マーティンソンらは、自らの検討が必要的拘禁や予防拘禁を正当化するために用いられることに強い嫌悪感をあらわにしていた。この点につき、ウィルクス＝マーティンソン・前掲注（48）76頁以下を参照されたい。

51　James McGuire, "Crime and Punishment: 'What Works'?", Graham Davies and Anthony Beech(eds.), *Forensic Psychology: Crime, Justice, Law, Interventions*, 2nd ed., Chichester: BPS Blackwell, 2012, pp.307-326.

52 例えば、染田恵「犯罪者の社会内処遇における最善の実務を求めて——実証的根拠に基づく実践の定着、RNRモデルとGLモデルの相克を超えて」更生保護学研究1号（2012年）123-147頁、勝田聡「リスク・ニード・リスポンシビリティモデルを踏まえた保護観察処遇についての考察」千葉大学人文社会科学研究32号（2016年）63-76頁。

53 Donald A. Andrews & James Bonta, *The Psychology of Criminal Conduct*, 5th ed., 2010, Newark: Anderson Pubishing.

54 ジェイムズ・ボンタ（染田恵訳）「日本の犯罪者の社会内処遇制度におけるRNRモデルの有効性」更生保護学研究1号（2012年）43-56頁。

55 アンドリューズらがCentral Eightと呼ぶリスク・ニード要因には、①反社会的行動の前歴、②反社会的人格パターン、③反社会的認知、④反社会的人間関係（Antisocial Associates）：犯罪的な他者との緊密な関係および反犯罪的な他者との相対的な孤立、⑤家族・配偶者間の状況、⑥学校・仕事（低い水準の達成感や満足感）、⑦余暇・気晴らし（反犯罪的な余暇の過ごし方）、⑧物質依存が挙げられ、前者4つを主要なもの（Big Four）としている。Andrews and Bonta, supra note 53, p.500.

56 ボンタ・前掲注（54）46頁。

57 同上書47頁。

58 以下、第1から第4までの批判は、以下によっている。Tony Ward, Chelsea Rose and Gwenda Wills, "Offender Rehabilitation: Good Lives, Desistance and Risk Reduction", Graham Davies and Anthony Beech(eds.), *Forensic Psychology: Crime, Justice, Law, Interventions,* 2nd ed., Chichester: BPS Blackwell, 2012, pp.407-424.

59 この点につき、以下を参照されたい。Tony Ward & Shadd Maruna, *Rehabilitation: Beyond the risk paradigm,* London; New York: Routledge, 2007, p.88.

60 基本財には、①生活（健康に生活することや役割を果たすことを含む）、②知識の習得、③遊びにおける卓越性（何か得意なことがあること）、④仕事における卓越性、⑤行為主体としての卓越性（自己統制や物事を達成できる能力）、⑥内的平和（情緒的な混乱やストレスからの解放）、⑦交友関係（親密な関係、恋愛関係および家族関係をもつこと）、⑧コミュニティ（より広い社会的ネットワークの一員であること）、⑨精神性（人生における意義や目標を見つけること）、⑩幸福、⑪創造性といったものが挙げられている。Ward et al., supra note 58, p.417.

61 Id., pp.417-418.

62 Id., p. 419.

63 この点につき、相澤・前掲注（41）25-26頁を参照されたい。

64 United Nations, "Standard Minimum Rules for the Treatment of Prisoners: the Nelson Mandela Rules", General Assembly Resolution 70/175 of 17 Dec. 2015. なお訳語は以下によったが、英語版を参照し、一部変更した箇所がある（https://www.penalreform.org〔最終閲覧日2017年12月1日〕）。なお本規則の改訂の経緯および検討として、杉山多恵「被拘禁者処遇最低基準規則改正について」刑政127巻3号（2016年）78-93頁、田鎖麻衣子「処遇法実務とネルソン・マンデラ・ルールズ」季刊刑事弁護90号（2017年）118-123頁を参照されたい。

65 Council of Europe, "European Prison Rules", CM Recommendation Rec(2006)2, 2006. なお訳語は以下によったが、英語版を参照し、一部変更した箇所がある。吉田敏雄「欧州刑事施設規則(1)：2006年1月11日の欧州会議閣僚委員会勧告2号」北海学園大学学園論集135号（2008年）95-114頁、同「欧州刑事施設規則（2・完）：2006年1月11日の欧

66 　州会議閣僚委員会勧告2号」北海学園大学学園論集136号（2008年）117-137頁。
なお医療に関しては、以下の拙稿を参照されたい。相澤育郎「刑事施設における医療倫理の国際的スタンダード」立命館人間科学研究科36号（2017年）55-66頁。
67 　例えば、富山聡「矯正処遇の実施等について（その1）」刑政117巻4号（2006年）126-132頁、林眞琴＝北村篤＝名取俊也『逐条解説 刑事収容施設法〔改訂版〕』（有斐閣、2013年）394頁など。
68 　石塚伸一「戦後監獄法改正史と被収容者処遇法：改革の到達点としての受刑者の主体性」法律時報80巻9号（2008年）53-57頁。
69 　こうした理解につき、川出敏裕「自由刑における矯正処遇の法的位置づけについて」刑政127巻4号（2016年）14-23頁を参照されたい。
70 　名執雅子「刑事施設及び受刑者の処遇等に関する法律における改善指導等の充実について」法律のひろば58巻8号（2005年）24-31頁。
71 　小澤政治『行刑の近代化——刑事施設と受刑者処遇の変遷』（日本評論社、2014年）276頁。
72 　かつての医療モデルでは、知覚剥奪、ストレス調整法、薬物療法、嫌悪療法、神経外科手術といった極めて実験的・侵襲的な「治療」が行われていた。この点につき、石塚伸一「処遇拒否論争（Rights to "No Treatment" controversy）」藤本哲也編『現代アメリカ犯罪学事典』（勁草書房、1991年）187-191頁。
73 　フランスでは、受刑者自身が職業上ないし教育上の理由から、こうした拘禁緩和措置を請求することができる。この点につき、相澤育郎「フランスにおける作業義務の廃止と活動義務の創設」本庄＝武内編著・前掲注（2）179-196頁を参照されたい。

（あいざわ・いくお）

第5章
社会復帰支援と保護観察官

正木 祐史
静岡大学

1　はじめに

　2008年6月1日に更生保護法が施行されてから、間もなく10年を迎えようとしている。同法は、治安強化が叫ばれ、情報管理の動向が強化されている中で、性犯罪で受刑歴のある者や保護観察に付されている者による世間の耳目を引くような重大事件が相次いだことを直接の契機として生まれたものである。そのような経緯の中で、同法の目的規定である第1条に「再犯予防」が書き加えられたことから、保護観察の文脈において、保護観察官の役割変化を招来するのではないかとの観測があった。つまり、「更生の措置」としてケースワーク技法を熱心に学ぶ補導援護（本人支援）重視の姿勢から、刑事司法の一端を担う指導監督（ひいては不良措置の発動）優勢の考え方へ移行してしまうのではないか、ということである。もっとも、権力的作用発動の最たるものとしての仮釈放や執行猶予の取消し状況の推移をみると、各取消率の長期的な低落傾向に特段の変化はみられず、その点からは、上記観測が現実のものとはなっていないようにみえる。
　この10年間は他方で、本人支援の取組みが大きな展開を見せてきた時期でもある。更生保護の領域にあって、保護観察が重要な役割を占めることは確かであるが、この間の取組みに端的に示されているように、保護観察以外の支援も重要性を増しているといえる。そうだとすれば、保護観察官（保護観察所）が果たすべき役割もまた重要なものといえよう。ところが、本研究会で実施した地域生活定着支援センター（以下、定着センター）に対する聞取り調査の中で浮かび上がってきたのは、定着センターが出口支援を具体的に

進める中では、保護観察官の存在感が非常に希薄であるように見えた、ということであった。ここに、保護観察以外の文脈における保護観察官のあり方を改めて検討する契機をみてとることができる。

そしてちょうど10年前、本研究会は、更生保護法制定・施行と相前後する時期に、「更生保護基本法要綱試案」(以下、要綱試案)を策定・公表した。[7] そこでは、更生保護領域における重要なアクターとして、「ソーシャルワーカー」(以下、SW)を独立して設定する案を示した。要綱試案については、上述の定着センターの取組みを始めとした支援の現実の変化等を踏まえて見直すべき部分も少なくないが、後述する基本的な方向性や枠組みはなお維持すべきものと考えている。

以上の背景事情を踏まえたうえで、本稿では、まず本稿の方向性の基盤をなす要綱試案の基本的なところを、後の論述に直接必要な限りでごく簡潔に確認し、次いで、更生保護関連法令の立法史から得られる視座をも前提として、更生保護領域においてはケースワークがなされるべきことを解釈論として示す。そしてそれらを基礎に、更生保護領域での社会復帰支援における保護観察官の役割やSWの位置付けについて、その基本的な考え方や解決課題を提示したい。

2 「要綱試案」の内容

(1) 基本的スタンス

(a) 基本思想

要綱試案の前文が、その基本思想を述べる。すなわち、「そもそも更生保護における処遇の理論的根拠は、憲法に保障された基本的人権についての一般的保障としての『人格的発展の保障』、セーフティネットから排除された犯罪や非行をした人についての『生存権の保障』、刑事手続に関わったことによる不利益を排除するための『刑事手続の弊害除去』という3点に求められると考える。そのため、更生保護においても個人の尊厳と基本的人権の保障(実体的保障)がまず前提とされるべきであり、そこでの処遇は、本人の主体性の尊重と、処遇者と本人の信頼関係に基づく援助として、刑事手続の他の段階同様、適正手続に則って行われなければならない。実質的にも、保護観察を受ける本人の社会復帰が成功するかどうかは、保護観察の担い手と本人との間に協力・信頼関係が築けるかどうかにかかっており、本人の協力を得るための基礎は、本人

がその人権や尊厳に対して適正な敬意をもって取り扱われることにあるからである。これが実現できなければ、本人は、自己に課せられ、要求されていることに公正さや正義を見いだすことも確信を持つこともできないのである。再犯防止は、本人との信頼関係を築く努力をし、彼らの生活再建のための援助を提供し、その自立的生活が構築された結果として実現されるものである。すなわち、できる限り非権力的援助を通じて本人の更生を促進し、その反射的効果として再犯が防止されるという方向が追求されるべきである」。

(b) 基本構成

これを踏まえて、「『本人の人間としての尊厳を確保し、信頼関係を築きながら、その生活を再建する社会的援助によって、彼らにとっても社会にとっても有益な更生保護制度を構築する』という考え方から、全体の構成を、本人に対する社会的援助に関する規定を先に置き、指導監督などコントロールに関わるものは後に規定することにした。そのため、社会的援助、法的社会的環境整備、援助の担い手、更生緊急保護などの規定を前置し、保護観察は後置した」(前文)。

(c) 保護観察の意義

保護観察の目的は、「保護観察に付されている者の円滑な社会復帰を図ること」にある（第48）。実施方法としては、「遵守事項を遵守するよう指導監督し、およびその者に本来自助の責任があることを認めて個別的処遇計画を実施することにより、社会的援助を提供して実施するものと」し、尊厳・権利・プライバシーを保護するとともに、実施にあたっては「本人の同意を基礎とし、または本人の希望を最大限尊重しなければならない」（第49）。

以上要するに、更生保護の本旨が、本人が自立に向かっていくための社会的援助の提供にある、ということが確認されている。

(2) 担い手について

(a) 支援のあり方

要綱試案では、「更生保護は、保護観察関係の維持という垂直的な軸を中心に構想されるのではなく、開かれた地域社会のネットワークを形成したうえで、本人のニーズに基づいて社会復帰や生活再建のために必要なケースワークがなされるべきものであることを原則とした」。また、「担い手のあり

方に関しては、従来、保護観察官については講学的な意味での専門性が、保護司については地域性が強調される傾向があったが、本試案はそれだけにとどまらず、ケースのコーディネーターとしての保護観察官、地域社会の専門家としての保護司、さらにはさまざまな援助技術を有するソーシャルワーカーや各種機関・団体の職員、そして多様なボランティアを更生保護の担い手として描いている。これらの担い手が重層的に協働し、本人の社会復帰・生活再建に向けたケースワークという試行錯誤の作業を行うことではじめて、真の意味での更生保護の『専門性』は獲得されるものであると考えられる」（以上、第15コメント）。これを受けて、担い手間の協働（第16）や、地域更生保護の促進（第17）に関する規定を置いている。

(b) ソーシャルワーカー

SWについては、要綱試案第25に、以下のような規定を置いた。

「① この法律において『ソーシャルワーカー』とは、専門的知識および技術をもって、第3に規定する更生保護の基本原則に基づいて社会的援助を行うために、本人の相談に応じ、助言、指導、福祉サービスを提供する者または医師その他の保健医療サービスを提供する者その他の関係者との連絡および調整その他の援助を行うことを業とする資格を有する者をいう。

② ソーシャルワーカーは、以下に掲げる事項を行う。
　一　更生緊急保護においてソーシャルワークを行うこと
　二　仮釈放の審理において意見を述べること
　三　保護観察において処遇チームの審議に参加し、委託があるときは個別的処遇計画を実施すること
　四　その他本人に必要な社会的援助を提供すること

③ 国および地方公共団体は、更生保護に従事するソーシャルワーカーの重要性にかんがみ、その育成と適正な配置に努めなければならない。」

3　更生保護領域におけるケースワーク

(1) 更生保護関連法令立法史[8]

(a) 戦後改革の要点

(i) 旧・犯予法の制定（1949）

当初司法省では、思想犯保護観察法の全面改正による成人犯罪者一般を対

象とする保護観察制度という構想をもっていたが頓挫し、司法保護事業法の改正草案という形でGHQとの折衝が重ねられた。これは、保護観察を軸として、猶予者・被釈放者保護の展開を図ろうとするもので、保護観察の対象としては、仮出獄者と一部の刑執行猶予者（この点については刑法改正を伴う）を想定していた。これが旧・犯予法となるが、国会審議の過程で、従前よりも猶予者に不利益となるものであって効果にも疑問があることなどを理由として、刑執行猶予者部分が削除され、刑法改正部分は審議未了となった。

(ⅱ) 旧・更緊法および保護司法の制定（1950）

　旧・犯予法では、保護観察の対象がかなり限定的なものとなったため、その対象外である満期釈放者・起訴猶予者・大半の成人刑執行猶予者等に対し「強制力を伴わない緊急適切な更生保護の措置を講じて、その再犯防止に遺漏なからしめることを期す必要」があるとして、旧・更生緊急保護法（以下、旧・更緊法）が制定された。また、これにより司法保護事業法が廃止され、同時に保護司法が制定された。

(ⅲ) 刑法改正および旧・猶予者観察法制定（1953-1954）

　1953年、刑法および旧・犯予法の改正案が国会に提出された。これは、刑法部分については25条2項追加（執行猶予要件緩和）・25条の2新設（初度目猶予者に裁量的・再度目猶予者に必要的な保護観察）を内容とし、旧・犯予法で保護観察付執行猶予者を対象化しようとしたものであったが、国会審議の過程で、初度目保護観察部分が削除されることになる。これは、刑執行の延長線上にある仮釈放者と異なる・刑執行そのものが猶予されている者に対し、同じ遵守事項を課すなど自由制約を認めることへの抵抗感があったためとされる。

　翌1954年、ようやく刑法改正がなされ、初度目猶予者への裁量的保護観察が導入された（25条の2改正）。これに合わせ、旧・執行猶予者保護観察法（以下、旧・猶予者観察法）が制定された。同法は、特別遵守事項を規定せず、補導援護が指導監督に対して優位にあるなど、旧・犯予法とは違う立てつけとなっていた。

(b) **更生保護法の制定**

　制定経緯については省略するが、法務省「更生保護のあり方を考える有識者会議」が最終的にまとめた報告書では、「保護観察の充実強化」名下に、保護観察に付されている者に対して様々な義務を課す提言がなされており、

これを実現するべく、2007年6月に、従前の旧・犯予法と旧・猶予者観察法を（前者に寄せて）一本化する形で、更生保護法が制定・公布された。

(2) 改正史からの獲得視座

まず、旧・犯予法の構造と意義としては、以下のことを指摘できる。同法1条は、「この法律は、犯罪をした者の改善及び更生を助け、恩赦の適正な運用を図り、仮釈放、仮出場及び仮退院その他の関係事項の管理について公正妥当な制度を定め、犯罪予防の活動を助長し、もつて、社会を保護し、個人及び公共の福祉を増進することを、目的とする」と規定し、犯罪者自身の主体的な社会復帰が第一義的目的であることを謳っていた。そして同法は、第3章を「更生の措置」とし、その第1節に「仮釈放、仮出場及び仮退院」、第2節に「保護観察」を配置した。要するに、仮釈放や保護観察の規定を「更生の措置」という概念で束ねたことにより、それらが上記目的の達成手段であることを明確にしたのである。

次に、旧・更緊法制定の意義である。更生緊急保護の存在は、更生保護全体の枠組みを考えるうえで重要な位置付けを占める。上述のとおり、（当初は）執行猶予者を含む旧・犯予法対象外の者への対応として、その同時期に制定されたのであるが、更生保護事業法が制定された1995年、旧・更緊法を廃止して更生緊急保護の規定を旧・犯予法に（「第3章　更生の措置」の一節として）編入する改正がなされた。ここに、更生保護が、必ずしも保護観察を前提としてしか構成できないものではなく、福祉的措置に純化できる方向性をも看取することができよう。

また、刑法改正と旧・猶予者観察法制定の経緯には、仮釈放者と刑執行猶予者との差異への意識をみてとることができる。それは、素朴な疑問に基づく議論ではあったが、その感覚は重要なものであり、しかもその感覚を制度化したという点は改めて留意すべきである。これに対して、更生保護法制定にあたっては、冒頭に記したとおり、社会背景に規定された「再犯予防」の目的規定挿入がなされたうえ、上記刑法改正時には意識されていた仮釈放保護観察と執行猶予保護観察との差異が捨象された。特に後者の点は、理論的に大きな問題をはらんでいると言える。

(3) 現行法と「ケースワーク」
ⓐ 仮釈放および保護観察付執行猶予の枠組み
(i) 仮釈放

　仮釈放期間中は保護観察を受けるものとされている（更生保護法［以下、法］40条）。その期間について、法77条5項は、保護観察停止の決定の時から刑期の進行も停止し、保護観察停止を解く決定の時からその進行を開始するとしている。また、刑法29条1項が仮釈放の取消しに係る規定をおき、同2項には、仮釈放の処分が取り消されたときには、仮釈放中の日数を刑期に算入しないことが規定されている。これらの規定から、仮釈放の処分が取り消されず、保護観察停止の決定もされなければ、すなわち、保護観察が実施されている間は、刑期が進行することが導かれる。また、仮釈放の期間は、宣告刑の刑期から刑事施設での執行刑期を差し引いた残期間だということにもなる[11]。

(ii) 保護観察付執行猶予

　刑法25条は刑の全部執行猶予について定める[12]。この執行猶予の法的性格については、刑の付随処分であって刑罰そのものではないとされ、一個の独立した刑事処分としての性格を備えたものとする見解が有力である[13]。

　執行猶予の際に付される保護観察については、刑法25条の2が定めている。それによれば、保護観察に付する旨の言渡しは、刑の執行猶予が初度目の場合は裁量的に、再度目の場合は必要的に行われる。その観察期間は、（後述の良好措置がとられる場合を除き）執行猶予の言渡が確定した日から開始され、執行猶予の終了まで継続する。これに対応してかつては、旧・猶予者観察法が独立してあったのだが、更生保護法制定時に旧・犯予法と旧・猶予者観察法とが統合されたことにより、執行猶予保護観察についても、その目的・実施方法については、仮釈放保護観察と同様なものとなった。

　執行猶予保護観察には、良好措置として、刑法25条の2第2項による仮解除の制度がある。この場合、同条3項により、遵守事項違反が執行猶予言渡を取り消す事由とならないなどの効果が定められている（法81条参照）。仮解除の有無を問わず（そもそも執行猶予に保護観察が付されているか否かを問わず）執行猶予言渡を取り消されることなく猶予期間が経過すれば、刑の言渡は効力を失う（刑法27条）。不良措置としては、刑法26条の2第2号による執行猶予言渡の取消がある（同号による遵守事項違反を理由とする取消の要件は「その情状が重いとき」とされており、仮釈放の場合に比して加重されている）[14]。

取り消された場合、宣告刑の全期間が執行対象となる。

(b) 刑法の解釈——仮釈放および保護観察付執行猶予の取消事由から[15]

　仮釈放の取消に係る規定によれば、そのすべてが任意的取消事由となっているが、その趣旨は何か。それは、刑事法制じたいが、社会復帰過程においてはその主体である本人が試行錯誤（trial & error）の過程を踏むべきことを予定している、ということである。

　例えば、遵守事項違反についてみてみよう。そのような事実（同項4号）があったときに、それを処遇（社会的援助の提供）のあり方を再考するきっかけと把握すると解してこそ、この取消事由が任意的であるにすぎないことをよく説明できる。あるいはまた、仮釈放中の再犯で実刑になったとしても（同1号）、前刑の仮釈放は取り消さないことができる。このような場合、確かに再犯をしたこと自体についての刑事責任の処理はしなければならない。その違法・責任の量によっては実刑を免れないこともあるだろう。しかし、それもまた社会復帰過程における試行錯誤の現れであるとするならば、むしろ、再犯に至ったという事実は、社会内処遇を連続した一定期間確保する必要性の顕著な徴表と捉えることもできる。この場合、仮釈放になっている前刑と、その仮釈放中の再犯で実刑となった後刑とは同時執行できない。しかしながら、現行法上、例えば、いったん仮釈放となっている前刑の執行を停止して後刑を先に執行し、その仮釈放を得てそれを執行したうえで、その後に残る前刑の仮釈放部分の執行を再開するということが可能である（刑事訴訟法474条参照）。このように、刑法・刑事訴訟法を一体として解釈適用することにより、連続・一定期間の社会内処遇を確保することができる。むしろそのために、刑法・刑事訴訟法はこのように規定されていると解するべきであろう。

　このことは、執行猶予についても、保護観察付の場合の遵守事項違反が刑法26条の2で裁量的取消事由とされていることから、そのまま妥当するといっていい。[16]「その情状が重いとき」と要件が加重されている点については、経緯としては上述したように、保護観察付執行猶予者と仮釈放者との（法的地位の）差異に着目して設けられたものである。この点を上記に沿ってさらに解釈するならば、施設内処遇を経ないままに社会内処遇を受けていることから、試行錯誤の過程のふり幅がより大きい場合もあると考えられることに照らし、裁量的にせよ取消しの要件自体を加重することによって、それに対

応しようとしたものといえよう。加えて、保護観察の仮解除の制度が設けられていることにも意義がある。保護観察関係の下で始まった自立生活再建の途上で、そのなりゆきによっては、いったん保護観察関係から離れてみる（もちろん、仮解除によってすべての福祉的支援が打ち切られるわけではない）、という試行錯誤の過程がふめるように、刑法制度じたいが予定しているのである。

このように、刑法は、仮釈放や執行猶予における保護観察の実施にあたり、それがソーシャルワーク[17]の方法論を用いた「ケースワーク」（以下ではおおむね、このような意味で「ケースワーク」の語を用いる）としてなされることを予定していると解釈すべきである。

(c) **更生保護法の解釈**

以上の刑法解釈を基礎とすれば、更生保護法については以下のように解釈されるべきこととなろう。

まず、保護観察は、本人の「改善更生を図ることを目的として」、指導監督および補導援護を行うことにより実施するものとされている（法49条1項）。上記刑法解釈からすれば、この保護観察はケースワークの手法によりなされるべきこととなる[18]。そのための手段として規定されている指導監督（法57条）および補導援護（法58条）についても、ケースワークの趣旨に沿ったものとして構築することが必要となる。一般に、指導監督は保護観察の権力的・監督的側面を、補導援護は援助的・福祉的側面に対応するなどとされる[19]。補導援護については、本人「が自立した生活を営むことができるようにするため」に考慮する必要のあるニーズが列挙されているものとみればよい。他方、指導監督については、その権力的・監督的側面に着目して十分留意する必要はあるものの、ここで示す解釈論からは、強調しすぎるのは適切でない。確かに、そもそも保護観察が、仮釈放・執行猶予が取り消されて（再）収容されるかもしれないという心理強制を背景とした処遇方法であることは否定できない。本人も、保護観察に付されていて保護観察官が一定の（相当強大な）権力性を有していることは自覚しているはずである。しかしながら、不良措置の可能性を前面に押し出して心理強制を最大化するような指導監督の方法では、処遇の実はあがらないだろうし（処遇現場でも、そんな方法は一般的ではあるまい）、場合によっては保護観察関係の維持じたいに困難を生じることにもなろう。そのような権力的側面は、本人に対して正当かつ適切に提示され、本人にこのことを的確に受け取ってもらう必要がある。これにより、

馴れ合いを避けつつ、そこから離脱もしないという保護観察関係の維持が図られ、処遇の前提が整えられることになる。そしてその「正当かつ適切な」とは、保護観察処遇が本人の利益、すなわち「自立した生活を営むこと」ないし本人自身「の改善更生」を最大目標としていること、そのため指導監督（ひいては権力的契機の究極的な発露としての不良措置の発動）は、本人にも正当と分かる形で最小限度にのみなされることによって担保すべきこととなろう。[20]

また、保護観察の実施に当たっては、一般遵守事項が法定されているうえ（法50条）、特別遵守事項が設定される（法51条）。保護観察をケースワーク過程と捉えるならば、一般遵守事項は、そのケースワークを行う関係性の前提を整える（いわば、保護観察関係維持の）ためのものと位置づけるべきであろう。[21]これに対して、特別遵守事項は、ケースワーク実施に際して設定される、本人のための具体的目標を示したものといえる。この点、特別遵守事項は取消し・変更が可能であること（法52条・53条）に留意する必要がある。これもまた、保護観察がケースワークとして展開されるべきことを示したものとみてよい。つまり、特別遵守事項の取消し・変更の意義は、本人の試行錯誤の徴表を捉えて柔軟に処遇目標を変更することにより、ケースワークを円滑に実施することにあるというべきである。[22]

これとは別に、更生保護法は、生活環境の調整（法82条）[23]および更生緊急保護（法85・86条）の規定をおいている。前者は旧・犯予法のときから規定されており、後者は、先に立法史の項で確認したように、旧・犯予法と同時期に制定された旧・更緊法により設けられて受け継がれたものである。戦後の更生保護はこのように、保護観察処遇を1つの軸としつつも、保護観察によらない福祉的対応をもう1つの軸としていた。この構造は、改めて確認しておくべきことであろう。

以上を踏まえて、法1条の目的規定についてみる。冒頭で触れたように、同条では「再び犯罪をすることを防ぎ」「もって、社会を保護［する］」と規定され、（後者は旧・犯予法のときからある文言だが）前者の文言が加えられたことの意味が問題とされた。しかしながらここでは、「犯罪をした者……に対し、社会内において適切な処遇を行うことにより」とも規定されていることが重要というべきである。この「適切な処遇」とは、保護観察の文脈にあっては、上述した刑法解釈からすれば、本人の試行錯誤を許容するケースワークとして展開されることによって実施されるものということになる。保護観

察は、「対象者の改善更生を図ることを目的」としたものとされているから（法49条）、そのための「指導監督」「補導援護」も、上記を踏まえた内容として展開されなければならない。さらには、更生緊急保護など、保護観察によらない福祉的な支援手段もまた「適切な処遇」の内容と言えよう。このように見てくると、「適切な処遇」の実施をどのように果たすかが枢要であり、「再犯予防」はそれにより反射的に果たされる最終目標ということになる。[24]

4　保護観察官およびSWの役割について

(1)　保護観察の文脈における従前の議論・取組み

　保護観察は、先にも述べたとおり、究極的には仮釈放や執行猶予が取り消されて（再）収容されることがあるという心理強制を背景として行われる処遇システムである。そのようなシステムが必然的に権威的・権力的関係の形成につながるということ、それがケースワークにとって大きな矛盾をはらんだものとなることは、従前から意識されていた。いわゆる「権力的（有権的）ケースワーク」論である。

　それは一方においては、遵守事項や指導監督のあり方への関心として表れた。例えば、遵守事項の性格論として、それが「本人にとっては生活指針・行為規範であるとともに、保護観察実施者にとっては指導目標・基準であり、その違反があれば仮釈放の取消につながることから強い規範性がある」といった指摘の一方で、「遵守事項違反の有無や違反があった場合にどうするかということではなく、遵守事項は本人の生活指針であって本人が納得のうえ遵守するよう指導していくものだ」という見解も示されていた。また、指導監督については、「受容と了解のもと進めるのなら問題は起こらないのであり、それがケースワークということではないか」といった意見や、「本人の表面的言動から更生の意欲がないとか、保護観察が困難というだけの理由から保護観察になじまないとするといった態度は排斥されなければならず、また、個人治療的機能のみを重んじて現実的生活問題に対して関知しない態度、本人の（遵守事項違反などの）行為を非難してこれに応報的に臨むことが更生保護の毅然たる一面であるかのごとく錯覚するような態度などは更生保護制度の本旨を理解しないものであって、これら誤った運用態度は、保護観察ないし更生保護を比較的扱いやすい対象だけに限局し、その他の者の問題をもっぱら本人の責任に帰する逃避的態度というべき」とする見解も示さ

れていたのである[25]。

　そして他方においては、福祉的視点をベースとしたケースワーク思想に基づき、処遇を充実することにより如何にして再犯を防ぐかという問題意識に根付いた処遇技法の開発等がなされていった。例えば、地域駐在制度・定期駐在制度の構築、一種二種実験・初期観察を経ての直接処遇班設置、重点観察実施要領から連なる処遇分類制度、類型別処遇制度、環境調整・家族援助に係る法務研究などである[26]。

　このように、保護観察をケースワークとして捉えるべきという本稿の主張は、特段新規なものではない。保護観察の現場において脈々と展開されてきたものを、法のレベルで確認しようとしたものに過ぎない。

(2) 保護観察以外の文脈における保護観察官

　他方、ひとたび保護観察の文脈を離れると、様相は異なってくる。例えば、更生緊急保護の文脈においては、保護観察官の役割に関する議論は低調であり、その意識は希薄であるようにみえるのである。先述したように、戦後更生保護の展開にあって、保護観察を一方の軸としつつ、同時期に更生緊急保護がもう１つの軸として、ともに保護観察所を実施機関として設けられてきた経緯からすれば、保護観察官（の役割）論という点についての、現在の更生緊急保護の二次的ともいえる位置づけと議論状況は、打開する必要があるように思われる[27]。

　このことは、本稿の冒頭でも触れた、定着センターによる出口支援の展開においても同様といえる。聞取り調査によって得られたところでは、そこでの保護観察官の役割は、第一に対象者を選定することであり、その段階を過ぎれば、刑事施設をはじめとする連絡調整といった場面でしか登場しないようである。これはおそらく、出口支援の主たる対象となるいわゆる「特別調整」該当者が一般には満期釈放者であって、そこに保護観察の実施を予定していないという事情もあると思われる。

(3) 更生保護における保護観察官とソーシャルワーカー
(a) 保護観察以外の文脈

　先述したように、定着センターの活動展開から示唆されるのは、そこでの「特別調整」の対象となっている人たちは一般に、保護観察のくびきから逃れたところにある（すなわち、本人は特段の法的地位を抱えていない）ために、

犯罪に関わったことによる特殊付加負因を意識しつつも、純粋に一般福祉の文脈で支援ができているということである。そうだとすると、更生緊急保護の実施機関としてはさしあたり保護観察所（更生保護官署）を設定するが、実際に本人のケースワークを行うのは、保護観察官の場合もあれば、それ以外の（更生保護領域の知見のある）SWの場合があってもいいように思われる。

　そうすると、更生緊急保護において、保護観察官を具体的なケースワークの実施者とする積極的な意義が問題となる。ここには、更生緊急保護という枠組みの評価が関わってくる。要綱試案では、先に紹介したように、社会的援助や更生緊急保護の規定を前置し、保護観察に関する規定を後置するという構成をとることによって、そこに第一次的な位置づけを与えようと試みた。これにより、更生保護の本旨は、本人の自立的な生活の構築に向けた支援であることを明確にしようとしたのである。そうだとすれば、その更生保護を所管する官署に属する保護観察官は、ケースワークを行うものでなければならない。特殊付加負因を有する人たちに対する支援を（少なくともさしあたりは）更生保護という領域で引き受けるならば、そこにソーシャルワークの専門家として社会的援助を提供する公務員がいることにより、その領域における支援の持続性を確保することができる。そしてさらには、その素養と実践を背景にすればこそ、保護観察という特殊なケースワークを担うことが可能となると考えるべきであろう。

(b)　保護観察の文脈

　保護観察は、保護観察官が関与しなければならない領域である。この領域にあって保護観察官は、執行官としての側面と、ケースワーカーとしての側面の二面性を持ち合わせざるを得ない。保護観察には制度としての不良措置があって、それを発動する場面が制度的に予定されている一方、上述したように、保護観察はケースワークとして実施されるべきものだからである。まさしく、「権力的ケースワーク」の実行場面である。

　一般に、この二面性の同時保有は、役割衝突を招くものであって、ケースワークの実施にとって好ましくないものであろう。ここでの第一の課題は、それにもかかわらず、保護観察の文脈において、保護観察官が権力的契機の発露という意味での指導監督（ないしその最たるものとしての不良措置の発動）だけを担わせることとしない意味は何か、ということである。

　それは一に、保護観察がソーシャルワークの方法論に基づくケースワーク

として行われなければならないことに起因する。「権力的・監督的側面」の表れとされる指導監督にしても、その中核は本人との接触保持にある（法57条1項1号）。そこでの「行状の把握」とは、本人の抱えるニーズを把握するためのものであり、その評価が適切になされなければ、「必要な指示その他の措置をとること」（同項2号）はできず、特別遵守事項の変更・取消も的確なものとならない。そもそも、法解釈の項で示した指導監督のあるべき姿は、ケースワークの素養がなければ体現できない。さらに、不良措置としての仮釈放や保護観察付執行猶予の取消しについてみても、（先述した刑法解釈を前提とすれば）その判断は、ケースワークの継続が困難か否かという、すぐれてケースワークに係る専門的知見に支えられたものでなければできるものではない。それは、自身がその専門家であることによって、最もよく果たすことのできる判断である。保護観察を、ケースワークとして実質的に展開するためには、保護観察官がケースワークを行うものでなければならないのである。[29]

　第二の課題は、それでは、保護観察の文脈にあって、（要綱試案に言う）SWはどのような位置づけを与えられることになるか、ということである。ここでは、保護観察が原則として有期限であるということが関わってくる。

　保護観察は、いずれは終わる。しかし、保護観察の終了時点では、必ずしも支援の必要性がなくなっているわけではない。むしろ多くの場合、支援を継続する必要があるといっていい（ここで、だから保護観察期間を延長可能とするといった思考は、事の本質を見誤っている）。そのとき、ケースワークの実施者をどうするか。これまで見たとおり、本稿は、保護観察官はケースワークの専門家であること、更生緊急保護など保護観察以外の文脈においてもケースワークを行うものであることを主張してきた。そうすると、保護観察終了後においても、その本人の保護観察を担当していた保護観察官が、引き続きその後のケースワークも担当すべきだろうか。

　それは適切ではないと考える。上述したように、保護観察という制度枠組みに規定された本人と保護観察官との関係は、極めて特殊なものである。ひとたび保護観察が始まって「権力的ケースワーク」関係が構築されたとき、保護観察が終了したという事実によって、その「権力的ケースワーク」関係も終了し、新たに純然たる福祉領域におけるようなケースワーク関係へとリセットできる、というのは、（その関係性が動的に変化しえるものであることを承認したとしても）楽観的に過ぎはしないか。どうしても「権力的ケースワー

ク」関係を引きずることになる懸念が払拭できないように思われるのである。そうだとするならば、保護観察の終了後は、担当保護観察官がそのケースを引き続いて担当することを許さず、他のSWがそのケースを引き継ぐような態勢が取られるべきである。そして、保護観察が有期限のものであって、このような担当者の変更が予定されるものである以上、保護観察の終了によるスムーズな担当者変更のためには、保護観察の開始当初から、後に担当者となるSWも支援チーム（支援の輪）に入っているべきであろう。このような立ち位置のSWは、保護観察の期間をまたぐ継続的な支援を実現していくための鍵となる存在といえる。

5　結びに代えて——残された検討課題

　最後に、本稿で検討の俎上に乗せることのできなかった課題をいくつか挙げておきたい。
　1つは、人材登用等のあり方である。保護観察官について言えば、独自の採用枠が設けられているという利点がある。加えて、ケースワーカーとしての一般資質のほか、刑事手続に巻き込まれたという特殊付加負因・ニーズや保護観察という権力的ケースワークの特質に関する理解、それらとともに更生緊急保護による支援を行っていくことの意義などを理論的・実践的に修得できるよう、研修の制度内要を整備する必要があろう。また、公務員システムの中で、その異動や昇進などが、ケースワーカーとしての専門性発揮の阻害要因とならないような設計を考えなければならない。場合によっては、キャリアシステムじたいにも切り込む必要もあろう。SWについても、更生保護に特化したものを想定するのか、そうではなく人材流動性を確保した中でそのキャリアの中で更生保護「も」担うようなものを想定するのか、更生保護に携わる場合でも、その所属や雇用関係の如何といったことなどが検討課題となろう。
　2つ目は、保護観察官とSWとの関係である。上記検討では、保護観察の文脈では、ケース担当者は保護観察官であり、SWは保護観察終了後にそのケースを引き継ぐものとしたが、保護観察実施中の具体的な両者の関係のあり方にまでは言及できなかった。また、保護観察以外の文脈においては、そもそも両者の役割分担に係る検討ができていない[30]。
　そして3つ目は、保護司のことである。とりわけ保護観察の文脈において

保護司が関与するということがもつ意味の解明が必要である。これは、多くの論点に影響を与える、重大な検討課題である。例えば保護司が存在することにより（とりわけ法61条が、「保護観察の実施者」として保護観察官と並んで保護司を規定していることからは）「保護観察官によるケースワーク」という設定そのものが検討課題となってくる。また、保護司も指導監督の任に当たることから、「保護観察官の権力的契機の発露」という文脈を問い直す必要も生じよう。保護司のマネジメントやケース・マッチングということを考えれば、保護観察官の専門性の議論にも繋がってくる。これらのことを、（現状では）異動していく保護観察官に対して、地域に根付いた存在としての保護司があるということを踏まえて検討する必要がある。そしてさらなる問題として、保護司とSWとの関係・役割分担ということがある。例えば、SWが専門家として関わるものであるのに対して、保護司は、非専門家であるが地域と本人とを繋ぐうえでは重要な人的資源である、といった性格付けができようが、その両者が（保護観察官とともに）保護観察に関わるといったときに、どのようにそれらの関係を整理していくか、といったことなどが問題になるのである。

　このように、検討すべき課題にはなお大きなものがあるが、それらを含め、更生保護に携わる者の位置付けを探求し続けていくことが必要である。そしてそのことが、更生保護を実質的な本人支援の文脈で構築し切ることの一助となっていくはずである。

1　その点、名古屋刑務所における「不適切」処遇が発覚したことを契機に、受刑者の人間性を尊重し、その改善更生・社会復帰を図ることを理念として進んでいった行刑改革とは対照的である。土井政和「更生保護制度をめぐる現状と改革課題――有識者会議提言と更生保護法案を中心に」刑事立法研究会編『更生保護制度改革のゆくえ――犯罪をした人の社会復帰のために』（現代人文社、2007年）3頁参照。
2　旧・犯罪者予防更生法（以下、旧・犯予法）では、第3章が「更生の措置」とされ、そこに仮釈放や保護観察、（後の改正により挿入された）更生緊急保護の規定が置かれていた。
3　法務総合研究所『平成29年版犯罪白書』（全国官報販売協同組合、2017年）CD-ROMデータ2-5-2-07表参照。
4　同旨の確認をしたうえで、軽微な遵守事項違反に対する機械的不良措置という運用はないものの、保護観察の基本的枠組みに係る遵守事項違反には厳格な措置が取られているものと思われ、不良措置の適切な運用のあり方にはなお検討が必要と指摘するものとして、吉田研一郎「更生保護法施行前後における保護観察実務の動向と今後の展望――成人の保護観察を中心に」犯罪社会学研究39号（2014年）7、13-14頁。

5 具体的には、本書・はしがきのほか、本書所収の各論稿を参照いただきたい。
6 調査内容および結果については、本書・第4部調査結果参照。
7 刑事立法研究会社会内処遇班「更生保護基本法要綱試案」龍谷大学矯正・保護研究センター研究年報5号（2008年）112-174頁。
8 紙幅の関係もあり、必要最小限の言及に留めざるを得ない。より具体的には、正木祐史「戦後の更生保護制度の動向と改革の視座」刑事立法研究会編・前掲注（1）20頁以下参照。
9 概要につき、正木祐史「仮釈放保護観察における権利保障のあり方」福田雅章先生古稀祝賀論文集『刑事法における人権の諸相』（成文堂、2010年）345頁以下等参照。
10 端的に言えば、仮釈放ないし執行猶予の制度趣旨・法的性格を発端とするそれぞれの保護観察の法的性格に係る議論や、各保護観察に付されている者それぞれが、どのような根拠によりどの程度の権利制約が許容されるかという、いわゆる法的地位に係る議論の不在ということである。正木祐史「保護観察——解明すべき理論的課題および処遇の視座」武内謙治＝本庄武編『刑罰制度改革の前に考えておくべきこと』（日本評論社、2017年）121頁以下参照。
11 この点、旧・犯予法33条2項には、保護観察の期間は、言い渡された期間の経過後まで及ぶものと解してはならないとする規定があったが、現行法からはそれに該当する条文は削られている。
12 刑法等の一部を改正する法律（平25・6・19法49）により、刑の一部執行猶予制度が導入されているが、以下では議論の便宜上、おおむね従前の執行猶予制度（現在で言う刑の全部執行猶予）を中心とする。
13 大塚仁ほか編『大コンメンタール刑法〔第二版〕第1巻』（青林書院、2004年）491頁以下〔豊田健〕参照。
14 なお、（全部）執行猶予取消の全体については、刑法26条ないし26条の3を、取消手続については刑事訴訟法349条・349条の2および法79条・80条を参照。
15 正木祐史「非拘禁的措置と保護観察の意義」刑事立法研究会編『非拘禁的措置と社会内処遇の課題と展望』（現代人文社、2012年）73頁以下参照。
16 なお、仮釈放とは違い、執行猶予中の再犯は必要的取消事由とされている（刑法26条1号）。この点、とりわけ保護観察付執行猶予が選択されて保護観察が実施されている場合の再犯については、本文でも述べたように、仮釈放の場合以上に試行錯誤の現れとみる余地のある事案と捉えることもできる。そうだとすれば、それらに対しては、むしろ再度執行猶予の要件を再考することによって対応すべきであろう。要綱試案では、その方向で刑法を改正すべきことを提言している（第47）。
17 ソーシャルワークをめぐる議論については、本書・水藤論文および同・木下論文を参照。
18 その趣旨からすれば、文言上は、本人（保護観察対象者）「『の』改善更生を図ること」とされている部分は、本人「『が』改善更生を図ること」と読むべきこととなろう。なお、関連する処遇モデル論等については、本書・相澤論文参照。
19 藤本哲也ほか編著『よくわかる更生保護』（ミネルヴァ書房、2016年）66頁等。
20 以上の理解については、法と心理学会第18回大会公開シンポジウム「治療的司法・正義の実践と理論」（2017年10月15日、成城大学）における指定討論者・毛利真弓氏の報告に着想を得ている。なお、ケースワーク一般における権力的契機（パターナリズム）の問題については、本書・木下論文参照。

21 遵守事項違反が仮釈放や保護観察付執行猶予の取消事由となっているという強度の法規範性・権利制約性を有していることからすれば、その内容は保護観察関係維持にとって必要最小限のものでなければならない。その点で、現行の一般遵守事項は再編を要するといえよう。正木・前掲注（9）参照。また、この観点からいえば、指導監督に拒否的態度をとったことをもって、直ちに遵守事項違反として不良措置を検討するという態度は許されない。保護観察関係の維持にとって必要なものを探り、指導監督の内容・方法を再検討するための契機と捉えなければならない。

22 ただし、前注で触れたように、遵守事項が強度の法規範性・権利制約性を有していることとは必ずしも整合しない面がある。その観点からは、現行法が特別遵守事項として予定しているものは、可能な限り生活行動指針（法56条）の中に組み込んでケースワークを実施することを考えるべきであろう。正木・前注参照。

23 施設収容中の者を対象に、保護観察の実施を前提としない規定ぶりとなっている。このほかに、執行猶予保護観察に向けたものとして法83条が、保護観察中の補導援護の内容として法58条5号がある。

24 土井・前掲注（1）参照。

25 以上につき、正木・前掲注（9）参照。

26 以上につき、正木・前掲注（8）参照。なお、本書・水藤論文も参照。

27 これに関して、「保護観察所」「保護観察官」という名称が一定の影響を与えているようにも感じている。これら名称が「保護観察をする官署・人」という一義的なイメージを与えており、それへの対応が打開にとって必要であるならば、その名称変更も検討対象とすべきように思う。後述する「更生緊急保護」という語についても、その位置付け如何によっては同様の問題が生じる。要綱試案第3章コメント参照。

28 要綱試案の策定段階では、更生緊急保護の実施機関について、更生緊急保護による社会的援助と他の一般福祉との関係・異同をどのように把握するべきかという観点から、第一義的に保護観察所の長とするのか、一般福祉機関も並列的に実施機関とするのかについて種々の議論があった。要綱試案第35「更生緊急保護の実施機関」コメント参照。これは、さらに広い枠組みで見れば、更生保護という領域を（将来的には）、「高齢」「障害」「児童」（そして「生活保護」）と併置される一領域として確立する方向を目指すのか、それとも一般福祉に解消するのか、といった問題でもある。さしあたり前者の方向性によったのは（要綱試案では明示されておらず、私見となるが）、1つには、本人の抱えるニーズ・リスクの点でみれば他の領域におけるものと大きく異ならないという想定がされる一方で、更生保護領域の対象となる人たちは、犯罪に関わったことにより「再犯予防」という社会ニーズを背負わされているという特殊付加負因があるという考慮が働いたためである。もう1つは、一般福祉への解消を志向したときに生じる問題がある。そのような志向を積極的に捉えれば、そこに到達するまでのタイムラグが生じるために移行期支援が必要であって、それを更生緊急保護が担うという制度設計を考えることになる（これは他面においては、一般福祉のアウトリーチのあり方という問題でもある）。他方、そのような志向じたいに消極的な考え方もある。一般福祉に、特定の領域ごとに区分された支援枠組み・メニューの並列という現状があるならば、そのどこかの領域・枠組み・メニューにうまくはまらない人を想定した場合（定着調査では、「元気な高齢者」がその例として挙げられた。本書・第4部定着調査の質問項目16参照。なお、本書・安田論文も参照）、「一般福祉への解消」ということではむしろ対応できないのではないか、という懸念がそれである。こ

れに対しては、生活困窮者自立支援法（平25法105）の制定によって「生活困窮者」という枠組みができたことにより、（捕捉契機は「困窮」だが）自立生活困難に対する支援を実質化する方向性を検討する余地はある。

29　この点で、少年法上の保護処分としての保護観察（いわゆる１号観察）の実践は、特筆に値するものといえる。いわゆる虞犯通告という仕組みが当初から用意されてはいたが（法68条［旧・犯予法42条］）、少なくとも2007年改正（平19法68）以前にあっては、１号観察は名実ともに終局処分として実施され、収容威嚇を伴わないものであった。その枠組みによる、そしてまた本人が少年であるという困難の中で保護観察が実践されてきたという事実は、今ここで改めて確認しておくべきである。少年の文脈における問題点等については、正木祐史「近年の法改正と少年保護観察」斉藤豊治先生古稀祝賀論文集『刑事法理論の探求と発見』（成文堂、2012年）639頁以下参照。

30　さらに言えば、SW間の関係も問題となる。本稿では、SWとして、更生保護段階でケースを担当する者を想定して論を進めたが、刑事施設から釈放される場合には、刑事施設SWの関与がある（ありえる）し、捜査・公判段階で（主として弁護人の関わりにより）本人の支援をしたSWがいる場合もあろう。さらには、帰住先地域の各所にSWがいるということもある。これらのSWと本稿で想定したSW（ないし保護観察官）との関係についても議論する必要がある。関連して、更生保護ケースの受渡しという文脈で問題が生じることが考えられる。これは、現行の枠組みの下では例えば、定着センターの受託先変更という場面で問題となろう（ここには、旧・受託先の知識経験が新規受託先に適切に引き継がれないという、より一般的な問題も含まれる）。なお、刑事施設のSWに関して、本書・朴論文参照。

31　これに対して要綱試案では、保護司を「更生保護の協力者」と位置付けている。要綱試案第７参照。

（まさき・ゆうし）

第6章
司法と福祉の連携による福祉の司法化のリスクファクターとその影響に関する検討

木下 大生
武蔵野大学

1 はじめに

　2000年代初頭、刑務所に福祉の支援を必要とする障害者、高齢者が多く存在していることが指摘されたことで、司法と福祉の連携の必要性が提起された。刑務所に社会福祉士／精神保健福祉士の配置、地域生活定着支援センターの創設、刑事施設に新たな職種である福祉専門官の創設、更生保護施設に福祉職員の配置等、ここ数年の間に多くの対応策が講じられてきた。またこの成果として、福祉支援が必要な刑務所入所者が出所時に福祉的支援とつながり本人から生活に満足しているとの声がきかれた事例も多く報告されるようになってきている。

　これまで本来なら権利として享受できえる福祉的支援に繋がらず、生きるために犯罪に至った人が福祉の支援に繋がることによって生活が安定し、その後は本人が幸福に過ごしているといった事例が報告されるようになってきていることからも、今回の一連の司法と福祉の連携は一定の評価ができると考える。

　しかし、この連携が提起されてからはまだ日が浅く、課題も指摘されるようになってきている。例えば、司法と福祉が使用する言語の違いによって生じる連携の困難、一部福祉側の受入れが拒否的で進まないこと[1]、家族支援の困難[3]、連携職種の目的の違いによる支援方針の離齟[4]、連携の継続性の困難[5]など多岐に亘っている。

　そして、これらの中でも特に多い指摘が、福祉の司法化に対する懸念である。この福祉の司法化についての水藤の整理[6]を援用すると、福祉領域の民間

団体等が監視統制体制へ編入される可能性、本人の積極的あるいは消極的な同意に基づく継続的介入の功罪、福祉による本人支援が社会防衛へと転換する可能性、福祉への丸投げの可能性と丸投げされた地域生活定着支援センターが司法的（警察的）役割も果たそうとする可能性、福祉的支援が再犯防止のための処遇に転換する可能性、近年の再犯防止政策の特徴が福祉や医療、心理療法等の利用でソフトな再犯防止政策となっている可能性、などがあげられている。

また、福祉機関が司法化するメカニズムの要素として、①支援対象者による再犯のリスク、②支援対象者が再犯に至った際に支援者として法的責任を問われるリスク、③支援対象者が再犯に至ることで他の支援機関との関係が悪化したり社会的評価が傷つくリスク、④福祉機関が他利用者、利用者家族との関係を悪化させるリスクの4つのリスクを指摘し、これらのリスクに対するセキュリティとして福祉機関が再犯防止を強調する監視者となることへの警鐘を鳴らしている。[7]

これら福祉の司法化に関する先行研究に共通することは、福祉が本来の役割としている本人の意思を尊重した生活再建の支援ではなく、本人が望んでいないにもかかわらず、再犯に至らないように管理統制的なかかわりが展開されることへの懸念を表したものである。このようなかかわりは、社会防衛のために行われる一方、福祉領域においては、本人のために行われるパターナリズムとして否定的に捉えられてきた。

筆者は、先行研究が示す福祉が司法化することを懸念し、また提起された司法化へのメカニズムの示唆に依拠する。その上で、そのメカニズムを支えるものとして、ソーシャルワークに内在するパターナリズムの問題があると考えている。そのため、まず福祉にパターナリズムが生じる理由をその成り立ちの歴史から検証し、そこから福祉が司法と連携した際に司法化するに至る要素を整理する。その後、福祉の司法化の回避の方法を検討する。

2 用語整理

本論に入る前に、本稿のテーマである「司法と福祉の連携」における「福祉」とは何を指すか、また「福祉の司法化」とはどのような状況を指し、また何を問題としているのかを整理する。

まず、本稿における「司法と福祉の連携」の中での「福祉」とは、福祉制

度・政策そのものではなく、その紹介や生活再建の支援を目指すソーシャルワーク、またその遂行者であるソーシャルワーカーを指すこととする。

次に、「福祉の司法化」についてである。今回の一連の司法と福祉の連携施策において、「犯罪に携わった人に対するソーシャルワークの再犯防止機能を期待する声が高まってきている」[8]など、福祉の再犯防止機能を期待する意見も少なからず存在している[9]。そのような期待の声に応えようとすること、ソーシャルワーカーやその所属する福祉施設や機関が、支援の第一義的目的を再犯防止に据えること、またその上で司法を積極的に補完する役割を担おうとすることを、「福祉の司法化」と定義する。

なお、この状況を筆者が問題視する理由はいくつかあげられ、本稿の中で検討・整理していくが、ここではひとまず、再犯防止はソーシャルワーク、ソーシャルワーカーの第一義的目的ではないこと、その機能を備えていないことを第一の理由としてあげておく。ソーシャルワークに再犯防止機能がないことは、ソーシャルワーカーの国際的職能団体International Federation of Social Workers（IFSW）のソーシャルワークのグローバル定義で確認できる[10]。また、日本では、このソーシャルワーカーの国家資格は社会福祉士と精神保健福祉士であり、今回の一連の司法と福祉の連携の施策では、福祉士資格を有したソーシャルワーカーが登用されているが[11]、「社会福祉士及び介護福祉士法」（以下、福祉士法）に規定される社会福祉士の定義を確認しても、やはり犯罪抑止や再犯防止の役割は明記されていない[12]。

また、近年の国による再犯防止政策の中においては、医療や心理療法は司法的枠組みの中で再犯防止のために強制されることが法律上規定されているが、現段階において、ソーシャルワークについては強制される法的根拠は示されていないことからも[13]、ソーシャルワーカーにその役割はないと整理できよう。

以上を踏まえた上で、以下に司法と福祉の連携が行われる中で、福祉が司法化する要素を確認していきたい。

3 ソーシャルワークのパターナリズム

ソーシャルワークにパターナリズムが内在していることは古くから指摘されている。パターナリズムは、「ある人の保護や利益を目的として、場合によってはそのものの意思を確認せずまたは意に反して、他者が干渉すること

を認める思考、またはそれを表す行為[14]」と定義されている。

　これをソーシャルワークに当てはめると、ソーシャルワーカーが専門職の立場から、支援対象とみなした人に対し、本人が望んでいないにも関わらず、本人にとって「良いこと」と考え関係性や支援を強いること、と捉えられよう。ソーシャルワークがパターナリズムを内包するに至った理由は少なくとも3つの要素、すなわち、①医師と患者の関係性をモデルにした診断主義学派の台頭、②ソーシャルワーカーが専門職としての地位獲得を志向しソーシャルワークの科学化を目指したこと、③公的機関に役割を得たこと、に見出すことができる。以下では、ソーシャルワークの成り立ちの歴史とともに、その3要素の内容について確認したい。

(1)　ソーシャルワーク体系化の契機

　ソーシャルワークは19世紀後半にアメリカにおいて慈善をめぐる一連の活動や運動から体系化されたが、その後専門職としての地位を求めて科学化の試みが継続して行われていくようになる。この理由の一つとして、1915年にアメリカ・ボルチモアで開催された第42回全国慈善矯正事業会議において、A.フレックスナー（Flexner, A.）が、専門職が成立するための属性を6つ明示し[15]、ソーシャルワーカーがそれに当てはまっていないことが指摘したことがあげられる[16]。つまり、フレックスナーが提示した6つの専門職成立条件の中に、体系化・科学化を主旨とした内容が含まれており、それを充足すれば専門職としての地位に到達すると考えられた。そのためソーシャルワークの専門職業化への熱望を背景としてフレックスナー報告に影響され、その関心は主として方法としてのケースワークの体系化や援助技法の開発に向けられていった[17]。

(2)　ソーシャルワークの科学化への始動――個人と環境への視点

　ソーシャルワークの科学化・体系化の先駆者は、アメリカの社会活動家であるメアリー・リッチモンド（Richmond, M.）である。リッチモンドはソーシャルワークという営みを整理していく中で、支援対象者の生活課題を個人の努力のみにおいて解消でき得るとせず、個人の生活課題は本人と本人を取り巻く環境の相互作用によって生じるものと捉え、その緩和・解決のためには、個人と環境の両者に働きかける必要性を提起した。

　そして、その際に生活課題が生じる原因分析として社会診断が必要である

ことを強調し、1917年に出版された『社会診断（Social diagnosis）』において、社会診断を「ある特定のクライエントの社会状況とパーソナリティのできる限りの正確な理解（definition）に到達する試み」と定義し、その過程を、調査、資料収集、資料選別、資料解釈で成り立っていると整理した[18]。

その後、1922年に出版した『ソーシャル・ケースワークとは何か？（What is Social Case Work?: An Introductory Description）』の中で、ソーシャルワークを「ソーシャル・ケースワークは人間と社会環境との間を個別に、意識的に調整することを通してパーソナリティを発展される諸過程から成り立っている」と定義した[19]。

こうして現在も継承される、生活課題の緩和・解消を目的として、人と環境の双方に目を向け働きかけるというソーシャルワークの原型が構築された。

(3) ソーシャルワークの「診断主義」の台頭とパターナリズム

しかしリッチモンドの貢献の一方で、拠り所となる学問として精神医学と心理学に傾倒していく学派が現れ、精神医学や心理学をソーシャルワークに取り込む努力が始まる。この契機は、第一次世界大戦後に、戦闘神経症やその他神経症を病んでいる兵士たちへのリハビリテーションを援助する精神医学ソーシャルワーカーの訓練校が開設されたことであるとされている。その後、特にフロイト派心理学に依拠するようになり、支援対象を診断しようとする「診断学派」の誕生につながっていった[20]。

診断学派の特徴は、生活に支障や課題が生じた場合、その原因を個人の内面から生じる問題としてとらえ、その内面の問題を治療しようとするものであった。その支援方法は、密室でソーシャルワーカーと支援対象者と1対1の個人の関係性で行うものであり[21]、この状況と関係性が専門職の「権威」と支援対象者を操作しやすい支援提供方法を生むことにつながった。ソーシャルワークにパターナリスティックな性格が取り込まれていったのは、特にこの診断学派が医学をモデルとした支援スタイル、すなわち、本人の内面の問題性に焦点化しその変化を試みるかかわりを1対1の関係性で行うスタイルに求めたことによるものであることが指摘されている[22]。

(4) 「専門職」の権威

また、ソーシャルワークにパターナリズムが内包・強化される要因としてあげられるのが、ソーシャルワーカーが専門職の地位を弛まず求め続けたこ

とである。

　この過程で試みられたことは、専門職としての成立条件を整理し、また既に社会で専門職の地位を得ている医師、弁護士、サイコロジスト等がどのような専門技術、法的規則、教育、社会的認証制度を有しているかを分析し、それにソーシャルワーカーを近づけていこうとする努力であった。またそのような中で特に力が注がれたのがソーシャルワークの固有の知識体系と技術の構築の試みであった。これにより、ソーシャルワークは専門職としての基盤を少しずつ固めていくことになるが、その基盤が固まっていくのと比例して専門職としての権威も身に纏うようになっていった。

　この文脈では、専門職は「権威」を有し、クライエントの「服従」を引き出すとし、その特性として「自分では処理できない問題に遭遇したクライエントに秘儀的サービスを提供する職業」である、と説明されている。つまり、ソーシャルワーカーが自らの支援知識や技術を高度化し、支援経験を蓄積すればするほど、ソーシャルワーカーと支援対象者とが有する情報量に差が生まれ、情報の非対称性がより顕著になる。それに伴い支援内容はより秘儀性を増し、ソーシャルワーカーが支援対象者に対して権威を有するようになる。そして、この権威を笠にした振る舞いこそがパターナリズムそのものであると解される。

(5) 政府機関としてのソーシャルワーカー

　さらに、ソーシャルワーカーが福祉国家を目指した政府機関に取り込まれていき、その中で求められた裁定者としての役割によって得た「権力」についても検討しておきたい。

　イギリスでは、ソーシャルワーカーが職業として誕生したごく初期から、総合病院や簡易裁判所（magistrates' court）、精神病院や児童相談所に取り入れられ、その後も各国の福祉国家形成とともに、次第に地方自治体の児童局や福祉局、保健局などさまざまな公的組織に欠くことができない一部となっていった。この状況はアメリカにおいても同様であり、この背景には、ソーシャルワークの特徴の一つと言える社会診断や個人に対する調査にあった。つまり、個人に生じた生活課題の源泉を調査するという考え方は、社会的な機関や団体の職務の影響や効果をより強めることができるという一般的な認識が生まれたことによるものである。

　政府機関や地方自治体などの行政機関におけるソーシャルワーカーの役割

は、元来ソーシャルワーカーが自ら掲げている、生活課題がある人への支援や社会課題の解決であるが、その一方で、福祉制度等の受給要件があるか否か、またすでに受給している人が制度やルールに則って受給しているか否かを裁定することも社会的な役割として求められ、また安定的な地位を求め自ら行政機関に居場所を求めもした。[27]

このように行政機関で働く場を得たソーシャルワーカーであったが、この立場を得たことにより、福祉制度等の利用の適否の裁定者としての「権限」が付与され、生活課題がある人の裁定をするようになった。これによって、専門職としての権威を纏うことで生じるパターナリズムとは別種の、裁定者としてのそれが生じることになった。

その状況はフーコーによって「規格に合致するか否かを裁定する者たちは、いたる所に存在する。私たちは、教師という名の裁定者、医師という名の裁定者、教育家という名の裁定者、そして『ソーシャルワーカー』という名の裁定者が社会に住んでいる」[28]と、本来のソーシャルワーカーの役割からすると不名誉な評価をされることとなる。

このようにして裁定者となったソーシャルワーカーと福祉制度等を受給しようとする人との関係性をフリードソンは、「職位保有者の権限の作動様式は、この権限が往々にして下位者に加える制裁能力—たとえば、金銭上の報酬を差し控えたり与えたりする能力—に依拠している、という点から理解される。職位の要諦は、その占有者がこのような制裁手段を保有することが正当化されている点にある」[29]と説明している。つまり、ソーシャルワーカーのパターナリスティックな振る舞いは、公的なポジションを得ることによって正当化された。

しかし、それは支援対象者や市民から批判の対象となっていく。伊藤は、イギリスの例を取り上げ「ソーシャルワーカーが政府機関等、福祉官僚制のなかで安定すればするほど、その官僚的な硬直性が先鋭化し、そのことが逆に市民を分断し、類型化して差別や偏見を助長する、つまりソーシャルワーカーが抑圧者として振舞うという逆説的な現象が生まれているという批判があがっている」[30]と指摘している。

また、ウェスマン（Weissman, H.）らは、「ソーシャルワーカーによっては、'専門性'が官僚的な規則や専門職業としての基準を厳密に遵守することで評価されるという誤解をしている」と述べ、政府機関に組み込まれることでソーシャルワーカーが本来のソーシャルワーク機能を見失うことを指摘して

いる。

このように、政府機関に配置されたソーシャルワーカーと支援対象者との関係性は、保護機関と被保護者の関係とも置き換えられるが、この関係性は「支配の形態としてのパターナリズム」と説明されている。

(6) ソーシャルワークに内在するパターナリズムに対する批判と内省

以上見たように、少なくとも3つの要素から、ソーシャルワークにパターナリズムが内包され、また強化されていった。この状況に対して、1960年代頃よりソーシャルワークの支援対象とされた人々から、専門職としての地位を得るために科学性を高めようとした姿勢こそがパターナリズムの温床となるとの批判が起こっている。そしてそのような批判に対してソーシャルワーカーや研究者たちによって、その事実を認め、パターナリズムから脱却すべく支援対象者へのアプローチの方法や関係性、呼称を見直す努力が講じられてきた。

1970年代からソーシャルワークの枠組みと役割をシステムと捉えるシステム理論が構築され、支援対象者を「生活者」と位置づけた上で、彼ら／彼女らを主体として捉えるライフモデルへの転換を図る試みがなされた。その後1990年代からはポストモダンの枠組みがソーシャルワーク理論にも取り入れられ、ソーシャルワーカーと支援対象者の双方が社会的に構成された存在であり、共に作用しあう関係と捉える社会構成主義の視座が援用された。

また、「エンパワメント」「ストレングス視点」「ナラティブアプローチ」など本人を中心に据えた上で、その強さや力を信じ、直面する生活課題を主体的に緩和・解決できるような、ソーシャルワーカー主導ではない支援方法が構築されていった。その結果、パターナリズムを改め、支援対象者の自己決定に敬意を払い、彼／彼女たちの「物語」に傾聴する態度などが、現在の実践の基本となっている。

さらに、これまで支援対象者を「クライエント（client）」と呼び、ソーシャルワーカーとクライエントとの関係性を、支援者、被支援者としていたが、この関係性の見直しも行われた。すなわち、福祉制度等を利用した支援対象者を、支援によって力づけられ、福祉制度等を自らの意志によって選択して利用している「消費者（consumer）」「顧客（customer）」と呼び、ソーシャルワーカーと支援対象者との関係性は対等であるということを強調するようになった。

このように支援対象者を中心に据えたソーシャルワーク理論の構築により、ソーシャルワーカーが一方的に支援対象者をコントロールしようとするパターナリズムからの脱却を図ることに努力が払われた。

(7) 克服しえないパターナリズム

しかし、その努力の後においてもなお、継続してソーシャルワークのパターナリズムが指摘されている。例えば、「消費者（consumer）」「顧客（customer）」との呼称について、実は統制者としてのソーシャルワーカーの事実を覆い隠すのに役立っているに過ぎないこと[34]、支援対象者を中心に据え、支援関係が対等・平等であることを強調しつつも、実際にはソーシャルワーカー中心主義（worker centered）ともいえるような視点が払拭できないままにあり、ソーシャルワーカーが利用者を操作する状況が常態化していたとの指摘にそれをみることができる[35]。

また、レスリー・マーゴリン（Margolin, L.）はその著『ソーシャルワークの社会的構築―優しさの名のもとに』において、終始ソーシャルワークの権威性について批判している。この中でも特段注視したいのは、ソーシャルワークが権力を持ち、パターナリスティックな関わりをしている事実があるにも関わらず、ソーシャルワーカーと支援対象者との関係性の解釈を変えたり、支援対象者に主体性を見出すことで、ソーシャルワーカーは自身のパターナリスティックな性格から目を逸らすことを試みてきた、という指摘である。つまり、これまでパターナリズムを克服するために払われてきた努力は、実はパターナリズムに上塗りされていたにすぎず、本質は何ら変わっていないということである。

さらに、ソーシャルワークがパターナリズムを克服できない理由を、以下のように説明している。

「ソーシャルワークは、権力を行使しているという事実を忘却することによって、その活動を続けていくことができる。忘却を維持する新しい方法を作り出すことは、ソーシャルワークの存続にとって重要な位置を占める。無意識を意識的に誘い出しておいてその無意識がそもそも誘い出されたものであることを忘れる方法を次々に見つけていくことこそが、ソーシャルワークの究極の洗練なのである[36]」。

ソーシャルワークがパターナリズムを排除するために様々な支援方法が生み出され、また支援対象者との関係性も見直されてきたが、それらはパターナリズムを粉飾しているに過ぎず、「ソーシャルワークはその粉飾によって自身のパターナリズムを忘れ去ってしまっている、という厳しい批判である」。

　この点について石川時子は、ソーシャルワークを含む社会福祉学において、生命や緊急性の高い援助を行う場合には一定の示唆があるものの、生活における緊急性の低い援助をするにあたっては、再び抑圧に転化するおそれもあるため議論を要する、としてパターナリズムについて議論がしつくされていない状況を指摘している[37]。つまり、パターナリズムからの脱却のため様々な試みがなされてきたが、ソーシャルワークはいまだパターナリズムを克服しえていない状況にあるといえる。

4　日本の社会福祉士にみる司法化に向かう要素

　ここまで、ソーシャルワークにパターナリズムが内包・強化される要素と克服されえない状況を確認してきたが、日本においては、特に今回の司法との連携の動きの中で、パターナリズムのより一層の強化とソーシャルワーカーとしてのアイデンティティの揺らぎが懸念される。その理由として、連携にあたって中心的に登用されている社会福祉士の職能団体である日本社会福祉士会が設置するリーガル・ソーシャルワーク検討委員会が、再犯防止を第一義的目的と受け取れるような発信をしていることがあげられる[38]。現段階では、この発信のみから、福祉が司法化していると断定することはできないが、社会福祉士資格創設の経緯や、そこで指摘されてきた課題から勘案すると、社会福祉士が、今後そのような方向に大きく傾倒していく要素を孕んでいると考える。その要素を社会福祉士や社会福祉士資格に指摘される課題3点からみてみたい。

(1) 社会福祉士資格の創設過程と課題
(a) 社会福祉士資格の創設過程
　社会福祉士はソーシャルワーカー相当の国家資格として1987年に福祉士法によって創設された国家資格である。

　福祉職の国家資格化は、資格化による専門性の向上と、それに伴って生じ

る待遇条件の改善や社会的地位向上の期待から、福祉業界から熱望されており、1971年にも一度検討されたが、資格化は時期尚早との結論に至り「社会福祉士法制定試案」は結局日の目を見ないまま廃案となった。このような経緯で、1987年に制定された「福祉士法」は、福祉職にとって長年の悲願であったといえよう。

　しかし紆余曲折を含んだ長い年月を経たのちに資格化に到達したものの、その後、こと社会福祉士資格においては、創設当初から多くの課題が指摘された。指摘された課題は多岐に亘ったが、それらの中でも①名称独占資格であること、②福祉機関や施設への配置基準がないこと、③専門性・アイデンティティが不明瞭であること、の３点が社会福祉士資格の太く横たわる課題として指摘された。

　①については、資格創設当初に有資格者のみが携わることができる業務が設けられておらず、有資格であることを名乗ることができる名称独占資格となった。福祉業界では、福祉業務が国家資格化することで、これまでの待遇の改善、地位の向上が期待されていただけに、業務独占資格ではないことについて否定的な意見が大勢を占めた。一方で、名称独占とはいえ国家資格化したことで専門職であることが承認されたとして状況を受け入れる見解が一部から示され、業務独占を追求しようとすることを否定的に捉える見解も述べられた。特に当時、厚生省社会援護局専門官であった京極高宣、その後を継いだ阿部實がこの見解を示したことから、厚生省の意見を反映したものであったのではないかと推測され、福祉業界のなかに社会福祉士資格を業務独占資格としていくことに対して、ある種の諦めがあったのではないかと考えられる。

(b)　機関や施設への配置基準がないこと

　この資格のあり方に関する議論が収束したのち、②との関係で特定の福祉機関・施設に対して法律の規定によって社会福祉士の配置基準を設けたり、必置義務化を促すことで、実質的に業務独占の状態となることに対する期待が持ち上がるようになった）。また、これと同種の主張として、福祉事務所等の福祉機関に配置されている社会福祉主事を社会福祉士に置き換えるべきなど、任用資格化を目指すことも提起されたが、これらの訴えはすぐには実現しなかった。

　その後、1997年の社会福祉基礎構造改革を経て、公的介護保険が施行され

た2000年以降になると、地域包括支援センターへの社会福祉士の必置義務、病院退院を社会福祉士が行った場合の診療報酬上の加算、児童福祉司の任用資格になったことなどの状況の改善がみられたものの、より一層の改善が求められた。2003年には日本学術会議第18期社会福祉・社会保障研究連絡委員会の報告書[45]の中で、福祉機関や施設における社会福祉士の配置や必置化の必要性が主張されている。この動きは現在も継続しており、社会福祉士養成の職能団体であるソーシャルワーク教育学校連盟会長からの主張もなされている[46]。

また、配置基準・必置義務化の議論と並行して取り上げられていたのが、職域拡大についての議論である。すなわち、これまで福祉業界になかった職務や領域を開拓していくことにより社会福祉士の役割を広げようとした主張である[47,48]。しかし、社会福祉士に充てられる職務として当初期待されていたケアマネージャーやシルバービジネスのイノベーターという役割は保健医療関係職種によって占められ、当時は社会福祉業界の目指す方向には進まなかった[49]。もっとも、2006年には日本社会福祉教育学校連盟・日本社会福祉士養成校協会合同検討委員会から[50]『社会福祉士が活躍できる職域拡大に向けて』と題した報告書が出されるなど、その試みは配置基準や必置化とともに、現在も継続して試みられている。

(c) 専門性・アイデンティティについて

このように、福祉業界において資格化によって期待された効果、すなわち有資格者が一部の業務を独占できる権限を付与され、それにより福祉機関や施設で有資格者の希少性が高まり、待遇条件や社会的地位が向上するという構想は、期待通りには進まなかった。そして独占する業務がなく、特定の機関・施設に設置されることがないことから、社会福祉士資格を有しない職員との差異化は図られず、それによって、③の「では社会福祉士とは何する人なのであろうか」「社会福祉士だからこそできることは何であろうか」という専門性・アイデンティティの議論へと発展した。

社会福祉士の国家試験受験資格を得るための専門職教育を受けた後、国家試験に合格しているにもかかわらず、社会福祉士でなければできない業務がない、社会福祉士でなければ勤務できない職場がない、またそのような状況を打開していくための新たな職域も拡大していかない。となると、では社会福祉士は一体何ができるのであろうか、あるいはそもそも何者なのか、とア

イデンティティを問う議論が見られるようになる[51]。

(d) 専門性向上による克服の試み

しかし、この議論の明確な結論は出ないまま、専門性やアイデンティティが揺らぐ状況を、社会福祉士の専門性を向上することで克服しようとする取り組みが行われるようになる。社会福祉士の職能団体である日本社会福祉士会は1999年に生涯研修制度を発足させたが[52]、これが契機となり専門性向上の取り組みが本格化した。

またそれを援護するように、日本学術会議社会福祉・社会保障研究連絡委員会において、社会福祉士制度の2階建て制度が構想される。すなわち、社会福祉士を基礎として、保健医療、精神保健、障害者福祉、老人福祉、児童福祉、家庭福祉、地域福祉、司法福祉の8領域の認定制度を設ける構想が出された[53]。

その後、2007年4月には、社会保障審議会福祉部会報告書において、職能団体が取り組むこととして「資格取得後の体系的な研修制度の充実や、より専門的な知識及び技能を有する社会福祉士を専門社会福祉士（仮称）として認定する仕組みの検討」があげられ、2007年の福祉士法改正時には、衆参両院において「より専門的対応ができる人材を育成するため、専門社会福祉士及び専門介護福祉士の仕組みについて早急に検討を行う」ことが、附帯決議された。

これは国主導ではあったものの、その後日本社会福祉士会が事務局を担い、より高度な専門性を有した人材の育成、より高度な専門性の構築のため、「認定社会福祉士」「認定上級社会福祉士」制度が検討され、2013年より認定が開始されている。

(2) 「福祉の司法化」の要素

ここまで社会福祉士資格設立とそれに纏わる課題の整理から、①福祉機関・施設、とりわけ公的機関に社会福祉士の配置を志向していること、②職域の拡大を志向していること、③より高度な専門性の確立を志向していること、しかし、④その専門性やアイデンティティの基盤が固まり切っていないこと、の4点を説明した。

今回の一連の司法と福祉の連携の施策は、これまで社会福祉士が資格の課題を克服しようと目指してきた内容と非常に親和的であると考える。つまり、

社会福祉士が配置された刑事施設は公的機関であり、またこれまで公には接点のない領域であったことから職域の拡大につながっている。また、司法福祉がスペシフィックな領域として確立されつつあることからより高度な専門性の確立に繋がっていく可能性があると見立てられている。これは先にみた「認定社会福祉士」の一分野にある「地域社会・多文化分野」を修める科目に「司法福祉」があることからもうかがえる。さらに、司法は、再犯防止という目的と結果が非常に明確な領域である。この明確さが、アイデンティティの基盤に揺らぎを感じていた社会福祉士には魅力的に映るのではなかろうか。このような要素が、今回の司法と福祉の連携を加速させたのではないかと考える。

　それは、2014年当時の日本社会福祉士会副会長でリーガル・ソーシャルワーク委員長が刑務所に新たに福祉専門官が配置されたことについて肯定的にとらえている意見を述べていることからもうかがえる。また、2007年に福祉士法の改正の際に新たなカリキュラム科目として「更生保護制度」が組み込まれたことからも、今回の一連の司法と福祉の連携が厚生労働省や社会福祉士養成校の職能団体等からも歓迎されている実態をうかがえよう。現在も法務省法制審議会少年法・刑事法（少年年齢・犯罪者処遇関係）部会第3分科会等において、検察庁に社会福祉士の配置の可能性について議論されており、司法と福祉の連携はますます加速しているといっても過言ではない。

　このような司法領域への社会福祉士の登用が進む中で懸念されることは、これまで確認したようにソーシャルワークの本来の特性と日本の社会福祉士のドメスティックな事情から、司法化へ向かう力が大きく働くと考えられることである。

　司法領域での社会福祉士の登用は、多くが公的機関である。これまでの社会福祉士の公的機関への登用を志向する動向から鑑みると、配置された場で本来の役割を果たしていくことが可能であるのか否かの検討がなされずに、公的機関に社会福祉士の席が設けられること、またこれまでフォーマルに携わっていなかった職域への進出ということに価値が見出されていることが疑われる。また、ソーシャルワークにとって公的機関で職を得ることは、これまでも裁定手段を保有することの正当化にもなっていた。例えばこの先、司法機関において、何かしらの裁定権を社会福祉士が付与されたとしたら、その運用を誤れば、パターナリズムが一層加速し、ソーシャルワークとして退行することになる。

また仮に、司法領域から再犯防止を第一義的目的として強く求められた場合、これまで専門性やアイデンティティが揺らぎ続けてきている社会福祉士であるからこそ、再犯を防止するという明確な目標が定められている領域への関与、別言すると明確なアイデンティティを持つことが魅力となりえてしまわないか、ということも懸念される。現に、先にも見たように、日本社会福祉士会のリーガル・ソーシャルワーク研究委員会の報告書には「再犯防止に向けた福祉的支援」と再犯防止が第一義的目的ともとれるようなスローガンを提唱している。

　さらに、福祉施設に関しては、社会福祉士のアイデンティティの揺らぎがある状況で、出所者の支援をすることとなった場合、先述した、水藤が示す「刑事司法と連携する福祉機関において認識されると考えられる４つのリスク」が結びつき、やはり再犯防止が第一義的目的に掲げられた支援に陥る可能性が高まると考えられる。

　以上の理由から、「福祉の司法化」、つまり司法領域での福祉による支援対象者への第一義的目的が、再犯防止となることが懸念される。

(3) 「福祉の司法化」の弊害

　福祉の司法化に対する警鐘をここまで鳴らしてきたが、福祉が司法化するとどのような弊害が起こりうるのかを確認したい。

　個別支援においては、再犯防止が第一義的目的となると不必要な管理・統制のかかわりが増加し、その傾向がさらに増幅すると人権侵害に陥りかねない。本来個々の権利擁護の立場をとるソーシャルワーカーであることに鑑みると、あるべき姿とは真逆のかかわり方となるであろう。そもそもソーシャルワーカーであろうとなかろうと、人の権利を侵害することは許されるべきではない。

　また中・巨視的観点からみた福祉の司法化の弊害は、再犯防止を第一義的目的とした支援観を持った場合、連携する他の専門職やボランタリーに関わる地域住民等への影響を与えてしまうことである。すなわちソーシャルワーカーが再犯防止を強調することにより、本来再犯防止を役割としていない他専門職やボランタリーに関わる人々の当事者への視線までもが管理・統制性を帯びてくることが考えられる。そして、対象者にそのようなまなざしがより多く向けられることは、管理・統制を主とした保安対応に他ならない。不要な厳罰化の空気を生み出すことは、不寛容な生きにくい社会へと誘うこと

になると考えられよう。

5　まとめにかえて──「福祉の司法化」回避のポイント

　以上、福祉専門職であるソーシャルワーカーが司法化に導かれる要素と弊害を確認してきた。「福祉の司法化」とは、先にも確認した通り司法と連携する中でソーシャルワーカーが本来の役割を見失い、司法の役割である再犯防止に第一義的目的を据え支援に携わることである。これまで確認した通り、それには大きな弊害が存在している。ただし、これはソーシャルワークは再犯を全く意識しない、というものではない。つまり、ソーシャルワーカーは支援対象者と関わる際には、本来の目的である生活課題の緩和・解決に尽力し、その結果として再犯に至らなかった、という支援観に立つことが求められる。それは、先にも確認してきた通りそもそも再犯防止を目指した専門職ではないし、法律上においてもその役割は求められていないためである。

　最後に、福祉が司法化しないためのポイントを検討したい。

　まず第一に、福祉の本来の目的を見失わないことである。つまり、支援の第一義的目的に再犯防止を据えないこと、またその理由を理解することである。これを見誤ると、本人を中心とする支援の枠組みから外れ、社会防衛のための本人への関与となり、これはソーシャルワークとは相いれない支援となる。

　第二に、ソーシャルワーカーはパワー（権力）を持つ立場にあることを自覚し、当事者が自分自身の生活をより建設的に再生できるよう援助するためにパワーを使用する方法を知らなければならない、ということである。ともすれば、そのパワーは虐待や搾取、不平等や不利益といった形で不適切かつ破壊的にクライエントへ作用する両刃の剣である。[56]

　第三に、このパワーを有するために、ソーシャルワークはパターナリズムを含有するという点を理解することである。先にも確認した通り、ソーシャルワークはパターナリズムからの脱却を試みてきたが、必ずしもそれに成功していない。このことに自覚的であることが、正当化されないパターナリズムによる支援対象者への不当な関与を抑制できると考えられる。

　第四に、正当化されるパターナリズムと、本人の利益になるという名目で、本来あるべきではない本人の自由を不当に制限する正当化されないパターナリズムの境界がどこになるのかを十分に検討することである。これが行われ

ないことには、予防拘禁のような誤った支援が展開されえる可能性が生じ得ると考えられる。

　少なくとも以上の４点を踏まえた視点やかかわりが福祉の司法化を抑制しえるのではないかと考える。

　この観点から、司法領域に携わる社会福祉士が行う人材育成は、再犯防止を第一義的目的に据えた視点の醸成ではなく、生活課題の緩和・解消を中心に据えた支援の必要性の理解を促すこととその視点を育むことを目指したものであるべきと考える。

1　山下康「神奈川県地域生活定着支援センターの現状と課題――職能団体としての特徴を生かして」ノーマライゼーション31巻４号（2011年）22-23頁。
2　福島健太「相談支援事業所や権利擁護支援センターと弁護士会との連携」ノーマライゼーション36巻９号（2016年）30-31頁。
3　牧野賢一「生活支援における「つながりの回復」＝「関係支援」が再犯を防ぐ」ノーマライゼーション36巻９号（2016年）28-29頁。
4　小坂育人「医療少年院における支援の現状と課題」ノーマライゼーション36巻９号（2016年）21-23頁。
5　鈴木啓文（2016）「法テラスの活動の紹介と見えてきている課題」ノーマライゼーション36巻９号（2016年）16-17頁。
6　水藤昌彦「近年の刑事司法と福祉の連携にみるリスクとセキュリティ」犯罪社会学研究41号（2016年）51頁。
7　水藤・前注。
8　例えば太田の「司法から福祉につないだ元犯罪者が福祉施設で再犯に至ったり、迷惑行為を行なったりするケースが現にある以上、福祉機関もすでに再犯の問題と無縁ではいられなくなってい」るといった発言にみることができる。太田達也「公開シンポジウム～刑事政策の新しい風～パネルディスカッション「刑事政策と福祉政策の交錯――〈司法の福祉化〉と〈福祉の司法化〉」罪と罰50巻３号（2015年）69頁。
9　このような意見に対し大杉は「検察庁や保護観察所だけではなく、マスコミや福祉関係者も、それどころか弁護士・弁護士会までもが、当たり前のように『再犯防止のため』というのを繰り返し聞いていると、あらためて強調する必要があると思うのである」と指摘している。大杉光子「『司法と福祉との連携』における弁護士の立ち位置――目的は、再犯防止ではなく、社会における生活再建である」季刊刑事弁護85号（2016年）73頁。
10　IFSWにおいて2014年に改訂されたグローバル定義ではソーシャルワークは以下のように定義されている。「ソーシャルワークは、社会変革と社会開発、社会的結束、および人々のエンパワメントと解放を促進する、実践に基づいた専門職であり学問である。社会正義、人権、集団的責任、および多様性尊重の諸原理は、ソーシャルワークの中核をなす。ソーシャルワークの理論、社会科学、人文学、および地域・民族固有の知を基盤として、ソーシャルワークは、生活課題に取り組みウェルビーイングを高めるよう、人々やさまざまな構造に働きかける。この定義は、各国および世界の各地

11 例えば、刑務所や社会復帰調整官として保護観察所に配置されたソーシャルワーカーを社会福祉士・精神保健福祉士の有資格者に限定しているような例があげられる。
12 1987年に制定された「社会福祉士及び介護福祉士法」の社会福祉士の定義は以下のとおりである。「社会福祉士とは、社会福祉士の名称を用いて、専門的知識及び技術をもつて、身体上若しくは精神上の障害があること又は環境上の理由により日常生活を営むのに支障がある者の福祉に関する相談に応じ、助言、指導、福祉サービスを提供する者又は医師その他の保健医療サービスを提供する者その他の関係者（第四十七条において「福祉サービス関係者等」という。）との連絡及び調整その他の援助を行うこと（第七条及び第四十七条の二において「相談援助」という。）を業とする者をいう。」（第二条第一項）。ただし、医療観察法のもとでの社会復帰調整官の役割を巡っては、再犯防止との関係が議論されている。
13 大杉・前掲注（9）74頁。
14 石川時子「パターナリズムの概念とその正当化基準――『自律を尊重するパターナリズム』に着目して」社会福祉学48巻1号（2007年）6頁。
15 この6つの基準とは、①広範な個人的責任制をともなった、優れて知的な活動に関与するものであること、②それらは事実に学ぶものであり、その構成員は生の事実から得た経験を実験や演習をとおして絶えず再検討すること、③学問や知識だけにとどまらず、実践への応用を志向するものであること、④伝授可能なものであり、高度に専門化された教育訓練を通して駆使展開できるものであること、⑤それらは仲間集団を結成し、そして集団意識をもつようになって、活動や義務そして責任を保持しつつ、専門家組織を構成すること、⑥諸個人を組織から排除または隔離することなく公益に寄与すること。そして社会的目的達成のために尽力すること、であった。奥田いさよ『社会福祉専門職性の研究――ソーシャルワーク史からのアプローチ：わが国での定着化をめざして』（川島書店、1992年）67頁。
16 三島亜希子『社会福祉学の〈科学〉性――ソーシャルワーカーは専門職か？』（勁草書房、2007年）2頁。
17 奥田・前掲注（15）67-68頁。
18 V・P・ロビンソン（杉本照子訳）『ケースワーク心理学の変遷』（岩崎学術出版社、1969年）39-53頁。
19 メアリー・E・リッチモンド（小松源助訳）『ソーシャル・ケースワークとは何か』（中央法規出版、1991年）57頁。
20 小松源助『ソーシャルワーク理論の歴史と展開』（川島書店、1993年）72頁。
21 1対1の個別支援は、ソーシャルワークの前身とされる慈善組織協会（COS）の活動においてもそれが前提とされていたが、COSの活動ではソーシャルワーカーは「善き隣人」の立場を取り、被支援者の主体性が意識されていた。日根野建「M.E.リッチモンドのケースワーク論：『社会的診断』（1917年）について」天理大学人権問題研究室紀要18巻（2015年）42頁。
22 三島・前掲注（16）。
23 ソーシャルワークが形成されてきたアメリカとイギリスにおいて、ソーシャルワーカーが専門職を志向しそれを試みる過程を奥田が整理している。それによると、「ソーシャルワークの専門職業化への準備期（1869年～1915年）」、「専門職業の新生期（1915年～1930年）」、「専門職業としての基礎形成期（1930年～1950年）」、「専門職業化への

推進期（1950年〜1970年）」「専門職業の確立期（1970年〜現在）」の5区分で説明している。この区分からもわかるように、ソーシャルワークが継続して専門職化を目指していることが理解できよう。奥田・前掲注（15）31-57頁。

24　エリオット・フリードソン（進藤雄三＝宝月誠訳）『医療と専門家支配』（ミネルヴァ書房、1992年）100頁。

25　ゾフィア・T・ブトゥリム（川田誉音訳）『ソーシャルワークとは何か──その本質と機能』（川島書店、1986年）。

26　レスリー・マーゴリン（中野伸俊＝上野加代子＝足立佳美訳）『ソーシャルワークの社会的構築──優しさの名のもとに』（明石書店、2003年）131頁。

27　英国では、医療ソーシャルワーカーの前身であるとされるアルモナーは、慈善組織協会が行う施療病院に入院する患者の資格適否を選別する役割を担うために創設された歴史があり、日本においては福祉事務所のケースワーカーが生活保護受給の適否の判定の役割を担っている。児島美都子『新医療ソーシャルワーカー論──その制度的確立をもとめて』（ミネルヴァ書房、1991年）。

28　ミシェル・フーコー（田村俶訳）『監獄の誕生──監視と処罰』（新潮社、1977年）。

29　フリードソン・前掲注（24）100頁。

30　伊藤文人「ソーシャルワーク・マニフェスト──イギリスにおけるラディカル・ソーシャルワーク実践の一系譜」日本福祉大学社会福祉論集116号（2007年）161-176頁。

31　奥田・前掲注（15）83頁。

32　花岡明正「パターナリズムとは何か」澤登俊雄編著『現代社会とパターナリズム』（ゆみる出版、1997年）41頁。

33　三島亜希子「社会福祉の教育と研究における社会学：ある社会学教員の経験から」社会学評論61巻3号（2010年）313頁。

34　サラ・バンクス（石倉康次＝児島亜紀子＝伊藤文人監修・翻訳）『ソーシャルワークの倫理と価値』（法律文化社、2016年）。

35　北川清一＝松岡敦子＝村田典子『演習形式によるクリティカル・ソーシャルワークの学び─内省的思考と脱構築分析の方法』（中央法規出版、2007年）。

36　マーゴリン・前掲注（26）。

37　石川・前掲注（14）5-16頁。

38　2008年度より日本社会福祉士会にリーガル・ソーシャルワーク研究委員会が設置され、社会福祉士の司法との連携のあり方の検討や司法領域で社会福祉士が働くための研修構築・運営などを行っている。その委員会から、再犯防止を第一義的目的とも受け取れるような「再犯防止を目的とした福祉的支援」といった発信が、以下の報告書において確認できる。日本社会福祉士会『平成25年度セーフティネット支援対策事業等事業費補助金社会福祉推進事業　被疑者・被告人への福祉的支援に関する弁護士・社会福祉士の連携モデル推進事業報告書』（2014年）。

39　「社会福祉士法制定試案」制定の経緯と内容、課題等については、社会福祉学12号（1972年）において、複数の論文が掲載されその是非について検討がなされているので参照されたい。

40　『月刊福祉』での座談会における仲村優一の発言や、広く様々な人材を受け入れてきた福祉分野において、業務独占資格を設けることは、資格を持たない人材を締め出す結果に繋がるため業務独占という資格形態はなじまないとする阿部の意見にみることができる。瀬田公一＝仲村優一＝杉本照子ほか「社会福祉士及び介護福祉士の成立と

41 京極高宣「『社会福祉士及び介護福祉士法』10年の成果と課題」月刊福祉80巻3号（1997年）42-48頁。蟻塚昌克、岡本祐三、是枝祥子「座談会特集 福祉改革のなかで福祉専門職を検証する」月刊福祉82巻3号（1999年）20-33頁。古瀬徹「社会福祉士及び介護福祉士資格の課題」季刊社会保障研究32巻3号（1996年）275-283頁。橋本正明「社会福祉士および社会福祉士会の現状と将来の展望」月刊福祉77巻7号（1994年）28-31頁。

42 山手茂「サービスの質の向上と人材養成・確保」ソーシャルワーク研究25巻2号（1999年）。

43 平野方紹「社会福祉士資格制度等の現状と課題」『日本社会事業学校連盟社会福祉士資格制度等をめぐるシンポジウム報告書』（2001年）。

44 近年では病院の退院支援に社会福祉士が関わった場合は、退院支援加算が付くなど無資格者との差別化が図られたり、2006年より各市区町村に設置されている地域包括支援センターにおいて社会福祉士資格者が必置資格となったこと、障害者福祉施設での社会福祉士配置加算、児童福祉施設最低基準職員配置基準に社会福祉士が明記されるなど、社会福祉士の配置の義務や加算制度が進んできている。

45 日本学術会議第18期社会福祉・社会保障研究連絡委員会『ソーシャルワークが展開できる社会システムづくりへの提案』（2003年）3頁。

46 例えば「ソーシャルワーカーを福祉事務所で雇うよう、もっと促していかなければならない」との発言からもうかがうことができる。「『SWの一般化めざす』ソ教連の白澤政和会長に聞く」福祉新聞2017年7月17日。

47 西澤秀夫「『社会福祉士』可能性へのチャレンジ——その現在と未来」社会福祉研究64号（1995年）15-20頁。

48 代表的な例として、ボランティアのコーディネーターやアドバイザーとしての役割、公的介護保険制度における要介護認定及びケアプラン作成へ参画による業務範囲の拡大などがあげられる。岡本千秋「社会福祉士への期待——その役割と課題」関東学院大学社会学会社会論集3号（1997年）7-23頁。吉村靫生「これからの専門職に求めたいもの（特集 社会福祉の専門職制度の今後）」月刊福祉80巻3号（1997年）39頁。

49 杉野昭博「大学における福祉専門職教育：迷走する資格制度と養成課程」関西大学社会学部紀要32巻3号（2001年）299-315頁。

50 2000年当時の厚生労働省社会援護局の専門官によっても、職域拡大を目指してきたが、状況に変化がないことを主旨とした弁が述べられている（平野・前掲注（43）14頁）。

51 工藤洋一＝三和治＝西沢秀夫ほか「座談会 社会福祉の専門職制度の今後（特集 社会福祉の専門職制度の今後）」月刊福祉80巻3号（1997年）14-28頁。議論の例として、「社会福祉の援助活動に関しては、いわゆる『日常性』と『専門性』とが常に混然一体となって存在する世界であることにも社会福祉の専門性があいまいで不明確になる要因となっている」（岡本民夫「社会福祉の専門性・専門職制度をめぐる背景と課題（特集 社会福祉の新たな思考軸（2）（各論編）戦後50年の検証と課題）」社会福祉研究66号（1996年）107-113頁）、「ソーシャルワーカーを狭義に捉え、介護や保育といった直接的な心身のケアを中心的な職域とする福祉分野の援助者をケアワーカーとして除くならば、日本においてソーシャルワーカーに相当する職種は何かという問題がでて

くるのである」（小山隆「ソーシャルワーカーの専門性について」評論・社会科学57号（1997年）65-82頁）などがあげられる。また、「福祉専門職あるいはソーシャルワーカーとしての横断的な意識とアイデンティティをどう形成するかという課題である。福祉事務所の現業員や老人ホームの生活指導員、社会福祉協議会の専門職というタテ割り意識が支配的であるが、これを医師や看護婦のようにどこの職場にいても福祉専門職あるいはソーシャルワーカーであるという協働意識に育てなければならない」（鈴木五郎「これからの専門職に求めたいもの（特集 社会福祉の専門職制度の今後）」月刊福祉80巻3号（1997年）38頁）というものもある。この議論は主として社会福祉基礎構造改革まで盛んにおこなわれることとなるが、その後、弁護士、司法書士と並んで第三者成年後見人に社会福祉士が家庭裁判所から選出されるようになったことや一部の福祉機関や施設に社会福祉士が配置されたこと、介護保険制度が施行されてからは独立した事務所を構える社会福祉士が増加してきたこと等が作用し、アイデンティティの議論は下火になってきているように見受けられる。

52 日本社会福祉士会編『日本社会福祉士10年史』（日本社会福祉士会、2003年）。
53 日本学術会議第17期社会福祉・社会保障研究連絡委員会『社会福祉サービスに関する研究・教育の推進について』（2000年）。
54 「福祉専門官の配置はこれまでの非常勤の人たちの働きが評価された結果だろう。これを全庁に広げるには、福祉専門官がリーダー的な役割を果たし、ソーシャルワーカー全体の質を上げるなど結果を出すことが必要だ。また、本来支援対象とすべき受刑者が漏れないようにすることも重要な役割だ」福祉新聞2014年5月26日掲載記事より。
55 社会福祉養成課程のカリキュラムに「更生保護制度」が入ったことは大変歓迎されるべきことがあるが、どのテキストをみても、更生保護の制度についての解説に終始しており、更生保護の対象となった人に対する社会福祉士のあるべき支援などについてはあまり触れられていない。この科目でこそ、「再犯防止を第一主義目的としない支援」が強調されるべきであると筆者は考える。
56 ニール・ソンプソン（杉本敏夫訳）『ソーシャルワークとは何か──基礎と展望』（晃洋書房、2005年）。

（きのした・だいせい）

第7章
司法と福祉の連携における
アカウンタビリティのあり方

本庄 武
一橋大学

1 はじめに

　刑事司法と社会福祉（以下、単に司法と福祉という）は、全く異なる原理で動いている。刑事司法は、犯罪の発生を契機とし、事件を適切に処理することを通じて、社会秩序を維持することを目的としている。そのために予定されているメカニズムには、①罪を犯した人に刑罰を科して刑事責任を取らせることで、犯罪により社会に害悪をもたらすと自らも害悪を被る、という因果応報が維持されていることを社会一般の人々に実感させることを目指す応報原理や、②罪を犯した人が処罰されることにより、社会一般の人が処罰を恐れ、犯罪を控えるようになることを目指す一般予防原理、③罪を犯した人が、改善更生し再び罪を犯すことのない生活を送ることにより再犯の発生を防止することを目指す特別予防原理などがある。いずれにしても、刑事司法は、究極的には社会一般の人々の利益を増進するために存在している。そのために個々の犯罪行為者に処遇が行われる場合も、本人の意向に反してでも強制的に処遇を行い再犯防止の効果を上げなければならない、と強調される。それに対して、社会福祉の領域では、自分自身の力で幸福を追求することに限界のある人に対して、本人の幸福を実現することを支援することが目的とされる。そのために、本人の主体的なニーズに基づいて支援を構築することが重視されてきた。福祉サービスの提供は本人の申し出に基づいて行われるという申請主義に依拠しており、さらに措置から契約への転換が起きたことからすればなおのこと、本人がサービスを受けることを望まなければ、無理やりに支援を行うべきではない。こうして、司法と福祉は水と油であると受

け取られ、その調和をどう図るかが課題とされている。
　しかしこうした見方は単純に過ぎるように思われる。刑事司法において、本人の意思に反してでも強制されていると明確に言えるのは、再犯をしないこと[4]、罰として刑事施設に収容することや作業を行わせること[5]、そして保護観察において保護観察官や保護司と接触を維持すること[6]くらいである。
　刑事司法が本人に働きかける場面、すなわちいわゆる処遇の場面についてみると、例えば刑事責任を果たし終わった出所後については、処遇を強制する正当化根拠がもはや存在していないため、更生緊急保護というあくまでも本人の申し出に応じて提供される支援が行われるのみである。逆に刑事責任が確定しない段階である起訴猶予時の支援などについても、現行法上は強制の契機はなく、本人の希望に応じて福祉的支援が提供されることになっている[7]。また刑事責任を果たしている過程において、刑事施設収容中や、保護観察を受けている最中であっても、就労支援や福祉的支援などはあくまでも本人の希望に応じて行われることになっている。そして法制度上は本人の意思に反してでも行われることになっている刑事施設における薬物依存離脱指導や性犯罪再犯防止指導などの改善指導や教科指導については、強制的に実施しても効果を上げることはできないため、実際は指導を拒否する受刑者に懲罰を課すことで受講を強制することは行われていない、とされる[8]。保護観察中には、個々の必要に応じて、特定の処遇プログラムの受講などの特別遵守事項が義務付けられているが、これについても強制の程度は弱いのではないかと思われる[9]。さらに、こうした実態を積極的に根拠づけようとして、学説上は、刑事施設に拘禁することで社会とのつながりを切断してしまい社会復帰に弊害をもたらしてしまうことの代償として、国家は社会復帰の支援提供を義務付けられ、その反面として刑事施設内で受刑者本人は処遇を受ける権利を有する、という見解もある[10]。その延長線上で、出所後に円滑な社会復帰につながる支援を受けること（出口支援）、弊害の多い刑事施設への入所を回避するための手段があるのであればその提示を受けること（入口支援）についても、本人の権利であるとする構想もある[11]。
　このように、刑事司法においても働きかけの強度には濃淡があり、任意的な支援として把握すべきものも多い。刑事司法は、一律に本人を客体視し、強制的に働きかけを行っているという把握は正確ではない。
　他方で、福祉の領域でも、本人のニーズを重視するといっても、意思表明が難しい重度の障害者や認知症の高齢者を念頭に置く限り、本人の主体性を

尊重するには限界がある。また本人が不合理に見える決断を行おうとしている場合に、その決断が本当に尊重されているのか、支援者が望ましいと思われる決断がなされるように支援者が強く働きかけることがないのかといえば、そうとは言い切れないのではないか。善意での支援であるだけに、福祉の領域にはパターナリズムが働きやすい。この問題は、不合理な意思決定により本人が再犯に至ることが珍しくない刑事司法の領域でも、同じように存在する。

　司法と福祉の連携といってもいかなる局面での連携であるかによって、異なる原理に基づいて両者が動いている場合と、基礎となる原理が共通している場合とがある。いかなる場面での連携が問題になっているのかを、明確に意識しなければならない。

　そして、今まで述べてきたような、司法制度が対象者を客体として扱っているかという問題と、制度の担い手の意識のレベルにおいて対象者を客体視しているかという問題は区別しなければならない。刑事司法の担い手のなかに、再犯防止を意識するあまり、制度上強制力を行使できる問題か否かにかかわらず、本人の主体性を尊重するなどという姿勢はとるべきでない、という考え方が存在していることは事実である。しかし、それはあくまでもその担い手の願望である。「刑事司法は再犯防止を目的とするのだから、出所者を受け入れた福祉施設は、満期釈放者であったとしても、本人が犯罪に至ることのないようによく見張らなければならない」といった言説は、端的にいって不適切である。満期釈放者は、刑事責任を果たし終わっており、罪を償い終わっているため、一般市民が受けない特別な自由の制限を受ける法的根拠は存在していない。福祉が受け入れることが起訴猶予になるための事実上の条件とされた場合に対象者を受け入れた福祉施設についても、同様である。事件が軽微であるがゆえにすでに刑事司法手続は終局したのであり、対象者は一般市民である。[12]こうした言説に惑わされて、福祉の本来の役割ではない監視を担わなければならないのか、といった葛藤を感じたり、福祉も再犯防止のために積極的な貢献を果たさなければならないと考える必要はない。これに対して、仮釈放者の場合は、いまだ刑事責任を果たし終わっておらず、保護観察を受けているため、法的に一定の強制を受ける立場にある。その場合、帰住先として本人を受け入れた福祉施設は、どのような対応を取るべきかを悩まなければならなくなる。しかし現状では特別調整対象者のほとんどは満期釈放者であると思われるため、そもそも福祉関係者は特段の悩みを抱

える必要がないといえる。主たる問題は、担い手の意識である。
　以上を踏まえたうえで、司法と福祉が連携する場面におけるアカウンタビリティのあり方を検討するが、その前に、本稿でいうアカウンタビリティの概念について簡単に言及しておく必要がある。

2　アカウンタビリティの内容

　アカウンタビリティとは、力の付与または力の行使に関して課された責任を果たしたかどうかを説明する責任と定義される。もともと会計学の世界で用いられてきた概念であり、「会計責任」と訳されてきたが、現在では政治・行政など社会の様々な場面で登場する概念として「説明責任」と訳されるのが一般的である。アカウンタビリティは民主主義社会の根幹である自由と平等の実現に奉仕するものであるとされる。[13]
　アカウンタビリティには、①上司と部下など上下関係で問題となる垂直的アカウンタビリティと、②同業者や社会一般など横の関係で問題となる水平的アカウンタビリティがある。この両者の関係は複合的であることに注意が必要である。まず②に関して、ある政策のあり方が、同業者すなわち専門家の評価に耐えられるものかという観点と当該政策について利害関心を有する社会一般に対して分かりやすい説明をするかという観点がある（社会に対するアカウンタビリティ）。専門家の承認が得られるということは、間接的に社会一般の政策への信頼を向上させることにつながるのであり、両者は市民の支持を得られる政策を実現するという点で民主主義の実現に奉仕する。他方で、①に関して、特定の個人に対してある一定の処分等がなされる場合、名宛人である特定の個人に対してアカウンタビリティが果たされなければならない（個人に対するアカウンタビリティ）。これは当該処分の適正さの保障に寄与し、実効的な権利擁護に奉仕することで国民主権原理を体現することになる。②社会に対するアカウンタビリティは、間接的に個別処分等の適正化に寄与し、特定個人の権利擁護にもつながる一方で、①個人に対するアカウンタビリティは、間接的に政策への社会の信頼を向上させることにつながる、という形で、両者は相補う関係にあると言える。社会一般の支持と名宛人たる個人の納得が乖離する場合もありうるが、両者の適切な調和点を見いだす政策が最善の政策であり、アカウンタビリティの目標となる。
　こうしたアカウンタビリティという発想は、「行政機関の保有する情報の

公開に関する法律（情報公開法）」1条が「この法律は、国民主権の理念にのっとり、行政文書の開示を請求する権利につき定めること等により、行政機関の保有する情報の一層の公開を図り、もって政府の有するその諸活動を国民に説明する責務が全うされるようにするとともに、国民の的確な理解と批判の下にある公正で民主的な行政の推進に資することを目的とする。」と規定し、また「行政機関が行う政策の評価に関する法律」1条が、「この法律は、行政機関が行う政策の評価に関する基本的事項等を定めることにより、政策の評価の客観的かつ厳格な実施を推進しその結果の政策への適切な反映を図るとともに、政策の評価に関する情報を公表し、もって効果的かつ効率的な行政の推進に資するとともに、政府の有するその諸活動について国民に説明する責務が全うされるようにすることを目的とする。」と規定するように、行政活動において意識しておかなければならない基本原則になっている。当然のことながら、矯正行政や更生保護行政、福祉行政においても、アカウンタビリティを意識しておかなければならない[14]。

　司法と福祉の連携という課題に関しても、アカウンタビリティは多様に問題になる。第1に、犯罪行為者を司法が福祉につなぐ場面において、司法が福祉に対していかなるアカウンタビリティを果たすべきかが問題となる。第2に、受け入れる側の福祉が、犯罪行為者を受け入れることについて、地域社会に対していかなるアカウンタビリティを果たすべきかが問題となる。第3に、司法が対象者本人に対していかなるアカウンタビリティを果たすべきかが問題となる。そして最後に、福祉が対象者本人に対していかなるアカウンタビリティを果たすべきかが問題となる[15]。

　このうち、第3の問題は、支援提供の前提となるアセスメントの適正さの問題と支援を受けることについて本人の同意の真摯性をいかに確保すべきかという問題である[16]。また、第4の問題は、アカウンタビリティの方法については、権利擁護のあり方として福祉領域で議論の蓄積がなされている問題であり、アカウンタビリティの内容については、福祉側が司法との連携をどのように受け止めるかという問題である[17]。いずれもアカウンタビリティ以外のテーマとして論じられてきた問題である。これに対して、第1と第2の問題は、アカウンタビリティというテーマのもとで固有に論じられるべきものであり、本稿ではこの2点について検討を加えていく。

3 司法から福祉へのアカウンタビリティ

(1) 司法と福祉の連携の諸相

　司法と福祉の連携においては、司法が福祉を下請けとしてしまうのではないかが懸念されている。この懸念を払拭するため、まず前提として、司法がいかなるアカウンタビリティを果たすべきかは、説明の受け手である福祉の事情に応じて決定される、ということを確認しておかなければならない。そうでなければ、説明の責任を果たしたことにはならないためである。

　そのうえで、前述のように、司法機関は福祉に再犯防止の役割を期待することがあるが、正確にいうと、司法が求める再犯防止には２種類の意味がある。第１に、司法は、制度上対象者の権利自由を制限する権限が認められている場合に、その権限を活用して再犯が起きることを防ぐことを目指す。典型的には執行猶予中や仮釈放中に保護観察が行われている状態である。しかし司法は、社会秩序の維持を目的として運営されているため、自らの関与が終了したのちであったとしても再犯が発生することに無関心ではいられない。そのため第２に、司法は関与期間中の処遇の効果を持続させ、司法の関与が終了したのちも、再犯リスクが低減した状態が続くことを狙う。しかし司法の対象者との関わりは原則として有期限であるため、関与期間が終了した後は、司法は対象者そのものあるいはその人生には関心を抱かない。

　それに対して、福祉においては、再犯防止は本来の役割ではない。あくまでも、本人の幸福な人生の実現という目標が達成された場合に、結果として再犯には至らなくなるだろう、という間接的な関係があるにとどまる。それゆえ福祉においては、当初から期限を設けて関わることは原則として予定されていない[18]。福祉的支援が必要である限りにおいて本人と関わり続けるのが原則である。ここで仮に、福祉が司法の任務を受託することで、当該対象者については再犯防止の一翼を担うと考えてみると、仮釈放中など司法が関与し続けている期間と刑期満了後などの司法の関与が終了した後において、福祉が本人の自律性に介入する程度が異なってしまうことにならざるをえない。しかしこうした本人のニーズと関わらない事情により関わり方を変えることは、福祉のあり方に変容を迫ることになるだろう。

　そのような事態を回避し、本人への関与の仕方を一貫させようとするとき、司法の関与が終了した後も引き続き福祉が再犯防止の役割を担い続けるとい

う解決方法も考えられる。しかしそれはもはや福祉ではなくなってしまうというべきであるし、そうしたことを正面から肯定する福祉関係者はあまりいないように思われる。

　ありうるのは、福祉の方が無自覚に、司法から受託した対象者であるから、福祉としても再犯防止に意を用いなければならないという意識のもとで、通常の対象者とは異なる対応をすることであろう[19]。例えば、司法から受託した対象者の場合についてのみ、不穏な行動がみられる場合に警察の援助を求めたり、通常は警察に通報しないような施設内での些細なトラブルについて、司法から受託した対象者の場合には積極的に通報を行うなどが考えられる。

　こうした対応がとられるとすれば、背景に福祉関係者の間で犯罪行為者に対して漠然とした不安感が存在するからではないかと思われる[20]。これに対処するためには、以下に検討するように、司法から福祉に対する適切な情報の提供が必要だと思われる。

(2)　司法と福祉のリスクコミュニケーション

　地域生活定着支援事業（現、地域生活定着促進事業）が始まるまで、福祉施設は触法障害者をあまり受け入れてこなかったといわれる。そうだとすれば、福祉関係者が一般市民と同様に、自分たちとは異質で分かりあうのが難しいというステレオタイプの犯罪者像を抱いていたとしても不思議ではない。そうしたステレオタイプは、犯罪行為者を実際に受け入れ、日常的に接することで一定程度解消可能であろう[21]。しかしそれだけでは、対象者が対人関係のトラブルを起こすなどの危機的場面においては、ステレオタイプが復活してしまう可能性がある。対象者それぞれの性格特性や生活環境が犯罪への陥りやすさを構成している場合はあると思われるが、そうした特性を正しく把握しておくことで、危機的な場面に至っても冷静な対処が可能になる。そのためには、司法から福祉に対して適切な情報の提供が行われる必要がある。

　これに関して、リスクコミュニケーション論が有益な知見を提供してくれる[22]。それによれば、リスクのある事象について、相手方の信頼を獲得するためには、第1に、リスクを提示する側が、専門知識や技術が備わっていると相手方に思われることが必要である。これを能力認知という。第2に、リスクを提示する側が、まじめに一生懸命問題に取り組んでいると思われることが必要である。これは動機付け認知と呼ばれる。そして、第3に、相手方がその問題に深くコミットしている場合には、ある問題を考えるうえでどのよ

うな要素を重要と考えるのか、どのような結果を望ましいと考えるかについての認知が類似していることが重要であるとされる。これは、主要価値の類似性認知と呼ばれる。

司法と福祉の関係においては、専門家同士であり、能力と動機付けに関してはお互いに一定の信頼を得ていると考えられる。問題は、主要価値の類似性である。司法の側が、再犯防止やさらには事件処理の効率性などの目的のために、福祉を下請けとして利用していると福祉の側に受け取られる場合、福祉の側は司法の側を信頼することができない。[23] その場合に、福祉の側が、収容人数確保のような経済的視点から一定程度対象者を受け入れたとしても、本当の意味での司法と福祉の連携は成立していないため、連携の促進には限界が生じる。

そこで司法の側は、福祉における主要価値を理解し、それに寄り添うことが必要である。具体的には本人が安心して生活を送るために必要な福祉サービスを提供する、という受入側の意向を理解したうえで、それに委ねる姿勢を取ることが重要である。無断退所時に通報義務を課したりすれば、司法が福祉から信頼を得られない結果、受入れのすそ野が広がらないことになってしまう。

また司法の側は、福祉の側が主要価値を実現するうえで必要な情報を提供しなければならない。福祉機関が必要としている情報とは、対象者が犯した犯罪自体に関する情報や対象者の犯罪リスクそのものではない。関心はあくまでも、対象者のニーズを把握するために必要な情報であり、犯罪リスク関連情報はその参考になる限り参照されるべきものであろう。しかし情報の内容によって、リスクには関係するがニーズには関係しない、といった分類を行うことは困難に思われる。というのも、このニーズの把握とは包括的な全人格的なものであるため、情報は多ければ多い方がよい、ということになるためである。この点に関する司法と福祉の相違は、情報を分析する観点ということになる。当然ながら、どの情報を重要と考え、その情報のうちどの部分に注目するかは、司法と福祉で異なってくる可能性がある。さらに、情報を評価する時点についても司法と福祉では違いが生じうる。司法においては、強度の介入も予定されているため、あらかじめ対象者に対応するための一定の枠組みが設定されなければならない。枠組みの事後的な変更もありうるが、情報を介入の時点で静的に評価する傾向が強いと思われる。それに対して、福祉においては、本人のニーズの変化に柔軟に対応できるようにするため、

より動的に情報を評価するのではないかと思われる。

こうした事情に鑑みると、司法の側で福祉に渡すべき情報をあらかじめ取捨選択するやり方では、有効な連携が図れないおそれがある。また提供する情報は、再犯リスクがどの程度あるかといった司法の観点からの分析評価を加えた結果としての情報ではなく、可能な限り、その分析評価の基礎となる生の情報であるべきである。もちろん司法には守秘義務があるため、司法が保有している情報を無条件に全面的に福祉に開示するようなことはできない。しかし、本来的に個人情報である本人に関する情報については、本人の同意を得たうえで、ある程度幅広に福祉の側に提供することが必要ではないかと思われる。再犯防止推進法5条3項は、国・地方公共団体に対し、民間の団体その他の関係者に対する必要な情報の適切な提供を義務づけている。ここでいう必要性および適切性は、以上のように理解されなければならない。

他方で、福祉の側も司法からもたらされる情報に全面的に依拠するような姿勢は取るべきでないことになる。司法の情報はあくまでも司法の目的を達成するために必要であるという理由で収集されたものであり、司法のバイアスがかかっているという疑いを持つべきである。あくまでも福祉の側における主体的な情報収集活動の一環として、司法から提供される情報を活用する、ということでなければならない[24]。また異なる領域の専門家同士の場合、同じ用語を用いている場合でも、異なる事象を念頭に置いている場合がある。情報の受け手である福祉の側では、自ら当該情報の確かさ、有用性を検証しなければならない。それと同時に、提供を受けた個人情報の適切な取扱いについて留意すべきであろう（再犯防止推進法5条4項）。

以上の考察によれば、司法が福祉に対して果たすべきアカウンタビリティとは、福祉の価値を理解・共有することを前提に、専門性が異なることに起因するコミュニケーションギャップがありうることを意識しつつ、犯罪行為者についてのできる限り加工を経ていない情報を提供することだということになる。

4　福祉機関の司法への関与形態とアカウンタビリティ

(1) 福祉専門職による個別的支援

司法と福祉の連携が進展するに連れて、福祉専門職は刑事司法と多様な関わり方をするようになっている。そうなると、福祉専門職は、福祉機関とし

て司法からのアカウンタビリティの受け手になるのか、それとも司法によるアカウンタビリティの一翼を担い、別の福祉機関に対してアカウンタビリティを果たすべき存在となるのか、一様ではないことになる。

　まず福祉専門職が、何の制度的枠組みもないままに刑事司法に関与しだした時代から行われてきたのが、福祉専門職による個別的支援の形態である。この場合は明らかにアカウンタビリティの受け手として活動していることになる。司法機関から完全に独立しているため、しばしば司法機関に対して厳しくアカウンタビリティを求め、それが果たされることが支援の条件とされることが多い。これが専門職間でのアカウンタビリティのあるべき姿だと思われるが、これまで福祉関係者が関わってこなかった司法領域で、こうした個人的な対応では、対応能力に限界があり、また財政的な裏付けを伴わなければ、善意に頼らざるをえなくなり、基盤が脆弱になってしまう、という問題があった。

(2) 地域生活定着支援センター

　そこで組織的に司法と福祉の連携を担うために登場したのが、地域生活定着支援センター（以下、定着センター）であった。定着センターは全国で開設されており、制度開始から8年を経過し、地域生活定着促進事業は完全に定着したといってよい。今や出口支援は、定着センター抜きには考えられない状況にある。問題は、定着センターが司法機関の一翼を担っているのか、司法機関から独立してアカウンタビリティを受ける立場にあるのかである。

　この点について、厚労省が発出している「地域生活定着支援センターの事業及び運営に関する指針」によると、定着センターは保護観察所と「協働して」支援を行うとされている。この文言は、定着センターが保護観察所の下請け機関ではなく、対等な立場で業務を請け負っていることを示唆しているように見える。他方で、法務省矯正局長・保護局長が発出している通達「高齢又は障害により特に自立が困難な矯正施設収容中の者の社会復帰に向けた保護、生活環境の調整等について」によれば、特別調整の仕組みは、①まず矯正施設で特別調整の要件を満たす候補者を選定し、保護観察所に通知すると、②保護観察所の方で、必要に応じた候補者との面接等により必要な調査を行い、③保護観察所が要件を満たすことを確認してから、正式に対象者として選定した後に、④保護観察所が定着センターに、(i)対象者との面接・通信、(ii)福祉サービス等調整計画の作成・提出、(iii)関係機関との協議について

「協力を求め」、⑤定着センターが帰住予定先を確保する、という流れになっている。この流れからすれば、あくまでの特別調整の実施主体は保護観察所であり、定着センターは保護観察所の下請け機関として位置づけられているように見える。

　規定上の扱いがどちらとも受け取れる状況にあるため、より実質的な考察が必要となる。まず法務省通達をよく読むと、特別調整対象者として選定された場合、保護観察所は自ら生活環境の調整を行う裁量を有しておらず、必ず定着センターに調整を依頼することが予定されている。また、定着センターは対象者の受入先の決定について保護観察所の許可を要する構造になっておらず、定着センターの判断が尊重されている。さらに厚労省「指針」によれば、定着センターの業務は民間団体に委託されているが、業務の本来的な実施主体は都道府県であり、定着センターは業務内容について保護観察所の監督を受けているわけでもない。そして、厚労省「指針」は、センター事業の一般原則について、利用者の意思や主体性を最大限尊重すること、福祉サービス等に係る本人のニーズ、活用できる社会資源の状況等を十分に踏まえて行うことなど福祉原理に則って業務が行われるべきことを規定している。そもそも定着センターが司法機関の業務を担うとすれば、厚労省管轄下に置かれるはずはない。こうしたことからは、定着センターは、保護観察所から独立し、刑事司法とは異なる原理に従って活動することが予定されている福祉機関である、と理解することが可能になる。本来は、法務省管轄下で設立したかったものの、法務省にはノウハウが欠けていたため厚労省の支援を仰いだ、というような便宜的な説明は通用しないであろう。定着センターは純粋な福祉機関であり、単に依頼元が司法機関であるという点で特殊性を有するに過ぎない。

　このように考えてくると、制度上は矯正機関と保護観察所が行うことになっている特別調整対象者の選定にも、定着センターが主体的に関わるべきではないかという疑問が生じる。運用上、②の保護観察所による面接にセンター職員が同行する形をとる例もあるようであり、実質的に定着センターが対象者の選定を行うことは可能である。実際に、保護観察所が対象者を選定することの問題点として、認知症や精神障害のゆえに支援を拒否している疑いのある対象者であっても、保護観察所はケアしてくれないという点が指摘されている。また、特別調整対象者の選定基準には、健全な生活態度を保持し自立した生活を営むうえでの福祉サービス等を受ける「必要性」と、円滑

な社会復帰のために対象とすることの「相当性」、という評価者のスタンスにより評価が分かれうる要素が含まれているが、これらの要素は純粋な福祉機関である定着センターの方がよりよく判断できるのではないか、と思われる。

　これに対して、定着センターのなかには、対象者を自ら選定してしまうと、現在の社会資源に照らして受入先があるかという本人のニーズとは関わらない事情を考慮してしまうことになるという理由で、対象者の選定には定着センターは関わるべきでないという考えも存在するようである。さらに社会資源の有限性という問題以前の原理的な問題として、サービス調整機関である定着センターはアドボカシー機能に徹底すべきである、という考えを有する場合もあるとされる。すなわち、センターは福祉的ニーズを有するにもかかわらず、やっかい者として福祉から排除されてしまうような人を支援する側に立つべきで、自ら福祉から排除する役割を担うべきでない、というのである。

　消極論は、定着センターが福祉的ニーズとは別に相当性を判断せざるをえなくなることを問題視していると推測される。しかし、定着センターは福祉的ニーズを有する限り、特別調整の対象とする相当性があると判断することができるのであるから、アドボカシー論にとっては選定に関与することはむしろ望ましい事態ではないかと考えられる。もちろん、現実には政策的理由から、福祉的ニーズを有していても候補者を選定から外してしまうことが起きうるであろう。しかしそれは、定着センターが選定に関わらなくても同様に生じうる事態である。福祉機関が判断するのと司法機関が判断するのとどちらが望ましいかという形で問題を設定すれば、福祉機関が判断する方が、支援のニーズを有している人が対象から漏れる事態を「より防ぐことができる」といえるように思われる。現状では、定着センターの体制の問題から、選定に関与することが困難な場合もありうると思われるが、少なくとも、どちらを選択するかは定着センターによって決定されるべきであろう。

(3) 司法機関内部の福祉専門職

　最後に、検察庁や刑事施設などに雇用された福祉専門職が、環境調整業務を担う場合がある。検察庁で展開される入口支援、刑事施設において特別調整対象者以外に対する出口支援などがある。福祉専門職であるにもかかわらず、司法機関の一部としての役割も果たさざるをえなくなると、再犯防止の

観点をいったん捨象したうえで、本人の福祉的ニーズを充足するための支援を考えることは困難であろう。こうした事情から、司法機関内部の福祉専門職は司法の一部として、受入先福祉機関に対してアカウンタビリティを果たす側であると観念せざるをえない。受託先の福祉機関は、基本的には定着センターについて述べたのと同様に、改めて提供された情報を精査するとともに独自に情報を収集する必要がある。

こうした事態は効率的でなく、受託先の福祉機関に負荷をかけることにもなる。それが望ましくないというのであれば、つなぎの役割を果たす機関を外部化すべきではないかと思われる。具体的には、定着センターの人的物的体制を増強し、定着センターが検察庁や矯正施設、さらには弁護人といった各種司法機関から福祉的ニーズを有する犯罪行為者の環境調整業務を受託し、司法的チェックが必要となる場合は各機関に加えて保護観察所がそれを担う、という形態が考えられる。この構想が実現すれば、定着センターの基盤は確固たるものとなり、司法機関と対等な立場で、司法機関に対しアカウンタビリティを求める存在である、ということが明確になると思われる。保護観察所の下請け機関という理解も払拭されるであろう。そして、調整機関も受入機関も福祉機関であれば、そこでのアカウンタビリティは、共通の視点から収集された情報と分析結果を伝達すれば、果たされることになる。

5　福祉機関から地域社会へのアカウンタビリティ

続いて第2の課題である、犯罪行為者を受け入れることについて、福祉機関は地域社会に対してどう説明責任を果たすかについて検討する。

地域社会との関係については、更生保護施設の新設や移転を巡って反対運動が起こることがある。それまで犯罪行為者と身近に接することがなかった地域住民は、犯罪行為者を受け入れる施設が近隣にできることに対して、漠然とした不安感に駆られ、反対運動を起こす。しかし多くの更生保護施設の場合、長年地域に施設が根付いており、入所者が特に問題を起こすことがなければ、地域と共生できている。それでも、建替えを契機に、反対運動が起こることもある。反対運動が起きた場合、地域社会において信頼を得ている人物が仲介に乗り出すなどして解決に至った場合がある。また丁寧な説明会を繰り返し実施する、運営開始後に定期的に地域住民の代表もメンバーとする運営協議会を開催し、その場で受入れの実績を報告する、などの形で地域

社会に対してアカウンタビリティを果たすことが重要となる。ただしその場合でも、一旦地域住民とトラブルになると入所対象者を限定するなどによって、地域住民と施設運営について合意に達することが多い。

　こうした反対運動が起きる背景には、犯罪行為者を地域で受け入れることがリスクであると感じられていること大きく作用している。ここで再びリスクコミュニケーション論を参照すると、人間の認知においては、信頼の非対称原理が働いているとされる。すなわち、信頼を得るためにはたくさんの肯定的実績の積み重ねが必要で、長い時間を要するが、信頼を失うにはたった一つの否定的事実で十分で、しかもあっという間に信頼は失墜する、というのである。犯罪事象は、その発生が極めて稀であったとしても長く記憶にとどめられ、負のイメージを形成してしまう。また、人間には、自分の考えに合致する情報はしっかり受け止めるが、合致しない情報は無視したり、過小評価する傾向があるとされる。これは確証バイアスと呼ばれる。確証バイアスは信頼を低下させる方向でだけでなく、信頼を低下させない方向でも働く可能性もあり、一旦信頼を獲得すれば、それを持続させる方向にも働くとされるが、犯罪事象の場合は、信頼の非対称原理の故に、信頼を低下させる方向で確証バイアスが働くことが多いであろう。しかも様々なリスクのなかで、人を対象とする犯罪リスクは、環境リスクなどと異なり標準化することが困難である。そもそも罪種や行為者類型ごとの再犯率を算出すること自体容易ではないし、仮にデータを示すことができたとしても、そのデータ算出の基礎となった集団の平均的な属性を実際に受け入れた犯罪行為者が共有している保証はないため、正確なリスク評価になっているかどうかが分からない、という特有の難しさがある。

　これまでも福祉施設がホームレス状態にある人を受け入れてみると、出所者であったという例は珍しくなかったとされる。その意味で犯罪行為者を受け入れた実績を有する福祉施設も存在する。しかし司法と福祉の連携という枠組みによる場合、犯罪行為者が公式に受け入れられることを意味するため、地域の反応がこれまでと同じであるとは限らない。そのことから受け入れを躊躇する福祉機関も多く存在すると思われる[35]。その一方で、比較的歴史が浅い福祉施設を中心に、犯罪行為者を受け入れることを積極的にアピールするところも出てきている。その場合は、より地域との関係が問題となり、アカウンタビリティのあり方を自覚的に検討しておく必要があると思われる。

　一般に専門家のように、動機付けが高く知識も豊富である場合、自分自身

でリスクの大きさを判断するが、地域住民にそうしたことは期待できない。動機付けが低く、知識が乏しい場合、信頼に値する他者のリスク評価を採用することになる。この場合にも、前述した能力認知と動機付け認知が重要となる。この意味で長く地域に定着し、地域との共生を実現できている福祉機関であれば、地域の信頼を得やすいと思われる。そうした福祉機関が、自らの判断で犯罪行為者の受入可能性を見極めて、実績を積み重ねていくことが重要であろう[36]。

このように受入機関への信頼に依拠してリスク判断がされる場合には、地域社会への情報提供という要素はそこまで重要でない可能性がある。更生保護施設においてみられる丁寧な説明会の実施などは、信頼獲得に失敗した場合の次善策と位置付けられる。情報提供に関して悩ましいのは、犯罪に対する漠然とした不安感を払拭するためには、対象者のプライバシーに関わる情報まで提供する必要があったり、犯罪学についての一定の知見を獲得してもらわなければならないため情報の受け手に負荷をかける必要があったりすることである。それらを一般の地域住民に行うのは不適切であったり、現実的でなかったりする。そして、司法から受け入れた当時は犯罪行為者であったとしても、長期的にはその属性から抜け出し、地域社会の一員として生活していくことが目指されるべきであろう。そのためには、支援の担い手である住民以外には、特定個人が犯罪行為者であるとの属性を知らせない方がむしろ望ましいのではないかと考えられる[37]。

ましてや福祉機関の場合、更生保護施設の場合とは異なり、犯罪行為者はあくまでも受入対象の一部を構成するにとどまるのが一般的であると思われるが、理論的にも、出所者に特化した福祉施設のようなものは、ない方が望ましいと思われる。そうした施設は結局、犯罪行為者を一般の地域住民から隔離するように機能するおそれがある。福祉的ニーズに着目して受入れが行われる以上、犯罪行為者は、様々なクライアントの一部にとどまる。こうした受入れ体制を広く整備するためには、地域生活定着促進事業を一層発展させ、受入先を拡大することが重要である。

以上のように考えてくると、福祉機関としては、福祉サービスの利用者のなかには犯罪行為者だった人もいるかもしれないが、それでも普通の人たちであるのだ、という一般的な認識を地域社会に浸透させていくことを目指す方が望ましいのではないだろうか[38]。例えば、地域の清掃活動やイベントにそうした人がごく普通に参加するようになれば、そうした認識は徐々に浸透し

ていくであろう。福祉機関から地域社会へのアカウンタビリティとしては、こうした抽象的なレベルのものが考えられる。

6 結びに代えて

　以上、論じてきたように、司法と福祉という異分野が連携するためには、アカウンタビリティが一つのキーワードになる。しかし、その有り様も一様ではない。司法と福祉が相互に緊張感をもって、アカウンタビリティを意識するようになれば、真の意味での連携が進んでいくであろう。同時に、福祉としては、司法のクライアントを抱えることで地域に対して特有のアカウンタビリティが問題になることを意識しておかなければならない。これにより、福祉的ニーズを有する犯罪行為者の社会への包摂が進展していくことが期待される。

1　加藤幸雄「司法福祉とは」日本司法福祉学会編『改訂新版・司法福祉』（生活書院、2017年）9頁は、司法は、法律により黒白の決着を明確にする「切断」機能を、福祉は、個別化された社会問題の解決・緩和を目指し、実情に即して調整する「受容」機能をメインにする、と述べる。
2　水藤昌彦「社会福祉士等による刑事司法への関わり」法律時報89巻4号（2017年）48頁。
3　本書・水藤論文参照。
4　再犯の場合には、原則として再び刑事手続に乗せられる。保護観察中は、原則として保護観察が取り消しになり、刑事施設に収容される（刑法26条、26条の2、29条1項参照）。
5　作業拒否に対しては、厳格に懲罰が課される運用となっている。富山聡「刑事施設における自由刑の執行と矯正処遇の位置付け」罪と罰54巻2号（2017年）3頁。
6　接触保持義務は、すべての保護観察対象者に課される一般遵守事項（更生保護法50条）として具体化されている。濃淡はありうるが、更生保護法下では、旧法下よりも不良措置が取られやすくなっていると思われる。吉田研一郎「更生保護法施行前後における保護観察実務の動向と今後の展望」犯罪社会学研究39号（2014年）14頁は、軽微な遵守事項違反に対し機械的に不良措置をとるような運用はされていないといえるが、指定された住居への不帰住、保護観察所への不出頭、更生保護施設の無断退所など保護観察の基本的枠組みに関わる遵守事項違反には厳格な措置がとられているものと思われる、と述べている。
7　再犯時に事件を再起して起訴する制度を導入すべきとの議論はあるが（太田達也「起訴猶予と再犯防止措置」法律時報89巻4号（2017年）8頁）、あくまでも立法論である。
8　富山・前掲注（5）4頁。
9　特別遵守事項違反による仮釈放や執行猶予の取消しがどの程度あるのかは、統計上明

らかではない。しかしそもそも仮釈放は期間が短いこともあり、取消率自体が5％未満と低く、執行猶予の場合も、遵守事項違反による取消率が3％前後と低いため（吉田・前掲注（6）20頁）、特別遵守事項違反による取消は非常に少ないのではないかと推測される。
10 土井政和「社会的援助としての行刑（序説）」法政研究51巻1号（1984年）35頁。
11 本庄武「福祉的ニーズを有する犯罪者の社会復帰支援を巡る自律と保護」法の科学48号（2017年）38頁。
12 現状では、起訴猶予は終局処分であると観念されているため、起訴猶予者が福祉を離脱したとしても、そのことを理由として、起訴猶予とされた事件が再度起訴されることはまずない。
13 以上につき、碓氷悟史『アカウンタビリティ入門』（中央経済社、2001年）参照。
14 矯正分野および更生保護分野におけるアカウンタビリティの意義については、本庄武「刑事施設のアカウンタビリティと第三者機関の役割」刑事立法研究会編『21世紀の刑事施設』（日本評論社、2003年）236頁以下、本庄武＝桑山亜也「更生保護におけるアカウンタビリティ」刑事立法研究会編『更生保護制度改革のゆくえ』（現代人文社、2007年）69頁以下を参照。
15 当然ながら、司法が直接に社会に対してアカウンタビリティを果たす必要も存在するが、本論文の射程外である。
16 本書・森久（第3章）、相澤、正木の各論文参照。
17 本書・水藤、木下の各論文参照。
18 水藤・前掲注（2）49頁。
19 水藤昌彦「近年の刑事司法と福祉の連携にみるリスクとセキュリティ」犯罪社会学研究41号（2016年）53頁は、福祉機関の側に、刑事司法から再犯防止の役割を期待されているとの意識が存在していることがうかがえる、と分析する。また、森久智江「障害のある犯罪行為者への支援とソーシャル・インクルージョン」龍谷大学矯正・保護総合センター研究年報5号（2015年）65頁は、福祉施設の対応を、犯罪行為者を受け入れず純粋福祉でいることを選ぶ立場、犯罪行為者を要支援者の一人としてフラットにみる立場、再犯に至らせないための更生教育や行動抑制を行う必要を感じている立場に三分類している。
20 松尾多英子「地域生活定着支援センターの刑事政策的課題」龍谷大学矯正・保護総合センター研究年報6号（2016年）91頁。
21 本書・第4部調査結果によれば、実際に職員の認識には変化が生じている。
22 リスクコミュニケーション論については、中谷内一也『安全。でも、安心できない…』（ちくま新書、2008年）、吉川肇子「リスク・コミュニケーション」今田高俊編『社会生活からみたリスク』（岩波書店、2013年）127頁、野村恭代『精神障害者施設におけるコンフリクト・マネジメントの手法と実践』（明石書店、2013年）、広瀬幸雄編『リスクガヴァナンスの社会心理学』（ナカニシヤ出版、2014年）を主として参照した。
23 浜井浩一「高齢者・障がい者の犯罪をめぐる議論の変遷と課題」法律のひろば67巻12号（2014年）11頁は、司法が福祉にケースを「丸投げ」する傾向に警鐘を鳴らす。
24 鶴田安広「地域生活定着支援センター運営上の課題について」早稲田大学社会安全政策研究所紀要3号（2011年）284頁は、刑務所からの資料は本人が供述したことが中心に載っており、本人の状態像がよくわからないため、生活実態のあった所に行って聞き取り調査を実施する、としている。

25 原田和明「発達障害のある少年を中心とした福祉と刑事司法の連携」浜井浩一=村井敏邦編『発達障害と司法』（現代人文社、2010年）200頁、内田扶喜子=谷村慎介=原田和明=水藤昌彦『罪を犯した知的障がいのある人の弁護と支援』（現代人文社、2011年）、原田和明「触法障がい者に対する刑事裁判における福祉的支援」ホームレスと社会6号（2012年）46頁、原田和明「福祉的ニーズのある被告人に対しての刑事裁判における福祉的支援」龍谷大学矯正・保護総合センター研究年報3号（2013年）40頁など、原田和明の一連の著作及び実践が参照されるべきである。

26 矯正施設所在地の保護観察所の長は、保護観察所の所在する都道府県に設置されている地域生活定着支援センターの長に対し、「協力を求めるものとする」と規定されている。

27 酒井龍彦「地域生活定着支援センター設置の経緯と意義」早稲田大学社会安全政策研究所紀要3号（2011年）282頁は、出所後に相談依頼がある場合で、どうして特別調整にかからなかったのかという対象者もいる、と指摘する。西尾憲子「地域生活定着支援事業の調査報告」高岡法学30号（2012年）181頁は、反対に、福祉的ニーズを必ずしも有していないにもかかわらず、対象者として選定されてしまう場合があることを報告している。

28 関口清美「刑事司法の対象となった高齢者・障害者の支援について」早稲田大学社会安全政策研究所紀要6号（2014年）96頁。

29 春名苗=梅木真寿郎=川並利治「地域生活定着支援センターの実際」福祉と人間科学27号（2017年）7頁。

30 刑事施設内ソーシャルワーカーについては、本書・朴論文参照。

31 古川隆司「高齢犯罪者の釈放前調整におけるソーシャルワークとの連携」犯罪と非行160号（2009年）217頁は、ソーシャルワークが刑事政策の組織内で職能を担うこと自体、原理的な矛盾を孕む、と指弾する。

32 ただし入口支援については、弁護人が鑑定人的な立場の社会福祉士に依頼する形態に一元化する形も、そうした社会福祉士が容易にアクセスできるのであれば、ありうるかもしれない。

33 地域社会とは別に、他の福祉利用者やその家族に対するアカウンタビリティも問題になるが（水藤・前掲注（19）55頁参照）、これらの人は専門職ではないという意味で、基本的には地域住民と違いはない。しかしながら、これらの人々はより深いレベルでの納得を求めると思われるため、それに応じてアカウンタビリティのあり方も変容する可能性がある。

34 福島自立更生促進センター及び更生保護施設至道会の事例について、南元英夫「福島自立更生促進センターが運用開始に至るまでの経緯について」犯罪と非行170号（2011年）192頁、同「福島自立更生促進センターの開設をめぐって」日本犯罪社会学会第42回大会報告要旨集（2015年）18頁、古田康輔「更生保護と地域の反対運動」同19頁を参照。なお、精神障害者施設に関して、野村恭代「施設コンフリクトの実態と展開」同20頁及び野村・前掲注（22）参照。

35 北場好信「矯正施設を退所した人たち」ヒューマンライツ323号（2015年）26頁。

36 ただし犯罪行為者の場合は、福祉的な対応だけでは解消しえない複合的な問題を抱えている場合もあるとされる（中川英男「地域生活定着支援センターの現状と課題」社会福祉研究116号〔2013年〕84頁、益子千枝「地域生活定着支援センターの入口問題と出口問題」犯罪学雑誌83巻3号〔2017年〕63頁参照）。その場合の安易な受入れは

地域社会との関係を悪化させることにつながりかねない。福祉的な対応による生活の安定に加えて、犯罪リスクに即した処遇プログラムの受講が必要な場合については、そうしたプログラムを提供できる機関（司法機関である場合もない場合もありうる）との連携を視野に入れて、受入可能性を判断する必要がある。

37 高橋有紀「更生保護における『地域のチカラ』と『あるべき立ち直り方』」日本犯罪社会学会第42回大会報告要旨集（2015年）23頁は、犯罪行為者の立ち直りにとって、「ひっそりと」生きる選択肢を認めることの重要性を指摘する。本書・高橋論文も参照。
38 もとより地域住民に犯罪行為者をより身近な存在であり、当たり前に共生していくべき存在なのだと感じてもらうことは、国全体の刑事政策上の重要課題であり、学校教育など様々な機会をとらえて普及を図っていくべき事柄である。

（ほんじょう・たけし）

第2部 各論

第8章
自由刑単一化論と処遇

中村 悠人
東京経済大学

1 はじめに

　2016年12月に出された「『若年者に対する刑事法制の在り方に関する勉強会』取りまとめ報告書」(以下、取りまとめ報告書)では、「懲役刑・禁錮刑を一本化した上で、その受刑者に対し、作業を含めた各種の矯正処遇を義務付けることができることとする法制上の措置を採ること」が提案され、それにより、若年受刑者だけでなく、高齢受刑者や障害を有する受刑者への対応が柔軟にできることが指摘されている。

　その背景として、「若年受刑者の改善更生を図るためには、例えば、学力の不足により社会生活に支障がある者に対しては教科指導に重点を置いた矯正処遇を行うなど、それぞれの若年受刑者の特性に応じた矯正処遇を行うことが重要である」が、「しかしながら、現行法の自由刑のうち、懲役刑については、作業が刑の内容とされているところ、作業は受刑者の改善更生に重要な役割を果たしているものの、受刑者の特性を考慮すると他の矯正処遇が適している場合にも、一定の時間を作業に割かなければならない」ため、「受刑者の特性に応じ、刑期の大部分を作業以外の改善指導や教科指導に充てるなど、より個人の特性に応じた矯正処遇を実施することには限界がある」というものがある。

　確かに、刑法12条2項において、懲役は「刑事施設に拘置して所定の作業を行わせる」こととされるため、刑罰の執行において刑罰内容である作業の実施に一定の時間を割かなければならず、いわゆる矯正指導日に行われる、作業以外の改善指導といった矯正指導には時間的制約がある。改善指導や、

各種処遇プログラムが受刑者の社会復帰にとって有効な場合もあろう。その意味では、懲役刑を見直す必要があることは首肯できる。この点で、取りまとめ報告書は、懲役刑と禁錮刑の一本化を指摘する。もっとも、その一本化が、懲役刑への一元化を意味するのか、それとも禁錮刑への一元化を意味するのかは明確ではない。[5]

これに関して検討を要するのが、作業の位置づけである。懲役刑への一元化からすれば、作業は刑罰内容となるが、禁錮刑への一元化からすれば、作業は一種の（矯正）処遇となり得る。刑事収容施設及び被収容者等の処遇に関する法律（以下、処遇法と略す）84条1項では、作業も矯正処遇に位置づけられているため、現行法上、懲役刑にとって、作業は刑罰内容でありながら矯正処遇でもあるという複雑な位置づけがなされている。[6] この作業の位置づけに加えて問題となるのが、処遇の義務づけである。刑罰内容として作業が義務づけられるのではないとした場合、つまり作業は処遇であるとした場合でも、処遇の義務づけの根拠と限界は問題となる。このように、自由刑の刑罰内容は何か、処遇概念はどのように理解されるのか、刑罰の執行と処遇はどのような関係にあるかが問われることになる。

他方、取りまとめ報告書では、施設内処遇と社会内処遇との連携が意識され、施設内処遇から一貫した社会内処遇の実施が提言されている。そこでは、保護観察の活用や社会復帰支援施策の充実、社会内処遇の多様化などが挙げられている。[7] 社会内処遇では、施設内処遇と対置されて、（刑事施設での）自由刑の執行が行われていない状態での処遇が想起されよう。もっとも、刑の（全部・一部）執行猶予や仮釈放の法的性格が刑の一形態や刑の執行の一形態として説明されることもある。[8] ここでは、（少なくとも刑事施設で）自由刑が執行されていない状態での処遇は処遇概念において施設内処遇と相違はあるのかという問題が生じ得る。これらの処遇の連携が言われる場合、そこには、どのような視点での連携や一貫性を求めることになるのかに関連するからである。

さらに注意を要するのは、社会内処遇と社会内刑罰の相違である。「監督機能を強化すると、自由制限の程度においては、施設内処遇と社会内処遇との区別は相対化され」、「強化された社会内処遇は、『社会内自由刑』と位置づけるのが、その実態を表す上で適切」となることがある。[9] 社会内自由刑を想定する場合、刑事施設で自由刑を執行する意味の問い直しも必要となろう。このような場面でも、自由刑の意味、処遇の意味、刑罰の執行と処遇の関係

が問われることになる。本稿では、紙幅の関係から、刑事施設内で執行される自由刑と施設内での処遇を中心的に扱い、社会内処遇（または社会内刑罰）は若干の検討に留まる。以下では、まず自由刑単一化論の議論を整理することでその位相を示し（2）、処遇概念を検討することで、処遇の強制の問題を扱う（3）。そして、最後に、施設内処遇と社会内処遇との連携の問題に若干触れていきたい（4）。

2 　自由刑単一化論の整理

(1) 旧刑法下での自由刑の議論

　1880年（明治13年）の旧刑法では、重罪、軽罪、違警罪に三分をし、重罪の自由刑を（有期・無期）徒刑、（有期・無期）流刑、（重・軽）懲役、（重・軽）禁獄とし、軽罪の自由刑を（重・軽）禁錮とし、違警罪の自由刑を拘留としており、自由刑も定役刑としての徒刑、懲役、重禁錮と、無定役刑としての流刑、禁獄、軽禁錮、拘留に分けられていた。1890年（明治23年）の改正刑法草案で徒刑と流刑を廃し、1901年（明治34年）の改正案にて、重罪と軽罪の二分となり、禁獄も廃して重罪の自由刑を懲役と禁錮、軽罪の自由刑を拘留とし（定役刑としての懲役、無定役刑としての禁錮、拘留）、同じ犯罪でも懲役と禁錮を裁判官に委ねるよう並行刑として規定するに至る。その後、1902年（明治35年）の刑法改正案にて、重罪と軽罪の区別を廃し、現行刑法と近い形で自由刑として懲役、禁錮、拘留が置かれ、現行刑法でもこれは採用された。

　このような経緯のため、自由刑に関する議論においては、徒刑や流刑の実施の困難さのほかには、自由刑を重罪、軽罪、違警罪に分け、さらに重罪を国事犯と非国事犯にわけ、また重罪や軽罪でも定役の有無で分けるという煩瑣な点が問題となっていた。その意味では、自由刑の種別を単一化していく流れではあったが、定役の有無の廃止つまり懲役と禁錮の区別の廃止が主眼とされていたわけではなかった。もっとも、そのなかでも、懲役と禁錮の区別の廃止は主張されていた。

(2) 現行刑法下の議論

　現行刑法下においても、懲役と禁錮の単一化は、主に禁錮廃止という形で主張された。ここに、確信犯人の問題として、確信犯人への処遇では禁錮が

役に立たない旨の主張がなされるようになった。しかし、刑法改正の議論では禁錮廃止は優勢とはならなかった。刑法改正仮案の調査委員会において、禁錮廃止が主張されるも[22]、刑法改正の綱領第一三が禁錮を存置することを前提としていたため、退けられている。戦後になると、禁錮廃止論が増え[23]、改正刑法準備草案にも影響を与えた[24]。これは、1951年（昭和36年）の改正刑法準備草案が、本案と別案の二本立てとなり[25]、別案が35条2項において拘禁刑という形で一元化していること[26]にも表れている。この準備草案は未定稿となったが、その後、法制審議会刑事法特別部会において懲役と禁錮と二元論が多数意見を形成し、1974年（昭和49年）の改正刑法草案では二元論が維持された[27]。他方、刑法改正作業は同時に監獄法改正の議論とセットで行われた[28]ため、禁錮廃止の是非とあわせて、作業や処遇の位置づけも問題となってきた。このような経緯から、自由刑の単一化論では、禁錮廃止の是非、作業を刑罰内容として位置づけるかの問題、処遇を強制できるかの問題、拘留を含めて一元化するかの問題[29]と、多様なレベルで議論されるようになった。

(a) 禁錮存廃論と拘禁刑一元化論

懲役と禁錮の区別の存廃を巡る議論は多岐にわたる。懲役と禁錮の区別により、受刑者の個性に応じた分類処遇を妨げられることになるかという点[30]、破廉恥罪には懲役、非破廉恥罪には禁錮という区別の必要は妥当か否かという点（区別の明確性やモラリズム、科刑基準との関係）[31]、責任の個別化から懲役と禁錮を区別すべきかという点[32]、作業の強制は労働蔑視かという点[33]、名誉拘禁として特に政治犯に対する禁錮を残すべきかという点[34]等々である[35]。

禁錮廃止論は、しかし現行法上は（拘留が残るとしても）懲役へ一本化するので、作業は刑罰内容のままである。作業の義務づけが刑罰内容である以上、取りまとめ報告書でも指摘されていたように、刑罰の執行として作業に相当の時間を割かねばならず、学科教育や職業訓練、改善プログラムへの参加といった矯正処遇は作業時間のほかに行わなければならないことになる。この点、懲役と禁錮を拘禁刑として一元化し、「拘禁は、刑事施設に拘置する」として刑罰内容を定め、「刑事施設に拘置された者に対しては、作業その他矯正のための処遇を行う」として矯正処遇の内容を定める提案がなされている[36]。そこでは、作業は刑罰内容ではなく矯正処遇に位置づけられることになる[37]。

もっとも、作業が矯正処遇に位置づけられたとしても、それが行われない

ことを意味しているわけではない。作業が苦痛として科される場合であるならば強制であるが、作業が「受刑者の改善、少なくとも悪化させないこと」を目的として、矯正のための処遇の一環として行われるときは、受刑者が事実上作業を苦痛と考えることがあっても、「作業はむしろ本人のために、いわば本人の推定的な同意によって行われるのであって、作業に伴う苦痛はなるべく除去さるべき性質のものである」と主張されるからである。ここでは、矯正処遇は、推定的なものにせよ同意の下に行われることが予定されている。

　この点で問題になるのが、処遇の強制である。特に、監獄法下ではなされていなかったが、現行法により処遇の義務づけがなされたとの理解が多い。もっとも、処遇法84条1項によれば、矯正処遇は同法92条、93条の作業と103条の改善指導、104条の教科指導であるが、こと作業につきその義務を刑法12条2項から導いている場合には、刑罰と矯正の関係が問題になる。また、懲役における作業の義務づけはそれで説明できたとしても、禁錮における作業の義務づけの説明は困難になる。いずれにせよ、拘禁刑として一元化せずに、禁錮を廃止して懲役に一元化した場合には、結局作業以外の矯正処遇に割く時間は限られたものとなる。この場合、刑罰で（も）ある作業に代えてその他の矯正処遇を行うときには、矯正処遇の義務づけの可否とは別に、何故刑罰の執行を制限できるのかの説明も必要となろう。

　以上のように、懲役刑と禁錮刑の一本化としての自由刑の単一化が言われる場合、それは、禁錮刑を廃止しての懲役刑への一元化として主張されることもあれば、懲役・禁錮刑の区別を廃した拘禁刑への一元化として主張されることもある。前者の場合、刑罰内容としての作業と矯正処遇としての作業の関係が問題となり、また矯正処遇を優先させる場合にはその根拠づけも必要となる。後者の場合、作業は矯正処遇と位置づけられることになり、その他の処遇との調整原理が問題となる。この場合でも矯正処遇の義務づけの可否の問題は残る。いずれにせよ、両方の自由刑単一化論ともに、拘留刑との区別は残したままである。すなわち、拘留においては資格制限がなく、反対にここでの単一化された自由刑においては資格制限があることを前提としている。

(b)　自由刑純化論

　拘留は、短期自由刑の問題として論じられることがあるが、この拘留を含めて自由刑を単一化する主張もなされている。もっとも、それは、単に懲役、

禁錮、拘留の区別を廃止することのみを主張するものではない。自由刑の目的として犯罪行為者の改善や矯正を挙げること自体を疑問とするものである。すなわち、死刑や身体刑による犯罪行為者の抹殺や無害化と威嚇を目指した刑罰が隆盛であった時代背景の中にあっては、行為者に対する人道的な配慮を表し、犯罪行為者の改善や死刑身体刑の克服を意味する拘禁刑の出現・発展を指導する標語的な意味を与えられたが、自由刑の執行方法の緩和がある程度進み、改善・社会復帰目的がその目的実現のための諸方策を具体的に用意し始めた時点において、犯罪行為者の改善や矯正を自由刑の目的として掲げ、その完遂を目指すことは、刑罰内容縮減化の方向を阻害するものとして、あるいは犯罪行為を理由に新たな負担を個人に課そうとするものとして、批判の対象とならざるを得なくなるとされる。

　こうして、刑罰としての自由刑がいかなる人権の剥奪・制限を予定しているかを明らかにする探究により、自由刑の執行に際して受刑者の人権制約が、本来刑法によって予定される自由刑の内容に厳格に限定されなければならないと主張するのが自由刑純化論である。自由刑に予定されている刑事施設への拘禁には、社会から隔離・遮断されることの苦痛や、施設内で罰を実現するにふさわしい懲罰的な生活ないしは拘禁条件を強制されることの苦痛も含まれることがあるが、自由刑純化論はこれらを否定し、刑事施設への拘禁は身柄の拘禁に尽きる、すなわち、施設当局の実力支配または管理を脱出して社会内で物理的に活動する自由の制限または剥奪に尽きるものと理解する。ここでは、刑務作業は自由刑の執行方法そのものからは切り離される。

　自由刑の本質が身柄の拘禁として純化されると、受刑者は施設の外で自ら活動する自由を奪われるにとどまり、それ以外の自由・権利については、自由刑の執行の形成に不可欠な施設共同生活の維持から要請される必要最小限度の例外的な制限を除いては、原則として一般市民と全く同様にそれらを享受し得ることになる。自由刑の純化は、このように自由刑の本質としての非難がどの程度まで受刑者の人権を制限・剥奪し得るかを原理的に画する原則であり、その本質は、身柄の拘禁という制限を除いて、原則として受刑者は一般市民と同等の権利を享有する主体であることを明らかにすることにある。

　この自由刑は身柄の拘禁に尽きるという考えは、国際的な準則とも合致している。すなわち、2015年に改訂された国連被拘禁者処遇最低基準規則の規則3では、「犯罪者を外界から隔離する拘禁刑その他の処分は、自由の剥奪によって自主決定の権利を奪うものであり、正にこの事実の故に、犯罪者に

苦痛を与えるものである。それゆえ、正当な分離または規律維持に付随する場合を除いては、拘禁制度は、右状態に固有の苦痛を増大させてはならない」としている。また、1987年のヨーロッパ刑事施設規則の64も「犯罪者からその身柄の自由を剥奪するというまさにそのことが刑罰である。拘禁状態および刑務制度は、正当な理由に基づく分離処置または規律の維持に伴う処置を除いては、このような状況に固有の苦痛をそれ以上に増大させてはならない」とする。

　自由刑純化論は、このように身柄の拘禁以外の自由の制限・剥奪を否定するため、矯正処遇の強制もまた否定することになる。もっとも、そこでは、社会復帰への働きかけが否定されるわけではない。そこでは、受刑者の処遇を受ける当事者としての地位を明らかにし、主体性を認めているため、矯正処遇は同意の下に行われる必要があり、強制できるものではないことになる。これを消極行刑と呼ぶこともあるが、より正確には同意・納得行刑と評し得る。作業も処遇となり得るが、拘禁期間を利用した働きかけの一つにすぎないことになる。そうすると、行為者の社会復帰も、自由刑の効果というよりは、自由拘束期間を利用しての受刑者の能力の開発ないし維持の作用に過ぎないことになる。

(3) 自由刑と処遇

　以上のように、自由刑の単一化といっても、多様な自由刑の種類を簡明にするために単一化していくものもあれば、禁錮刑を廃止して懲役刑へ一本化するもの、懲役と禁錮の区別を廃し拘禁刑に一本化するもの、懲役と禁錮、拘留の区別を廃し、自由刑として一本化するものと多様なものが主張されてきた。そして、そこでは、作業を刑罰内容として位置づけるのか、処遇として位置づけるのか、また（矯正）処遇を義務づけることは許容され得るのかを巡って相違があった。特に、（矯正）処遇の義務づけの可否をめぐっては、改善・矯正を自由刑の目的として位置づけて説明するのか、自由刑の内容あるいは執行方法とは異なるものとして位置づけ、処遇それ自体として義務づけの可否を問うのかで相違がでてこよう。

　矯正処遇の義務づけを認める立場は、基本的に、犯罪行為者の社会復帰を自由刑の正当化根拠として認める場合が多いだろう。この考えからは、犯罪行為者に働きかけ、再び有用な一員として社会に帰すことが自由刑の制度目的となり、その目的実現のために、判決前調査制度や中間処遇開放処遇を含

む累進制度、さらには分類制の充実と個別処遇の達成等が必要とされることになる[62]。そこでは、閉鎖施設収容の相対的縮小と社会内処遇の優位も主張される。もっとも、社会内処遇は施設拘禁としての自由刑を（一部にせよ）否定するものであるため、処遇理念と自由刑がどのような関係に立つのか、両者は矛盾なく結びつきうるのかが問題となる。

　他方で、自由刑の目的が犯罪行為者の改善・矯正となる場合、この目的達成のために自由刑の執行内容に対しても受刑者の改善・矯正の観点から種々の注文がつけられることになる。ここでは現実の改善の有無が決定的な意味を持つ。その基準には釈放後の再犯の有無に求めるのが普通であるが、それをはかるためには釈放後の諸条件の同一という前提が無くてはならない。さらに、犯罪行為自体は、行為者自身の問題と共に社会的な種々の要因も影響するところ、自由刑の効果として測定することも難しい。そのため、自由刑の執行そのものではなく、執行中に行われる個々の処遇毎の改善力に着目することになる。そうすると、個々の処遇の効果をより直接的なものに限って効果を示すことになるが、しかしこれは、自由刑一般の効果というより、そこで試みられた個々の処遇策の効果に過ぎない。それでも自由刑自体の作用に執着すれば、自由刑のもつ自由拘束という害悪賦課としての性質に着目せざるを得ないが、そこから得られる改善効果はもっぱら観念的な感銘作用として把握されるに過ぎないことになる[63]。

　これに対して、自由刑の改善作用というものは、結局自由刑執行中に再犯防止と関連のある種々の働きかけを行うことに過ぎないとすれば、犯罪行為者の改善や矯正は、努力目標として位置づけられることになる。すなわち、あくまでも一定期間の自由拘束が刑罰として科されていることを前提にして、そこから一般社会への復帰がいわれているのであり、拘禁期間を利用して働きかけを行うに過ぎない。そのため、犯罪行為者の改善や矯正を自由刑の目的として捉えることは適切ではなく、行為者の社会復帰も、自由刑の効果というよりは、自由拘束期間を利用しての受刑者の能力の開発ないし維持の作用に過ぎないことになる[64]。

　このように見ていくと、刑罰それ自体による改善・矯正が問われているというよりは、処遇によるその達成が問われていることになる。もっとも、自由刑自体と処遇を分けて検討するならば、処遇もまた改善や矯正のみを意味することになるのかが問題となり、また（刑罰自体とは異なるものとしての）処遇の義務づけの是非も問われる必要が出てくる。このことを明らかにする

ために、次に処遇概念の検討を行う。

3　処遇概念の検討

(1) 処遇概念の変遷

　従来、受刑者処遇においては、「処遇」は大別して三つの概念とその移行によって語られてきた。①拘禁条件を含んだ広い意味での「取り扱い」、②被拘禁者の社会復帰に向けた積極的な「矯正」、③被拘禁者が釈放後の社会関係を再建するための同意に基づく「便宜供与」としてである[65]。

　まず、①拘禁条件を含んだ広い意味での「取り扱い」の意味として処遇を用いる場合、これは、広義において、施設での生活規律、刑務作業、学校教育、レクレーションなど、受刑者に対して施設側から働きかける全ての措置あるいは取扱いを意味する。この処遇概念は極めて不明確で、現実には、保安と結びつけられることによって、受刑者の社会復帰のための処遇を秩序維持あるいは管理運営の下位に置き、または、施設の規律を乱すものとして対立的に捉えることになる。そして、受刑者は取り扱われる客体に過ぎず、主体性の保障は十分には行われていない。

　1970年代の旧監獄法の改正作業は、このような管理行刑から処遇行刑への転換がスローガンとされた。すなわち、②被拘禁者の社会復帰に向けた積極的な「矯正」として処遇概念を用いたわけである。ここでは、受刑者の危険性を除去するための治療あるいは社会化として処遇が捉えられ、人格改造による再犯防止および社会防衛が強調される。処遇を矯正として捉える見解は、古くは改善刑の思想と結びついていたが、犯罪行為者の処遇として一般化したのは、第二次世界大戦後の国連の犯罪予防と犯罪者処遇会議の影響もあってのこととされる[66]。大戦中に軍隊で開発された治療チームアプローチと精神医学の発展に伴って出現した科学的社会復帰思想が、治療モデルとして主張されるようになった[67]。この治療モデルから、人格上の欠陥を治療するための医学的または準医学的枠組みのなかで認識される行動変容技術が発展し、犯罪行為者を処遇するための適切な方法を提供するという意味で「社会復帰」が用いられるようになる[68]。その後、職業訓練や教育も含んで、その他の多くの自助プログラムが社会復帰の特質をもつことが認められるようになった[69]。日本でも社会復帰という場合、あらゆる処遇理念の総称として用いられることがある[70]。

しかし、1970年代半ばから処遇効果への懐疑[71]、処遇矯正による人権侵害の危険性が指摘され、アメリカではそれが治療モデルから公正モデルへの理念の転換をもたらした。そこでは、処遇自体を否定する見解も見られた。1980年代後半以降は、受刑者の人格の変容を目指す処遇から、個人的な問題の解決や教科教育、職業訓練など、釈放後に直面する様々な困難を克服するための能力の育成に向けられた処遇へと比重が移る。1970年代に展開されたような処遇そのものの否定ではなく、社会復帰あるいは社会生活再建のための援助へとその内容が変わることになった[72]。すなわち、処遇を③被拘禁者が釈放後の社会関係を再建するための同意に基づく「便宜供与」として把握するようになる[73][74]。

日本においては、旧監獄法下での行刑累進処遇令により、処遇を維持してきたとされるが、それは、改過遷善の手段である厳格な規律と保安強化によるものとされ、「受刑者の功利的打算を促し、偽善と阿諛とを奨励する」とされた[75]。戦後の改革により通牒や訓令がなされたが[76]、その実態としては、担当と情緒的な信頼関係を形成することを基軸として精神的感化を図るという意味の処遇であるとされる[77]。このような処遇の下で改善や矯正が語られると、「権利制限を合理化する拘禁目的の中に、犯罪者改善矯正処遇が取り込まれることで、本来は自由であるべき読書の範囲や、信書の相手方などを制限するための論拠として、これらの処遇の必要性が持ち出される」あるいは「自由刑として奪われる権利を大きく設定した上で、右にみた処遇の必要性が権利の範囲を広げるかのような理論構成が取られることになる」のである[78]。

(2) 処遇と強制

以上の検討をもとに、矯正処遇の義務づけを検討する。実務的立場から、改善指導・教科指導を受けることが法律上での義務とされていることを受刑者に理解させることが受講意欲の覚醒を強く促す効果を発揮し得るとの指摘がある[79]。もっとも、「改善指導や教科指導が刑法の『所定の作業』に含まれると解するのであれば格別、刑罰の内容でない矯正処遇を根拠なく受刑者に義務付けることはできない」はずであろう[80]。この点で、矯正処遇の義務づけの是非は処遇法上の問題であるとの主張がある[81]。刑法12条2項の「所定の作業」は刑務作業を意味するが、それ以外の矯正処遇の義務づけの是非は、処遇法上の問題とするのである。そこでは次のように説明される。

「懲役・禁錮刑の内容である刑事施設への拘置というのは、刑事施設へ身

柄を収容するということだけではなく、そこで生活させることを当然に含んでいる。そして、それを実施することが、懲役、禁錮刑に共通する刑の執行ということになるが、そのうえで、それをどのように執行するか、つまり、執行の方法を定めるのが、刑事収容施設法という位置づけになる。その執行方法は、懲役、禁錮刑の目的に従って決定されることになるが、この点につき刑事収容施設法は、懲役、禁錮刑の目的に、対象者の改善更生による社会復帰ということが含まれているという理解のもとに、矯正処遇を行うことにしているわけである。そして、そうである以上、矯正処遇の目的を達成するためには、それに必要な範囲で受刑者の権利を制限することも可能になる。……同様の理由で、権利を制限するのではなく、対象者の改善更生という目的達成のために、受刑者に一定の義務を課すことも可能であり、矯正処遇の義務付けは、それに当たることになる。……つまり、刑事収容施設法による受刑者の権利の制限や、受刑者に対する義務の賦課は、懲役・禁錮刑の目的に沿った、その執行方法の一内容として位置付けられるわけであり、その意味で、刑事施設への拘置という刑罰内容に織り込まれているのであって、刑法で定められた刑罰の内容を超えるものを定めているわけではないのである」と主張される[82]。

　この見解は、作業は刑法12条2項の「所定の作業」として刑罰内容として位置づけながら、矯正処遇を処遇法により義務づけようとするものである。そこでは、刑法12条2項および13条2項で共通の「刑事施設に拘置」には、刑事施設での生活も含まれているとして、刑事施設での生活においては、懲役・禁錮刑の目的である「改善更生による社会復帰」から、矯正処遇を行い、それを義務づけることができるとする。ここで、まず疑問となるのは、処遇法上の作業の位置づけである。処遇法84条1項では、作業も矯正処遇として位置づけられている。そうすると、この見解からは、懲役刑でも禁錮刑でも、矯正処遇として作業が義務づけられていることになりかねない。これは、一方では禁錮刑での請願作業の意味をなくし（禁錮刑の廃止もあわせて主張されるのでこの問題は回避されるとしても）[83]、他方で懲役刑においては、矯正処遇としての作業の義務と刑罰としての作業の義務の両方の賦課を導く。さらに、拘留刑（これもまた刑事施設への拘置が内容となるであろう）は、どうなるのかの問題も残る。

　次に、疑問がわくのが、この見解は矯正処遇を刑罰化しているのではないかという点である。先の見解は、刑罰の執行方法に矯正処遇を位置づけ、「刑

事施設への拘置という刑罰の内容に織り込まれている」とすることで、矯正処遇を実質的に刑罰内容に含めてしまっている。刑罰内容に矯正処遇が含まれることになると、矯正の前提にある人格変容や治療が刑罰として行われることになる。これは、実質的には改善・治療処分を刑罰として行うことであり、その意味での保安処分が刑罰に取り込まれることになってしまう。これは、単なる懲役刑への一元化論（禁錮廃止論）に留まるものではない。刑罰としての作業に加えて、それも刑罰内容に織り込まれて矯正処遇が義務づけられるのであれば、そこでの自由刑は、単なる懲役刑ではなく、「拡大された懲役刑」[84]となる。

　このような「拡大された懲役刑」は、拘禁刑一元化論のように作業を刑罰内容から外して矯正処遇に位置づけつつ、その矯正処遇の義務づけの是非を問う論理構成とも異なり、また自由刑純化論のように作業を刑罰内容から外し、処遇に位置づけつつ処遇自体の是非または処遇概念の再定位を検討する理論構成とも異なる、自由刑に処分的要素を付加していく自由刑「不純化」論といえるかもしれない。直截に（改善・保安）処分の導入を主張するものではないが、刑罰と処分の混淆を避け得る点では、刑罰と（改善・保安）処分の二元主義を主張する方が問題は少ない。

　他方、懲役刑を維持するうえでの問題も生じる。先の見解からは、受刑者に対する義務の賦課は、懲役・禁錮刑の目的に沿った、その執行方法の一内容として、あくまで刑罰内容とは異なるとされる。しかし、仮に義務の賦課が認められたとしても、そこでは作業に加えて処遇の義務づけが認められるというだけであり、作業に代えてその他の処遇を行えば足りるというものではない。つまり、作業が刑罰内容であることからすれば、いくら執行方法の問題だとしても、作業を行わない場合には刑罰を執行していないことになり、受刑者の特性からはその他の処遇が適している場合にも、一定の時間を作業に割かなければならないという問題は回避されない。これは作業を刑罰内容から外す場合には解決し得るやもしれないが、それはもはや懲役刑への一元化論ではない。

　刑事施設への拘置だけでなく作業をも刑罰内容とする懲役刑を維持しつつ、矯正処遇を義務づけることでは、前述のようにひっきょう矯正処遇が刑罰内容に取り込まれることになり、刑罰内容と執行方法を区別して、刑罰内容とは異なる矯正処遇の義務づけを認めた意味がなくなってしまう。このような場合には、矯正処遇自体が自由刑（拡大された懲役刑）の内容になってしま

うのであり、刑法に規定せず、「自由刑の内容というよりも、その執行方法という位置づけになるから、刑事収容施設法で定めるものであっても構わないであろう」とは言えなくなろう。

　以上のように、処遇の義務づけを、刑法12条２項および13条２項の「刑事施設に拘置」に織り込まれているとして根拠づけようとする見解には問題が多い。これらに加えて、矯正処遇の義務づけ自体には、実務上の問題もある。実際にはその気のない者に形式的に改善指導を施してもやる意味はなく、やはり指導前の十分な動機づけがとても大切であり、受講拒否者にも面接等により対応しているとされる。実務上も処遇の有効性からは、受刑者本人の意思決定を基本に置く方が良いことになる。もっとも、受刑者の主体性の尊重は、単なる実践的な要請に過ぎないわけではない。法30条が「その自覚に訴え」とするように、受刑者を改善・矯正される客体とみるのではなく、自ら社会復帰をする主体とすることが要求されている。このような主体性からすると、矯正処遇はむしろ、自ら主体的に関与するものであり、義務づけられるものではなくなる。処遇概念を、被拘禁者が釈放後の社会関係を再建するための同意に基づく「便宜供与」として把握する場合には特に、主体性を前提として、「受刑者自身の個人的問題を解決するための措置」と「刑の執行に伴う弊害を除去するための措置」がとられることになろう。

　受刑者の主体性が尊重され、同意を求め、矯正処遇の義務づけを疑問とすることからすれば、懲罰との関係も見直しが迫られることになろう。現在、処遇法74条２項９号で、矯正処遇を拒まないことが遵守事項となっており、同法150条１項で懲罰対象となっている。この懲罰に対しては、実務からも、受講を拒んだ場合も直ちに懲罰を科すのではなく、根気強い働きかけが必要であり、他方、指導を受けずに済み、本人の思い通りになるので懲罰は効果が無いといった批判もなされている。学説のなかには、処遇強制は、自発性の尊重原則に反し、憲法18条の意に反する苦役や同法31条の適正な法律によらない自由の制約、同法36条の公務員による拷問に当たり得る。その拒否には正当な理由があり、懲罰対象とならないとするものもある。確かに、処遇法74条２項９号以外の遵守事項は、施設管理や保安のためのものであり、９号の特殊性が見て取れる。

　この点で、刑務所の規律・紀律を「隔離拘禁確保のための紀律」、「施設生活保全のための紀律」、「矯正改善促進のための紀律」に整理し、隔離拘禁確保のための紀律と、施設生活保全のための紀律のうち刑務所管理のための制

限的紀律は懲罰の対象となるが、施設生活保全のための紀律のうち生活指導的紀律や、矯正改善促進のための紀律は懲罰の対象とはならない[94]という見解がある。この分析枠組みを借りれば、少なくとも処遇法150条1項の懲罰対象からは同法74条2項9号は除くべきことになろう。矯正処遇を受けないことを懲罰対象から外す帰結は、国連の最低基準規則とも合致するように思われる。前述のように規則3で「正当な分離または規律維持に付随する場合を除いては」固有の苦痛を増大させてはならないとし、規則39の3で規律違反行為が認められるというだけでは制裁措置を科してはならないとしていることから、矯正処遇を受けないことに懲罰を賦課することを禁じているように理解できるからである。

4　施設内処遇と社会内処遇との連携

　伝統的に矯正と更生保護は区別されてきたが、社会内自由刑となるほどに[95]監督機能が強化された社会内処遇では、この区別も相対化する。一般に自由刑としては、刑事施設に拘置することが構成要素の自由刑だけが想定されているが、理論上は社会内で移動の自由が制限される等が構成要素になる自由刑もあり得る。そのため、現状、罪刑法定主義上の問題があるが、社会内処遇の代表とも言える保護観察も実質的に刑罰化することは起こり得る。そうでなくとも、仮釈放が刑の執行の一形態と説明されるときのように、(刑事施設ではなく)社会内で自由刑が執行されているなかでの処遇は考えられる。

　施設内処遇から一貫した社会内処遇を行う場合、その処遇概念も同一のものが想定されることになろう。そうすると、ここでも、処遇を矯正として捉えるのか、はたまた便宜供与として捉えるのかの相違は生じ得る。ただ、社会内処遇には、(保護観察が刑罰内容に含まれないとすれば)保護観察付きの全部執行猶予のように刑罰が執行されていない状態での処遇もある以上、処遇が刑罰内容に取り込まれるような理解は問題であろう。施設内処遇に引き続いて社会内処遇を行う場合、そこで必要な期間をどうとらえ、如何に主体性を確保するかも引き続き問題となる。

　期間に関して、特に仮釈放の期間を残刑期間ではなく、再犯の危険性を標準として定める考試期間主義が主張されている[96]。これは責任主義の範囲内で宣告された刑期を延長するものであり、ここでは仮釈放は自由刑の執行の一形態ではなく、(広義の)[97]保安処分の一種となり得よう[98]。

処遇を矯正として捉え、施設内での矯正処遇の強制を認める場合には、引き続き社会内での処遇も強制を認める可能性がある。その根拠をどのように導くかは問題であるが、少なくとも、施設内処遇と同様のものとして刑事施設の特徴から導くような理論構成は困難であるように思われる。いずれにせよ、矯正としての処遇の場合は、（他律的）改善更生の手段として監督機能は強化されよう。他方、処遇を便宜供与として捉え、施設内での処遇の強制を否定する場合には、（自律的）社会復帰の援助として、個人的問題を解決するための措置が引き続き取られることになろう。この場合、その支援の担い手として福祉が関わることになろうが、本人のニーズと同意を前提とする福祉との親和性は高くなる。これに対して、改善更生を強制する場合には、社会内処遇でのプログラムに社会福祉士など福祉の立場からかかわる人々に対して、ニーズや同意を等閑視した行動を求めるおそれもあり得る。本人の任意に基づく福祉本来の性格を司法の強制力によって担保することの問題（福祉の司法化）も問われるのである。

5　おわりに

　本稿では、自由刑の単一化の名のもとに行われてきた議論を整理することで、刑罰と作業の関係を検討し、処遇の義務づけを検討する前提としての処遇概念の相違を扱った。懲役刑への一元化論では、作業は刑罰内容のままでありまた（矯正）処遇でもあるために、処遇の義務づけを認める場合には、二重の義務の賦課が生じていることになる。他方、拘禁刑一元化論や自由刑純化論は、作業を刑罰内容から外す点では共通していた。両者は、本稿の問題関心との関係では、（作業以外も含めた）処遇の義務づけの可否において特に相違が出てくる。これらの見解は、受刑者の社会復帰という価値自体は共通にしながらも、それをどのように達成するかで相違しているように思われる。すなわち、刑罰で、あるいは処遇で改善更生することで社会復帰させる場合には、受刑者は社会復帰をする主体ではなく改善・矯正の客体となるきらいがある。施設内処遇において矯正処遇の強制を認め人格の変容や治療を求める場合、社会内処遇でもそれらを同様に求めることになりかねない。そこでは、社会内処遇に福祉の立場から関わる人々に、福祉的支援ではなく監視的な役割を担わせることになってしまう。これらの問題に加えて、（矯正）処遇の義務づけを懲罰で担保する場合、そこには規律維持という管理行

刑も入ってくることになる。他方、受刑者が社会復帰を自ら（主体的に）していくものであるとするならば、そこでの処遇は他律的な管理や改善・矯正はなじまないことになる。この場合、生活再建による社会復帰を目指すことになるが、施設内処遇はより支援的な性格のものを行うべきことになろう。そこでは、施設内処遇と社会内処遇は、（受刑者）本人のニーズに合わせた便宜供与として一貫したものとなろう。

　とりまとめ報告書が指摘するように、自由刑の見直し自体は行われるべきものである。しかし、その自由刑の見直しのなかで、処遇を矯正としてのみ理解しそれを義務づけ、懲罰で担保することの是非もまた行われる必要がある。施設内処遇と社会内処遇の連携や一貫性を意識するならば、処遇概念が同様のものを維持できるのか、処遇の強制を認めることができるのかは再考を迫られる。自由刑の見直しにおいては、処遇概念の再考も含めて、刑罰内容と処遇の関係を見直す必要がある。

＊本稿脱稿後、法制審議会の少年法・刑事法（少年年齢・犯罪者処遇関係）部会が開かれ、その第１分科会において自由刑の見直しの議論が開始された。現時点では、まだ議事録の公開がなされていないので、今後の展開は追って別稿にて検討していきたい。

1　若年者に対する刑事法制の在り方に関する勉強会「『若年者に対する刑事法制の在り方に関する勉強会』取りまとめ報告書」（2016年12月）http://www.moj.go.jp/content/001210544.pdf（最終アクセス日2017年10月１日）を参照。
2　取りまとめ報告書・前掲注（１）10頁。
3　取りまとめ報告書・前掲注（１）９頁。
4　取りまとめ報告書・前掲注（１）10頁。
5　自由刑の単一化を議論するうえでは、拘留刑の存廃も問題になり得る。これについては、荘子邦雄ほか編『刑罰の理論と現実』（岩波書店、1972年）224頁［大塚仁］、平野龍一『犯罪者処遇法の諸問題〔増補版〕』（有斐閣、1982年）81頁を参照。
6　林眞琴ほか『逐条解説刑事収容施設法〔改訂版〕』（有斐閣、2013年）455頁。
7　取りまとめ報告書・前掲注（１）10頁以下。
8　執行猶予が単なる「刑の執行のしかた」（最判昭和23・６・22刑集２巻７号694頁参照）との理解もあるが、「刑法的評価のくわえられた刑の実体に関するもので、しかも対象者の自由の拘束に関するものであるから、１個の独立した刑事処分としての性格を有するもの」との理解（大塚仁ほか編『大コンメンタール刑法〔第三版〕第１巻』（青林書院、2015年）505頁［豊田健＝坂田正史］）もある。もっとも、刑罰そのものではないとするので、執行猶予と処遇との関係は問題になろう。刑の一部執行猶予における実刑のヴァリエーション説が、本来実刑を免れない刑事責任を有するところ、実刑

期間の一部を比較的長期の執行猶予という形で振り替えるものだとすると、この見解における執行猶予と処遇との関係も検討を要する。これらについては他日を期したい。
　仮釈放における保護観察（更生保護法40条）の場合、仮釈放が（刑の一形態ではなく）自由刑の執行の一形態とすれば（同書713頁以下［林眞琴］を参照）、仮釈放における（必要的）保護観察は刑罰の執行中の処遇と捉えることができる。他方、「保護観察関係維持」という移動の自由の制限として理解し、保護観察を刑罰内容に含め、保護観察の下で提供される処遇を社会内処遇とする理論構成も可能である。もっとも、その場合、執行猶予における保護観察との関係は問題になる。これについては、正木祐史「非拘禁的措置と保護観察の意義」刑事立法研究会編『非拘禁的措置と社会内処遇の課題と展望』（現代人文社、2012年）73頁以下を参照。

9　染田惠『犯罪者の社会内処遇の探求』（成文堂、2006年）30頁。社会内で執行される新たな制裁あるいは刑罰をも包含する概念として、「非拘禁的措置」が用いられることがある。詳細は、刑事立法研究会・前掲注（8）8頁以下および94頁以下を参照。
10　旧刑法1条、7条ないし9条、17条ないし25条、28条を参照。条文は、倉富勇三郎ほか監『増補刑法沿革総覧』（信山社、1990年）1頁以下に依った。
11　第一回衆議院会議録では、徒刑流刑を島地で執行する不便さを挙げている（倉富・前掲注（10）141頁を参照）。
12　明治34年改正案1条、10条、13条、14条、17条を参照。
13　懲役・禁錮の科刑基準の問題については、所一彦「禁錮は廃止すべきか」立教法学2巻（1961年）81頁以下、119頁以下。そこでは、デモクラシーと名誉拘禁の関係の考察もなされている。
14　倉富・前掲注（10）383、1470頁を参照。
15　その前年の貴族院特別委員会で重罪と軽罪の廃止が提案され（倉富・前掲注（10）405頁以下）、明治35年改正案では、必ずしも刑の上においてその区別をすれば名の上において区別をする必要はないという理由が挙げられた（倉富・前掲注（10）479頁を参照）。
16　明治35年刑法改正案9条、12条、13条、16条を参照。
17　小河滋次郎『監獄学』（警察監獄学会、1894年。小野坂弘監修『小河滋次郎監獄学集成（1）』（五山堂書店、1989年）91頁以下所収）を参照。
18　1878年のストックホルムにおける国際刑務会議では自由刑の単一化の決議がなされたが（Le Congrès pénitentiaire international de Stockholm 15-26 Aout 1878, 1879, p. 561）、それは次のような事情があったとされる。すなわち、定役のある自由刑の種別（強制労働や重懲役、軽懲役）では、労働が肉体的な苦痛を意味し、当時広まってきた改善思想に基づく行刑改革の障害となっていたという事情であり、そのため、定役のない自由刑については名誉拘禁の問題として別個に考えられていたとされる（所・前掲注（13）93頁以下を参照）。
19　小河滋次郎『監獄談』（東京書院、1901年）555頁。
20　正木亮「禁錮刑と勤労教育」刑政43巻12号（1930年）、津久井作司「行刑上より見たる禁錮刑の価値」刑政44巻3号（1931年）。
21　木村亀二『刑事政策の諸問題』（有斐閣、1933年）257頁以下。
22　刑法並びに監獄法改正調査委員会『刑法並びに監獄法改正調査委員会議事速記録　法務資料別冊23号』（法務省大臣官房調査課、1957年）96頁以下。
23　江家義男『刑法（総論）』（千倉書房、1952年）221頁、植松正『刑法概論Ⅰ』（勁草書

24 松尾浩也「刑」平場安治＝平野龍一編『刑法改正の研究1　概論・総則』（東京大学出版会、1972年）238頁以下、吉川経夫「自由刑一元論の是非」佐伯千仭ほか編『刑法改正の諸問題——竹田直平博士、植田重正博士還暦祝賀』（有斐閣、1967年）110頁以下を参照。

25 35条2項　懲役は、刑事施設に拘禁し、作業を賦課する。
36条2項　禁錮は、刑事施設に拘禁し、請願によって作業を行わせる。
46条の2　刑事施設における行刑は、法令の定めるところに従い、できるだけ受刑者の個性に応じて、その改善更生に役立つ処遇をするものとする。

26 35条2項　拘禁刑は、刑事施設に拘禁する。
35条3項　拘禁された者には、作業を課する。但し、必要があるときは、改善更生のために適当な他の処遇を行うことができる。

27 35条2項　懲役は、刑事施設に拘置する。
35条3項　懲役に処せられた者に対しては、作業を課し、その他矯正に必要な処遇を行う。
36条2項　禁固は、刑事施設に拘置する。
36条3項　禁固に処せられた者に対しては、請求による作業を行わせ、その他矯正に必要な処遇を行うことができる。
47条　刑事施設における行刑は、法令の定めるところに従い、できるだけ受刑者の個性に応じて、その改善更生に役立つ処遇をするものとする。

28 なお、禁錮の合憲性が争われた、最大判昭和33・9・10刑集12巻13号2897頁も参照。

29 森下忠『刑事政策入門〔第5版〕』（成文堂、1998年）34頁は、部分的単一化論と完全単一化論という区別をする。

30 高橋則夫「自由刑とその単一化」阿部純二ほか編『刑法基本講座 第1巻』（法学書院、1992年）194頁以下、198頁。

31 須々木主一『刑事政策』（成文堂、1969年）91頁以下。

32 平野・前掲注（5）70頁以下。

33 藤木英雄『刑事政策』（日本評論社、1968年）172頁以下。

34 平野・前掲注（5）79頁以下。

35 所・前掲注（13）124頁以下。

36 平野・前掲注（5）78頁。拘留刑は拘禁刑とは別に存置している（82頁）。

37 平野龍一『矯正保護法　法律学全集44』（有斐閣、1963年）71頁以下。なお、平野・前掲注（5）78頁は、改正刑法準備草案の別案35条3項も同趣旨と理解するが、高橋・前掲注（30）199頁は、別案を禁錮廃止論であり、懲役一元論と評する。そして、作業の賦課を処遇の一形態とする考えを禁錮よりの単一化と評する。

38 平野・前掲注（5）78頁および80頁。

39 付言すれば、2005年の刑事施設及び受刑者の処遇等の法律における受刑者処遇に関する部分は、2007年法の規定とほぼ同一である。

40 川出敏裕「監獄法改正の意義と今後の課題」ジュリスト1298号（2005年）28頁、同「自由刑における矯正処遇の法的位置づけについて」刑政127巻4号（2016年）（以下、「法的位置づけ」）16頁、太田達也「刑事施設・受刑者処遇法下における矯正の課題——矯正処遇を中心として」犯罪と非行146号（2005年）7頁、林・前掲注（6）396頁以下、503頁、511頁、小澤政治『行刑の近代化——刑事施設と受刑者処遇の変遷』（2014

41 もちろん、共犯の処罰（刑法64条）、累犯（56条）、執行猶予（25条ないし27条の7）、仮出場（30条）、刑の時効期間（32条）、刑の消滅（34条の2）等の点でも相違はある。
42 短期自由刑の処遇効果を見直そうとするものとして、松尾・前掲注（24）243頁。反対に、加藤久雄「短期自由刑の廃止」阿部純二ほか編『刑法基本講座 第1巻』（法学書院、1992年）212頁。
43 吉岡一男『刑事学』（青林書院、1980年）178頁。
44 トーステン・エリクソン（犯罪行動研究会訳）『犯罪者処遇の改革者たち』（大成出版社、1980年）1頁以下参照。
45 吉岡一男『自由刑論の新展開』（成文堂、1997年）76頁以下。
46 古典的には、*B. Freudenthal,* Die rechtliche Stellung des Gefangenen, in: Erwin Bumke, Deutsches Gefängniswesen. Ein Handbuch, 1928, S. 141 ff. さらに、*ders.,* Der Strafvollzug als Rechtsverhältnis des öffentlichen Rechts, ZStW 32 (1911), S. 222 ff. では、矯正も法律関係であり、刑罰として制限されたところ以外は、受刑者も一般人も同じであるべきと説く。そして、裁判所は、特定の種類の刑罰を言い渡すのであるから、執行の段階で他の刑種と混同してはならない。自由刑の内容は行動の自由の剥奪と作業の強制であるから、作業賞与金に差別を設けることによって財産刑的要素を混入させたり、また構外作業を強制することによって名誉刑的要素を混入させてはならない。刑罰はできる限り純粋なものでなければならないとした。
47 福田雅章『日本の社会文化構造と人権』（明石書店、2002年）189頁。
48 堀雄『行刑施設における特別権力関係の研究』法務研究報告書54集3号48頁以下、稲川正浩「受刑者の法的地位」ジュリスト712号（1980年）49頁。
49 小川太郎『自由刑の展開』（一粒社、1973年）279頁以下、前野育三『日本の監獄と人権』（新日本出版社、1981年）31頁以下。
50 吉岡一男『刑事制度の基本理念を求めて』（成文堂、1984年）50頁以下。
51 吉岡・前掲注（50）42頁。
52 福田・前掲注（47）197頁。
53 福田・前掲注（47）197頁。
54 国際人権法との関係につき、赤池一将「国際人権法と新監獄法下の受刑者の権利」法律時報83巻3号（2011年）16頁以下を参照。
55 2015年12月に国連総会において採択改訂された、「国連被拘禁者処遇最低基準規則（ネルソン・マンデラ・ルールズ）」http://www.un.org/en/ga/search/view_doc.asp?symbol=A/RES/70/175を参照（最終アクセス日2017年10月1日）。
56 1955年の最低基準規則の第57も同様である。
57 2006年1月11日の欧州会議閣僚委員会勧告2号添付でも、第3で、「自由の剥奪されている者に科せられる制限は、最小限にとどめられなければならず、刑を科する理由である法目的と比例した関係になければならない」とする。
58 石川正興「改善・社会復帰行刑の将来——アメリカ合衆国と日本の場合」比較法学14巻1号（1979年）102頁以下。
59 石原明「受刑者の法的地位考察の方法論——将来の行刑のために」刑法雑誌21巻1号（1976年）16頁以下、福田・前掲注（47）210頁注31。反対に、矯正処遇の強制を認める場合を積極行刑というが、この点で福田は、自由刑の処遇に際して国家の干渉し得ない受刑者の人権の範囲を原則的に明らかにするという意味で消極行刑を用い、その

人権を実質的に担保するための処遇環境の積極的な形成を要請する原則としての行刑の社会化を積極行刑と呼ぶことができるとする（199頁以下）。

60 自由刑の刑罰内容を純粋に一定限度の自由剥奪に限定するならば、個々人が自己の責任において各々の生活を維持し、国家は一定の要件下に、特定の者に援助の手を差しのべるという一般社会における原則も変更されないことになり、受刑者も一般国民と同様の労働の権利および義務を有することから、刑務作業は一般国民の労働と同じものに転換されるべきことになる（吉岡・前掲注（50）54頁）。刑務作業を自由労働と同質のものとみる見解として、Lopez-rey, "Some Consideration on the Character and Organization of Prison Labor", 49 *The Journal of Criminal Law, Criminology and Police Science,* 1958, p. 10. 自由刑の執行における労働の義務と懲役との違いについては、浜井浩一「懲役刑の廃止と自由刑の一本化の課題」季刊刑事弁護90号（2017年）172頁以下を参照。

61 吉岡・前掲注（50）194頁。
62 吉岡・前掲注（50）193頁。
63 吉岡・前掲注（50）195頁。
64 吉岡・前掲注（50）194頁。
65 土井政和「社会復帰のための行刑」菊田幸一＝海渡雄一編『刑務所改革』（日本評論社、2005年）70頁以下。
66 石原・前掲注（59）1頁以下、吉岡・前掲注（50）51頁。さらに、J. Irwin, *Prison in Turmoil,* 1980, p. 37 も参照。
67 治療モデルについては、F. Allen, "Criminal Justice, Legal Values and the Rehabilitative Ideal", 50 *The Journal of Criminal Law, Criminology and Police Science,* 1959, p. 226 を参照。
68 福田・前掲注（47）143頁。
69 L. Wilkins, "Putting 'Treatment' on Trial", in N. Johnston & L. D. Savitz (Eds.), *Justice And Corrections,* 1978, p. 670; D. F. Fogel, "Justice, Not Therapy: A New Mission for Corrections", 62 *Judicature,* 1979, p. 373.
70 澤登俊雄『新社会防衛論の展開』（大成出版社、1986年）188頁以下を参照。
71 R. Martinson, "What Works? Questions and Answers About Prison Reform", *The Public Interest,* Spring 1974, p. 25. なお、マーティンソンは後に社会復帰の試みはほとんど効果がないという帰結を撤回している（R. Martinson, "New Findings, New Views; a Note of Caution Regarding Sentencing Reform", 7 *Hofstra Law Review,* 1979, p. 252 を参照）。
72 V. O'Leary and D. Duffe, "Correctional Policy. A Classification of Goals Designed for Charge", 17 *Crime and Delinquency,* 1971, 378-383 によれば、人格の変容と治療とは改善モデルと社会復帰モデルとして区別をし得ることになる。前者は、犯罪行為者個人への関心が低いが社会への関心が高いものであり、処遇の目標を「法を遵守し、法に適合するような市民になるように犯罪者の行動を変容させ遡形させること」として捉え、厳格かつ規律のとれた日課と作業強制を課し、違反行為に対して処罰を科し、服従させることによって達成される。後者は、犯罪行為者個人への関心が高いが社会への関心が低いものであり、処遇目標を「受刑者が自らを理解し、自己の行動への内省を獲得させること」として、その達成のために治療としての援助的な管理と懲罰が提供される。

73　土井政和「一貫した社会的援助」刑政108巻4号（1997年）54頁以下。
74　土井政和「犯罪者援助と社会復帰行刑（1）」九大法学47号（1984年）64頁以下。さらに、正木祐史「社会的援助の理論と課題」刑事立法研究会編『21世紀の刑事施設——グローバル・スタンダードと市民参加』（日本評論社、2003年）114頁以下も参照。
75　小野清一郎＝朝倉京一『改定監獄法　ポケット註釈全書（8）』（有斐閣、1970年）489頁。
76　1946年（昭和21年）の監獄法の基本方針に関する件（司法次官通牒）や同年10月の司法局長通牒、1957年（昭和32年）作業賦課の基本方針について（矯正局長通牒）などを参照。
77　本庄武「日本における受刑者処遇理念の変遷と今後の展望」龍谷大学矯正・保護研究センター研究年報6号（2009年）32頁以下および39頁。
78　吉岡一男『刑事制度論の展開』（成文堂、1997年）242頁。
79　小澤・前掲注（40）278頁。しかし、義務であることが受講意欲を阻害するおそれもあろう。
80　石塚伸一「戦後監獄法改正史と被収容者処遇法」法律時報80巻9号（2008年）55頁。
81　川出・前掲注（40）「法的位置づけ」21頁。
82　川出・前掲注（40）「法的位置づけ」17頁。
83　川出・前掲注（40）「法的位置づけ」19頁以下。
84　松宮孝明「『自由刑の単一化』と刑罰目的・行刑目的」法律時報89巻4号（2017年）80頁。
85　川出・前掲注（40）「法的位置づけ」21頁。
86　島田孝「松本少年刑務所における特別改善指導等について」刑政118巻7号（2007年）57頁、三木武「高松刑務所における特別改善指導、教科指導の取組み」刑政118巻8号（2007年）32頁を参照。
87　刑罰論との関係については、中村悠人「刑罰論の現代的課題」刑法雑誌57巻2号（2018年公刊予定）を参照。
88　この点、石原・前掲注（59）18頁は、受刑者が社会復帰の計画に関与してその処遇計画を立てる場合には、受刑者に処遇を受ける義務が生じるとする。受刑者の状況に応じて処遇計画を修正・変更することがあり、そこにも受刑者が関与できるというのであれば格別、そうでない場合には、疑問が残る。
89　土井政和「社会的援助としての行刑（序説）」法政研究51巻1号（1984年）37頁。土井は、国家は自由刑の弊害を除去する義務を負っており、既に行刑中において始められねばならず、「国家は、人間として固有の自己発達権を拘禁により阻害している以上、それを可能ならしめる機会を保障する義務を負うと同時に、受刑者に対する自己発達の期待を示すプログラムを準備すべき」とする（92頁）。
90　名執雅子「新法における改善指導について（その2）」刑政117巻2号（2006年）86頁。
91　鴨下守孝「行刑法改正の経緯と問題点（その2）」矯正講座27号（2006年）10頁。
92　石塚・前掲注（80）56頁。
93　小野義秀『矯正行政の理論と展開——保安と処遇』（「矯正行政の理論と展開」刊行会、1989年）203頁。
94　小野・前掲注（93）213頁。
95　平野・前掲注（37）1頁。
96　太田達也「仮釈放と保護観察期間——残刑期間主義の見直しと考試期間主義の再検討」

97 　研修705号（2007年）3頁以下、同『刑の一部執行猶予——犯罪者の改善更生と再犯防止』（慶應義塾大学出版会、2014年）9頁、90頁以下を参照。

97 　小川・前掲注（49）179頁以下も参照。

98 　仮釈放を刑の一形態と理解する見解は、懲役・禁錮刑を仮釈放という形態の異なる刑罰に変更するものと理解するが、刑の執行猶予を実質的に刑の一形態として捉え、それと仮釈放とをパラレルに考えて、残刑期間に拘束されない仮釈放期間・保護観察期間を確保しようとする（川出敏裕＝金光旭『刑事政策』（成文堂、2012年）233頁を参照）。仮釈放を裁判所ではなく行政機関である地方更生保護委員会が決定する点や事後的な判決の変更、刑の修正が制度化されていない現状からしても刑の一形態と捉えることは困難であろう。また、刑の執行猶予を刑の一形態と捉え得るかも問題となる。

99 　この場合、「刑の執行に伴う弊害を除去するための措置」をどう位置づけるかの問題は残るように思われる。この点で、刑事立法研究会社会内処遇班「更生保護基本法要綱試案」龍谷大学矯正・保護研究センター研究年報5号（2008年）は、更生保護における処遇の理論的根拠を人格的発展の保障、生存権の保障、刑事手続の弊害除去の三点から展開している。

　　　　　　　　　　　　　　　　　　　　　　　　　　　　（なかむら・ゆうと）

第9章
対人援助ニーズを有する者に関する刑罰制度の問題
刑事司法制度が社会復帰の困難を増幅しないために

金澤 真理
大阪市立大学

1 はじめに

　近年、再犯や刑事施設への再入所の数値や動向に注目が集まっている。犯罪検挙数全体に対する初犯者の割合が減少傾向にあるのに対し、再犯者の割合が高い状況を受けて、再犯に至る個々の状況が、理論・実践の両面で関心を呼んでいる。特に高齢、障がい等の対人援助ニーズを有する者については司法と福祉との境界を越えた取り組みが必要であるとの認識の下、再犯防止を目的に掲げた諸施策が相次いで検討に付され、既に実施に移されているものもある。政府の犯罪対策閣僚会議は、刑事施設等への再入所の割合（再入率）に関する具体的な数値目標を掲げ、「再犯防止に向けた総合対策」を打ち出した。2016（平成28）年には犯罪をした者等の円滑な社会復帰を促進すること等による再犯の防止等の刑事政策上の重要性に鑑み、そのための施策を定める「再犯の防止等の推進に関する法律」（以下、「再犯防止推進法」と言う）が両院において全会一致で可決成立し、2017（平成29）年9月には、再犯防止推進法に基づく再犯防止推進計画中間案が出されるに至った。本稿は、以上の動向を含む近時の刑事司法をめぐる状況に対して示された批判的分析枠組みを受けて、司法と福祉の両領域にわたって再犯防止を進めようという昨今の立法動向が現行法上の諸制度との間に矛盾を生じないかを各論的見地から吟味を加えたうえで、刑事手続に関わった、対人援助ニーズを有する者をはじめ、福祉的支援を要する者の社会復帰の観点から、その問題克服のための構想を試みる。

2　対人援助ニーズを有する者への支援と刑事司法における取扱い

　司法、とりわけ刑事司法に関わった者に対する福祉的支援の要否およびそのあり方についての検討は、喫緊の課題である。以下においては、刑事司法に関与した、若しくは関与が予定されるが、むしろ司法以外の領域での個別のニーズに則した援助を要する支援対象者（以下、「対象者」と言う）に絞って考察を加える。刑事司法に関与せざるを得なくなった者は、程度の差はあれ、もはや個人では解決することが困難な問題を抱えており、対人的な援助を必要としていることが少なくない。ところが、個別の問題を当事者と共に解決する手だては、従来の司法の枠組みの中に十分用意されているわけではなく、また、今日もなお十分とは言えない。確かに刑事司法の中に位置づけられ、ますますその重要性が認知されている社会内処遇には、応急、緊急の保護のための制度が存在するが、これらの制度は受け手に加え、要件や期限も法令により限定されており、社会生活上困難な状況に直面した対象者によりそいつつ、必要な限りでその自立的解決に手を貸し、側面から援助する福祉の役割と比較すれば、刑事司法の面での支援には制度的な限界がある。

　刑事司法は、国が刑罰目的の達成のために必要な限度で、個人の重要な権利を制限する。それ故、国家刑罰権の発動にあたり、刑罰によってしか問題を解決できない場合を想定して、対象となる行為を限定し、かつ、その要件と手続を定型化している。しかも公平を期するため、ある行為と客観的に、若しくは実質的に同種と認められる行為が行われた場合には、同様の取扱いをすべきことを基本的に予定している。つまり、刑事司法への関与の前提となるのは、人が社会生活を送るうえで不可欠の利益を保護するため、刑罰を加えるより他に方法がないと認められる場合、その利益を侵害する類型化された行為として法律上規定された犯罪の事実であり、事前に法律により定められた各犯罪の──例えば、窃盗や殺人のような──型を一単位として数えられるものである。当該事実について責任を問われうる者がある場合には、適正な手続を経て刑罰が科されるが、処罰の要否を明らかにするために意味をもつのは、専らその者が特定の犯罪事実を実現したか、そのことについてその者を非難することができるかであり、たとえ当人に単独では克服し難い困難な事情ゆえに犯罪を犯すに至ったという固有の事情があったとしても、それは刑事制裁の可否、処分の内容、程度を決めるにあたり必要な限りで参

照されるにとどまり、それ自体が刑事司法の中で解決されることは期待されていない。

　他方、刑罰論における研究の深化、さらには刑事政策領域における社会内処遇の諸研究の成果を踏まえ、近年、社会復帰の重要性が認識されるに至った[7]。再犯防止を目的に掲げる諸施策もまた、犯罪を犯した者の円滑な社会復帰を課題として挙げ、社会とのつながりの維持の必要性を指摘する。社会復帰を遂げようとする者に焦点を合わせ、その者の抱える固有の問題に対しても目を向け、社会とのつながりを保ち維持するうえで、もはや単独で解決できない問題を克服するために対人的な援助が必要であることにも認識が及んでいる。そのような観点に立ち、ある者が罪を犯したとしてその取扱いを社会の中で論じる際、その者の社会復帰を考慮する点に異論はないが、最近の法政策の目的として強調される再犯防止が、対象者の社会復帰を通じて達成される、ないし社会復帰の延長線上にあると解するべきであるのか、また、そのような理解が現行制度との間に矛盾を生じないかの吟味は必ずしも十分とは言えない[8]。

　再犯防止推進法の文脈での再犯防止は、犯罪を犯した個々の対象者を離れ、社会の側から、その者の「改善」がはかられたかに着目する。もとより刑罰目的の達成は、必ずしも「改善」が達成された場合に限られない。むしろ学問的蓄積や種々の議論を踏まえた現在の文脈では、「人間としての誇りや自信を取り戻し、自発的、自立的に改善更生及び社会復帰の意欲を持つこと[9]」を旨として、社会の他の構成員との間の相互尊重を学び、自己や他者との折り合いをつけて、継続的に他者と共に社会関係の（再）構築を果たしつつ、犯罪を犯さず日常を送ることこそ肝要である。この意味で、既存の社会にただ戻ることを目的とするのではなく、人間社会の相互尊重関係に慣れつつ、自立的な生活を（再）構築することを、共生社会における最終的な目的としての社会復帰に措定することができよう。固より、このような社会復帰を刑罰のみで達することは可能でも適当でもない。また、その復帰にも曲折があることから、これを到達点としてではなく、過程として捉える必要がある。再犯があっても、これを対象者の自立的生活を模索する社会復帰の一過程として見ると、全体として復帰を必ずしも阻害しない出来事と捉え直すことができる。また、対象者の社会復帰と再犯防止は、部分的に重なることはあっても趣旨をまったく同じくするものではないことも判明する。以上を踏まえると、対象者の社会復帰の達成目的を、社会の側からのみ要請される再犯防

止に矮小化すべきでない。このことを確認したうえで、次になすべきであるのは、防止されるべき再犯という現象とは何かの確認である。

　犯罪現象として統計的に捕捉されるのは、特定の類型化された行為である。しかも、犯罪の動向を把握するための刑法犯は、主に罪名を基準としてそれぞれの区分ごとに数値が示されているのに対し、再犯は、通常その罪名を区分せずに概括的に示される。一般的に再犯とは、再び犯罪を犯すことと解されているが、統計上は、犯罪により検挙等された者が、その後の一定期間内に再び犯罪を犯した場合を指す。施策の根拠とするためには、再犯が如何なる内容を備えるべきかについての分析を加える必要があるにも拘らず、再犯防止推進法に言う再犯も、これ以上の定義について述べていない。

　再犯防止推進法制定に至る過程で再犯防止対策の必要性の根拠として取り上げられたのは、高い再犯者率（平成29（2017）年度版犯罪白書によれば48.7％）であるが、検挙者数に対する割合であるこの数値は、新たに犯罪に及ぶ者が減少する状況に対する相対的な指標にとどまり、事実として読みとることができるのは、「犯罪を繰り返す固定化した層はなかなか抜け出しにくいという状況を反映している可能性」であることに注意すべきである。また、再入率とは、一定期間内にいったん刑事施設等を出所した者のうち、新たに犯罪を行い、再度刑事施設に入所した者の比率を算出するものであり、特定の者を追跡したデータは得にくいうえ、刑事施設等に入所するか否かについては、後述のように執行猶予の付与の可否等別の要素も関わり、操作的な数値であることも考慮しておく必要がある。

　このように再犯者、再入所者を概括的に捉える限り、その防止のための対策もまた、画一的で定型的なものにならざるを得ない。もっとも、刑事施設等からの出所者が通常の社会生活を送るには幾多の困難がある。その克服のための最低限の支援に取り組む必要があることは、言うまでもない。刑務所出所者の出所事由別再入率を援用し、居場所と出番の創出を掲げて適切な帰住先の確保のための地域における受入れが、最優先の取り組みとして積極的に広報され、また地域で推し進められているのも、民間篤志家の尽力によってその有効性が経験的に確認されてきた事実に加え、まずは帰住先の確保、さらには経済的自立の途の模索が、社会生活を送るうえで必要最低限の課題とし得るからであろう。それ故、社会復帰のための方策として居場所と出番の確保の重要性を指摘し、これを広く共有しようとすることは出発点として正しいが、それだけでは未だ十分ではなく、ましてや再犯防止推進法に言う

再犯の防止に直結すると解するには飛躍がある。

　確かに、再犯防止推進法に基づく中間計画案は、単なる帰住先の確保、就労支援にとどまらず、対象者の特性に応じた社会復帰を進めるために、五つの基本理念、七つの重点課題をたてることで再犯リスクを極小化しようと、資格制限の見直しや協力雇用主への二次的支援、ひいては再犯の実態研究の促進をも含んだ、きめ細かな施策を挙げる。しかし、犯罪を犯したとして検挙後にさらに何らかの犯罪を犯すという意味での広い再犯概念を前提にするとき、中間計画案の有効性が如何に評価されるのかに疑問が湧く。

　この点、罪名区分に従って再入率を比較したデータによれば、近時は、窃盗と覚せい剤取締法違反の再入率が他の罪名と比べて目立って高いことが示されているが[18]、これらの犯罪こそ、まさに対象者の個別的なニーズに則した援助が必要であることが解明されてきた類型なのであり[19]、定型的な施策のみで問題解決がはかれるとは限らないことに注意すべきである。また逆に、ニーズに則した援助が過剰にわたるとき、何を歯止めにするか、ニーズに応える選択肢が複数あるとき、いずれを基準にするかについても検討しておく必要がある。これらの問題について、ここで詳細に立ち入ることはできないが、刑事司法における問題解決が適当でない、若しくは必ずしもその必要がない事例でも、制度上他の選択肢を選ぶことができず、そのため社会復帰が困難になるおそれがある場合があることに鑑み、以下では、その例をとりあげて検討しよう。

3　累犯加重規定の問題点

　日本の刑法は、「累犯」の章を設け、一定類型の再犯に対して必要的に刑を加重する。加重処罰の対象となるのは、懲役に処せられた犯罪（以下、「前犯」と言う。また、これに対する刑罰を「前刑」と言う）の執行を終わった日若しくは執行の免除を得た日から5年以内に更に罪を犯し、かつその罪について有期懲役が科せられる場合である。犯罪を繰り返した場合、その行為者を初回の場合に比べて重く処罰する制度は、日本のみならず諸外国の制度にも見られる。しかし他方で、この加重制度は理論的な批判の対象とされ、これに明確に反対し、当該規定を削除すべしと立法提案を行うものもある[20]。また、諸外国の制度の中には、批判的検討を経て既に廃止された規定もある[21]。日本とは異なり、保安処分を法定する国における立法動向については慎重に比較

しなければならないが、累犯に対する加重処罰の是非を問うべき時期がいままさに到来していると言える。

　特定類型の再犯を対象に刑を一律に加重する現行規定の理論的根拠について、学説は以下のように分かれている。即ち、累犯においては初犯者よりも①非難可能性が高く、責任が加重される、②①と同様に責任が加重されるとするが、それにとどまらず、行為者の人格的責任ないし危険性が高い、③法益侵害性が高く、違法性が加重される、そして、④特別予防の必要性が高いという刑事政策上の根拠ゆえに規定されているとするものである。もっとも、同種とは限らない反復行為の法益侵害性や累犯の場合の違法性や非難可能性が、初回の場合に比べて顕著に高いと言えるのか、①、③の見解の論拠は十分明らかでなく、個別行為責任の観点からも疑問が少なくない。他方で、単独の根拠による理論化では足りないとして、行為者の危険性を援用する②の見解には、責任主義の観点から、さらに重大な疑義がもたれる。

　そこで、従来の研究は、歴史的比較法的見地から、刑法の基本理念や構造に照らして、累犯加重規定の意義を問うてきた。伝統的見地からなされる批判的検討の対象は、規定と責任原理、就中行為責任との関係である。刑罰を過去の行為に対する反作用と解する伝統的な立場に立脚し、個別の行為責任を問うときには、既に前刑において評価に付された前犯への非難を、一律に刑罰加重の方向で判断に加えることは許されまい。そこで、以前に懲役刑を執行されたのにまた罪を犯したという点に関し、その非難の内容を分析したうえで、「刑の感銘力と行刑による教化改善の結果の二つを受けつけないであえてまた罪を犯し」、「罪を犯してはならないという普通の反対動機のほかに、前刑の感銘力と行刑による教化改善の結果を受け入れることにより、およそ二度と罪を犯してはならないという反対動機にも直面していた」にもかかわらず、「後者の反対動機をも押し切って再び犯したところに、累犯前科のない者より重い刑を科してよい非難可能性がある」とする見解がある。しかし、このように反対動機形成と非難の程度を関係づけて考察する見解にも、前刑において評価し尽くされた筈の非難可能性を、事後の再犯においても加味して判断する点で、まず疑義がある。また、仮に前刑の執行が不首尾であったとして、それを専ら対象者の不利に扱うのも、看過できない問題である。懲役刑の付加自体に、対象者の周囲との社会関係の維持、自律的な社会生活の構築を阻害する要素があることに鑑みると、前刑に服することで「およそ二度と罪を犯してはならない」という、より強い反対動機を当然設定す

ることになるとは言えないからである。このように、刑の執行後の再犯に関して、一般的に非難可能性が高いことを論証することは困難である。

　むしろ本規定と刑罰の行為責任との関連性を慎重に検討するならば、前刑の言渡しや執行にも拘らず、再度犯罪を犯して懲役を科されたことを、一律に高度の非難可能性を帯びる、刑の加重事由とすることは、各行為に相応する刑罰を科すことを要請する刑法の諸原則と矛盾することに気づかなければならない。

4　累犯加重の政策上の問題点

　以上のように、前刑の執行後若しくはその免除後、一定の年限内の累犯をただ形式的に加重して処罰することには、理論上の問題がある。しかし、そればかりではない。前刑の懲役刑の執行が対象者の抱える問題状況に真に実効的であったかを確認することなく、懲役刑を再度、しかもより長期に科すことで、むしろ自らコミュニケーションを通じて他者と関わる、対象者の通常の社会生活を妨げるという意味で、刑事政策的にも逆説的状況を招くおそれがある。この点につき、批判的に検討すべきであるのは、累犯加重規定の根拠に関し、特別予防の観点を挙げて刑事政策的根拠からこれを正当化しようとする、前記④の見解である。その主張は、前刑の執行に効果がなかったことから、事後の犯行においては、その分を加重して刑を科すべきであるというが、それは正当な根拠たり得るだろうか。現在の視角から政策上の問題点を再検討しよう。

　累犯加重の前提は、前刑たる懲役刑が、本来的に対象者の刑罰目的に則していること、論者の主張によれば、「教化改善」に適合的で実効的であることである。それにもかかわらず再犯に至ったのは、対象者のよからぬ態度ゆえであり、従ってその責任がすべて対象者に帰せられるべきであると言えるとき、加重処罰が正当化される余地がある。ところが、懲役刑の執行は、対象者が属していた社会との関係をいったん遮断することを余儀なくさせ、前述の社会復帰を困難にする要素を不可避的に含む。他方でその処遇内容が社会関係の（再）構築まで保障するわけではないことから、刑の執行がそれだけで社会復帰を促進するものと位置づけられない。むしろ規則に規制された施設内での生活に慣れれば慣れるほど、現実社会での生活が困難になることは、従来より指摘されている。再犯防止推進法の成立に伴い、頻繁に強調さ

れたように、社会復帰を遂げようとしても、対象者単独ではそれは不可能であり、社会の側に居場所と出番を用意して受入態勢を整備することをはじめ、対象者自身が自律的社会生活を継続できるよう習慣化することが、復帰の最低限の前提として不可欠である。無論、特別予防上の考慮から、刑罰による個人への働きかけが必要な場合がある。しかし、特別予防が如何に重要であろうとも、犯罪を犯さず、自律的に生活する基盤を構築することが、単独では難しい現状に鑑みれば、自由刑を科すことが「教化改善」に最適とは言い難い。このように、特別予防的な刑罰目的を設定したとしても、それを十全に果たすためには、社会の受入態勢を準備し、自立的な社会生活が可能な若しくはそれに近い環境を維持することが先決である。それよりも、懲役刑を選択することが正しいと言えるかは（その選択の余地があるときは）自明ではない。このように見ると、懲役刑に服したにもかかわらず、その執行後5年以内に再度の犯行が行われた場合、（効果のなかった）加重された懲役刑が常に最良の選択であるかは、刑事政策的に疑問があると言える。

　そればかりでない。典型的な累犯行為者は、主として、意志薄弱や情緒不安定で、往々にしてその人格に欠陥があり、前刑の警告機能の影響を殆ど受けないとまで述べる見解もある[31]。そこまでには至らないにしても、刑罰の威嚇力、感銘力の観点で累犯加重の特別予防的根拠が疑われる場合が明らかに存在する。その典型は、刑事施設に戻るために（或いはそれを甘受して）軽微な犯行を繰り返す例である。この場合にも規定に則して加重された刑罰を科すことは、特別予防的な観点からも到底正当化できないであろう。このように、再犯防止推進法により社会復帰の受け皿を整えることができたとしても、累犯加重規定により、その効果が減殺される場合があり得る。

5　再度の執行猶予の際の必要的保護観察の問題

　刑罰を科すべき行為が犯罪であるが、犯罪の成立要件が備われば、例外なく実刑を科すことが至当とは限らない。特に、刑事施設への収容は、刑を科された者に社会関係の遮断のおそれを生じるため、かかる弊害を避ける目的で設けられているのが刑の執行猶予の制度である。刑の執行猶予は、情状により（刑の一部の執行猶予の場合は、これを考慮して）付すこととされるが、再犯に関しては厳格な要件が付されている。しかし、実刑による弊害を回避すべき現実的要請に照らして、かかる要件は、累犯加重の場合と同じく制度

的問題を孕む。それが端的に表れているのが、保護観察に付されていないことを再度の執行猶予の許可要件とする、現行の刑の全部の執行猶予に関する規定である[32]。初度の執行猶予は保護観察が任意的であるのに対し、再度の執行猶予に関しては必要的に保護観察に付される。それ故、初度の刑の全部の執行猶予が保護観察付の場合には、その保護観察期間内に再び犯罪を犯せば、情状に特に酌量すべきものがあったとしても、執行猶予の可能性が排除されることになる。前に禁錮以上の刑に処せられたが、その刑の全部の執行を猶予され、かつ、保護観察付でない場合、その後一年以下の懲役又は禁錮の言い渡しを受けても、状況により再度の執行猶予が可能であることに比べて格段の差がある。

　確かに刑期は行為責任に相応して法定されているが、その一方で執行猶予制度が置かれている刑事政策的意義に鑑み[33]、また、執行猶予制度が導入された立法経緯に照らして[34]、まず、実刑の執行が真に必要かの判断が必要である[35]。自由刑の執行に関しては、有罪宣告に直面した対象者に対して、既に刑の威嚇力、感銘力が効果を及ぼしている場合は固より、執行による弊害が、刑罰付加の趣旨と矛盾する場合には、これを刑の執行猶予を考慮すべき情状に含めるべきである。

　次いで、保護観察制度の意義も再吟味しなければならない。保護観察自体は明らかに刑罰とは異なるが、仮釈放の際に付される保護観察を念頭に置いて刑の執行の一形態と解されている。執行猶予の場合には刑は未だ執行されておらず、これと同列に論ずることはできないが、それにも拘らず、保護観察に付されていることを一方的に対象者に不利に扱う要件に対して疑問の声があるのは当然であろう[36]。執行猶予者に対する保護観察は、犯罪行為故に一度は有罪判決を受けた者に付される。その中には対人援助ニーズを有する者が少なくない。かかる対象者の状況に鑑みて、保護観察はそのニーズに即して行われることが望ましい。社会復帰に紆余曲折の過程が想定される場合には、なおさら保護観察を付すことが一方的に対象者の不利に働かないよう留意する必要がある。

　ところで、単純執行猶予と保護観察付執行猶予とを対比させ、前者の意義を刑の感銘力と威嚇に求め、猶予期間の経過により非難の沈静化を認める制度と解しつつ、後者には保護観察に応じるという償いの一つの形が示されるという論をたて、保護観察による社会復帰の促進と整合的に理解しようとする見解がある[37]。両者の相違に鑑みれば、単純執行猶予がいわば「失敗」した

としても、直ちに保護観察付執行猶予が排除されることにはならない。この論証自体に学ぶべき点は多いが、それ以上にこの説が示唆するのは、時間の経過及び状況の変化に伴う現実の要罰性の変化である。可罰的行為への評価は、一定である必要があるが、現実に刑罰を科されるのは、状況の中で変わり得る生身の人間であり、行為時から時を経て、もはや刑罰を科す必要性が失われたならば、処罰から解放する理由がある。

　このように、再度の保護観察付執行猶予は理論的に不可能なわけではなく、また、前科の有無と実刑を科す必要性も、必ずしも論理必然的関係にはないことから、現行規定に従った一律の取扱いは、対象者への処遇の必要性、適合性に照らして疑義がある。特に対人援助ニーズを有する者への多様な支援の必要性の観点からは、看過し難い問題点と言える。例えば薬物事犯者の一部執行猶予に関しては、前科要件が付されていないのに対して、それ以外の、しかも全部執行猶予の場合に厳格な要件を付する必要的保護観察に関する規定は、論理的に矛盾すると言わざるを得ない。判決前調査制度もない日本の現行制度において、判決時、裁判官に幅広い判断を委ねることには批判もあり得るが、犯情の面からもまた個別のニーズに照らしても、実刑より福祉的支援を要することが明らかである者に対して、執行猶予を付すことができない規定上の難点を避ける必要がある。

　保護観察付執行猶予の機能に照らして、再犯による再収容がなければ実効性を保てないという批判はあり得る。この点につき、再収容の制裁が必ずしも対象者の改善更生を目指す更生保護の目的を達成するものではないとの理解に立ち、短期間での刑事施設への再収容は刑事施設へ送られることの慣れにつながり、かえって規範意識を鈍磨させる要因となるとともに、社会の側からも「刑務所送り」のレッテルを貼られること、施設内処遇と社会内処遇との適切な連携を目的とする保護観察において、不良措置に対する施設への再収容の効果は必須ではないこと、このような対象者の改善更生につながらない不良措置による再犯防止の達成は、保安処分的運用ではあり得ても、対象者の改善更生による再犯防止を目指す更生保護の目的にはそぐわないとして、これに反駁する主張は示唆に富む。

6　結びにかえて──対象者の個別のニーズに焦点を合わせた対人援助

　以上のように、近時指摘される、個別のニーズを有する対象者に対して、真に妥当で実効的な処遇を行うには、コストやリソースの問題を含め、現行の刑事司法制度で対応するには限界があるのみならず、制度的な矛盾も存在することが判明した。これに対し、対人援助は、犯罪を犯した者や累犯者にのみ構想されるものではなく、問題を抱えている人の状態の改善に手を貸すことを広く指すソーシャルワークの基礎概念である。対人援助の基盤は、ワーカーとクライアントとの信頼関係に基づく相互の人的関係であり、専門性に依拠したクライアントの個別のニーズに合致した援助が行われる。それ故、（個人の抱える問題も決してこれと無関係ではないが）社会の視点よりもむしろ、対象者本人の立場に沿って問題を捉えることができる。かかる場においては、対象者自身の自己の問題への気づきや自覚的取組みが決定的となる。この図式によれば、ワーカーの姿勢は、対象者の自立を助け、自己決定を促す、主として支援的なものとなる。

　もっとも、このような支援が刑事司法の実務において全般的に期待できるかと言えば、既に述べたように、むしろその実施は現実には相当困難になると予想される。というのも、（少なくとも実質的意味で）公平公正を旨とする刑事司法の場では同種の行為に対する同種の反作用が想定され、個別的処遇といえども、選択肢が限られた画一的なものとならざるを得ないからである。支援者による専門性は、個別のニーズを汲む場面においては必ずしも発揮されず、特別のプログラムが組まれる場合に限定されるであろう。

　そうだとしても、対人援助アプローチを刑事司法と連携させる途はなお残されていると考える。考察の手がかりは、それだけで加重された責任を基礎づけることはできないとした、行為者の危険性に対する批判的再吟味である。累犯に現れる対象者の抱える困難や問題性を、社会に対する危険性の観点からでなく、援助を要するニーズと捉えるときには、専門性に基づいてこれを分析し、対象者が自ら社会関係の（再）構築に踏み出す際に手をさしのべる、支援への途が拓けるであろう。[43]

1　2003（平成15）年に発足した犯罪対策閣僚会議は、銃器対策推進会議、薬物乱用対策推進会議、人身取引対策推進会議と共に再犯防止対策推進会議の随時開催を掲げ、「犯

罪に強い社会の実現のための行動計画」を示した。表題には明示されていないものの、重点課題の一つに数えられた治安回復のための基盤整備の項目、更生保護制度の充実強化の一環として、「再犯危険性が高い者への処遇の強化」がそこに含まれている。犯罪対策閣僚会議の「再犯防止に向けた総合対策」は、2012（平成24）年、2021（平成33）年までの10年間に2年以内の再入率（刑務所出所者及び少年院出院者がこれらの施設を出所等した年を含む2年の間に再入所等する者の割合）20％以上減の数値目標を掲げ、また、従前の再犯防止対策ワーキングチームに替えて再犯防止対策推進会議を設置し、その下で2016（平成28）年、立法作業を開始した。同年12月、再犯防止推進法が成立した。同法において、政府は再犯の防止等に関する施策の総合的かつ計画的な推進を図るために再犯防止推進計画を策定することとされた。

2 近年の「再犯防止」の観点による刑事司法の動向に対する批判的分析枠組みについては、本書・土井論文参照。

3 更生保護法は、保護観察対象者が、適切な医療、食事、住居その他の健全な社会生活を営むために必要な手段を得ることができないため、その改善更生が妨げられるおそれがある場合の応急の救護につき定める（第62条）ほか、①懲役、禁錮又は拘留の刑の執行を終わった者、②懲役、禁錮又は拘留の刑の執行の免除を得た者、③懲役又は禁錮につき刑の全部の執行猶予の言渡しを受け、その裁判が確定するまでの者、④懲役又は禁錮につき刑の全部の執行猶予の言渡しを受け、保護観察に付されなかった者、⑤懲役又は禁錮につき刑の一部の執行猶予の言渡しを受け、その猶予の期間中保護観察に付されなかった者であって、その刑のうち執行が猶予されなかった部分の期間の執行を終わったもの、⑥訴追を必要としないため公訴を提起しない処分を受けた者、⑦罰金又は科料の言渡しを受けた者、⑧労役場から出場し、又は仮出場を許された者、⑨少年院から退院し、又は仮退院を許された者（保護観察に付されている者を除く）という9類型にわたり、刑事処分などの身体の拘束を解かれた場合について、親族からの援助を受けることができず、若しくは公共の衛生福祉に関する機関その他の機関から医療、宿泊、職業その他の保護を受けることができない場合又はこれらの援助若しくは保護のみによっては改善更生することができないと認められるとき、緊急に──身体拘束を解かれた後原則として6ヶ月を超えない範囲で──、その者に対し、金品を給与し、又は貸与し、宿泊場所を供与し、宿泊場所への帰住、医療、療養、就職又は教養訓練を助け、職業を補導し、社会生活に適応させるために必要な生活指導を行い、生活環境の改善又は調整を図ること等の方法による更生緊急保護について定める（第85条）。

4 1950（昭和25）年に制定された更生緊急保護法上の保護の謙抑的性質については、金澤真理「更生保護施設の機能に関する一考察」山形大学法政論叢37=38号（2007年）6頁。なお、釈放者保護の管轄をめぐる司法省と厚生省との調整が難航した経緯については、西中間貢「更生保護の組織機構の変遷と課題」更生保護50年史委員会『更生保護制度施行50周年記念論文集更生保護の課題と展望』（日本更生保護協会、1999年）172頁以下も参照。

5 対人援助自体は中立的であり、あくまでも支援を要する本人の自立を支えるべきものであるが、刑事処分を予測しながらの関与であるため、特に考慮を要する点について、本書・原田論文参照。

6 特に自由刑に焦点を合わせ、身柄の拘禁としての刑罰の意義と社会復帰との間に生じ得る緊張関係を指摘するものとして、本書・中村論文参照。

7　先駆的業績として、瀬川晃『犯罪者の社会内処遇』（成文堂、1991年）、また、染田惠『犯罪者の社会内処遇の探究』（成文堂、2006年）、土井政和「社会復帰のための処遇」菊田幸一＝海渡雄一編『刑務所改革』（日本評論社、2007年）69頁以下、また、中村・前掲注（6）も参照。
8　金澤真理「更生保護の現代的意義」『刑事法理論の探求と発見――斉藤豊治先生古稀祝賀論文集』（法律文化社、2012年）435頁以下。
9　2013（平成15）年12月22日行刑改革会議提言。
10　刑法典等に規定される犯罪事実である。例えば、統計表上の「刑法犯」として刑法典に規定された固有の刑法犯のほかに、平成28（2016）年司法統計年報には盗犯等ノ防止及処分ニ関スル法律（以下、「盗犯等防止法」と言う）、決闘罪ニ関スル件、爆発物取締罰則、暴力行為等処罰ニ関スル法律（以下、「暴力行為等処罰法」と言う）の違反が含まれ、同年の犯罪白書には、爆発物取締罰則、決闘罪ニ関スル件、印紙犯罪処罰法、暴力行為等処罰法、盗犯等防止法、航空機の強取等の処罰に関する法律、人の健康に係る公害犯罪の処罰に関する法律、航空の危険を生じさせる行為等の処罰に関する法律、人質による強要行為等の処罰に関する法律、組織的な犯罪の処罰及び犯罪収益の規制等に関する法律、自動車の運転により人を死傷させる行為等の処罰に関する法律の違反が含まれている。
11　再犯率は、一定期間内に再び犯罪を犯したことがどの程度であるかの割合を指標とする。これに対し、再犯者率は、検挙等された者の中に、過去にも検挙等された者がどの程度含まれるかを指標とする。これを指して、前者は時間の流れが、過去から現在・未来に向かって調査された「前向き」の結果であるのに対して、後者は有前科率を指す「後ろ向き」のものであると説く浜井浩一『刑事司法統計入門』（日本評論社、2010年）88頁参照。また、高橋哲「再入率の分析と今後の課題」法律のひろば70巻1号（2017年）30頁も参照。
12　高橋・前掲注（11）31頁。
13　保護観察付執行猶予者における有前科率の高さ（2006（平成18）年以降、2015（平成27）年に59.6%と最高値を記録）、保護観察終了者の取消・再処分率に関し、特に覚せい剤取締法違反、窃盗における数値の高さに鑑みて、特に再犯防止策が必要と述べるのが、染田惠「効果的な再犯防止を目指して――『平成28年版犯罪白書』を参考に」更生保護68巻1号（2017年）50頁以下。
14　平成29（2017）年版犯罪白書216頁5-2-3-6図参照。217頁5-2-3-8図も参照。
15　法務省だより「あかれんが」44号（2012年）。
16　2015（平成27）年より、法務大臣、副大臣、大臣政務官を隊長としたキャラバン隊が全国各地を訪問し、国と地方公共団体、コミュニティ等と協力関係の構築をはかる再犯防止キャラバンが始まった。
17　民間主導による日本の更生保護事業の黎明期および史的展開については、安形静男『社会内処遇の形成と展開』（日本更生保護協会、2005年）参照。
18　平成29（2017）年版犯罪白書217頁5-2-3-8図。ただし、窃盗の再入所率自体は、近年低下傾向にある。同・219頁5-2-3-10図も参照。
19　特に薬物事犯を解決する手段としての刑事司法の意義と限界に関しては、本書・丸山論文参照。
20　吉岡一男「累犯と常習犯」中山研一ほか編『現代刑法講座第3巻』（成文堂、1979年）307頁以下、同『刑事制度論の研究』（成文堂、1997年）所収194頁以下。さらに、森

村進「行為責任・性格責任・人格形成責任」ホセ・ヨンパルト＝三島淑臣編『法の理論 8』（成文堂、1987年）97頁も参照。

21 日本の刑法上の累犯加重規定は以下のとおりである。
　　第56条　懲役に処せられた者がその執行を終わった日又はその執行の免除を得た日から5年以内に更に罪を犯した場合において、その者を有期懲役に処するときは、再犯とする。
　　2　懲役に当たる罪と同質の罪により死刑に処せられた者がその執行の免除を得た日又は減刑により懲役に減軽されてその執行を終わった日若しくはその執行の免除を得た日から5年以内に更に罪を犯した場合において、その者を有期懲役に処するときも、前項と同様とする。
　　3　併合罪について処断された者が、その併合罪のうちに懲役に処すべき罪があったのに、その罪が最も重い罪でなかったため懲役に処せられなかったものであるときは、再犯に関する規定の適用については、懲役に処せられたものとみなす。
　　第57条　再犯の刑は、その罪について定めた懲役の長期の2倍以下とする。
　　第59条　3犯以上の者についても、再犯の例による。
これに対し、ドイツ、スイスの廃止された規定の例は以下のとおりである。
　　ドイツ刑法
　　旧48条（累犯）　ある者が、
　　① すでに少なくとも2度、本法の場所的適用領域内において、故意の犯罪行為により刑の言渡しをうけ、かつ
　　② これらの行為の1個又は数個により、少なくとも3月の期間、自由刑の執行を終えた後、故意の犯罪行為を犯し、犯罪行為の種類と事情を考慮して、その者が以前の有罪判決を警告として役立てなかったという非難をその者に加えるべきである場合において、行為について特に高い下限が定められていないときは、刑の下限は、6月の自由刑とする。定められた自由刑の上限はそのままとする。
　　2　新たな行為につき定められた自由刑の上限が1年未満であるときは、第1項は適用しない。
　　3　第1項第1号の意味において、併合罪の言渡しは、唯一の刑の言渡しとする。未決勾留又はその他の事由剥奪が自由刑に算入されるときは、第1項第2号の意味における執行を終えた刑とする。
　　4　前の行為と後の行為との間に5年を超える期間が経過したときは、前の刑はこれを考慮しない。犯人が官の命令によって施設内に監置されていた期間は、これを算入しない。
　　スイス刑法
　　旧67条（累犯）　重懲役もしくは軽懲役の全部又は一部の執行を終えた者が、その日から5年以内に重懲役もしくは軽懲役の判決を受けた場合は、刑期を加重する。ただし、刑種の再長期を超えることはできない。（中略）保安処分あるいは100条の処分ないし恩赦による免除は、前刑が執行されたものとみなす。
　　2　外国における前刑あるいは処分の執行は、当該判決がスイス法の基本原則に違反しない場合には、前刑が執行されたものとみなす。

22 団藤重光『刑法綱要総論〔第三版〕』（創文社、1990年）532頁、大谷實『刑法講義総論〔新版第四版〕』（成文堂、2012年）537頁、川端博『刑法総論講義〔第三版〕』（成文堂、2013年）703頁、高橋則夫『刑法総論〔第三版〕』（成文堂、2016年）547頁等。

23 佐伯千仭『四訂刑法講義（総論）』（有斐閣、1981年）417頁、大塚仁『刑法概説（総論）〔第四版〕』（有斐閣、2008年）539頁、福田平『全訂刑法総論〔第5版〕』（有斐閣、2011年）345頁、曽根威彦『刑法総論〔第四版〕』（弘文堂、2008年）291頁以下等。なお、明確に累犯加重規定の根拠を述べた最高裁判例は見当たらないが、高度の非難可能性および危険性に言及したものとして、大阪高判昭54・8・9判時957号117頁。
24 西原春夫『刑法総論〔改訂準備版〕（下巻）』（成文堂、1993年）498頁は、「有罪の言渡のみならず刑の執行という国家の司法作用を受けているにもかかわらずふたたび規範に対する侵害を行っているという意味で、併合罪の場合よりもさらに規範的な非難の度合いが高い」と刑の加重の根拠を責任非難の重さに求めるが、累犯者個人についてみれば、「非難性が低い」として「規範に対する侵害の程度が初犯者にくらべて格段に重い」累犯の場合、違法性の程度が重いと述べる（同・446頁）。なお、主に常習犯を念頭においた説明として、内田文昭『改訂刑法Ⅰ（総論）』（青林書院、1986年）227頁注（14）。
25 中野次雄『刑法総論概要〔第三版補訂版〕』（成文堂、1997年）234頁。
26 既に現行刑法の立法作業においても、この点は指摘されていた。明治35年第16回貴族院刑法改正特別委員会における村田保の発言（倉富勇三郎＝平沼騏一郎＝花井卓蔵監修、高橋治俊＝小谷二郎共編『刑法沿革総覧』（清水書店、1923年）583頁以下）参照。
27 現行刑法の立法過程に見られた、「刑ニ處セラレタルニ尚ホ戒心俊改（アシキコヽロヲアラタメ）セスシテ再ヒ悪事ヲ爲スニ至テハ其情状甚タ悪ムヘシ刑ヲ加重スルニ非サレハ之ヲ懲ラスニ足ラ」ず（村田保『刑法注釈再版巻二』（内田正榮堂、1880年）38丁以下）というような単純な非難をもって、今日の責任を論じることはできない。なお、実務において、累犯者に対する量刑が、もとの法定刑の上限を超えることは稀であるとする難波宏「前科、前歴等と量刑」大阪刑事実務研究会編『量刑実務大系3』（判例タイムズ社、2011年）29頁参照。
28 包括的な研究として、中島広樹『累犯加重の研究』（信山社、2005年）。諸外国の立法経緯を踏まえ、特に常習犯との取扱いの相違に着目した近年の研究として、西岡正樹「累犯加重に関する一考察」山形大学法政論叢56号（2013年）1頁以下。
29 佐藤文哉「累犯と量刑について」罪と罰15巻4号（1978年）7頁。
30 個別に非難可能性の有無を判断する余地はあり、また、その必要もある。ドイツにおける累犯加重規定をめぐり、対案の主張した「非難性」の要件は、その一つの手がかりである。詳細は、阿部純二「累犯加重の根拠」『刑事裁判の諸問題──岩田誠先生傘寿祝賀』（判例タイムズ社、1982年）77頁以下参照。
31 藤本哲也「累犯」阿部純二ほか編『刑法基本講座第1巻』（法学書院、1992年）247頁。
32 刑の執行猶予に関しては、2012（平成24）年に成立した「刑法等の一部を改正する法律」により導入され、2016（平成28）年より施行された刑の一部執行猶予制度の導入により、従来の制度は全部執行猶予と称されるようになった。刑の全部の執行猶予の要件は、次のように規定される。

第25条　次に掲げる者が3年以下の懲役若しくは禁錮又は50万円以下の罰金の言渡しを受けたときは、情状により、裁判が確定した日から1年以上5年以下の期間、その刑の全部の執行を猶予することができる。
一　前に禁錮以上の刑に処せられたことがない者
二　前に禁錮以上の刑に処せられたことがあっても、その執行を終わった日又はその執行の免除を得た日から5年以内に禁錮以上の刑に処せられたことがない者

2　前に禁錮以上の刑に処せられたことがあってもその刑の全部の執行を猶予された者が1年以下の懲役又は禁錮の言渡しを受け、情状に特に酌量すべきものがあるときも、前項と同様とする。ただし、次条第1項の規定により保護観察に付せられ、その期間内に更に罪を犯した者については、この限りでない。

次いで、本条により刑の執行を猶予された者に対する保護観察と、保護観察の仮解除について定めるのが以下の規定である。

第25条の2　前条第1項の場合においては猶予の期間中保護観察に付することができ、同条第2項の場合においては猶予の期間中保護観察に付する。
2　前項の規定により付せられた保護観察は、行政官庁の処分によって仮に解除することができる。
3　前項の規定により保護観察を仮に解除されたときは、前条第2項ただし書及び第26条の2第2号の規定の適用については、その処分を取り消されるまでの間は、保護観察に付せられなかったものとみなす。

なお、刑の一部執行猶予については、その趣旨および問題点（特に短期自由刑の問題点を克服し得るか、社会復帰への弊害はないか）をめぐって盛んに論じられているが、ここでは触れない。問題点の概要を指摘するものとして、井上宜裕「刑の一部執行猶予──制度概要とその問題点」刑事立法研究会編『非拘禁的措置と社会内処遇の課題と展望』（現代人文社、2012年）155頁以下。

33　最一小判昭和24・3・31刑集3巻3号406頁は、執行猶予の制度趣旨につき、犯情が比較的軽くそのままでも改過遷善の可能性があると認められる者に「短期自由刑の実刑を科することによって、被告人が兎もすれば捨鉢的な自暴自棄に陥つたり、刑務所内におけるもろもろの悪に汚染したり、又は釈放後の正業復帰を困難ならしめたりすることのないよう」刑事政策的考慮を多分に加味した制度であると説く。犯情が比較的軽いものを想定しているといえども、ほとんどの罪が執行猶予の対象となり得る。科刑分布としても3年以下の刑は自由刑全体の優に9割を超えると指摘するのは、小池信太郎「刑の執行猶予（25条・25条の2）」法学教室407号（2014年）9頁以下（11頁）。もっとも、執行猶予の際に特に考慮される被告人の反省態度、再犯のおそれや更生の見込み等の刑事政策的考慮要素について、裁判実務は、一般の量刑における情状と同様、調整要素として考慮するに過ぎないと述べる（同・11頁）。

34　執行猶予制度導入の過程について、三田奈穂「明治38年『刑ノ執行猶予ニ関スル法律』（法律第70号）について」成蹊法学81号（2014年）1頁以下。同「明治期における単純執行猶予の導入について」論究ジュリスト14号（2015年）89頁以下も参照。

35　この意味で、刑の執行猶予の可否の問題は厳密には刑責の問題ではない。最三小判昭和23・6・22刑集2巻7号694頁は、執行猶予の条件の変更が刑法6条にいう「刑の変更」に当たるか否かにつき、刑の執行猶予を「刑の執行のしかたであって刑そのものの内容ではない」として、これを否定に解した。しかし、その後、最高裁は、執行猶予の事案においても不利益変更の判断を下し（最大判昭和26・8・1刑集5巻9号1715頁、最三小判昭和28・12・25刑集7巻13号2749頁等）、これらを手がかりに実体的意味において執行猶予に「刑」の側面を見出す余地があると示唆する見解も出されている（平野龍一『矯正保護法』（有斐閣、1963年）49頁）。この点に鑑みると、単に刑の執行の「しかた」にとどまらない執行猶予の意義を理論的に解明する必要は、依然としてあると解される。

36　これを避けるために、保護観察を仮解除する途はある。もっとも、このような形式的

運用しかできない点については、理論的にも未解明な部分が残されていると指摘があるうえ（刑事立法研究会社会内処遇班「更生保護基本法要綱試案」龍谷大学矯正・保護研究センター研究年報5号（2008年）151頁第47、正木祐史「非拘禁的措置と保護観察の意義」刑事立法研究会編『非拘禁的措置と社会内処遇の課題と展望』73頁以下参照）、中間的な処分の選択肢が少ないことについては、実務からも疑問が呈されている（染田・前掲注（7）76頁）。これに対して、植野聡「刑種の選択と執行猶予に関する諸問題」大阪刑事実務研究会『量刑実務大系4』（判例タイムズ社、2011年）60頁は、執行猶予制度自体の趣旨に照らし、その取消一般に関しては厳格な運用を主張するが、保護観察付執行猶予の運用については、その利益性、不利益性に関する見解がなお一致するに至らず、適用場面の広狭に関する意見も区々であることを踏まえて、さらなる考察に委ねるべきことを指摘する（同・70頁）。実務における、かかる見解の相違にも注意すべきである。

37 樋口亮介「日本における執行猶予の選択基準」論究ジュリスト14号（2015年）109頁。
38 金澤真理「刑の執行猶予の実体法的考察」刑事立法研究会編『非拘禁的措置と社会内処遇の課題と展望』（現代人文社、2012年）146頁。宣告刑よりも長い猶予期間の設定も、非難の沈静化に必要な期間と捉えることができる。
39 小池信太郎「量刑における前科」刑事法ジャーナル39号（2014年）64頁以下は、正当にも「現行法上の欠格期間内の再犯であっても、前科とは傾向を全くことにする犯行、機械性の強い犯行、特に過失犯や軽微な犯行など、前科による責任加重の根拠が妥当しにくく、また更生の失敗を示すものとは評価できない場合もあるし、あるいは再犯後に更生環境に著しい改善がみられ」る等、一律の評価が該当しないことがあると指摘する。
40 改正刑法準備草案が前科要件を規定したことについて批判的なのは、平野龍一『犯罪者処遇法の諸問題〔増補版〕』（有斐閣、1982年）27頁以下。近年は、裁判員裁判において保護観察付執行猶予の言い渡しが増える傾向があることについて、宇戸午朗「裁判員裁判による保護観察付き執行猶予の現状について」犯罪と非行170号（2011年）130頁以下参照。
41 太田達也『刑の一部執行猶予——犯罪者の改善更生と再犯防止』（慶應義塾大学出版会、2014年）25頁。
42 山名淳一「施設内処遇に続く社会内処遇の検討」東京大学法科大学院ローレビュー7号（2012年）144頁以下。上記の論証に続き、対象者に遵守事項を守らせるための心理的強制力を働かせる代替手段が検討される（同・147頁以下）。
43 社会復帰と特別予防の関連を分析、検討するものとして、金澤真理「日本の行刑改革と社会復帰理念」髙田昌宏＝野田昌吾＝守矢健一編『グローバル化と社会国家原則』（信山社、2005年）349頁以下（特に358頁以下）参照。

（かなざわ・まり）

第10章 ダイバージョンの刑事訴訟法上の問題点

渕野 貴生
立命館大学

1 ダイバージョンと刑事手続の基本原則との緊張関係

(1) 刑事手続・処罰の負担とダイバージョンの機能

　私たち市民が、犯罪の嫌疑をかけられ、被疑者・被告人という立場に置かれて、刑事手続に関与させられることは、それだけで大きな負担であり、往々にして、通常の社会生活を維持・継続することに大きな障害をもたらす。第一に、被疑者・被告人として取調べを受けることになれば、取調べに応じている間の時間、通常の社会生活は物理的に遮断される。その間は、デートに行くこともできないし、仕事をすることもできない。しかも、捜査機関から嫌疑をかけられて取調べを受けるということは、それ自体、極めて大きな精神的ストレスとなるから、取調べの呼び出しを受けたときから、心落ち着かず、取調べから解放された後も、取調べで経験した嫌な気分を引きずり、また、捜査官がこの後自分のことをどう扱うのかが気になり、すぐには仕事や遊びに戻ることはできない。とくに、日本の捜査は、徐々に転換の兆しはあるとはいえ、取調べ中心主義からまだまだ脱却できておらず、取調べ時間は長時間にわたり、取調べ回数も多数回にのぼるので、被疑者・被告人の負担は相乗的に増加する。第二に、被疑者・被告人は、逮捕・勾留されることも少なくない。この場合、まさに物理的に社会から長期間にわたって遮断されることになる。休職せざるを得なくなることも稀ではなく、接見禁止処分が課される場合には、家族や友人とのコミュニケーションさえ遮断される。とくに、日本においては、起訴前保釈の制度が存在せず、さらに起訴後の保釈も容易には認められないという実務が長く定着しており、身体拘束期間が

数カ月という単位の超長期に及びがちである。身体拘束期間が長期間に及べば、休職ではすまずに、退職や解雇に追い込まれ、あるいは、私生活では離婚等の危機にもさらされることになる。さらに、起訴され刑事裁判にかけられた場合には、公判期日への出席や防御の準備に対する負担も積み重なる。第三に、被疑者・被告人は、経済的にも苦境に追い込まれる。刑事手続に拘束されている間、失職し、あるいは自営ができず、収入の道が閉ざされるリスクを背負わなければならないし、国選弁護制度を利用できる場合を除いて、弁護費用もかかる。第四に、自分が被疑者・被告人という身分におかれているということを社会に知られることも、社会的関係を断絶させる大きなきっかけとなる。逮捕された、あるいは起訴されたという事実自体で、社会から「怪しい人」、「関係を持ちたくない人」というレッテルを貼られ、これまで築いてきた人間関係を失ってしまう。そして、何よりも刑罰を科されることは、その人にとって最も深刻な社会関係の断絶をもたらす。前科が付き、刑事施設に拘禁されることによって、再び社会に戻ることに対して極めて高いハードルを課されることになる。

　刑罰を科すことができるかどうかを確定する手続として、また、真に犯罪をおかしたのであれば、負わなければならない刑事責任として、このような負担が手続に関与させられた被疑者・被告人、そして犯罪をおかした者に負わされることはやむを得ないという側面も確かにある。また、刑罰が、改善更生を目的の一つとして、受刑後に健全な社会生活を送る基盤を作ることに資する側面があることも否定しない。しかしながら、トータルで見れば、刑事手続に係留され、受刑を強いられることによる社会復帰上のデメリットの大きさは否定し難く、そうであれば、できることなら、早期に刑事手続から離脱させて、手続を終了させることこそが、社会復帰のために望ましい対応と言える。ダイバージョンは、刑事政策的な観点からは、極めて合理的で、積極的に活用すべきものといえよう。

(2) 問題設定

　しかし、刑事訴訟法の基本原則や適正手続という観点からみたとき、ダイバージョンを活用しようとする際に、配慮すべきあるいは注意すべき問題点がいくつか存在する。刑事政策的には正しいことを前提として、刑事訴訟法の視点からは、その運用や制度設計にある種の慎重さを要求せざるを得ない点がある。本稿は、そのような問題点が最も先鋭に顕在化しがちな起訴猶予

処分を中心に、必要に応じて他の刑事手続上の制度にも触れながら、ダイバージョンが有する刑事訴訟法上の問題点について注意を喚起することを目的とする。

2 犯罪事実に関する供述の任意性への影響

(1) 検察官の訴追裁量権と虚偽自白の危険

　刑事訴訟法248条は、「犯人の性格、年齢及び境遇、犯罪の軽重及び情状並びに犯罪後の情況により訴追を必要としないときは、公訴を提起しないことができる」と規定している。本条を根拠に、検察官は、当該被疑者を起訴すれば有罪判決を得られると確信する場合にも、条文に掲げられた多種多様な刑事政策的考慮に基づいて、あえて起訴せずに、手続を終了させることができる。現行法の運用として、検察官が行使できる訴追裁量の幅はきわめて広く、訴追方向では、判例上、「検察官の裁量権の逸脱が公訴の提起を無効ならしめる場合のありうることは否定することはできないが、それはたとえば公訴の提起自体が職務犯罪を構成するような極限的な場合に限られる」とされ、不起訴方向でも、明示的な制限規範は存在しない。確かに、検察審査会法の改正に従って、2009年以降、検察官が不起訴にしても、なお起訴が強制される制度が導入されたが（検察審査会法41条の10）、検察官の不起訴権限を大きく制限するような作用を有することは制度上も予定されていないし、運用上もそうなってはいないので、依然として、検察官の起訴猶予裁量は巨大であるといえる。

　このように、検察官がある被疑者を起訴するか起訴しないかに関して、極めて大きな裁量権を有する一方で、被疑者にとってみれば、起訴されるか、されないかによって、その後に負わなければならない手続的負担に大きな差がある。とくに日本の実務では、起訴されるとほぼ100％有罪判決を受けることが見込まれるので、起訴される被告人には、長期にわたる公判手続の負担に加え、処罰の負担が、重くのしかかる。これに対して、起訴猶予処分になれば、前科が付くことも、処罰されることもなく、よほどのことがなければそのまま手続から完全に解放される。

　以上のような極端な「飴と鞭」状況が、被疑者の理性的な選択を歪める危険性があることは、改めて指摘するまでもないであろう。実際には犯罪を行っていない者が、あるいは、検察官の主張に異論があり裁判で争いたい点

が存在する者が、にもかかわらず、起訴されることによって被る負担の大きさに耐えかねて、同時に、不起訴になることによって負担から解放される利益に眩惑されて、検察官の言い分通りの罪を認めてしまうというリスクを軽視することは許されない。しかも、このリスクは、被疑者が犯人であるという、起訴猶予処分の前提となる検察官の判断が、一方当事者による、一方当事者が収集した証拠限りの、しかも、反対当事者による弾劾も受けていない証拠に基づく一方的な認定にすぎないことによって、さらに高まる。アメリカのアレインメント手続において求められている裁判所による事実的基礎の存在という形式的確認さえ行われていない判断に基づいて、被疑者の生殺与奪の権が行使されるのである。[2]

(2) 黙秘権侵害の危険

しかも、問題は、無実の被疑者だけにとどまらない。そもそも被疑者・被告人には憲法上、黙秘権が保障されており、任意性を欠く供述採取は、黙秘権に対する明確な侵害である（憲法38条）。学説上、被疑者・被告人の供述するかしないかの自由な意思決定にどの程度強く介入したら黙秘権の侵害にあたるか、という点についての理解は必ずしも一致していないが、少なくとも、供述するかしないかについての選択権を実質的に奪うようなシビアな状況に被疑者・被告人を追い込んだ場合には、一般に黙秘権侵害にあたると解されるであろう。実際、判例上も、「被疑者が、起訴不起訴の決定権をもつ検察官の、自白すれば起訴猶予にする旨のことばを信じ、起訴猶予になることを期待してした自白は、任意性に疑いがある」[3]とされている。判例の事案は、検察官が積極的に自白を持ち掛けたケースであるが、検察官が明示しない場合であっても、検察官の態度や諸般の客観的事情から、検察官の意図が合理的に忖度できるような状況であれば、同様に、被疑者の自由な意思決定は実質的に損なわれているといえよう。

これに対して、無実の被疑者が虚偽自白をしてしまうことや、本当は供述したくないにもかかわらず心ならずも供述してしまうことを防止する手段として、弁護人による適切な助言に期待する意見も存する。[4]確かに、弁護人が熱心な接見等を通じて被疑者と信頼関係を築き、適切に助言することによって、虚偽自白や黙秘権侵害の一端を防ぐことは大いに期待できる。しかしながら、いくら適切な助言をしても、弁護人は被疑者本人ではない。人間関係を切られ、社会生活を崩壊させられ、経済的な困窮に追い込まれ、刑務所に

入らなければならないのは、ほかならぬ被疑者本人である。制度を設計し、活用する側は、そのような切迫した状況に追い込まれた被疑者のなかに、弁護人の助言を受けても、踏みとどまることができない者が存在することを当然、想定しなければならない。むしろ純粋に得失だけを計量したときには、虚偽自白をし、黙秘権を侵害されても供述するほうが合理的な判断なのかもしれないのである。

3　捜査の肥大化・糾問化

　検察官が広大な訴追裁量権を活用して、被疑者を起訴猶予処分にすべきか、それとも起訴すべきかを判断することは、さらに、捜査の肥大化・糾問化を招くという問題点を生じさせる。検察官が、被疑者一人ひとりの個性を見極めて、ある被疑者を起訴猶予処分にすることが当該被疑者の改善更生や社会復帰を促進するかどうかを正しく判断しようとすればするほど、刑訴法248条に列挙された各々の事情を網羅的に調べ尽くしたうえで、結論を出すべきということになる。つまり、検察官が真面目に仕事をしようとすればするほど、捜査が肥大化するおそれが高まるのである。しかも、犯人の性格・境遇であるとか、犯罪後の情況に関する一事情にあたる被疑者が反省しているか、といった点は、被疑者の供述に頼らざるを得ない部分も少なくないから、いきおい被疑者に対する取調べが濃密化し、疑問点をただすためにその取調べは糾問化しがちである。しかし、このような捜査のあり方は、捜査の弾劾化を志向する現行刑訴法の訴訟構造と真逆の方向に向かうものである。とりわけ、近時、刑事司法制度改革をめぐる議論において、取調べと供述調書に過度に依存する刑事手続が問題視され、取調べ中心主義や調書中心主義からの脱却が目指された結果、取調べの可視化をはじめとする大規模な改革が行われたが、探究的な情状調査は、このような改革の方向性と真っ向から矛盾するといわなければならない。しかも、被疑者に対する濃密・長時間の取調べは、捜査官が抱く事件ストーリーを認めるように被疑者を繰り返し説得するという手法に容易に結びつく結果、先に挙げた供述の任意性に関する問題点も増幅させかねないのである。

4 解決の方向性

(1) 起訴猶予処分判断のライト化

　以上にみてきたように、検察官が広範な裁量権をフルに働かせて、起訴猶予処分に付すかどうかを決定するというやり方は、被疑者の適正手続上の権利を侵害する危険がある。そのような危険が生じないようにするためには、起訴猶予処分を一般予防を目的とした微罪処分的なものと位置付け、処分の性質も、刑事政策的処遇というよりも、訴追・処罰を放棄するものとして捉えるべきである。この考え方は、刑事訴訟法学が伝統的に論じてきたものにすぎないが、やや敷衍して説明しよう。

　第一に、被疑者が不安に駆られて、供述するかしないかについての主体的コントロールを失ってしまう原因の一つは、検察官の裁量が広すぎて、自分が起訴されるのかされないのかの予測が極めてつきにくいという点にある。どこまでしゃべれば起訴されずにすむのかがわからないから、被疑者は、検察官の機嫌を損ねないように、検察官の意向に過剰適応する羽目に陥るのである。したがって、まずは、起訴・不起訴の予測可能性を高める必要がある。そのためには、考慮要素を縮減し、基本的には、行為責任の大小に従った客観的な基準に基づき、行為責任が一定以下の場合には起訴猶予処分とし、一定以上の場合には起訴するというドライな対応に転換すべきである。

　第二に、いくら基準を客観化しても、仮にその基準が、自白したら起訴猶予処分に付し、否認・黙秘したら起訴するというものであれば、自白を強いられる環境は全く解消しない。したがって、問題点を解消するためには、起訴するかどうかの判断要素から、被疑者の供述態度を除くことが望ましい。

　このような立論に対しては、直ちにいくつかの疑問が出されるものと思われる。以下では、ありうる疑問についてさらに検討しておこう。

(2) ありうる疑問に対する応答1——他の手続とのバランス

　第一に、他の手続とのバランスが問題となり得る。被疑者の供述内容・態度に応じて、その後の手続負担の重さや処罰の重さが変わりうる制度、より端的にいえば、被疑者・被告人が自白したことが要因となって、手続負担や処罰が軽くなる制度は、起訴猶予制度のほかにも、存在する。たとえば、略式手続は、制度の建前としては、被告人が自白していることは要件とはされ

ていないが、実際には、その後の軽い手続と軽い処罰が誘因となって、被告人が事件を争わずに、略式手続によることに同意する例が少なくないものと思われる。また、即決裁判手続は、制度上、被告人が有罪の自認をしていることが手続を利用するための要件となっている。さらに、刑の執行猶予も、行為責任の量が最重要な判断要素ではあるが、被告人が反省しているかどうかも、判断の重要な一要素を占めていると考えられるから、実刑を回避したい被告人が、自白することで反省の姿勢を示して、執行猶予の可能性を高めようという行動選択をすることは大いにありうる。2016年刑事訴訟法改正によって新たに導入された協議合意制度についても、協力被疑者・被告人が得られる恩典が即決裁判手続の申立である場合（刑訴法350条の2第1項第2号ヘ）には、上述したように、制度上、協力被疑者・被告人自身の犯罪について自白していることが前提となるし、他の恩典である場合にも、事実上、協力被疑者・被告人自身の犯罪について自白していることが前提となろう。

　確かに、供述強制を誘発しうる各種制度のなかで、起訴猶予制度のみを槍玉に挙げるのは合理的でない。しかし、そのことは、起訴猶予制度が有する問題点を見過ごしてよいことにはならない。むしろ、略式手続、即決裁判手続、執行猶予制度など、共通の問題点を有するすべての制度について、現在の制度の在り方が、被疑者・被告人の適正手続を現実に保障し得るものになっているのか、再検討すべきなのではなかろうか。判例は、略式手続、即決裁判手続のいずれについても、あっさり自白の任意性問題を斥けているが、略式手続については、近時、略式手続服従過程の問題性が学説上、再び取り上げられるようになっているし、即決裁判手続に対しても同様の指摘がある。

　そうすると、刑の執行猶予については、被告人の供述内容・供述態度を考慮要素から外していく方向性が目指されるべきであろう。実際、刑の執行猶予の場合は、行為責任が重くない類型では、被告人が否認している場合であっても執行猶予が付される例はあるので、もともと本稿が論じるような方向性に転換する素地はあるといえよう。

　一方、略式手続、即決裁判手続の場合は、問題の解決は一筋縄ではいかない。まず、即決裁判手続は、条文上、自白していることが要件とされているので、被告人の供述内容がダイレクトに手続の選択に結び付く構造になっている。この構造を変えるには、立法的解決によるしかない。しかも、その点について立法的解決を図ったとしても、問題の本質はさらに先にある。すなわち、略式手続や即決裁判手続では、当該手続によることについて被告人の

同意が必要とされている。そして、被告人の同意は、単に条文上の要求というにとどまらず、理論的にも必要不可欠である。なぜなら、略式手続の場合には、公開裁判を受ける権利や証人審問権などの憲法上の適正手続の保障が省略されるし、即決裁判手続の場合にも、証人審問権や上訴権の保障が省略されるので、被告人側による権利放棄の徴表として、同手続によることの同意がなければ、簡易な手続で被告人を裁くことは正当化されないからである。

しかし翻って、被告人の同意を要件とするということは、被告人が、正式裁判手続の重い手続的負担を嫌って、あるいは、否認しつつも処罰された場合と比べて上限の切り下げが保証されていることを最小限のリスクヘッジとして利用して、フル装備の適正手続保障の享受を不承不承断念するという可能性が生じてしまう。公開・対審・証人尋問主体の手続は、被告人にとって重要な権利であると同時に、負担でもあるのが現実だからである。そして、この問題点は、被告人の供述内容・態度を手続選択の判断要素から排除しても解消しない。それゆえ、制度自体を廃止してしまうという方法をとらないのであれば、根本的な解決は直ちには見いだせないが、最低限、手続選択にあたって弁護人から有効な援助を得る機会を保障することが必要である。もちろん、先に指摘したように、弁護人の援助によって被告人が手続選択に関して完全に自由な意思を取り戻せるとは限らないから、正式裁判手続の手続負担をできる限り軽減する方策を併せて考えていくことが求められる。当面、特効薬はないと言わざるを得ないので、保釈の積極化、開示をめぐる不毛な紛争による手続的損失を防ぐための全面証拠開示など、考え得る効率化・負担軽減化の方法を総動員して、個々の手続の軽減度合は限られた程度にとどまるとしても、トータルとして手続負担の削減を積み上げていくという方法論によるしかないであろう。

(3) ありうる疑問に対する応答2——犯罪の助長？

第二に、起訴猶予処分に固有の疑問として、たとえば、一定の金額以下の窃盗であるとか、一定の回数以下の窃盗といった形で基準を設定し、基準を満たす事件については一律に起訴猶予処分に付すとすれば、事実上、当該犯罪を行っても処罰されないということになり、犯罪を助長することにならないか、あるいは刑罰法規の存在をないがしろにすることにならないか、という点も問題となるかもしれない。しかし、起訴猶予処分を一般予防を目的とした微罪処分的なものと位置付け、処分の性質も、刑事政策的処遇というよ

りも、訴追・処罰を放棄するものとして捉えるべきという主張は、現在行われている微罪処分的処理と発想を同じくするものであるから、そのこと自体を直ちに問題とする必要はないだろう。要するに、処罰放棄を社会的に容認できる基準をいかに合理的に設定するかを課題にすれば足りるといえよう。

(4) ありうる疑問に対する応答3──自白と反省

　第三に、否認していても、つまり、罪を認めて反省していなくても起訴猶予処分に付すというのでは、改善更生や社会復帰に資するところがなく、特別予防目的を果たせないので、刑事政策的に容認できないという疑問がありえよう。しかし、よくよく考えてみれば、自白は本当に反省の表れなのだろうか。逆に、黙秘や否認するという行為は、常に反省していないことを意味しているのだろうか。この点、自白・黙秘・否認の相手方が、検察官（捜査機関）であることの特殊性を踏まえて考える必要があるように思われる。

　まず、自白する被疑者・被告人の心境に思いを致すと、被疑者・被告人が、自分の刑事処分についての行く末を握っている相手に自白するときに、手続上、有利に扱われたいという打算が入ることを避けることはできない。つまり、自白は、捜査機関に対して迎合して行われるという性格を抜きがたく有している。そうだとすれば、自白することが特別予防目的に資するというテーゼがそもそも怪しいように思われる。

　次に、否認・黙秘する被疑者・被告人は反省していないというテーゼにも疑問がある。刑事手続において、捜査機関・検察官は、被疑者・被告人を訴追し、処罰を求める立場にあり、それゆえ、被疑者・被告人が自白すれば、その自白を被疑者・被告人の不利益に使おうとする存在である。人は誰でも、できれば苦痛を受けたくはない。それゆえ、被疑者・被告人が実際に犯罪を行っていたとして、被害者には謝りたい、あるいは自分の行為を反省して二度と同じ過ちはしたくないと真剣に考えていたとしても、それを捜査機関に対しては口に出せないという心境になることはいくらでもありうる。

　これに対しては、不利益を受けることが分かっていても、反省・謝罪することこそ、真の反省だという意見もあるかもしれないし、実際にそれを実行する被疑者・被告人がいれば道徳的・倫理的に素晴らしいと賞賛されてよいとは思う。しかし、なぜ刑事法が、そこまでして人を聖人君子に仕立て上げなければならないのか。それは言ってみれば、宗教の仕事であり、刑事法がその領域に介入することは、過剰にモラリスティックな所作、はっきり言え

ばおせっかいである。逆に、自白する場面を考えても、自分の刑事処分についての行く末を握っている相手に自白するときに、手続上、有利に扱われたいという打算が入るのはやむを得ないことであり、打算抜きで謝罪しろと要求することもまた、刑事法による過剰にモラリスティックな介入である。要するに、訴追・処罰を追求し、実際にその権限を持っている相手に対して、損得抜きで反省するという環境を作り出すことは構造的に不可能であると割り切るべきである。そして、そうだとすれば、自白を反省と結びつけて、処分の可否に結び付ける根拠はないのではなかろうか。

5 保護観察付起訴猶予の問題

(1) 近時の動向

　現在、政府の犯罪対策閣僚会議が2012年に策定した「再犯防止に向けた総合対策」[15]に基づき、各種の取組みが行われるなかで、検察を中心としたいわゆる入口支援が、各地の検察庁で積極的に推進されている[16]。入口支援の方法にはいくつかのバリエーションがあるが、中心となっているのが、起訴不起訴の判断をいったん保留して、あるいは、いったん起訴猶予処分に付したうえで、(元)被疑者に対して一定のプログラムを受講させて、その成否も一つの資料として、起訴(再起)するか、最終的な起訴放棄の判断をするかを決めるというやり方である[17]。現在行われている取組みは、いずれも、プログラムの受講にあたって、被疑者の同意を得ることを条件にしている[18]。しかし、同意を条件にしたとしても、なお、起訴段階での積極的処遇には、刑事訴訟法の観点から看過できない法的問題を含んでいるといわなければならない。

(2) 無罪推定法理との抵触──有罪認定なき罰

　第一に、刑事手続では、被疑者・被告人には無罪推定原則が働く。検察官が、被告人の犯罪について合理的な疑いを超えて証明しない限り、犯罪行為を理由に被疑者・被告人に不利益を科すことは、無罪推定法理に反し、絶対に許されない。しかも、起訴段階で判断の前提とされる括弧つきの「事実」とは、捜査機関が訴追と処罰を目的として収集した、基本的には有罪方向に偏った証拠を一方当事者である検察官が一方的に解釈したものにすぎないうえに、反対当事者による弾劾も受けていない非常に不完全な事実である。したがって、単に理論的に有罪を前提とすることができないというだけでなく、

実際上も、多くの誤りが含まれている可能性が現実に存在するのである。そのようなあやふやな「事実」に基づいて、被疑者に対して不利益を科すことができないのは、火を見るよりも明らかである[19]。また、仮に、検察官による一方的な事実認定では証明の程度が低いので、刑罰を科すことはできないが、証明の程度に合わせてより侵襲度の低い不利益を科すことは正当化されるという意味だとしたら、それはまさしく嫌疑刑の復活にほかならない。

念のために確認すると、被疑者の同意があることは、不利益処分を科すことを正当化しない。プログラム等の処遇を受けなければ起訴するぞ、という威嚇を背景にした同意に真摯な任意性など認められないことは多くの論者によって再三指摘され[20]、本稿でも既に述べたとおりである。この点に関して、たとえば、京都地方検察庁では、被疑者・被告人から「私は、京都地方検察庁で、社会福祉士の面談を受けてもかまいません。この面談が、取調べでないことや、面談を受けても受けなくても、私が起訴されるかどうかとは関係ないことは、分かりました[21]」という同意書を徴しているようであり、このような丁寧な説明が望ましいことはもとより言うまでもないが、この手続さえ履践すれば、任意性についての疑いが解消するわけではないことに注意が必要である。被疑者・被告人が「起訴されるかどうかと関係ない」と本心から信じて同意書を提出している保証はないからである。

なお、同意の意味に関して、一定のプログラムを受講したりすることに同意するかどうかの場面で、心理的圧力さえ一切ない任意性は必要ないのではないか[22]、との見解もみられる。しかし、そのような論理で同意の真摯性を希釈化することは、事実上、プログラム処遇を強制することに限りなく近づいていき、無罪推定法理との矛盾をますます深めることにしかならない。

(3) 再犯防止目的と保安処分

第二に、プログラム等の処遇を行う目的として再犯防止が正面から掲げられている点には[23]、深い危惧を覚えざるを得ない[24]。そもそも起訴前の時点で俎上に載せられている事実は未だ犯罪と確定した事実ではないから、「再犯」という位置づけをすること自体がナンセンスではないかという点はさておくとしても、実際には再犯という行為を行っていない人物に対して、行っていない行為を根拠に不利益処分を課すことがいかなる意味で正当化されるのか、理解できない。将来犯罪を行うかどうかのリスクは所詮、不確実な予測に過ぎない。あなたは、実際には犯罪を犯したわけではないのに、犯罪を犯しそ

うだからと勝手に決め付けられて、罰を与えられることを納得できるであろうか。

　同じ問題点は、プログラム等の処遇を課しても「再犯」を防止できないと評価した場合には、起訴して処罰するという発想にも共通している。この場合、起訴されるのは確かに過去に行ったとされる犯罪事実であるが、それは処罰を発動させるための名目であって、処罰の目的は、むしろ、将来犯罪を行うかもしれない人に対して予防的に制裁を科す、もっと直截に言えば、予防的に拘禁するところにある。私たちが何十年も前に克服したはずの保安処分という亡霊が再びゾンビのように生き返ろうとしているという危惧を抱くのは、私だけであろうか。

6　福祉と司法の連携の在り方

　以上、ダイバージョンが、刑事手続への関わりを強制されることによる社会生活の破壊を防止し、被疑者・被告人に付されるスティグマを解消し、被疑者・被告人とされた者の社会復帰に大きな意義を有することを認めつつも、その運用の仕方によっては、刑事手続の基本原則と抵触し、被疑者・被告人の適正手続保障を侵害するおそれが否定できないことを論じてきた。そして、ダイバージョンが果たす刑事政策的機能と刑事手続原則や適正手続保障とを両立させるために、行為責任の程度を中心とする客観的基準に基づいて、行為責任の軽いものについて、ある意味で機械的に起訴を放棄するという方向性を打ち出した。その結果、ダイバージョンの活用が従来よりも縮小する部分も出てくるだろう（ただし、逆に、従来よりも拡大する部分も想定される）が、このような帰結になることは、適正手続との調和上、やむを得ないものとして受け入れるしかない。政策的に正しいからといって、被疑者・被告人の基本的権利を制約してまで、正当化されるわけではない。

　本稿では、あわせて、プログラム等の処遇を義務付けたり、処遇を受けることを起訴猶予の条件としたりすることは許されないと論じた。この結論に対しては、現在、入口支援等を強力に推進している立場からすれば、ダイバージョンの特別予防機能を放棄しているとの批判を受けるかもしれない。支援が必要な被疑者に対して何らの処遇も施さずに、ただ刑事手続の外に放り出すのか、という批判である。[25]

　しかしながら、プログラム等の処遇を（事実上のものも含めて）強制しな

いということは、福祉的援助を提供しないということでは決してない。刑事手続を適正手続と刑事法の基本原則に従って進め、あるいは打ち切るのとは独立して、福祉が福祉として、セーフティーネットから排除された犯罪や非行をした人の「生存権の保障」、刑事手続にかかわったことによる不利益を排除するための「刑事手続の弊害除去」など、対象者のニーズに沿った福祉的援助を提供することに何ら矛盾は存在せず、むしろ積極的に行うべきである。たしかに、刑事的処分結果と結びつけない福祉的援助では、対象者が援助の申し出を拒否したり、いったん援助を開始しても、対象者が気ままにやめてしまう割合は増えるかもしれない。しかし、もともと一般福祉がそうであるように、福祉を提供する側が、対象者の人権や尊厳に対して適正な敬意をもって接し、それに応じて対象者本人も提供される福祉的援助の必要性を自ら認識し、納得して援助の提供を受けるという関係が構築されなければ、結局有効に機能しない。しかも、医療は痛いし、福祉は生活を制約する側面があることに思いを致せば、「医療・福祉は一般的にみても利益だけがもたらされるものではない。まして、それぞれの人の生き方とのかかわりからすれば、常に受け入れることが合理的だということはできない」という指摘を軽視することはできない。そうだとすると、一層、本人が納得して選び取ることが必要不可欠である。そして、再犯防止も、結局、「本人との信頼関係を築く努力をし、彼らの生活再建のための援助を提供し、その自立的生活が構築された結果として実現されるものである」し、実際、無理やり押し付けても対象者は、福祉から逃走して、犯罪の道に戻っていくだけであろう。結局のところ、福祉を使ったパターナリズムは、かえって福祉に対する信頼も失わせる結果を招くだけに終わる危険性が高い。

　そうだとすれば、ダイバージョンにおける司法と福祉の連携とは、何よりも、刑事手続が福祉的援助の申出を邪魔しないということに尽きるように思われる。端的にいえば、福祉関係者が対象者と面接したり相談したりする際に、福祉関係者が対象者に対して丁寧に情報提供・説明をして、対象者との間に信頼関係を築くことができるような接見時間・接見態様を保障すべきであるし、そもそも、身体拘束自体の極小化が目指されるべきである。あわせて、福祉的援助の受け入れが刑事手続処分の条件とされないことを担保するという観点、換言すれば刑事司法と福祉との独立性を保つという観点からは、検察庁の組織内に社会福祉士等を抱え込んで、いわば組織内社会福祉士等が、被疑者・被告人に福祉の提供を申し出るという枠組みがはたして本当にふさ

わしい制度設計なのか、再考の必要があるように思う。組織内社会福祉士等という枠組みは、権力的色彩を完全には払拭しづらいのではないかと懸念されるからである。

7　結びに代えて——再び同意の任意性について

　当事者主義に基づく刑事手続のなかで、被疑者・被告人は、主体的に手続に参加して積極的に防御権を行使する存在として位置づけられている。そして、被疑者・被告人の手続における主体的地位の保障は、被疑者・被告人に適正手続を保障するための不可欠の前提条件であり、単なるお題目ではなく、現実に実現されなければならない基本原理である。

　しかし、他方で、被疑者・被告人は、事件処理について、検察官や裁判所に生殺与奪の権を握られている。自らが、手続においてどのように応答するかに応じて、自らに降りかかってくる負担の大小が大きく左右されるという環境は、被疑者・被告人の主体的・自発的選択を著しく困難にする。そして、このような状況下に被疑者・被告人が置かれる局面は、本稿で検討した起訴猶予になるかならないか、略式手続や即決裁判手続に乗るか乗らないか、保護観察付起訴猶予に同意するか否か、といった場合に限られない。たとえば、保護観察付宣告猶予制度や問題解決型裁判所の導入を提案する場合にも、同様の問題はついて回るし、そもそも現在の通常の刑事手続における量刑自体が、被告人が自白しているか否かによって軽重の差を生む結果となっている。

　被疑者・被告人の手続主体性を実効的に確保し、適正手続保障を実現するための根本的な解決策としては、自らのその後の処遇を天秤にかけられた状態で、供述するか否か、あるいはどちらの手続を選ぶかという選択を強いられる環境を極力排除する必要がある。それゆえ、この考え方を貫くならば、問題解決型裁判所の展開についても、解決すべき課題が残されているということになろう。なぜなら、起訴事実について自認していることが問題解決型裁判所へ移行する条件であるならば、すでに述べたように、弁護人の援助だけで、自白の任意性が担保できるかどうかには疑問が残るからである。また、仮に真に起訴事実を認めている被告人だけを対象とすることができたとしても、処遇プログラムが対象者にとって相対的に刑罰よりも軽い制裁と感じられるようなものである場合には、刑罰は、事実上、問題解決型裁判所を選択させる威嚇としての効果を有することを払拭できないからである。

たしかに、このような方向性を追求することによって、ダイバージョンの多様な展開が抑制される側面があることは事実である。もちろん、その場合も、被疑者・被告人の主体性を確保しつつ、ダイバージョンを活用するという選択肢が全く封じられるわけではない。一つの考え方として、ダイバージョンを被疑者・被告人の選択にかからせないというやり方であれば、両立は可能である。これまで論じてきたが、被疑者の供述に関連させない起訴猶予処分、無条件の手続打切りなどが、この方法の一例である。ただし、被疑者・被告人の意思にかかわらず、一方的に処遇プログラムを課すというやり方は許されない。被疑者・被告人の意思にかかわらず、刑罰を科すことは許されるが、一方的に、よき人生を送ること・よき人間になることを強制することは、個人の内心の自由に介入し、人間の尊厳を侵害する許されざる行為だからである。

　繰り返しになるが、トータルに考えて、被告人の手続主体性を尊重することは、柔軟な手続処理を狭める結果になることは否定できない。その結果、改善更生にとって有益な処遇を選択する被疑者・被告人の範囲も狭まるかもしれない。しかし、そのような結果は、極めて壊れやすくて脆弱な適正手続保障を守りきるために必要な限界として、割り切るしかない。それに、「あなたのためになることだから」と何かを押し付けられることは、やはり、その人にとって息苦しい生き方を強いられることにならないか、という疑問を拭えないのである。

1　最決昭和55・12・17刑集34巻7号672頁。
2　太田達也「条件付起訴猶予に関する一考察」椎橋隆幸先生古稀記念論文集『新時代の刑事法学（上）』（信山社、2016年）274頁以下は、同意要件に関して、被疑事実の認定に誤りがないことが前提となることを強調する。本稿が提起する疑問は、そのような前提に容易に立つことができるのか、という点にある。
3　最判昭和41・7・1刑集20巻6号537頁。
4　吉開多一「検察官の訴追判断に関する一考察――『入口支援』の試行を踏まえて」国士舘法学48号（2015年）113頁。
5　実際、検察官から、個別事件の捜査において、具体的処遇のあり方を適切に判断するための材料をより積極的に収集することが必要になる旨の意気込みが表明されている例もある。参照、古宮久枝「再犯防止等の刑事政策の目的に向けた検察の取組」法律のひろば66巻11号（2013年）48頁。
6　小田中聰樹『ゼミナール刑事訴訟法（下）――演習編』（有斐閣、1988年）126頁以下、葛野尋之「検察官の訴追裁量権と再犯防止措置」法律時報89巻4号（2017年）18頁、土井政和「刑事司法と福祉の連携をめぐる今日的課題」犯罪社会学研究39号（2014年）75頁、三井誠「検察官の起訴猶予裁量（5・完）――その歴史的および実証的研究」

法学協会雑誌94巻6号（1977年）136頁以下。
7　平野龍一『犯罪者処遇法の諸問題〔増補版〕』（有斐閣、1982年）64頁、田宮裕『日本の刑事訴追』（有斐閣、1998年）98頁。
8　『大コンメンタール刑事訴訟法〔第2版〕(10)』（青林書院、2013年）267頁〔安冨潔〕。
9　同様の問題点は、宣告猶予制度にも内在するといえよう。
10　最決平成27・10・16裁判集刑事318号1頁。
11　最判平成21・7・14刑集63巻6号623頁。
12　福島至「略式手続の研究・再論——とくに弁護人の援助を受ける権利の観点から」『浅田和茂先生古稀祝賀論文集（下）』（成文堂、2016年）417頁以下。
13　高倉新喜「『即決裁判』のもつ意味は何か」法学セミナー626号（2007年）7頁、正木祐史「即決裁判手続の合憲性」法学セミナー657号（2009年）128頁。
14　考え方としては、さらに踏み込んで、執行猶予を被告人の供述内容にも、刑の軽重にも関わらせずに、執行猶予にするか否かをもっぱら本人が社会復帰するための必要性の観点から判断する、という方向性もあり得よう。
15　http://www.moj.go.jp/content/000100471.pdf（最終アクセス日2017年11月7日）。
16　検察庁および法務省の近時の取組みについては、参照、太田達也＝山口修一郎＝押切久遠＝小畑輝海＝生島浩「シンポジウム・更生保護と地域生活支援」更生保護学研究8号（2016年）26頁以下、和田雅樹「検察における再犯防止・社会復帰支援のための取組」法律時報89巻4号（2017年）19頁以下。
17　原山和高「長崎地検における罪を犯した知的障害者の再犯防止に関する取組について」研修779号（2013年）27頁以下、市原久幸「東京地方検察庁における『入口支援』——検察から福祉へのアプローチ」罪と罰51巻1号（2013年）100頁以下、目黒由幸＝千田早苗「仙台地検における入口支援——地域社会と協働する司法と福祉」法律のひろば67巻12号（2014年）13頁以下、千田早苗「仙台地方検察庁における入口支援の現状と課題——刑事政策推進室における再犯防止と更生支援及び被害者・遺族支援について」早稲田大学社会安全政策研究所紀要7号（2015年）215頁以下。各地検の支援の概要を紹介したものとして、吉開・前掲注（4）102頁以下、松友了「東京地方検察庁社会復帰支援室における『入口』支援の取組み」石川正興編著『司法システムから福祉システムへのダイバージョン・プログラムの現状と課題』（成文堂、2014年）173頁以下。
18　仙台保護観察所特別処遇班「刑事司法の入口段階における検察庁と保護観察所との連携について——更生緊急保護事前調整の試行」犯罪と非行178号（2014年）198頁以下。同意の必要性を強調するものとして、吉開・前掲注（4）113頁以下。
19　三井・前掲注（6）138頁以下、葛野・前掲注（6）15頁。
20　土井・前掲注（6）75頁以下、三井・前掲注（6）138頁、平野・前掲注（7）23、63頁、葛野・前掲注（6）15頁以下。
21　中村葉子「検察における起訴猶予者等に対する再犯防止の取組について——京都地方検察庁における取組を中心に」犯罪と非行180号（2015年）40頁。
22　太田達也「起訴猶予と再犯防止措置——積極的活用と条件付起訴猶予の導入に向けて」法律時報89巻4号（2017年）7頁。
23　古宮・前掲注（5）42頁以下、和田・前掲注（16）19頁以下、茂木潤子「検察における罪を犯した者の再犯防止や改善更生に向けた取組について」罪と罰51巻3号（2014年）20頁以下。

24 本稿と同様の懸念を表明するものとして、池原毅和「再犯防止と弁護人の役割」法律時報89巻4号（2017年）43頁以下。
25 太田達也「福祉的支援とダイバージョン——保護観察付執行猶予・条件付起訴猶予・微罪処分」研修782号（2013年）14頁以下。
26 本人が社会資源を「納得して」「主体的に」選び取ることが、本人の尊厳の回復にとって重要であることを強調するものとして、浦崎寛泰「刑事弁護と更生支援——福祉専門職と連携したケース・セオリーの構築」法律時報89巻4号（2017年）39頁、水藤昌彦「社会福祉士等による刑事司法への関わり——入口支援としての福祉的支援の現状と課題」法律時報89巻4号（2017年）51頁。
27 池原・前掲注（24）46頁。
28 刑事立法研究会社会内処遇班「更生保護基本法要綱試案」龍谷大学矯正・保護研究センター研究年報5号（2008年）113頁。
29 逆に言えば、問題解決型裁判所を選択しなかった場合に課される刑罰が、十分に軽く、プログラム処遇と等価的であると対象者に感じられるような制度設計をすれば、問題解決型裁判所を発展させる可能性は広がることになる。
30 この場面でも、適正手続の要請を満たすために、弁護人の援助が必須不可欠であることが指摘されている。参照、福島至「裁判所が関与する更生支援の可能性」法律時報89巻4号（2017年）31頁。本稿も、この指摘自体には、強く共感する。その上で、本稿が提起したい問題は、弁護人の援助がはたして本当に適正手続保障の切り札になるのか、より慎重な検討が必要ではないか、という点にある。

（ふちの・たかお）

第11章
対人援助ニーズを有する被疑者・被告人に対する弁護活動の在り方

高平 奇恵
東京経済大学

1 はじめに

　対人援助ニーズを有する被疑者・被告人の弁護活動は、相当な困難を伴う活動のひとつである。
　まず、弁護人が自分の依頼者である被疑者・被告人の対人援助ニーズに気付くことが必要となるが、その気付きのためには、対人援助ニーズの発生要因となりうる障害や疾病に関する一定程度の知識が必要である。捜査段階で対人援助ニーズの存在が明らかになったら、そのニーズの特性を適切に把握し、対人援助職の確保をし、必要に応じてその援助を受けつつ接見や必要な弁護活動（鑑定に向けた活動や環境調整、更生支援計画の準備等）を実施することとなる。並行して、捜査機関に対し依頼者の対人援助ニーズの特性等を伝え、取調べ等が適正になされるよう申入れる（可視化や対人援助職等の立会いを求める）等の努力もしなければならない。対人援助ニーズを依頼者が有することが、事件においてどのような位置づけとなるのかという評価をし、適正な終局処分を求めなければならないことはいうまでもない。
　捜査段階でもそうであるが、公判段階においても、依頼者が手続の意味を理解しているかどうか、これに適切に対応できるかどうかは重要である。責任能力が問題となる場合はもちろん、訴訟能力に関する主張が必要となり、公判における対人援助職の協力が必要な場面も想定される。被告人質問も、個々の対人援助ニーズの内容に適した方法や環境で行われる必要があろう。依頼者が対人援助ニーズを有することの要因が、事件との関係で重要な意味を持つ場合には、その立証をどのように行うか検討しなければならない。

上記は対人援助ニーズを有する被疑者・被告人の事件の弁護活動の一部をあげたものであるが、手続のすべての段階で、考慮や配慮、工夫をすべき事項が存在することとなるので、その活動は相当困難である。

　本稿では、様々な知識・技能等が求められる対人援助ニーズを有する被疑者・被告人の弁護活動において、弁護人が被疑者・被告人の権利を擁護し、実効的な弁護活動を提供するために、現段階でどのような取組みがなされ、今後どのような改善や制度の構築が求められるのかを明らかにする。

2　対人援助ニーズを有する被疑者・被告人の権利と適正手続

(1)　援助の法的根拠

　障害者の権利に関する条約13条1項は、締約国が、障害者が、捜査段階その他予備的な段階を含む全ての法的手続において、他の者との平等を基礎として司法手続を利用する効果的な機会を有することを確保するものと規定する。

　司法手続を「利用」する主体たる障がい者が、手続や自己の行使しうる権利について理解した上で、個人の自律及び自立が尊重された状態で自己決定ができるのでなければ、「司法手続を利用する効果的な機会を有すること」が確保されたとは評価できない。また、「他の者との平等」を基礎としているとはいえない。手続や自己の権利についての理解、そして自己決定をなしうる環境が整備されることは、権利行使の必須の前提条件である。

　被疑者・被告人には、刑事手続に関し、弁護人選任権（憲法37条3項）、自己負罪拒否権（憲法38条1項）などの憲法上の権利が保障される。そして、刑事訴訟法は、これら権利を行使する機会を与え、もって権利を実効的に保障するために、各段階での権利告知の条項を規定する。2016年刑事訴訟法改正は、弁護人の選任方法の告知義務を規定し、弁護人による実質的な援助を受ける権利の保障の実質化を目指したものであると評価できる。

(2)　援助の具体的内容

　これらの規定の趣旨が、憲法上被疑者・被告人に保障された権利の実質的保障にあることからすれば、対人援助ニーズを有する被疑者・被告人に対する権利告知は、当該被疑者・被告人がこの権利の内容や意義を理解し、その

行使ができる条件を整えてなされなければならない。言い換えると、対人援助職による意思疎通の支援や、自律的な意思決定をなしうる環境を整えるのでなければ、規定の目的を達成し得ないこととなる。刑事手続においては、被疑者・被告人の主体的な関与が求められる。その意思決定や行為の自律性を確保するためには、弁護人の援助はもちろん、対人援助職による援助が必要な場合もある。

　憲法、刑訴法が、被疑者・被告人の権利を実質的に保障しようとしていることは明らかであり、対人援助ニーズを有する被疑者・被告人が具体的な権利行使の場面において合理的な援助や環境整備を求めることは、これら規定の趣旨に適合するものである。

(3) 「入口支援」と適正手続

　また、近時広がりを見せる「入口支援」に関連しても、適正手続の問題は生じうる。例えば、終局処分の前に福祉による支援のための調査・措置を実施する場合などは、事実上起訴の威嚇のもとに、福祉の受入れの同意がなされることがある。かかる状況では、同意の任意性が確保できているとはいえまい。このような、いわゆる入口支援の手続は、現状では明確な法的根拠すらもたないまま実施されている。被疑者の真の同意が得られていない場合、「入口支援」の実施は、被疑者が罪を犯したことを前提として、調査・措置の期間中にその自由を制約することとなる。この段階では、無罪推定の原則が妥当し、行為責任の存否すら確定していないのであり、調査等を含める手続の長期化も含めた実質的な権利制約が相当期間継続するということは適正手続との関係で問題である。

　終局処分の後に福祉的措置が実施される場合であっても、調査に要する期間、被疑者は不安定な地位に置かれ続けることとなる。また、再起訴を積極的に利用する手法と結びついた場合には、真の同意に基づかない、法律上の根拠のない権利制約が行われた後に、起訴されるという結果となり、権利制約が不当に長引くという結果をもたらす。起訴後の保釈期間を利用した福祉的措置の試行的実施にも、同様の問題があるといえよう。犯罪事実自体の有無すら確認されない状況で、真意に基づく合意が得られないまま事実上の権利制約を継続することは、予断排除や証拠法則などの厳格な適正手続を軽視するものである。このような「支援」の名の下で行われる権利制約を理論的に正当化することは困難である。

3 対人援助ニーズを有する被疑者・被告人に対する弁護活動の目的

(1) 弁護活動の基本的視点

　弁護人の全ての活動は被疑者・被告人の「自由」と「権利」を最大化するための活動である。これは、被疑者・被告人が対人援助ニーズを有するか否かには全く左右されることのない、弁護人の本来的な役割である。被疑者・被告人の自由や権利の擁護が目的である以上、弁護人の環境調整等の弁護活動は、本人の意思に基づいて進められる。

　例えば、弁護人が、刑が軽くなるということを説明するのみで、意思決定の補助をせず依頼者の意向を十分確認しないまま、環境調整等の弁護活動をする場合、依頼者に、弁護人のアドバイスが刑罰による威嚇を背景とした実質的な強制ととらえられることにもなりかねず、弁護人に期待される「援助」の役割にそぐわないこととなる。弁護人は、拘禁状態にある本人から見た弁護人の役割の権力性を認識した上で、その権力性が被疑者・被告人の意思決定に影響を与えないよう努める必要がある[7]。

(2) 弁護活動における「再犯防止」の位置づけ

　また、弁護人が刑あるいは終局処分を軽くするために努力することの本来の意義である被疑者・被告人の自由や権利の確保という目的を見失い、単に終局処分や量刑を軽くするということを目的にした場合、再犯のおそれが終局処分や量刑の要素として検討されることから、弁護人が福祉的措置を再犯防止と結びつけて考えることも起こりうる。しかし、弁護人自身が再犯防止と福祉的援助を結びつけてはならないということは特に強調されるべきである[8]。再犯防止の目的は、主として治安維持、社会防衛である。2016年に公布・施行された再犯の防止等の推進に関する法律の目的は、「国民が犯罪による被害を受けることを防止し、安全で安心して暮らせる社会の実現に寄与すること」とされており、まさに、再犯防止は治安対策を目的として推進されるべきという考え方が明示されている。治安維持や社会防衛はこれを追求していく場合、人の自由や人権とは緊張関係に立つ。また、医療や福祉といっても、医療の治療効果は常に確実とはいいきれず、副作用等の負の作用がある場合もあるし、福祉においても生活や日中の過ごし方に一定の枠組みがあり、負担が存在する[9]。被疑者・被告人の意思を尊重することなく、かかる負担を

被疑者・被告人に負わせるならば、弁護人が真に被疑者・被告人の権利・利益を擁護しているとは評価できまい。弁護人は、被疑者・被告人の援助者としてその自由や人権を擁護する立場であることは常に認識されなければならない。弁護人は、再犯のおそれが、検察官や裁判所が終局処分や量刑において考慮する要素であることを意識して活動する必要があるとしても、これを福祉的援助の目的として位置づけるべきではない。弁護人自身が再犯防止と福祉的・医療的措置を直接結びつけて考えることと、弁護人が裁判所を説得するひとつの方法として、福祉的支援を結果的に再犯のおそれを減少させることが期待できると法廷で論じることとは区別されるべきである。

　医療や福祉の領域では自己決定の尊重が原則となっている。しかし、再犯防止の文言が法律上明記されるようになり、医療や福祉が再犯防止政策のひとつとして用いられる中、医療や福祉がその本来の在り方から離れ、被疑者・被告人の自己決定に基づく医療・福祉の提供ではなく、再犯防止という政策に合致した医療・福祉の提供を指向することはないとはいえない。仮にそのような方向を他の援助者が目指そうとすることがあったとしても、弁護人は、被疑者・被告人の自由や人権を擁護する立場にあるのであり、常に依頼者の意思決定を援助し、尊重し、その権利を最大化する努力を放棄してはならない。被疑者・被告人の権利擁護という弁護人本来の役割に照らし、被疑者・被告人の権利や自由を不当に制限することに弁護人が加担することは許されない。

⑶　**意思決定援助の重要性**

　被疑者・被告人に対人援助ニーズがある場合に、被疑者・被告人の意思決定を援助するという方向性ではなく、むしろ弁護人自身が良いと考えた福祉的援助の枠組みを構築してしまうことにも注意が必要である。いわゆるパターナリスティックな考え方によって、被疑者・被告人の意思とは関係なく支援の枠組みを構築したところで、被疑者・被告人がそのような枠組みの中での生活を望まなければ、その枠組みから離脱しようとすることも考えられる。そうすると、結局「支援」は機能しないこととなる。意思決定援助は、容易に実現できるものではない。被疑者・被告人の能力についての的確な判断には専門的知識が必要であるし、また、自己決定を促す際には様々な工夫をしなければならない。多大な時間や労力を要する場合も多いと思われる。しかし、その時間や労力をかけて被疑者・被告人が自己決定をなしうるよう、

援助をするのでなければ、弁護人に求められる援助者としての役割を果たしたとはいえないであろう。

4 対人援助ニーズを有する被疑者・被告人に対する弁護活動の近時の動向

(1) 弁護活動の困難性

対人援助ニーズを有する被疑者・被告人に対する弁護活動が、実質的な内容を伴うかどうかは、未だ個々の弁護人の知識や意欲、創意工夫に依存する部分が大きい。

若手弁護士の優れた弁護活動を表彰する季刊刑事弁護の新人賞の入賞事案をみると、38件中6件が何らかの障害がある被疑者・被告人の事案である[12]。これらの事例で、結果として被疑者・被告人が実質的な援助を得られたのは、弁護人が被疑者と接見した際に「違和感」ないし「不当性」を感じたということがひとつの分かれ道であった。例えば、前回の犯行からあまりにも短期間での再犯の事案などは、ややもすれば、弁護人の視点からでも処罰されることや、量刑が重くなることについてやむを得ないとの考えを生じさせる。ここで、依頼者の言動などを手掛かりに、特殊なニーズの存否に関して疑問を持ち、その疑問を次の弁護活動につなげることができるかどうかが、弁護活動が適切なものになるか否かの最初の分かれ目となる。その後も、弁護人と被疑者・被告人とのコミュニケーションの困難性、捜査対応の困難性、社会資源の確保の困難性など、課題は山積みである。弁護人は、事件当時に被疑者・被告人が通っていた病院や施設に受入れを打診したり、他の施設の紹介を依頼したりするなど、それこそ手探りで援助者を確保し、受入れ施設を見つけ出す。

個々の意欲的かつ優れた弁護活動は賞賛されるべきであるが、個々の弁護士の力量や努力のみに依存するのでは、対人援助ニーズを有する被疑者・被告人に対する弁護活動の広がりは期待できない。そこで、各地の弁護士会では、様々な支援の枠組みを整備しつつある。

(2) 弁護士会の取組

大阪弁護士会は、2009年に「障害者刑事弁護サポートセンター」を開設し、2011年に大阪社会福祉会が連携して、障がい者等の弁護人に選任された弁

士に対し、社会福祉士を紹介する取り組みを始め、その後「大阪モデル」という、大阪社会福祉会及び大阪府地域生活定着支援センターと連携し、事案によって、社会福祉士の紹介か、地域生活定着支援センターの紹介をするかに振り分けるというスキームを構築した[13]。大阪モデルの対象事案としての申し込みは、2014年6月から2017年6月末日現在で、累計141件と報告されている[14]。さらに、2016年には、資力のない在宅被疑者に対する援助の一環として、「在宅高齢者・障害者被疑者弁護援助」を創設した[15]。東京三会は、2015年4月に、社会福祉士会及び東京精神保健福祉協会と連携し、事案に応じて社会福祉士や精神保健福祉士を弁護人に推薦する制度を設けるとともに、社会福祉士や精神保健福祉士が実際に被疑者・被告人の支援をした場合に援助金を給付する制度を設けた。援助金の申請は2015年に30件であった[16]。申請は増加傾向にあると報告されている[17]。神奈川県弁護士会は、2015年12月1日、神奈川県社会福祉士会と「刑事弁護における社会福祉士等の紹介に関する協定」を締結し、同月14日から運用を開始した。2016年10月23日までの依頼件数が15件、社会福祉士との連携で活動をした事件が10件であった[18]。福岡県弁護士会は、2016年5月から、福岡市基幹相談支援センターと連携し、ワーキンググループが支援相当と判断した事件について、2017年10月26日現在までに申請のあった18件に援助職による支援を提供している[19]。金沢弁護士会、山口県弁護士会、仙台弁護士会においては、弁護士会内のプロジェクトチームが個々の社会福祉士等と連携し、会員の弁護活動を支援する枠組みを採用している[20]。

　主として地域生活定着支援センターと連携する枠組みを採用したのが愛知県弁護士会、兵庫県弁護士会、札幌弁護士会、京都弁護士会である。一定の書式での申込みによって、地域生活定着支援センターと連携して弁護活動を行うことが想定されている[21]。また、兵庫県弁護士会では、2017年度から、既存の国選弁護費用支援制度を利用し、支援者である地域定着支援センターに対し、1件あたり上限5万円の費用を支出している[22]。

　多くの弁護士会で、まず、福祉関係者とのプロジェクトチームや研究会等を有志で結成し、相互理解やどのような協力がありうるかという意見交換をしながら制度構築を目指すという方法がとられている。また、一般会員の利用を促進するための書式の活用など、対人支援ニーズを有する被疑者・被告人への弁護活動の一般的水準を向上させようという努力がみられる。

　さらに、個別の事件で弁護人が直面する問題について、知識・経験のある

弁護士がサポートする制度も構築されている。大阪弁護士会、愛知県弁護士会、神奈川県弁護士会、金沢弁護士会、札幌弁護士会は、担当弁護士が個別の案件について相談できるメーリングリストを立ち上げている。[23]

(3) 弁護士会以外の組織による取組

弁護士会での取組みとは別に、東京都内において、障がいにより福祉的支援が必要と思われる被疑者・被告人を支援するために福祉専門職、弁護士、医師が立ち上げた「東京TSネット」が設立された。[24] 主たる活動は、刑事弁護人からの依頼に基づき、ネットワークに登録した社会福祉士などの福祉専門職（ソーシャルワーカー）を派遣し、被疑者・被告人や家族との面会、受入れ先の調整、更生支援計画書の作成、情状証人としての出廷等の支援（更生支援コーディネート）を行っている。支援の実績としては、2013年度に9件の支援依頼を受け、6件にコーディネーターを派遣、2014年度は9件の支援依頼に対し全てにコーディネーターを派遣、2015年度は9月末現在で12件のケース支援依頼があり、すべてにコーディネーターを派遣したと報告されている。[25]

(4) 小括

このように、個々の弁護人の努力や能力のみに依存しない制度やサポート体制の構築が進んできており、対人援助職との連携で進める弁護活動は、通常なされるべき水準の弁護活動であるとの認識が浸透しつつあるといえよう。

上記のように対人援助職と協同して進める弁護活動が広がりをみせる中、今後の課題も明らかになってきた。対人援助ニーズのある被疑者・被告人の弁護活動を活発化させるための課題と、異なる専門職が協同することに伴う課題、対人援助ニーズを有する被疑者・被告人の事件に適した刑事手続が構築されていないことによる制度上の課題である。

5 弁護活動の活発化のための課題

(1) 対人援助ニーズに対する「気付き」

まず、弁護活動のスタート地点としての弁護人の「気付き」がなければならない。そもそも自分の依頼者が対人援助ニーズを有すると認識しなければ、これに対応した弁護活動は始まらない。しかし、対人援助ニーズが生じる要

因となりうる障がいや疾病について、一般的な弁護士の知識は、現時点で必ずしも十分であるとはいえない。長期的には、障害や疾病の特性等を把握するとともに、弁護活動において、具体的にどのような配慮や工夫が必要なのかについて、マニュアルの作成をしたり、研修を実施したりすることによって、全体的な質の向上を目指すということになろう。実際に、大阪弁護士会、東京三弁護士会、金沢弁護士会では、障がい者の刑事弁護に関するマニュアルやハンドブックが作成され、東京三弁護士会では、これに基づく研修も実施されている[26]。京都弁護士会では、当番弁護士として出動する際等に活用できるよう「知的・発達障害の気づきのチェックリスト」を作成している[27]。

(2) 情報共有の制度構築

あわせて、弁護士の「気付き」を促進するための制度の構築も重要である。例えば、大阪弁護士会では、2011年5月から、大阪地方裁判所、大阪地方検察庁、大阪府警察本部に対し、被疑者の手帳の所持等障がい者についての情報提供の申入れを行って、障がい情報の提供を受ける制度を導入している。神奈川県弁護士会及び千葉県弁護士会では、それぞれ2013年、2014年に、当番弁護士派遣要請に際し、警察が当該被疑者に障がいが疑われる情報を有していた場合には、その旨を弁護士会に連絡してもらう運用を開始するとともに、被疑者・被告人の国選弁護人選任に際しても、勾留質問や身上調書等で、被疑者・被告人の障がいが疑われた場合、裁判所が法テラスに対しその旨の情報を提供する運用を開始した[28]。東京三弁護士会及び愛知県弁護士会では、裁判所や検察庁に協力を要請し、裁判所が法テラス対し、国選弁護人候補氏名通知依頼書又は私選弁護人選任の申出通知の連絡事項欄に被疑者・被告人の障がい情報を付記することとなった。また、検察庁が裁判所に対し、勾留請求段階で、被疑者・被告人の障がいに関する情報を提供する制度の運用が開始された[29]。国選弁護人候補氏名通知依頼書に被疑者・被告人の障がいを付記する制度は、2015年に金沢弁護士会、2016年に札幌弁護士会でも導入された[30]。

被疑者・被告人が対人援助ニーズを有するかに関わる情報の相互提供は、手続を合理的な配慮のもとで進めることができるという点で、障害者の権利に関する条約、適正手続の保障の趣旨に適合し、また、被疑者・被告人の憲法上の権利である実質的な弁護人の援助を受ける権利の保障につながるものである。

(3) 接見等における工夫

　接見段階での工夫を一般化するための試みとして、京都弁護士会では、発達障がいや知的障害のある被疑者に弁護人の役割と取調べ対応を理解してもらうための「接見ツール」を作成している[31]。また、取調べにおいて、被疑者自身が話したくないことは話さなくてもいいということを視覚的に理解してもらえるよう、被疑者に差入れる取調べ対応のカードも作成している[32]。

　大阪弁護士会など、障がい者刑事弁護専用の担当者名簿を創設している弁護士会もあり[33]、障がい特性に応じた一定の水準の弁護活動が提供される仕組みが構築されつつある。

　障がい等に関する知識は、刑事事件に限らず、様々な分野で必要になりうる[34]。刑事の領域に限定されない弁護士の研鑽は、対人援助ニーズを有するすべての人に法的サービスを適切に提供することにもつながる。各単位会が対人援助ニーズを持つ人に対する弁護士の理解を深めるための積極的な研修の実施等を進めることが求められる。

6　弁護人と対人援助職の協働に関する課題

(1) 連携する中で見えてきた課題

　弁護人と対人援助職との連携が実施される中で、多くの課題があることが明らかとなっている。

　対人援助職から、弁護人に対し、①連携・協働の段取りに関する不満、②弁護人から対人援助職に求める水準・期待に対する不満、③弁護人の福祉制度の理解に対する不満が出ているとされる[35]。①は、具体的には打ち合わせ不足や、特別面会の申入れができていないなどの不満である。十分な意見交換が必ずしも行われていない可能性、弁護人の知識不足などが原因として考えられる。②は、弁護人から対人援助職に対する過剰な期待、障がいの認定・診断、あらゆる知識を求めてくる、判決後は完全に援助職に任せてしまうなどの問題であり、それぞれの専門職の知識や専門領域に関する理解が不十分であることが原因として考えられる。③は、福祉サービスの申請スケジュールを理解していないという不満である。これは、刑事司法制度が、手続の中で福祉的支援を実施することをもともと想定していないために、勾留や起訴、保釈までの一定期間内に支援の目処を立てたい弁護人の要求があったのではないかと推測される[36]。

いずれも、弁護人、対人援助職相互の専門職としての役割や知識・専門領域に対する不十分な理解が共通する原因として考えられる。専門職相互の意見交換の重要性や、基礎的な知識を修得するための研修実施の必要性が確認できる。もっとも、刑事司法手続が福祉的支援との連携を想定して構築されていないために生じている問題については、制度の在り方から検討する必要があるように思われる。

(2) 弁護人と対人援助職との援助の姿勢

また、基本的な援助の姿勢にも差異があるとの指摘がある。弁護人と、対人援助職とでは、過去の事実の捉え方や視点、将来の見通しに差異があるとされる[37]。入口支援については、福祉関係者から、被疑者・被告人の刑を軽くするような支援をすることへの疑問が呈されることもあるとされる[38]。このような視点の違いの原因として、弁護人と福祉専門職の思考パターンの違いが指摘されている[39]。すなわち、弁護人は手続上のゴールが明確であり（起訴や判決）、そのゴールにおける目標（執行猶予等）から逆算的にものを考え、これに対して、福祉の世界では刑事手続上のゴールは通過点にすぎず、援助を受ける人の意思決定と実行を支援し続けるというのである。

しかし、弁護人と対人援助職とで、本人が主体的な選択をすることを援助するという役割には本質的には相違はない。弁護人が執行猶予等を目指すのは、被告人の犯行が障がいなどの本人に責任がない事実がひとつの原因で起こったと評価できるような場合であろうし[40]、これは適正な量刑を求める活動である。また、量刑を軽くする方向で弁護活動をするのは、被疑者・被告人の自由や権利を最大化しようとする弁護人の被疑者・被告人の援助者としての本来の責務である。対人援助職と弁護人は、本人の意思に基づき必要な援助を提供することによって、社会において享受しうる本人の自由や権利を最大化するという役割を負うのであり、その役割に本質的な相違はないといえる。

(3) 弁護人と対人援助職との相互理解のために必要な説明

もっとも、協働にあたって、弁護人と対人援助職との視点の相違を意識する必要はあろう。弁護人が、弁護活動にあたって、対人援助職に協働を依頼する場合には、相互の視点の相違を意識した丁寧な説明が必要となる。視点の相違が現われうる場面として、例えば、弁護人が更生支援計画の策定を対

人援助職に依頼する場合が考えられる。対人援助職は、犯罪事実に関する法的に正確な記載をするという意識は持っていないであろうし、刑事裁判上の本人の権利についての理解を前提とした記載をするということも通常行わないと思われる。そのため、更生支援計画の記載内容に、例えば、犯罪事実に関する弁護人の立場からすれば不正確であり誤解を与えうる記載や余罪の記載等、終局処分の決定や量刑上被告人にとって不利に働くと思われる記載が含まれる可能性もある。このような記載が含まれる場合には、更生支援計画が策定されても、弁護人としては、これを裁判所に証拠として請求することはできない場合がある。ここで、単に刑を軽くしようとすることと、適正な刑の量定を求めることとの違いについての弁護人の対人援助職に対する説明が欠落していたならば、対人援助職に、弁護人が更生支援計画の策定を求めた目的を刑を（不当に）軽くするための目的だったと誤解される可能性がある。弁護人としては、証拠請求の障害となりうる記載については、どうしてその記載が問題になるのかを丁寧に対人援助職に説明し、理解を得る努力をし、可能であれば調整していく努力をすることとなる。仮に刑事裁判において活用されなかったとしても、更生支援計画の策定は、被告人の得られる支援のあり方を明確にし、刑事手続終了後に被告人がその意思決定に基づいて最大限の自由を享受しつつ社会での生活を維持できる可能性を模索するものであり、更生支援計画が作成されたこと自体の意義が損なわれることはないことはいうまでもなく、この点に理解を求めることも重要であると思われる。

　弁護人が更生支援計画書の作成を対人援助職に依頼する場合には、書面の作成に先立って、どのような支援が提供可能であり、被疑者・被告人に適しているといえるかについて、対人援助職と十分な意見交換を行い、方向性を確認しておく必要があろう。そして、書面の作成を依頼するにあたっては、弁護人としては作成された更生支援計画を証拠として請求するつもりであること、証拠請求の目的、証拠請求に対して検察官が不同意意見であった場合には、証人として出廷して欲しいとの希望の伝達、内容によっては裁判所に証拠請求できない場合もあるが、本人が更生支援計画に同意をする場合には、支援を実施してもらいたい旨を書面の作成前、作成後の調整の場面、書面の受領時などに説明するべきであろう。

　また、量刑意見を述べるにあたって、対人援助職から保護観察を付すことを希望されることがある。これは、保護観察を付すということによって、援助者が増えることが見込まれること、法的な枠組みがあれば支援の実効性が

あがるとの考え方によるのではないかと推測される。しかし、保護観察を付することは、仮に次に何らかの罪を犯してしまったという事態に陥った場合には、援助を受けた者が社会から比較的長く隔離され、より適切な支援を構築する試みが後退してしまうことにもなりかねない。弁護人は、この点について、丁寧に説明し、対人援助職の理解を得る努力をする必要があろう。

　このような弁護人と対人援助職との視点の違いにより円滑な協働に影響を与える場合があることは、既に対人援助職の援助スキームを構築した弁護士会でも認識されている。例えば、大阪弁護士会では、大阪モデルを利用するにあたっての留意事項として、福祉専門職等と密に丁寧に連携することとし、弁護活動の主体は弁護人なのであるから、福祉的援助に関する活動（対人援助職と被疑者等との接見、ケース会議、受入れ先見学等）は、弁護人が福祉専門職とともに行うべきものと位置づけている。[42] いわゆる福祉的援助の構築を対人援助職に「丸投げ」したと捉えられ、協働がうまく機能しない事態を避ける目的があるものと考えられる。

(4)　弁護士と対人援助職の協働の期間

　「弁護人」の役割は一応は終局処分や判決の時点で終了する。刑事手続終了後にも、被疑者・被告人であった人が利用できる個別の制度（民事法律扶助、弁護士会の法律相談等）は存在しているものの、各制度は独立しているため、切れ目のない法的援助の提供は実現していない。兵庫県弁護士会では、寄り添い弁護士制度という弁護士が刑事手続終了後の支援に関わることができる制度を立ち上げた。[43] 兵庫県弁護士会のような制度が広がることが望ましいが、法的専門家と対人援助職とが、手続の段階によってその関与の程度は異なるとしても、緩やかなつながりを維持しながら協働していくこと自体は、現在の制度の中でも可能な場合がある。少なくとも、弁護士ならば、被援助者が利用できる法的援助の制度の紹介はできるのであるから、緩やかなつながりを維持することが望まれる。

(5)　援助職に対する報酬等の制度の不備

　また、弁護人と協同して支援の枠組みを構築する援助職に対する報酬に関して、制度が十分に整備されていないことがある。心ある人の努力でのみ支えられるというのでは、あるべき水準の援助を、援助ニーズのある人に提供することは不可能である。社会福祉士や精神保健福祉士の支援を弁護人が受

けた際に費用が支弁される弁護士会や地方自治体の制度は一部存在するものの、国の制度は整備されておらず、今後の課題である[44]。

7 制度上の課題

(1) 捜査段階で生じる問題

　捜査段階においては、現行の制度では、検察官が起訴猶予とすることを目指すこととなる。しかし、再犯防止措置と更生支援を結びつけることによって、福祉的支援を含む再犯防止措置を起訴猶予の実質的な条件とし、さらに措置の実効性を確保するための手段を講じようとすることは、適正手続や無罪推定法理との矛盾をはらみ、公判中心主義の手続構造や検察官の基本的地位・役割と整合しないと批判される[45]。

　再犯防止措置と結びつけた起訴猶予の活用について、処分決定後に対象者に対して再犯防止措置を講じる場合と、処分決定前に被疑者の同意を得て再犯防止措置に関する調査を行い、一定の措置を講じるとともに、起訴猶予後の措置の調整を行った後に、起訴・不起訴を決定するものがある[46]。処分決定後に措置を講じる場合については、措置の必要性調査や、措置の受入れについては起訴の威嚇による心理強制が生じる。また、再犯防止措置に関する調査・調整により起訴・不起訴決定前の手続の肥大化のおそれ、起訴が厳選されることによる公判中心主義の後退という問題が指摘される。また、検察官が実質的な有罪認定に基づく再犯防止のための積極的処遇決定をするというのは、当事者としての検察官の基本的地位・役割と整合しない[47]。処分決定前に措置の提供まで行う場合には、起訴の威嚇による強い強制により同意の任意性はさらに希薄化することが懸念される[48]。適正手続との抵触がさらに深まり、無罪推定の法理との矛盾、捜査・取調べの肥大化と公判中心主義の後退、検察官の基本的地位・役割との不整合という処分決定後措置の場合と同様の問題が生じるとされる[49]。

　以上のような問題点が生じないようにするためには、適正手続と整合し、かつ、責任主義を後退させることのない新たな制度の構築が望まれる。もっとも現状では、このような問題を認識しつつ弁護人が被疑者・被告人の援助のための活動をする必要がある。求められているのは、調査・支援について被疑者被告人が理解していることを確認することなど、措置の受入れについて被疑者の意思決定の任意性を確保するための援助である[50]。

(2) 公判段階での課題

　公判段階では、対人援助ニーズを有する被告人への配慮や、更生支援計画等などによる受け皿の立証への対応について、裁判所によって温度差があるといわれる[51]。

　裁判所が更生支援に主体的に取り組んでいるとは評価できない現状のひとつの要因として、裁判所の事件処理の裁量が狭いということがあげられている。これには実体法上の問題と手続法上の問題があるとされる[52]。まず、宣告猶予制度はないため、起訴事実に争いがない場合には有罪判決を言渡すほかなく、既に執行猶予中の再犯の場合には、再度の執行猶予を言渡すことが極めて難しい（刑法25条2項）。手続法上の要因としては、更生支援の必要性は手続打ち切り理由にはならないこと、事実認定手続と量刑手続が二分されておらず、判決前調査手続もなく、裁判所には専門職が配置されていないことなどがあげられる。そのため、保護観察付執行猶予を含めた社会内処遇について、裁判所が職権で判断することは困難であると指摘されている[53]。

　上記のような理由で、裁判所が主体となって積極的に更生支援に取組んできていないこともあり、各裁判所が更生支援に関する立証をどの程度必要と感じるかについても温度差が生じているように思われる。また、裁判所が依拠している量刑の基本的な考え方からすると、多くの場合、更生支援の枠組みを整えたことは、量刑において調整要素にすぎないと位置づけられるため、弁護人の立証に対しても積極的にこれを受け入れる姿勢にならない裁判所も存在するのではないかと推測される。

　例えば、「裁判員裁判における量刑評議の在り方について」では、量刑とは「被告人の犯罪行為に相応しい刑事責任を明らかにすること」であるとされ、犯罪行為それ自体に関わる事情（犯情）が刑量を決めるに当たって1次的に考慮され、一般予防、特別予防の目的は2次的に刑量を調整する要素として位置づけられる[54]。

　この点について、犯行に至る直接的な動機や犯情が重視され、犯情によって刑罰の枠が決められてしまい、公判では、被告人に対する矯正教育の効果の有無や、適切な環境が構築されたことによって矯正教育が不要になったのではないかなどの議論がなされない、仮になされても量刑に大きな影響を与えないという問題を指摘し、これらの問題を刑事裁判の歪みととらえ、「入口支援」をこのような歪みを適正化する意義があるとする見解が示されている[55]。

訴訟の効率的な処理という視点からすれば、犯罪事実に直接関連しない、量刑の調整要素としての一般情状に関する事実の立証に、時間や労力をさかないという判断は合理性をもっていると受け取られる可能性はある。

もっとも、司法研究でも指摘されているように、従来の犯情事実・一般情状事実の分類も、量刑の本質という観点からは必ずしも厳密なものではない[56]。弁護人としては、障がいの影響等について適切な量刑要素としての位置づけをし、裁判官を説得する弁護活動を展開する必要があろう。

8　結びに代えて

切れ目のない支援が得られる社会へ。対人援助ニーズを持つ被疑者・被告人について、刑事司法に携わる全ての者が目指すべき方向性は明らかである。しかし、入口支援が広がりをみせる今日、かえって被疑者・被告人の権利・利益を不当に侵害しているおそれのある状況が生じるなど、多くの課題も明らかとなっている。

これが「支援」である以上、対人ニーズを有する人自身の自律的な意思決定が尊重される形で進められなければならない。これまで検討してきたように、その自由な意思決定ができる環境を整えるためには、相当な知識と努力が必要である。しかし、弁護人は、援助者として、最も困難に思われる道を選択し続けなくてはならない。

1　適正手続の理論的問題については、本書・渕野論文を参照。
2　日本は2014年1月20日に批准書を寄託、2月19日に国内的効力が発生。
3　障害者の権利に関する条約前文（n）参照。
4　障害者の権利に関する条約の批准に先立って改正された障害者基本法29条は、障害者が刑事事件若しくは少年の保護事件に関わる手続その他これに順ずる手続の対象となった場合において、障害者がその権利を円滑に行使できるようにするため、個々の障害者の特性に応じた意思疎通の手段を確保するよう配慮すべきとするが、意思疎通の手段が確保されたのみでは「他の者との平等」を基礎とする効果的な利用ができる前提が十分整ったとはいえまい。
5　葛野尋之「検察官の訴追裁量権と再犯防止措置」法律時報84巻4号（2017年）15頁、池原毅和「再犯防止と弁護人の役割」法律時報89巻4号（2017年）45頁参照。
6　池原・前掲注（5）45頁参照。
7　大杉光子「『司法と福祉の連携』における弁護士の立ち位置」季刊刑事弁護85号（2016年）76頁。
8　大杉・前掲注（7）73頁。

9 池原毅和「再犯防止と弁護人の役割」法律時報89巻4号（2017年）46頁参照。
10 大杉・前掲注（7）73頁。
11 2003年成立の医療観察法、2007年成立の更生保護法、2013年の刑法改正（一部執行猶予の目的）、2016年の再犯の防止等の推進に関する法律。
12 金岡繁裕「障害を正しく理解する裁判を目指して」季刊刑事弁護増刊号季刊刑事弁護フロンティア（2015年）24-28頁、紺野明弘「再度の執行猶予をめざして」季刊刑事弁護増刊号季刊刑事弁護フロンティア（2015年）52-55頁、寺林智栄「高齢者の万引事件情状弁護における福祉との連携」季刊刑事弁護増刊号季刊刑事弁護フロンティア（2015年）98-102頁、高橋千恵「情状弁護としての福祉的支援の必要性」季刊刑事弁護増刊号季刊刑事弁護フロンティア（2015年）108-113頁、寺田明弘「離島で限られた資源を活用して得た釈放」季刊刑事弁護増刊号季刊刑事弁護フロンティア（2015年）113-117頁、管原直美「『生きなおしの場』を模索すること」季刊刑事弁護増刊号季刊刑事弁護フロンティア（2015年）133-138頁、芝崎勇介「包摂か排除か　福祉的支援を確保して懲役刑を回避した事案」季刊刑事弁護増刊号季刊刑事弁護フロンティア（2015年）192-198頁。
13 徳田暁＝堀江佳史「罪に問われた障がい者等に対する各弁護士会の取組」自由と正義68巻1号（2017年）57頁。
14 近弁連人権擁護委員会「罪を問われた人の更生──再び地域社会で生きていく権利の実現のために弁護士ができること」（2017年、兵庫県弁護士会HP掲載予定）17頁。
15 同上20頁。
16 徳田＝堀江・前掲注（13）57頁。
17 同上57頁。
18 同上58頁。
19 福岡県弁護士会からの情報提供による。
20 徳田＝堀江・前掲注（13）58-59頁。
21 同上59-61頁。
22 近弁連人権擁護委員会・前掲注（14）33頁。
23 徳田＝堀江・前掲注（13）65頁。
24 浦﨑寛泰「東京TSネットの活動──弁護人とソーシャルワーカーをつなぐ挑戦」季刊刑事弁護85号（2016年）78頁。
25 同上78-79頁。
26 徳田＝堀江・前掲注（13）65頁。
27 近弁連人権擁護委員会・前掲注（14）24頁。
28 徳田＝堀江・前掲注（13）64頁。千葉県弁護士会では、警察署や裁判所からの情報提供は、「手帳所持」のほか「通院歴あり」「意味不明言動あり」など制度開始時の想定よりも幅広い情報提供がなされているとされる。
29 同上64頁。
30 同上64頁。
31 座談会「障害のある被疑者・被告人に対して弁護士は何ができるか」季刊刑事弁護85号（2016年）64頁。
32 同上64頁。
33 同上63頁。
34 後見事件や破産事件、遺言の作成等、多岐にわたる。

35 浦﨑寛泰「刑事弁護と更生支援——福祉専門職と連携したケース・セオリーの構築」法律時報89巻4号（2017年）37頁。
36 辻川圭乃「福祉的支援の構築について——弁護士の視点から」季刊刑事弁護85号（2016年）45頁。
37 徳田＝堀江・前掲注（13）61-62頁。
38 浦﨑・前掲注（24）80頁。
39 浦﨑・前掲注（35）38頁。
40 同上39頁参照。
41 刑事手続上、弁護人の役割は一方当事者たる被疑者・被告人の援助であり、その役割から決定される方向性が、対人援助職の中立性・公正性とは必ずしも整合しないと受け止められる場合も想定できる。その場合には、弁護人の役割や目指す方向性を誤解のないように対人援助職に説明した上で、対人援助職自身が被疑者・被告人や弁護人に対する協力の内容や方向性を決することとなろう。
42 近弁連人権擁護委員会・前掲注（14）19頁。
43 同上33頁。
44 徳田＝堀江・前掲注（13）61頁。
45 葛野尋之「検察官の訴追裁量権と再犯防止措置」法律時報89巻4号（2017年）12頁。
46 同上13頁。
47 同上15頁。
48 同上15頁。
49 同上16頁。
50 同上17頁。
51 座談会・前掲注（31）69頁参照。
52 福島至「裁判所が関与する更生支援の可能性」法律時報89巻4号（2017年）28頁。
53 同上28頁。
54 井田良ほか「裁判員裁判における量刑評議の在り方について」司法研究報告書第63輯第3号（2012年）6-7頁。
55 浦﨑・前掲注（24）81頁。
56 前掲注（54）6頁に掲載の注（1）は、被告人が若年である場合の不遇な生育歴など、一般情状事実とされてきた事情であっても、場合によっては動機の形成過程に大きく関わるなど、非難の程度、ひいては最終の量刑に少なからず影響するものもあり、従来の犯情事実・一般情状事実の分類も、量刑の本質という観点からは必ずしも厳密なものではないとする。

（たかひら・きえ）

第12章
対人援助職による刑事手続への関与のあり方

原田 和明
中部学院大学

1 はじめに

　近年、日本においては、司法関係者以外の対人援助職が刑事手続に関与することが増えてきている。2000年代の初め頃から、罪を犯した障害者やホームレス等といった、社会的弱者を対象とした福祉的な更生に向けての支援の取り組みは、少しずつではあるが地域の中で広まってきた。とりわけ、福祉的な更生保護の全国レベルのシステムとして、地域生活定着支援センターが制度化されて以来、地域生活定着支援センターと地域の相談支援事業所などのソーシャルワーカーを中心とした福祉職である対人援助職を中心に行われるようになってきている。
　もちろん、対人援助職には、福祉職のみならず、教育職や医療職、心理職なども含まれる。また、機関としては対人援助を担っていない場合であっても、その機関に所属する対人援助職が対人援助の役割を担っている場合もある。例えば、矯正施設は刑の執行や少年の保護処分を行うことを機能としており対人援助の機関とはいえないが、そこに所属する福祉専門官などの社会福祉士や精神保健福祉士は、対人援助の業務を担っているといえる。つまり、どのような機関に所属していても、その業務の内容が、ニーズがある障害者、高齢者等に対して必要な支援を行う専門職全般が対人援助職ともいえる。
　本稿では、福祉職である対人援助職として主にソーシャルワークとそれに関わる支援を担う者を中心に論述するが、連携という観点から医療職や心理職などの他の対人援助職の刑事手続への関与についても触れていく。また、本稿では刑事司法ソーシャルワークについてのアクションリサーチとして、

被疑者・被告人段階から刑事処分決定、刑事処分の執行後など、刑事手続のそれぞれのステージにおけるソーシャルワーク実践から、刑事手続における対人援助職の関与のあり方について考察を行なうことにより、一定の提言をするものである。

2 対人援助のあり方

(1) 対人援助の姿勢

　どういった対人援助においても、対人援助職とクライエント[4]の関係は対等である。また、支援の内容について説明した上で、支援を行うことそのものや、支援を行うにあたってクライエントの個人情報を対人援助職が取り扱うことなどの是非について、クライエント自身の自己決定を得る必要がある。もし、支援を行うことや個人情報を取り扱うことなどについて、クライエントが否定的な自己決定を行った場合、その時点では支援を行わないということになる。しかし、すぐに支援を行わない場合であっても、支援はいつでも開始できるようにしておく必要があり、併せてそのことをクライエントに伝える必要がある。また、セルフネグレクトの場合など、客観的に見て支援が必要なクライエントの場合は、アグレッシブなアプローチによるアウトリーチが必要になる場合もある。こういった支援を受けるという自己決定を得るということは、ある意味対人援助職とクライエント間の契約行為となるが、口頭だけではなく文書化して双方が署名押印の上所持しておくことが本来は望ましい。

　特に、刑事手続に福祉的支援をもって関与する場合、犯罪や前科前歴といったクライエントにとってのスティグマを取り扱うことになり、支援を受けることや個人情報を取り扱われることについての自己決定は重要であると言える。また、福祉的な支援において、司法が権威を背景とした他律性に依拠するのに対し福祉は自律的である[5]。しかし、対人援助職はクライエントが自立を図るにあたって、福祉的支援が権威にならないよう十分留意する必要がある。本来福祉は、公権力の行使である司法と違い強制力はない。したがって、一般に刑事司法が求めるとされる再犯防止も、クライエント自身の自己決定による本人の生活再建の結果として反射的に得られるものであり、その点でも自己決定によらない司法における公権力の行使とは異なるものである。つまりは、クライエントが自立するという自己決定を促すのが、対人

援助職の姿勢ともいえる。

(2) 対人援助の体制

　更生に向けた支援としての対人援助ということを前提とすると、その支援を行うにあたっては、クライエントと1名だけの支援者によるクライエント対ワーカーといった1対1の支援や、ソーシャルワーカーのみによる支援といったクライエント対1職種といった支援の展開を行う場合、犯罪をした人の更生に向けた支援では、解決するべき課題が多種多様にわたることが多く、そのため支援を行うにあたって支障が生じてしまうことが多い。また、支援を行うにあたり、支援者とクライエントとの関係が悪化することで支援の継続が困難になる場合や、人事異動など支援者が所属する組織の都合により、支援者がクライエントと関わることが困難になる場合がある他、さらには、支援者の負担が過重になることで疲弊し支援が困難になる場合がある。しかし、そういった場合でも本人を中心においた支援の継続性を担保する必要があり、そのため他職種が連携した支援を行う必要性がある。こういった本人を中心におき、支援者や機関が連携して輪のようになって支援する輪形支援[6]

図　輪形支援の例

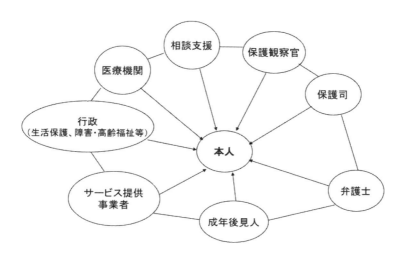

（原田和明「福祉的ニーズのある被告人に対しての刑事裁判における福祉的支援」龍谷大学矯正・保護総合センター研究年報3号（2013年）46頁を一部修正）

の形成が支援のあり方としては重要である（図）。

　また、輪形支援において連携する機関や連携のあり方は定型的なものではなく、そのクライエントのニーズなどによってそれぞれ異なるものである。ただし更生のための支援など刑事手続に関わる輪形支援においては、原則として司法と福祉等の対人援助職とが連携しなければならない。そしてその際には、対人援助職が司法の側が提示する論理に偏ることなく、また、司法に対して否定的ではない、対人援助の中立性が担保されなければならない。たとえば、不起訴（起訴猶予）の条件ないし結果としてのみ福祉的支援を捉える検察官や、執行猶予という結果を得ることのみに拘泥する弁護人に与するものではない。また、対人援助職が、クライエントの立場にのみ立つことの意味を十分に説明しないと、そのクライエントが刑事処分を受けることに否定的になり、不起訴や刑罰の軽減のみを目的にした支援と受け止められてしまうことにつながりかねず、対人援助職としてこれは絶対に避けなければならない。たとえ様々な社会的ニーズがあるクライエントであっても、自立生活を営むことと刑事処分を受けることは異なった問題として考慮されるべきである。

　このように対人援助職は、刑罰の軽減を図るのではなく、自立を支援することが目的となる[7]。そして、ソーシャルワーカー等の対人援助職は司法と対等であり、司法の下請となってはならない[8]。前述したとおり、司法が権威を背景とした他律性を有するのに対して福祉は自律的であり、それを踏まえた上での連携が図られるべきである。

3　被疑者段階における対人援助職の関与

(1) 被疑者段階での関与における対人援助職の基本的姿勢

　被疑者段階において、逮捕されその後の勾留でクライエントの身柄が拘束されている場合、対人援助職の中でもソーシャルワーカーは、危機的介入を試みる必要が生じる場合がある。そのクライエントに既に支援が行われている場合は、身柄を拘束された直後に危機的介入が行えるが、そうでない場合は、家族、弁護士、クライエントが利用する福祉事業所職員等の関係者からの要請があってからの介入となり、その場合、ほとんどが送検後数日間勾留されてからの介入となる。しかし、前述したとおり福祉的な支援は、その後の本人の自立的生活の再建プロセスを構築するために介入を行うものであっ

て、刑罰の軽減を図ることを第一目的としたものではないという意味では、対人援助職による関与は刑事弁護の一環と位置付けられるべきものではない。

しかしながら、日本の刑事司法において、対人援助職は弁護士と連携しての支援を行うことが通常である。したがって、被疑者段階における支援により、捜査機関の独自の判断を経て、結果として不起訴となることはあり得るといえる。いずれにせよ、被疑者段階における支援は、当然ながら本人中心主義に基づき、中立な立場をもって行われるべきものであり、かつ、支援の内容についての説明がクライエントになされ、支援を受けるか否かはクライエントの自己決定が優先されるべきものである。

特に、クライエントは被疑者という立場であるがため、起訴されないことや刑罰が軽減されることに期待していることが多い。そのため、福祉をはじめとする対人援助職の支援は、刑罰の軽減を目的とするものではなく、自立を目的とすることを説明し理解を得たうえ上で、支援を受けるか否かの自己決定を求める必要がある。その際、当然ながら対人援助職は、このような自己決定を求めるやり取りを、クライエントが権威的に受け止めてしまわないよう十分配慮する必要がある。

しかし、福祉的な支援が直接的に刑罰の軽減を目的とはしていないといえども、起訴になるか不起訴になるか、起訴されても略式起訴か公判請求か、実刑になるかならないかといったようなことが、被疑者としてのクライエントにとっては、直面している最大の関心事であり、また、支援者にとってもその後の自立に向けての支援の方向性に重要な意味を持つ。上述のとおり、対人援助職の支援が結果として、不起訴につながる場合もある。被疑者段階においては、捜査機関への申し入れや方針の確認など、この部分のアプローチについて、刑事手続の上では弁護士が前面に出て行うことが必要になり、そのため対人援助職である支援者は弁護士との連携を密に図ることが必要になる。

(2) 検察庁における福祉的な手続

東京地検が2013年5月に社会復帰支援室を設置し、社会福祉士である社会復帰アドバイザーを配置して以降、一部の検察庁で社会復帰アドバイザーを配置している。社会復帰アドバイザーは、被疑者の社会福祉の専門家として、起訴猶予（不起訴）や執行猶予で釈放見込みの被疑者・被告人につき、福祉的支援の必要性を検討するという刑事手続への関わりを行っている。これは

被疑者段階においては、高齢や障害などによる社会的ニーズのある被疑者について、福祉的な支援や更生保護の手続を行うことで再犯が防止されると判断された場合に、起訴猶予（不起訴）にするという手続となる。

　当然ながら起訴するか否かということは、検察としての公権力の行使であり、起訴されるということは不利益処分に他ならない。したがって、クライエントが起訴されたくないために、支援を受けたくなくても受けることを自己決定することはあり得る。これは、福祉の支援が一定の強制力となっており、福祉の援助としてこういった手続に関与することは、ある意味、福祉が本来の自律性を失い、司法と同じ権威となってしまうといえる。

　また、これらの検察庁での手続においては、アセスメント[11]が行われ、その把握したニーズ解決のために更生支援計画[12]が立案されるが、不起訴となっても一般的な福祉の支援と違い、支援開始後にモニタリング[13]やアフターフォロー等で社会復帰アドバイザーが継続して支援者として関わることはない。さらに起訴された場合は、福祉が一切関与することがない点で、検察における福祉的支援は一般的な福祉的支援とは異なり、社会的ニーズのあるすべてのクライエントを対象とするのではなく、検察の権威によって関与する対象者を限定しているといえる。したがって、こういった取り組みは、ソーシャルワーク的な方法を使ってはいるが、本来のソーシャルワークと同質のものではない。そして、社会復帰アドバイザー等が資格のある一種の対人援助職ではあっても、本来のソーシャルワーカーとは異なる存在であるといえる。

(3) 被疑者段階における対人援助職の関与における留意点

　福祉職である対人援助職は、被疑者段階のクライエントを支援するにあたっても、できるだけ効果的な輪形支援の構築を短期間に行う必要性がある。また、弁護士と検察とのやり取りの中で、クライエントが不起訴となる可能性のある場合、一定の更生支援計画を立案して、クライエント本人及び弁護士を通じて検察などの捜査機関に事前に提示しておく必要がある。それは、不起訴処分になった時、客観的にクライエントが再犯なく自立生活をおくれることを示すことである。それは、客観的には、不起訴処分になったとき、クライエントが再犯なく自立生活をおくれることを示すことである。そして、本人中心の立場からみれば、不起訴処分となることによって、クライエントが自立生活を送る上でのニーズがより満たされやすくなるともいえるのである。

勾留されていて再逮捕もなく不起訴で釈放が見込める場合、逮捕勾留の期間を入れても最長23日間の期間しかない。この間にクライエントと面接出来る時間も限られているため、接見禁止ではない限りできるだけ多くの機会を使って積極的にクライエントと面接を行い、効率よく支援の計画を立案していく必要がある。その場合、釈放されてからの継続的な支援体制を十分意識しておく必要があり、釈放後の暫定的な支援に留まらず、自立生活に向けた長期的な支援に向けての準備を図る必要がある。また当然ながら、クライエントから、釈放後に支援を継続して受けることについての自己決定を得ておく必要がある。

(4) 被疑者段階における対人援助職の実践課題

弁護士からの情報をもとに、不起訴の可能性が極めて低いと予測されるような場合では、対人援助職も公判に向けての支援を意識し被疑者段階での支援を行う必要がある。公判に向けての支援は、後述する被告人段階での支援であるが、その場合は公判において更生支援計画書の提出や情状証人出廷などの支援を想定しておく必要があり、その準備を被疑者段階で行うことにより、支援を行う期間が長く確保でき、クライエントとの関係や支援者との連携の構築も行いやすくなる。ケースによっては、ソーシャルワーカーだけではなく心理職やその他の専門職、薬物依存等の自助団体の支援者にも関与してもらい、その上で弁護士も含めた輪形支援の体制を構築し、かつ、それぞれの専門職がクライエントを中心に置いて対応をおこなう必要がある。また、そのクライエントに主として関わるソーシャルワーカーも、当然ながら被疑者段階においてもクライエント本人を中心に置いた支援の体制を構築していく必要がある。そして、ソーシャルワーカーは、それぞれの専門職のおこなったアセスメントの結果から更生に向けての支援のあり方を考察し、計画として提示できるようにコーディネートすることが必要となる。

また、罪状や前科前歴から不起訴を想定することが困難で、ほぼ確実に実刑となるケースでは、釈放後の自立生活に向けてのアウトラインを被疑者段階で考えておきクライエントに提示し承諾を得ておく必要がある。いずれの場合においても、対人援助職の姿勢としては、犯罪をしない生活をおくるというクライエントの自己決定を得ることへの働きかけを行うことが重要である。

4 被告人段階における対人援助職の関与のあり方

(1) 被告人段階での関与における対人援助職の基本的姿勢

　起訴された段階から関わる場合であっても、当然ながら対人援助職の支援が刑罰の軽減を目的としていないことを前提に、支援の内容や、支援を行うために前科前歴などの個人情報を得ることを説明した上で、クライエントの支援についての自己決定を得る。併せて、支援により結果として刑罰の軽減に繋がる場合が多いことも説明する。

　また、特にクライエントが勾留されている場合に留意しなければならないのは、勾留されていることにより、クライエントからいつでも自由に対人支援職に対してコンタクトを求めることが困難なことである。なお、対人援助職からクライエントにコンタクトを求める場合、当然ながら拘置施設では面会の制限や電話での会話が出来ないなどの著しい制限がある[14]。さらに、拘置施設の面会の時間も、弁護士からの申し入れによる特別面会の許可がない限りは、その施設で決められた15分から20分程度といった時間の制限がある[15]。

　殺人事件など重大な事件の場合、鑑定留置や公判前整理手続などの関係で勾留も長期間になる[16]。この場合、特に親族等の関係が薄く、面会者が少ないようなクライエントは、孤独感を覚えたり、自身の思いを十分に他者に語ることができないジレンマに陥ったりもする。そういったクライエントの心の動きに対しても、対人援助職は注意を払い、クライエントの思いを受容し、さらにクライエントの思いに対して個別化した支援を行う必要がある。

　なお、クライエントが拘置施設に勾留されている場合の対人援助職の関与は、どうしてもアクリル板越しの面会を通じて行われ、かつ拘置施設職員の立会があるため、通常の面接と異なり表情や声のトーンが掴みづらく、立会の影響ですべての思いを伝えづらいということがある[17]。これらの物理的なコミュニケーションの支障は、ソーシャルワーカーのみならず、どういった職種の対人援助職にとっても支援を行うにあたっての妨げとなる。そのため対人援助職の姿勢として、短時間の面接で集中して情報を集める、弁護士に対して接見時に必要な情報を聴取してもらうなどの工夫が必要となってくる。また、刑事記録も有効な情報源とはなるが、守秘義務の関係上、起訴状や身上についての調書、鑑定結果など、それぞれの職種において必要な範囲での把握に留めておくことが望ましい。

(2) 被告人段階における対人援助職の関与における留意点

　刑事裁判における支援では、対人援助職が被疑者段階から関与している場合と起訴後に家族や弁護士等の関係者からの依頼で支援が開始される場合があるが、共に対人援助職の関与のあり方については大きな差違はない。ただ、前者については支援の説明や自己決定も得られていて、対人援助職とクライエントとの関係もすでに構築されており、また、被疑者段階でアセスメントを実施しているので生活歴などの多くの情報やニーズが把握されている。そのため、対人援助職が被疑者段階から関与している場合、支援を円滑に行いやすいといえる。

　福祉職である対人援助職、とりわけソーシャルワーカーとして関わる者は、クライエントが公判請求された場合において情状証拠としての更生支援計画書（意見書）[18]を作成し提出を行い、また、併せて情状証人として出廷を行う場合がある。

　更生支援計画書では、アセスメントを行い、生育歴や犯罪に至った経緯、具体的なニーズ（生活支障）などを示した上で、そのニーズを解決し、更生するための方法を提示する。更生支援計画書を作成する際には、他機関の福祉職をはじめ、医療関係者等他の対人援助職との連絡調整を図り、アセスメントを行う。また、輪形支援を原則とした計画を立案する。

　更生支援計画書は、様々なスタイルがあるが、提示するべき内容としては、支援者の所属、肩書き、氏名、クライエントの生育歴、障害があればその状況、犯罪に至った経緯、アセスメントによって得られたニーズ、目標及び期間、ニーズ解決の方法などである。更生支援計画書は、本人のみならず司法職及び裁判員を含め福祉関係者ではない者が理解できるものでなければならない。特に、クライエントには、更生支援計画書の内容及び情状証拠として提出することの承諾を得る必要がある。

　さらに状況に応じて、更生支援計画書の作成者やその他の支援者、関わっている対人援助職が情状証人として出廷する場合がある。裁判員裁判の場合は、公判前整理手続において更生支援計画書を提示する必要があり、公判までかなりの期間が空いてクライエントのニーズが変遷する場合があることと、裁判員が更生支援計画書を読み込む期間が短くなる。そのため、更生支援計画書の作成者など、支援者や関与する対人援助専門職の証人尋問が審理にとって重要な意味を持つ場合がある。また、証人尋問は、裁判員に更生支援計画の説明を対人援助職らが直接行える場面であり、質問にも答えることが

出来るという点でも情状について強い影響を与えるものといえる。
　被告人段階のこういった支援は、前述したとおり、当然刑罰の軽減を目的とはしていないが、結果として刑罰の軽減がなされる場合がある。クライエントに支援の説明をする際には、刑罰の軽減が目的でないことを説明した上で、結果として刑罰の軽減がなされていることが多い旨を伝えて自己決定を促す場合もある。しかし、刑罰の軽減をあまりにも前面に出すと、クライエントが対人援助職の支援を受けることが、すなわち刑罰の軽減がなされることという認識になり、支援を受ける目的が自立ではなく刑罰の軽減のみになってしまう可能性があることに十分留意しておく必要がある。
　また、クライエントの自立ではなく刑罰の軽減のみを目的として、弁護士が対人援助職に支援を求めることについては、当然否定されるべきものである。それは、対人援助職の行う支援を弁護活動の下請化することになる。対人援助職によるクライエントに対する支援が、すなわち弁護活動ではないのは前述したとおりである。しかし、対人援助職がクライエントの自立に向けた支援にストイックに取り組もうとするがあまり、事件化していないクライエントの反社会的行為を取り上げ、更生支援計画に盛り込むようなことは避けねばならない。更生支援計画に、事件化していないクライエントの反社会的行為を取り上げ、クライエントのニーズとして把握することには問題がないが、それを裁判で提示すると、クライエントにとって刑事裁判において不利な情状となり、支援によってニーズを解決し、自立を図るといった本来の目的とは異なった結果となるからである。

(3) 被告人段階における対人援助職の実践課題

　ソーシャルワーカーの気づきから障害や認知症などが見出され、その結果、弁護士の働きかけにより私的鑑定が行われ、起訴前鑑定では認められなかった障害などが認められる場合がある。いうまでもなく医学的な診断はソーシャルワーカーでは不可能であるが、生活モデルにおけるニーズをアセスメント[19]によって把握することが出来る。そういったニーズから、そのニーズの元となる障害や疾患について推測することは可能である。そのような場合は、医師の診断を受けられるように、ソーシャルワーカーは、弁護士だけではなく、家族などの関係者に積極的に働きかける必要がある。また、事件を起こしたことがきっかけで、今まで気づかれなかった障害や疾病が発見される場合がある。こういった場合、更生支援計画を立案する上で、それらの障害や

疾病があることによるニーズに着目する必要がある。

　なお、前述したとおり、裁判における証人出廷は、クライエントの情状を裁判員に直接伝えるといった点で極めて重要である。また、裁判員裁判では、短い期間に完結し、司法職ではない裁判員が判決まで関与している。そのため、裁判員裁判における証人尋問は、裁判に関与する対人援助職として、クライエントの情状を裁判員にできるだけ正確に直接伝えるといった点で極めて重要である。

　証人尋問では、クライエントに不利な証言をしないことに留意する必要がある。しかしながら、対人援助職は刑罰の軽減を目的としていない以上、クライエントの弁護を行う立場にはなく、中立的かつ客観的な視点で証言する必要があるが、あえてクライエントにとって不利になるような証言をする必要はない。

　また、重大な犯罪で起訴され、実刑となる可能性が高いが、執行猶予が付される可能性がないとはいえないケースの場合、実刑、執行猶予いずれの場合でも実施可能な自立に向けての適切な支援体制を構築しておく必要がある。つまりは、ソーシャルワーカーをはじめとする対人援助職は、どのようなクライエントであっても、そのクライエントにとって過不足なく適切な支援体制の構築を行うことが必要であり、支援が開始された後はできる限り継続して支援状況のモニタリングを行うべきである。

5　受刑中における対人援助職の関与のあり方

(1)　受刑中の関与における対人援助職の基本的姿勢

　被告人段階から支援していた人が実刑となった場合に、その時点でクライエントには釈放後支援を行う用意があることを伝えておく。また、釈放後に支援を開始できるということを受刑中に継続して伝えておく必要性がある。また、受刑中においては、ほとんどの場合、地域生活定着支援センターやその関係者、身元引受人などを除き、対人援助職がクライエントと面接することが困難になる。しかしながら、対人援助職が支援を継続する姿勢には変わりなく、支援体制の維持に努める必要がある。クライエントが孤立感などを覚えないよう手紙などを使ってのコミュニケーションを維持し、支援が継続していることを実感してもらえるような姿勢が必要である。

　また、地域生活定着支援センターや刑務所のソーシャルワーカーからの関与の依頼などによる、受刑中からの支援の場合は、地域生活定着支援センター

の職員や刑務所のソーシャルワーカーといった対人援助職と共に面接などの直接の関わり合いが可能となる[21]。受刑中から関わるクライエントであっても、まず対人援助職が関係作りを行なって信頼関係を構築することが重要である。

受刑中のクライエントの中には、帰住地の確保と経済的な支援のみを求める場合があるが、そういった場合でも対人援助職は自立を支援するという姿勢をクライエントに明確に示しておく必要がある。その際、支援は再犯防止を目的とするのではなく、社会内でクライエントが納得できるより良い暮らしを営んでもらうことが目的であることを伝え、「再犯しないようにさせる」といった強制的なものではなく、クライエントにとって快適な生活環境を維持するために「再犯しない」という認識してもらうことが重要である。

(2) 受刑中における対人援助職の関与における留意点

刑事施設及び受刑者の処遇等に関する法律（受刑者処遇法）[22]施行直後には、親族や身元引受人ではない対人援助職の面会も比較的容易ではあった。しかし、刑事施設及び受刑者の処遇等に関する法律が改正され、刑事収容施設及び被収容者等の処遇に関する法律（刑事収容施設法）として施行された後数年で、親族ないしは身元引受人以外の知人の面会は原則不可となった。したがって、一部の刑事施設を除き対人援助職が面接を行うなどの対応を行うことが困難になってきている。ただし、相談支援機関などに所属する対人援助職が、機関から刑事施設に文書で依頼した場合、一般面会や場合によっては別室での面接が可能となる場合がある。

また、先にも触れているが、全ての刑務所に社会福祉士や精神保健福祉士といった対人援助職が配置されており、主たる施設には福祉専門官として常勤の社会福祉士が配置されている。これらの対人援助職は刑事施設においては分類という部署に配置されており、外部の対人援助職は、こういった刑務所の福祉職である対人援助職を窓口として連携を図っていくことが必要となる。刑務所によっては、こういった対人援助職を窓口として連携することで、外部の対人援助職にも面接などの配慮がなされる場合があり、支援のためにも刑務所の福祉職である対人援助職との関係構築は重要であるといえる。

手紙の交信も重要である。対人援助職にとっては手紙の交信を行うことによって、直接面会することが困難なクライエントであっても、概ねの様子が分かることになる。特に長期刑の場合や遠方の施設に収容されている場合においては、コミュニケーションの手段として手紙は有効な手段である。手紙

や郵送手段で対人援助職が家族の情報を伝えたり、手紙のやりとりで書籍などを差し入れ、或いは代理で購入したり雑誌の年間購読契約を行うことが可能であり、そういった配慮が関係の維持に繋がる場合もある[23]。

　受刑した事実は、クライエントにとってスティグマであることはいうまでもない。したがって受刑中に手紙が途絶えることや、釈放後の支援を拒む場合がある。そういった場合でも、対人援助職はクライエントの思いを受容して、その後クライエント自身が支援を受ける自己決定したときには支援を開始するということが重要である。

(3) 受刑中における対人援助職の実践からの考察

　前述したように、受刑中もソーシャルワーカーがクライエントとの関係を断たないようにし、また、ソーシャルワーカーから支援者に情報を伝えることで、支援体制を継続していくことが必要である。刑の執行が開始され、刑事施設に収監後は、当該施設の社会福祉士を主な窓口として分類の部署とも連絡を取り合い、釈放後に向けての支援を行うのが一般的である。

　地域の対人援助職であるソーシャルワーカーは、生活環境などを十分考慮した上で、支援のあり方を吟味して、選択肢の提示を行い、クライエントの自己決定を得たうえで調整を行う必要があるといえる。また、クライエントが福祉施設やグループホームを利用して帰住した場合でも、クライエントが将来的に地域での生活を希望している場合、福祉施設やグループホームの利用期間を決め、地域での生活を実現するための支援が必要となる。

6　少年事件における対人援助職支援のあり方

(1) 少年審判における支援のあり方

　少年審判において対人援助職が関わる場合は、付添人または弁護士である付添人の補助者のような存在として関わることが考えられる。特に付添人という立場では、成人の刑事裁判とは違い、直接的に審判に関わっていく点で大きな違いがある。少年審判において、付添人という立場で対人援助職、特にソーシャルワーカーという立場の専門職が関わる場合には、意見書の提出及び意見の陳述という審判への関与が可能になってくる。裏返していえば、成人の刑事裁判とは異なり、情状証人や情状証拠としての更生支援計画書の提示に代わる関わりが、こういった少年審判での関わりといえる。

対人援助職が少年審判に関わる場合、審判前にその少年との面接を行う必要がある。また、場合によってはその少年の家族との面接なども行う必要が生じてくる。主たるクライエントとしてその少年と向き合うことは当然であるが、その少年の家族とも向き合うことが必要となる場合も多い。
　また、対人援助職として、クライエントが少年であるがため、その可塑性と家庭環境を主にした環境にも着目することが重要である。さらに、いかなる処分になろうとも継続して支える姿勢を見せることも重要である。

(2) 処分決定後の支援のあり方

　保護観察処分（1号観察）などの社会内処遇となった場合、成人と同じくその少年が、生活したいと希望する環境を調整し、よりよい環境がある中で非行をしない自己決定を得ていく点では成人と変わりがない。
　また、少年院送致や児童自立支援施設送致となった場合も全く変わりなく、退所後について対人援助職は環境調整を主とした支援を行う必要がある。少年であるがゆえ、長期的スパンで支援の期間を捉えていく必要があることはいうまでもない。少年院法改正により少年が退院した少年のアフターフォローを行えることとなった。少年院に所属する対人援助職（ソーシャルワーカー）は地域のソーシャルワーカーを中心とする対人援助職と協働して、退院後の支援にあたることが期待されている。

7　おわりに——更生保護における対人援助職の関与のあり方

　社会で生活するクライエントに対して、対人援助職は、クライエントの生活環境を整備し、直接的或いは間接的にクライエントとその環境の接点に介入していくことが必要である。また、クライエントのニーズを解決し、クライエントが今の生活を継続しようと自己決定することが重要である。そして、クライエントが自身の生活の継続のために再犯をしない自己決定を自ら導くことが真の再犯の防止となる。このように、自立更生は、司法による公権力の行使でなされるものではなく、クライエントの自己決定によるものであり、対人援助職は、その自己決定を促す関与を行うべきである。
　また、再犯防止のために支援に権威性をもたせ、支援によって再犯を直接防止することは間違った関与のあり方に他ならない。対人援助職は、いかな

るクライエントに対してであっても権威となることなく、本人中心と自己決定の尊重を関与のあり方の基本としなければならない。

　日本の福祉においては、地域での共生社会の形成が啓発されつつある。対人援助職は、罪を犯した人や非行のある少年を特別な人とせず、地域社会の中で包摂する姿勢が必要であるといえる。

1　本稿では、クライエントと対人援助職の関係は双方向であることを考慮し、クライエントと対人援助職が支え合うという意味で、援助ではなく支援という文言を用いる。
2　原田は、2003年9月に知的障害のある被告人の裁判に情状証拠として支援計画書（更生支援計画書）を提出した。また、特定非営利活動法人　ほっとポットや特定非営利活動法人　神戸の冬を支える会などは、主にホームレス支援の立場で福祉的な更生支援を行っている。
3　ソーシャルワーカーは相談支援を行う者だけではなく、福祉施設等における直接的な支援であるレジデンシャル・ソーシャルワークを行う者も含まれる概念である。
4　本稿では、相談者のみならず「支援を受ける人」の意味でクライエントの文言を用いている。
5　藤原正範＝古川隆司編『司法福祉』（法律文化社、2013年）214頁にて加藤幸雄は、司法と福祉を比較する表において、司法の「態度」は「権威」であり、「福祉」のそれは「自律性」であると示している。
6　輪形支援については、原田が原田和明「第1報告　刑事司法における福祉的支援の実践」丸山泰弘編『刑事司法と福祉をつなぐ』（成文堂、2015年）25-26頁等で提示している。
7　刑事手続における対人援助職の関与が、刑罰の軽減を図るものではなく自立支援であることは、原田和明「福祉的ニーズのある被告人に対しての刑事裁判における福祉的支援」龍谷大学矯正・保護総合センター研究年報3号（2013年）40頁等で提示している。
8　福祉などの対人援助が司法の下請になってはならない点については、原田を含め多くの研究者、実践家が主張している。藤原正範＝古川隆司編『司法福祉』（法律文化社、2017年）221頁にて藤原も主張している。
9　本人中心主義に基づき、中立な立場をもって行われるべきものである一方で、捜査に始まる一連の刑事手続において、「刑事手続におかれた者の権利行使に係る自己決定支援」という問題がある。
10　非常勤の職種である。検察庁によっては、社会福祉アドバイザーなどと称している場合がある。法務省HP「検察庁における再犯防止に向けた取組」http://www.moj.go.jp/hisho/seisakuhyouka/hisho04_00036.html（最終アクセス日2017年11月13日）。
11　福祉の支援におけるアセスメントでは、主に社会的ニーズ（生活ニーズ）を把握する。社会生活を送る上での支障となる事柄を把握していく。ニーズだけではなくストレングス（強み）も把握し、そのクライエントのストレングスを使ったニーズ解決を図ることを優先する。
12　更生支援計画の詳細について後述するが、ここで述べている検察による更生支援計画は、それとは全く異なるものである。
13　福祉の支援におけるモニタリングとは、支援を開始した後にニーズ解決が図られているか、さらなるニーズは生じていないかなどを確認することであり、支援において必

ず行う手続である。

14 面会の制限は被疑者段階の留置施設でもある。時間の制限や入浴日や取調による面会不可、また、留置施設によっては事前に面会の予約が必要となる場合もある。

15 弁護士が書面で拘置施設に申し入れることで、弁護士立ち会いもしくは弁護士立ち会いなしで1時間ほどの長時間の面会が認められる場合がほとんどである。被疑者段階においても、弁護士からの申出と立ち会いがあることによって、特別に長時間の面会が認められることや、弁護士接見と同じように一般面会の時間外での面会が認められる場合がある。

16 重大事件などで再逮捕があるといったこと等により、勾留が長期化する場合もある。福祉的ニーズの高い人が長期間勾留されることによる影響は、支援ニーズを増大させることに繋がる場合がある。

17 被疑者段階で留置施設に勾留されている場合でも同様である。なお、職員が立会することで、クライエントが心理的圧力を受けることがあり、面接において自身の思いを語りにくくなることがある。

18 更生支援計画書を作成する際には、クライエントの自己決定を尊重し、そのクライエントにとって心地よい生活がおくれるような支援を重視する。その生活を継続したいという自己決定が、結果再犯をしないという自己決定に繋がっていくことが重要である。更生支援計画書ついては、原田が内田扶喜子＝谷村慎介＝原田和明＝水藤昌彦『罪を犯した知的障がいのある人の弁護と支援』（現代人文社、2011年）においてその例を提示している。

19 生活モデルでは、ニーズを人、物、場所、組織などの人や場所などの環境上の要素との相互作用による生活の問題として捉え、それを基盤として展開される人間の日常生活の現実に着目し、人と環境との間に注目した調整・援助をすることで解決を図る。生活モデルに対して医学モデルは、クライエント個人のニーズを異常な状態としてとらえトレーニング、リハビリテーション、治療によって、社会の仕組みや見方に合わせることで解決を図る。たとえば、効き腕が動かせなくなり調理がうまく出来ず食事の準備が出来なくなったニーズに対して、生活モデルでは、ホームヘルパーや配食サービスといった支援を行うことで解決を図る。それに対し医学モデルでは、リハビリテーションで利き腕を治療するか或いは利き腕ではないもう一方の腕をトレーニングで利き腕に代えることで解決を図る。

20 クライエントの自律性を重んじ過不足なきことが重要である。支援が不足すると生活が困難になり、支援が過足すると支援への依存が生じ自立への支障も生じてくる。

21 再犯防止推進計画案においても矯正施設のソーシャルワーカーからの地域の対人援助職への依頼については指摘されており、今後こういった案件が増えることも予想される。

22 2006年に刑事施設及び受刑者の処遇等に関する法律（受刑者処遇法）が施行されて知人面会も可能になった。2007年に刑事収容施設及び被収容者等の処遇に関する法律（刑事収容施設法）が施行されたことにより未決拘禁者の処遇や死刑確定者の処遇が規定され、旧監獄法は廃止となった。

23 6ヶ月間の受刑態度によって決定される優遇措置（優遇区分）によって手紙の発信回数や面会の回数に制限がある。

（はらだ・かずあき）

第13章
刑務所におけるソーシャルワークの制約と可能性
社会福祉士及び精神保健福祉士の経験から

朴 姫淑
旭川大学

1 「司法福祉」から司法と福祉との「連携」へ

　通常、罪を犯した人々は主に刑事政策の対象とされるが、実は社会事業と深く関わっていた。「司法保護事業と社会事業とは、沿革上密接なる関係を有する。かつて司法保護事業が純粋の民間事業として出発したその濫觴時代に於いては、この事業は、いわゆる出獄人保護事業または免囚保護事業の名の下に、社会事業の一種として考えられたものである」。しかし、「少年法並びに矯正院法の制定、刑事訴訟に於ける起訴猶予制度の容認、思想犯保護観察法の制定等に依って、司法保護事業は高度の刑事政策的性格を帯びるに至り、……司法保護事業法の実施を見るに及んで、司法保護事業は社会事業に対して全く独立の一領域たることが確認されるに至った」[1]。
　だが、刑事司法における福祉的要素は欠かせないものであり、1950年の国連の報告書「社会福祉行政の方法」でも明らかである。そこでは「司法制度に関連する社会福祉（Adjudication-Connected Social Welfare Activities）」として、①裁判所ソーシャルワーク、②社会的欠陥を持つ児童に対する後見サービス、③親族による扶養義務の励行に対する援助、④無料法律相談及び無料弁護制度、⑤警察の防犯教育および防犯レクリエーション、⑥保護観察、⑦仮釈放制度をあげている[2]。
　そもそも司法福祉という概念は、司法に内在する福祉の補完的機能を表している。「司法とは、法律によって黒白の決着を明確にすること（規範的解決）を主な役割とする。一方、福祉は、個別化された社会問題の解決・緩和をめざし、実情に即した調整機能を果たすこと（実体的解決）を重視する。端的

に表現すれば、司法は『切断』機能、福祉は『受容』機能がメインである」[3]。刑事司法の実践は、全く性質・特徴の異なるとされる、「処罰コード」と「援助コード」が交錯する場として、両者の混合は矯正では消極的であり、更生保護では積極的である[4]。

実際、長い間家庭裁判所調査官や保護観察官は、司法ケースワーカーまたは司法ソーシャルワーカーとしての役割が期待されてきた。ここでソーシャルワーカーとは必ずしも福祉専門資格者を指していない。野田によると、「司法福祉の担い手の範囲は、司法福祉をどの範囲でとらえるかで異なる」。ひとつの基準は、「誰に雇われて、どこで働いているか」、もう一つの基準は、「その本人が、福祉あるいは司法福祉というものを自分の仕事であると自覚し、引き受けているかどうか」[5]である。そのため、司法福祉の担い手に対する課題は、「司法福祉と関連の深い、あるいはその担い手と考えることができる人々が、自分の仕事が司法福祉に関わるという自覚に至っていない点である」[6]。このように「司法ソーシャルワーカー」は、担い手の自覚に依存し、司法と福祉との規範的分離のなかで実践的融合を図る矛盾を抱えている。

しかし、司法福祉を「司法内の福祉」と捉えることは問題があると山口は指摘した。具体的に、①司法の役割とケースワークの役割とを峻別し、ともに独立不変のものとしてとらえ、司法の対象とする問題はあくまで規範的解決のみであるとし、実体的解決を必要とするものとしてはとらえていない。②司法とケースワークそれぞれの役割の発展や相互規定性を一応排除してまとめられた。③「機関の機能」の一方的強調がある。「機関の機能」の十分な発揮が常に当事者の利益となるとは限らない[7]ということである。

実際、福祉は司法を補完するだけではなく、司法と葛藤を呼び起こす可能性がある。藤原は、司法福祉実践固有の特徴として、権力性の強い司法機関の中で、司法福祉専門職は、「司法機関がソーシャルワークの目的、価値に沿った結論に至るよう最大限の努力をしなければならない」。だが一方で、司法福祉専門職は、「その職務が司法機関の手続きと密接不可分であるため、好むと好まざるに関わらず、権利の制限に加担せざるを得ない場面が出てくる」[8]。司法における福祉実践のジレンマは、とくに、「非行や犯罪に関する分野では、犯罪者の立ち直りだけでなく、社会正義の実現や、被害者の心情や損害の回復などの要素もあり、近年特にその要素が強調される傾向にあるため、対象者の自己実現を図ろうとするソーシャルワークの目標との関係で葛藤が生じる場合が少なくない」[9]。このように司法福祉という概念では、司法

とソーシャルワークとの葛藤を解消することはできないと思われる。

　それに比べ、近年よく言われる、司法と福祉との「連携」は、司法と福祉との区分と同時に対等性を前提としている。ここで連携の主体は「機関」だけではなく、「専門職」である。具体的に、2009年から厚生労働省の事業として、出所者の社会復帰を支援する地域生活定着支援センターが設置され、福祉機関と司法機関との連携が実体化された。また、司法分野における福祉専門資格者の採用が広がっている。医療観察における精神保健参与員や社会復帰調整官は、精神保健福祉士などの福祉専門資格者である。また、刑務所や少年院、更生保護施設における社会福祉士及び精神保健福祉士が配置され、2013年には検察庁に社会福祉士が福祉アドバイザーとして採用された。

　こうした司法分野における福祉専門職の採用は、明らかに「再犯防止」政策の一環である。2008年12月犯罪対策閣僚会議の「犯罪に強い社会の実現のための行動計画2008」から2016年の「再犯の防止等の推進に関する法律」の成立・施行まで数々の再犯防止政策が進められている。当初、福祉側からも自らの実践目標を「再犯防止」に置くことにそれほど抵抗はなかった。しかし、再犯防止という目標は、徐々にその妥当性が疑われるようになり、「福祉機関の司法化[10]」を懸念する声も出てくるようになった。また、司法側でも弁護士を中心に、「再犯防止はあくまでも結果であり、目的ではない[11]」ということで、支援の目的は、「再犯防止ではなく、社会における生活再建である[12]」と認識するようになった。

　司法分野における社会福祉専門職の採用は画期的であるが、その実態はまだ明らかになっていない。本稿では、刑務所で働く社会福祉士と精神保健福祉士の経験を中心に、刑務所におけるソーシャルワークの制約と可能性を探ってみたい。まず研究方法を述べ、次に、刑務所の社会福祉士等の現状を確認したうえ、刑務所における福祉的支援の課題を明らかにする。そのなかで社会福祉士等の実践戦略を類型化し、最後に刑務所におけるソーシャルワークの可能性について述べる。

2　研究方法

　本稿は、刑務所で働いている社会福祉士や精神保健福祉士（以下、社会福祉士等と略す）に対するインタビュー調査に基づいている。インタビュー期間は、2010年から2013年までである。計21刑務所で、社会福祉士等21人をイ

ンタビューした。ほとんどの刑務所では、上司同席のもとで社会福祉士等に対するインタビューが行われた。2人のみ単独インタビューができた。社会福祉士等は、刑務所組織の中で処遇部企画部門（分類）や分類教育部に属している。社会福祉士等の上司は、主任矯正処遇官や統括矯正処遇官、上席統括矯正処遇官、首席矯正処遇官等である。

　上司同席で行われたインタビューでは、社会福祉士等の発言が禁欲的になる可能性がある。一方で、社会福祉士等だけではなく、刑務所側の立場も覗える、予期しなかった収穫もあった。また、調査を重ねながら、外部者の訪問及び調査が社会福祉士等に対するエンパワメント効果もあると思われた。社会福祉士等は、異質的な環境の中で「一人ぼっち」の感覚で仕事をしているが、外部から関心、しかも福祉側からのアプローチが本人達には励ましとなり、自らの存在意義を確認するきっかけとなるということである。

　ところが、研究結果の公表には注意すべき点がある。まず、刑務所の数は限られており、被収容者の属性により、施設やインタビュー対象者が特定できることである。「肩身の狭い」環境で働いている社会福祉士等や他の刑務所職員の匿名性が守られにくい。そのため、本稿では、直接引用はせず、発言は匿名化する。次に、調査結果の公表がもたらす効果にも注意を要する。なぜなら、調査結果で明らかになった、刑務所間の差異（多様性）－報酬や仕事の裁量等－が、社会福祉士等の組織内交渉力が弱いなかで低い水準に収斂してしまう恐れがあるからである。

3　刑務所の社会福祉士等の現状

(1) 刑務所の社会福祉士等の配置の実績

　刑務所の社会福祉士等の配置は、「刑事収容施設及び被収容者等の処遇に関する法律」等に根拠を置き、法務省の「地域生活定着支援の推進」事業として進められている。この事業は、2009年4月17日付け法務省矯正局長・保護局長連名通達「高齢又は障害により特に自立が困難な矯正施設収容中の者の社会復帰に向けた保護・生活環境の調整等について」による。この事業は、刑務所出所後の自立した生活の困難な高齢受刑者や障がいを有する受刑者が、出所直後直ちに福祉サービスを受けられるようにするために、刑務所に社会福祉士・精神保健福祉士を配置し、保護観察所や地域生活定着支援センターと連携して、出所後の自立した生活基盤を確保することにより再犯防止を目

的とする。社会福祉士等の役割は、①支援が必要な受刑者の選定、②当該受刑者の福祉ニーズの把握、③当該受刑者が行う福祉サービスの申請手続きに対する支援等を行う[13]こととなっている。刑務所の社会福祉士等の配置は、厚生労働省の「地域生活定着促進事業」[14]と連動している。社会福祉士等には刑務所内の窓口としての役割が期待された。

社会福祉士等の配置が全刑務所に拡大したのは、2009年からであるが、管区の基幹刑務所ではそれより早く採用が始まった。2009年度59施設、2010年度64施設、2014年度66施設、2015年度69施設に配置された。事業予算執行額は、2009年度2億3,300万円、2010年度3億3,350万円、2014年度には補正予算が編成され5億3,000万円、2015年度には6億3,800万円である。[15]調整実施人員は、2009年度1,105人、2011年度3,995人、2013年度3,711人、2015年度5,069人である。1人当たり調整コストは、2009年度には10万7,669円、2011年8万3,801円、2014年14万3,658円、2015年12万5,931円である。

(2) 刑務所の社会福祉士等の属性と雇用形態

ほとんどの刑務所には、社会福祉士等が1人配置されている場合が多かったが、管区の基幹刑務所は刑務支所まで含めて2人または3人が配置されていた。[16]21人のうち、女性が16人、男性が5人であった。上司だけの対応で本人には会えなかった2人も女性であった。入職時期は大体2009年以後であり、2007年から採用された人が1人いた。

入職経路は、大半はハローワークを経由しており、刑務所医療に携わっている医師の紹介や社会福祉協議会の人材バンクを通して入った人もいた。「受刑者（出所者）を支援した経験はない」という人がほとんどであり、「振り返ってみたら支援した人の中に出所者がいたことに気付いた」という人がいた。入職当初は、「受刑者はもちろん刑務所や刑務官にも怖いイメージがあった」「刑務所で働くことに家族が反対した」という人もいた。また、刑務所は「福祉の現場とは異なるので興味があった」という人も複数いた。刑務所側からは、「公募しても応募がない」「2人取りたいが1人しか来てくれない」「人材を確保することに苦労している」という声があった。

雇用形態は、調査時点ですべて非常勤職員であった。ただし、採用当初は、常勤だった施設が2か所あり、「法務省の方針」を理由に非常勤に変更したことが確認された。[17]21人のうち、専業が14人、兼業が5人、未確認2人であった。兼業の人には医療機関従事者や宗教人、自営業者などがあった。

勤務日数は、週2日から週5日まで多様であり、勤務時間も1人当たり週14時間から週30時間以上まで様々であった。ただし、勤務時間とサービス時間（刑務所で社会福祉士等が稼働している時間）とは一致しない場合もある。1人体制では、社会福祉士等が勤務していない時間帯や曜日が生じる。2人体制で週5日サービスする施設でも、8:30～15:00、8:30～16:00といった形で、他の職員の勤務時間よりは短い場合がある。社会福祉士等のなかには、刑務所の対応時間が連携機関のサービス時間より短いため、業務の効率性に支障があるという人がいた。

報酬については、時給で1,200円から3,500円まで非常に多様であり、全体的に福祉現場より高い方であるためか、報酬に対する不満はそれほどなかった。

(3) 刑務所の社会福祉士等の業務

調査の結果、刑務所の社会福祉士等は、専門性を生かした業務と、専門性とは関係のない業務をしていることが分かった。出所前に限定した社会復帰支援が中心的な業務だが、刑務所の日常的業務に関わる場合もあった。

まず現在、刑務所の社会福祉士の主たる業務は、全国共通で「特別調整」に関わるものである。この業務は、法務省が社会福祉士等を配置した理由であり、地域生活定着支援センターや保護観察所等、連携機関も明確である。ただし、特別調整対象者の要件としては、法務省が示した基準があるが、各刑務所の実績には、バラつきがある。刑務所ごとに収容者の属性や収容定員が異なることを考慮すると、調整件数の差があることは当然である。ただし、刑務所の方針や職員の姿勢、社会福祉士等の力量等の要因で、実績の差が生じることもあると思われる。特別調整は、一般的に出所6か月前から始められるが、それより調整期間が長い時も短い時もある。

2つ目に、一般調整として釈放時保護がある。一般調整と言わず、「独自調整」という用語を使う刑務所もあった。釈放時保護は、特別調整の対象者ではないが、身元引受人がなく、帰住地が不明な退所者に対して、刑務所が直接市町村等と連携しながら社会復帰を支援することである。受刑者に関わる期間は、退所前の短期間だが、社会福祉士等の業務を特別調整に限定せず、刑務所の日常業務に広げたことで意味がある。特別調整が始まる前から刑務所で働いた社会福祉士等は一般調整に関わった経験がある。地域生活定着支援センター設置以後、特別調整が稼働してから、一般調整に関わる機会は

減ったという人も見られた。刑務所全体としては、社会福祉士等が配置されたことで、釈放時保護の業務に社会福祉士等を活用することが徐々に定着している。

　3つ目に、労役場留置者に対する社会復帰支援である。たとえば、岡山刑務所の場合、長期刑の収容者が多いL級施設であるため、「特別調整対象者が少ない一方、労役場留置者の数は多い特徴があり、身寄りもお金もない高齢者や障害者の社会復帰を支援している。留置者は、判決が確定したが、罰金、科料が完納できないため、刑務所で作業として労役をする人々である。身寄りのない人は、食と宿を確保するために再犯する可能性が多い」。こうした認識から、「国の満期出所者らの社会復帰支援活動の一環として配置された社会福祉士のノウハウを活用して対応、支援内容は居所の確保、生活保護の受給手続き等の当面の生活設計、医療扶助などである[18]」。これは社会福祉士等の業務を受刑者の社会復帰支援という大きな枠でとらえ、刑務所の事情に合わせて具体化した事例として評価できる。

　以上の3つの業務は、社会福祉士等の専門性を生かした、出所前の社会復帰支援にかかるものである。具体的には、帰住先の調整、所内部署間および外部機関との調整、住所設定、障害者手帳取得、介護保険、年金関連の各種手続き支援などを行う。もしこれだけが業務として定着すると、刑務所の社会福祉士等は限られた期間で限られた対象に対する社会復帰支援に留まることになるだろう。

　しかし、実際、刑務所で社会福祉士等は、社会復帰支援以外の業務にも関わっており、その一つが矯正指導の一部を担当することである。これは、社会福祉士等の専門性を活かして刑務所の日常業務に関わる点で、今後の活躍可能性を示している。たとえば、分類教育部で行っている、薬物離脱指導の一部を社会福祉士等が担当することである。改善指導のなかには、外部講師が担当する場合がしばしばあるが、所内の社会福祉士等を積極的に活用することも考えられる。

　次に、刑務所職員及び受刑者に対する福祉関連情報の提供である。社会福祉士等は、刑務官から相談を受けて、福祉制度や利用手続きに関する情報を提供していた。この場合、刑務官を経由する間接的な形ではあるが、日常的に受刑者を支援する効果がある。この業務は、社会福祉士等の配置が他の刑務所職員にも周知されていく中で徐々に定着していくことが見て取れた。その他、満期釈放者を対象に社会保障制度に対する講義を行うことや福祉サー

ビスへの偏見や嫌悪感を減らすため福祉教育プログラムを開催することもあった。[19]

ここまでは専門性を活かした業務だが、専門性とは全く関係のない事務補助的業務を社会福祉士等が担う場合も見られた。特に、特別調整が始まる前に入職した社会福祉士等には、刑務所側も手探り状態で、コピーや判子押しなど事務補助的な業務が与えられたという。しかし、現在も特別調整実績が少ない刑務所では、社会福祉士等が刑務所の事務補助を担っていることが少なくなかった。社会福祉士等が専門職ではなく「雑用係り」として扱われることが定着してしまうのではないか、本人達は懸念していた。

インタビューの中で、上司や他の刑務官が社会福祉士等について共通して評価する点がある。まず、福祉支援に必要な知識を持っていること、また、外部機関との連携において社会福祉士等の方が刑務官より円滑に進むということである。これらは、社会福祉士等の「専門性」に対する評価と言えるが、本来の矯正システムを補完するために、社会福祉士等を活用する、極めて実用的な立場だと思われる。社会福祉士等が女性である刑務所では「女性だからうまくいく」という認識も見られた。一方、社会福祉士等の強みとして、受刑者に対して刑務官とは異なる立場から個別対応ができることを挙げていた。個別性を重視することは、程度によっては既存の矯正システムには馴染まない可能性があると思われる。

社会福祉士等は、今後の希望として、「教育との連携が欲しい」「リハビリなどに関わりたい」「会議に参加したい」等を挙げていた。しかし、現在、刑務所の社会福祉士等の主な業務は、特定の対象者に対して、特定の期間のみ関わる「社会復帰支援＝出口支援」に留まっている。専門性を生かして刑務所の日常業務に関わることが少しずつ増えているが、大半の刑務所では、日常的な受刑者処遇に社会福祉士等を関わらせることには躊躇いがあるように見て取れた。しかも、非常勤・1人体制では、社会福祉士等に出所直前の「出口支援」以上を期待することは無理かもしれない。

4　刑務所における福祉的支援の課題

(1)　「外部者・媒介者」としての位置づけ

社会福祉士等は支援対象者である受刑者への関わりにおいて、他の刑務所職員に比べて制約があり、それは社会福祉士等が刑務所の中でどのように位

置付けられているのかを示している。

　第一に、社会福祉士等は、受刑者の日常生活を見ることができない。刑務所で社会福祉士等が自由に出入りできる空間は、事務空間のみが多かった。社会福祉士等は、所内を移動できる鍵を持っていない。そのため、受刑者の生活や作業空間である、居室や工場に自由に出入りできない。病棟の出入りすら制限されている施設もあり、仕事の効率性の面で制約となっている。ただし、調査施設の中で、2ヶ所だけ、社会福祉士等も刑務官と同じ鍵を持っていた。この施設では、社会福祉士等が工場や食堂で受刑者に直接会うこともできていた。いずれも男性であった。受刑者への関わりの制約は支援の制約につながる可能性がある。

　第二に、受刑者情報へのアクセス状況は、刑務所ごとに差があった。すべての刑務所で、紙媒体の受刑者情報にはアクセスできていた。しかし、刑務所によっては、紙媒体の情報にはアクセスできるが、パソコンでは繋がっていない場合があった。受刑者の日常生活が見られない中で、書類情報に偏って対象者を判断すると、偏見や先入観にとらわれる危険がある。とりわけ、犯罪歴のようなマイナスの情報があふれる中で、いざ支援に必要な情報は不足する可能性がある。実際、社会福祉士等が支援対象者を把握する方法は、「刑執行開始時調査における情報提供、現場（工場担当・医務部職員等）からの情報提供、満期釈放者保護係からの情報提供、その他、独自の情報収集」[20]があると報告されている。受刑者の日常生活が見られないため、自らの判断に自信が持てず他の職員の判断に依存せざるを得ない状況が生まれやすい。

　第三に、他の現場と比べて、刑務所の社会福祉士等の仕事の裁量には制約がある。面接の際には必ず刑務官の立会が必要であり、特別調整業務も所属部署の上司の指示や許可が必要であった。また、所内職員にも上司を通すか許可を受けてから連絡可能な場合が多かった。刑務所で仕事を始めた当初は、保護観察所や家族等への業務上連絡にも上司の許可が必要な場合があったという。さらに、刑務所内で社会福祉士等が定期的に参加する会議はなかった。そのため、社会福祉士等の意見は上司を通してしか組織の中で反映されない構造であり、自らの組織内での位置づけについて不安を感じていた。

　第四に、刑務所では社会福祉士等がいることについて、受刑者や職員に積極的に知らせない例が見られた。社会福祉士等が行う支援は、あくまでも刑務所側からの処遇であり、受刑者からの要望に対応するものではない。受刑者に知らせることで、社会福祉士等が「悪用される」危険があるという認識

もある。他の職員には、徐々に社会福祉士等の存在が知られつつあるが、「直接連携が必要な時だけ協力すればよい」という考え方が多かった。しかし、入所時面接に社会福祉士等が分類職員と同席する施設や、職員研修のときに社会福祉士等が自分の業務を説明する施設もあった。

　以上の状況から、一部の刑務所を除けば、刑務所内で社会福祉士等は、「内部者」というより、「外部者」または「(外との)媒介者」に近いと思われる。では、「外部者・媒介者」としての位置づけは、外部機関にはどのように受け止められるのだろうか。地域生活定着支援センター側からは、刑務所内窓口として社会福祉士等を高く評価している。ただし、刑務所内で「十分なアセスメント、面接が行われていない」ことで特別調整対象者選定に問題があることや、「出所後に向けた矯正施設内での支援の問題（動機付けが不十分、福祉サービスの調整不足）がある」ことを指摘している[21]。地域生活定着支援センターは、社会福祉士等に対して「内部者」としての役割を期待していることが見て取れる。また、「媒介者」といっても、社会福祉士等は、刑務所の慣行上、直接外部機関と連携することに消極的である向きがある。

(2) 支援対象者の選定における視点の違い

　特別調整の対象者は、以下のすべての要件を満たす人から選ばれる。①高齢（おおむね65歳以上）であり、又は障害を有すると認められること、②矯正施設退所後の適当な住居がないこと、③矯正施設退所後に福祉サービス等を受けることが必要だと認められること、④円滑な社会復帰のために、特別な手続きによる保護観察所の生活環境調整の対象とすることが相当と認められること、⑤上記調整の対象となることを希望していること、⑥上記調整の実施のために必要な範囲内で、個人情報を公共の保健福祉に関する機関等に提供することに同意していること。

　通常、特別調整の対象者選定には３つの段階があると見て取れた。まず、第一の段階として、①と②の要件は、客観的な基準といえる。しかし、①と②の要件を満たしている人がすべて対象となるわけではない。

　第二の段階は③と④の要件であるが、これは「特別調整」が本人の要求からではなく、刑務所の処遇として行われていることを表す。つまり、「〜必要だと認められる」「〜相当と認められる」といったときに、誰がどのような基準で認めるかということである。確かに、社会福祉士等は、「支援が必要な受刑者の選定」に関わるが、支援対象者は、社会福祉士等が配属してい

る部署が提案し、刑務所処遇委員会で決定される。場合においては、社会福祉士等が支援候補者を挙げても、他の職員と合意できず支援対象者から外れる場合もあるという。

　では、対象者選定における判断の差異はどこから生じるのだろうか。社会福祉士等は、主に受刑者の現在の状態と将来の生活を予測して、ニーズを判定する。ソーシャルワークの視点からすると、再犯リスクが高いほど支援ニーズも高いと言える。一方、刑務官は、「行状がいい」ことで支援して「裏切らない＝再犯しない」見込みを判断の基準とする。その場合、再犯リスクが高い受刑者の場合、支援対象から外れる可能性がある。結果的に、どのような人たちが支援対象者に選ばれるのか。社会福祉士等の表現を借りると、「誰かに頼ってでも生きたいと思う人」「社会である程度は普通に生活できる人＝集団生活の中で規律が守れる人」「刑務官に認められている人＝刑務官に受けがよい人」であるという。

　第三の段階として、⑤と⑥の要件で、支援を「希望」し、個人情報の開示に「同意」する人である。調査では、社会福祉士等も他の刑務所職員も、もっとも大きな壁として、「本人が希望しない、同意しない」ことを挙げていた。社会福祉士等や他の職員の分析によると、支援を希望・同意しない理由は大きく２つある。ひとつは、受刑者が「自分自身の状態について正確に把握していない」ことである。長期間の隔離の中で高齢になった人々は、受刑の間の社会の変化が自分の生活に及ぼす影響について見極められない面があるという。知的障害の受刑者の場合、本人は「できる」「面倒見てくれる人がいる」というが、実は「できない」状態であったり、当てにしている人が搾取者であったりする場合がある。もうひとつは、福祉施設を刑務所と同様のものだと考えている場合がある。福祉に対する知識がなく、福祉的支援を受けた経験もないなかで、公的なものに対する不信感から福祉的支援を拒否してしまうことである。福祉的支援を受けた経験がある人でも、「自由」を奪う点で、支援を「拘束」として受け止める傾向があるという。結局のところ、本人の希望・同意とは、本人の最初の声をそのまま認めるというより、社会福祉士等や他の刑務所職員の根気強い働きかけによって引き出すものであるかもしれない。

(3)　立会のもとで行われる面接の制約

　ソーシャルワークの専門性と言われる「相談援助技術」の中で、もっとも

重要なのが面接である。刑務所で行われている面接を3つの側面から考えてみたい。

まず、面接時間と回数である。刑務所での面接時間は比較的短く——5分、10分、15分、30分、40分、1時間——、回数にも限りがあった。理想論をいうと、支援対象者のニーズ把握のために、面接は十分な時間をかけ必要な回数を繰り返さなければならない。確かに、受刑者の状態が不安定であり、長い面接があまり効果的ではない場合もあるだろう。しかし、面接は必ず刑務官の立会を必要とするため、面接時間を短くし回数を減らしていることが見られた。この問題を解決するために、面接を専任する刑務官を置いた施設もある。また、刑務作業や生活動作（時間割）を優先しており、面接が優遇のように受け止められる向きがある。実際、面接のため作業できなかった時間については報奨金を支給しない措置をとっていた。

次に、面接の目標について、信頼関係の形成より問題解決に重点をおくことである。面接は、対象者とのラポールの形成を前提としており、だからこそ支援の成果が期待される。社会福祉士等の中には、刑務所で「ラポールは必要ない」、刑務所での面接は「カウンセリングとは違う」とはっきり言う人もいた。面接の目標が本人の最低限の情報を把握し、意向を確認したうえ、問題解決に進むことになっている。面接の際に、社会福祉士等は名札を付け自己紹介をする場合もあるが、名乗らない、また、「社会福祉士である」ことすら言わない刑務所もあった。対象者に対して「～さん付け」をせず、刑務官と同様に、番号で呼ぶか、呼び捨てする場合もあった。

さらに、面接形態が対象者と社会福祉士等の一対一ではなく、刑務官の立会のもとで行われる点である。調査では、社会福祉士等が一人で面接をし、刑務官は監視カメラで見守る施設が1カ所、立会も監視もなく社会福祉士等が単独で面接する施設が1カ所確認された。面接の主導性をみると、①上司が主導し、社会福祉士等が補足する、②社会福祉士等が主導し、分類職員や刑務官が補足する、③社会福祉士等が主導し、刑務官は見守る、など様々であった。①と②の場合、面接の主導性が支援の主導性につながる可能性があり、③の場合は、安全上の配慮と考えられる。

面接への刑務官の立会には両面性があると思われる。立会について、他の刑務所職員の説明は「（司法関係の人ではなく）民間人だから」「女性だから」「非常勤職員だから責任持てない」といった理由を挙げていた。受刑者の前に社会福祉士等を一人で出すことは危険であるということである。実際、社

会福祉士等のなかには、一人ではなく刑務官の立会の方が「守られている」ことで「安心できる」という人も少なくなかった。また、他の職員の立会によって、所内共助体制が組まれ支援が順調に進む効果もあるだろう。一方で、社会福祉士等が、「内部者」として、また、専門職として認められていないと受け止めている人もいた。そのうえ、受刑者には、立会によって矯正処遇の延長線上に福祉的支援があることを象徴的に示す効果もあると思われる。

5　刑務所で働く社会福祉士等の実践戦略

こうした刑務所の環境のなかでも社会福祉士等の実践は一枚岩ではない。社会福祉士等は、福祉専門職の資格を持って、刑務所を職場として選び、様々な制約のなかでソーシャルワークを遂行している。以下では、刑務所の社会福祉士等の実践戦略を2つの基準から考えてみたい。一つは、雇用形態として常勤を好むが、それとも非常勤を好むかである。もう一つは、ソーシャルワーカーとしてのアイデンティティが強いか、それとも刑務所職員としてのアイデンティティが強いかである。この2つの基準によって、刑務所

図　刑務所で働く社会福祉士等の実践戦略

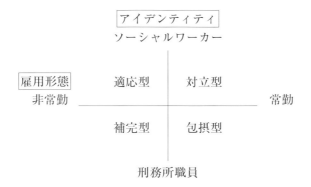

の社会福祉士等の実践戦略は4つに分けられる。ここでは、刑務所との関係から、「対立型」「包摂型」「適応型」「補完型」と呼ぶことにする。

第一に、「対立型」として、雇用形態は常勤を選好し、ソーシャルワーカーとしてのアイデンティティが強い人々である。こうした人々は専業で働いて

おり、常勤から非常勤へ雇用形態が変わった時に退職する事例も見られた。福祉の現場での仕事経験が比較的長い。司法制度や刑務所の慣行及び文化について抵抗感が強く、刑務所の環境では思うように仕事ができないと考えている。同時に、ソーシャルワーカーとしての使命感が強く、他の刑務所職員には「刑務所の状況が分からず自己主張ばかりする」異質的存在として敬遠されやすい。それらは、長く続かず辞めた人の特徴として、刑務所側から間接的に聞くことが多かった。

第二に、「包摂型」である。雇用形態としては常勤を好むが、刑務所職員としてのアイデンティティが強い人々である。社会福祉士資格を取って間もない人、福祉現場での仕事経験が比較的短い人、福祉以外の専門教育や仕事経験がある人が多い。「白紙状態」から刑務所を職場として選んだ人は、刑務所の慣行や文化に対する違和感もあまりなく、組織人としての役割を忠実に果たすことを目指している。非常勤とはいえ、福祉の現場に比べ報酬も低くないし、時間的に融通が効くことで勤務条件にも不満はない。また、刑務所の仕事経験が将来のキャリアに役立つと積極的に捉えている人も見られた。これらの人達は、上司からは「刑務所専用社会福祉士」として高く評価されていた。

第三に、「適応型」である。雇用形態としては非常勤を選好し、ソーシャルワーカーとしてアイデンティティが強い人々である。仕事と子育てを両立したい比較的若い女性で、夫の扶養控除の範囲で勤務時間を調整している。「適応型」の人々は、雇用形態に不満はなく、福祉畑の経験が豊富なだけ業務能力も高い。また、刑務所の制度的制約や組織的慣行・文化と葛藤するよりはあえて適応を選んでいる。「適応型」の行動が、刑務所のルールや慣行に委縮されたためなのか、それとも、戦略的な行動なのか、断定はできない。ただし、他の職員と連携するためには、「矯正施設の法律や歴史による『文化の違い』について『とまどい』を感じながらも理解し配慮する、自分の文化を押し付けない」ことが求められるという。[22]「適応型」に対する他の刑務所職員の評価は、仕事の能力やふるまい型等から分かれていた。

第四に、「補完型」であるが、雇用形態として非常勤を選好し、刑務所職員としてのアイデンティティが強い人々である。「兼業」の人が多く、主たる仕事を持っており、刑務所の仕事は副業である場合が多い。こうした人は、雇用形態についての不満は少なく、刑務所のルールや慣行にもそれほど敏感ではない。本人達は、自分たちの条件が特殊だからできると割り切っている

が、誰もが選べる職場だとは思っていない。男性が多い。刑務所職員からは、刑務所の本来の秩序に逆らわず、刑務官が苦手な領域で役割分担している面で頼りにされている。お互いに「割り切っている」関係だと思われる。

社会福祉士等の実践は、刑務所と他の現場、矯正と福祉、社会福祉士等と刑務官という二項対立の図式では説明できない点があった。また、ソーシャルワーカーとしてのアイデンティティは、資格よりは、実践経験に左右されるように思われる。調査する前は、社会福祉士等は、非常勤より常勤の方を望むだろうと予測したが、実際は必ずしもそうではなかった。さらに、常勤になることが、組織での立ち位置を明確にし、仕事の自律性を高めるとも簡単には言えない。「内部者」という立場が、「外部者」「媒介者」という立場より、支援の質を高めるかというとそれも明らかではない。

加えて、社会福祉士等の実践戦略は、個人の経験や選好だけではなく、受刑者の属性や上司の対応、刑務所長の方針によってかなり影響を受けていることが見て取れた。女性刑務所は開放的な雰囲気で、他の職員との連携も取りやすく、社会福祉士等も比較的自由に仕事ができていた。一方で、医療刑務所は、受刑者の属性上、社会福祉士等が刑務所の管理的傾向に同調しやすい側面があった。また、刑務官の経歴が長い上司よりは、法務技官や法務教官等の上司が社会福祉士等の視点や実践を理解しやすいことが見られた。さらに、刑務所長の方針は、社会福祉士等の実践に対する組織的理解を高めるために重要な要因となっている。

6　刑務所におけるソーシャルワークの可能性

刑務所の社会福祉士等が抱えている制約が生じているのは、受刑者の社会復帰支援が刑務所の本来の業務として位置づけられていないことがその理由の一つである。特別調整は、保護観察所や地域生活定着支援センターの業務であり、刑務所は補助的役割を担っているという認識がある。矯正処遇の定義として「釈放後の生活再建を目指した社会的援助としての処遇がありえる」が、「現実には、保安と結びつけられることによって、受刑者の社会復帰のための処遇を秩序維持あるいは管理運営の下位に置き、または、施設の規律を乱すものとして捉えることになる[23]」。

また、受刑者の社会復帰支援と言っても、限られた対象に対する住居の確保と経済的援助という非常に狭い範囲しか視野に入れていない。受刑者の社

会復帰は、施設から構造化された社会復帰へ、そこからコミュニティへの再統合への連続的過程として考えられるべきである。そこには、施設内処遇と社会内処遇との連続性はもちろん、施設内の構造化されたリスク・ニーズアセスメント、釈放時の地域移行の計画とアセスメント、地域移行後アセスメントが切れ目なく行われることが求められる。「連携」というのも単純ではなく、施設から地域まで様々な関係者を網羅する形のフォーマル・インフォーマルな支援ネットワーク[24]を求める。

　一方で、福祉側の矯正分野に対する実践経験の不足が福祉を司法に従属させてしまう要因となりうることも否めない。アメリカでもソーシャルワークは、刑務所などの社会的施設にそのルーツを有するにもかかわらず、実践者は矯正分野とは次第に距離をとってきた。その理由には、①全米ソーシャルワーカー協会（NASW）の矯正分野での実践の欠如、②大学院における矯正に特化したプログラムの少なさ、③矯正・刑事司法分野を専攻しようとする学生がきわめて少ない（0.07％）こと、この重要な領域に関するソーシャルワーク教育者たちによる出版物が不足していることが挙げられている。さらに、この矯正分野からの撤退は、矯正分野の流れがリハビリテーションから厳罰化にあることや、ソーシャルワークが社会の片隅に追いやられた人々や地域のために活動することから心理治療的な実践に移ったという話を考えると、理解できることである[25]。日本でもアメリカと類似した問題を抱えていると思われる。

　そうしたなかで、日本社会福祉士会では、2008年から司法分野における社会福祉士の関与のあり方についてヒアリング調査研究事業や連携モデル事業を続けているが、刑務所のソーシャルワークの方向性を示すまでには至っていない。実際、刑務所の社会福祉士等は、強い使命感と高い実務能力を持っている人でも組織内で孤立感を覚え萎縮していた。社会福祉士等が刑務所の制約の中で実践力を高めるためには、刑務所に変化を求めるだけではなく、刑務所の外側からの支援が必要だと思われる。また、個々の社会福祉士等はソーシャルワークの使命やソーシャルワーカーとしてのアイデンティティを再確認する必要がある。単に司法の機能的補完や実用的代替に止まり、ソーシャルワークの価値と原則を失ってはいけないだろう。司法側の期待に応えるためにも、司法と福祉の曖昧な形の調和よりは、両者の緊張と葛藤を恐れず自らを鍛えていくことが必要だと思われる。

1 森山武市郎『司法保護事業概説（日本の司法福祉の源流をたずねて）』（慧文社、1941年＝2017年）5頁。
2 川村匡由『司法福祉論――更生保護と権利擁護・成年後見』（ミネルヴァ書房、2011年）8頁。
3 加藤幸雄「第1章　司法福祉とは」日本司法福祉学会編『司法福祉』（生活書院、2012年）9頁。
4 竹村典良「刑罰と福祉のエピステモロジー（科学認識論）」犯罪社会学研究22号（1997年）8頁。
5 野田正人「司法ソーシャルワーク」岡本民夫ほか編著『エンサイクロペディア社会福祉学』（中央法規、2007年）190頁。
6 野田・前掲注（5）199頁。
7 山口幸男『司法福祉論』（ミネルヴァ書房、1991年）160-162頁。
8 藤原正範「第14章　司法福祉の方法技術――司法福祉実践とは何か」日本司法福祉学会編『司法福祉』（生活書院、2012年）216頁。
9 野田・前掲注（5）707頁。
10 水藤昌彦「近年の刑事司法と福祉に連携にみるリスクとセキュリティ――福祉機関が『司法化』するメカニズム」犯罪社会学研究41号（2016年）47-61頁。
11 鈴木一郎「コミュニケーションから考える福祉的支援と刑事弁護」季刊刑事弁護85号（2016年）33-35頁。
12 大杉光子「司法と福祉との連携における弁護士の立ち位置――目的は、再犯防止ではなく、社会における生活再建である」季刊刑事弁護85号（2016年）72-77頁。
13 法務省「平成23年度行政事業レビューシート」194頁。
14 厚生労働省社会援護局発第0331021号「セーフティネット支援対策等事業の実施について」（平成17年3月31日）。
15 法務省矯正局の平成23年度から平成28年度「行政事業レビューシート」による。「平成27年度行政事業レビューシート」では、予算の「主な増減理由」について、「社会復帰支援プログラム講師の拡大に伴う経費の増、社会復帰支援プログラム開発会議参加に伴う経費の増、社会福祉士の配置拡大に伴う経費の増」を挙げている。
16 府中刑務所には、現在福祉専門官1名（常勤）、社会福祉士2名・精神保健福祉士1名（非常勤）が配置されている。
17 2014年4月より、全国8刑務所に「福祉専門官」として社会福祉士等が常勤雇用となったが、ここでは、その状況ついては反映しない。
18 「岡山日日新聞」（2010年8月6日）1面。
19 「第7回現任者スキルアップ研修」（全国地域生活定着支援センター協議会主催、2017年1月16日、大阪国際交流センター）における栃木刑務所福祉専門官稲田由紀子氏の報告。
20 「第6回現任者スキルアップ研修」（全国地域生活定着支援センター協議会主催、2016年1月27日、大宮ソニックシティ）における府中刑務所福祉専門官桑原行恵氏の報告。
21 一般社団法人全国地域生活定着支援センター協議会「地域生活定着センター間の業務充実と、多機関との連携強化に向けた課題について（アンケート調査結果）」（平成23年度）29-32頁。
22 「第2回現任者スキルアップ研修」（全国地域生活定着支援センター協議会主催、2011年1月16日、国立オリンピック記念青少年総合センター）における宮城刑務所精神保

健福祉士吉田香里氏の報告。
23 土井政和「第5章 社会復帰のための処遇」菊田幸一＝海渡雄一編『刑務所改革──刑務所システム再構築への指針』（日本評論社、2007年）70頁。
24 Petersilia, J., 2003, *When Prisoners Come Home: Parole and Prisoner Reentry,* New York: Oxford University Press.p.201.
25 Toews, Bob & Herris,M.Key, 2011,「刑務所における修復的正義」, Beck,Elizabeth, Good, Nancy J., Kropf, Nancy P., *Social Work and Restorative Justice: Skills for Dialogue, Peacemaking, and Reconciliation,* Oxford University Press,（大竹智ほか訳『ソーシャルワークと修復的正義──癒しと回復をもたらす対話、調定、和解のための理論と実践』（明石書店、2012年）192頁）。

（ぱく・ひすく）

第14章
立ち直りを支える居住・就労支援のあり方

高橋 有紀
福島大学

1　はじめに

　犯罪や非行をした者（以下、「犯罪をした者」と表記）の立ち直りにとって、その基盤となる居住先、就労先が重要であることは今日、多くの人が同意するところである。数値上も、刑務所出所時に定まった帰住先を持たない者が出所後1年未満で刑務所に再入所する率は52.5％と帰住先を有した者を大きく上回ることや[1]、刑務所出所者等で無職の者の再犯率は有職の者の約4倍であること[2]等が指摘される。これらに注目する態度は、2016年に成立した再犯防止推進法等にも色濃く見られる。また、同様の取組みは日本以外の多くの国で今日、注力されているものでもある。そこではあたかも、居住先、就労先の確保は再犯防止という国家にとっての利益を実現するための必要十分条件であるかのように語られる。
　しかし、そもそも各人が安心して暮らすための居住先、就労先を得ることは、犯罪をした者であるかにかかわらず、日本国憲法がすべての国民に保障する健康で文化的な最低限度の生活を送る上での根幹をなすものである。そうである以上、本来的には再犯防止における必要性、有効性にかかわらず、犯罪をした者であっても地域社会の中に居住先、就労先を得られてしかるべきである。また、各人の健康で文化的な生活にとって有意義な居住先、就労先とは、必ずしも再犯防止を最短距離で実現する——たとえば、厳格な監督体制が整っていたり、安定的な収入が確実に期待できたりする——ものには限定されまい。むしろ、再犯防止の短期的な実現とは相いれない、あるいはその実現にはあまりに迂遠に感じられるような人間関係や役割の存在が、各

人の生活における「健康」や「文化」に資する場合も少なくない。

　さらに、こと犯罪をした者においては、そもそもそれらを十分に保障されない状態ゆえに犯罪に至った者や、仮にそれらに恵まれていても、刑事手続や刑罰を受けることで、それ以前の居住先、就労先を失わざるを得なかった者が大半である。そのことにかんがみると、国家は再犯防止という国家自身の都合のためではなく、本来保障されるべき権利を保障されてこなかった者あるいは、刑事手続や刑罰によってそれらを失った者に対する義務として、彼らの居住・就労を支援する責任がある。この点について土井は従前から、「刑事司法における処遇は、対象者の生活再建のための『一貫した社会援助』という視点に立って推進され」るべきこと[3]、「刑事司法における身柄の拘禁等に伴う弊害を除去する義務はまず国にあること[4]」を指摘する。居住先、就労先は、人が健康で文化的な生活をする基盤となるものであり、それらなしでは犯罪をした後に人生を主体的にやり直すことが著しく困難になる以上、それらについて支援することは、国家の弊害除去義務の中でもとりわけ重要である。

　本稿はこうした問題意識の下、日本の更生保護における居住・就労支援の展開と現状を概観する（2）とともに、福祉における居住・就労支援の理念や実践を参照する（3）ことを通じて、犯罪をした者に対する居住・就労支援のあり方を検討する（4）ものである。また4節では、犯罪をした者は、仮に高齢や障がいといったハンディを有していなくてもなお、「犯罪をした」ことその他による物心両面の困難を抱えている場合が多いことに注目し、そうした者への居住・就労支援のあり方とこれまでの更生保護との関係についても論じる。これらを通じて、犯罪をした者を再犯防止の客体として扱う居住・就労支援ではなく、彼らの主体的な立ち直りを支える居住・就労支援のあり方を検討したい。

2　更生保護における居住・就労支援の展開と現状

(1) 更生保護の成り立ちと居住・就労支援

　そもそも日本の更生保護制度は、その嚆矢となった民間の篤志家や宗教家らによる「出獄人保護」の時代から、「出獄人」らに対する一時的な居住先、就労先の斡旋を核としたものであった[5]。戦後、犯罪者予防更生法、執行猶予者保護観察法において成人および非行少年に対する保護観察の制度が定めら

れ、更生緊急保護法を含めた3つの法律の下で更生保護制度が運用された時代を経て、2000年代に更生保護法が成立した後も、居住・就労における一時的な支援の性格は大幅に変わってはいない。同法の中で対象者の居住あるいは就労の支援に言及した条文としては、保護観察における補導援護を定めた58条1号及び3号、保護観察対象者への応急の救護を定めた62条1項、生活環境の調整を定めた82条1項2項、及び83条、更生緊急保護について定めた85条1項がある。

　このうち、当座の居住先、就労先に窮する者を想定したものは、62条1項及び85条1項であるが、これらには共通するいくつかの特徴がある。まず、「応急」「緊急」の語が象徴するように、いずれにおいても喫緊の帰住先を速やかに確保することが想定されている。このことは裏を返せば、保護観察所が彼らに対して用意する帰住先は一時的なもので、いずれはそこを出て生活することが大前提であることを意味する。現に、62条3項は保護観察における応急の救護について、「保護観察対象者の自助の責任の自覚を損なわないよう配慮しなければならない」ことを明示しているし、85条2項も「更生緊急保護は、その対象となる者の改善更生のために必要な限度で、国の責任において、行うものとする」としている。また、同様の発想は就労先の支援についても見て取れる。すなわち、保護観察対象者への補導援護においても、更生緊急保護においても、援助するのはあくまで「就職」であり、「就労」を支えることには言及がない。他方で、生活環境の調整については、「住居」「就業先」との表記が見られるものの、その調整の方法はあくまで「その者の家族その他の関係人を訪問して協力を求めること」を前提としている。このことから、刑事手続や刑罰の直後に頼れる「家族その他の関係人」のいない者が既存の更生保護制度の下で受けられる居住・就労支援は、あくまで緊急的かつ一時的なものに限られてきたと言わざるを得ない。現に、上記の条文においてそれぞれの定める救護や保護を「委託できる」とされ、実際に救護や保護の多くの部分を担っている更生保護施設についても、しばしば「一時的な宿泊場所」[6]という表現が用いられる。

　そして、戦後の日本社会においては一定の時期までは、こうした緊急的かつ一時的な居住・就労支援の下でも少なくない者が立ち直れたこともまた事実であろう。殊に、高度経済成長期やバブル経済の時期には、現在ほど高齢化社会が進行していなかったことも相まって、活況で協力雇用主の数も多い建設業や製造業に従事することにより、更生保護施設等において短期間に自

立資金と安定した就労先を得る者も多かったことは容易に想像される。また、こうした時期には、建設業などの「親方」として独立することは、少年を含む若年の——多くの場合、学歴に恵まれない——保護観察対象者らにとって1つの成功モデルでさえあった[7]。そして、これらの事実は、上述したような緊急的かつ一時的な「保護」「救護」が一定の時代の一定の対象者にとっては、まさに地域社会の中で有意義な人生を生き直すための「支援」として機能していたことを窺わせるものである。くわえて、更生保護法制定以前の日本には、保護観察や生活環境の調整、更生緊急保護が再犯防止を直接的な目的とすることを明言した法は、存在していなかった。また、法の目的として再犯防止を明言した更生保護法の施行後も、遵守事項違反による仮釈放や保護観察付執行猶予の取消し等が増加しておらず、更生保護制度が再犯防止のみをいたずらに追求するものになったとは見ることは難しい[8]。

以上のことから、日本の更生保護制度における居住・就労支援は伝統的に、必ずしも再犯防止の実現を直接的な目的としてはいなかった一方で、その支援の内容は緊急的かつ一時的なものにとどまってきたと言える。この背景には、「出獄人保護会社」以来、今日まで民間主体の脆弱な基盤の下に更生保護施設が運営されてきた日本では、更生保護を通した居住・就労支援はいきおい、各人の努力による短期間での地域移行を前提とせざるを得なかったという事情もあろう。「自助の責任の自覚」という文言などはそれを象徴するものである。しかし、当然ながら今日、犯罪をした者の中には同人の抱えるハンディや社会的に不利な立場ゆえ、「自助の責任の自覚」を求めるだけでは立ち直れない者がいることは否定できまい。

(2) 「居場所と出番」から再犯防止推進法へ

他方で、近年のいくつかの報告書においては、犯罪をした者への居住・就労支援をより直接的な再犯防止施策の1つとして位置づける傾向も見られる。

このうち、2012年の犯罪対策閣僚会議の報告書「再犯防止に向けた総合対策」は、「対象者の生活環境の現状」として、適当な帰住先がないゆえに満期釈放となり保護観察を受けられない者が少なくなく、また、満期釈放者の過半数が出所後5年以内に刑務所に再入所することや、刑務所再入者に占める再犯時無職である者の割合の高さといった事実を指摘する[9]。そして、「再犯防止のための重点施策」の1つとして「社会における『居場所』と『出番』を作る[10]」ことの重要性を強調している。

もっとも、同報告書では、必ずしも「居場所と出番」として単純に居住先と就労先のみを想定していたわけではない。すなわち、「適切な生活環境と一定の生活基盤を確保することに加え、対象者やその家族等が、個々の問題や必要に応じた指導及び支援を受けることができる多様な機会を確保することによって、対象者の社会復帰を促進し、孤立化や社会不適応に起因する再犯を防止する」[11]ことを目指すというのである。そして、その方策として、社会貢献活動を通じた社会の一員としての意識の涵養や、犯罪被害者の心情に触れることにより「自らの犯罪・非行に向き合う」こと、更生保護サポートセンターの活用や少年院出院者の相談に法務教官が対応することなど[12]——その是非や効果は措くとして——様々な提案をしている。こうした点からは、犯罪をした者に単に居住先、就労先を提供するだけではなく、同人やその家族が自己の有用感や安心感を抱くことのできる環境を社会内に整えることや、それらを抱く「心の準備」となり得るような指導や支援が重要であるとの問題意識が見て取れる。その点で同報告書は、犯罪をした者が居住・就労支援等を通じて立ち直りのきっかけを得ることの反射的効果としての再犯防止を期待する性格を有していたと評価できよう。

それに対して、2016年に成立した再犯防止推進法の下で設けられた再犯防止推進計画等検討会では、その取りまとめ案である「再犯防止推進計画（案）」において、「再犯防止施策」の「7つの重点課題」の1つ目として「就労・住居の確保等」を挙げる[13]。同計画案では、就労に関して「不安定な就労が再犯リスクとなっていることが明らか」[14]と指摘し、居住についても適切な帰住先の確保が「再犯防止の上で最も重要であると言っても過言ではない」[15]と述べるなど、居住・就労支援そのものがまさに「再犯防止施策」に位置づけられている。こうした態度は、犯罪をした者であるかにかかわらず健康で文化的な生活を送るための基盤となる居住先、就労先を得られるべきであるという発想や、刑事手続や刑罰に伴う弊害を除去する国家の義務といった発想とは大きくかけ離れたものである。

もっとも、同計画案では冒頭において「貧困や疾病、嗜癖、障害、厳しい生育環境、不十分な学歴など様々な生きづらさを抱える犯罪をした者等が地域社会で孤立しないための『息の長い』支援等刑事司法関係機関のみによる取組を超えた政府・地方公共団体・民間協力者が一丸となった取組を実施する必要性」[16]を指摘してもいる。そして、これまでの日本の更生保護制度における居住・就労支援が上述のとおり、緊急的かつ一時的なものにとどまって

第14章 立ち直りを支える居住・就労支援のあり方

いたことや、そうした支援の性格ゆえに一部の者はこれまでの支援の下では再犯を繰り返さざるを得なかったことへの問題意識と、それに基づく提案も散見される。とりわけ、単に「就職」を支援するだけでなく、就職後の悩みに対しても助言をして離職を防ぐことや、離職してしまった者への再就職をも支援するといった提案[17]は、犯罪をした者に一足飛びに自立した社会人・職業人になることを求めるのではなく、彼らがその過程で悩んだり躓いたりすることもあるとの前提に立つものとも評価できよう。そのような前提は、犯罪をした者の中には、立ち直りの過程においても様々な失敗や挫折を経て徐々に落ち着いた生活を手に入れる者が多いことを指摘するデジスタンス研究の知見にも合致する。

　さらに、居住支援についても、「更生保護施設や自立準備ホームはあくまで一時的な居場所」であるとの現状認識の下[18]、それらの施設を出た後の居住先を地域の中で確保することに苦労する者が多いことが指摘され[19]、「公営住宅の入居における特別な配慮」や「賃貸住宅の供給の推進」に向けた調査や施策が提案されている[20]。更生保護施設をはじめとした一時的かつ緊急的に提供される居住支援の先の、地域社会の中に生活の根拠を得ることを支援する方策を具体的に検討している点は、同計画案の特筆すべき点である。

　しかし、同計画案において「居住・就労支援」があくまで「再犯防止施策」の「重点課題」として位置づけられていることは上述したとおりである。さらに、同計画案では「再犯防止等に関する施策の動向を把握するための参考指標」の中に刑務所出所者や保護観察対象者らの居住や就労に関する数値も盛り込むようである[21]。こうした状況下では、犯罪をした者がその立ち直りにあたって直面する、居住先、就労先の選択や確保、それらへの定着や、それらからの移動・離脱が、再犯防止のための「息の長い支援等」における国家からの監督や指導の対象とされる懸念がある。しかし本来、居住先、就労先を選択したり確保したりすることや、それらへの定着のために努力や工夫をしたり、逆にそれらからの離脱や移動を決意したりすることは、犯罪をした者であるかにかかわらず、人が自己実現を図る過程で当然に直面するライフイベントである。犯罪をした者の立ち直りにおけるそれらの選択や決断の主体性を、再犯防止の客体という形で奪うことは、個人の尊重を保障する日本国憲法の理念と矛盾するだけでなく、刑事手続や刑罰に伴う弊害に屋上屋を重ねるものとさえ言えよう。

(3) 福祉における居住・就労支援の理念と実践に注目する意義

　また、同計画案は「7つの重点課題」の2つ目として「保健医療・福祉サービスの利用の促進等」を挙げ[22]、とりわけ、高齢・（知的）障がいといったハンディを抱える者が「社会福祉施設等」の「福祉サービス」を円滑に利用できるようにすべきこと[23]を提案する。さらに、同計画案では就労支援に関しても、「一般就労と福祉的支援の狭間にある者の就労の確保」の一環として、「障害者・生活困窮者等に対する就労支援の活用」を挙げる[24]。他方で、それらの支援者においても、2000年代以降、「本来、福祉の対象であるはずの者が、福祉的な支援に至らずに、くり返し刑事手続きだけで処遇されている」こと[25]を指摘する声は多く、いわゆる「司法と福祉の連携」の重要性が強調されて久しい。これらの事実を併せて考えると、すでに同計画案の中でも、福祉における居住・就労支援の理念を参照すべきことは十分に意識されているかにも見える。とは言え、同計画案は、高齢、障がい、生活困窮等のハンディを抱える者の当座の「行き場所」として、「福祉サービス」の枠組みの下にある居住先や、「福祉的支援」としての就労支援事業を挙げるにとどまる。また、「福祉サービス」や「福祉的支援」としての居住面、就労面での支えが必要であるのは、高齢、障がい等何らかのハンディを抱えるがゆえに、既存の更生保護制度による再犯防止効果が望みづらい者に限られるとの認識も窺える。

　これらの点にかんがみると、生活困窮者支援や障がい者福祉、高齢者福祉が本来、どのような理念の下にどのような形で、各人の居住や就労を支援しているのかを再犯防止の文脈から切り離して今一度、再検討することが不可欠と言える。さらに、更生保護制度における居住・就労支援も、それらに窮した者に健康で文化的な最低限度の生活を保障するものであると考えると、にあたっては、生活困窮者支援や障がい者福祉、高齢者福祉等における理念や実践に学ぶべき点も少なくない。

　そこで以下では、近時の福祉における居住・就労支援の理念と実践を概観するとともに、本研究会が実施した地域生活定着支援センターへの聞き取り調査で得られた知見を一部参照しながら、福祉における居住・就労支援の理念と更生保護制度との差異を検討する。なお、地域生活定着支援センターへの聞き取り調査の方法、結果に関する詳細は本書・第4部を参照されたい。

3 福祉における居住・就労支援——地域生活定着支援センター等の実践例を踏まえて

(1) 近時の福祉における居住・就労支援の理念と実践

　当然のことではあるが、生活困窮者支援や障がい者福祉、高齢者福祉等においても、対象者の居住や就労上の課題を解決することが急務となる場面は少なくない。そのことを反映してか、2012年の「再犯防止に向けた総合対策」で用いられた「居場所と出番」という言葉は実は、同時期の内閣府や厚労省の各種の報告書等でも盛んに用いられている。民主党政権であった当時、「新しい公共」の実現のため「全ての国民に『居場所』と『出番』を確保する」[26]ことは、社会保障や貧困対策、高齢化社会への対応など様々な政策課題における1つのスローガンであったようでもある。とは言え、当時、そこで——少なくともその先進的な担い手において——意識されていたのは、伝統的な更生保護制度のように居住先や就労先を緊急的かつ一時的に提供することではなかった。むしろ、同時期において生活困窮者らの「居場所と出番」の意義は、生活困窮者に対する内閣府のモデル事業「パーソナル・サポート・サービス」や、厚労省のモデル事業「生活困窮者自立促進支援モデル事業」の形で意識され、展開されていた[27]。

　たとえば、生活困窮者の相談窓口に勤務する有田は、「居場所と出番」について「本人の努力だけでは克服することが困難な状況に対して、各人の違いを認め、特性を許容しながら『居場所』と『出番』をつくるという包摂的な社会の構築の実現が〔上記のモデル〕事業の大きな目標であった」と捉える[28]。そして、そうした認識の下に、刑事施設出所後の生活に窮して相談に訪れる者に対しても、「彼らが『社会から排除される』という不安から脱して、『社会に居場所を持つことが可能だ』という希望がもてるように、受け入れる姿勢をできるだけ具体的に示す」ことの重要性を述べる[29]。こうした指摘からは、短期的かつ直接的な再犯防止効果の期待できる居住先、就労先という「居場所」を提供するのではなく、各人が自分らしく過ごせる「居場所」を見出す過程を支えることへの視座が見て取れる。また、このような視座は生活困窮者らを支援する者の具体的な支援の仕方にも反映される。すなわち、彼らによるパーソナル・サポート・サービスにおいては、居住や就労を縦割りの機関が個々に支援するのではなく、失職や障がい、不遇な成育歴や被害経験など生活困窮者らがそれぞれに抱える複雑に絡み合った様々な困難に対して、

1つのアクターが核となり、種々の支援者・理解者や社会資源と協働して寄り添い、支えることが意識されている。また、その中では、犯罪・非行歴や受刑歴、刑事施設からの出所といった事情も、彼らの抱える様々な困難の1つとして捉えられる。

もっとも、生活困窮者らの支援においても必ずしも古くからこうした実践が広く行われてきたわけではない。むしろ、限られた施設への収容という「画一的な解」に「支援を受ける本人が適応できず、そこに〔できない〕要因を求める」ことの分かりやすさに支援者が流されがちであったことも指摘されている[30]。橋本は、こうした状況への反省から「100人いれば100人の生活歴があり、その人びとの『正しさ』は100通りあり、支援方法に定型はない」との認識の下に、犯罪をした者への支援においても「オーダーメイドの支援」を心がけるとする[31]。「その人びとの『正しさ』」という表現からは、支援を受ける者に対して、再犯防止や、ホームレス生活、生活保護受給からの「自立」といった国家・社会の側の「正しさ」を押し付ける思想ではなく、彼ら自身の意思や選択を尊重する思想が見て取れる。健康で文化的な最低限度の生活と個人の尊重を保障した日本国憲法の理念に照らしたとき、また、刑事手続や刑罰を通して国家・社会の側の「正しさ」に基づく負のレッテルを貼られ続けてきた者の立ち直りにおいて、周囲から信頼され、尊重されることの意義が小さくないことにかんがみたとき[32]、「その人びとの『正しさ』」に向き合う姿勢こそ、犯罪をした者への居住・就労支援の核となるべきものと言えよう。

現に、上述の有田や橋本ら生活困窮者支援の現場から犯罪をした者を支援する者のみならず、本研究会が聞き取り調査を行った地域生活定着支援センターや同センターと連携して特別調整の対象者らを支援する者の中にも、パーソナル・サポート・サービスを実践しているところは少なくない。その意味で、特別調整の対象とされる高齢や障がいといったハンディと、犯罪歴や刑事施設入所歴を含め、そうしたハンディにまつわる様々な事情が複雑に絡み合った者を支えるにあたって、パーソナル・サポート・サービス的なかかわりの意義は1つの英知として受容されているものと見ることができよう。また、それは「パーソナル・サポート・サービス」という流行りの新技術を用いるといった短絡的な態度ではなく、自らが支援する特別調整の対象者らを各々の人生と「正しさ」を持つ者として受け入れる態度があってこそ可能なものでもある。

(2) 福祉的支援における「居場所と出番」

　民主党政権時代の種々の社会政策において、「居場所と出番」が一種のスローガンとなっていたことは上述したとおりである。そして、興味深いことに当時の政権や内閣府が想定していた「居場所と出番」は、単なる「住む場所」「働く（収入を得る）場所」に限定されていたわけではない。内閣府の「平成23年度高齢者の居場所と出番に関する事例調査結果」では、「地域のたまり場・コミュニティカフェ」のような場から「学び・世代間交流」を目的とした市民サークル、寺院を拠点としたデイサービスやグリーフケア、高齢者による劇団など、多様な「居場所」が紹介されている。そして、このように「居場所と出番」とは単なる「住む場所」「働く（収入を得る）場所」にとどまらず、またそれらに限られるべきではないことは、地域生活定着支援センターをはじめ特別調整の対象者らを支援する者からも頻繁に指摘される。実際、自らの住む地域の中に「調査結果」に示されたような場があり、そこでの活動が楽しみや生きがいとなることが、その者の生活を豊かにするであろうこと、またそれにより結果的に地域社会への定着や再犯リスクの減少が促進されることは容易に想像がつく。

　しかし、仮に各人の住む地域に上述の「調査結果」が示すような「居場所と出番」たるサークルや、福祉施設や更生保護施設の提供するデイケア等のサービスがあり、そのような場に定期的に通うことが再犯防止や規則正しい生活にとって有効であると考えられたとしても、同人がそこに行くことが苦痛であったり、楽しみを見出せなかったりする場合に、そこを「居場所」と呼ぶことはできないであろう。逆に、サークルやデイケアのような枠のある「場」でなくても、大家や恋人など何らかのインフォーマルな形で気にかけてくれる存在が身近にいることなども、同人にとって重要な「居場所」となり得る。そのような「住む場所」「働く（収入を得る）場所」にとどまらない、見えづらい「場」を含めた「居場所」の可能性や選択肢を本人とともに見つけていくことにこそ、「居場所と出番を作る」ことの意義と言えよう。

　本研究会が調査をしたある地域定着支援センターの職員は、センターでやりがいや達成感を感じたエピソードとして、「他の用件を理由に〔センターからの〕アポが取れないとき」に、対象者にとって、センターが最優先ではなく充実した生活があるのであろうという「寂しさ」と「安心」を抱いた経験を挙げた。日々の仕事や地域で過ごす余暇時間の中で、センター職員との接触以上に優先したい役割や交友関係、楽しみなどを見出したのだとしたら、

確かにそれこそが同人の地域生活においての「居場所と出番」となろう。

4 「犯罪をした者」に対する居住・就労支援のあり方

(1) 福祉における居住・就労支援と更生保護の差異

　ここまで見てきたように、福祉における居住・就労支援は、犯罪をした者に一時的かつ緊急的な居住や就労を提供してきた従来の日本の更生保護制度とも、今日強調される「再犯防止施策」としての居住・就労支援とも大きく異なる。もっとも、上述のとおり著者は、これまでの更生保護制度の下で行われてきた居住・就労支援には、「再犯防止施策」として居住・就労支援を行うべきとする発想に比して相対的に、「支援」の性格が強かったと考える。しかし、従来の更生保護制度における居住・就労支援もまた、福祉における居住・就労支援とは大きく異なる点がある。それは、いわゆる「伴走型支援」の語に象徴されるような、各人のライフコースに寄り添う長期的な支援という視点の有無である。むろん、刑事司法や更生保護制度には期間の定めがあり、それを超えた「息の長い支援」は、ともすれば犯罪をした者を必要以上に長期にわたり、国家の監視や統制の下に置くことに繋がりかねない。また、日本では伝統的に、保護観察や更生緊急保護が法で定めた期間に縛られる制度であるとは言え、それらに従事する保護司や更生保護施設の「地域性」「民間性」ゆえに、期間終了後も街で保護司と挨拶を交わしたり、新しくできた配偶者や子らを連れて施設の行事に顔を出したりといった、長期にわたる情緒的な繋がりが維持されることも少なくなかった。こうした繋がりはそれを築くことのできた者にとってはまさに、「居場所」として機能してきた。しかし、犯罪をした者の誰もが保護司や更生保護施設の職員らとそうした関係を築けるわけではないし、それらは制度的な基盤を持つものでもない。さらに、犯罪をした者が、保護司や更生保護施設ひいては保護観察所との間に、法定の期間を超えた長期的かつ情緒的な関係を築くことを制度化することに危険が伴うことは上述したとおりである。それゆえ、更生保護制度における居住・就労支援においては自らの支援がどうしてもその性質上、一時的かつ緊急的なものにならざるを得ないことを念頭に置き、そうした支援が終わった後に、各人が地域社会の中で「伴走者」を見つけられるよう支援や指導をしていくことが必要となろう。

　また、とりわけ従来の更生保護施設を核とした居住支援においては、更生

保護施設の脆弱な運営体制も相まって、更生保護施設での一時的な「保護」「救護」により自立が可能な者以外に対して、橋本の言うような「オーダーメイドの支援」を行うことは十分には意識されてこなかった。この点についてはすでに上述の「再犯防止推進計画（案）」においても問題点として認識され、「更生保護施設における受入れ・処遇機能の充実」とともに、「専門性を有する社会福祉法人やNPO法人への委託」、「空き家等の既存の住宅のストックの活用」などを通して、「多様な居場所である自立準備ホーム」を拡充することも提案されている。現に、自立準備ホームについては、多様な団体によって運営されているがゆえに必ずしも十分な支援や指導が行き届かないケースもある一方、賃貸住宅を借り上げるなどすることで集団生活の難しい者にも対応しやすい点など、従来の更生保護施設とは異なる強みも見られると聞く。現状では運用状況が低調であるとされる自立更生促進センターや就業支援センターについても、更生保護施設や自立準備ホーム、あるいは更生保護制度以外の居住支援の施設とは異なる独自の機能を追求する余地はあろう。様々な事情の下で犯罪に至り、それぞれに異なる困難を抱える者への「オーダーメイドの支援」には、いみじくも「再犯防止推進計画（案）」が指摘するような「多様な居場所」を地域移行への足掛かりとできる仕組みが不可欠であり、それらの開拓や拡大は急務である。

(2) 「犯罪をした者」の「ハンディ」と居住・就労支援

また、上述したように、「再犯防止推進計画（案）」の中でもすでに居住・就労支援にあたって福祉における支援の理念や実践の参照や活用が提案されているものの、その対象はあくまで高齢や障がいによる自立の困難といったそれ自体が既存の「福祉の対象」であるハンディを抱えた者が主に想定されている。しかし、犯罪をした者の中には、それらを有しなくても自らの犯罪歴や刑事施設入所歴等ゆえに当座の居住先、就労先に窮し、支援を要する者も一定数存在する。こうした者のうち、特に、居住先に窮している者の中には、頼れる家族や知人がいなかったり、それらの者もまた何らかのハンディを抱えていたりするなど、まさに「社会的排除」の状態にある者が多いことは容易に想像される。また、就労についても、一見、若年で体力があり知的障がいもなく、十分に働けそうな者であっても、劣悪な生育環境や学校教育からの早期の離脱、あるいは長期の受刑生活や犯罪歴により、就職や就労継続に困難を抱える者も少なくないであろう。それらのことにかんがみると、

第14章 立ち直りを支える居住・就労支援のあり方

　高齢や障がいという要素はあくまで、それらを抱える者の支援において、高齢者福祉や障がい者福祉に関する専門的知見や経験が不可欠であることを意味するにすぎず、それらの要素の有無により、福祉における居住・就労支援の理念や実践を参照することの要否が異なることにはなるまい。それゆえ、高齢や障がいといったハンディに基づく「福祉の対象」であるかにかかわらず、犯罪をした者の居住・就労支援にあたってはあまねく、前節で見たような「オーダーメイドの支援」や「段階的な地域への移行支援」[38]の視座が不可欠である。

　他方で、犯罪をした者の中には、比較的早期に「自力」での地域移行を果たし必ずしもライフコースに沿った「伴走型」の支援を必要としない者もあろう。むしろ、自らの犯罪歴や刑事施設入所歴を知る者のいない地域で「ひっそりと」新しい人生を始めたいと思う者も存在するはずである。また、1960年台の伊福部の論稿[39]等が示すように、自らの犯罪歴や刑事施設入所歴を知りながらもなお、居住先、就労先を提供し支援し続けようとする者の存在はともすれば、地域社会の一住民として「ひっそりと」生きることを望む者にとって重荷となり得る。その点、日本の従来の更生保護制度は、対象者の秘密保持への関心から「ひっそりと」行うことが重視され、そうした配慮ゆえに、居住・就労支援の意義を含む更生保護制度の理念や仕組みに対する市民の理解が不十分となるきらいさえあった。しかし、そうした更生保護制度のあり方ゆえに、一時的かつ緊急的な居住・就労支援を足掛かりに「ひっそりと」[40]地域移行を果たす者がいたことも否定できまい。むろん、そうした者は相対的に自身の能力や健康、さらには偶然の出会いや機会に恵まれていた場合が多いことも事実であろう。それゆえ、そうした者の存在を根拠に、「伴走型」の支援の意義を否定する意図はない。

　しかし、本来的には、犯罪をした者に限らずすべての者が偶然にも「伴走者」に出会えることが必然となるような地域社会が望ましいことは、多くの人が首肯するところであろう。さらに、そのような方途を「自力」で「ひっそりと」追求したい者にその余地を与えることもまた、地域社会に「多様な居場所」を設け、立ち直りの選択肢を広げる営みの1つと言える。他方で、近時は刑事施設出所者らに対する就労支援施策の利用にあたって雇用主等への前科・前歴の開示が条件とされるなど、「ひっそりと」立ち直ることと、その過程で一時的にしろ長期的にしろ支援を受けることとを切り離すかに見える制度もある。そして、そうした条件ゆえに種々の就労支援施策の利用を

望まない者が少なくないという問題点もすでに指摘されている[41]。また、「再犯防止推進計画（案）」では居住支援についても、保護観察対象者等であることを承知したうえで住居を提供する者に対して「個人情報等の適切な取扱いに十分配慮しつつ、保護観察対象者等についての必要な個人情報を提供すること[42]」を提案する。むろん、支援にあたって前科・前歴等の情報が必要な合理的な場面があることは否定しない。しかし、そうした制度がむしろ、一部の―何らかの足掛かりがあれば、「自力」で地域社会の中に「伴走者」を見つけられたかもしれない―者にとって支援を受ける際のハンディとなっていないかという視点から、現在の、そして従来の更生保護制度における居住・就労支援のあり方を検証する必要性も高い。

5　結びにかえて

　ここまで本稿では、従来の更生保護制度における居住・就労支援の限界を指摘するとともに、今日、居住・就労支援が「再犯防止施策」の一環として位置づけられていることとその具体的方策の問題点を踏まえ、犯罪をした者に対する居住・就労支援について福祉におけるそれらの支援の理念や実践から学ぶべき点を指摘した。居住先や就労先は、犯罪をした者に限らず、人が健康で文化的な環境下で自分らしい有意義な人生を送る基盤となるものである。また、国家に課された刑事手続・刑罰の弊害排除義務の履行において、居住・就労支援がとりわけ重要なものであることは上述したとおりである。それゆえ、それらの選択にあたって、犯罪から立ち直ろうとする者の主体性が再犯防止や治安維持といった国家の都合よりも劣位に置かれることはあってはならない。

　さらに、これらのことにかんがみると、彼らに対してなすべきなのは、単なる「住む場所」「働く（収入を得る）場所」にとどまらない多様な「居場所と出番」を彼ら自身の意思や希望の下で選び取れるよう、各人に向き合い粘り強く支えていくことである。また、それらは、犯罪をした者自身に対して向けられる支援や助言のみならず、彼らとともに生きる地域社会の理解や協力があって初めて可能になるものでもある。犯罪をした者が居住・就労支援を通して立ち直り、その結果としての再犯防止が実現されるには、彼らが自ら「居たい」と思える「居場所」、「出たい」と思える「出番」を地域社会の中に多様な形で作り上げていく努力が肝要となろう。

1	法務省「法務省だより あかれんが」44号（2014年）http://www.moj.go.jp/KANBOU/KOHOSHI/no44/2.html#report03（最終閲覧日2017年10月31日）。
2	法務省「更生保護における就労支援」（2017年）http://www.moj.go.jp/hogo1/soumu/hogo02_00030.html（最終閲覧日2017年10月31日）。
3	土井政和「更生保護制度改革の動向と課題──有識者会議提言と更生保護法案を中心に」刑事立法研究会編『更生保護制度改革のゆくえ』（現代人文社、2007年）14頁。
4	土井・前掲注（3）16頁。
5	森長秀編『更生保護制度』（弘文堂、2009年）22頁他。
6	法務省保護局「更生保護施設の現況」更生保護68巻7号（2017年）10頁。
7	笹井啓二「更生保護における就労始動・就労援助と就労支援事業等について」更生保護と犯罪予防152号（2010年）143頁。
8	こうした状況とその背景を指摘するものとして、高橋有紀「2000年代以降の日本と英国における更生保護制度の問題点と今後の展望──更生保護における『ナラティブアプローチ』の可能性と限界（一）」一橋法学12巻2号199-226頁、「同（二・完）」一橋法学12巻3号177-226頁（以上、2013年）。
9	犯罪対策閣僚会議「再犯防止に向けた総合対策」（2012年）7-8頁。http://www.kantei.go.jp/jp/singi/hanzai/kettei/120720/honbun.pdf（最終閲覧日2017年10月31日）。
10	犯罪対策閣僚会議・前掲注（9）12頁。
11	犯罪対策閣僚会議・前掲注（9）12頁。
12	犯罪対策閣僚会議・前掲注（9）12-13頁。
13	法務省再犯防止推進等検討会「再犯防止推進計画（案）」（2017年）4頁。http://www.moj.go.jp/content/001237167.pdf（最終閲覧日2017年10月31日）。
14	法務省再犯防止推進等検討会・前掲注（13）8頁。
15	法務省再犯防止推進等検討会・前掲注（13）13頁。
16	法務省再犯防止推進等検討会・前掲注（13）2頁。
17	法務省再犯防止推進等検討会・前掲注（13）12頁。
18	法務省再犯防止推進等検討会・前掲注（13）13頁。
19	法務省再犯防止推進等検討会・前掲注（13）13頁。
20	法務省再犯防止推進等検討会・前掲注（13）14-15頁。
21	法務省再犯防止推進等検討会・前掲注（13）5頁。
22	法務省再犯防止推進等検討会・前掲注（13）4頁。
23	法務省再犯防止推進等検討会・前掲注（13）17-18頁。
24	法務省再犯防止推進等検討会・前掲注（13）12頁。
25	有田朗「生活困窮者相談窓口における出所者への支援の課題」水野有香編『地域で支える出所者の住まいと仕事』（法律文化社、2016年）35頁。
26	内閣府「『新しい公共の考え方』──所信表明演説・新成長戦略・財政運営戦略などにおける『新しい公共』に関する主な記載」http://www5.cao.go.jp/npc/attitude.html（最終閲覧日2017年10月31日）。
27	内閣府・前掲注（26）、有田・前掲注（25）33頁。
28	有田・前掲注（25）34頁。
29	有田・前掲注（25）41頁。

30 橋本恵一「ホームレス支援と出所者支援の地平」水野有香編『地域で支える出所者の住まいと仕事』(法律文化社、2016年) 51頁。
31 橋本・前掲注 (30) 51頁。
32 Shadd Maruna, *Making Good: how ex-convicts reform and rebuild their lives,* American Psychological Association, 2001, pp162-164.
33 内閣府「平成23年度高齢者の居場所と出番に関する事例調査結果（全体版）」http://www8.cao.go.jp/kourei/ishiki/h23/kenkyu/zentai/index.html（最終閲覧日2017年10月31日）。
34 近時は更生保護施設においても、いわゆる「通所型」の薬物離脱指導や就労訓練を提供するところがある。その一例として、小畑輝海「女性更生保護施設『両全会』における出所者等の社会復帰支援の現状と課題」法律のひろば66巻8号（2013年）43-50頁。
35 橋本・前掲注 (30) では、橋本らの団体が支援した刑事施設出所者について、理解のある大家がトラブル時には連絡をくれたり、家賃の集金時に同人の話し相手になったりした例が紹介されている。また、伊豆丸剛史「地域生活定着支援センターと多機関連携」犯罪と非行180号（2015年）では、当初、同センターが警戒心を抱いていた、対象者の恋人男性が同センターや他の社会資源と協力し献身的に対象者の地域生活を支えたケースが紹介されている。
36 西川正和＝寺戸亮二＝大場玲子「保護司の活動実態と意識に関する調査」法務総合研究所研究部報告26号（2005年）32頁。
37 法務省再犯防止推進等検討会・前掲注 (13) 14頁。
38 掛川直之「地域福祉課題としての出所者支援」水野有香編『地域で支える出所者の住まいと仕事』法律文化社（2016年）69頁。
39 伊福部舜児「仮出獄者の再犯まで——主として"社会的期待"から」犯罪学年報1号（1960年）89-108頁、平野龍一編『日本の犯罪学（6）1970-1977 II 対策』（東京大学出版会、1980年）244-256頁。
40 高橋有紀「更生保護における『地域のチカラ』と『あるべき立ち直り方』」日本犯罪社会学会第42回大会報告要旨集（2015年）23頁。http://hansha.daishodai.ac.jp/meeting_reports/PDF/meeting-reports_42_2015.pdf（最終閲覧日2017年10月31日）。
41 就労支援施策における前歴開示の問題点に言及するものとして、本庄武「ソーシャル・インクルージョンと犯罪行為者の就労支援」龍谷大学矯正・保護総合センター研究年報5号（2015年）85頁。
42 法務省再犯防止推進等検討会・前掲注 (13) 14-15頁。

［補遺］脱稿後の2017年12月に「再犯防止推進計画」が公表された。本稿では、「再犯防止推進計画（案)」に基づいた記述、引用をしているが、「再犯防止推進計画」においても同箇所に同内容の記述が存在することを校正段階で確認済みである。なお、「再犯防止推進計画」はhttps://www.kantei.go.jp/jp/singi/hanzai/kettei/171215/honbun.pdfにて入手可能である。

（たかはし・ゆき）

第15章
高齢犯罪者に対する地域生活定着支援センターによる支援

安田 恵美
國學院大學

1 はじめに

　犯罪対策閣僚会議による「再犯防止に向けた総合対策」には、「高齢者又は障害者に対する指導及び支援」に関する項目も設けられた[1]。そこでは、「高齢」犯罪者と「障がい」を有する犯罪者に対して支援の必要性が強調されている。この視点は近時の刑事政策をめぐる諸研究においては珍しくない。高齢犯罪者や障がいを有する犯罪者が犯罪をするに至った背景には、「孤立」・「生活困窮」、「医療・福祉・介護サービスへアクセスできなかった」といった問題があることが諸調査・諸研究によって示されてきた[2]。「高齢」と「障がい」の「並列」はこれらの共通項によるものであると思われる。
　しかし、実際には高齢者が抱える問題は多種多様であり、「障がい特性」のような、その「障がい」に共通してみられる性質を抽出することが困難である。なぜならば、特性、症状など実質的な特徴に着目して「分類」されている「障がい」とは異なり、「高齢」は「65歳以上」と年齢で形式的に「分類」されているからである。65歳以上の「高齢者」の中には、病弱な者、身体能力が衰えた者、精神的に不安を抱えた者もいれば、身体に大きな問題はなく、イキイキと地域の活動や趣味に勤しんでいる者もいる。それゆえ、「年齢」という形式的な分類ではなく、高齢者を彼ら固有の「傷つきやすさvulnérabilité」という質的な特徴から見直す必要があろう。その上で、高齢者固有の「傷つきやすさ」と、障がい者との共通項を考慮しながら、彼ら・彼女らが犯罪をするに至るまでのメカニズムや刑事司法システム・刑罰システムから解放されたのちの社会参加・社会復帰に向けた支援を基礎づける支

援のありかたに目を向けなくてはならない。

そこで、本稿では、「高齢・障がい」犯罪者の共通点と「高齢」犯罪者固有の特徴を明らかにし、高齢犯罪者に対する援助のあり方を示したうえで（2）、高齢犯罪者に対する地域生活定着支援センター〔以下、定着センターとする〕の援助の現状と課題を示す（3）。なお、ここで想定している「高齢犯罪者」とは、65歳以上の高齢になってから犯罪を行い、刑事司法の手中に置かれた人を指すこととする。その意味で、長期受刑中に高齢になったケースについては主な検討対象とはしない。

2 「高齢」犯罪者の特性

高齢犯罪者には、社会の中での孤立や貧困などの「生きづらさ」ゆえに犯罪をするに至り、刑務所拘禁によって、さらに社会で生きていくための力を失っていく者が少なくない。軽微な犯罪を繰り返す高齢犯罪者は、この社会的排除と犯罪のスパイラルに巻き込まれており、自力で抜け出すことは困難である。

⑴ 高齢者一般の「傷つきやすさ」

高齢者と障がい者はともに、「傷つきやすさ」ゆえに社会的に排除されやすい。その大きなメカニズムについては共通しているが、両者の「傷つきやすさ」やそこから生じる「社会的排除状態」については異なる点もある。その違いこそが、高齢犯罪者の社会参加に向けた生活支援の性格および内容に影響を及ぼすものである。

高齢者の特性を論じる上で重要な概念となる「傷つきやすさ」であるが、これについて、「自立、尊厳、統合不可侵integrityと分かちがたく結び合わされた倫理原則」とする見解がある。「高齢」ゆえの傷つきやすさの具体的な特徴については、「加齢」という現象を核として論じられている。J. BELMINは、高齢であるがゆえの傷つきやすさを、社会的な要素と高齢者固有の身体的・精神的要素に着目して、以下の4つのカテゴリーに分類している。1つ目は、高齢化の影響である。たとえば、体力の低下や、不安を感じやすくなるといった身体的・精神的特徴がある。2つ目は病気のリスクの高まりである。高齢になるにつれて、免疫力や体力の低下に伴い、病気にかかりやすくなる、あるいは病気がより重篤になりやすくなるリスクが増大す

る。それゆえ、今現在疾病にかかっていなくとも、日常的な健康管理がより重要になる。3つ目は、過去の病歴である。高齢になるまでにかかった疾病の後遺症や、手術等の影響で何らかの支援や介助を必要とすることがある。最後に、労働市場からの引退といった社会的文脈がある。

これらの要素をみると、「障がい」と異なるのは、以前は健康な状態で労働に従事していた場合、大きな病気などをしない限りは、徐々に体力や気力が減退していくため、自身もその減退に気が付きにくい、という点である。言い換えれば、障がい者の傷つきやすさは「目に見えやすい」ものであり、本人も障がいであるとの診断を受けることによって自身の特性、少なくとも生活するにあたり何らかの支援が必要な状態であることは自覚することができる。しかし、高齢者の場合には、「目に見えにくい」傷つきやすさであることから、自身の「傷つきやすさ」を自覚し、それと折り合いをつけ始めるきっかけを逃しやすい。

次に、「傷つきやすさ」が社会的排除状態に結びついていく過程を示したい。

ここでのカギとなるのが、アマルティア・センによるファンクショニング理論とケーパビリティ理論である。フォンクショニング理論は、彼・彼女の「なしうること」に関するものであり、ケーパビリティ理論は「なしうること」をもとに行動を選択、組み合わせること、に関するものである。センは経済学者であり、これらの理論は労働市場からの排除への対抗を想定したものである。しかしながら、近時ではセンの議論をより広く日常生活のあらゆる場面における「福祉」を根拠づける理念として射程を拡大して用いた議論がある[5]。本稿においてもセンの議論の射程を拡大して用いることとする。

センの理論を用いれば、高齢者は「傷つきやすさ」ゆえに、「なしうること」が減少し、行動の選択肢が限定される、ということになる[6]。たとえば、「体力の衰え（高齢であるがゆえの傷つきやすさ）」から定年退職後の再就職ができない（「なしうること」の減少）場合、給与所得により生計をたてることは見込めない。それゆえに、高齢者は、非高齢者よりも社会で生活を営むことが難しくなるのである。

次に、「傷つきやすさ」から生じる「生きづらさ」について、「社会的排除」という語を用いて確認したい。「社会的排除」という語は1975年に出版されたR. LENOIRの著書'Les exclus-un français sur dix〔『排除された人々——10人に1人のフランス人』〕'のタイトルに用いられた。彼は同書におい

て、「生活困窮」という状態は単に経済的な貧困のみによって説明することができるものではなく、多様な問題から構成される複合的な状態であると指摘した。たとえば、経済的な貧困、孤立、教育や社会的サービスにアクセスできない状態を挙げており、これらから生じる「生きづらさ」を「社会的排除」状態とした。

高齢者は、労働の困難さ、労働市場からの引退、子どもの独立、配偶者との死別といった状況によって社会から排除されていく。そこで彼らが抱える問題を解決するために、社会的排除の対概念として提示されたのが、「社会参加insertion sociale」という概念である。[7]上記の社会的排除の要素と反対に考えると、高齢者の社会参加に必要な取組みとしては、社会保障制度や公的扶助制度といった公的サービスに高齢者を組み込むこと、そしてその制度による所得保障、そして孤独にしないこと、といった対応を挙げることができる。

(2) 複合的な社会的排除状態とそこからの脱却

平成20年版犯罪白書における、高齢受刑者に対する特別調査は、高齢者犯罪の背景にある事情として、「経済的困窮」と「孤立」を指摘している。[8]前述のとおり、高齢者は一般的に高齢固有の「傷つきやすさ」によって行動の選択肢が限定されうる。すなわち、社会的排除状態の中で、「生きるか死ぬか」の選択を迫られたときに、非高齢者が持つ手札と高齢者のそれとは数と種類が異なる。それゆえ、高齢者の場合「社会的排除」状態と「犯罪」とに、より強い関連性を見出すことができる。

高齢累犯者は社会的排除→犯罪→刑務所→社会的排除……という、「アリジゴク」のような負のスパイラルにはまり、自力では抜け出すことができなくなっていく。もともとの「社会的排除」状態と「刑事システムに乗せられた」ことによる社会的排除が加わった、「二重の社会的排除状態」により、問題状況が一層深刻化している。

高齢受刑者を刑務所に拘禁することにより生じうる社会的排除状態について、より詳細にみていこう。拘禁による弊害の結果としての「社会的排除」には2つの類型がある。ひとつは社会からの隔離による社会や周囲の人々との関係性の変化から生じる社会的排除である。もうひとつは「刑務所」拘禁により受刑者が社会生活に適応する力を失い社会参加することが困難になる、という意味での社会的排除である。このような社会的排除状態はすべての受

刑者において見出しうるものであるが、高齢受刑者は、その固有の「傷つきやすさ」から、より社会的排除状態に陥りやすく、自力でそこから抜け出すことが一層困難である。

　前者の例としては、家族や友人とのつながりが切れる・希薄になる、住民票が職権消除されるといったことが挙げられる。これらは、社会に生きる人・社会のサービスからの断絶を意味する。次に、後者の例としては、以下の４点を指摘することができる。1点目は、処遇の「客体」として扱われることによる社会的スキルの衰えである。我々は日々生活を営むにあたり、「○時から×で仕事があるから、家を△時に出て、□線に乗ろう」といったように、一日の行動を時計や地図、時刻表といったツールを用いながら管理している。一方で、刑務所には時計も地図もない。それらは受刑者の生活に必要ないからである。工場や班ごとの行進についていけば、作業を行い、食事をし、入浴することができる。そのように管理された生活は、主体的に生活を営む力を奪うおそれがある。２点目は、自分の気持ちを伝えるためのコミュニケーションスキルの低下である。刑務所では原則として、自由に交談することは許されていない。作業中、他の受刑者に確認したいこと等があれば、挙手をして担当の刑務官の許可を得てから相手に話しかける。また、刑務官と受刑者が「対話」する機会はあるが、匿名の「受刑者」と「刑務官」の対話の情景は、塀の外で日常的に行われている対話とは大いに異なる。多数回刑務所に入所している高齢受刑者は、そのような塀の外とは異なる特殊な対話の文化に慣れてしまう。その「慣れ」により、自分の感情を人に伝える力を失い、刑務所出所後等に対人関係でトラブルが生じたときに「暴れる」「逃げる」ことによって対人関係を乗り切ろうとすることがある。３点目は、受刑者が自分を「受刑者」として認識し、「刑務所」に入ることに対する抵抗が薄れる点である。とりわけ高齢累犯者の場合、社会における生きづらさに直面した際の「生きるため」の選択肢の中に、「犯罪」や「刑務所に入ること」が入りやすくなる。最後の４点目は、これまでの３つとは若干視点が異なる。すなわち、刑務所医療・福祉・介護サービスの量的・質的不十分性による健康状態・要介護状態の悪化である。刑務所内では塀の外と同等のサービスを受けることはできない。慢性的な医師不足であり、正看護師も一般の刑務所には１名程度である。そこで、准看護師の資格を有する刑務官も受刑者の看護にあたっている。福祉・介護については、専門職員が配置されていることは少なく、非専門職の一般の刑務官や他の受刑者が食事、排せつ、入浴等の

介助を行っている。適切・十分なケアの欠如（量・質的不足）は、要介護状態にまで至らしめる、あるいは要介護状態や認知症を悪化させるおそれすらあるのである。

そもそも、刑務所内で受刑者自身が自由に医療・福祉・介護サービスにアクセスできない状況で、それらのケアを提供しない、あるいは不足している状況は、自由権規約7条や拷問禁止条約16条が禁止する「非人道的かつ品位を傷つける取扱い」に該当しうる。ヨーロッパ人権裁判所は、判例の蓄積により、上記規定と同様の文言を有するヨーロッパ人権条約3条と被拘禁者に対する処遇の関係性について、ヨーロッパ人権条約加盟国には「非人道的かつ品位を傷つける取扱い」をしない義務（消極的義務）と「傷つきやすい受刑者」に対して受刑者の心身の完全性を保障するための支援をする義務（積極的義務）が課せられていることを示してきた。

すなわち、高齢犯罪者においては、刑務所内および刑務所出所後に確保すべき対応の量・質が他の受刑者と異なるのである。彼らの「傷つきやすさ」を考慮しながら、「社会的排除状態」を深刻化させないための支援（上記、消極的義務に対応）、および社会参加を促進するための支援（上記、積極的義務に対応）の2つの視点から対応を考察しなくてはならない。

その基礎となる「社会参加」というキーワードについて、LENOIRによる「社会的排除」の定義と対比しながら確認しよう。まず、社会的サービスへアクセスできない状態、および貧困状態を改善するためには、老齢年金、生活保護、介護保険、医療保険といった各種制度につなげることが重要である。当該高齢者がそれらの制度の手続きをすることが困難な場合には、手助けが必要となろう。重要なのは、その手助けによって「人」や「機関」とつながる、ということである。そこから、当事者に寄り添う人や機関の輪が広がっていく。その「輪」は必ずしも福祉機関や行政といった「サービスの提供者」のみから構成されるものではない。デイサービスに通う中で出会った友人・知人、所得保障サービスを受けて行けるようになった喫茶店や惣菜屋、商店の店員や顔なじみなど、ただひとりで家にいるだけでは、あるいはひとりで路上生活している時には出会うことができなかった様々な「人」に出会うことができるといった効果が期待できる。高齢者のケースでは、就労の年齢制限や稼働能力の減退等の理由から労働を前提とせずに生活支援が設計されることが少なくない。法的にも、高齢者に対する福祉・介護サービスに関する介護保険法は、障がい者に対する障害者総合支援法と異なり就労支援の仕組

みについての規定はない。それゆえ、「就労」以外の日中の「居場所」と「出番」の確保が問題となり、地域の人や機関とのつながりがより一層重要となる。

　本稿では、これらの社会サービスや社会の人・機関等とつながり、生活に必要なモノやサービスをそろえていく状態を「社会参加」と呼ぶ[15]。もっとも、社会参加も周囲の諸機関・人による強制的、あるいはパターナリスティックな介入であってはならず、本人がそのサービスや関わりを選択することが重要である[16]。本稿の主たる論点ではないが、「社会復帰」については、社会参加を前提として、自分の生きがいや、「これからの自分」に目を向ける余裕が出てくる状態であるととらえることができよう[17]。その結果、犯罪に目を向けることない生活の状態が続くことで、結果として「再犯をしない状態」に至る[18]。

3　地域生活定着支援センターと高齢犯罪者

　高齢出所者等の社会参加の実現に向けた支援においては、高齢者特有の傷つきやすさに目を向けつつ、「二重の社会的排除状態」を改善するための対応が必要となる。その取組みは、当該高齢犯罪者が刑事司法システムに乗せられてから、社会に参加するまでの各段階においてなされなくてはならない。

　ただし、この主張は「高齢」であることを理由として、ただちに「釈放せよ」・「刑罰を減軽せよ」ということを意味するのではない。議論の対象は、あくまでも拘禁環境の改善や、取調べにおける配慮など、高齢であることに配慮した「取扱い」である。福祉・医療・介護サービスについては、刑事司法の手中におかれているか否かに関わらず、ニーズがあれば確保されなくてはならない。すなわち、刑事司法・刑罰システムと援助の確保は別の文脈で論じられるべきである。しかし、実際には、「刑事司法・刑罰システムに乗せられている」ことと、福祉サービスを用いた援助の確保が密接に関連しうる局面がある。それは、①ダイバージョンの局面と、②早期釈放されるかどうかの局面である。①のダイバージョンの局面については、入口支援による対応が問題となる。入口支援は、「拘禁→社会的排除の助長→再犯」という負のサイクルを断ち切るといった現場の問題意識から高まっている「運動」であるととらえることができる。拘禁を回避する、という意味では極めて重要な活動であるが、「運動」として行われているために、理論的な整理は不

十分な状況である。そのため、入口支援の内容や、ダイバージョンの基準については、一定の枠組みや合意はいまだ形成されていない状況にあるといえよう。ついで、②の早期釈放に関しては、十分な対応がなされていない状態である。高齢者においては拘禁の弊害が一層大きいため拘禁をできるだけ回避する、という入口支援のロジックは早期釈放の積極的運用の根拠にもなりうるはずである。しかし、地域生活定着促進事業の主たる活動である特別調整は、満期釈放が予定されている高齢者または障がい者を主たる対象としており、仮釈放等の早期釈放に向けた支援は比較的少ないようである。[19]

以下、高齢者に対する定着支援センターの支援の現状に存する課題について、入口支援[20]と出口支援の２つの局面に分けて提示する。そのうえで、両者のあり方を考える上では避けることのできない「当事者の揺れ」について示したい。

(1) 入口支援

現在行われている入口支援には、２つの類型がある。ひとつはダイバージョンに向けた支援であり、もうひとつは当該被疑者・被告人の防御権の実質的保障に向けた支援である。

実際には、「入口支援」という語は、ダイバージョンに向けた支援を指すことの方が多い。たとえば、生活困窮者である場合に、「帰住先がない」という事実は起訴する方向、あるいは実刑とする方向に影響を及ぼしうる。その際、入口支援によって帰住予定地が見つかれば、起訴猶予とされる、あるいは執行猶予が付される可能性がより高くなるだろう。

現在の入口支援では、医療・福祉・介護ニーズの発見・その内容に関するアセスメント・支援の確保という３つの作業が行われていることが多い。基本的には、釈放後の環境調整、とりわけ「居所」の確保を中心に行われる。場合によっては更生支援計画書の作成や、情状証人として裁判で証言をする場合もある。入口支援の期間は限られており、勾留されている場合にはアセスメントを行う環境が限られている。その中で適切なアセスメントを行うことは極めて困難である。くわえて、支援が確保されているか否かという点や支援の内容にまで検察や裁判所が踏み込むことは、福祉サービスを起訴猶予・執行猶予の条件とすることにつながりうる。[21]それは、本来全く別の制度・原理で動いている福祉制度と司法制度を結び付け、いわゆる、「福祉の司法機関の下請け化」を引き起こすおそれすらあるのである。[22]

社会的排除状態が背景にあり軽微な犯罪を繰り返している高齢犯罪者の場合においては、刑法25条における再犯者に対する執行猶予の制限や常習累犯窃盗であることが問題となりうる。それらの場合には、起訴され、有罪であることが確認されれば、刑務所に拘禁される可能性が極めて高くなる。その意味では起訴前における入口支援が一層重要な意味を持つ。

　しかし、高齢者の場合、「傷つきやすさ」という抽象的な共通項はあるものの、抱えている具体的な問題は多種多様である。それが入口支援の大きな壁となりうる。医療・福祉・介護サービスの確保、といった視点に立てば、その問題に応じた支援をいかにして確保するか、という点が重要である。しかし、限られた時間、状況で適切かつ十分なアセスメントを行うことは極めて困難であろう。それゆえ、段階的な支援を行っていくことがより好ましい。具体的には、釈放後にただちに更生緊急保護により一時的な居所を確保し、その期間を利用して専門機関がニーズのアセスメントおよび、それに応じたサービスの調整をする、という方法や、まずは一時的なシェルターを確保し、その間生活保護の手はずを整え、生活保護を受給しながら、ニーズのアセスメントとニーズに応じた支援の調整を行うという方法があろう。[23]

　また、入口支援のもうひとつの形である、防御権の実質的保障についても、近時、認知症により、コミュニケーション能力が著しく低下している場合等に取調べの記憶がなく訴訟能力がないとして、公訴取消になる事案も指摘されている現状にかんがみれば、非常に重要な意義を持つ。[24] 取調べに応じる力や訴訟能力のみを問題とするのではなく、刑事司法に乗せられたことを契機として、当該高齢被疑者・被告人がなんらかの問題を抱えていることが明らかになった場合には、医療・福祉・介護の観点にたち、「ニーズがあるから支援を行う」ことが重要である。被疑者・被告人も一人の市民として各種サービスを受ける権利を有し、かつ劣悪な拘禁状況におかれることはその尊厳を著しく傷つける。くわえて、専門機関が被疑者被告人に関わることによって、抱えているニーズの重大性が明らかとなれば、保釈や勾留の執行停止に向けた対応につながることも期待できる。

　これら２つの類型の入口支援はともに重要な意味を持つ。これらを実現するためには、早期からの福祉機関の関与と被疑者段階での弁護人による働きかけが重要となる。そこで、「当番ソーシャルワーカー」のような取組みが今後検討されてもよいのではなかろうか。[25]

(2) 出口支援

次に、刑務所出所後の出口支援、とりわけ特別調整の取組を見る。

特別調整では、今や住居や身元引受人といった環境調整にとどまらず、当該高齢・障がいを有する出所者が抱えている問題に応じた多種多様な支援の確保も行われている。定着センターは、出所者を受け入れた支援者の支援をすることもある。

高齢者においては居所の調整ひとつをとっても、その健康状態、ADLに応じて多様な選択肢がありうる[26]。くわえて、加齢によりそれらの状態は変化していく。それゆえ、出所前にアセスメントしたニーズと出所後にアセスメントしたニーズが変わるという事態も生じうる[27]。定着センターの高齢出所者に対する特別調整の課題のひとつは、高齢者の変化する「ニーズ」にどこまで、どのように対応していくか、という点であろう。たとえば、出所後は一人暮らししていたが、身の回りのことができなくなれば、ヘルパーやデイケアの調整が、要介護になれば施設入所が検討される必要があろうし、最終的には看取りケア、死後の手続が必要になろう。定着センターが死後の手続までを調整する必要はないが、誰をケアの担い手の中心にするか、といった点については定着センターが調整することも少なくない。

もうひとつの課題は、日中活動の調整である。高齢の場合、就労したい・できる人と、困難・就労したくない人がいる。就労を望んでいる場合であっても、一般的に高齢者は非高齢者と比べて就労が困難である。くわえて、彼らの多くは「刑務所」で長い間暮らしていた経験を持つ。障がい者であれば、障害者総合支援法における就労支援制度を用いることが可能である。しかしながら、高齢者福祉制度には就労支援のメニューがないことから、福祉制度としても、高齢者については、就労を中心とした「社会参加」を予定していないと考えられる。それゆえ、高齢者においては、「就労」に限定されない居場所・出番をいかにして確保するのか、という点が問題となる。

上記2つの課題の克服において、重要となるのが、「当事者自身を中心においた」支援であろう。刑務所と社会を行き来し、塀の中での生活に慣れた高齢出所者にとっては、「社会で生きていく」ビジョンすら持っていないこともある。支援者とともに「社会での生き方」を思い描いていくことが社会参加にとって必要であろう。

(3) 揺れる高齢出所者

「社会参加」の過程の中で、高齢出所者自身が支援を拒むこともある。[28] 本人の「拒否」の意思は、支援の同意の段階や、施設等からの「脱走」、支援者への怒り、施設等のルールの違反といった形でも示されうる。それらの意思表示は時として「福祉に沿わない」として、社会復帰の困難性を示す一つの要素としてみなされうる。しかしながら、近時では、彼ら自身が「社会参加」や「社会復帰」を受け入れていく一つの過程であるとの見方がある。

この「揺れ」は社会的排除ゆえに犯罪を繰り返してきた人々に広くみられる現象である。高齢出所者の場合には、より長い時間を刑務所で過ごし、刑務所生活への慣れからコミュニケーションスキルがより低下しやすいだろう。さらに、多数回刑務所に入っているという経験は、社会から排除されてきた経験とそれによる精神的・身体的ダメージの深刻さを示している。それゆえに、自分の権利や尊厳に対する意識が希薄なものとなっている。[29]「味方」がいない状況で生きてきた彼らにとって、人を信頼するということはたやすいことではない。

以下は、高齢出所者に対する支援の経験について、支援者が紹介した文章である。「（ある高齢出所者は）人とうまくやっていくために納得できないことでも愛想よくその場を取り繕い、状況が悪くなれば、交渉せずにその場を立ち去ることを繰り返してきた。そんな人に、生活保護を受け、衣食住を整え、四角四面で正しい生活の枠にはめ、枠からはみ出そうとするたびに、刑務所より社会の方がましだろうと説いてきた。しかし、本人の立場に立ってみれば、社会は生きづらさを抱えてきた場所であり、"縁"を見つけることに不安や戸惑いを感じることはごく自然なことで、生活に慣れるまでに時間を要することを理解しなければならなかった」。[30] この当事者の脱走は、「失敗」ではなく、彼にとっては「生きる術」である。社会から排除される経験を重ねてきた高齢出所者においては「支援者との対人距離を推し量ることが難しいものや、猜疑心・敵対心から、支援を受け入れる心的準備が整っていない」者が少なくない、との指摘がある。[31] そのような段階にある者に対する、「支援」としての介入は、「時として他人の心に土足で踏み込むようなもの」である。[32] 刑務所拘禁経験を通じてコミュニケーションの力を失った高齢出所者たちは、そのことに対する「怒り」や「不満」を、ときに支援者への「反発」の形であらわす。その反発が、ときに「再犯」という形になることもある。

その「揺れ」にいかにして寄り添うのか、当事者が自身の「揺れ」とどの

ように折り合いをつけるのか、という点が入口・出口支援を考える上での重要な視点であるといえよう。

4　結びにかえて

　「社会的排除状態」を背景とした犯罪は高齢者のみ見出すことができる特徴ではない。障がい者や、生活困窮者など様々な「属性」の人々が社会的に排除され、生きるための手段として犯罪行為をするに至っている。彼らが犯罪をしなくてもよい生活を送るためには、一人の人として必要としている支援が確保され、社会で生きる状態を整えることが前提となる。

　本稿では、「高齢・障がい」というカテゴリーのもと設計されている地域生活定着促進事業に目を向け、高齢者と障がい者と共通している部分と「高齢者」固有の「傷つきやすさ」との違いに留意しながら、彼らに対する支援の特性と課題について示してきた。この「傷つきやすさ」に目を向けた考察は、定着センター等による支援のみならず、高齢犯罪者の拘禁を考える上での、理論的基礎となりうる。具体的には、未決拘禁の執行停止や保釈の運用、仮釈放の運用のあり方が問題となろう。また、自由刑単一化の議論の中で、もし自由刑を禁錮刑型のみとする――すなわち、自由刑の内容が移動の自由の剥奪・制限に限定される――という見解を基礎にして制度設計を試みるならば、社会内での移動の自由の制限を、老人ホームなど当該高齢者の特性に適した場所で実現するという道も可能である。その意味で、高齢者特有の「傷つきやすさ」は「自由刑の執行方法」にも影響を及ぼしうるものである。

　したがって、高齢者の「傷つきやすさ」は高齢犯罪者に対する刑罰システムや処遇、社会参加に向けた支援の土台となりうる。本稿では、定着センターの活動に注目し、入口支援と特別調整という2つの局面にのみ目を向けた。しかし、刑事手続に乗せられてから、出所するまでの、いわゆる「司法領域」における対応と、その後の社会における「福祉領域」における対応までの一貫した、モレのない支援を確保するためには、高齢者の「傷つきやすさ」という視点を核とした刑罰システムや、シームレスな支援のあり方の全体像を描いていく必要があろう。

1　内閣府犯罪対策閣僚会議「再犯防止に向けた総合対策」10頁（2013年）http://www.moj.go.jp/hisho/seisakuhyouka/hisho04_00005.html（最終アクセス2017年10月25日）。

2　たとえば、最近の調査研究として、法務総合研究所研究部報告56「高齢者及び精神障害のある者の犯罪と処遇に関する研究」http://www.moj.go.jp/housouken/housouken03_00091.html（最終アクセス2017年10月25日）がある。

3　中澤武「『傷つきやすさ』と痛みの経験」日本哲学会第76回大会予稿集・一般研究発表http://philosophy-japan.org/wpdata/wp-content/uploads/2017/04/436-3.pdf（最終アクセス2017年10月25日）。ただし、この定義は絶対的なものではない。たとえば、Brene Brown, Daring Greatly: How the Courage to be Vulnerable Transforms the Way We Live, Love, Parent and Lead, Penguin Books, 2012, p34（ブレネー・ブラウン（門脇陽子訳）『本当の勇気は「弱さ」を認めること』（サンマーク出版、2013年）43頁）は、傷つきやすさ（ヴァルネラビリティ）を「不確実性、リスク、生身をさらすこと」と定義している。

4　J. BELMIN, Vulnérabilité-Fragilité de la personne âgée, p2, http://www.chups.jussieu.fr/polys/capacites/capagerontodocs/pathologie1-2011/JBelminfragiliteetvulnerabilite2011.pdf（最終アクセス2017年10月25日）。

5　古川孝順『社会福祉研究の新地平』（有斐閣、2008年）98頁以下。

6　生きるための選択肢が限定された結果として、換金目的での窃盗、衣食住が確保される刑務所に入るための犯罪などを選ぶ、というように高齢者犯罪のメカニズムを説明することも可能であろう。

7　ヨーロッパでは社会的排除に対抗する概念として、フランスにおける社会参加の概念に社会の責任や連帯概念の色彩を強調した「社会包摂social inclusion」の概念が用いられているとの分析がある（中村健吾「EUにおける『社会的排除』への取り組み」海外社会保障研究141号（2002年）56頁以下）。

8　平成20年版犯罪白書、第7編第6章第3節まとめ。

9　安田恵美「拘禁の弊害と社会復帰」法学セミナー754号（2017年）35頁以下。

10　浜井浩一「懲役刑の廃止と自由刑の一本化の課題」季刊刑事弁護90号（2017年）175頁。

11　浜井浩一『刑務所の風景』（日本評論社、2006年）206頁。

12　浜井浩一「刑事司法と認知症――認知症受刑者から見える刑事司法の課題」季刊刑事弁護91号（2017年）179頁。

13　安田恵美『高齢犯罪者の権利保障と社会復帰』（法律文化社、2017年）201頁以下。

14　この支援者の輪による、高齢出所者支援の取組について、たとえば、「高齢出所者の社会参加と社会復帰」法律セミナー754号（2017年）39頁以下において、支援者と当事者の座談会形式で紹介している。

15　この点について、古川・前掲注（5）108頁では、「依存的自立」「自立的依存」という言葉を用いて説明している。

16　社会参加は、固定の場所、機関、人とのかかわりの中で社会に「定着」しなくとも達成可能であろう。当事者が様々なコミュニティや支援者・機関等の間を漂流しながら、困ったときに立ち寄ることができる「港」のような場所・人をみつけることも社会参加のひとつの形であろう。

17　支援の「強制」ではなくとも、しばしば支援者の厚意で行われることもありうる（安田・前掲注（9）37頁）。しかし、たとえば本人が「社会に参加する」という視点を重要視するならば、本人が選択できる状態でサービスを提供することが重要であるように思われる。

18　土井政和「日本における非拘禁的措置と社会内処遇の課題」刑事立法研究会編『非拘

禁的措置と社会内処遇の課題と展望』(現代人文社、2013年)17頁。

19 高齢受刑者の医療・福祉・介護ニーズに、十分かつ適切な対応を確保するために外部の専門機関につなげる必要がある場合には、刑事訴訟法482条に定める自由刑の裁量的執行停止制度を用いるべきである。地域生活定着促進事業に関する指針によれば、定着センターは当該受刑者が刑務所に入所した時点から関わることが可能である。そのため、福祉の専門家が面談を通して各種サービスの確保がなされなければ、当該受刑者の生命・健康が害される、あるいは尊厳が傷つけられるおそれがあると判断した場合には、定着センターが中心となって自由刑の裁量的執行停止措置に向けた手続きおよび環境調整を行う、といった実務が行われるべきである〔安田・前掲注(13)210頁〕。

20 もっとも、入口支援には多くの人・機関がかかわっており、定着センター独自の業務ではない。

21 特に起訴猶予の判断基準に関して、刑事訴訟法248条における「境遇」との文言と各種ニーズおよび支援の関係性については以下のように考える。すなわち、「何らかの生活上の問題を抱えている」ということが確認できればそれでよく、「支援が確保されているか否か、その支援が十分・適切なものか」を判断すべきではない。支援の確保については更生保護法86条に基づき釈放後の更生緊急保護と関係で論じるべきであろう(安田恵美「福祉的ニーズを持つ被疑者への起訴猶予」法学雑誌60巻3・4号(2014年)1266頁以下)。

22 同上1271頁。

23 たとえば「埼玉弁護士会社会復帰支援委託援助制度」がある。この制度は弁護士会と社会福祉士会が協働して運営している。釈放後、まずはシェルターに1か月間、一時的に受入れる。その一時受入れの見込みが起訴するか否か、または執行猶予を付すか否かに関する判断の一資料とされる。釈放された場合には、一時受入れの間に生活保護の調整を進める。その後は生活保護を受給しつつ、ニーズに応じて就労や各種医療・福祉・介護サービスにつなぐための取組みを行っている(一般社団法人よりそいネットおおさか「更生保護施設および更生保護施設入所者・退所者の実態に関する調査報告書」(2014年)97頁以下)。

24 内閣府第10回差別禁止部会「司法における差別の事例」(2011年) http://www8.cao.go.jp/shougai/suishin/kaikaku/s_kaigi/b_10/pdf/o-s2-1.pdf (最終アクセス2017年10月25日) 2頁では、若年性認知症のケースとして以下の事例を紹介している。「平成19年4月、59歳の男性が赤い女性用のショルダーバックを万引きしたとして現行犯逮捕された。大阪地検堺支部が実施した簡易鑑定では、『軽い認知症の症状はあるが責任能力に問題はない』として起訴された。しかし、その男性は警察での取調べも覚えておらず、裁判所にいることさえわかっていなかったので、公判で訴訟能力を争い、精神鑑定をしたところ『早発性アルツハイマー型認知症』であることが判明した。その結果、心神喪失状態で訴訟能力がないとして公判が停止された。大阪地裁堺支部は刑事訴訟法に規定がないとして、公訴棄却も免訴もせず、結局、検察官が公訴取消をした1年6カ月後、ようやく公訴棄却とした」。

25 「入口支援」という枠組み以外を作らず、「地域福祉の領域」——この場合の『福祉』は必ずしも福祉機関によるサービスには限定されないだろう——にある問題としてとらえなおすことも可能であろう。地域包括センターが扱っているケースのうち「問題を起こすクライアント」の中には、犯罪行為が問題となっていることもある。その場

合は、刑事司法に乗せられるのではなく、地域福祉の中で解決が図られることも少なくない。地域福祉の領域で扱われる「トラブル」と「犯罪」の境界はどこにあるのか？高齢者福祉と犯罪処理の関係を考える上でこの点の実態解明がひとつのヒントになると考えられる。

26 当該受刑者が抱えている問題がより複雑かつ深刻なものである場合には刑務所に勤務するソーシャルワーカー等が重要な役割を果たしている。日常的かつ専門的な医療を必要とする場合には、刑務所から直接医療機関に入ることもある。また、認知症等で本人が特別調整に対して同意することができない場合には、特別調整に乗せることができないため、上記ソーシャルワーカー等が対応を行っている。もっとも、そのような場合には、居住地の調整はソーシャルワーカーや保護観察所が調整を行い、その他の福祉サービス等については、一般調整として定着センターが関わることもあるようである。

27 実際、帰住先を調整する際に、当該高齢者にはどのようなタイプの居所がマッチするのか、について刑務所内で判断することは難しい。障がい者と高齢者と共通する問題としては、「施設」、グループホーム、そして独居のどれが適しているのか、また当該「施設」との相性を判断することが困難である点を挙げることができる。その一方で、高齢者の問題としては、刑務所内において「認知症」チェックの機会が少ない、認知症の診断書が出してもらえないといった問題がある。それゆえ、認知症であることに出所後に気が付くといった問題や、昼夜独居という「究極のバリアフリー」の可能性もある刑務所内では「自立」と判断されていたが、社会に出てみたら階段の上り下りすらできない状態だった、ということもある。これらの問題状況を改善するためには、外出外泊制度を活用した、刑務所の外でのアセスメントや施設の体験入所・宿泊の実現が有用であろう。

28 神垣一規＝舩山健二「福祉支援を希望しない高齢受刑者の特徴」司法福祉学研究14号（2014年）95頁以下では、高齢受刑者に対して行ったアンケート調査結果を受けて、彼らが特別調整を拒む理由として、「まだ自分でできる」、「福祉サービスを受けなくても大丈夫」、「自分を高齢だと思っていない」といった点が明らかになったと指摘している。実際、「まだ自分でできる」ために福祉サービスを拒否する高齢者の中には、心身共に健康な者（いわゆる「元気高齢者」）もいる。その場合には、福祉サービスの対象とならないため、福祉の枠組みを使った生活支援を行うことが難しい。しかし、その場合にも、「ひとりにすること」を避け、加齢による心身の衰えや病気のリスクの高まりに対応することができる、あるいは当事者自身が困ったときに相談することができる、人や機関との柔らかなつながりを確保しておくことが重要だろう。

29 笹沼弘志はこの点に関連して「理不尽な差別的扱いや、違法不当な権利行使に曝された当時者は、それに法的に対抗するすべがないため、法へのニヒリズム、法への不信を募らせる結果となる。そして、場合によっては、法の隙間をぬったり、力によって対抗する手段を取りうることも起こりうる。権利への自覚と法への信頼を失ったものには、法を守るべき自発的意思は存在しない」と指摘する（笹沼弘志「犯罪と『社会の保護』――社会的排除と立憲主義の危機を超えて」日本犯罪社会学会編『犯罪からの社会復帰とソーシャルインクルージョン』（現代人文社、2009年）140頁）。

30 山田真紀子「地域生活の定着に向けた取り組み――司法と福祉の懸け橋として」、ヒューマンライツ＝Human rights 352号（2017年）6-7頁。

31 舩山健二「第2章 『支援不信』の受刑者たち」安田恵美＝掛川直之編『刑務所出所

者の更に生きるチカラ、それを支える地域のチカラ』URP「先端都市研究シリーズ」10（2017年）8頁。この点に関連して、舩山は以下のように指摘する。「このような対象者は、本当に支援者を信じていいのか、支援者に対して、揺さぶりをかけてくる場合が多い。具体的には支援者が困惑するような言動をとり、どこまで自分という人間を受け入れてくれる支援者なのか試している行動といえる」。

32　同上9頁。

（やすだ・めぐみ）

第16章
薬物等依存症を抱える人に刑事司法は何ができるか

丸山 泰弘
立正大学

1　はじめに

　2016年6月1日から導入された「刑の一部執行猶予」を適用した判決は、1年間（2017年5月31日まで）で1,596人に言い渡された。そのうち約90％以上が覚せい剤や大麻などの薬物事案であった。統計によれば、一部執行猶予が言い渡された薬物事犯の被告人の数は1,490人であった。近年の覚せい剤取締法違反の実刑判決を言い渡される被告人が約5,800人ほどであるので、実刑になる人の約4分の1に一部執行猶予が言い渡されたことになる。
　このように、その運用においてそもそも実際に判決時に言い渡されるのかどうかも議論されていた一部執行猶予は、今後も実務で重要な位置を占めるようになることが予想される。
　一方で、一部執行猶予判決を獲得するためには、弁護人やダルクなどの支援団体が出所後の支援等を行う体制を整え、薬物依存症からの回復について積極的に取り組んでいることが裁判で示されているが、そのように裁判の段階で社会生活での支援を整えられているのであれば、再度の執行猶予判決を出し、回復につなげることも可能だと思われる。もちろん回復支援の土台が整ったとして、再度の執行猶予が言い渡される判決もいくつか出始めてはいるが、すぐに検察官は控訴をして、高裁で再び再度の執行猶予が取り消され実刑判決が言い渡されるという事案がほとんどである。
　また、2016年12月に成立した再犯防止推進法により、法務省が中心となって検討している「再犯防止推進計画」案（以下、中間案）が9月26日に出された。中間案に盛り込まれた施策は100を超えており、刑務所出所者の就労

や住居の確保、医療や福祉サービスの促進に加えて、薬物事犯者の再犯率に着目し、治療・支援を行うことについて言及している。

以上のように、回復支援のための法改正や制度の運用が整いつつある中で、一方では依然として「薬物事犯者」には刑罰を持って対応するべきであるという姿勢が見られる。そこで、本稿では、まず初めに薬物乱用防止五か年戦略の変遷や薬物事犯者を取り巻く法改正等を概観しながら、従前の厳罰的対応から回復支援を行う体制が整えられている一面を確認する。さらに、再犯防止推進計画案について概要を確認する。しかし、それらの「支援」は本人の回復支援を掲げる一方で、危険な犯罪者予備軍を管理統制するための「再犯予防」であることを指摘し、刑事司法で行う「福祉的な支援」の限界についても考察を試みる。最後に、刑事司法によらず社会保障の一環としての薬物依存症回復支援のアプローチについても言及したい。

2 近時の薬物事犯者を取り巻く環境[4]

(1) 薬物乱用防止五か年戦略の変遷

現在の日本における薬物政策は、大きな変革の時期にある。非営利目的や単純自己使用目的の末端使用者であっても徹底した取締りを行ってきた政策から、より医療的で福祉的な介入を用い、なるべく早期に従来の刑事司法からのダイバートが可能な政策が求められている。その薬物事犯者への対応の動きは、薬物乱用防止五か年戦略からも見て取れる。

1998年に策定された五か年戦略は、その後2003年に「薬物乱用防止新五か年戦略」、2008年に「第3次薬物乱用防止五か年戦略」(以下、「第3次戦略」)、2013年に「第4次薬物乱用防止五か年戦略」(以下、「第4次戦略」)がそれぞれ策定された。[5]

これらからは薬物犯罪に関する国の政策が、大きく2つの視点から行われているのがわかる。すなわち、薬物密売組織の壊滅や水際での密輸入を阻止する「供給側中心の政策」と、青少年等への啓発活動や徹底した末端薬物乱用者の取締り、治療・社会復帰支援による薬物再乱用防止を行う「需要側の政策」である。

しかし、従来の施策においては、取締りを強化することが掲げられ行動に移されてきたが、薬物依存症という病気をケアするという姿勢は見ることは困難であった。併せて、日本では効果が期待されている薬物依存からの離脱

手段として、治療共同体や自助グループなどの活動とそのサポート体制も不十分なままである。そして福祉的な援助の側面も圧倒的に不足している状態にあったといえる。そのような薬物政策上の問題が指摘される中、第３次戦略から末端使用者へのケアという側面がみられるようになっていった。

さらに第４次戦略では、第３次戦略の流れを引き継ぎ、行政機関、医療機関、自助グループ等の民間団体との連携を推進させることが謳われており、すでに全国の矯正施設においてダルクをはじめとした民間団体が薬物離脱指導のグループワークのために活動している。

また、同時並行的に政府の犯罪対策閣僚会議では、「犯罪に強い社会の実現のための行動計画」が2003年に決定され、そこでも「薬物乱用、銃器犯罪のない社会の実現」の中で薬物対策を重要施策として取り上げている。ただし、この時期の行動計画は、相談活動の充実を図るといった末端使用者への取り組みを強化するとしつつも、当初の五か年戦略と同じように末端使用者への徹底した取締りが中心であった。

一方で、2016年７月に「薬物依存者・高齢犯罪者等の再犯防止緊急対策」（以下、緊急対策）を公表し、2020年を目処とした立ち直りを支えるネットワークの構築について、「立ち直りに向けた"息の長い"支援につなげるネットワーク」の必要性に触れ、薬物依存からの回復に向けた施策を打ち出している。ここでは、直面する課題として「薬物事犯者の多くは、犯罪者であると同時に薬物依存の問題を抱える者でもあり」とし、「立ち直りに多くの困難を抱える薬物依存者や犯罪をした高齢者・障害者等の再犯防止を一層進めるためには、従来の対策を加速するとともに、刑事司法と地域社会をシームレスにつなぎ、官民が一体となって"息の長い"支援を行うことが必要である」とする。

(2)　五か年戦略と行動計画の功罪

以上のように、厳罰化による徹底した取締りから、より社会復帰に繋がるための支援のあり方や、官だけでなく民間も含めたネットワーク構築へと議論が深まり、その支援の広がりが期待される。

しかし、依然として、いわゆる「使用者」への取組みとして、初期使用者への取組みと「依存状態となっている者」への取組みがあるとすれば、そのどちらも検討の余地があるように思われる。まず、初期使用者への取組みとしては、薬物乱用防止五か年戦略は、啓発活動を中心としたものである。つまり、初期使用や経験のない人には「クスリは怖い」ということを教える活

動に終始している。しかし、初期使用の防止を謳うのであれば、躁鬱状態から初めて使用することも「初期使用」であり、また自殺対策といった別の問題から「初期使用」に至る者など、さらには、重複障害などから「初期使用」に至る者へのケアは不十分なままである。

　さらに、「依存状態となっている者」への取組みの問題についても、検討をしたい。ネットワークの構築については、「緊急対策」でも言及されている通り、対策の目標として2020年までに刑務所出所者の2年以内の再入率を20％減少させる」という数値目標が設定されている。同じ「再犯の防止」としても、その方法は大きく異なる。たとえば、24時間365日電子監視をし、行動のすべてを管理した「再犯の防止」もあれば、生活の環境が整い、住居や就業の問題が改善され、地域社会での「居ていい場所」を作り出していった結果に、振り返れば「犯罪行動がなかった」という「再犯の防止」もある。「緊急対策」でも論じられているように、「息の長い」取組みや民間協力者との連携強化が指摘され、より福祉的で、社会の理解を進めるための時間のかかる取組みが行われようとしている。しかし、数値目標を設定することで、それが達成されない場合は、すべての取組みが否定されることになりかねず、再び厳罰化による監視をする政策へと転じかねない。

　また、現在の日本で語られる「再犯の防止」についても注意が必要であろう。上述のように取組みが異なるのは、その「再犯の防止」が誰のためのものかという視点によるからである。[9]「緊急対策」でも冒頭の課題として「犯罪が繰り返されない、何よりも新たな被害者を生まない、国民が安全で安心して暮らせる『世界一安全な国、日本』を実現するため、ひとたび犯罪や非行をした者を社会から排除し、孤立させるのではなく、責任ある社会の一員として再び受け入れることが自然にできる社会の構築に向けて、様々な取組を進めてきた」と書かれている。つまり、刑事司法と地域社会の隙間にある溝を埋められないまま再犯に至る者への必要な支援を指摘しているのだが、再犯をさせない理由は、本人の立ち直りが第1命題ではなく、社会の安全がその第1命題となっている。もちろん、新たな被害者を生ませないとすることが問題であるといっているのではない。そうではなく、社会安全のための「再犯の防止」と数値目標の設定は、厳格な監視を生みやすく、福祉の刑罰的な運用がなされる可能性が高いという指摘である。

　以上のような問題を日本が抱える一方で、自己使用者および自己使用目的の所持者に対する「薬物政策」を刑事司法の枠の中で行うことが、国際的に

は問題視される傾向にある[10]。

3　刑の一部の執行猶予制度

(1) 一部執行猶予導入の際の経緯

　2006年7月26日に被収容人員適正化方策に関する諮問第77号が発せられ、同日に開催された法制審議会第149回会議において、「被収容人員の適正化を図るとともに、犯罪者の再犯防止及び社会復帰を促進するという観点から、社会奉仕を義務付ける制度の導入の当否、中間処遇の在り方及び保釈の在り方など刑事施設に収容しないで行う処遇等の在り方等について」審議することが決定された。

　この決定を受けて川端博氏を部会長とする「法制審議会被収容者人員適正化方策に関する部会」が立ち上げられ、2006年9月より会議が開催された。会議が始まった当時は、刑事施設の収容人員が10年近く増加傾向にあり、過剰収容が問題となっていた。そのため、この部会の会議は、「刑事施設の過剰収容状態の解消による収容人員の適正化、犯罪者の再犯防止および社会復帰の促進のために「刑事施設に収容しないで処遇を行う方策」や「一旦は刑事施設に収容して、適切な時期に社会復帰が期待できる形で社会内に戻すことができるような方策」、「刑を受け終わった者に対する再犯防止・社会復帰支援制度」が考えられた。その名の通り、過剰収容の解消を課題として始まった審議会であったが、2007年頃から矯正施設の「過剰収容」状態は安定し、減少傾向になっていた。その場で解散ができていれば良かったのかもしれないが、そのまま審議会は継続され、第17回部会会議（2008年10月7日）で具体的な法整備につながる可能性があるものとして、「社会奉仕活動」と「刑の一部の執行猶予を可能とする制度」の2つに検討対象が絞られていくこととなった。立法事実としての前提に変化があったのであるから、上記のように解散するか、「再犯防止」を目的とした立法に焦点を変えるのであれば、審議会のメンバーを変更する必要があったかと思われる。そもそも、認知件数等の増減を受けて「犯罪が増えた」または「犯罪が減った」とすることにも問題がある。とくに、刑務所などの矯正施設は厳罰化の影響により、一人ひとりに言い渡される刑期が長期化すれば、施設に滞在する期間が延びる。そのため、それらの積み重ねが過剰収容の状態をもたらすことも念頭に置いた政策決定が必要であった。

具体的な法整備の可能性として「社会貢献活動」と「刑の一部執行猶予」に検討対象が絞られるまでは、社会内処遇に関して、「施設内処遇及び社会内処遇をより適切に連携させることを可能とすることにより、犯罪者の再犯防止及び社会復帰を一層促進する」ことを基本として中間処遇制度や必要的仮釈放制度の検討などが行われていた。

　しかし、結論として、法制審議会は、2010年2月に「初入者及び薬物使用者に対する刑の一部執行猶予制度」および「保護観察の特別遵守事項の類型に社会貢献活動」を加えることを法務大臣に答申した。これを受けて、刑務所の初入者や薬物使用事犯の被告人に対し、刑期の途中で矯正施設から出し、社会で処遇を行う「刑の一部執行猶予制度」の導入と、保護観察対象者に対し、その遵守事項の一類型として、「社会貢献活動」を命ずることを可能にする制度の導入を提言する要綱（骨子）により、この両制度の導入を内容とする法律案が2011年11月4日に「刑法等の一部を改正する法律案」および「薬物使用等の罪を犯した者に対する刑の一部の執行猶予に関する法律案」が第179回臨時国会に提出されたのである。

(2)　実際の運用状況

　冒頭にも記したように、2016年6月1日から導入された「刑の一部執行猶予」を適用した判決は、1年間（2017年5月31日まで）で1,596人に言い渡された。そのうち約90％以上が覚せい剤や大麻などの薬物事案であった。統計によれば、一部執行猶予が言い渡された薬物事犯の被告人の数は1,490人であった。近年の覚せい剤取締法違反の実刑判決を言い渡される被告人が約5,800人ほどであるので、約4分の1に一部執行猶予が言い渡されたことになる。

　このように、その運用において実際に判決時に言い渡されるのかどうかも議論されていた一部執行猶予は、今後も実務で重要な位置を占めるようになることが予想される。

　一方で、一部執行猶予判決を獲得するためには、弁護人やダルクなどの支援団体が出所後の支援等を行う体制を整え、薬物依存症からの回復について積極的に取り組んでいることが裁判で示されているが、そのように整えられているのであれば、再度の執行猶予判決を出し、回復につなげることも可能だと思われる。さらに、回復支援の土台が整ったとして、再度の執行猶予が言い渡される判決もいくつか出始めてはいるが、すぐに検察官は控訴をして、

高裁で再び再度の執行猶予が取り消され実刑判決が言い渡されるという事案がほとんどである。これについては、次項で検討する。

　制度のそのものへの評価は多数ある。例えば、仮釈放の運用状況を見れば、その期間は短く、十分な支援も行うことができないために刑の一部を猶予し、社会内での支援の必要性を訴える説などがある。しかし、社会内での支援が必要であるとするならば、刑事司法の期間を延長せずとも本来の社会福祉に繋げばいいことであるし、どうしても刑事司法の枠内で行う必要があるとするのであれば、早期に仮釈放を行い、保護観察の期間を引き延ばすことがまず行われるべきであろう。つまり、必要的仮釈放の運用により考試期間主義を採らなくても運用は可能なはずである。むしろ、監視機能強化による再犯防止を前提とした保護観察制度は、刑罰的要素を付加するものとして運用される可能性が高い。

(3)　再度の執行猶予を使わない日本の刑事司法

　山本譲司氏の『獄窓記』以降、司法福祉への関心度が高まっている。厚生労働省が、法務省の管轄である刑事施設での調査を始めたのをきっかけとして、刑事施設に福祉的サービスを必要としている人が少なからず存在することが明るみなってきた。それから、全刑務所に社会福祉士が配置されるようになり、全都道府県に地域生活定着支援センターが設置された。また、捜査機関側でも司法福祉の流れを受けて、活動を始めている。それを象徴する現象としては、各地検に社会福祉士が雇用されることが増えている。知的障害や認知症などが原因となり、犯罪を繰り返す人の再犯に対応するために2013年に東京地検が社会福祉士を非常勤職員として採用したのが最初であった。2016年6月には最高検察庁にも「刑事政策推進室」が設置され、再犯防止や被害者保護などを目的として活動を行っている。また、地域生活定着促進事業による様々な取り組みと地域生活定着推進センターの活動が重要視されている。そのいずれにおいても語られるのが、「帰住先の確保」が困難であるということである。再犯を繰り返すたびに、社会から孤立する傾向にある被疑者・被告人は、家族や親族から絶縁状態にあるか、高齢であるために両親も他界している場合が多い。そのため、社会復帰に重要な要素の一つとされる「帰住先」が大きな課題となっている。

　しかし、このように「帰住先」が重要な要素であるとの認識を誰しもが持っていても、裁判実務の運用は必ずしもそのようなっていないように思われる。

たとえば、覚せい剤取締法違反での再度の執行猶予判決はとても少ない。ただし、再度の執行猶予の訴えは、通らないことが多いが、全く存在しないというわけではない。たとえば、執行猶予中の覚せい剤取締法違反（所持・使用）に対し、医療や回復支援の体制が整えられたことを理由とした再度の執行猶予判決を出した判決がある（以下、原審とする）[16]。しかし、検察官はすぐにこれを控訴し、高裁では原審が破棄されて実刑判決が言い渡された[17]。この事件では、本件（覚せい剤の所持罪および使用罪の犯行）の約1年前に、覚せい剤所持より懲役1年6月執行猶予3年の刑に処せられていたが、再び逮捕されたのをきっかけとして、保釈後に医療機関において覚せい剤依存症に対する専門的治療を受けており、家族も薬物被告人の受け入れを表明していた。そのため、原審では遅ればせながら再犯防止の態勢が整えられたとして評価できるとし、再度の執行猶予が言い渡されていた。高裁が破棄自判にした理由としては、常習的な犯行であることが認められるために被告人の刑事責任は軽視できないこと、本件の起訴後に治療プログラムに関わりだしたのは遅きに失していること、そして、依存症の治療は、刑の執行を受け終わった後に取り組んでも支障がないことなどを指摘し、懲役刑の執行を再度猶予するか否かという判断を左右するほどではないとしている。

　つまり、法の運用によっては再度の執行猶予が可能である状態であるにもかかわらず、治療の開始と継続が困難なことであるかを十分に検討することなく、形式的に先例に習って再度の執行猶予はできないと判断している。また、帰住先の確保や治療への参加意思が重要であると司法福祉に関係する誰しもが考えていることに対し、「刑の執行を受け終わった後に取り組んでも支障がない」と断言してしまっている。このような裁判実務が運用されている限り、いかに検察庁に刑事政策推進室ができようとも、入り口支援の重要性を指摘しても困難な状態が続く可能性が高い。

　以上の指摘に対する反論として予想されるものとしては、「そう言った状態に対応するために刑の一部執行猶予制度が始まったのだ」というものがあろう。たしかに、従来の刑法では全部実刑か全部猶予しかなかったために、一部猶予であれば、猶予期間を社会内で治療プログラムを活かしながら回復に専念できるとの指摘があり得るかもしれない。しかし、一般的には帰住先の確保が困難な中で、本件のように引受先と治療プログラムにつながる受け皿が確保され、さらに医療機関へもアクセスをしている状態の人については、短期間でも矯正施設に入れる必要性がない上に、そこまで社会内における治

療環境が整えられているのであれば、むしろ再度の執行猶予を運用することで足りる。また、刑法27条の2は「次に掲げる者が3年以下の懲役又は禁錮の言渡しを受けた場合において、犯情の軽重及び犯人の境遇その他の情状を考慮して、再び犯罪をすることを防ぐために必要であり、かつ、相当であると認められるときは、1年以上5年以下の期間、その刑の一部の執行を猶予することができる」（傍点は筆者）としている。つまり、刑の一部猶予は、過去の行為に対する責任を取るだけでなく、将来の犯罪を防ぐために必要で相当であるときに適用されるということになる。本件のように、将来の危険性が抑えられた事案には一部猶予は運用されるべきではない。福祉的な支援や帰住先の確保などが重要視されればされるほど、刑事司法の介入機会は減らすべきであるし、期間も長期化すべきではない。

4　再犯防止推進計画の中間報告から

　法務省再犯防止推進計画等検討会は、計画策定の目的として、「刑法犯により検挙された再犯者については、平成18年をピークとして、その後は漸減状態にあるものの、それを上回るペースで初犯者の人員も減少し続けているため、検挙人員に占める再犯者の人員の比率（以下、「再犯者率」という。）は一貫して上昇し続け、平成27年には現在と同様の統計を取り始めた昭和47年以降最も高い48パーセントとなった。平成19年版犯罪白書は、戦後約60年間にわたる犯罪記録の分析結果等を基に、全検挙者のうち約3割に当たる再犯者によって約6割の犯罪が行われていること、再犯者による罪は窃盗、傷害及び覚せい剤取締法違反が多いこと、刑事司法関係機関がそれぞれ再犯防止という刑事政策上の目的を強く意識し、相互に連携して職務を遂行することはもとより、就労、教育、保健医療・福祉等関係機関や民間団体等とも密接に連携する必要があること、犯罪者の更生に対する国民や地域社会の理解を促進していく必要があることを示し、国民が安全・安心に暮らすことができる社会の実現の観点から、再犯防止対策を推進する必要性と重要性」がある[18]と指摘した。

　とくに、本稿の関心から「薬物事犯者」に対する言及について見てみる。中間案が示した薬物問題に対する取り組みについては、薬物事犯者の2年以内の再入率は高く、新規受刑者の約3割を占めていることを前提として、依存症の患者であるという視点も踏まえて回復に向けた治療・支援を継続的に

受けさせることが重要であるとする。具体的な施策としては、①「刑事司法関係機関等における効果的な指導の実施等」、②「治療・支援等を提供する保健・医療機関等の充実」、③「薬物依存症の治療・支援等ができる人材の育成」の3点であり、それぞれ、①では、法務省が厚生労働省の協力を得て再犯リスクに応じた専門的指導プログラムを実施することや、更生保護施設などによるプログラムも充実させることが掲げられている。しかし、続く②および③では、法務省ではなく厚生労働省が中心となり、薬物依存症の治療が行える医療機関の充実、相談窓口の充実、自助グループなどの民間団体の活動を促進させること、親族等の知識向上のための体制を充実させることなどが掲げられている。さらに、厚生労働省が中心となり、薬物依存症に関する知見を有する医療関係者を育成し、福祉専門職および心理専門職を育成していくことも目指されている。これらの支援体制の充実は従来の厳罰化の流れからは大きく前進しているとみていいであろう。しかし、これらの取り組み自体が、中間案の「目的」によって大きく異なるものになる可能性がある。本節では、最後にそれを指摘したい。

そもそも、再犯者率が高くなっていると言っても、この中間案自体が述べているように、検挙件数に占める初犯者の数が激減しているために、再犯者の検挙件数も減少しているにもかかわらず再犯者が多くなっているような錯覚に陥っている。しかし、再犯者の数が減っているから、何も支援をしなくていいということにはならない。そのために、関係機関が連携をし、「貧困や疾病、嗜癖、障害、厳しい生育環境、不十分な学歴など様々な生きづらさを抱える犯罪をした者等が地域社会で孤立しないための『息の長い』支援等」が必要であると中間案は指摘する。

いわゆる、「再犯防止」という概念には、その主体が誰になるのかで方法が大きくなることが指摘されている。たとえば、浜井は2000年以降の刑事政策の暗黒時代には犯罪者の立ち直りといった論点は議論されてこず、司法福祉が注目され支援が注目を浴びるようになってきたとしても、それは社会安全のための「再犯防止」であって、対象となる人が主体となった「再犯防止」ではないことを指摘する。この中間案でも、平成19年の犯罪白書を引用し「国民が安全・安心に暮らすことができる社会の実現」であるとする。つまり、これは「再犯防止」の主役が対象者ではなく国民であることを表している。そういった前提の中で、数値目標が設定され、運用される「再犯防止」は、社会安全のための管理であり、福祉の押し付けにつながる可能性が高い。

こういった問題が常に起きる原因はどこにあるのか。そもそも、刑事司法によって「刑罰」を土台とした運用に限界があるのではないか。その答えの1つとして、依存性の高い薬物に対し、刑事司法に依存しないことを決めたポルトガルの挑戦を次節で紹介し、今後の薬物依存問題を抱える人たちへの支援のあり方を検討したい。

5　薬物依存症を抱える人への社会保障としての支援

　すでに4節において「刑罰」を土台とする中間案の方向性の限界については検討したが、本節では、ドラッグ・コートのように刑事司法の枠の中で、薬物依存者への支援を行うことの意義と課題について検討をし、最後に刑事司法に依存しない薬物政策を試みるポルトガルの挑戦を確認したい。

(1)　刑事司法で支援を行うことを選んだアメリカの挑戦

　ドラッグ・コート（薬物犯罪専門裁判所）は、何度も逮捕され刑務所に行く被告人の負のスパイラルを止めるため、現状に変化を与えるために実務家が中心となって始められた。[22]集中的な審理を行いながら、薬物依存治療プログラムを受け、それを無事に修了することができたら手続きが打ち切られる。そういったドラッグ・コートの運用については、理論として「治療的司法（Therapeutic Jurisprudence）」といった概念が最も説明として適しているとされる。[23]治療的司法の提唱者の1人であるDavid B. Wexlerによると「治療的司法とは、法の手続きや法執行の場において、適正手続きを保証しつつも、法が果たす治療的な役割を活用するものである」とする。つまり、法が介入するときは、クライアントにとって治療的にも反治療的にも影響を与えるために、適正手続きなどの侵害にならないように、なるべく治療的な効果が出るように介入すべきであるとする。[24]この理念とドラッグ・コートが行っていた実務が一致し、ドラッグ・コートをはじめとした「問題解決型裁判所」は瞬く間に全米へと広がっていった。薬物問題の解決のように、従来の伝統的な刑事裁判では解決が困難であったクライアントが抱えている社会的な問題にアプローチをするようになっていったのである。たとえば、ギャンブリング・コートは、ギャンブル依存の問題を残したまま窃盗や強盗罪で刑事施設に収容されても、根本にある問題が解決されない限り、出所後に同じ問題を繰り返す傾向にある。そのため、ギャンブル依存からの回復をプログラムと

して盛り込むようにしたのである。

この問題解決型裁判所は、伝統的な裁判に関わる法曹関係者に大きな影響を与えるとともに、新たな役割を様々な人に与えている。とくに、フォレンジック・ソーシャル・ワーカーは、司法問題を抱えた際に、ホームレスの支援であったり、教育の支援など、様々な支援を提供する。

しかし、これらの支援は、そもそも刑事司法の枠内でしかできないものではない。本来なら「社会福祉」として、刑事司法の枠外で行われるべき支援である。中間案を見る限り、日本は、このように社会保障が脆弱なアメリカが採ったように刑事司法の枠内で「福祉的」な支援を行うことを考えているように見える。さらに日本の様な運用では問題があり、アメリカのドラッグ・コートと日本の検討課題のそれとは決定的な違いがある。その1つを指摘するとすれば、違法薬物の「再使用」に対する反応が全く異なるということである。アメリカのドラッグ・コートでは、いわゆる「再使用」を回復の過程に起こりうる行動の一種であると考えている。次に同じ行動をしないための貴重なエラーであって、それを元にして次のトライを考察する。つまり、本人の回復に必要なトライ・アンド・エラーが実践される。日本のように国民の安全・安心が前面に押し出された政策は採られていない。

(2) ハーム・リダクションとは何か

国際的に、薬物問題に対し、刑事司法による介入ではなく、公衆衛生や社会保障の問題として介入すべきであるとする動きが活発になってきている。その取り組みを一言で表せば「ハーム・リダクション」と言われるようなものが代表であろう。たとえば、国際的なNGO団体であるHarm Reduction Internationalが示しているハーム・リダクションの定義は以下のようなものである。すなわち、ハーム・リダクションとは「違法であるかどうかにかかわらず、精神作用性のあるドラッグについて、量に限らず、その使用によって生じる健康的・社会的・経済的に悪影響を及ぼすことを減少させるために行われる政策・実践・プログラム」である。[25]

(3) ポルトガルの挑戦[26]

そのハーム・リダクション政策の中でも注目を集めている国の1つがポルトガルであろう。ポルトガルは、2001年にほぼ全ての規制薬物を非刑罰化している。それまでは、ポルトガルにおいても司法省を中心とする刑罰に依存

した取締り政策を採っていた。しかし、薬物使用者が人口の1％ほどまでに迫ったことを契機として、これまでとは異なった政策を採らなければならないと考えるようになった。そのため、1975年ごろから90年代あたりまでは、上記のように司法省を中心とした薬物対策が、健康省と同時に治療的・福祉的な視点を重視した政策へと転換された。その後、1997年に「治療ネットワーク法」が成立し、治療や福祉を中心とした薬物政策へと変更された。さらに、ポルトガルでは、2000年に薬物の所持量によって、その所持罪を非刑罰化する法律（Law30/2000）が成立し、2001年から施行されている。

　下記の「薬物所持量の表」に示されているのは、この量以下であれば自己使用と判断される上限の規定量である。警察をはじめ捜査機関は、対象となる人の所持量が規定よりも少ないと判明すると、その場で刑事手続きは打ち切られ、コミッション（Commission）という、薬物を使用しない生き方を説得する委員会に行くように促す。さらに、法律で規定されている所持量を上回っていたとしても、それが「自己使用目的」のためであると判断されれば、裁判は打ち切られ、コミッションに行くように促される。このコミッション

薬物所持量の表

Illicit Substance	Grams
ヘロイン（Heroin）	1
メサドン（Methadone）	1
モルヒネ（Morphine）	2
オピウム（Opium）	10
コカイン（Hydrochloride）	2
コカイン（Methyl ester benzoilegonine）	0.3
カンナビス（Leaves and Flowers or Fruited dons）	25
カンナビス（Resin）	5
カンナビス（Oil）	2.5
LSD	0.1
MDMA	1
覚せい剤（Amphetamine）	1

は、対象者（クライアント）の権利擁護のための法律家（弁護士）、セラピーを行うための心理学者、生活のサポートをするためのソーシャル・ワーカー、ナースなどによって構成されている。

【Law　No.30/2000】の概要

葉っぱ、合成薬物または製剤の自己使用目的のための消費、習得および所持は、行政上の犯罪とし、そしてその分量は10日間分の自己使用量を超えない分とする。この分量を超過した場合、刑事手続に切り替えられる。

・薬物依存者は病人であると考えられ、必要なのはヘルスケアである。
・（治療的）干渉のための説得は早期に、明確に、総合的な調和を薬物使用者にもたらす。
・（治療的）干渉のための説得は薬物使用者の特性や個々人のニーズをターゲットとして行われる。

このコミッションが、説得に重点を置き、以下のように薬物使用を繰り返す人に、薬物を使用しないでも生きていける方法の提案と、使用しながらでも生きづらさがないように説得することが目指されている。ただ、この法律によって規定される「説得モデル」によると非刑罰化されるかどうかは、所持量で判断されるために、最初の介入は警察から始まる時もある。なお、警察から説明を受けた後にコミッションに行かなかった場合は、法律上において行政罰としての罰金が課される場合があるとされるが、実務の場面でその運用はほぼ行われていない。そもそも、薬物依存が原因で相談に訪れなかった場合は、この罰金自体が課されない。また、「精神疾患が見られるので病院に通院するように」といった、コミッションで受けたアドバイスに従わない場合があったとしても、刑事罰には一切問われない。しかし、注意が必要なのは、自己使用目的の所持罪が非刑罰化されたということであって、製造、譲渡や密輸といった行為は依然として犯罪として規制されている。

この法改正とチャレンジによって、世界中の研究者はポルトガルがどのような結果を出すのか注目をしている。総体的な評価をすれば、非刑罰化した直後は問題使用が増加傾向にあったが、2007年以後は減少傾向にある。具体的には、問題使用に関しては、ヨーロッパ諸国（欧州アルコール及び薬

物に関する学校調査計画：ESPADの国々[28]）の平均値よりも低い状態を維持している。さらに、過去1年での使用率に関しても2007年から2012年にかけて一貫して減少し続けている。30代以下の薬物関連死は欧州の平均値よりも低いが、中高年の薬物関連死については欧州の平均値よりも高い数字となっている。

とくに、ポルトガルをはじめ「ハーム・リダクション」を主張する国や団体は、刑罰よりも「教育」が重要であると指摘する。たしかに、日本では妊婦や産後直後の女性がタバコや酒を飲むといった姿を見なくなってきている。これは、刑事罰によって規制されたからではなく、女性自身の身体と子どもの健康に良くないという教育が徹底された結果であろう。人の行動を変える時に、刑事罰に依存する必要はないという証明でもあろう。

(4) 社会保障としての支援を選んだポルトガル

上記のような挑戦を続けるポルトガルでは、薬物を使用しないことが「正義」であると決めつけ、押し付けることはしない。むしろ、「その人が、その人らしく生きていく」ということを支援し続ける社会が形成されている。たとえば、筆者が調査で訪問したIN-MOURARIAという団体がある。健康省によって公認された街の最前線で支援を行う団体である[29]。常にソーシャル・ワーカー、ピアカウンセラー、臨床心理士、ナースなどが待機しており、コンドームや薬物キット（消毒のための脱脂綿や綺麗な針、綺麗な水などが入っている）を配布している。さらに、頻繁に街も繰り出し、路上生活をしている人に話しかけて薬物キットを配りながら、生活に困っていることを聞き出し、本人が望めば支援を行う。そこで出てくる要望としては、その日の食べ物のことであったり、本当は路上生活を辞めたいと思っていることであったり、体の不調を訴えるといったことであったりと様々であるが、上記のようなチーム構成になっているので、多くの問題は対応可能となっている。また、ピアカウンセラーも重要な役割を果たしている。路上生活をしている薬物使用者が、団体スタッフとは話をしたくない時であっても、まさに薬物を使用しながらスタッフとして活躍しているピアカウンセラーに対してだけは話せることもあるからである。つまり、ポルトガルで見られるそれは、「薬物問題」をどうにかしようという活動ではなく、その人の「生きづらさ」の中に「薬物問題」があるのであれば、それも支援するという社会保障による解決を図っている。

以上のようにポルトガルの挑戦を紹介したが、日本ではこのような社会保障によって「薬物を使用しながらでも生きていく」という人の支援が行えるポルトガルのように、一気に政策の変更をすることは難しいであろう。一方で、日本でも中間案に見られたように、従来の刑罰を科す厳罰化による対応から、再犯防止のためにより福祉的で治療的な対応に変わってきた。マスコミ等の報道によると法務省再犯防止推進計画等検討会では、アメリカの「ドラッグ・コート」についても言及がなされているようである[30]。しかし、上述のように「再使用の捉え方」、「トライ&エラーの捉え方」が根本的に異なるために、上辺だけの制度導入では、監視機能を強化した尿検査だけが繰り広げられ、トリートメントを行わずに失敗した初期のアメリカのドラッグ・コート制度と同じ道をたどることになるであろう[31]。

6　おわりに――福祉が司法の下請けにならないために

　日本の刑事政策を取り巻く環境は、従来の厳罰化の流れからは大きく転換の時期にあると言える。アメリカが展開したようなドラッグ・コートにも注目が集まり、「治療的司法」についても理解が深まってきた。しかし、この概念が拡まると同時に、問題が発生するのも事実である。たとえば、「治療」という概念から、悪いものだから治してあげるという関係が生まれかねない。「逸脱行為」を「病気」として捉え直すことで、「責任非難を向ける対象」から「治療を提供する対象」への変化を生み出す。ドラッグ・コートが行う「治療的司法」の「治療」とは、ジョック・ヤングが指摘したような過剰包摂[32]のための「治療」の押し付けであってはならず、「その人がその人らしく生きる」ことの支援であるべきである。そこを見誤った「再犯防止」は、危険因子としてのクライアントの管理でしかない。

　ドラッグ・コートが隠し持っている「刑罰性」に関して、Benedikt Fischerは以下のように述べる。すなわち、「ドラッグ・コートシステムは『健康』と『治療』といった概念をシンボルとして掲げるが、その背景にある『刑罰性』が、薬物依存症に対するコントロールが永続的に支配的であるという事実を覆い隠している」と[33]。これはどのように「福祉的」であり「治療的」であると言っても、刑事司法手続きの中で行われていることへの警鐘である。さらに、医療関係者が気をつけるべき点として、Bateman, M.は、「（刑事司法手続に医療が関ることで）関連する医療の問題として、患者の機密に関して

はどのように取り扱われなければならないのか。通報義務ないしは、刑事司法システムと情報を共有しなければならないのか」と疑問を呈している。

　誰が主役となった「再犯防止」なのか。誰のためになされる「治療」と「福祉」なのか。それは、クライアント自身のためになされるものであって、社会の安全のために行われるものではない。この点が、刑事司法と大きく異なる部分であるように思われる。

1 覚せい剤取締法違反が1,442人、窃盗が51人、大麻取締法違反が34人、麻薬取締法違反が7人で、薬物事犯は1,490人となり、全体の事件の93パーセントとなっている。
2 法務省再犯防止推進計画等検討会「再犯防止推進計画（案）平成29年9月26日」http://www.moj.go.jp/content/001237167.pdf（2017年10月1日最終閲覧）。本稿脱稿後の2017年12月15日に「再犯防止推進計画」が出された。
3 本稿は2017年10月1日現在の情報を元に執筆を行う。
4 本稿の2節は丸山泰弘「日本における薬物政策の課題――海外との比較から」精神科治療学第32巻11号（2017年）1465-1470頁を一部加筆修正したものである。
5 厚生労働省「薬物乱用対策」のウェブサイトを参照。http://www.mhlw.go.jp/stf/seisakunitsuite/bunya/kenkou_iryou/iyakuhin/yakubutsuranyou_taisaku/index.html（2017年10月1日最終閲覧）。
6 丸山泰弘「『刑事司法』と『福祉』の連携について――薬物政策の視点から」罪と罰50巻4号（2013年）114-127頁。
7 犯罪対策閣僚会議（平成15年12月）「犯罪に強い社会の実現のための行動計画――『世界一安全な国、日本』の復活を目指して」http://www.kantei.go.jp/jp/singi/hanzai/kettei/031218keikaku.pdf（2017年10月1日最終閲覧）。
8 犯罪対策閣僚会議決定（平成28年7月12日）「薬物依存者・高齢犯罪者等の再犯防止緊急対策――立ち直りに向けた"息の長い"支援につなげるネットワーク構築」http://www.kantei.go.jp/jp/singi/hanzai/kettei/160712yakubutu/honbun.pdf（2017年10月1日最終閲覧）。
9 浜井浩一「再犯防止と数値目標」季刊刑事弁護72号（2012年）135-142頁。
10 国連薬物犯罪事務所（UNODC）でも刑事司法で薬物使用者を取り扱うことが「人権侵害」に当たるのではないかということが議論され始めている。*"Treatment and Care of People with Drug Use Disorders in Contact with the Criminal Justice System: Alternatives to Conviction or Punishment"*. http://www.unodc.org/unodc/en/drug-prevention-and-treatment/treatment-and-care-of-people-with-drug-use-disorders-in-contact-with-the-criminal-justice-system_-alternatives-to-conviction-or-punishment.html（2017年10月1日最終閲覧）。
11 太田達也「仮釈放と保護観察期間――残刑期間主義の見直しと考試期間主義の再検討」研修705号（2007年）10頁。
12 土井政和「更生保護制度改革の動向と課題――有識者会議提言と更生保護法案を中心に」刑事立法研究会編『更生保護制度改革のゆくえ――犯罪をした人の社会復帰のために』（現代人文社、2007年）9頁。

13 山本譲司『獄窓記』(ポプラ社、2003年)。
14 丸山泰弘「非拘禁的措置の担い手と関連機関ネットワーク――地域生活定着支援センターを中心に」刑事立法研究会編『非拘禁的措置と社会内処遇の課題と展望』(現代人文社、2012年)263-282頁も参照。
15 矯正施設に再入した少年たちが、再犯・再非行まで(犯罪をしていなかった時期)にどのような生活を行っていたのかを調査したものによると、保護者・監督者の元で生活をしていた割合と就労していたという割合が群を抜いて高かった。詳しくは、浜井・前掲注(9)138頁。
16 神戸地裁尼崎支判平成26・4・11(判例集未登載)。
17 大阪高判平成26・11・6(判例集未登載。LEX/DB25505288)。その判例解説として、丸山泰弘「執行猶予中の覚せい剤取締法違反(所持・使用)に対し、医療や回復支援の体制が整えられたとした原審の再度の執行猶予判決を破棄し、実刑を言い渡した事例」新・判例解説編集委員会『新・判例解説Watch』(日本評論社、2015年)207-210頁。
18 法務省再犯防止推進計画等検討会・前掲注(2)1頁。
19 法務省再犯防止推進計画等検討会・前掲注(2)18-22頁。
20 法務省再犯防止推進計画等検討会・前掲注(2)2頁。
21 たとえば、浜井・前掲注(9)。
22 ドラッグ・コートについては、丸山泰弘『刑事司法における薬物依存治療プログラムの意義――「回復」をめぐる権利と義務』(日本評論社、2015年)を参照。
23 Peggy Fulton Hora, William G. Schma and John T.A. Rosenthal, *"Therapeutic Jurisprudence and The Drug Treatment Court Movement: Revolutionizing the Criminal Justice System's Response to Drug Abuse and Crime in America"*, Notre Dame Law Review, Vol. 74, No. 2, 1999, p439-537.
24 Edited by David B. Wexler and Bruce J. Winick, *"Judging in a therapeutic key: Therapeutic Jurisprudence and the Courts"*, Carolina Academic Carolina, 2003. p7.
25 Harm Reduction International, 'What is harm reduction', https://www.hri.global/what-is-harm-reduction. HPには、日本語訳もある。Harm Reduction International「ハームリダクションとは？」https://www.hri.global/files/2016/04/06/What_Is_Harm_Reduction_JP_2015.pdf(2017年10月1日最終閲覧)。
26 丸山泰弘「ポルトガルの薬物政策調査報告・2014-2015年」立正法学論集49巻2号(2016年)196-234頁。さらに、本項および次項の情報は、欧州薬物・薬物依存監視センター(EMCDDA)のポルトガル情報による。http://www.emcdda.europa.eu/system/files/publications/4508/TD0116918ENN.pdf_en(2017年10月1日最終閲覧)。
27 同前211頁。
28 49カ国が参加している。http://www.espad.org(2017年10月1日最終閲覧)。
29 http://www.gatportugal.org/projetos/inmouraria_1(2017年10月1日最終閲覧)。
30 毎日新聞朝刊(2017年9月26日)「再犯防止計画：薬物依存者を社会内で更生 中間案公表」https://mainichi.jp/articles/20170927/k00/00m/040/015000c(2017年10月1日最終閲覧)など。
31 初期のドラッグ・コートは、回復プログラムを行わない、ダイバージョンに特化したものであったが、それは回復をもたらさないことがNADCP等で確認され、トリートメントを行うことに重点を置くように切り替えている。この初期のドラッグ・コートとの区別をするために、「ドラッグ・トリートメント・コート」と呼ばれることもある。

32 Jock Young, *"The Vertigo of Late Modernity"*, Sage Publication, 2007.
33 Benedikt Fischer *"Doing Good with a Vengeance"*, *Criminal Justice,* Vol. 3, No. 3, 2003. p 224.
34 Bateman, M. *"Conflict in Court?"*, Nursing Times, Vol. 97, No. 44, 2001, p 34-35.

(まるやま・やすひろ)

第3部 各国の動向

第17章
ドイツにおける更生保護制度改革

武内 謙治
九州大学

1 はじめに

　ドイツでは、伝統的に「再社会化（Resozialisierung）」が行刑法上の目的ないし理念とされてきた。しかし、ドイツでは、更生保護領域における法制度の整備が刑事特別法の形式で積極的に進められてきたわけではなかった。こうした状況の中、1970年代半ばから「再社会化法」を制定しようとする動きがみられる。連邦法を予定したその動きは一旦挫折したものの、近時、ラント（州）レベルにおける立法として現れており、研究者グループによって「ラント再社会化法のための討議案（Diskussionsentwurf für ein Landesresozialisierungsgesetz）」（以下、「討議案」と表記）が公表されるに至ってもいる。
　本稿では、主にはこの討議案に着目して、ドイツにおける更生保護法制の改革の一端を検討する。以下、ドイツの更生保護をめぐる制度や政策の前提となるところを確認した上で、討議案の内容を紹介する。

2 再社会化法討議案の前提と背景

(1) ドイツにおける社会内処遇とその担い手

　ドイツには、日本の更生保護法と類似するような、社会内処遇領域の執行法と呼べる刑事特別法的な法制度が、連邦法のレベルで存在しない。社会内処遇を規律しているのは、刑法や刑事訴訟法、少年裁判所法、行刑法、社会保障法典である。
　伝統的に社会内処遇が問題となってきたのは、保護観察（Bewährungshilfe）

の領域である。これは特別予防を目的とする制度であり、更生のための刑の延期（Strafaussetzung zur Bewährung）や更生のための残刑の延期（Aussetzung des Strafrests zur Bewährung）の際に付される。また、1975年からは、社会内の保安処分として、行状監督（Führungsansicht）の制度が存在する。加えて、1970年代終わりからは、「新しい社会内処分（neue ambulante Maßnahmen）」が発展してきている。その成果として、援護指示、社会訓練コース、行為者－被害者－和解、作業遵守事項が、1990年の少年裁判所法改正により指示（Weisung）のカタログに追加され（10条）、刑事訴訟法においても、行為者－被害者－和解の努力や損害回復が、検察官による手続打ち切りに結びつく指示や遵守事項（Auflage）のカタログに加えられた（刑訴153条a）。

こうした社会内処遇の措置は、ソーシャルワークに基づく再社会化（Resozialisierung）のための支援と結びついている。この観点からみれば、代替自由刑を回避するための社会貢献活動や、裁判補助（Gerichthilfe）、少年司法の分野における少年援助による審判への協力、未決拘禁の回避やその短縮化のための支援（拘禁決定支援）、刑事施設における拘禁中の支援、釈放時の支援も同様の性格をもっているといえる。

社会内処遇の伝統的な担い手は、保護観察に従事する保護観察官（Bewährungshilferinnen）である。保護観察官は、裁判所によって任命され、専門職または名誉職として関与する（刑56条d4項、5項）。保護観察官の任務は、援助的かつ保護的に有罪の言渡しを受けた者を助けることと、遵守事項・指示・申出・確約を監督することにある。保護観察官の数は、約2,500人にのぼる。民間の担い手（freie Träger）による活動も、キリスト教のバックグランドを有しながら、長い伝統をもっている。これらの担い手は、実際にも、刑事施設からの釈放後における相談業務や住居の提供などの面で重要な役割を果たしている。

(2) 連邦再社会化法討議案をめぐる動き

以上のように、ドイツでは、特に1970年代から、社会内処遇や、身体拘束を行わなかったり積極的にそれを回避したりするための非拘禁的措置とそれに伴う支援措置が、官民の双方で広がりをみせている。こうした動きの中で、多様な各種支援措置を束ね、連邦法で規律することを試みたのが、1988年にドイツ社会民主党（SPD）の関連団体である社会民主法律家協会（ASJ）が

作成した「自由剥奪を伴わない処分による犯罪行為者再統合のための法律の討議案——連邦再社会化法討議案（BResoG）」であった[3]（以下、「連邦討議案」と表記）。

連邦討議案が作成された遠景には、1976年に成立し翌年から施行に移された「自由刑ならびに自由剥奪を伴う改善及び保安処分の執行に関する法律」（以下「行刑法」と表記）の存在がある。一連の連邦憲法裁判所判決に後押しされて成立の日の目をみた行刑法は[4]、「再社会化」を法目的・理念に据えた。しかし、それは必然的に施設内処遇に焦点をあてたものとなっており、施設内処遇と社会内処遇とを架橋して再社会化を実現するためのソーシャルワークの仕組みを法の中に十分に織り込んだものではなかった[5]。また、当時すでに対象者の社会関係を断絶・弱化させない社会内処遇や非拘禁措置の有効性が明らかとなっており、保護観察官や少年補助といった伝統的な担い手の他にも、民間のソーシャルワーカーやボランティアが活動していたものの、刑法をはじめとする法律では、依然として裁判所所属の保護観察官のみが想定されるような状態にあった。そのため、「国家によるソーシャルワーク」の部分のみが法律で規律されるのでは不十分であり、長期的には司法に関与するソーシャルワークの再構成が必要であるとの認識も広がっていた[6]。さらに、伝統的な刑事政策が袋小路に入っているとの認識のもとで、「新しい刑事政策」を推進しようという思潮も強まっていた。

それは、次のような認識と考えであった[7]。施設内での拘禁と処遇を中心とする刑事政策は、施設収容人口の増加により財政的問題に直面しているだけでなく、包括的な社会政策の一部としてではなく司法政策・内務政策の狭い枠内でのみ刑事政策をとらえるために、犯罪行為者を心理学的にとらえ、教育することを重視している。その結果、被収容者の生活関係を変えることができずにいる。刑法によるコントロールには限界があり、施設内処遇から自由剥奪を伴わない社会内処遇へと犯罪対策を転換させる必要があり、その発展のためには刑事司法領域におけるソーシャルワークに中心的役割が与えられなければならない。

こうした背景の前で作成されたのが、連邦討議案であった。その基本認識は、次の点にあった[8]。①犯罪行為者の継続的な再社会化は、自由の中でのみ確実になる。したがって連邦討議案の目的は、自由剥奪によらない処分による犯罪者の再統合を法的に拡張し、改善することにある。司法執行施設職員の過剰負担や再社会化行刑に対する批判は、拘禁回避と拘禁削減の必要性を

示している。②刑事司法においてソーシャルワークは急速に発展し、その意義は増している。新しい形態の社会的援助として民間機関は独自の構想や構造的提案を発展させているにもかかわらず、国家的援助との間を調整する全体的観点が欠けている。③更生のための刑の延期の対象者数の増加に伴い、保護観察官の過剰負担の状況はさらに悪化している。困難な事案が増加してもおり、中程度あるいは重大な犯罪行為者への保護観察の拡大は、構造的な改革の必要性を示している。④社会内での再社会化措置を規律する法規はばらばらで、相互に調整されていないままとなっており、連邦で統一された規整と再構成が必要である。連邦討議案は、この認識の上で、援助の専門性の向上、個人的援助の強化、捜査に始まる刑事手続から刑事施設内での身体拘束を経て釈放後に到るまでの一貫した社会的援助の実施、非官僚化、社会の協力の強化などを図ろうとするものであった。

　しかし、この構想は、既に様々な活動を行なっていた多彩なソーシャルワーク関係機関を統合する形で組織面での改革を図り、既存の支援のあり方に連邦法のレベルで手を入れようとした点で、特に保護観察官により組織される団体から批判を浴び、政治的に多数を得ることがなかった。[9]

(3) ラント再社会化法制定の機運の高まり

　以上にみた歴史の上で、近時、再社会化法制定の機運が、再び高まっている。しかし、それは、連邦レベルではなくラントのレベルにおいて、つまり州法として制定しようとする動きである。

　この新しい動きの大きな背景事情となっているのは、1976年制定の連邦行刑法のちょうど制定30周年目にあたる2006年に起こった2つの動きである。

　1つは、連邦制度改革である。この改革では、基本法の改正を通して、連邦とラントの競合的立法の領域で新たな線引きがなされた。その結果、すでに連邦法として公布されている行刑法は憲法改正後も連邦法として存続するものの、今後ラントは独自の州法でそれを置き換えることができることとなった（連邦制度改革法124条a1項）。また、幾多の努力にもかかわらず当時連邦法として日の目をみていなかった未決勾留執行法などについては、爾後州法として立法する道だけが残されることになった。[10]この改革から10年目にあたる2016年にBerlinとSchleswig-Holsteinが州行刑法を制定したことで、全ラントで州行刑法が制定されるに至っている。

　もう1つは、再社会化原則に関係する連邦憲法裁判所の新たな裁判例の出

現である。2006年5月31日判決（BVerfGE 35, 202）は、少年や青年の年齢にある刑事施設在所者の法的関係を一般行刑法で規律することには法治国家原則と社会国家原則に基づく権利保障、とりわけ再社会化の観点から疑義があり、少年行刑法が存在していない状態を憲法違反であると判断した[11]。これを土台として考えれば、社会内処遇も、少年行刑法と同様に、再社会化に関係しているにもかかわらず、権利義務関係を規律する法律上の根拠を欠いていることになる。社会内処分では物理的に身体拘束が行われているわけではないものの、例えば、保護観察にあたっては遵守事項が付されるなどして国家の介入を受けることになるし、保護観察や行為者－被害者－和解は、対象者の側からみた場合だけでなく専門家の見解としても緩和された制裁とは考えられなくなっている[12]。こうした認識の上ではなおさら、再社会化法が欠けていることが不自然であると評価されてくることになる。

これら2つの事情に加えて、2010年には、社会内処遇領域における欧州レベルの国際人権法規範として欧州プロベーションルールズ（CM/Rec(2010) 1）が出された[13]。また、現実の刑事政策として、州法としての行刑法制定作業が進展し、その実務運用が蓄積されるのと並行して、刑事施設から社会内の生活に移行する際のマネジメント（移行マネジメント［Übergangsmanagement］）に多くの課題があることが明らかになってきた。それにもかかわらず、再社会化をめぐる関係性を規律する法的基盤が明確でなく、当事者の権利や義務、さらには援助の限界点が明確でないという問題が実際問題として生じたわけである。

そこで起こったのが、ラントのレベルで再社会化法を制定する動きということになる。実は、連邦制度改革後の管轄権をめぐる法状態を前提にした場合でも、社会内に軸足を置いて再社会化を図る措置を規律する法律の制定権限が連邦にあるのかそれともラントにあるのかは、必ずしもはっきりしていない。しかし、少なくとも、連邦が管轄権をもつことにつき明文規定が置かれているわけではない。こうした状態を前提として、2011年8月には、Brandenburgで、司法大臣から委託を受けた専門家委員会が州法として再社会化法を制定すべきことを勧告した[14]。また、2015年5月1日には、Saarlandにおいて「社会内における再社会化および被害者支援のための法律（AROG）」が制定され、施行に移されるに至っている[15]。こうした現実の動きをも視野に入れつつ、州法としての再社会化法の土台を準備するのが、研究者たちの手による討議案ということになる。

3　討議案の内容

(1) 討議案の構成と問題関心

　討議案は、第1章「総則規定」、第2章「形成上の原則」、第3章「個別の支援」、第4章「支援の遂行」、第5章「担い手、組織、設備」、第6章「データ保護、法的救済」、第7章「再社会化基金、犯罪学研究」という全7章からなる。

　討議案の問題関心は、この100年間社会内での制裁、犯罪予防、犯罪行為者支援が拡がっており、さらにこの25年間で社会内でのソーシャルワークの協働はもはや例外でなくなったことや、近時、犯罪からの離脱に関する犯罪学研究の進展をみせており、施設内処遇から社会内処遇への移行の際に必要となる移行マネジメントへの関心も高まりをみせていることにある。

　注目されるのは、「リスクマネジメント」と再社会化行刑との関係についての理解である。討議案によれば、両者は必ずしも矛盾するものではない[16]。正しく理解されたリスクマネジメントは、最大限の効果をえるべくリスク評価に基づき「適切な」処遇を行おうとするものであるからである。しかし、再犯危険性の予防のみを問題とするリスクマネジメントは、生活状況や行動を変えるよう影響を与える現代的な手法を用いたソーシャルワークを過小評価しており、犯罪行為者処遇の国際的知見にも反している。近時強調されている犯罪行為者の問題を一面的に強調するリスク-ニーズ-応答性（Risk-Needs-Responsivity, RNR）のアプローチは、グッドライブズ・モデル（Good-lives-Model）と相容れない。後者は、積極的な成長・発展可能性と関連づけられ、積極的で人道的な処遇アプローチを踏まえているためである。

　こうした観点から、討議案の基礎とされるのは、「責任を自覚した合理的な刑事政策（eine verantwortungsbewusste und rationale Kriminalpolitik）」である。その具体的な内容は、次の3つの事柄に集約される[17]。①対象者の犯罪は、しばしば社会的な苦境、成長状態、社会的・認知上の能力、問題を抱えた社会関係と対応している。再社会化支援と再社会化法は、この苦境を取り去り、新たな犯罪のリスクを低下させるのに寄与する。自助（自立）に向けたこうした専門的な支援は、ここ60年間以上にわたり、ドイツ刑法における保護観察（更生支援）や再社会化法のためのその他の支援措置の基礎になってきた。②自由刑の執行は、原則として、小さくはない介入と支援の提供が、刑法で保護された法益を同様に保護しうる場合にのみ、正当である。特に重

大な犯罪行為の場合でも、猶予のない無条件の自由刑はウルティマ・ラティオとしてのみ用いることができる。その執行は、同時に、再社会化原則に方向づけられなければならない。刑事司法は、社会への再編入を成功させ、同時に損害回復を指向するものでなければならない。③社会内の処分や制裁を優先するという刑事政策上の要請は、効果的でネットワーク化された支援提供のシステムが適切な設備を備えている場合にのみ、実務に移すことができる。

ここから、次のような刑事政策の方向性が示される。[18]①潜在・実在の犯罪被害者の利益を保護しながら特に自由刑を可能な限り不要とすることができるように、社会内での支援の可能性に刑事政策上の関心を向ける。ここでは、基本権の侵害の強度が小さい措置により、法的平和を保持、強化することが重要になる。②施設内での介入と社会内での介入をよりよくネットワーク化し、社会的援助や少年援助の地域的な構造をも含めた組織形態をみつけ出すことができれば、この目的は、今日、社会内における支援の方法と統制の方法を用いて、よりよく達成することができる。③自由を剥奪しない制裁や措置も基本法上意味をもつ介入であり、善きものと考えられる司法上のソーシャルワークの措置も比例性を保ち、侵害強度や期間は限定されなければならない。この25年間、国連や欧州評議会が発展させてきた重要な国際人権規範が、人権に方向づけられた刑事政策の指標とされる。

(2) 討議案の特徴
(a) 総則規定

総則規定（1条～4条）で注目されるのが、目的規定（2条）と支援の形態（4条）である。目的規定は、次のようなものである。

> **第2条（目的）**
> (1) この法律による支援は、犯罪行為者の再編入を促進し、さらなる犯罪行為がない生活を自身で責任をもって送る能力を犯罪行為者に与えるという目的を追求する。そのことにより、支援は、社会の保護および社会の平和の回復に寄与する。
> (2) 支援は、犯罪行為およびその結果と向き合い、犯罪行為により生じた損害を回復する能力を犯罪行為者につけさせるものとする。
> (3) 支援は、被疑者および犯罪行為者に、生活状況を改善し、排除

（Ausgrenzungen）を阻止し、社会関係を安定させるものとする。
(4) 支援は、拘禁を回避し、または必要不可欠である限度にまで短縮するのに寄与するものとする。
(5) 支援は、再社会化のために協働するすべての者および組織による整えられた緊密な協力とネットワーク化を求める。そのことにより、コミュニティにおける犯罪予防（kommunale Kriminalprävention）およびラント規模ならびに地方を超えた協働と計画立てへの寄与もなされるものとする。

　第1項では、社会の保護や社会の平和の回復が、犯罪行為者の再編入と犯罪のない生活を送る能力の付与の結果としてとらえられている。このこととの関連で重要なのは、第3項に3つの観点として示された社会的援助の目的である。それは、次のように説明されている。[19]①生活状況の改善。これは、しばしば統合の前提であり、同時に逸脱行為に及んだ者であったとしても人間の尊厳や社会権をもつことを強調する必要がある。②排除の阻止。こうした排除は、しばしば犯罪のきっかけになってきただけでなく、特に身体拘束の後犯罪へと至ったり烙印押しが行われたりするプロセスにおいて社会への再統合を難しくするよう作用する。③社会関係の安定化。安定した社会関係の欠如は、一方で、犯罪が起こる蓋然性をしばしば高め、他方で、捜査手続や刑事手続、そして特に身体拘束は、これまで築いてきた社会関係を乱したり弱めたりしがちである。

　こうした目的規定のもとで討議案が想定する「支援」の形態は、次のように多彩である（4条、15条〜30条）。①捜査支援、②刑事手続における少年援助、③早期支援、④拘禁決定支援、⑤行為者−被害者−和解、⑥任意の作業により代替自由刑の執行が回避される際の支援、⑦少年刑法の教育的な社会内措置、⑧保護観察、⑨行状監督、⑩自由剥奪からの釈放のための支援、⑪自由剥奪からの釈放後の支援、⑫ケアを行う居住形態および移行施設における支援、⑬執行手続における支援、⑭外国人法上の措置に関係する当事者のための支援、⑮恩赦決定の準備のための支援、⑯犯罪行為者の親類のための支援。

(b) **形成原理**
　多彩な「支援」を束ねる役目を果たすのが、法目的を具体化する形成原理

（5条〜14条）である。討議案における支援措置の骨幹が、次のような10の原理で示される。①人権への留意および劣った扱いの禁止（5条）、②個別的な支援および差別の禁止（6条）、③比例性の原則（7条）、④損害回復（8条）、⑤統制に対する教育的支援の優越（9条）、⑥特別な支援（spezielle Hilfen）に対する一般システムによる支援（Hilfen des Regelsystems）の優越（10条）、⑦一貫した社会的援助（11条）、⑧クライアントの権利および協力義務（12条）、⑨社会の協力（13条）、⑩ボランティアの協力（14条）。

これらは、いずれも、憲法上・人権保障上求められる水準を基礎に置いており、中でも⑤⑥⑦は討議案にとって中心的な意味をもつものとされる[20]。⑤は、犯罪行為者処遇やライフコース論・犯罪キャリアからの離脱研究から得られている知見に対応するものであり、これにより統制やコントロールの視点は否定されるのではなく、再社会化の理性的な全体コンセプトに埋め込まれることになるものとされる[21]。⑥は、スティグマ（烙印押し）回避の必要性から導出される。一般の支援システムでは対象者に犯罪行為があったとしてもスティグマが生じないよう注意がなされていることが、ここでは重くみられている。再社会化法による支援は、社会的な能力が限定されているために冷遇を受けやすいクライアントを一般の支援システムへつなぐための入口の役割を果たすものとして位置づけられる[22]。⑦は連邦討議案を継承したものである。その狙いは、刑事訴追や刑の執行の段階が違うことで関与する機関の管轄が変わり、近しい者との関係性の破綻や支援の中断、援助の不必要な重複が生じることを避ける点にある。それは、支援の無理強いを意味するわけでも「揺り籠から棺台まで」の支援を意味するわけでもないものとされる[23]。

特に目を向けておきたいのが、「クライアントの権利および協力義務」の理解である。これに関する規定は、次のようなものである。

12条（クライアントの権利および協力義務）
(1) 各々の支援の提供を開始するにあたって、クライアントは、自らの権利および義務について教示を受け、特に先行する裁判所の決定からどのような結果が生じるのかについて十分理解させられる（aufklähren）。
(2) 自らに関係する支援のプロセスへの協力は、原則として任意である。保護観察または行状監督に付される際に法律上存在する協力義務は、そのままとする。

(3) クライアントは、社会への再編入、特に支援計画策定への協力を動機づけられるものとする。

　これら相互の密接な関係性は、次のように説明されている。[24] 社会への（再）編入が成功するか否かは、本質においてクライアント（犯罪行為者）に協働する準備があるかどうかにかかっている。そしてこの協働する準備のための最初の条件は、科される処分に関係する権利と義務を十分に理解しているということである。教示は、このために必要となる。他方、この協働は原則として本人の任意に基づくものでなければならない。そこでは動機づけが不可欠であり、社会への編入の計画を開始する際、そしてその後であっても集中的な話し合いを通して喚起・促進されなければならない。

(c) 支援の遂行と支援者

　討議案では、多様な支援措置に相応して、担い手も必然的に多くなるはずである。そうであるとすれば、一貫した社会的援助（11条）がどのようにすれば可能となるか、また逆に、援助の重複はどのようにすれば回避できるかが、実際上重要な課題となる。

　討議案は、「支援の遂行」（第4章）と「担い手、組織、設備」（第5章）において、支援をよりよく調整するための仕組みを講じている。その骨格は、社会的統合センター（41条）、再社会化のラント会議（41条7項）、ラント社会内再社会化局（37条）をつくり、原則として地域のレベルで全体計画を立てて支援を調整するというものである（31条）。こうした仕組みは、支援を名宛て人にとって透明で容易に手の届くものとするだけでなく、[25] 責任の所在が明らかでないがゆえに財政負担を避けて支援の空白が起こるといった事態を避けるためにも必要となる。[26] 地域での仕組みづくりは、再社会化のためにしばしば不可欠である家族関係の調整のために有用である。

　こうした仕組みを前提として、支援を行う組織の専門家に最初の接触があった後遅くても4週間後にはカンファレンスを行い、支援計画を作成するものとされている（32条）。この支援計画の作成にはクライアントも参加し、自身の生育歴や生活状況、社会関係、ニーズを伝えるよう動機づけられるものとされている。クライアントの参加は、支援の終了にあたっても重視されており、終了のための話し合いがもたれるものとされている（33条）。支援計画は、4ヶ月ごとに実施状況が点検されるものとされており、記録化され、

評価を行うこととされている（35条）。

担い手相互の関係について、討議案は、国家による司法のソーシャルワークが中心的な支援の提供者になると考えている。その点で、司法のソーシャルワークの高権に基づく任務を私化（民営化）することは考えられていない。公務員と民間との関係も問題になるが、討議案は、早期の支援や裁判補助・保護観察といった伝統的な領域においては国家によるソーシャルワークを優先させている。その一方で、行為者－被害者－和解や公益作業による代替自由刑の回避、ケアを行う居住形態、移行施設、釈放支援、加害者家族への支援といった領域では、国家的な担い手と民間の担い手は相互に同等のものであり、その関係性をどのように考えるかは、地方の特性、場合によっては歴史に根ざす構造によることになるとされる。

4　むすびにかえて

討議案は、その他、データ保護や法的救済（43条～45条）、再社会化基金や犯罪学研究（46条～47条）に関する規定を置いている。討議案は、施設内処遇から社会内処遇へ、そして社会復帰のための一貫した支援の提供へ、という連邦討議案の問題意識を継承しながら、移行支援や拘禁回避などの現代的な課題を前に、欧州レベルでの国際人権法の発展や犯罪学による知見の蓄積をも背景にして、基本法を基盤とする再社会化原則をさらに実効的に社会内で実現するための方途を示すことを試みているといえる。

討議案の方向性は、刑事司法制度の網に取り込まれた者に対し現在すでに行われている多層的な支援を、地域レベルでネットワーク化するというものである。民間レベルのものも含めて、すでに多くの支援が存在している点や、支援と統制を一体化するような刑事特別法・刑事処分執行法の体裁をとっていない点で、日本とは大きな前提ないしはアプローチの違いがある。しかし、憲法や国際人権法上の価値と実証研究に基づく犯罪学上の知見とを両輪として、クライアントの人権保障を基盤にした再社会化の観点から一貫した支援の実効化を図ろうとするその問題意識は、日本に対しても示唆するところが大きいであろう。討議案が示す方向性をも踏まえてラントのレベルでは再社会化法制定の動きが出てきており、今後の展開に注目する必要がある。

1　その際、刑罰類似の性格をもつものとされる遵守事項（刑56条b）や有罪の言渡しを

受けた者を援助するための指示（刑56条c）が言い渡される。前者は裁判所の裁量、後者は必要性が認められる場合には義務である。

2 Der Website von der Arbeitsgemeinschaft deutscher Bewährungshelferinnen und Bewährungshelfer e.V.［http://www.bewaehrungshilfe.de/?page_id=109（2017年10月22日閲覧）］

3 日本語訳として、土井政和「西ドイツ社会民主法律家協会『連邦再社会化討議草案』」法政研究57巻2号（1991年）335頁。

4 1972年3月14日判決（BVerfGE 33, S. 11.）は、特別権力関係論を否定した上で、被収容者の権利制限は法律によってのみ可能であると判断し、暗礁に乗り上げかけていた行刑法制定作業を後押しする役割を果たした。また、「Lebach判決」として足跡を残すことになる1973年6月5日判決（BVerfGE 35, S. 235 f.）は、再社会化の要請を、人間の尊厳を価値序列の中心におき社会国家原則を義務づけられている社会の自己了解に憲法上相応するものととらえ、再社会化の利益が基本法1条と結びついた2条1項に基づくことを明らかにすることで、社会国家原則を行刑の指針と定める役割を担った。

5 *Bernd Maelicke,* Brauchen wir ein Bundesresozialisierungsgesetz?, ZRP Jg.19, Ht. 8, 1986, S. 203は、この点を批判する形で、連邦再社会化法の必要性を指摘したものである。

6 保護観察制度を民間化・私化すべきことをも視野に入れてこのことを指摘したものとして、*Wolfgang Stein,* Rechtspolitische Aspekte einer Neugliederung der sozialen Dienste der Justiz, BewHi Jg. 34, Ht. 2, 1987, S.153。

7 当時の「新しい刑事政策」の動きを紹介、検討するものとして、土井政和「行刑と福祉」矯正協会編『矯正協会百周年記念論文集 第三巻』（矯正協会、1990年）148頁を特に参照。

8 土井・前掲論文166頁。

9 Vgl. *Bernd-Rüdeger* Sonnen, Empfiehlt sich ein Musterentwurf eines Landesresozialisierungsgesetzes (LResoG)?, in: Klaus Boers u.a. (Hrsg.), Kriminologie–Kriminalpolitik–Strafrecht (FS für H.-J. Kerner), Tübingen 2013, S.472. 連邦議会のSPD議員団による公聴会の模様は、*Lukas Pieplow,* Anhörung zum Bundsresozialisierungsgesetz, BewHi Jg. 37, Ht. 2, 1990, S.177が伝えている。当時の保護観察官労働組合（ADB）による意見表明は、*Karl Rohr,* Aufgaben und Entwicklung der Bewährungs- und Straffälligenhilfe. eine Stellungnahme der Arbeitsgemeinschaft Deutscher Bewährungshelferinnen und Bewährungshelfer, BewHi Jg. 37, Ht. 2, 1991, S.108を参照。

10 連邦制度改革の行刑法領域への影響については、武内謙治「ドイツにおける行刑改革」『刑事政策学の体系』（法律文化社、2008年）76頁を参照のこと。

11 その判断の詳細については、武内謙治「少年行刑法は不要か」法政研究74巻4号（2008年）329頁を参照のこと。

12 *Heinz Cornel, Gabriele Kawamura-Reindl, Bernd-Rüdeger Sonnen* (Hrsg.): Resozialisierung Handbuch, 4. Aufl., Baden-Baden, 2018 [zit: Handbuch], S. 613.

13 その詳細な検討は、*Christine Morgenstern,* Europäische Standards für die Bewährungshilfe, BewHi Jg. 59, Ht. 3, 2012, S. 213.

14 *Heinz Cornel,* Durchgehende Hilfen, Vernetzung, regionale Übergangseinrichtungen und soziale Integrationszentren als Basis der Resozialisierung, NK Jg. 23, Ht. 4, S.127.

15 Handbuch, S. 614は、NiedersachsenやBaden-Württembergにおいても州法制定に向けた積極的な動きがあることを伝えている。
16 *Heinz Cornel, Frieder Dünkel, Ineke Pruin, Berund-Rüdeger Sonnen, Jonas Weber,* Diskussionsentwurf für ein Landesresozialisierungsgesetz, Mönchengladbach, 2015, S. 33-34 [zit: DE für ResoG]. 要約的な紹介として、*Heinz Cornel u.a.,* Vorlage eines Diskussionsenwurf eines Landesresozialisierungsgesetzes, ZJJ Jg. 26, Ht. 2, 2015, S.119, *Heinz Cornel u.a.,* Ein Resozialisierungsgesetz für eine neue Kriminalpolitik durch nichtfreiheitsentziehende Maßnahmen und Hilfeleistungen für straffällig gewordene Menschen, BewHi Jg. 62, Ht. 4, 2015, S.357, *Heinz Cornel,* Resozialisierungsgesetz, in: Marcel Scheder (Hrsg.), Handbuch Jugendstrafvollzug, Weinheim 2015, S.582. なお、討議案作成の第一次草案である、Erster Diskussionsentwurf eines Landesresozialisierungsgesetz, in: *Bernd Maericke,* Komplexleistung Resozialisierung, Baden-Baden 2016, S. 225ff.
17 DE für ResoG, S.40.
18 DE für ResoG, S.40.
19 DE für ResoG, S.44.
20 Handbuch, S. 615.
21 DE für ResoG, S.57.
22 DE für ResoG, S.58.
23 DE für ResoG, S.59.
24 DE für ResoG, S 63.
25 Handbuch, S. 618.
26 DE für ResoG, S. 103.
27 DE für ResoG, S.109. Baden-Württemburgにおける保護観察の私化の試みについては、土井政和「ドイツの社会内処遇」更生保護研究7号（2015年）80頁を参照のこと。この私化の方向性は現在放棄されている。vgl. Handbuch S. 212. この点も含めた司法のソーシャルワークに関する諸ラントの比較については、*Lisa Lutzebäck,* Soziale Dienste der Justiz in Deutschland, FS Jg. 63, Ht. 2, 2014, S. 79.

（たけうち・けんじ）

第18章
フランスにおける刑事強制および強制下釈放について

井上 宜裕
九州大学

1 刑事強制および強制下釈放の導入

　社会内処遇を考えるに当たって、執行猶予および仮釈放が重要な位置を占めていることに異論を差し挟む余地はないであろう。また、その際に伴いうる保護観察に関しては、再犯予防策としての有効性をめぐって常に議論が展開されている。

　この点、フランスでは、近時、保護観察および仮釈放に関して、大きな法改正が行われた。刑の個別化および刑事制裁の効率性向上に関する2014年8月15日の法律第2014-896号（Loi n°2014-896 du 15 août 2014 relative à l'individualisation des peines et renforçant l'efficacité des sanctions pénales）、いわゆるTAUBIRA法による、刑事強制（contrainte pénale）、および、強制下釈放（libération sous contrainte）制度の導入がそれである。

　刑事強制は、保護観察を独立した刑罰として科すものであり、既存の保護観察付執行猶予より個別化を徹底した制度設計がなされている。他方、強制下釈放は、刑の修正の対象とならなかった者に行う、いわば必要的仮釈放の措置である。本法の提案理由について、政府は、「再犯予防を刑事政策の最優先課題の1つとし、本改正によって、フランス国の安全を強化すること」と述べている。この両制度が本格的に運用されれば、社会内処遇のあり方が一変するとともに、再犯予防に一定の効果が生じる可能性もあり、今後の動向が注目される。

　このように、フランスで導入されたこれらの制度を分析することは、日本における社会内処遇の方向性を見極める上で、有益な示唆をもたらしうるで

あろう。そこで、本稿は、フランスで2014年に導入された、刑事強制、および、強制下釈放について、その内容を紹介し、実際の運用状況を踏まえつつ、両制度に検討を加える。

2　刑事強制

(1)　意義

　刑事強制とは、拘禁刑で処罰される軽罪の行為者の人格、および、金銭的、家族的および社会的状況、ならびに、当該事件の事実に鑑み、個別化された持続的な社会教育的援護が正当化される場合に、裁判所が宣告する刑罰の1つである（刑法第131-4-1条第1項）。

　刑事強制刑は、軽罪に科される主刑と位置づけられ、列挙される軽罪刑の内、拘禁刑と罰金刑の間に挿入された（刑法第131-3条）。また、この刑罰は、各則規定で直接参照される刑罰ではなく、いわゆる拘禁代替刑と解されている。なお、未成年者（1945年2月2日のオルドナンス[3]第20-4条）と法人（刑法第131-39条）は刑事強制の対象外である。

　刑事強制の特徴は、保護観察付執行猶予とは異なり、保護観察を拘禁刑から切り離した形で独立した刑罰として科しうるところにある[4]。とはいえ、刑事強制として科される義務、禁止等は、刑法典の中に既に存在するものばかりであって、内容的な目新しさはない。むしろ、刑事強制の新奇性は、後述するように、義務、禁止および援助措置の内容を決定する際、綿密な調査を前提とした個別化を図りうる点にある。

(2)　制度概要
(a)　義務および禁止等の内容
Ⅰ　期間等

　刑事強制は、被有罪宣告者に対して、刑罰適用判事[5]の監督の下、裁判所によって定められた6ヶ月以上5年以下の期間、監督および援護の措置、ならびに、社会内への統合または再統合を促進しつつ再犯を予防するための特別な義務および禁止に服することを強制する（刑法第131-4-1条第2項）[6]。

Ⅱ　具体的内容

　刑事強制の内容は、一般遵守事項(ⅰ)、特別遵守事項(ⅱ)、および、援助措置

(ⅲ)からなる。

(ⅰ) 一般遵守事項

一般遵守事項について、被有罪宣告者は、有罪判決の宣告時から、保護観察付執行猶予の定める監督措置（刑法第132-44条）に服する義務を負う（刑法第131-4-1条第3項）。

なお、刑法第132-44条は、一般遵守事項として、以下のものを規定している。すなわち、①刑罰適用判事または指名されたソーシャルワーカーの呼び出しに応じること、②ソーシャルワーカーの訪問を受け入れ、生活手段および義務履行の監督を可能にする情報または資料をソーシャルワーカーに提出すること、③職業の変更をソーシャルワーカーに告知すること、④居所の変更または15日を超える全ての移動をソーシャルワーカーに告知し、帰宅を報告すること、⑤職業または居所の変更が義務履行の障害となりうる場合、全ての変更につき、刑罰適用判事に事前の許可をえること、⑥全ての国外への移動を刑罰適用判事にあらかじめ通知すること。

(ⅱ) 特別遵守事項

特別遵守事項には、保護観察付執行猶予に関して刑法第132-45条の定める義務および禁止（刑法第131-4-1条第4項第1号）、公益奉仕労働を行う義務（同第2号）、ならびに、対象者が社会内司法監督の課される軽罪につき有罪宣告を受けた場合で、かつ、医学鑑定によって対象者が治療の対象となりうると結論づけられた場合の治療命令（同第3号）の3つがある。

なお、刑法第132-45条は、以下の特別遵守事項を規定し、その内の1つまたは複数が対象者に命じられうる。すなわち、①職業活動を行い、または、教育もしくは職業訓練を受けること、②定められた場所に居所を置くこと、③場合によっては、入院の下、医学検査、治療または看護の措置に服すること、④家計の負担、または、定期的な扶養定期金の支払いを証明すること、⑤私訴に関する決定がない場合であっても、犯罪によって生じた損害につき、自己の負担能力に応じて、その全部または一部を賠償すること、⑥有罪宣告によって国庫に支払うべき額の自己の負担能力に応じた支払いを証明すること、⑦道路法典の免許のカテゴリーによって定められる特定の車両、または、電子アルコール検査によるエンジンロックシステムが認可を受けた専門家によってもしくは製造段階で装着されていない車両を運転しないこと、⑧対象者の同意の下、場合によっては運転教習受講後、運転免許試験に登録し、受験すること、⑨遂行中もしくは遂行に際して犯罪が行われた活動に従事しな

いこと、または、未成年者との日常的接触を伴う活動を行わないこと、⑩特に指定された全ての場所、全ての場所的カテゴリー、全ての区域に立ち入らないこと、⑪賭事、特に馬券組織における賭事をしないこと、および、金銭を賭けた勝負事に参加しないこと、⑫酒類販売店に頻繁に出入りしないこと、⑬特定の被有罪宣告者、特に、犯罪の正犯者または共犯者と頻繁に会わないこと、⑭裁判所によって指名された者は除いて、被害者といった特定の者、または、とりわけ未成年者といった特定のカテゴリーの者と連絡を取らないこと、⑮武器を所持または携帯しないこと、⑯原動機付陸上交通手段の運転の機会に行われた犯罪の場合、交通安全の注意喚起研修を自己の負担で修了すること、⑰行われた犯罪の全部または一部に関して、自己が著者または共著者である著作物または電子著作物を頒布しないこと（但し、故意の生命侵害、性的攻撃または性的侵害の重罪または軽罪に関する有罪判決の場合に限る）、⑱司法決定によって監護が委託された者の下に自己の子どもを引き渡すこと、⑲市民訓育研修を修了すること、⑳自己の配偶者、内縁関係の夫もしくは妻もしくは民事連帯規約によるパートナーに対して、または、自己の子ども、配偶者、内縁関係の夫もしくは妻もしくはパートナーの子どもに対して行われた犯罪の場合、相手方の住所または居所外に居住すること、および、場合によっては、この住所もしくは居所またはこれらのすぐそばに立ち入らないこと、ならびに、必要な場合、衛生的、社会的もしくは心理学的ケアを受けること（犯罪が被害者の元配偶者もしくは内縁関係の夫もしくは妻によって、または、民事連帯規約による元パートナーによって行われた場合で、当該住所が当時被害者の住所であった場合も同様）、㉑カップル間の暴力および性差別主義者に対する予防および闘争に関する責任向上の研修を自己の費用で修了すること、㉒全ての国外への移動につきあらかじめ刑罰適用判事の許可をえること、㉓自らの再社会化および市民権の価値の獲得を可能にするための衛生的、社会的、教育的または心理学的ケアの条件を遵守すること。

(ⅲ) 援助措置

刑事強制の場合も、対象者は、保護観察付執行猶予の場合と同様の援助措置（刑法第132-46条）[7]を受けうる（刑法第131-4-1条第5項）。

(b) 宣告手続

刑事強制刑は判決裁判所が言い渡すが、義務および禁止の内容を確定するには大きく分けて2通りの方法がある。なお、刑事強制の宣告は、仮執行力

を有する（刑法第131-4-1条第10項）。

I　判決裁判所が義務および禁止の内容を決定する場合

　刑事強制を宣告する裁判所は、被有罪宣告者の人格、ならびに、金銭的、家族的および社会的状況に関して十分な情報を有する場合、上述の特別遵守事項の内、被有罪宣告者に課される義務および禁止を定めることができる（刑法第131-4-1条第6項）。

　この場合、刑罰適用判事は、判決裁判所によって決定された義務および禁止を修正し、取り消しまたは補完することができ、被有罪宣告者が恩恵を受ける援助措置を決定する（同第9項、および、刑事訴訟法第713-43条第1項）。

II　刑罰適用判事が義務および禁止の内容を決定する場合

　刑事強制を宣告する裁判所に十分な情報がない場合、判決裁判所は刑事強制刑の期間のみを宣告し、義務および禁止等の内容は、のちに刑罰適用判事が決定する。すなわち、社会復帰・保護観察局による被有罪宣告者の人格、ならびに、金銭的、家族的および社会的状況の評価の後、社会復帰・保護観察局から刑罰適用判事に対して、刑法第131-4-1条に規定される、監督および援助措置、義務および禁止の内容、ならびに、実施態様に関する提案を含む報告書が送付される。刑罰適用判事は、それを踏まえた上で、上述の特別遵守事項の内、被有罪宣告者に課される義務および禁止、ならびに、被有罪宣告者が恩恵を受ける援助措置を決定する（刑法第131-4-1条第9項、刑事訴訟法第713-42条、および、同第713-43条第1項）。その際、刑罰適用判事は、共和国検事の書面による請求の後に、被有罪宣告者の所見、および、必要な場合、その弁護人の所見を聴取した後で、理由を付した命令により裁定を下す（刑事訴訟法第713-43条第2項）。

　刑罰適用判事の決定は、遅くとも、有罪判決後4ヶ月以内に下される（刑事訴訟法第713-43条第3項）。具体的には、判決宣告後8日以内に、対象者が社会復帰・保護観察局に召喚され、判決宣告後3ヶ月間で、対象者の弱点および長所、家族、友人および第三者との関係、居住および収入状況、ならびに、精神・心理状態等について、心理カウンセラー等の協力の下、評価が行われる。その評価に基づいて作成された上記報告書が刑罰適用判事に送付され、それを踏まえた上で、刑罰適用判事が決定を下すことになる。[8]

(c) 執行中の対応
Ⅰ　刑罰執行中の修正等
(ⅰ)　対象者の再評価

　対象者の物質的、家族的および社会的状況は、刑の執行中、必要なたびごとに、また、少なくとも年に1回、社会復帰・保護観察局および刑罰適用判事によって再評価される（刑事訴訟法第713-44条第1項）。

(ⅱ)　措置の修正、取消等

　上記評価を踏まえた上で、刑罰適用判事は、被有罪宣告者、および、必要な場合には、その弁護人の所見を聴取した後、①被有罪宣告者に課される義務および禁止を修正または補完すること、または、②義務および禁止のいくつかを取り消すことを命じうる（刑法第131-4-1条第9項、および、刑事訴訟法第713-44条第2項）。

　また、被有罪宣告者が自らに課されていた措置、義務および禁止を少なくとも1年間履行し、社会復帰が達成されたと思料され、かつ、いかなる監視ももはや必要ないと思料される場合、刑罰適用判事は、共和国検事の正式な請求に基づき、刑事強制刑を早期に終了させる旨決定することができる（刑事訴訟法第713-45条第1項）[9]。

Ⅱ　遵守事項違反の場合

　被有罪宣告者が義務および禁止に違反する場合に備えて、判決裁判所は、あらかじめ遵守事項違反の場合に科される拘禁刑の上限を定める。この拘禁刑は、2年を超えてはならず、また、法定の拘禁刑の上限を超えてはならない（刑法第131-4-1条第7項）。

　被有罪宣告者が遵守事項に違反した場合、3段階の措置が用意されている。①まず、刑罰適用判事は、被有罪宣告者に課される措置、義務および禁止を遵守するよう警告することができる（刑事訴訟法第713-47条第1項後段）。②次に、刑罰適用判事は、職権または共和国検事の請求に基づき、被有罪宣告者に科される義務または禁止を修正または補完することができる（同第1項前段）。③全2者で不十分な場合、刑罰適用判事は、判決裁判所によって確定された拘禁刑の全部または一部を被有罪宣告者に対して執行するため、大審裁判所長または大審裁判所長によって指名された判事に本件を付託する（同第2項）[10]。

(3) 運用状況

刑事強制は、2014年10月1日から運用が開始されているが、この制度の実施状況は低調である。以下では、2014年10月1日から2016年9月30日までの刑事強制の運用状況を確認する。[11]

(a) 実施件数

上記期間に宣告された刑事強制は2,287件（月平均にすると約95件）で、保護観察付執行猶予の91,682件と比べると、わずか2.5%である。当初の予想は、年間8,000件から20,000件[12]であっただけに、あまりにも少ないといわざるをえない。

また、裁判所ごとの内訳をみると、145ある大審裁判所の内、24の裁判所によって全体の宣告数の約半分が占められており、刑事強制の浸透度に地域差があるのが分かる。

(b) 罪種内訳

主な罪種内訳は、交通犯罪が35.3%と最も多く、人身犯罪の32.2%、財産犯罪の20.0%が続いている。主要な罪名としては、アルコールまたは薬物による酩酊運転24.79%、労働不能を伴わないか8日以下の労働不能を伴う暴行9.40%、配偶者または内縁関係にある者による暴行6.95%、単純盗罪5.82%となっている。

(c) 宣告される刑期

宣告される刑事強制の刑期は、2年が50.4%、3年が19.5%であって、2年以上の刑期を宣告されるのが全体の71.6%を占める。

(d) 特別遵守事項の内容

刑事強制として科される特別遵守事項は、医学検査の受診が46.0%、職業活動の実施または教育もしくは職業訓練の受講が34.7%と多く、以下、損害賠償11.5%、治療命令9.7%、被害者との接触禁止6.2%と続く。

(e) 遵守事項違反の際の拘禁刑

遵守事項違反があった場合に科されうる拘禁刑の上限が判決裁判所によってあらかじめ設定されるが、その際の刑期は、6ヶ月が最も多く32%で全体

の約3分の1を占める。続いて、4ヶ月の15.5％、3ヶ月の12.7％、12ヶ月の12.1％となっている。総じて、6ヶ月以下の刑期が定められる場合が71.3％となる。

(f) 年齢分布

刑事強制の対象者の年齢分布は、次の通りである。18歳～19歳が3.8％、20～24歳が17.0％、25～29歳が15.9％、30～39歳が29.6％、40～49歳が21.1％、50歳以上が12.6％であった。

(4) 問題点

刑事強制に対して、学説の評価は総じて厳しい[13]。

まず、刑事強制と保護観察付執行猶予の類似性に関して、「刑事強制の執行と保護観察付執行猶予の執行の近似性は明白であり、刑事強制の創設が時宜に適っていたかについて疑念を抱かせるに十分である（無駄な重複に思われる）[14]」とされる。

次に、刑事強制刑が代替刑であって、各則において参照される刑罰ではない点について、このことは「法定性の確実な弱体化」を導くと批判されている[15]。

そして、刑事強制の内容の確定および修正をめぐって批判がある。判決裁判所が義務および禁止等の内容を確定する場合については、刑罰適用判事に認められる修正権限をもって、「既判力の尊重の問題」が提起されるとの指摘がある[16]。

判決裁判所は枠組みだけ決めて、内容は刑罰適用判事が具体化する場合については、「いずれにしても、表向きは、常に軽罪裁判所に属する、刑罰を決定する権限に関して、刑事強制は問題を提起する。この権限は、そこでは、全く内容をもたないのか[17]」、また、刑罰適用判事がこの制裁の内容を対審によることなく具体化することができる点は、「防御権の隠蔽」であり、「刑事強制の正当性を疑わしめる[18]」と論難されている。

その上で、「刑事強制は真の刑罰を構成するのかが問われなければならない」とされ、刑事強制のもつ、内容の不確定性および可変性は多分に保安処分的であるとされる[19]。

さらには、刑事強制を宣告する判決に仮執行力が付与される点についても、無罪推定原則との抵触が危惧されている[20]。

3 強制下釈放

(1) 意義

強制下釈放の導入は、刑務所からの段階的出所を図り、刑の修正を受けない出所、いわゆる「何のケアも伴わない出所（sorties sèches）」を回避することが目的とされている[21]。

被拘禁者が住居も職もなく、また、健康上の問題または中毒症状が解消されることなく出所する場合、この者の再社会化は困難であり、再犯の危険が高い。にもかかわらず、被収容者の80％以上、6ヶ月以下の短期自由刑の受刑者に至ってはそのほぼ全てが、刑の修正を受けない状態、「何のケアも伴わない出所」となっている現状がある[22]。

刑の修正に関して、刑事訴訟法第707条Ⅲは、次のように規定する。すなわち、「自由剥奪刑の執行により収容されている全ての被有罪宣告者は、いかなる形態の司法上の監督もなしに自由を回復させることを回避するため、半自由、外部収容、電子監視、仮釈放、または、強制下釈放の措置の枠内で、拘禁の物質的条件および行刑施設の占有率に鑑み、それが可能であるごとに、段階的な自由回復の恩恵を受ける」。

強制下釈放の制度が加わった今、刑の修正が活性化し、再犯予防につながるかが鍵となろう。

(2) 制度概要

(a) 対象等

強制下釈放の対象となりうるのは、総計で5年以下の1つまたは複数の自由剥奪刑を執行するにあたり、刑期の3分の2以上が経過する場合である。強制下釈放制度の特徴は、刑期3分の2経過時の調査が義務的とされている点である（刑事訴訟法第720条第1項）[23]。

強制下釈放は、刑罰適用判事によって下される決定に従い、半自由、外部収容、電子監視または仮釈放の制度の下、残刑期を執行する（刑事訴訟法第720条第3項）。

(b) 手続の流れ

刑期の3分の2が経過する前に、適用資格者が抽出され、刑罰適用委員会の開催に先立って、行刑当局は、強制下釈放を認めるか否かの時宜性、およ

び、措置の性質に関する意見を刑罰適用判事に伝達する（刑事訴訟法第D147-17条）。また、社会復帰・保護観察局によっても、対象者に対する意見が刑罰適用判事に伝達されるようである[24]。

　対象者に関して刑務所書記課によって作成された書面も踏まえつつ、刑罰適用委員会が対象者の調査を実施する。刑罰適用判事は、意見を聴取するため、被有罪宣告者および必要な場合その弁護人を刑罰適用委員会に召喚することができる。弁護人も、同様に、刑罰適用判事に意見書を提出することができる。刑罰適用委員会におけるこの調査の後、刑罰適用判事は、理由を付した命令により、強制下釈放を宣告するか、または、そのような措置が不可能と思料する場合もしくは被有罪宣告者が事前に同意を示さなかった場合には、当該措置を宣告しない旨決定する。（刑事訴訟法第720条第2項）。

(c) 調査の不実施

　被有罪宣告者の状況の調査が行われない場合、控訴院刑罰適用部の長は、職権により、または、被有罪宣告者もしくは共和国検事の係属に基づき、第2項に定める条件の下、強制下釈放を宣告することができる（刑事訴訟法第720条第4項）。

　より具体的には、残刑期が1年以上の場合で、刑期の3分の2が経過した日から2ヶ月経過した時点で、また、残刑期が1年未満の場合には、1ヶ月経過した時点で、刑罰適用判事が強制下釈放に関する決定を下さなかった場合、控訴院刑罰適用部の長は、被有罪宣告者または共和国検事によって本件を係属され、または、職権により自ら係属する。控訴院刑罰適用部の長は、係属した月の間に決定を下す（刑事訴訟法第D147-18条）。

(3) 運用状況

　強制下釈放は、2015年1月1日から実施されているが、こちらも刑事強制と同様、実施状況は低調である。2015年1月1日から2016年9月30日までの強制下釈放の運用状況は以下の通りである[25]。

(a) 実施件数

　上記期間の総実施件数は、6,492件で、月平均にすれば、309件である。裁判所の内訳をみると、132の大審裁判所および控訴院の内、22の大審裁判所によって全体の過半数の宣告が行われており、こちらも刑事強制と同様、地

域差がかなりある。なお、Paris大審裁判所では、管轄内のSanté刑務所が改装中で、実例が1件もない。

強制下釈放も、当初の予想は、年間14,400件から28,800件であり、現実と大きくかけ離れている。[26]

(b) 修正措置

強制下釈放に伴う修正措置で最も多いのは、電子監視で43%、次いで、半自由が29%、仮釈放が24%であった。

(4) 問題点

強制下釈放についても、学説からの批判がある。[27]

まず、強制下釈放が一種の必要的仮釈放制度である点に関して、「再犯者は初犯者と同様に早く釈放される資格を有し、もはや『社会再適応の真摯な保証』を提示する必要がないことから、初犯者が再犯者より有利に扱われない点」[28]が大きな問題とされる。

また、強制下釈放という呼称に着目し、自由(liberté)と強制（contrainte）を奇妙に結びつけている「強制下釈放（liberation sous contrainte）」を「法律上の形容矛盾（oxymore juridique）」[29]と論難する者もいる。

さらに、強制下釈放の手続について、「対審がないので、公平な刑事手続の尊重を保障しようとする諸原則を包含する、諸原理の尊重の点が問われうる」[30]との指摘もある。

4 刑事強制および強制下釈放の帰趨

(1) フランスにおける刑事強制および強制下釈放の未来

以上、刑事強制および強制下釈放について、制度概要、運用状況および問題点を概観した。刑事強制も強制下釈放も、その基本理念が実現できれば、社会内処遇による再犯予防効果が一定程度期待できそうにも思えるが、フランスではなぜこのように両制度の実施状況が低調なままなのであろうか。この点は、両制度の本質を捉える意味でも重要である。

まず、その前提として、本改正が単なる過剰収容対策として提案されたにすぎないのかどうかを確認しておく。学説には、この点を訝る者も少なくない。たとえば、強制下釈放に関して、同制度は「被収容者の数を減らすた

め[31]」とするものや、「この措置はとりわけ刑務所の詰まりを取るのが狙いのように我々には思われる。社会再適応という面でのこの措置の実効性は、依然証明する必要がある[32]」との指摘もある。他方で、「他の代替刑よりも、刑事強制は、判事および世論によって拘禁刑に替えて広く受け入れられるには、明確性および精確性を欠いている。過剰収容を減らすことも刑事強制には決して期待できない[33]」として、そもそも過剰収容対策にならないとする主張も存在する。

　この点、本法が過剰収容対策であると正面からは肯定されてはいないものの、「行刑施設の高い占有率が持続しているのは、代替策がないため、『デフォルトで』拘禁刑によること」がその一因であるとの指摘が提案理由にみられる点も注意すべきである[34]。

　次に、刑事強制および強制下釈放が十分に活用されない実質的理由に目を向けると、ある論者は、刑事強制の導入後、同制度が困難に直面している理由を次のように分析している。すなわち、「第1に、おそらく、刑事強制は十分に説明されなかった。メディアの報道は、相対的に弱く、いずれにせよ、この刑罰の内容についてほとんど検討がなされなかった。(中略) 次に、習慣の力が確かに作用した。軽罪の法廷で、参照する刑罰が刑務所の場合、司法官にとっては、刑罰適用判事が適切と判断するであろうと考えて、保護観察付執行猶予を宣告するのが非常に簡便である。また、ある刑罰適用判事や社会復帰・保護観察官にとっては、この刑罰に思い至らないようにするために、手段の欠如の背後に身を隠すのが簡便でもある。最後に、そしておそらく何より、政治的な優柔不断が刑事強制を科すことを許容しなかった。この新しい刑罰の当初の観念は、保護観察付執行猶予、公益奉仕労働、さらには、罰金刑または単純執行猶予に取って代わることになっていた。刑罰適用機関が自由に用いることができる刑事強制の内容の一部を構成しえたであろう、保護観察付執行猶予および公益奉仕労働を保持しつつ、立法者は、皆がもはや適合していないと口を揃えていっている、刑罰の構造に触れることなく、我々の刑罰体系に新たな層を加えることしかしなかった[35]」と。

　他方で、刑罰適用判事や社会復帰・保護観察局といった刑事強制および強制下釈放に携わる実務家からも、両制度が活性化しない原因について、以下の4点が指摘される[36]。第1に、フランスの特徴として、新しい刑罰はなかなかすぐには適用されないという点がある。公益奉仕労働も10年かかってようやく定着するに至った。第2に、判決裁判官が新しい刑罰についてあまり認

識しておらず、法改正についてきていない現状がある。それゆえ、社会復帰・保護観察局や刑罰適用判事が判決裁判官に説明に行くこともしばしばある。同様に、フランス国民も刑の修正など知らず、犯罪を行えば皆刑務所に行くと思っている。第3に、フランスの司法は本来政治から独立していなければならないはずだが、今は、政治的な意味合いが強い。メディアによる虚偽の風説流布も問題で、右派からは、刑事強制では甘すぎるのではとの指摘もある。第4に、刑事強制は、プレタポルテではなく、オートクチュールなので、人員も予算も多くを必要とする。

このようにみてくると、これらの主張の中には実に興味深い指摘が含まれており、また、共通点が随所にみられる。

はたして、刑事強制および強制下釈放の足枷となっている問題は、解決可能であろうか。主要な問題を検討するならば、両制度の周知不足の問題については、時が経つにつれ解消される可能性もある。上述の通り、刑事強制および強制下釈放の実施状況には地域差があるが、少なくとも、Parisの刑罰適用判事、および、社会復帰・保護観察局は、両制度を推進するため、司法官研修所や刑務官研修所で講習を行ったり、組織内で研修を実施したりして積極的に活動している。これにより、実務レベルでの周知は進んでいくものと思われ、実際の適用例が増えれば、国民にも認知されていくことになるであろう。

ちなみに、既存制度との関係の複雑さも両制度の活用を妨げている一因と考えられるが、この点は、刑事強制に関して、立案段階では、新たに創設される保護観察刑を唯一かつ独自の拘禁代替刑とする方向で調整が図られていたにもかかわらず、既存制度と併存せざるをえなくなったことが原因ともいえる。[37]

何といっても、両制度が活性化しない理由の最たるものは、リソース不足、特に、人的資源の不足である。刑罰適用判事および社会復帰・保護観察局の仕事量は年々増大し、とりわけ、後者の対象領域の拡大は顕著である。

2014年法の法案理由書にも、本改正に伴って、社会復帰・保護観察局の「有意な（significatifs）」人員増が予定されている旨述べられており、現に、これを機に、約1,000名が増員された。[38] しかしながら、恒常的な人手不足の上、今まで以上にまさにオートクチュールな対応を迫られる新制度を前にして、1,000名では到底対応できず、「焼け石に水」の状態である。

学説には、皮肉を込めて、「最後に、本改正は、人的資源の不足のゆえに、

失敗する危険があることを忘れないようにしよう」[39]と述べるものもある。この点は、予算措置を伴う人員配置の問題であって、政府の姿勢が問われる場面といえよう。

本改正の将来的展望として、まず、刑事強制に関して、2017年1月1日から、当初5年以下の軽罪に限られていた刑事強制の対象範囲が全ての軽罪に拡大された。今後、5年を超える拘禁刑の予定される者に刑事強制がどの程度適用されるかに注目する必要がある。

本改正の成否を握っているのは、なんといってもEmmanuel MACRON大統領の政策如何であろう。大統領選の際、MACRON氏は、刑事強制の枠組みは維持する立場を表明していたが[40]、この制度に実効性をもたせるためには、ここから先の行動、決断が不可欠である。

(2) 日本法への示唆

フランスの刑事強制および強制下釈放の制度から、我々は何を学ぶべきであろうか。刑事強制刑は、保護観察を独立の刑罰とする保護観察刑である。保護観察刑の導入は、ネット・ワイドニングに作用する危険性がある。とはいえ、詳細な調査を経た上で対象者に適応した措置を施行するフランスの刑事強制の枠組みは、基本的に妥当性を有しているようにも思われる。従来、拘禁刑の対象であった者がこの措置の対象になるのであれば、是認する余地が皆無とはいえないであろう。

他方、強制下釈放は、一種の必要的仮釈放制度であり、十分な実施体制がないまま多用されれば却って混乱を招くことにもなりかねない。しかしながら、必要的仮釈放には人的・物的コストがかかるとしても、これが実現できれば、再犯予防で一定の効果を伴いうることも確かである。

両制度をめぐるフランスの今後の動向を注視し、これを日本における社会内処遇のあり方をさらに掘り下げて検討する契機とすべきであろう。

1 フランスにおける社会内処遇については、赤池一将「フランスの社会内処遇と更生保護における官・民と官・官の協働」更生保護学研究7号（2015年）60-80頁、井上宜裕「フランスにおける社会内処遇」刑事立法研究会編『非拘禁的措置と社会内処遇の課題と展望』（現代人文社、2012年）350-364頁、同「フランスにおける社会的反作用をめぐる近時の動向」刑法雑誌53巻1号（2013年）23-33頁等参照。
2 Projet de loi relatif à la prévention de la récidive et à l'individualisation des peines, Assemblée nationale, 9 octobre 2013, n° 1413 (http://www.assemblee-nationale.fr/14/pdf/

3　Ordonnance n°45-174 du 2 février 1945 relative à l'enfance délinquante.
4　PRADEL,Jean, Droit pénal général, 21e éd., 2016, p.557参照。
5　フランスでは、行刑段階にも司法的コントロールが及んでおり、その任を負うのが刑罰適用判事、および、刑罰適用判事によって構成される行刑裁判所である。フランスにおける刑罰適用判事の概要については、相澤育郎「フランスにおける刑罰適用裁判官の歴史的展開」龍谷法学48巻2号（2015年）965-1007頁等参照。
6　なお、保護観察付執行猶予の観察期間は、刑事裁判所が12ヶ月以上3年以下の範囲で定める。対象者が法律上の累犯の状態にある場合は5年、対象者が再度法律上の累犯の状態にある場合、観察期間は7年に至りうる（刑法第132-42条）。
7　刑法第132-46条①援助措置の目的は、社会再適応に向けた被有罪宣告者の努力を補佐することである。②社会的援助、および、必要な場合、物質的援助の形態の下で実施される、これらの措置は、場合によっては、あらゆる公的および民間の組織の参加を伴って、保護観察局によって実施される。
8　社会復帰・保護観察局および刑罰適用判事の具体的活動、運用状況等の詳細については、Paris社会復帰・保護観察局Patrick MADIGOU氏、および、Virginie NOUAILLE氏、ならびに、Paris大審裁判所判事Lionel VARFETY氏、Ludovic FOSSEY氏、および、Jean-Claude BOUVIER氏から情報提供を受けた。
9　なお、検察官の同意がえられない場合、刑罰適用判事は、理由を付した申請により、裁判所長または裁判所長により指名された判事にこのために本件を付託することができ、付託された者は、第712-6条の適用により、公の対審の後、裁定を下す（刑事訴訟法第713-45条第2項）。
10　裁判所長または裁判所長によって指名された判事は、公の対審の後、裁定を下し、裁判所によって確定された期間を超えない範囲で、執行すべき拘禁刑の期間を定める。この拘禁刑の期間は、被有罪宣告者の人格、および、物質的、家族的および社会的状況、措置、義務および禁止の不遵守の重大性、ならびに、刑事強制が執行された期間、および、既に遵守されまたは履行された義務に応じて、決定される（刑事訴訟法第713-47条第2項）。
11　Ministère de la Justice, Bilan statistique de la mise en œuvre de la réforme pénale: contraintes pénales et libérations sous contrainte enregistrées jusqu'en septembre 2016 (http://www.federationsolidarite.org/images/stories/3_les_publics/justice/Stat-bilan-reforme-penale-sept2016.pdf〔最終アクセス日2017年9月30日〕), pp.1-9.
12　Justice, La contrainte pénale en étendard de la réforme Taubira (http://www.institutpourlajustice.org/wp-content/uploads/2013/10/2013-10-101310@L_UNION.pdf〔最終アクセス日2017年9月30日〕), p.1.
13　刑事強制については、以下の文献も参照。BENILLOUCHE,Mikaël, Droit pénal général, 2015, pp.279-283; BOULOC,Bernard, Droit pénal général, 25e éd., 2017, pp.474-476; BOULOC,Bernard, MATSOPOULOU,Haritini, Droit pénal général et procédure pénale, 19e éd., 2014, pp.33-34,532-533; CANIN,Patrick, Droit pénal général, 7e éd., 2015, pp.126-127; GRIFFON-YARZA,Laurent, La contrainte pénale, Premiers éléments d'analyse pratique, Droit pénal, 2014, n°10, pp.9-14; GROSCLAUDE-HARTMANN,Anne, Modalités et régime de la nouvelle peine, La contrainte pénale et le sursis avec mise à l'épreuve, Gaz. Pal., 2015, n°143, p.24; HERZOG-EVANS,Martine, Loi Taubira, derrière

un angélisme de façade, quelques progrès sur fond de logiques comptables et répressives où l'équité et le réalisme comptent peu, AJ pénal, 2014, pp.456-460; JACOPIN,Sylvain, Droit pénal général, 3e éd., 2015, pp.446-448; KOLB,Patrick, Cours de droit pénal général, 2015, p.306; KOLB,Patrick, LETURMY,Laurence, Droit pénal général, 10e éd, 2015, p.194; LARGUIER,Jean, CONTE,Philippe, MAISTRE du CHAMBON,Patrick, Droit pénal général, 22e éd., 2014, pp.153-155; LENA,M., Réforme pénale, D, 2014, n°30, pp.1690-1692; MAYAUD,Yves, Droit pénal général, 5e éd., 2015, pp.608-612; PELTIER,-Virginie, Circulaire relative à la contrainte pénale, JCP, 2014, n°42, p.1833; Id., Validation constitutionnelle de la contrainte pénale, Droit pénal, 2014, n°10, pp.34-35; PIN,Xavier, Droit pénal général 2016, 7e éd., 2015, pp.373-377; ROBERT,Jacques-Henri, Réforme pénale, Punir dehors, Commentaire de la loi n°2014-896 du 15 août 2014, Droit pénal, 2014, n°9, p.6; ROUMIER,William, Projet de loi tendant à renforcer l'efficacité des sanctions pénales: Adoption de la contrainte pénale et suppression des "peines plancher", JCP, 2014, n°7-8, p.2 etc.

14 PRADEL, op.cit.(note 4), p.718.
15 DREYER,Emmanuel, Droit pénal général, 4e éd., 2016, p.1049.
16 DREYER, op.cit.(note 15), p.1060.
17 DREYER, op.cit.(note 15), p.1061.
18 DREYER, op.cit.(note 15), p.1050.
19 DREYER, op.cit.(note 15), p.1049.
20 DREYER, op.cit.(note 15), pp.1049-1050; PRADEL, op.cit.(note 4), p.558.
21 Ministère de la Justice, Loi du 15 août 2014 relative à l'individualisation des peines et renforçant l'eficacité des sanctions pénales, La libération sous contrainte（http://www.justice.gouv.fr/loi-du-15-aout-2014-12686/la-liberation-sous-contrainte-12690/〔最終アクセス日2017年9月30日〕）.
22 Ibid. なお、司法省は、現に、刑の修正を受けて釈放された者については、出所後5年の再犯率が60%を超え、たとえば、仮釈放の恩恵を受けた者のそれは40%を切っているとして、刑の修正の有効性を強調する（Ibid.）。しかし、再犯リスクの高くない者を仮釈放の対象者としているとすれば、むしろこの数字は当然というべきであろう。
23 なお、2014年8月15日法は、仮釈放を促進するとの配慮の下、執行刑期が3分の2に達する被有罪宣告者の状況を必要的に調査する制度を設けた。但し、対象となるのは刑期が5年以上のもののみである（刑事訴訟法第730-3条）。
24 前記注（8）参照。
25 Ministère de la Justice, op.cit.(note 11), pp.9-12.
26 JUSTICE, op.cit.(note 12), p.1.
27 強制下釈放については、以下の文献も参照。BOULOC=MATSOPOULOU, op.cit.(note 13), pp.601,621; CANIN, op.cit.(note 13), p.149; JACOPIN, op.cit.(note 13), p.471; KOLB=LETURMY, op.cit.(note 13), p.219; LARGUIER=CONTE=MAISTRE du CHAMBON, op.cit.(note 13), p.262; MAYAUD, op.cit.(note 13), pp.699-701.
28 PRADEL, op.cit.(note 4), p.701.
29 GRIFFON-YARZA,Laurent, La libération sous contrainte, nouvel oxymore juridique, AJ pénal, 2015, p.80. なお、KOLB, op.cit.(note 13), p.352; PIN, op.cit.(note 13), p.463参照。
30 KOLB, op.cit.(note 13), pp.354.

31 KOLB, op.cit.(note 13), pp.352-353. なお、PRADEL, op.cit.(note 4), p.701参照。
32 PIN, op.cit.(note 13), p.464.
33 DREYER, op.cit.(note 15), p.1061.
34 Projet de loi relatif à la prévention de la récidive et à l'individualisation des peines, Assemblée nationale, 9 octobre 2013, n°1413（http://www.assemblee-nationale.fr/14/pdf/projets/pl1413.pdf〔最終アクセス日2017年9月30日〕）, p.4.
35 PÉLISSIER,Pierre, Préface de <<TOURNIER,Pierre V., Naissance de la contraite pénale, Sanctionner sans emprisonner, vol.1, 2015, L'Harmattan, >>, pp.16-17.
36 前記注（8）参照。
37 TOURNIER,Pierre V., Naissance de la contraite pénale, Sanctionner sans emprisonner, vol.1, 2015, L'Harmattan, p.75.
38 Projet de loi relatif à la prévention de la récidive et à l'individualisation des peines, op.cit.(note 34), p.6.
39 PRADEL, op.cit.(note 4), p.701.
40 Le programme justice et sécurité de Macron, entre fermeté et simplisme（http://www.lemonde.fr/election-presidentielle-2017/article/2017/03/06/le-programme-justice-et-securite-de-macron-entre-fermete-et-simplisme_5090088_4854003.html〔最終アクセス日2017年9月30日〕）.

（いのうえ・たかひろ）

第19章 アメリカにおけるホームレス・コートの取組みについて
「援助」と「監視」の視角から

石田 侑矢
九州大学大学院法学府博士後期課程・日本学術振興会

1　はじめに

　本稿ではアメリカにおける問題解決型裁判所（Problem Solving Court、以下「PSC」[1]）のひとつであるホームレス・コート（Homeless Court、以下「HC」[2]）を取り上げる。HCとは軽罪を犯したホームレス生活者を対象として住居の確保や自立のために必要となる社会福祉サービスの提供を行うことで対象者の「ホームレス状態」（Homelessness）を改善することを目的とするPSCであり[3]、現在全米で22か所存在している[4]。

　HCで提供される支援は福祉的性格が強く、近時わが国で入口支援ないし出口支援として提供されているものと類似している。また、入口支援対象者の中にホームレス生活者が多く含まれていることを示す研究も存在する[5]。とすれば、刑事手続において福祉的支援を提供する仕組みが採られているHCにおいて、「援助」と「監視」という二つの価値がどのように調和・展開されているのかを知ることは、今後日本における司法と福祉の連携の具体的な在り方を検討する上で有益であると思われる。そこで、本稿ではアメリカにおけるHCを取り上げ、そこでの取組みを「援助」と「監視」という二つの軸で分析し、今後の日本における議論にとっての指針のひとつを提供することを目的とする。

2 一般福祉におけるホームレス対策

(1) 1980年代

　まず、一般福祉の領域におけるアメリカ連邦政府によるホームレス対策を概観する。

　アメリカにおいてホームレス生活者の存在が社会問題化したのは1980年代になってからであった。小池によれば、従来、アメリカではホームレス生活者の問題は地域の問題であるとされ連邦レベルでの対応はなされてこなかった[6]。しかし、1980年代を通じて全国各地でホームレス生活者が急増し、これを受けて「アメリカのホームレス状態」について開催された連邦議会下院の小委員会における公聴会（1982年12月）で事態の把握が試みられた。これが連邦レベルでの初めての対応であった。その結果、1983年3月に緊急食料支援法（Temporary Emergency Assistance Act of 1983）が成立し、これに基づいてホームレス生活者に対する食料支援と緊急シェルターの確保が開始された。これは自然災害による緊急事態に対応する連邦緊急事態管理庁を通じて行われるものであり、従って、ホームレス生活者に対する支援は冬季のみ行われる季節的・自然災害的なものとして位置づけられていた[8]。

　しかし、もちろんホームレスは季節的・自然災害的なものではない。この点を指摘したのがマキニー（Stewart B. McKinney）共和党下院議員であった。彼は下院公聴会において次のように述べた。すなわち、「ホームレスは季節的な危機ではない。……しかし多くの人にとって、ホームレスの問題は感謝祭の頃に現れ、イースターの時には無くなってしまう。……ホームレス状態の原因に議会が取り組むときがきたのである」[9]。このような働きかけもあり、1987年にホームレス生活者のための緊急救援法（Urgent Relief for the Homeless Act）が成立した。これは提案者であるマキニー議員の名にちなんでマキニー法と呼ばれる。このマキニー法によってそれまで各省庁がそれぞれ行っていた施策がマキニー・ホームレス支援プログラムとしてひとまとめにされ、それは次の7つを内容とするものであった（当時）[10]。すなわち、①住宅都市開発省による緊急シェルターおよび支援住宅、②連邦緊急事態管理庁が管轄する緊急食料およびシェルター、③精神疾患があるホームレス生活者のための助成金、④退役軍人省による退役軍人ホームレス生活者のための諸施策への助成金、⑤教育省によるホームレス生活をしている児童のための学校参加プログラム、⑥労働省が管轄する職業訓練、⑦ホームレス問題連絡

協議会の設置である。このように、マキニー・ホームレス支援プログラムは様々なサービスを含むものであったが、緊急シェルターによる対応という基本方針はそれまでのものと同様であった。つまり、1980年代におけるアメリカのホームレス対策は主に緊急シェルターを確保・増加させるというものであった。

(2) 1990年代〜2000年代

　1990年代に入ると緊急シェルターの確保・増加という路線はますます強化され、それに伴って連邦・州政府の財政は圧迫された。そのため地方自治体及び連邦の両レベルで「シェルター改革」が始まった。特に連邦レベルでのシェルター改革によってアメリカのホームレス対策は再度方向転換が図られた。1993年4月にマキニー法に基づくホームレス対策についての公聴会が開催され、そこで当時の住宅都市開発省長官によって、緊急性に焦点を当てるのではなく自立に向けた一貫した支援の必要性が指摘されたのであった。これにより「ケアの継続（Continuum of Care）」という方針が示され、以後アメリカのホームレス対策はこの方針のもとで進められることとなった。すなわち、1990年代以降アメリカではホームレス対策を緊急シェルター、通過施設、恒久住宅の三段階に分け、それぞれの段階で必要とされる支援を継続的に行うことでホームレス生活者の自立を促すという方向性へとシフトした[11]。

　このように、点の支援から線の支援へと方向転換が図られたが、ホームレス対策の中心をシェルターによる対応とする基本姿勢は1990年代以降も維持された。ただし、その中心に据えられたのは緊急シェルターではなく、通過施設であった。

(3) 2000年代終わり〜現在まで

　その後、1990年代および2000年代を通じて連邦政府によるホームレス対策は「ケアの継続」路線に沿ってなされたが、2009年にホームレス緊急支援および住宅への速やかな移行法（Homeless Emergency Assistance and Rapid Transition to Housing Act, HEARTH Act）が成立したことによって再度方向性が転換された。すなわち、HEARTH法によってホームレス問題連絡協議会がホームレス生活者を根絶するための計画を立て、それを毎年更新することが求められ、それに従って2010年6月にホームレス問題連絡協議会によって「ホームレス状態の予防および根絶のための連邦戦略計画[12]」が発表された。

これにより、①慢性的なホームレス状態を終結させる取組みを5年以内に完了する、②退役軍人のホームレス状態を予防し5年以内に終結させる、③家族単位、若年者、子供のホームレス状態を予防し、10年以内に終結させる、④すべてのタイプのホームレス状態を終結させるための道筋を設定するという4つの目標が設定され、その達成のための10の目的と52の戦略が定められた。重要なのは10の目的のひとつである「危機対応システムへの移行」において、それまでの「ケアの継続」という方針に代わるものとして「住宅最優先アプローチ（Housing First Approach）」が取り上げられていることである。[13]「住宅最優先アプローチ」とは「ホームレス状態の予防とホームレスとなる人々を迅速に住居へと戻すことに焦点を当てる」ものであるが、HEARTH法には地方自治体がこのアプローチを用いて制度を発展させるための支援を定めた規定が含まれていると戦略計画の中で明記された。[14]これにより、ホームレス対策の方針は「ケアの継続」から「住宅最優先アプローチ」、つまり「予防と迅速な対応」に焦点を当てた方針へと転換が図られた。このように、1980年代の開始当初から一貫して維持されてきたシェルターによる対応という基本姿勢は2009年以降「住宅最優先」へと転換した。

3　ホームレス生活者に対する権力的介入

(1) 歴史的経緯

次に、アメリカにおけるホームレス生活者への権力的介入について概観する。

浮浪罪の淵源は14世紀イギリスにおける労働者・物乞い法（Labourer, Beggers Act 1388）に求められる。[15]この法律によってイギリスで初めて物乞いが禁止された。その背景として、1340年代から50年代にかけて欧州で大流行したペストにより多くの労働力を失ったことが指摘されている。[16]当時のイギリスにおける浮浪罪は労働力の確保と把握を念頭に置いたものであったといえる。

他方、アメリカでは当初、浮浪者に対して寛容な態度が取られていた。その背景として「新世界では誰もが浮浪者」であるという感覚があったことが指摘されている。[17]しかし、ほどなくしてアメリカにおいても労働力確保の観点から、従事すべき仕事を有していない者を追放する権限を権力機関に与える法律（Settlement and Removal Law）が制定されるようになった。かかる

流れの中で、カリフォルニア州では1872年に浮浪罪が制定された[18]。同様の規定は他の多くの州でも制定され、Footeによれば、当時ほとんどの州で浮浪罪が規定され、これがアメリカにおける1960年代頃までのホームレス生活者への中心的な権力的介入であったとされる[19]。

(2) 浮浪罪の合憲性に対する疑問

　浮浪罪がいわゆるステイタス・オフェンスの規定であることは裁判所も明確に認識していたが、その合憲性に疑問が提起されるようになったのは1950年代以降であった[20]。

　そのきっかけとなったのが、1953年のEdelman v California判決[21]と1956年のSharp Parkにおける性的少数者の集団摘発であったとされる[22]。これらをきっかけとして、1950年代以降§647（注(18)参照）の合憲性及びその運用が研究者や弁護士、裁判官などから問題視されるようになったとされる[23]。かかる状況下で、1958年7月、サンフランシスコ下院議員のJohn A. O'Connel議員に対して、憲法上の権利に関する中間小委員会で警察実務及び逮捕に関する法律についての意見聴取が行われ、浮浪罪規定は「違法収集証拠にかかる州最高裁による禁止を潜脱する」ために用いられていると指摘された。このことを背景として翌年浮浪罪規定が改正されることとなった。

　改正後、§647は「公共の場所又は公共に開かれた場所」で「みだらな又は放蕩な行為」を行う者や他者の管理する建造物等で「寝泊りする」者等は「反秩序行為の罪責を負う」といった内容のものとなった。これにより「状態」の処罰から「行為」の処罰へと転換が図られ、それまでの浮浪罪規定が有していた曖昧さは解消されたとされた[24]。

　カリフォルニア州でこのような改正が行われた約10年後の1972年、Papachristou et al. v. Jacksonville判決[25]において初めて浮浪罪についての連邦最高裁の見解が示された。同判決では「物乞いをする路上生活者および浮浪者」や「常習的酩酊者、常習的深夜徘徊者」等を90日の拘禁あるいは500ドルの罰金もしくはその両方が科されうるD級犯罪として処罰すると定めたジャクソンビルの条例（Ordinance Code）26条から57条は、禁止される行為についての公平な告知を欠くものであり、恣意的な逮捕を可能にするものである、またこの条例によって禁止されている行為の一部は現代的な基準に照らせば通常合法的な行為であるため、「憲法基準に適合しておらず、端的に憲法違反である」とされ、同条例における規定は憲法違反であると判示された。こ

れより浮浪罪に関する議論は終結したかに思われた。

(3) 「行為」の処罰と割れ窓理論

　他方、アメリカでは1980年代からホームレス生活者が急増し、これを背景として、ホームレス生活者が街の安全を害していると感じる、あるいは街の魅力や居住性を害していると感じるといった治安上の懸念が生じていた。これによりPapachristou et al. v. Jacksonville判決によって収束したかに見えたホームレス生活者に対する権力的介入が再び論じられることとなった。

　このとき用いられたのが「行為」を処罰するというレトリックと割れ窓理論であった。例えば、「路上において物乞いの目的で他者に声をかける行為」といった反秩序行為を禁じる規定は、あくまで「行為」を禁じており、この観点からすればかかる規定は十分明確でありその合憲性に問題はないとされた[27]。また、割れ窓理論の立場からは、コミュニティの解体を防ぐという観点からすれば、「誰にも損害を与えないいかがわしい行為」である「浮浪」や「酩酊」を処罰すべきでないという主張は「誤りである」とされた[28]。

　かかる主張に基づいて、物乞いなどの行為が全米各地において犯罪化された[29]。NCH & HLCHPによれば犯罪化の形式は様々であるが、それらには次のものが含まれるとされる[30]。すなわち、「公共の場所で横たわること」、「座り込むこと」、「特定の場所で『キャンプ』すること」、「特定の場所を徘徊すること」あるいは「物乞いをすること」などである。NLCHPによれば、地理的要因及び人口構成比に基づいて選択された187都市のうち、約140都市で少なくとも「一定の場所で物乞いすること」が禁じられているとされる[31]。

　確かに、このような「行為」を禁じる規定は中立的といえそうである。しかし、これらの行為はホームレス生活者が生きるために不可避的に行うものであり、かかる規定がホームレス生活者を対象とするものであることは明確であって、実質的にはホームレス生活者に対して選別的に執行される差別的立法であると言わざるを得ない[32]。また、これら行為を犯罪化する際に立脚された割れ窓理論そのものの妥当性に疑いがあることに鑑みても[33]、このような規定は本来であれば非犯罪化される方が望ましい。しかし、アメリカの多くの州で上記のような「行為」は現在でも罰すべきものとして認識されており、カリフォルニア州でも「反秩序行為」を禁ずるCA Penal Code Sec. 647が依然として維持されている[34]。これに違反した場合、6月以下の拘禁刑あるいは1,000ドル以下の罰金もしくはその両方（§19）、あるいはそれらの代替刑と

してプロベーションに付されうる（§1203[35]）。

(4) カリフォルニア州における軽罪の処理

　ここで、カリフォルニア州において軽罪の事案が通常どのように処理されるのかを概観しておく。カリフォルニア州では軽罪で逮捕された場合、治安判事の面前でinitial appearance[36]が行われた後、保釈の審査に入り、その後arraignment[37]の手続に移行するというのがもっともスタンダードな手続の流れである[38][39]。他方、カリフォルニア州では、軽罪の事案に対する出頭令状（citation）による手続が存在する[40]。これは軽罪を理由として逮捕した後、出頭すべき場所及び日時等を記載した書面（出頭令状）を渡すことで、逮捕後に行われるinitial appearance及び未決拘禁を回避しようとするものである。出頭令状による処理を行うには一定の要件（欠格事由）がある。これについては§827.1及び§853.6(i)に規定されている。例えば、当該犯罪行為が「粗暴犯」や「銃火器を用いた犯罪」であること、あるいは「すでに1枚以上の逮捕状を発付されていること」や「適切な身分証を有していないこと」等の事由に該当しない場合に限り、逮捕を執行する警察官は出頭令状によって事案を処理することができる。

　出頭令状に従って出頭した場合、arraignmentの手続に移行する。出頭令状に従わなかった場合、勾引状が発付される[41]。あるいは、出頭令状に従わなかったこと自体が軽罪を構成するため、そのための逮捕状が発付されることもありえる[42]。被逮捕者は出頭令状による処理を拒否することもでき、その場合、速やかにinitial appearanceに移行する[43]。

(5) 刑事司法制度におけるホームレス生活者

　§647違反をはじめとした軽罪の罪によって多くのホームレス生活者に対して令状[44]が発付され、ホームレス生活者の多くが刑事司法の対象となった。ここでは軽罪を犯したことを理由として出頭令状を発付されたホームレス生活者を取り巻く状況について概観する。

　まず、出頭令状に従ってホームレス生活者が裁判所へ出頭する場合、ほとんどが有罪の答弁を行い、数日間のみ拘禁され、あるいは支払えない額の罰金刑を言い渡されていた[45]。そのため、拘禁前と釈放後で状況は何ら改善せず、むしろ有罪判決を受けることで前科がつき、職や住居を得ることがより困難となるという問題も発生していた[46]。

出頭しなかった場合は逮捕状が発付され、その後、逮捕・勾留を経て、拘禁刑あるいは罰金刑もしくはその両方が科されるか、プロベーションに付されることになる。もっとも、プロベーションに付されるには「過去５年以内にプロベーションに付されたことがないこと」、あるいは「過去５年以内に軽罪を理由として有罪判決を受けていないこと」といった一定の要件があり、また、被告人はプロベーションのための費用の全部又は一部を負担することが命じられることもある。正確な統計等がないため推測の域を出ないが、路上で寝ることといったホームレス生活者が日常的に行う行為が「犯罪」とされていること、そして彼らの多くが資力に乏しいことに鑑みれば、ホームレス生活者はダイバージョンのスタートラインに立つことすら難しいのではないかと思われる。また、本人が出頭するつもりでいたとしても、食料や衣類、シェルターを探すことに一日が費やされるため出頭できない者や、メンタルヘルス上の問題によって出頭できない者もいたとされる[48]。
　このように、一定の行為を犯罪化し、それに対して伝統的な刑事司法上の対応を行うだけではホームレス生活者が抱える根本的な問題は決して解決されなかった。むしろそれはホームレス生活者を路上と刑事司法との間で行き来させるだけの回転ドアのような役割を果たし、ホームレス生活者の社会的排除を助長すると同時に、刑事司法全体の負担を徒に増加させるものであった[49]。

4　ホームレス・コートについて

(1) 設置の経緯

　HCの淵源は1988年からサンディエゴにおいて年一回三日間だけ開催される、スタンドダウンと呼ばれるテント設営のイベントに求められる。これは、ホームレス生活者となった退役軍人に向けたイベントであった。退役軍人であるホームレス生活者には社会へと再統合される前に、トラウマやホームレスでいることの孤独から即座に解放される必要があり、生活における基本的なニーズが満たされる必要があるとの認識に基づいて始められたとされる[50]。スタンドダウンではホームレス生活者となった退役軍人に対して、身体的・精神的治療や住居や職業訓練への斡旋、公的支援の申込に際しての支援、法的支援、その他様々な短期的及び長期的支援を含む包括的な支援が提供される[51]。
　このスタンドダウンでの経験から次のような事実が判明した。すなわち、

1988年のスタンドダウンに参加した500人のホームレス生活者のうち116人が最も必要としていることは自身に出された令状（citations, [bench] warrants）の解決であると述べたということである。そこで、翌年、インフォーマルな形でこのニーズに対する司法的対応が始まった。すなわち、1989年にサンディエゴの上位裁判所（Superior Court）がスタンドダウンに特別法廷を設置し、そこで処理がなされた。この特別法廷が現在のHCの原型であり、1989年から1992年までで942人（4,895件）の事案を処理したとされる。また、開始当時は年一回の開催であったが、その後季節ごとの開催となり、現在では毎月開催されるに至っている。さらに、開始当時は対象者がホームレス生活者である退役軍人に限られていたが、その後、対象者は女性のホームレス生活者、市営の冬季シェルターの利用者にまで拡大され、そして1995年には地域のシェルター利用者も対象とされた。その後1999年にサンディエゴ公設弁護人オフィスが司法援助局による助成を受け、毎月開催されるHCがサンディエゴのホームレス・シェルターにおいて創設され、現在のかたちとなった。

(2) 構成要素

　HCは次の5つを中核的構成要素とする。すなわち、①任意のプログラムであること、②幅広い軽罪に取り組むこと、③答弁取引を積極的に活用すること、④代替的判決を用いること、そして⑤拘禁的措置を用いないことである。

　①任意のプログラムであることは、HCにおける審理が対象者の自発的な同意によって開始されるということを意味する。HCにおける審理を選択した対象者が、その後、事実認定を争うことを決めた場合には通常裁判所において審理日時が設定される。

　②幅広い軽罪に取り組むことは、HCが一連の軽罪を幅広く対象としていることを意味する。§647条(e)違反、軽微な窃盗、無賃乗車などが含まれる。重罪は取り扱われない。

　③HCにおける手続は答弁取引を積極的に活用して行われる。ただし、HCにおける答弁取引は伝統的な形式とは異なるとされている。すなわち、HCにおける答弁取引では、ヒアリング前に対象者が行った自らの生活を変えるための努力も考慮される。詳しくは後述するが、個別的に作成されるアクションプランの実施状況等についても答弁取引において考慮される点で通常

の答弁取引とは異なるとされている。

④HCでは従来の刑罰に代えてホームレス支援機関のプログラムに参加することといった代替的判決が言い渡される。プログラムの内容は様々であるが、その実施に寄り添うのはホームレス支援を行っている地域のプロバイダである[57]。プロバイダからなされる、プログラム内容を含む対象者への要求に対してHCは干渉を行わないとされる。

⑤HCでは原則として拘禁的措置が用いられない。HC関係者の間には「対象者の意思に反して拘禁的措置を用いない」という合意があるとされている[58]。このことは検察官が拘禁的措置を要求しないことや、あるいは裁判所が拘禁的措置を用いるための権威を放棄することを意味している訳ではなく、詳しくは後述するが、「(対象者が)様々なプログラムに参加することで(事案を成功裏に終局させたい)裁判所の要求を満たすことができる」という認識が関係者間で共有されていることを示しているとされる。拘禁的措置は対象者が釈放後再びホームレスとなる結果をもたらしかねないため、対象者やプロバイダの活動によって得られた良い結果を阻害するものとして認識されている。HCでは今まで一度も拘禁的措置を用いていないという[59]。

(3) 手続とプログラム内容

対象者は、各種令状が発付された状態で[60]、すでにホームレス支援機関を利用しているホームレス生活者の人々である[61]。まず、手続の前段階として公設弁護人からシェルター等の地域のホームレス支援機関に対してHCの手続とその目的について説明(アウトリーチ)が行われる。その後、説明を受けた機関は独自にHCの利用に関する適性基準を作成する[62]。対象者はこの適性基準を満たす場合にのみHCの利用が可能となるが、手続は各機関が窓口となって開始される。つまり、HCでは手続開始に際して捜査機関や裁判所が関与しない構造が採られている。

参加希望者はまず氏名、生年月日等をリストに記入する。これは本人識別や前科照会等のために用いられる。すべての参加希望者が記入を終えた後、プロバイダがこれを公設弁護人のオフィスに届け、それを受け取った公設弁護人が裁判所に提出する。参加者が事実認定を争うことを決めた場合には、通常の裁判所において公判期日が設定される。事実を争わない場合、プロバイダが個別的な目標や受講すべきプログラム、自立的生活への戦略を盛り込んだアクションプランを作成し、参加者はプロバイダの監督のもとでプラン

を実施する。[63]提供されるプログラムには生活技能クラス、コンピュータ技能クラス、薬物治療クラス、職業訓練ないし就労支援、身体的・精神的医療ケア、ボランティア活動への参加などが含まれ、シェルターにおいて提供されているものを利用している。[64]HCでは裁判官は罰金刑、社会奉仕命令、拘禁刑などの代替刑として各種プログラムの受講を言い渡すことができるが、これら各種プログラムもアクションプランに含まれる。裁判官によるヒアリングまでには、アクションプランを実施するための期間（約1か月間）が設けられる。したがって、ヒアリングが行われる時点で、参加者はすでに判決内容として受けるべきプログラム等の受講を終了している場合が多い。[65]なお、被告人がアクションプランを完遂した場合、シェルターの代表者によって、被告人が個別に作成されたアクションプランを完遂したことの証明書であるadvocacy letterが作成される。この証明書には被告人が参加したプログラムやカウンセリングの達成度、参加した総時間数等の証明が含まれる。[66]

ヒアリングの一週間前に参加者と弁護人が面談を行う。アメリカでは通常軽罪の事案の場合、弁護人と被告人は公判の直前になってはじめて会うことが多く、そのためヒアリングに先立って被告人と弁護人が面談を行うのはHCの特徴のひとつであるとされる。[67]

ヒアリングの前に、弁護人と検察官との間で答弁取引が行われる。弁護人は参加者のプログラムへの参加状況等に基づいて答弁取引を行い、ヒアリングまでの間に被告人の状況について考慮すべき事柄があった際には検察官と弁護人との間でさらに交渉が行われる。[68]

ヒアリングはサンディエゴにある二つの大規模シェルター（St. Vincent de Paul VillageあるいはVVSD）で開催される。ここでadvocacy letterが弁護人より正式に証拠申請される。同時に、ここで弁護人から、被告人（弁護人）と検察官との間の交渉の結果が裁判官に告げられる。併せて、当該事案が棄却相当（dismissal）であるか、あるいは罪状認否（plea）に進むことが相当であるかどうかについての意見が、弁護人から述べられる。ヒアリングでは裁判官が参加者に対してプログラムへの参加具合やホームレス状態を助長していた状況などについて尋ねる。[69]このときプロバイダも参加者のそばに立って裁判官からの質問に答える。[70]

裁判官は弁護人によって証拠申請されたadvocacy letterとヒアリングの結果に基づき、判断を下す。代替的刑罰の要求を被告人がすでに満たしていることを示す適切な証拠（特にadvocacy letter）が被告人から提出され、弁護

人と検察官との間で事案を破棄することについて合意がなされている場合、公訴あるいは令状の破棄（dismiss）によって処理される。したがって、HCでは、基本的には被告人がアクションプランを完遂し、そのことがadvocacy letterによって証明されていることを以て、代替的刑罰の要求がすでに満たされていると判断される。万が一、かかる証明がなされなかった場合には、再度HCでのヒアリングが設定される[71]。ただし、参加者がヒアリングに姿を現さない場合には、その事案は審理予定から外され、弁護人と検察官との間でなされた交渉は無効となる。またこの場合、事案は自動的に翌月の審理に繰り越されることはなく、手続の最初から、つまり、HCの手続に参加することに同意するところから再度始められる[72]。

5 わが国への示唆

本節では、まずHCを援助的側面および監視的側面から分析し、その後、そこから得られるわが国への示唆を検討する。

(1) 「援助」的側面

HCの「援助」的側面としては次の二点が指摘できる。すなわち、①手続開始に際して捜査機関が関与しないこと、②プログラムの提供・実施がヒアリングまでの弁護活動として位置づけられていることである。

まず①手続開始に際して捜査機関が関与しないことについてであるが、これは支援を必要としている者の発見のプロセスに由来していると思われる。HCは「ケアの継続」時代におけるスタンドダウンが淵源であり、その中で、令状の処理のために司法的介入を求める者が一定数存在することの認識がすべてのはじまりであった。つまり、HCは「福祉的支援を受けている人々の中に司法的介入を求める人々がいる」という発見のプロセスを経たものであるといえる。そこからさらに展開して、HCは、「福祉的支援の一環として司法制度による処理を利用する」という発想に基づいており、そのため、必要以上に捜査機関や裁判所が関与しない構造となっていると考えられる。

次に、②プログラムの提供・実施がヒアリングまでの弁護活動として位置づけられていることについてであるが、例えばドラッグ・コートのようなものと異なり、HCにおけるアクションプランの作成・実施には捜査機関及び裁判所が一切関与しない。そのため、アクションプランの作成・実施の全体

に渡って任意性が担保されているといえる。また、ここでの支援はあくまでも令状の破棄に向けてHCの手続として行われるものであり、アクションプランには言い渡される判決内容が先取りして含まれることもある。そのため、この活動は当事者が独自に行う福祉的支援の結果を弁護活動に援用するというよりも、それ自体が目的的な活動であるという意味で、より積極的に当事者が独自に行う公判準備活動（弁護活動）として位置づけられる。また、HCでは軽罪の事案であるにもかかわらず、ヒアリングの一週間前に被告人と弁護士との間で面談が行われる。上述した通り、アメリカでは軽罪の場合、公判に先立って面談が行われることは少ないとされており、したがってHCでは被告人の弁護人による法的援助を受ける権利が実質化されているとみることができる。このような意味で、HCの手続は適正手続保障にも適っていると評価することができる。

以上より、HCは福祉の対象者が利用できる支援のひとつとして存在しており、一般福祉の領域では処理できない問題に対処するための補完的役割を果たすものであって、手続全体が「援助」の為に用いられているといえる。

(2) 「監視」的側面

上述した通り、HCは福祉的支援の一環として司法的介入を行うものであり、その帰結としてアクションプランの作成・実施について捜査機関及び裁判所が関与せず、監督者は一般福祉の領域におけるホームレス支援を担うシェルター職員となっている。その意味で、HCでは社会防衛を念頭に置いた「実効性確保」のための権力的監視はなされていないと言える。代わりに、監督者たるシェルター職員が、ホームレス支援の一環として、参加者のモチベーションを維持させつつアクションプランを実施している。このことから、モチベーションの維持・向上、監督者と参加者との間のラポール形成、そしてそのために必要な期間を確保することで、「監視」が不要となっていると考えられる。

確かに、HCの参加者は適性のある者に限定されている。しかし、この適性基準は前科の有無をはじめとした再犯リスクに基づくものではなく、あくまで福祉的支援を効果的に提供するための段階付けであることには注意が必要である。つまり、犯罪傾向の進んでいない者のみを選別しているが故に、「監視」が不要となっているわけではないということである。

従って、HCはPSCの一種であり、その意味で支援は刑事司法制度内で提

供されるものではあるものの、監督者を含めた担い手は一貫して民間のシェルター職員であるプロバイダであり、その権力性は極めて弱いものであるといえる。

(3) わが国への示唆

　以上から得られるわが国への示唆として次の二点を指摘することができる。すなわち、①「監視」は必要ないということ、②手続段階における福祉的支援を弁護活動の一環として位置づけるという方向性である。

　まず、①「監視」は必要ないということについてであるが、わが国では現在、刑事司法制度内で提供される福祉的支援の実効性の確保が大きな課題となっている。この点、福祉的支援を起訴猶予の条件とし、条件違反があった場合事件を再起するという条件付起訴猶予構想なども論じられている[73]。これは実効性確保という課題を権力的監視によって克服しようとするものであると言える。しかし、HCでの取組みを踏まえれば必ずしも権力的監視のみが唯一の回答ではないことが分かる。確かに、HCの仕組みをそのまま日本に導入することは難しいが、手続のより早期の段階から法的・福祉的支援を受けるために、福祉職と接触する機会を得ることができるよう、エンパワメントされる機会を多く設けるといった仕組みは、わが国でも十分応用可能であるように思われる。このような方向性は、被疑者の主体性・自発性が確保されているという意味で、「個人の尊厳の尊重」という憲法的価値にもより適うものであると考えられる。

　次に、②手続段階における福祉的支援を弁護活動の一環として位置づけるという方向性についてであるが、確かに、HCと同様の手続をわが国で採用することは難しい。しかし、わが国の刑事手続を前提としても、手続段階で提供される福祉的支援を弁護活動として位置づけることは十分可能であると思われる[74]。これにより福祉的支援の基本精神を維持しつつ、刑事手続において被疑者が自発的・主体的に支援の提供を受けることが可能となるように思われる。現在、日本において一部実施されている情状弁護活動[75]は、通常の刑事手続から完全に独立した特別手続を構想するのでない限り、この方向性に一定沿うものであるように思われる。

　かような弁護活動を促進するためには、ソーシャルワークに精通した弁護士の育成、日弁連及び各弁護士会単位での研修、接見交通及び起訴前を含む保釈の拡大等が今後課題となってくるものと思われる。

一方、近時の日本の検察による福祉的支援の動きは、福祉的支援の基本精神と、刑事訴訟原則ないし原理との両立が困難である。起訴前段階でこのような仕組みをとると、例えば、起訴前期間（身体拘束等）が必然的に長期化する。そのため、手続段階での権力的監視の不要な支援の在り方を模索するのであれば、検察官による起訴・不起訴の判断に依拠しない支援を指向すべきであろう。

6　むすびにかえて

　HCを含むアメリカにおけるPSCはプラグマティックな実践から誕生した。確かに、かような対応方法は現に社会が直面している問題に素早く対応できるという利点があり、その意味で重要な視点であるといえる。しかし、そのために「個人の尊厳の尊重」ないし「基本的人権の尊重」といった憲法的価値、あるいはそれに基づいて成立する刑事訴訟法ないし刑事訴訟原則といった重要な価値が軽んじられることがあってはならない。今一度この点を確認する必要がある。そして、当然、このことは「司法と福祉の連携」の具体的な在り方を検討する際にも、基本的視座に据えられなければならない。

1　薬物事犯を専門的に取り扱うドラッグ・コートやDV事案を専門的に取り扱うDVコートをはじめとした特別裁判所の総称。現在アメリカでは全13種類のPSCが展開されている。Douglas B. Marlowe J.D. et al. (2016). *Painting the Current Picture: A National Report on Drug Courts and Other Problem Solving Court Programs in the United States,* National Drug Court Institute, US, p.57. アメリカにおけるPSCの展開過程については、石田侑矢「問題解決型刑事司法の課題と展望――歴史的・訴訟法的観点からの一考察(3)」九大法学116号（2018年）1(168)-46(123)頁参照。特にドラッグ・コートについては、丸山泰弘『刑事司法における薬物依存治療プログラムの意義――「回復」をめぐる権利と義務』（日本評論社、2015年）。
2　以後、特に断らない限り本稿においてHCというときはカリフォルニア州サンディエゴにおけるHCを指す。なお、本稿では紙幅の関係上省略せざるを得なかった部分がある。HCの詳細については、石田・前掲注（1）を参照。
3　San Diego Association of Governments (2001). *San Diego Homeless Court Program: A Process and Impact Evaluation,* San Diego Association of Governments, US, p.12
4　supra note 1 Marlowe et al.(2016) at p.57
5　松友了「入口支援の現状と課題に関する一考察」司法福祉学研究15号（2016年）68-83頁、74頁。
6　小池隆生『現代アメリカにおけるホームレス対策の成立と展開』（専修大学出版局、2006年）125頁。

7 鈴木理恵＝矢野裕児「アメリカのホームレス対応策に関する研究——非営利団体の役割」日本都市社会学会年報15号（1997年）133-148頁によれば、都市開発等による低家賃住宅の絶対的不足、サービス業中心の経済への転換に伴う労働需要の質の変化等が主に原因として指摘されている（134頁）。

8 小池・前掲注（6）126頁。

9 U.S. Congress, House, Committee on Banking, Finance and Urban Affairs (1987) *Hearing before the Subcommittee in Housing and Community Development, Urgent Relief the Homeless Act., 100th Congress, 1st session, February 4, 1987*, p.32

10 小池・前掲注（6）131頁。

11 小池・前掲注（6）135-136頁

12 United States Interagency Council on Homelessness (2010) *Opening Doors: Federal Strategic Plan to Prevent and End Homelessness*, United States Interagency Council on Homelessness, US

13 久本貴志「アメリカにおけるホームレス支援の枠組み」ホームレスと社会4号（2011年）56-62頁、58頁。

14 supra note 12 at p.49

15 James Stephen (1883). *A History of The Criminal Law of England (Vol.3)*, MACMILLAN AND CO, p.266

16 橋本圭子「アメリカにおける反ホームレス法の憲法適合性(1)」広島法学39巻4号（2016年）77-93頁、82頁。

17 Robert Slayton said, quoted in Mary Helen Berg (1992) A Target for Centuries: O.C. Anti-Camping Laws Not the First Aimed at Homeless, *Los Angeles Times*, August 30, 1992

18 1872 California Penal Code Sec.647

　「明確な生活手段なく、身体的就労能力を有し、かつ、10日間職を探さず、また、雇用者が仕事を提供する際に労働をしないすべての者（ただし、カリフォルニアの先住民族は除く。）；仕事として施し物を求める健康な乞食、適法な事情なく場所から場所へ放浪する者；怠惰又は放蕩な者あるいは窃盗団と関わりのある者で、夜間遅くあるいは夜間の普通でない時間に路上を徘徊している者、又は所有者又はその所有が認められている集団の許可なく、寝泊りする目的で、納屋、倉庫、店舗、離れ、船舶その他同様の場所で寝泊りしている者；怠惰又は放蕩な者で、評判の悪い家に住み又はその近所に住み、日常的に売春をし、又は日常的に酩酊している者は浮浪者であり、カウンティ・ジェイルにおいて90日以下の拘禁刑に処せられる」。

19 Caleb Foote (1956) Vagrancy-Type Law and Its Administration, *University of Pennsylvania Law Review (104)p.603-650*, p.609

20 それ以前にも当該規定の合憲性に疑問を呈する文献が発表されていた（例えばGrossman (1930) Who is Vagrant in California?, *California Law Review* 23(5)p.506-518）が、当時このような批判はごく一部であった。

21 344 U.S. 357：被告人はLos Angelsの公園で政治的演説を行ったところ、それが「dissolute」であるとして逮捕・起訴され、同逮捕・起訴は政治的理由に基づく不当である旨が争われた。最終的に被告人の上告は棄却されたが、同判決には被告人に適用された規定は「あまりにも曖昧であり、本国におけるデュー・プロセス保障の基準

22 Hazel's innというゲイバーで家宅捜索が行われ、77名の男性、2名の女性、3名の未成年者が「みだらな行為をした」として逮捕・起訴された。Risa Goluboff (2016). Vagrant Nation: Police power, constitutional change, and the making of the 1960's, Oxford University Press, p.46
23 *supra* note 21 at p.31-37, 46-67
24 改正直後の正確な条文は不明であるが、法案起草者であるAurther Shelly教授（UCLA law school〔当時〕）によるArthur H. Shelly (1960). Vagrant, Rogues and Vagabonds: Old Concept in Need of Revision, *California Law Review* 48(4)p.557-573において当時の法案を確認することができる。
25 405 U.S. 156
26 United States Interagency Council on Homelessness (2012) *Searching Out Solutions: Constructive Alternatives to the Criminalization of Homelessness,* United States Interagency Council on Homelessness, US,p.7
27 Ulmer v Municipal Court (55 Cal App 3d 263)
28 George L. Kelling and James Q. Wilson (1982). Broken Windows: The police and neighborhood safety, *the Atlantic 1982 issue*
29 *supra* note 26 at p.7
30 The National Coalition for the Homeless and The National Law Center on Homelessness & Poverty (2009) *Homes Not Handcuff: The Criminalization of Homelessness in U.S. Cities,* The National Coalition for the Homeless, US, p.9-10, p.165-171
31 National Law Center on Homeless & Poverty (2014). *No Safe Place: The Criminalization of Homelessness in U.S. Cities,* p.16-17
32 Randall Amster (2003). Patterns of Exclusion: Sanitizing Space, Criminalizing Homelessness, *Social Justice* 30(1) p.195-221
33 例えば、John E. Eck and Edward R. Maguire (2000). Have changes in policing reduce violence crime?: An assessment of the evidence, Alfred Blumstein and Joel Wallman (ed.) (2000). *The Crime Drop in America,* Cambridge University Press, p.207-265
34 2017 California Penal Code Sec.647 反秩序行為（抜粋）
「(b)(5)及び(1)の規定を除き、次に掲げる行為を行った者は軽罪である反秩序行為の罪責を負う。……
(c)公共の場又は公衆に公開されている場で、施し物を懇願する又はせがむ目的で、他者に近づく者
(e)公的又は私的を問わず、所有者あるいはその所有もしくはその管理の資格を有する者の許可なく、いかなる建物、建造物、乗り物あるいは場所に宿泊する者……」
35 もっとも、ここでのプロベーションは通常のものと区別されるprobation for misdemeanorである。通常のプロベーションとの大きな違いはプロベーション・オフィサーが管轄しない点であり、これを言い渡された被告人は原則として自ら裁判所に出頭し近況報告をしなければならない（§1203b）。また、プロベーション・オフィサーによる調査を経ずに裁判官が裁量で言渡すことができる点も異なる（§1203(d)）。この点について、Stella Lee (ed.) (2017) *California Criminal Procedure and Practice* (Continuing Education of the Bar)によれば、実務上は調査を実施するか否か

については地域差があるとされている（1161頁）。
36 §822, 825, 849
37 §1275
38 §976, 977
39 ダイバージョンの制度も存在する（§1001.51以下）。被告人をダイバージョンに付す場合、裁判官はそのための費用（プログラム参加費等）の全部又は一部の支払いを被告人に命じることができる（§1001.53）。
40 §827.1, 853.6. なお、アメリカにおけるcitation手続を紹介するものとして木本強『アメリカ公判前釈放制度の研究』（成文堂、1989年）がある。木本によれば、カリフォルニア州では1960年代中頃には出頭令状が用いられていたとされる（103頁）。
41 §853.6(f)
42 §853.7
43 §853.6(i)(8)
44 出頭令状やそれに従わない場合の逮捕状などを含む。
45 Steve Binder (2013) The Homeless Court Program: Taking the Court to the Street, (http://www.americanbar.org/content/dam/aba/events/homelessness_poverty/lwteh_article.authcheckdam.pdf), p.280-282.
46 *supra note 30* at p.11
47 もちろん保釈の制度もある。例えば§647（e）違反の場合、保釈金は250ドルほどであるが、その日の食料を確保することすら困難なホームレス生活者にとっては容易に支払える額ではないと思われる。Superior Court of California: County of San Diego (2016). *Bail Schedule*
48 Steve Binder (2005) *The Homeless Court Program: Taking the Court to the Street,* American Bar Association Commission on Homelessness & Poverty, US
49 *supra note 26* at p.7
50 *supra note 48*
51 *Id.*
52 *Id.*
53 *supra note 45* at p.283
54 *Id.* at p.283-284
55 Steve Binder & Steve Merriam (2009). T*he San Diego Service Provider Toolkit,* American Bar Association Commission on Homelessness and Poverty, US, p.5
56 軽罪（misdemeanor）よりも軽微な犯罪類型であるinfractionを含む。なお、§647以外の軽罪も取り扱う理由については明言されていないが、それら軽罪についてもホームレス状態が行為の原因ないし助長要因となっているという意識があるものと思われる。
57 プログラム内容については後述する。
58 Deputy Public Difender（San Diego）であり、ホームレス・コートの共同出資者の一人でもあり、さらに現在でも精力的にホームレス・コートで弁護人として活動しているSteve Binder氏によれば、これは理論的には対象者の同意があれば拘禁的措置を採り得ることを含意するとされる。ただし、後述の通り、HCではこれまで一度も拘禁的措置を用いていないとされる。
59 Steve Binder氏からこのような回答を得た。
60 罰金刑を言い渡されたが未納なままの者も含む。

61 HCが開催される大規模シェルターのひとつであるVeterans Village of San Diego（VVSD）エグゼクティブ副所長兼オペレーション部長のAndre Simpson氏によれば、VVSDではいわゆるアウトリーチ活動は行っておらず、VVSD利用者のほとんどが、元利用者等からのいわゆる「口コミ」によってVVSDの利用を始め、中には警察等の捜査機関からの紹介によってVVSDやHCのプログラムを知る者もいるとされる。特に、VVSDでは物質濫用のためのプログラムも提供しているため、同プログラムのために捜査機関を通じてVVSDを紹介される利用者が多いようである。HC利用者についても警察等の捜査機関によって紹介を受ける場合がしばしばあるとされるが、Binder and Merriam (supra note 55)によれば、HCの元参加者らが「ケースワーカーからの紹介によってHCを知った」旨（81頁）、「シェルター内のフライヤーを見てHCに参加した」旨（82頁）述べていることから、HC参加者のすべてが捜査機関からの紹介に基づいて参加しているわけではないことには注意が必要である。

62 適性基準は各機関によって異なるが、シェルター内の一定のクラスを修了しておくことや、援助の第一段階を終了しておく必要があることが多いとされる。*supra note 55* at p.15

63 Id. at p.16

64 *Id.* supra note 3 at p.12, 49

65 *Id.*

66 supra note 45 at p.289

67 *Id.* at p.294

68 supra note 45 at p.292

69 supra note 3 at p.16

70 supra note 55 at p.23

71 平均して9割の事案が公訴棄却あるいは逮捕状の破棄によって処理されており、再度ヒアリングが行われるケースはまれであるとされる。Id. at p.24

72 supra note 45 at p.295

73 太田達也「条件付起訴猶予に関する一考察」井田良ほか編『椎橋隆幸先生古希記念：新時代の刑事法学（上）』（信山社、2016年）261-295頁。ただし、ここでの実効性確保の要請の背後には、「再犯予防」という別の要請があることに留意しなければならない。訴訟法上の問題点については、葛野尋之『刑事司法改革と刑事弁護』（現代人文社、2016年）（特に、113-125頁）、佐藤元治「刑事司法の入口段階での再犯防止・社会復帰支援策における訴訟法上の問題について」龍谷大学矯正・保護総合センター研究年報5号（2015年）107-119頁、石田侑矢「問題解決型刑事司法の課題と展望：歴史的・訴訟法の観点からの一考察(2)」九大法学114号（2017年）98（115）-160（53）頁。

74 刑事弁護の在り方については、弁護人は被疑者・被告人の「更生」に関わるべきとする見解と、これを否定する見解の間で対立がある。このうち、本稿では前者の立場を前提としている。この点については、石塚伸一「犯罪者の更生への弁護人の関わり方──弁護人は依頼者の更生に関われるか？関わるべきか？」後藤昭ほか編『弁護人の役割』（第一法規、2013年）79-98頁、奈良弁護士会編『更生に資する弁護』（現代人文社、2012年）、池原毅和「再犯防止と弁護人の役割」法律時報89巻4号（2017年）40-46頁。

75 本書・高平論文参照。

（いしだ・ゆうや）

第20章
アメリカ合衆国における公判前ダイバージョンと手続的権利の保障

田中祥之
一橋大学大学院法学研究科博士後期課程

1 はじめに

　近年、刑事司法と福祉の連携が様々なかたちで試行されている。両者の連携は、刑事施設出所後という刑事司法の出口段階での支援から、捜査・公判段階という刑事司法の入口段階での支援へと拡大してきた。このような支援の実践とともに、刑事司法と福祉が今後どのように連携し、いかなる制度を構築するべきか、という政策的問題が議論されている。確かに、刑事司法と接触した者が障がい・高齢等の要因から福祉的支援のニーズを有する場合、本人のニーズに対応した支援を提供し刑事司法からの早期離脱を促進する必要があり、それを可能にする制度が検討される必要がある。しかし、制度のあり方を検討するに当たっては、政策の必要性のみではなく、手続法的観点からの検討も要する。
　現在、検察官が訴追判断たる起訴猶予処分に再犯防止措置（以下、単に措置）を結びつけることで、刑事司法からの早期離脱を積極化する運用が広がっている。検察庁による運用を起訴・不起訴の決定と措置との関係性に着目し分類すると、二つのモデルに整理が可能である。一つは、起訴猶予の決定後に、対象者に対して措置を講じるものであるが、起訴猶予の決定前から、勾留されている被疑者の同意を得て、福祉的支援の必要性・有効性を調査し、その提供のための調整を行うものである。もう一つは、在宅または勾留中の被疑者の同意を得て、措置に向けた調査を行い、一定の措置を講じるとともに、起訴猶予後の措置の調整を行った後に、起訴・不起訴を決定するものである。

いずれの運用も、措置の受け入れについて本人の同意を前提とする。また、対象者の選定に始まる一連の手続は検察官の専権でなされる。
　起訴猶予は、刑事手続からの離脱（diversion）の一形態である。そのため、検察庁によるいずれの運用も、公判前段階において一定の介入を伴うダイバージョンであると評価しうる。
　前述の検察庁による運用に対しては、刑事司法の原則および基本構造との関係において、以下のような手続法的問題が指摘される。まず、措置が訴追判断と結びついているため、措置を受け入れない場合には起訴され、有罪・実刑へつながるという起訴の威嚇による心理強制が存在し、措置への参加が強制の契機を孕む。そのため、措置を受け入れる本人の同意の任意性に疑問があり、措置への参加が実質的には起訴猶予の条件となる。そして、このような強制的契機を孕む危険性がある措置への参加を法的根拠が曖昧なままに、検察官が裁量的に決定することは適正手続に整合しない。また、本人の手続的権利を適切に確保することが容易ではない取調べの過程で事実が認定され、事実上の処分が決まる点も適正手続に整合しない。裁判所による罪責認定に先立ち、本人の人格の深みにまで及ぶ調査を行い、場合によっては本人の自由に制約を加える措置をとることは無罪推定法理に抵触する。措置を講じるために、被疑者取調べを利用して綿密な調査を行えば、捜査の肥大化を招く。起訴猶予と措置を結びつけることで、起訴がますます厳選されれば公判中心主義の後退が生じる。検察官による実質的な罪責認定に基づいて保護観察に類似する措置の必要性・有効性を判断し起訴猶予決定をするならば、それは検察官が裁判官的役割を担うことを意味し、検察官の準司法官的地位の承認につながる。
　このように、検察庁による運用に対して指摘される手続法的問題は多岐にわたるが、本稿では弁護人依頼権をはじめとする本人の手続的権利の保障に関する問題を検討対象とする。そのため、公判前段階で本人が一定の措置（プログラム）を受け入れることを条件として司法手続からの離脱を認めるダイバージョン（以下、公判前ダイバージョン（Pretrial Diversion））を多様な形態で制度化しているアメリカ合衆国を比較対象とする。
　周知の通りアメリカは連邦制であり、各法域がそれぞれ独自の法制度を有している。そのため、公判前ダイバージョン制度についても共通の制度や運用が存在しているわけではない。もっとも、本人の措置への参加を決定する主体に着目し分類すれば、検察官に専権を認める制度と裁判所による一定の関与を要求する制度に分類可能である。検察官に専権を認める制度は、本人

が措置を受け入れることを条件に訴追判断を猶予し、措置における本人の反応を考慮した上で最終的な訴追判断をするものである（以下、訴追判断猶予型ダイバージョン）。この制度は、措置への参加が訴追判断と結びつく。一方、裁判所が一定の関与をする制度は、訴追決定がなされ事件が裁判所に係属した後、公判審理の開始を延期し本人を措置に参加させるものである（以下、審理開始延期型ダイバージョン）。

　検察庁による運用は、訴追判断猶予型ダイバージョンと類似するものと評価しえる。なぜなら、両者の運用は措置への参加判断が検察官の専権によりなされる点、措置が訴追判断と結びついている点で共通するからである。

　そこで、本稿では典型的な訴追判断猶予型ダイバージョンである連邦の制度を概観し、訴追判断猶予型ダイバージョンにおける手続的権利の保障に関する議論を参照する。その上で、検察庁による運用が抱える手続的権利に関する問題点に対してどのような示唆を得ることができるのか、また、アメリカで保障すべきとされる手続的権利を日本の運用においても保障することで問題点が解消され得るのか、それとも、なお問題点が残るのかについて若干の検討を加え、日本の運用について今後どのような議論が必要であるかを明らかにすることを本稿の目的とする。

2　アメリカの公判前ダイバージョン制度と手続的権利の保障

(1)　連邦の制度と手続概要

　連邦の公判前ダイバージョンは、U.S. Attorney's Offices（USAO）の権限下で運用される制度であり、以下のように説明される。すなわち、「特定の犯罪者を伝統的な刑事司法手続から連邦保護観察局（U.S. Probation Service）により実施される監督と処遇のプログラムへ離脱させようとする訴追の代替手段である。ほとんどの事案において、犯罪者は告発前段階（pre-charge stage）で手続から離脱する。プログラムを無事に終了した者は告発されず、仮に告発されていた場合にはその告発が取り消される。プログラムを無事に終了できなかった者は、訴追される（returned for prosecution）」。

　制度の主たる目的は、「伝統的な手続から地域での監督と処遇プログラムに離脱させ、特定の犯罪行為者の将来における犯罪行動を防止すること」、

「重要な事案に集中するため、訴追および司法資源を確保すること」、「適切な場合には、地域および犯罪被害者に対する賠償の手段を提供すること」[14]である。合衆国連邦司法省は、2013年12月に「The Smart on Crime Initiative」を公表し、連邦における公判前ダイバージョンの積極的運用を奨励している[15]。

次に手続の概要について確認する[16]。本手続は、あらかじめ規定されている参加基準に基づき、本人が本手続に適格性を有する者か否かを検察官が判断することから始まる[17]。参加基準は除外事由のみを規定し、検察官に広汎な裁量権を認めるものとなっている[18]。そして、本人のプログラムに対する潜在的な適合性についての助言を得るため、検察官は公判前サービス局[19]に所属する主任公判前サービス官または主任保護観察官のいずれかに報告書と共に事件を付託する[20]。その後、本人は一定の条件を遵守することを任意に誓約し、検察官との合意に至る[21]。合意の際、本人には弁護人の援助を受けることが保障される[22]。本人がプログラムに参加すると、保護観察所と公判前サービス局が本人を監督する。プログラムの内容は本人の個別ニーズに応じたものとされ[23]、その期間は最大で18ヶ月とされる[24]。プログラムを無事に終了した場合、ダイバージョン手続へ参加する原因となった犯罪について訴追されないが、遵守事項違反等があった場合にはダイバージョン手続が取り消され、訴追にかかる判断がなされることになる[25]。ダイバージョン手続を取り消し、訴追判断をするか否に関する権限は、検察官のみが有する[26]。

(2) 訴追判断猶予型ダイバージョンにおける手続的権利の保障

手続的権利の保障に関する議論を検討する前に、訴追判断猶予型ダイバージョンの特質を再度確認しておく。まず、プログラムへの参加は裁判官による罪責認定以前の手続段階で検察官の裁量により決定されるため、プログラムを刑罰と評価することは適切でない[27]。そのため、本人に対してプログラムの受け入れを強制することは認められず、本人がプログラムへの参加を任意に選択する必要がある。次に、プログラムの内容は本人のニーズに応じて決定されるが、その内容によっては自由の制約を伴う場合がある。そして、本手続では、様々な段階で検察官の裁量的判断により手続的効果が生じる。

それでは、具体的にどのような事項について手続的権利の保障に関する問題が指摘されてきたのかを確認する。

(a) 弁護人依頼権の保障

(i) ダイバージョン手続において弁護人依頼権が保障されるべき局面

訴追判断猶予型ダイバージョン手続では、二つの局面において、弁護人依頼権を保障する必要があると主張される[28]。一つは、本人がダイバージョン手続への参加判断を行う局面である[29]。もう一つが、プログラムの遵守事項違反が認定される等、ダイバージョン手続に参加している状態が取り消される局面である。

両手続段階において弁護人依頼権が保障されるべきという主張の根拠は論者により様々であるが、共通して主張されるのは、両手続段階がアメリカにおいて弁護人依頼権が憲法上保障される「手続における『決定的段階』」("critical stage" of the criminal proceedings)」に該当するとみなすべき、というものである[30]。

そこで、いかなる手続段階が「手続における『決定的段階』」に該当するかを確認する。

(ii) アメリカにおいて弁護人依頼権が保障される段階

合衆国憲法修正6条は、「すべての刑事上の訴追において (in all criminal prosecutions)、被告人 (the accused) は、弁護人の援助を受ける権利を有する」と規定している。そして判例において、「手続における『決定的段階』」で弁護人依頼権が保障されることが確立されている[31]。いかなる段階が「手続における『決定的段階』」に該当するかについては、Kirby判決がその枠組みを示した[32]。同判決は、予備審問、検察官による起訴、正式起訴 (formal charge)、罪状認否手続のいずれによろうとも、当事者主義的訴訟手続が開始される段階が「手続における『決定的段階』」であるとした。

上記判例の枠組みに従えば、訴追判断猶予型ダイバージョン手続の参加・取消段階は、予備審問以前の手続段階であり、また当事者主義的訴訟手続も開始されていないため「手続における『決定的段階』」に該当しない。そのため、弁護人依頼権を保障すべきという論者は、両手続段階の特質に着目することで、「手続における『決定的段階』」とみなすべきという議論を展開した。もっとも、このような主張は、判例が「手続における『決定的段階』」の内実を十分に明らかにする以前になされたものということもあり、判例の解釈を通じて修正6条の適用を主張するものではなく、あくまで両手続段階の特質に焦点を当てることで、弁護人依頼権を保障する必要性を主張するものであった。

そこで、以下においてダイバージョン手続の参加・取消の各段階の特質を確認するとともに、これらを弁護人依頼権が保障される段階とみなすべきという主張の根拠をみていくことにする。

(iii) 参加段階

参加段階の特質として指摘されるのは、参加を実質的に強制する契機が存在し、ダイバージョン手続参加についての同意の任意性に疑問があるというものである[33]。そして、そのような状況において本人はダイバージョン手続への参加という事案の結果に重大な影響を有する判断、憲法上の権利を含む重要な権利を放棄する判断を要求されるということである。

参加段階が強制の契機を孕む手続段階であることは、訴追される脅威が存在するためであると端的に指摘される[34]。つまり、本人は訴追された場合の結果を避けるためにダイバージョン手続への参加を強制されるということである[35]。

また、その手続構造が、強制的契機を有すると指摘される答弁取引制度と類似することから、ダイバージョン手続への参加段階も強制の契機を有すると指摘される。そして、検察官によるダイバージョン手続への参加提案は、答弁取引の際に提示される寛大な処置の提案よりも、本人が抵抗することが難しいとされる。これは、答弁取引の際に提示されるのは、刑の軽減や一部犯罪事実の不訴追であるが、ダイバージョン手続では刑事手続からの完全な離脱の提案が可能なことから、本人に大きな誘引が存在するためである[36]。

さらに、自己の罪責を認めない者は、検察官によるダイバージョン手続への参加提案を拒否すれば訴追の危険を負うだけであると考えており、また、自己の罪責を認めている者は、ダイバージョン手続への参加提案を拒絶すれば即決判決と量刑を宣告される結果になると考えている。そのため、検察官によりなされるダイバージョン手続への参加提案を拒絶することは、いずれにせよ困難であるとされる[37]。以上より、ダイバージョン手続への参加段階は、本質的に強制の契機を有すると指摘される[38]。

次に、事案の最終的な結果に重大な影響を有するとはどのような意味か。ダイバージョン手続による事案のあり得る一つの最終的な結果は、本人がプログラムを成功裏に終了する場合である。この場合には、訴追され刑罰を科されることなく手続は終了する。そのため、本人は前科者とならず、また、逮捕歴の抹消もなされるため通常手続に付される場合よりも有利な状況で社

会復帰を迎えることが可能となる。しかし、プログラムの条件によっては、通常手続によって刑罰を科される場合よりも人身の自由が制約される期間が長期に渡ることもあり得るため、ダイバージョン手続への参加が事実上過酷な結果となる可能性がある[39]。また、ダイバージョン手続は本人の意思に反して取り消される可能性がある[40]。この場合、本人は訴追され刑罰を科される可能性がある[41]。刑罰の内容が自由刑であれば、刑の執行に加えてプログラムに参加した期間、自由を制約された結果となり通常手続を選択した場合よりも事実上過酷な結果となる。このように、ダイバージョン手続への参加判断は、本人にとって有利な結果となる場合のみではなく不利な結果となる場合もあり、事案の最終的な結果に重大な影響を有する[42]。

　本人が放棄する権利とは何か。ダイバージョン手続へ参加する本人は、合理的疑いを超えた証明をする国側の義務、対質権、迅速な裁判を受ける権利という憲法上の権利を放棄しなければならない[43]。また、自己負罪拒否特権や陪審による裁判を受ける権利、対質権を放棄するに等しい有罪答弁が参加の条件として要求される場合がある[44]。さらに、違法に収集された証拠に対する申し立て、違法な逮捕に対する申し立てをする権利も放棄することになる[45][46]。

　以上のように、ダイバージョン手続への参加を検察官から提案される本人は、事案の結果に重大な影響を有し、憲法上の権利等について放棄する判断を、上述のような心理強制が働く状況でしなければならない。しかも、刑事手続およびダイバージョン手続に精通しておらず、手続へ参加した場合の結果についての見通し、放棄の対象となる権利についての十分な知識を有していない。そこで、ダイバージョン手続参加への本人の同意の任意性を実質化するためには、参加への強制の契機を払拭し、参加の判断に際し必要とされる事項について本人が十分に理解する必要がある。そのためには、弁護人の援助が提供されなければならない[47]。

　以上より、参加段階は、弁護人依頼権が保障される「手続における『決定的段階』」とみなすべきという主張がなされるのである。

(iv)　取消段階

　取消段階における弁護人依頼権は、下記(d)で検討するダイバージョン手続の取消段階における聴聞手続の必要性の議論と関連して主張される。

　合衆国連邦最高裁判所が憲法論として弁護人依頼権を議論したのは、1932年のPowell判決が最初であった[48]。Powell判決は、デュー・プロセスの基本的

な要素が聴聞であるとした上で、聴聞において重要なのは歴史的にも実際的にも弁護人の援助を受ける権利であることを確認した。それを受けて、ダイバージョン手続の取消段階における聴聞手続の必要性に関する議論は、弁護人依頼権を保障するべきという主張を包摂する[49]。そのため、取消段階の特質と弁護人依頼権の必要に関する議論は、聴聞手続の部分で確認することにする。

(b) 証拠開示

参加段階において弁護人の援助が必要とされる理由は、上記で確認したように本人がダイバージョン手続へ参加するか否かの判断をするにあたり必要となる法的助言を得る機会を保障し、本人の意思決定を支援するためである。弁護人による法的助言には、手続一般についての助言と当該事案についての助言がある。そして、当該事案について本人に対して有効な法的助言を提供するには、弁護人が事件について十分な情報を得ていることが前提となる。そのため、本人がダイバージョン手続への参加決定をする前の段階で証拠開示がなされることが必要であると主張される[50]。そうすれば、弁護人が事件の証拠関係が脆弱なものであり有罪判決の可能性が低いと判断できる場合があり、その場合には本人に対してダイバージョン手続への参加に同意せずに無罪を主張するべきという助言をすることが可能となる[51]。また、証拠開示は、本来的にダイバージョン手続に参加する必要がない者が手続に取り込まれることを防止する意味でも重要であるという指摘がなされる[52]。

(c) 「相当な理由 probable cause」の確認

ダイバージョン手続への参加は一定の権利制約を伴う。例えば、州内に居住することがプログラムの遵守事項とされれば、本人は移動の自由を制約される。また、カウンセラーとの定期的な面談や法律違反者との接触を避けること等を要求される場合もある[53]。さらに、検察官によるスクリーニング、カウンセラーへの照会、カウンセラーとの面談等を通じて本人のプログラムへの適合性等を判断する必要から、本人はプライバシー情報の開示に同意することが要求される[54]。これらは、当然に本人のプライバシーへの制約となる。合衆国憲法修正4条は、このような制約が正当化されるためには、裁判官によって「相当な理由」の存在が確認されなければならないとする。そのため、同意を前提とするダイバージョン手続においても本人の権利を制約する場合[55]

がある以上、ダイバージョン手続への参加判断について検察官が有する裁量の閾値として、裁判官による「相当な理由」の確認が要求されるべきであるという指摘がなされる[56]。しかし、権利制約を伴うプログラムへの参加決定やプライバシー情報の取得が逮捕状取得前に行われる訴追判断猶予型ダイバージョンは、検察官が裁判官に対して「相当な理由」の存在を示すことなく運用される[57]。

　検察官の告発により公判審理のために身体拘束されている者の公判前段階における自由の制約に対して、裁判官による「相当な理由」の確認を要求する憲法上の権利の有無が問題とされたGerstein事件[58]の多数意見は「相当な理由の確認は、略式起訴の方法により起訴された場合には憲法上不可欠なものではない。それは、出廷する以外の自由の制約を受けている被疑者にのみ必要とされるものである。公判前段階の釈放（pretrial release）[59]には多くの種類があり、自由を制約する程度も様々である。相当な理由の事前の確認が要求される場合を明確に定義することはできないが、鍵となる要因は自由に対する重大な制約の有無である。」と判示した[60]。

　上記でみたように、ダイバージョン手続への参加は人身の自由やプライバシーに対する重大な制約を伴う場合がある。そのため、裁判官による「相当な理由」の確認がなされない訴追判断猶予型ダイバージョンは、憲法上運用できないと主張される[61]。

(d) 取消段階における聴聞手続

　ダイバージョン手続へ参加した本人は、プログラムに応じて設定された遵守事項に違反してはならない。遵守事項に違反すればダイバージョン手続は取り消され、通常手続が再開される場合がある。この取消段階において、聴聞手続が必要であると主張される[62]。

　ダイバージョン手続の取消段階における手続保障の問題は、保護観察や仮釈放の取消場面と比較され論じられる[63]。連邦最高裁判所は、保護観察と仮釈放を取り消す際には、適正手続の観点から聴聞手続が要求されると判示している[64]。これらの判決は、仮釈放や保護観察が取り消される際に問題となる自由の喪失は、全ての市民が権利として享受している絶対的な自由の喪失ではなく、特別な事項を遵守していることを前提とした条件付自由の喪失であるとする。しかし、条件付自由の喪失であっても、それが「重大な損失」と評価できる場合には適正手続が求められるとした。その上で、保護観察と

仮釈放の取消は十分に重大な損失であり、適正手続の要請から聴聞手続が必要であるとした。もっとも、保護観察と仮釈放の取消の場合には、それにより本人が拘禁されることが確実であるのに対して、ダイバージョン手続が取り消されても通常手続が再開されるだけであるため、現実の不利益発生が不確実であり、ダイバージョン手続の取消による自由の喪失は、仮釈放と保護観察の取消の場合に比べ深刻ではなく重大な損失とはいえないという指摘もある。[65]

ダイバージョン手続の取消段階における聴聞手続の要否が争われたLebbing事件[66]においてニュージャージー州最高裁判所は、ダイバージョン手続を取り消す場合にも聴聞手続が必要であると判示した。判決は、ダイバージョン手続の取消により同手続の参加者としての地位を失うことは「プログラム参加に付随する条件付き自由の喪失を伴う」とした上で、この喪失は、保護観察と仮釈放の取消における利益状況と類似するとした。すなわち、ダイバージョン手続の参加者としての地位の喪失は、訴追からの解放の喪失につながり、スティグマと有罪判決の可能性およびダイバージョン手続の取消による否定的な判決前調査報告の可能性を生じさせることから重大な損失が存在するといえ、聴聞手続の必要性が肯定されるとした。[67]

学説においても、本人が遵守事項に違反した等の事実の存在が確認されるまで、本人にはダイバージョン手続への参加が継続されるという保護された利益が存在するのであり、検察官が取消原因を明らかにせず、裁量的にダイバージョン手続を取り消すことは適正手続に反するという指摘がなされ、遵守事項違反等の事実を確認する手段として聴聞手続が必要であると主張される。[68] そして、前述したように聴聞手続においては弁護人依頼権が保障されていなければならない。

また、聴聞手続を検察官やプログラムスタッフが主催することは適切でなく、中立的立場にある者が主催する必要があるという指摘がなされる。[69]

(e) **参加基準・取消基準の明確化**

ダイバージョン手続への参加は、明確かつ適切な基準に基づいて運用されなければならないと主張される。[70] そして、基準は公表されている必要がある。[71] 参加基準が不明確であると、判断主体である検察官が恣意的に参加・不参加を決定することが可能となり、手続の公正性が担保されない恐れが生じるためである。[72]

また、取消基準についても設定されていなければならないことが示唆される[73]。

(3) 日本への示唆

それでは、アメリカの議論からどのような示唆が得られるだろうか。アメリカでの議論は、検察庁による運用が抱える手続的権利に関する問題に対する今後の議論の方向性を考える上で、一定の有用性があると思われる。

まず、アメリカで運用される訴追判断を猶予するダイバージョン手続は、参加段階において強制の契機を孕むことが確認された。これは検察庁による運用が抱える問題の一つと共通する。強制の契機を払拭し、本人の手続参加への同意の任意性を実質化するために、①参加段階で弁護人依頼権を保障することは不可欠である。日本では身体拘束がされている場合、被疑者接見を通じて一定の支援がなされており、今後はその拡充が議論されることになろう。また、②本人が手続参加を決定する前に、参加判断に必要な資料を得る機会を保障することにつながる証拠開示を捜査機関に義務づけることは、日本においても弁護人の証拠収集能力に限界がある現状に照らせば、有効かつ必要な手段といえる。そして、日本における参加判断も起訴猶予処分という裁量的で可視性に欠ける手続によりなされていることに照らせば、③参加基準を定めそれを公表することは、恣意的・濫用的な判断を抑制する手段として有効である。さらに、④裁判官による「相当な理由」の確認は、本来対象とされるべきでない者がダイバージョン手続に取り込まれることを防止するために必要である。アメリカでは、「相当な理由」の確認が裁判官によってなされない点が、訴追判断猶予型ダイバージョンにおける憲法上の問題として指摘された。検察庁による運用では本人の逮捕が先行している場合が多く、逮捕状発付の際に裁判官により一定の嫌疑が確認されている。そのため、今後は措置による権利制約を正当化できる嫌疑の程度をどのように考えるのか、という議論が必要とされるであろう。そして、⑤取消段階における聴聞手続は、一旦、起訴猶予処分という訴追判断がなされている日本においても、事件再起の可能性がある以上、本人の既存の地位を保障するために有効な手段であるといえよう。

しかし、アメリカにおいて保障すべきとされる手続的権利を日本の法制度と整合する形で保障すれば、検察庁による運用に対して指摘される本人の手続的権利の保障に関する問題点が解消されるのであろうか。

アメリカの議論から日本における本人の手続的権利の保障に対して示唆を得る前提として認識しておく必要があるのは、アメリカのダイバージョン制度と日本の刑事司法と福祉の連携が想定する「支援＝プログラム」の持つ性質の差である。本稿で確認したように、アメリカのダイバージョン手続の目的は「再犯防止」、「訴訟経済」、「被害者救済」であり、プログラムの性質について多様な評価があり得るとしても、それは純粋な本人の生活再建支援を内容とするものではない。そして、アメリカのダイバージョン手続は答弁取引に類似し司法取引的色彩が強いこと、事実認定に関する処分権を当事者に与えるアレインメント制度を採用していることから、ダイバージョン手続への参加における本人の同意は、開示されるべき情報が開示された上で弁護人から法的助言を受け、刑事手続における自身の利害得失を理解してなされるものであれば足りると考えられていると評価しうる。

　これに対して、日本における「措置」の性質は、入口段階での支援が開始された経緯に照らせば、本人の生き辛さの解消を目的とした生活再建のための社会的支援であり、アメリカのように取引的、処分権を背景としたものではない。このような日本における支援の性質に照らせば、支援は支援として独立して提供されることが前提であり、支援の実現が司法の強制力によって担保されることは回避されなければならない。そのため、日本の参加段階で必要とされる同意は、刑事手続との関係における利害得失に基づいてなされるものではなく、本人の自発的意思に基づいた「動機づけ」のあるものでなければならない。ましてや取引的要素があってはならないことは言うまでもない。

　以上を前提とすれば、弁護人の役割についても差異が生じることになろう。アメリカにおける弁護人の役割は、本人が刑事手続における利害得失を考慮した上でするダイバージョン手続への参加決定とそれに伴い必要とされる権利放棄を可能ならしめる法的助言をすることであり、それで足りる。これに対して、日本において要求される同意を弁護人依頼権の保障で担保しようとすれば、弁護人は法的助言を通じて本人の意思決定を支援するのみでは足りず、本人の自発的意思に基づいた「動機づけ」による意思決定をも支援可能な存在であることが要求されるであろう。しかし、法律家たる弁護人がこのような意味での意思決定を支援することが可能な存在であるかについては、検討を要する。そもそも、弁護人の存在により訴追の威嚇による強制の契機が払拭されるのかについても検討が必要である。このように考えると、今後、

日本において弁護人依頼権の拡充が必要であるとしても、それにより手続的権利が十分に保障され得るのかについては疑問が残る。

さらに、嫌疑の程度については、ある程度長期間にわたることが想定される措置を正当化できる嫌疑の程度をどのように考えるのかという点のみならず、無罪推定法理への抵触が問題であると議論される日本では、その判断を現在の運用のように訴追段階において検察官が担うこと自体の正当性が議論される必要がある。

また、取消基準を設定し、取消段階で中立的な者により主催される聴聞手続を必要的とした上で、その結果に拘束性を持たせることになれば、取消が事件再起と結びつく日本の運用では検察官の訴追裁量権の縮小につながる。訴追裁量権は検察の「神髄」とまでいわれる日本において、このような手続を導入すれば検察庁の反対は必須であり、訴追裁量権を問い直す議論が必要となる。

3　終わりに

刑事手続からの早期離脱を図るために訴追判断と措置を結びつけるダイバージョン手続は、強制の契機を孕み、本人の同意の任意性を実質化するためには手続的権利の保障が不可欠であることがアメリカの議論を参照した結果、改めて確認された。また、アメリカで主張される手続的権利の保障を日本の手続に整合する態様で保障したとしても、現在の検察庁による運用が抱える手続法的問題点が解消され得るのかについては、なお疑問が残ることを指摘した。

本人の手続的権利を充分に保障せず、強制の契機を孕む状況において本人から見せかけの同意を獲得し措置につなげる運用は適正手続の観点から問題があり、制度それ自体の正当性に疑問があると言わざるを得ない。

必要なことは、入口段階での支援が本来何のための取り組みであったのかを基本的視座に据え、政策の必要性のみではなく手続の適正さ、つまり本人の手続的権利が十分に保障されていることそれ自体の価値を意識した上で制度のあり方を議論する姿勢ではなかろうか。

このように考えるならば、入口段階での支援が本来的に志向した本人の生活再建を目的とした社会的支援を提供し刑事手続から早期に離脱させることと、本人の手続的権利の保障とが調和し、本人の自発的意思に基づいた「動

機づけ」による参加が可能な制度は、検察官の訴追判断と切り離した上で検討されるべきであるように思えてならないのである。

1 このような試行が開始されたのは、刑務所が福祉施設の代替的役割を担っているという承服不可能な現実が指摘されたことに端を発する。山本讓司『獄窓記』(ポプラ社、2003年)、同『累犯障害者——獄の中の不条理』(新潮社、2006年) 参照。
2 検察庁による運用を紹介するものとして、例えば、安田恵美「福祉的ニーズを持つ被疑者への起訴猶予」大阪市立大學法學雜誌60巻3号 (2014年) 1226頁。
3 葛野尋之「検察官の訴追裁量権と再犯防止措置」法律時報89巻4号 (2017年) 13頁。葛野は、前者の運用を「処分決定後措置モデル」、後者の運用を「処分決定前措置モデル」と呼ぶ。
4 検察庁は社会福祉士等を雇用し、具体的事件における措置の調整等について福祉専門職から助言を受けることが可能な体制を整備している場合がある。検察庁と福祉専門職の協力関係については、稲川龍也「検察における再犯防止・社会復帰支援の取組」罪と罰53巻4号 (2016年) 5頁参照。
5 松尾浩也『刑事訴訟の理論』(有斐閣、2012年) 164頁。
6 葛野尋之「高齢者と刑事手続」刑法雑誌53巻3号 (2014年) 395頁、土井政和「刑事司法と福祉の連携をめぐる今日的問題」犯罪社会学研究39号 (2014年) 75頁、佐藤元治「刑事司法の入口段階での再犯防止・社会復帰支援における訴訟法上の問題について」龍谷大学矯正・保護総合センター研究年報5号(2015年)107頁。葛野・前掲注(3)、本庄武「福祉的ニーズを有する犯罪者の社会復帰支援を巡る自律と保護」法の科学48号 (2017年) 42頁。
7 2010年の調査では、45州、コロンビア特別区及び米領ヴァージン諸島において、298のプログラムの運用が確認されている。National Association of Pretrial Services Agencies(NAPSA), PROMISING PRACTICES IN PRETRIAL DIVERSION(2010), at 9. また、2017年9月28日現在における各州の公判前ダイバージョンの運用状況については以下のホームページで確認することができる。http://www.ncsl.org/research/civil-and-criminal-justice/pretrial-diversion.aspx (last visited Nov. 30, 2017).
8 本稿において「訴追」の文言は、「filing of formal charge」の意味で使用する。
9 前者の制度は「検察官モデル」とも呼ばれ、検察官とそのスタッフがダイバージョン手続を管理し、本人の憲法上の権利を保障する全面的な責任を負う。Kenneth W. Macke, *Pretrial Diversion from the Criminal Process: Some Constitutional Considerations*, 50 Ind. L. J. 783 (1975), at 789. もしくは、手続の開始時期に着目し、「early diversion programs」とも呼称される。対して、審理開始延期型については「late diversion」と呼称される場合がある。See, Helmer William, Comment, *Judicial Control of Prosecutorial Discretion in Pretrial Diversion Programs, Buffalo Law Review*, 31 Buff. L. Rev. 909 (1982), at 910.
10 訴追判断猶予型ダイバージョンは、訴追判断そのものを猶予する点で検察庁による運用と異なるようにも思える。しかし、起訴猶予処分が訴追判断として事実上の終局性を有しているとしても、事件再起が認められることに照らせば、猶予判断の持つ意味は実質的に類似すると評価しうる。
11 本稿では、検察庁による運用の手続的権利に関する問題を検討対象としたため訴追判

断猶予型ダイバージョンを比較対象とした。しかし、アメリカにおける公判前ダイバージョンの主流が訴追判断猶予型ダイバージョンであるわけではない。むしろ、裁判所に一定の関与を認める審理開始延期型ダイバージョンが手続法的な理由により支持される。いかなる手続法的理由により審理開始延期型ダイバージョンが支持されるかについては、別稿による検討を予定している。

12　運用に関する統計資料は、以下のホームページで確認することができる。http://www.uscourts.gov/statistics-reports/federal-judicial-caseload-statistics-2017 (last visited Nov. 30, 2017).

13　U.S. Department of Justice, Attorneys' Manual (USAM) §9-22.010-Introduction (1997). https://www.justice.gov/usam/usam-9-22000-pretrial-diversion-program (last visited Nov. 30, 2017).

14　*Id.*

15　U.S. Department of Justice, Smart on Crime: Reforming The Criminal Justice System for the 21st Century (2013).「The Smart on Crime Initiative」を邦語で紹介するものとして、吉開多一「米国連邦法における条件付き刑事訴追猶予制度」比較法制研究39巻（2016年）70頁。

16　具体的な手続については、U.S. Department of Justice, U.S. Attorneys' Manual: Criminal Resource Manual(CRM) §712 (A)-(H)が規定している。https://www.justice.gov/usam/criminal-resource-manual-712-pretrial-diversion (last visited Nov. 30, 2017).

17　検察官は参加判断に際し、本人に対して文書による通知を行う。CRM §713。

18　USAM §9-22.100はダイバージョン手続へ参加する適格性を欠く者として、①「省の規定に基づき、訴追のために各州へ移送すべきとされている犯罪の被疑者」、②「重罪前科が二犯以上ある者」、③「公的信頼に違反した事実で被疑者となっている、公務員又は元公務員」、④「国家安全又は外交問題に関連する犯罪の被疑者」を規定している。手続参加の時期は、訴追決定前の段階であればいつでも可能であるとされる。CRM §712A。

19　公判前サービス局（Pretrial Services Agencies）は、新たに逮捕された被疑者に関する情報を収集し、釈放時に裁判所が検討する選択肢を勧告、準備する行政庁である。薬物治療、精神保健サービス、様々な社会サービスへの紹介など、多様なプログラムを通じて地域社会に釈放された被疑者・被告人を監督する業務を担う。

20　CRM §712D。

21　CRM §712B. CRM §715が合意文書の書式を規定している。合意に至る過程で得られた本人に関する情報は原則として機密とされ、その後の手続において弾劾目的での使用を除き犯罪事実を認定する資料に使用されることはない。CRM §712C, CRM §713。

22　CRM §712B-2。

23　CRM §712Dは、雇用、カウンセリング、教育、職業訓練、精神疾患者に対する治療等を規定する。

24　USAM §9-22.010–Introduction.

25　CRM §712G。

26　CRM §712H。

27　*See*, Nancy S. Warder & David C. Zalk, *Non-Trial Disposition of Criminal Offenders: A Case Study,* 5 U. Mich. J. L. Reform 453 (1971), at 461.

28 アメリカでは、1963年のGideon判決により貧困者のための公的弁護制度を確立する義務が各州に存在することが確認されている。*Gideon v. Wainwright, 372 U.S. 335(1963).* そのため、ここでの弁護人依頼権の保障に関する議論も、貧困者に対して弁護人の援助を受けることを保障するべきという文脈でなされるものである。アメリカにおける弁護人の援助を受ける権利の発展については、岡田悦典『被疑者弁護権の研究』（日本評論社、2001年）20頁以下参照。

29 *See,* Note, *Pretrial Diversion from the Criminal Process,* 83 Yale L. J. 827 (1974), at 840-841. そして、このような主張がなされるのは、多くの公判前ダイバージョン制度において参加段階において弁護人の援助を受けることが保障されていなかったためである。*See,* SALLY T. HILLSMAN, *Pretrial Diversion of Youthful Adults: A Decade of Reform and Research,* 7 Just. Sys. J. 361 (1982), at 379-380.

30 ダイバージョン手続への参加段階が「critical stage」に該当するとみなすべきという主張をするものとして、例えばNational Pretrial Intervention Service Center of the A.B.A. Commission on Correctional Facilities and Services, *Legal Issues and Characteristics of Pretrial Intervention Programs,* 4 Cap. U. L. Rev. 37 (1975), at 46.

31 日本弁護士連合会刑事弁護センター編『アメリカの刑事弁護制度』（現代人文社、1998年）36頁以下参照。

32 *Kirby v. Illinois, 406 U.S. 682(1972).*

33 *See,* William, *supra* note (9), at 916-921.

34 *See,* Macke, *supra* note (9), at 795. また、ダイバージョン手続が有罪判決の脅威を利用していることを指摘するものとして、Jamie S. Gorelick, *Pretrial Diversion: The Threat of Expanding Social Control,* Harv. C. R. -C. L. L. Rev. 180 (1975), at 180.

35 *See,* KATHLEEN M. GOETSCH, Comments, *Deferred Prosecution: A Critical Analysis of Michigan Programs,* Det. C. L. Rev. 433 (1978), at 450.

36 *See,* William, *supra* note (9), at 917-918. また、訴追判断猶予型ダイバージョンでは、裁判所に事件が係属せずに手続が開始されるため、答弁取引で必要とされる、本人が任意に取引を行なったか否かについての裁判所の審査が回避可能になるという指摘がなされる。

37 ダイバージョン手続への参加提案が本人にとって魅力的であるため、そもそも刑事処分が不適当である者に対しても検察官がダイバージョン手続を利用することが可能であるという指摘がなされる。*Id.*

38 *Id.* at 921.

39 例えば、通常手続であれば罰金刑相当な事案であっても、ダイバージョン手続を選択すれば数ヶ月間のプログラム受講等が義務付けられる場合である。

40 典型的には、プログラムの遵守事項に違反する等の事由があるとされた場合である。

41 プログラムが取り消された場合あっても、必ず訴追されるわけではない。

42 *See,* HILLSMAN, *supra* note (29), at 380. *See, also* National Pretrial Intervention Service Center of the A.B.A. Commission on Correctional Facilities and Services, *supra* note (30), at 46.

43 もっとも、必ずしもこれらの権利のすべてについて放棄が要求されるわけではない。*See,* William, *supra* note (9), at 918.

44 *See,* Tomas K. Petersen, *The Dade County Pretrial Intervention Project: Formalization of the Diversion Function and Its Impact on the Criminal Justice System,* 28 U. Miami L. Rev.

45 何らかの道義的責任を認めることが参加の条件として要求される場合がある。*See,* Macke, *supra* note (9), at 801.
46 *See,* GOETSCH, *supra* note (35), at 448.
47 William, *supra* note (9), at 921は、強制の契機を払拭する最も重要な要因は、弁護人が存在していることであると指摘する。
48 *Pawell v. Alabama, 287 U.S. 45 (1932).*
49 取消段階での聴聞手続において、弁護人は取消の不当性を証明することが可能であるため、その必要性が主張される。*See,* Warder & Zalk, *supra* note (27), at 463.
50 アメリカの手続において証拠開示は憲法上の権利ではないが、判例法及び米国連邦証拠刑事訴訟規則16条により検察官が一定の証拠について開示をしなければならないことが確立されている。ブルース・グリーン＝ピーター・ジョイ（村岡啓一訳）「講演 アメリカ合衆国における検察官の証拠開示義務」一橋法学13巻2号（2014年）862頁。しかし、開示の時期は罪状認否手続の後であるため、訴追判断猶予型ダイバージョンでは参加決定前に証拠の開示を受けることはできない。そのため、ダイバージョン手続において証拠開示を認めるべき必要性が指摘されることになる。*See,* Macke, *supra* note (9), at 802.
51 このことは、答弁取引においても同様に指摘される。グリーン＝ジョイ・前掲注（50）877頁。また、証拠関係が脆弱等の理由で有罪になる可能性が低い事案（weak case）について特に証拠開示の必要性が指摘される。証拠開示がなければ、ダイバージョン手続は刑事訴訟法上の保護手段なしに被疑者を州の監督下に置くことを可能にする手段を検察官に与える結果になるという指摘がなされる。*See,* Note, *Pretrial Diversion: Problems of Due Process and Weak Cases,* 59 B.U. L. Rev. 305 (1979), at 332.
52 *Id.*
53 Warder & Zalk, *supra* note (27), at 458.
54 Macke, *supra* note (9), at 794.
55 本人の同意が存在しているとしても、「相当な理由」の確認が必要であることを指摘するものとして、Warder & Zalk, *supra* note (27), at 461.
56 *See,* William, *supra* note (9), at 912.
57 *Id.*
58 *Gerstein v. Pugh, 420 U.S. 103 (1975).*
59 訴追判断猶予型ダイバージョンは、プレトライアルリリースの一類型である。
60 Macke, *supra* note (9), at 795は、この判決が、あらゆるダイバージョン手続において訴追決定が必要であることを強く示唆しているとする。また、ダイバージョン手続において「相当な理由」の確認を充足しようとすれば、訴追決定をする以外に解決策はないと指摘する。
61 *See,* William, *supra* note (9), at 913. *See, also* Warder & Zalk, *supra* note (27), at 461-62.
62 この指摘は、審理開始延期型ダイバージョンについても妥当する。なぜなら、保護観察の取消は裁判所によって判断される場合もあるが、その場合であっても聴聞手続は必要であるとされるため、検察官が決定主体であることのみを理由としてその必要性が指摘されるわけではないからである。
63 *See, Pretrial Diversion: Problems of Due Process and Weak Cases, supra* note (52), at 312.
64 仮釈放については*Morrissey v. Brewer, 408 U.S.471 (1972)*が、保護観察については

Gagnon v. Scarpelli, 411 U. S. 778 (1973) が判断している。
65 本人は無罪になるかもしれないし、有罪になるとしても執行猶予または罰金刑となるかもしれないことが指摘される。*Pretrial Diversion: Problems of Due Process and Weak Cases, supra* note (52), at 315.
66 *385 A.2d 938 (N.J. Super. Ct. 1978).*
67 *Id.* at 941.
68 *See, Pretrial Diversion: Problems of Due Process and Weak Cases, supra* note (52), at 321.
69 National Pretrial Intervention Service Center of the A.B.A. Commission on Correctional Facilities and Services, *supra* note (30), at 77.
70 事実、多くのダイバージョン制度は基準を定めていた。*See,* Joan Mullen, THE DILEMMA OF DIVERSION (1974), at 11. *See, also* GOETSCH, *supra* note (35), at 456.
71 *See,* National Pretrial Intervention Service Center of the A.B.A. Commission on Correctional Facilities and Services, *supra* note (30), at 68.
72 *See,* Warder & Zalk, *supra* note (27), at 456.
73 *See,* Mullen, *supra* note (71), at 26.
74 連邦のダイバージョン制度の目的は、州において運用されるダイバージョン制度の目的と共通する。*See,* GOETSCH, *supra* note (35), at 453.
75 弁護人は、本人に対してダイバージョン手続へ参加した場合の利益と不利益を助言するべきであるとされ、有罪が見込まれる場合には、ダイバージョン手続への参加を勧めるべきという指摘がなされる。*See,* William, *supra* note (9), at 922. このことから、アメリカにおけるダイバージョン手続への参加は、訴訟における利害得失に基づいた判断であることが推認される。
76 近年、福祉的支援のニーズを有する者が被疑者となる事件を受任する弁護人の中に、自ら社会福祉士の資格を取得し、福祉専門職としての知見を活用した弁護活動をする者が存在する。弁護人の立場から福祉専門職との連携の必要性を指摘するものとして、浦崎寛泰「刑事弁護と更生支援――福祉専門職と連携したケース・セオリーの構築」法律時報89巻4号（2017年）33頁。このような弁護人の取り組みについて、国による財政的支援の必要性を指摘するものとして、本庄・前掲注（6）47頁。また、弁護士会単位での取り組みについては、本書・高平論文参照。

（たなか・よしゆき）

第21章
オーストラリアにおける新しい刑事司法政策のアプローチ
Justice Reinvestment Approach

前田 忠弘
甲南大学

1 はじめに

　オーストラリアにおいては、2006年のビクトリア州議会選挙の際の、法と秩序に関するポピュリズムに対抗するキャンペーンとして、スマート・ジャスティス（Smart Justice）が登場した。これは、「効果」、「根拠」、「人権」をキーワードに、コミュニティの安全を目指す刑事司法政策に関する理論的・実践的運動として理解することができる。また、南オーストラリア州においては、安全なコミュニティの構築、裁判所へのアクセスの増加、司法制度への信頼の促進を目標とし、法規範と手続の厳格な適用よりも人間の幸福と社会的ニーズを斟酌した「治療法学（Therapeutic Jurisprudence）」に根ざして、2020年に向けた司法制度ビジョンが提案されている。

　さらに、2017年1月、西オーストラリア州において、「Social Reinvestment WA」キャンペーンが開始された。これは、従来の厳罰的アプローチ（Tough on Crime）を批判し、健全な家族（Healthy Families）、Smart Justice、安全なコミュニティを鳥瞰する新しいアプローチとして広報されている。

　これら諸州の新しい刑事司法政策の中核を構成するアプローチが、Justice Reinvestment（以下、JR）である。このアプローチは、拘禁による大きな影響があるコミュニティを確認し、その地域における社会的支援と経済的発展に投資することによって、犯罪と再拘禁の循環を断つことを目的とし、拘禁のリスクとコストを削減し、広大なコミュニティへの再統合（reintegration）を可能とすることが期待されている[1]。また、森久智江によれば、近年、Restorative Justiceの理念に基づく新たな司法的取組みによって社会の納得

をも追求しながら、単に拘禁を回避するのではなく、様々な社会的援助を組み合わせた社会内処遇が行われている。さらに、JRアプローチは、対象者や対象地域に関する情報の収集、モニター、評価を成功の基盤とするが、その前提として、連邦と州、政府の各部局、政府機関と非政府組織の間の情報の共有を課題として挙げている。

そこで本稿は、2016年における拘禁率（成人人口10万人当たりの被収容者数）が314人で、北部準州（Northern Territory）に次いで高い西オーストラリア州と138人で最も低いビクトリア州を主な対象として、①高い拘禁率を生み出す刑事司法制度的および社会的不利益、②拘禁に代替する制度の諸相に焦点を当てて、JRアプローチの意義と課題について検討することにより、2014年の犯罪対策閣僚会議「宣言：犯罪に戻らない・戻さない～立ち直りをみんなで支える明るい社会～」や2016年の再犯防止推進法の制定にみられる、わが国の「再犯・再非行防止に向けた取組」、起訴猶予処分を「再犯防止」の取組みと結びつけた「検察主導の入口支援」を考える足がかりとしたい。

2　オーストラリアにおける新しい刑事司法政策の価値

(1) 新しい刑事司法政策の背景

オーストラリアにおいては、アボリジニーとトレス海峡諸島の人々に加えて、青少年、ホームレス、精神障がい、認知機能障がいおよび聴覚障がいを有する人々など社会的に特別な支援を必要としている人々が、人口に比して不均衡に多く拘禁されている。青少年の拘禁を最後の手段とすることについては、子どもの権利条約37条(b)は「子どもの逮捕、勾留または拘禁は、法律に従って行うものとし、最後の手段として、最も短い適切な時期においてのみ用いること」とし、40条(4)は「保護、指導および観察命令、カウンセリング、プロベーション、里親委託、教育および職業訓練プログラム、その他施設内処遇に代替する多様な処遇が利用可能であること」と規定しており、JRアプローチは国際的動向とも合致している。

また、様々な障がいを有する人々は、刑事司法手続に参加し、自己を防御するために必要な援助を受けることも、リスク要因に先手を打つコミュニティの支援を受けることもなく、それが再犯を促進し、さらに、自己に対して行われた刑事訴追が理解できない場合、専門家の援助を受けることも有罪認定を経ることもなく、刑務所や精神医療施設に無期限に収容されることが

ある。

　1970年代初頭から80年代にかけて、オーストラリアにおける拘禁率は減少していたが、1980年代半ばを底として上昇を続けている。各州・準州によって拘禁率には大きな差異があるが、2000年に86人でもっとも低かったビクトリア州おいても、2015年には136人に上昇し、最も拘禁率の高い北部準州においては、469人から899人まで上昇した。[5]

　Sentencing Advisory Council of Victoria（以下、SAC）は、2002年以降の10年間の分析をとおして、被収容者増加の原因を、刑期の長期化、高等裁判所における拘禁刑の増加、保釈率の減少、人に対する犯罪、ドラッグ犯罪および善良な秩序に対する犯罪の増加に求めた。[6]また、2015年のビクトリア・オンブズマン報告書によれば、釈放後2年以内に刑務所に再入所した受刑者の割合である「再犯率(recidivism rate)」は2014-15年で44.1％であった。[7]

　一方、西オーストラリア州では、2013-14年において、アボリジニーの子どもたちが人口1万人当たり76人収容され、これは、2011年の合衆国におけるアフリカ系アメリカ人の子ども52人よりも高かった。また、罰金未納者は1日当たり250豪ドルで換算され拘禁されるが、罰金未納で拘禁されたアボリジニーの人々は、2008年から2013年の間に480％増加した。この選択肢は1日当たり345豪ドルを納税者に負担させ、2013年において、罰金未納者の拘禁に必要な費用の総額はおよそ400万豪ドルとされていた。

　西オーストラリア州のSocial Reinvestment Approachに関する審議文書は、「拘禁の繰り返しは、経済的にも社会的にも高コストであり、コミュニティの安全に資することもない。拘禁は、様々な不利益や差別に目を向け、州民の福祉の改善に用いることのできる膨大な資源を使い尽くす」[8]とし、「重大な暴力や性犯罪者の拘禁は必要であるが、重大性の小さい犯罪者をコミュニティから排除することは、個人とその家族、およびコミュニティに有害で大量の影響を及ぼす。傷つきやすく（vulnerable）、不利益を受けている（disadvantaged）人々にとって、罰金未納は、典型的には、貧困、精神的、身体的疾患、ファミリー・バイオレンスのような不利益かつ複雑な生活環境、および物質乱用（substance abuse）の結果である。たとえば、シングル・マザーが罰金未納で拘禁されれば、州の保護に入る子ども、介護者なしに放置される老親、刑務所の環境と関連する身体的、精神的健康問題のような不利益とトラウマを引き起こす可能性がある」[9]とした。

(2) 代替的措置の諸相

多数のダイバージョンの枠組みと特別裁判所（Specialist court）およびプログラムが、JRアプローチに刺激されて、オーストラリア国内には存在する。ダイバージョンの枠組みには、ニュー・サウス・ウェールズ、南オーストラリア、タスマニア、ビクトリア各州における勾留を回避するための保釈支援プログラム（bail support programs）や被害者・加害者カンファレンス・プログラム（victim-offender conferencing programs）も含まれる。このような枠組みの評価は参加者の高い満足度と公正感を示唆したが、その再犯防止効果は証明することが困難であった。それにもかかわらず、司法制度の各関与者からは強く支持され続けている。

特別裁判所およびプログラムとしては、1990年代以降各州で設立された「問題解決型裁判所（Problem-Oriented Courts）」があり、その最大の成果が、ドラッグ・コート（Drug Court）とメンタルヘルス・コート（Mental Health Court）である。これらは、処罰よりも処遇を必要としている傷つきやすい人々の生活に治療機関として法を用いる、治療法学の理念に基礎づけられている。

1989年に合衆国フロリダ州において創設され、その後大きく発展したドラッグ・コートは、オーストラリアにおいても、裁判所の観察下で集中的な処遇を提供するものとして、1999年のニュー・サウス・ウェールズ州に始まり、2000年に南オーストラリア州、クィーンズランド州、2001年に西オーストラリア州、2002年にビクトリア州へと拡大した。南オーストラリア州のドラッグ・コートは、アルコールおよびドラッグの処遇サービスを司法制度手続と統合し、非対審的アプローチを用い、検察官と弁護士は、公共の安全を促進するとともに、参加者の適正手続上の権利を保障する。参加者は早期かつ迅速にプログラムに付されることが必要であり、ドラッグ・コートは、アルコール、ドラッグその他関連する処遇および社会復帰サービスへのアクセスを提供する。禁止の状況は、頻回の検査によってモニターされる。

オーストラリア最初のメンタルヘルス・コートは、1999年に南オーストラリア州で創設された、Mental Impairment Courtである。この裁判所の参加者の80％は精神疾患、20％が知的障がい、情緒障がいその他の精神的問題を有した。裁判所は州都圏において5か所、地方において3か所運営されている。処遇の成果は、公訴棄却または有罪認定の記録抹消に結びつく。しかしながら、上級裁判所で運営されているダイバージョン・プログラムが存在し

ないために、精神疾患を有する多くの人が南オーストラリア州刑務所に拘禁されていた。現在は、パース、ホバートおよびメルボルンのマジストレート・コートにも専用の法廷が設置され、危機に直面している犯罪者に、刑事司法手続を通して支援することを目的とした連携プログラムが存在する。

さらに、伝統的な司法制度がドメスティック・バイオレンス（Domestic Violence：以下、DV）を重大な問題ととらえない傾向があり、高い不起訴率や機関相互の連携および適切な被害者支援の不足を背景に、DVコートが登場した。オーストラリアのDVコートは、刑事司法制度における被害者の体験を改善し、犯罪者を処遇に向けることを意図しているが、他の問題解決型裁判所とは異なり、犯罪者の処遇よりも被害者の安全を重視している。被害者は自らに対する犯罪行為の結果としての害悪を体験しているので、コミュニティの安全の問題に大きな関心を有する。南オーストラリア州政府は、2001年犯罪被害者法の導入によって、刑事司法制度の正当な利害関係人として被害者を承認している。西オーストラリア州ジュンダラップにおいて、1992年に創設されたファミリー・バイオレンス・コート（Family Violence Court）は、民事の保護命令事件とDVに関するすべての刑事事件を取扱い、フレマントルなどパース州都圏の諸都市にも広がった。それは、コミュニティにおいて支援を提供する様々な機関によって構成されるケース・マネジメントチームがプログラムの中核に設定されていた。

このほか、ホームレスや「性労働者」を含む不安定な状況を経験している人々に対応する特別裁判所または法廷がクィーンズランド、南オーストラリア、タスマニア、ビクトリア、西オーストラリアの各州に存在し、傷つきやすい人々に肯定的な影響を及ぼしていた。もっとも、アメリカにおける多数の特別裁判所およびプログラムと比較して、治療法学アプローチを実施するオーストラリアの努力は初期の段階にある。各州における顕著な取組みにもかかわらず、連邦政府による協力と指導は不足している。

(3) 新しい刑事司法政策の課題

ドラッグ・コートについては、ネット・ワイドニング（net-widening）を招来する危惧あることが指摘されている。ドラッグ・コートは、拘禁よりも軽微な刑事制裁に帰結するマジストレート・コートに設定されているので、拘禁の代替的制度というよりも、援助を提供する事件の獲得に注力することになり、したがって、どのような類型の犯罪者がドラッグ・コートによって

最善に処遇されるかを確認することが課題とされていた[16]。森久は、ビクトリア州における議論状況を踏まえ、刑罰に代替する独立処分としての非拘禁的措置の適用基準につき、「刑事司法手続の対象とされるということは、それ自体、応報強制という形での権利侵害に始まり、どのような処分であろうとも、行為者に対する一定の権利侵害を伴うものであることは疑いない」とし、社会内処遇の必要性のみを根拠としたパターナリスティックな運用を疑問視して、無制約なネット・ワイドニングが生じる危険性は、「行為者本人の納得」という観点を真摯に勘案することによっても回避できる可能性がありうるのではなかろうかとする[17]。

また、拘禁を最終手段とする原理とダイバージョンの枠組みは、「法と秩序（law and order）」政策からの圧力を受けていた。この圧力は、クィーンズランド、西オーストラリア両州と連邦管轄における一定の犯罪に対する「必要的実刑判決（Mandatory Sentences）」の短期の導入、およびクィーンズランド、タスマニア両州において、一定の暴力犯罪に対して、拘禁を最終手段とする原理を廃止することを内容としていた[18]。

一方、ビクトリア州は、オーストラリア最初のコミュニティ・コート（Community Courts）である「近隣司法センター（Neighbourhood Justice Centre）[19]」、およびマジストレート・コートにおける「裁判所統合支援プログラム（Court Integrated Services Program：以下、CISP）」のような、代替的裁判所、ダイバージョン、および裁判所プログラムを発展させ、2011年、これらの方策の継続的支援に州政府は同意した。また、拘禁猶予判決（suspended sentence）の多くが、罰金とコミュニティ矯正命令（Community Correction Orders：以下、CCO）に置き換えられていることを根拠に、SACの勧告にしたがって、一定の自動車犯罪に関する必要的実刑判決を廃止した。

ニュー・サウス・ウェールズ州政府は、2011年に2件目のドラッグ・コート設置を明らかにし、また、修復的司法の枠組みである「フォーラム・センテンシング（Forum Sentencing）」をローカル・コート（Local Court）が設置されているすべての地域に拡大することを公約するとともに、アボリジニーの成人犯罪者を対象とする「サークル・センテンシング（Circle Sentencing）」プログラムを15か所に拡大した。

拘禁率の削減と社会復帰の重視は、それが警察・検察の裁量によって達成されるか、問題解決型裁判所によって達成されるかにかかわらず、拘禁を最後の手段とする国際人権の視点からは支持される。しかしながら、公正な裁

判に対する被疑者・被告人の権利を侵害することを危惧して、強すぎる裁量を警察・検察に与えることにオーストラリアは躊躇するかもしれない[20]。また、問題解決型裁判所はパターナリスティックで、恣意的であり、それは、憲法の公正の要求と矛盾する可能性があるとともに、犯罪者のニーズに焦点を当てすぎることによって、被害者のニーズを見失う危険があると批判された[21]。

3 ビクトリア州の新しい刑事司法政策

(1) 拘禁の増加とSmart Justice

　被収容者の増加を反映して、刑務所制度のコストも上昇を続けている。コミュニティの安全を改善し、再犯者数を削減するため、矯正制度とは何かが問われている。被収容者数とコスト増加には、再犯率の上昇、パロール、量刑および保釈に関する法改正を含む多くの背景がある。また、拘禁への圧力の増加は、女性とアボリジニーおよびトレス海峡諸島の人々に不均衡な影響を及ぼしていた。さらに、釈放後2年以内の再入者の半数が18歳以上24歳以下の青少年であった。以下では、2015年のビクトリア州オンブズマン報告書と「Smart Justice」の公表された情報から、ビクトリア州の新しい刑事司法政策を概観する。

　ビクトリア州における「Smart Justice」は、51のセンターの頂点である「コミュニティ・リーガル・センター連盟（Federation of Community Legal Centre）によって指導され、2つの基金（Victorian Law Foundation and Reichstein Foundation）から資金援助されている。このプロジェクトは、必要的実刑判決から犯罪予防に至るまで、様々な刑事司法問題に関する情報の収集と公表に取組んでいる[22]。それは、①健全、多様で、包括的なコミュニティ、②人権尊重と制限される可能性がある人権の保護、③犯罪被害者支援の強化、④暴力の抑制、⑤費用対効果の良い犯罪予防対策への焦点化、⑥犯罪および再犯の原因に注力する資源の増加、⑦犯罪原因に注意を向けた量刑の選択肢、⑧アルコール乱用とそれに関連した暴力の削減に向けた健康に焦点を当てた対応、⑨ナイフその他の武器使用の減少、⑩不必要な強制力の行使を回避し、コミュニティの信頼を構築する警察活動、の構築を共通の課題としている。

　拘禁と社会的不利益の結びつきについて、オンブズマン報告書は、①ビクトリア州の被収容者の4分の1は2％の郵便番号の地域出身、②被収容者の高等学校修了率は男性で6％、女性で14％、③平均的な被収容者は犯行時に

非雇用で、物質乱用歴を有する、④多くの女性被収容者は被虐待歴を有し、40％超が釈放後にホームレスである、⑤被収容者の子どもは拘禁の可能性が6倍高い、⑥精神疾患や認知機能障がいも一般的である、と要約している[23]。

そして、オンブズマン報告書は、ビクトリア州の特別裁判所において実施された代替的な司法と量刑のアプローチについて、①ダンデノンのドラッグ・コートは2年以内の再犯を34％削減した、②メルボルンと地方で運営されている「クーリ・コート（Koori Courts）」はアボリジニーの被告人の再犯を減少させた[24]、③メルボルン、サンシャイン、ラトロープバレイの裁判所統合サービス・プログラムは、年間の拘禁に関するコストを約200万豪ドル削減した、④精神疾患および認知機能障がいを有する人のためのメルボルン・マジストレート・コートのアセスメントおよび委託法廷（Assessment and Referral Court List）は、1豪ドルの投資に対して、2豪ドルから5豪ドルの利益を得た、⑤近隣司法センターは2年以内の再犯を16.7％削減した、⑥初犯者またはリスクの低い犯罪者を対象とした刑事司法ダイバージョン・プログラムは、参加者の94％がプログラムの修了に成功した、⑦保釈支援プログラム（CREDIT/Bail Support Program）は、非参加者の30％と比較して、プログラムを修了した参加者の2.5％が拘禁刑に付された[25]、としている。

(2) 量刑改革（Sentencing reforms）

拘禁猶予は1991年量刑法で導入された。拘禁猶予は、一定期間、全部または一部を猶予される拘禁刑である。猶予期間中、犯罪者は犯罪をしないという条件でコミュニティでの生活を継続することが許され、有罪を認定された場合には、拘禁刑を科される可能性がある。2006年、SACが拘禁猶予の廃止と社会内処遇命令（Community Based Order：以下、CBO）への一体化を勧告して以降、拘禁猶予に関する様々な議論が行われた[26]。2010年、州政府は、武装強盗、16歳以下の児童への性的暴行、故意に引き起こされた重大な傷害を含む重大犯罪に対する拘禁猶予を廃止し、その代替として新たに、コミュニティ矯正命令（Community Correction Order：以下、CCO）を導入するとともに、無免許運転に対する必要的実刑判決を廃止した。2012-13年における全部または一部拘禁猶予は5,695人で、それに対して拘禁刑は5,670人であった。

CCOが導入された目的は、従来のCBOよりも柔軟な非拘禁的量刑の選択肢を提供することにあり、①高等裁判所においてより長期間のCCOを科すること、②より長時間の無償コミュニティ・ワークを命じること、③犯罪者

の特別な環境に注意を向けるために広範な条件を付すること、を裁判所に可能とした。2014年におけるCCOの利用率は、成人10万人当たりの全国平均309.8人よりも低く、211.4人であった。

「Smart Justice」は、広範な社会復帰と処遇を提供する非拘禁的量刑の選択肢を強化することに、量刑改革の焦点を当てるべきであるとし、拘禁猶予については、適切な事件に用いる選択肢として裁判官に維持されるべきであり、さらに、犯罪原因に目を向け、再犯の機会を縮小するために、条件を付加することが可能とされるべきであるとした。なお、その条件が効果的であるためには、犯罪者の社会復帰支援に適切な財政的裏付けのあることが決定的に重要であると付言している。

同様に必要的実刑判決については、社会復帰に資する量刑を発見する機会を裁判官やマジストレートから奪い、警察と検察に裁量権を移し、結果として、アボリジニーなど周縁のコミュニティで生活する人々に不均衡な影響を及ぼすと批判し、その解決は必要的実刑判決を廃止することであるとした。さらに、故意に重大な傷害を引き起こした16・17歳の青少年に対する短期2年の必要的実刑判決について、これは裁判所と刑務所に負担を負わせるにすぎないと批判し、ビクトリア州全域にダイバージョンの枠組みを設営することに投資すべきであるとした。

(3) 代替的アプローチ

2015年における被収容者6,386人のうち14人のみが釈放のない終身刑であり、したがって、99％の被収容者はコミュニティに戻ってくる。1991年量刑法は、処罰、犯罪行為に対する非難、コミュニティの保護を拘禁刑の目的に包含する。社会復帰と再統合が不適切であるならば、釈放された被収容者とコミュニティは再犯のリスクにさらされ続ける。拘禁のコストは、被収容者1人、1日当たり約270豪ドル、これに対して、コミュニティ矯正職員による非拘禁的観察は約27豪ドルである。2010年から2014年の間に、非暴力的犯罪の拘禁は43％増加し、人に対する犯罪の拘禁も24％増加した。刑務所における傷つきやすい集団の割合も増加している。年齢、民族、社会・経済的地位および健康の点から、被収容者は一般的な人口を反映しないということは、平均的な被収容者のプロフィールから明白である。再入所は、青少年、アボリジニーとトレス海峡諸島の人々および再犯者に強い関連性を見出せ、その一方、罰金や拘禁猶予のような軽い刑を受けた人は、拘禁刑を受けた人よりも再犯

の可能性は低い。
　再犯率と拘禁率の低下を意図した措置とプログラムが、ビクトリア州刑事司法制度において以下のように存在する。[29]
　①警察段階。警察は、社会的、および健康上または福祉上の問題をかかえた人々にとって、刑事司法制度としての最初の接触相手である。警察官の職務は、近年、犯罪者の逮捕よりも、インフォーマルおよびフォーマルな警告を発する裁量に重点が移っている。また、初犯で軽微な犯罪者、とりわけドラッグ関連犯罪者を対象とした、1)被害者のニーズに目を向け、修復的および治療的成果を提供するプログラム、2)支援と処遇を提供する起訴前委託プログラム、3)起訴に代替する処遇と教育を目的にした、違法薬物（Illicit Drugs）と大麻（Cannabis）を含むドラッグ・ダイバージョン・プログラムが存在する。
　②裁判所段階。裁判所は、刑の宣告前に、ドラッグ、アルコール、または精神衛生問題の処遇のために犯罪者を通常の手続から離脱させ、支援組織に委託する機会を提供する。1)ドラッグ・コートは、拘禁の代替物として2年間の干渉を行う、ドラッグ処遇命令（Drug Treatment Orders）を提供する。その目的は、参加者の健康と福祉を改善し、再犯を減少することにある。参加対象者は、有罪答弁をしていること、性犯罪や身体的害悪を含む犯罪を行っていないこと、管轄地域に居住していることが必要である。2)CISPは、[30]保釈中の犯罪者のケース・マネジメント、アセスメント、委託および処遇に対する多機関・協働的アプローチとして、2006年に設定された。その目的は、参加者の処遇を改善することによって、拘禁率と刑期を縮小することにある。CISPはマジストレート・コートにおいて運営され、・参加者に問題とニーズに関する包括的かつ独立のアセスメントを提供する、・適切かつ適時の治療的対処を提供する、・保釈中に観察とケース・マネジメントを提供する、・CCOのような代替的な量刑の選択肢に関する適性を確認するために使用された。CISPは、CCOの増加と保釈の遵守率上昇に帰結した。[31]
　③矯正段階。多くの提案が、矯正制度にJRアプローチを採用することをビクトリア州政府に駆り立てた。JRは、刑務所に代えて、犯罪率を削減し、再犯の循環を断ち、コミュニティの安全を促進することを意図した方策と措置に投資する。このアプローチを適用した管轄においては、政府とコミュニティとの協働が行われる。[32]
　刑務所および矯正制度は一連の刑事司法の流れの一部を構成する（図1）。

図1　刑事司法の流れ

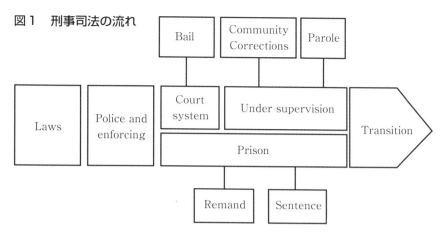

ビクトリア州オンブズマン報告書より作成

　警察の法執行活動は犯罪行為に個人がかかわった瞬間から始まり、裁判制度を経て、犯罪者をコミュニティに帰着させる刑務所または観察付矯正命令に継続する。刑事司法制度は、制度の一部に行われた変化が全体に影響を及ぼす生態系であり、ビクトリア州における近時の例は、パロール、量刑および保釈改革の結果として、被収容者数に影響を及ぼしていた。

　様々な代替的措置が機能しているにもかかわらず、被収容者数は増加を続けている。ビクトリア州ソーシャルサービス協議会（Victorian Council of Social Service：以下、VCOSS）によれば、州の矯正制度に関する公的に利用可能な統計およびデータの不足が、被収容者に対する適切な支援の分配をコミュニティ組織に妨げている。しかしながら、多くの提案が「tough on crime」政策と拘禁に対するアプローチの再考を求めており、早期干渉と再犯の循環の遮断を目標とした新しい措置の発展が求められている[33]。また、「ビクトリア州犯罪者の保護と定住に関する協会（Victorian Association for the Care and Resettlement of Offenders：以下、VACRO）」も、刑務所よりも廉価であり、コミュニティを巻き込む機会を提供することに着目して、拘禁の代替物のさらなる拡大を提案した。

　もう一つの提案は、政府各機関を横断する強い連携であった。拘禁・再拘禁の防止には、住宅、健康、教育および雇用に責任を有する政府機関と非政府組織を含む多機関横断の広範な対応が必要である。VCOSSは、社会復帰

と再統合の成果を改善し、明確な対象者に対する成果を測定するという視点で刑事司法制度を改革するために、包括的かつ全組織的方策の発展に州政府を駆り立てた。

　また、オンブズマン報告書によれば、近年の拘禁猶予の廃止、保釈法の改正、警察の裁量の縮小はすべて、被収容者の増加に帰結した。2015年、被収容者の10％超、690人が最も早期にパロール資格を得た。一方で、多くが、条件、観察、または社会復帰プログラムを受講する必要なしに、単純釈放で刑務所制度を離れたことを示唆し、これは、パロール制度の目的と矛盾するものではないが、犯罪の背景にある理由と再犯のリスクに目を向けられることなく、多くの被収容者が刑務所を去っているということを意味している[34]。

　コミュニティへの移行には住居の確保が重要である[35]。釈放された被収容者の住居の問題は矯正局のみの責任ではない。それは政府全体のアプローチによる政策の発展、改革および投資を必要とする。近年の住居の選択肢はきわめて限定的かつ複雑で少ない。利用可能な住宅数の増加が必要であるが、制度は大きく「合理化」されている。移行センター（Transition Centre）で過ごした者の再犯率は、一般的な被収容者の44.1％と比較して、10.4％である。ケース・マネジメント、宿泊設備、就労の機会、および家族参加を組み合わせたセンターは、コミュニティへの移行期にある多数の被収容者の支援を再現できる成功モデルである。住居の確保、釈放後のアルコール、ドラッグおよび精神衛生処遇プログラムと同様に、雇用支援も矯正局のみの責任ではない。再統合の機会を改善するためには、雇用主の人々の協力が不可欠である[36]。

4　西オーストラリア州の新しい刑事司法政策——Social Reinvestment WA

(1)　問題の背景

　西オーストラリア州のコミュニティは、高い拘禁率にともなう膨大な社会的、経済的コストを負担していた。2013～14年における州成人刑務所制度の総コストは6億800万豪ドル、成人1人1日当たりの拘禁に334豪ドル、少年1人1日当たりの拘禁に814豪ドルを費消し、これに対して、成人犯罪者のコミュニティにおける観察には1人1日当たり50豪ドル、少年犯罪者の観察には1人1日当たり100豪ドルを費消していた[37]。

　このうち、再入所者に費消する1日当たりのコストは100万豪ドルと見積

もられ、成人満期出所者の40％、少年満期出所者の58％が2年以内に再入所していた。この数値は社会復帰の失敗を明らかにしているが、これに対して、コミュニティ内でのプログラムに付された者の12.8％が、2年以内に矯正との接触を有するのみであった。しかしながら2016年の時点において、西オーストラリア州はCBCに付する比率が全国一低かった。

　この現実は、アボリジニーおよびトレス海峡諸島の人々にとっては、いっそう深刻である。年間30億豪ドルをアボリジニーの人々の拘禁に費消しているが、2017年のSocial Reinvestmentアプローチに関する審議文書は、アボリジニーの人々の再犯率が、成人男性で70％、成人女性で55％、男子少年で80％、女子少年で34％を示し、西オーストラリア州のtough on crimeアプローチは犯罪者を矯正し、コミュニティの安全を確保することに失敗していることが明らかにされた。以下、この文書に依拠して、Social Reinvestment WAを概観する。

(2) 新しいアプローチの焦点

　公的資金の効果的な使用を確保するためには、適切かつ信頼できるデータが、司法手続のすべての段階において、すべての政府機関によって保管されなければならない。この点に関して、2014年に、矯正局は、コミュニティでの観察中または拘禁中の成人および少年に関する月間統計の公表を勧告したが、2015年以降2016年に至るまで、何らの統計もウェッブサイト上には公表されなかった。Social Reinvestment WAは、このデータが定期的にアップロードされるべきであると考えている。それに加えて、刑事司法制度の管轄下にあると同時に、児童保護および家族支援局の保護下にもあるアボリジニーの子どもの割合を明らかにする利用可能な公表データも存在しない。

　また、刑事司法制度におけるアボリジニーの人々の不均衡な表れ方に留意すれば、司法制度に関与するすべての人（警察官、弁護士、コミュニティ矯正職員、裁判官その他司法職員）が、効果的な文化的能力訓練（cultural competency training）を受講することは緊要である。過去の勧告にもかかわらず、文化的能力訓練は不足したままである。文化的問題への理解に対する失敗は、アボリジニーの人々が取り扱われる際に悲惨な結果を生む。たとえば、判決前報告書（pre-sentence report）を作成するコミュニティ矯正職員が文化的問題に敏感でない場合、報告書は否定的で、CBOが適切であると勧告されない。文化的能力訓練が、アボリジニーの組織や長老との議論を通して、継

続的に行われることが喫緊の課題である[40]。

　犯罪の原因と司法制度内の組織的問題が拘禁率の上昇に深く関連しているにもかかわらず、司法制度内の問題への対応に焦点が当てられていない。コミュニティにおける犯罪率の上昇に直面した場合、公的な反応は、犯罪を行った多くの人を拘禁するような、あたかも傷口にバンドエイドを貼る解決に終始する。このような方策は公衆をなだめるが、長期的に犯罪率を縮小し、コミュニティを安全にすることには結びつかず、不必要な出費の一因となるであろう[41]。

⑶　Social Reinvestment WAの枠組み[42]

　2017年の審議文書は、以下のような勧告を行っている。

　①もっとも必要性のあるコミュニティを確認し、そこに効果的かつ文化的に適格なプログラムと支援を提供すること。

　このようなコミュニティを確認するためには、データの正確さと利便性、とりわけ異なる部局間のデータの連関を改善しなければならない。独立かつ公開のプログラムおよび支援に関する評価が入手可能であれば、もっとも効果的なプログラムを継続的に支援し、改善することができる。

　②犯罪に導く根本的な問題に目を向けるため、早期の支援を行うこと。

　犯罪に導く社会的問題の解決にコミュニティを援助できる、もっとも基本的かつ必要な支援は、1)傷つきやすく、不利益な状況にある人々に適切な宿泊施設を確保すること、2)とりわけアボリジニーおよびトレス海峡諸島出身の青少年に効果的な学校教育プログラムを実施すること、3)コミュニティにおけるドラッグおよびアルコール教育と社会復帰プログラム、家族保護とドメスティック・バイオレンスのための教育および処遇プログラム、そして、障がい、精神疾患、胎児性アルコール症候群（FASD）を含む認知機能障がいその他の健康条件を有する人々のための効果的なプログラムである。

　③法的な問題を有する人々を、再犯を防止する支援グループに委託すること。

　青少年犯罪の背景にある特別なニーズに対する、支援的、直接的で思慮深い干渉の試みが、青少年司法改革の優先事項である。ドラッグおよびアルコール・カウンセリング、社会復帰支援、ならびに労働人口に加わることを許す技能構築プログラムが優先されるべきである。とりわけアボリジニーの人々の民事および家族法上の問題が犯罪行為に拡大する前に、それらの問題に目を向け、解決するため、アボリジニー法律支援（ALSWA）への資源の

増加が優先されるべきである。
　④コミュニティへの再統合に向けて拘禁中または仮釈放中の人々を援助すること。
　刑務所における教育および社会復帰プログラムを維持し、勾留中の人々および短期受刑者を含むすべての被収容者のための社会復帰支援を改善すること、すなわち適切な釈放後支援を確保しなければならない。
　⑤マイノリティ・グループに不公正な影響を及ぼす法の改正
　いくつかの法は、マイノリティ・グループに不公正な影響を及ぼし、コミュニティから家族と個人を分断することに帰結する。この問題の解決に向けて、Social Reinvestment アプローチは、必要的実刑判決を見直すとともに、罰金未納による拘禁を削減するため、罰金未納者に代替的選択肢を提供しなければならない。また、文化的価値と公正が司法制度全体を通貫し、アボリジニーの人々が司法制度において不利益な取り扱いを受けることなく、社会復帰の方策に効果的かつ平等に参加できることを確保するため、アボリジニー通訳者サービスの州全体への導入が優先されるべきである。
　⑥すべての対応において、文化的、社会的、経済的幸福を優先させること。
　拘禁中の自死など、アボリジニーに向けられたプログラムと支援に投資し、援助を継続しなければならない。

5　むすびにかえて

　National Association of Community Legal Centre（NACLC）は、Justice Reinvestment（JR）の方法および効果について、以下のように要約する。
　Justice Reinvestment Approach　には以下の中核要素が存在する。[43]
　①データ収集。JRの基盤はデータとエビデンスである。プログラムが企画または実施される前に、JRに関するデータの徹底的な審査が行われなければならない。これには、高い割合で刑事司法制度に関与した人が存する地域の地理学的マッピングが包含される。②方策の展開。データの分析に基づいて、もっとも大きなニーズが確認された地域に焦点を当てた方策が展開されるべきである。③方策の実施。JRのプログラムは、不利益を受けているグループのニーズを斟酌し、文化的に安心できる必要があり、アボリジニーおよびトレス諸島出身の職員がプログラムの実施に雇用されるべきである。同様に、プログラムは精神疾患や認知機能障がいを有する人々の特別なニー

ズにも敏感であるべきである。④モニターおよび評価。JRのプログラムの実施状況が、犯罪率、再犯、および刑事司法制度への負荷を追跡するために、定期的にモニターされなければならない。このモニタリングと評価は、プログラムおよび類似の措置を改善するためにフィードバックすべきである。

　また、JRは以下の効果を想定する。[44]①安心、安全なコミュニティの構築。JRのプログラムは、元犯罪者と潜在的犯罪者のみならず、その家族やコミュニティにも利益を及ぼす。コミュニティにおける犯罪、暴力、健康問題、ホームレス、ドラッグおよびアルコール乱用など、様々な差別や不利益と闘う方策に資源が向けられる。②被収容者数の減少。JRは、社会に対するリスクがみられない犯罪者を矯正制度の外に取り出し、コミュニティに基礎づけられたプログラムで処遇することを目標としている。このアプローチは、とりわけ、アボリジニーおよびトレス海峡諸島の人々や精神疾患および認知機能障がいを有する人々を含む、刑事司法制度において不均衡に表出されている被収容者数を縮小し、再犯を妨げる潜在力を有する。③不利益の循環の切断。JRの手法を通して、コミュニティに資源を注入することは、拘禁されている人とその家族の両方が受けているトラウマから生じる不利益の循環を断つ機会を提供する。

　以上、オーストラリアにおける新しい刑事司法政策であるJustice Reinvestmentアプローチについて鳥瞰してきた。[45]そこからわが国は何を学ぶべきか。まずオーストラリアでは、最終手段としての拘禁や再犯につながる背景に、人種や民族、障がい等による差別や不利益があることを確認し、伝統的な刑事司法機関や犯罪者処遇機関の枠組みを超えて、健康・医療、労働、教育、住宅政策を担当する機関を含め政府全体での対応、政府以外の組織との連携・協働を、調査研究・政策立案・政策実施・評価改善の各段階で求めている。わが国の「再犯防止促進法」のプログラム実施においても、これらの視点が基盤として真摯に必要とされていることはいうまでもない。

　第二に、オーストラリアでは、拘禁を回避し、再犯を防止する方策として活用されているダイバージョンについて、捜査機関の裁量の拡大や適正手続の形骸化を危惧し、関係職員の研修の必要性を課題として挙げている。[46]近年、起訴猶予処分を活用した福祉的支援が行われているわが国においても、被疑者の防御権の実質的保障と検察官の訴追裁量の統制は看過することのできない課題であり、その前提として、警察官、検察官、弁護士、裁判官をはじめとする人々が、障がい者をはじめ刑事司法制度に不均衡に表出する可能性の

ある人々の人権に向き合う認識と技法を獲得する研修は不可欠であろう。

　最期に、Justice Reinvestmentはコスト削減の口実に利用される危惧も指摘されていた。しかしながら、オーストラリアにおける取組みは、刑事司法制度や矯正制度に不均衡、不必要に関与することになった人々を、社会福祉機関をはじめ様々な機関・組織による社会的援助よって、これらの制度への関与を少なくし、政府全体として資源の効果的な分配を図ろうとする取組みであるようにも思われる。この点において、いわゆる「入口支援」の目的として「再犯防止」が検察庁や保護観察所のみならず、メディアや福祉関係者、弁護士会からも躊躇なく用いられているわが国の現状には疑問なしとしえないところがある。とりわけ数値目標を掲げて再犯防止を強調することは、矯正保護機関等の専門機関に圧力を科し、わが国においても広がりつつある多機関連携や地域社会での取組みを委縮させるように思われる。

1　Mark Brown and Diana Johns, Imprisonment and detention, in Crime and Justice: A Guide to Criminology (Darren Palmer et al.eds.2017), p504.
2　森久智江「オーストラリアにおける非拘禁的措置の現状と日本への示唆」刑事立法研究会『非拘禁的措置と社会内処遇の課題と展望』（現代人文社、2012年）323頁。
3　前田忠弘「刑事司法・刑事政策における福祉的支援」『浅田和茂先生古稀祝賀論文集』（成文堂、2016年）660頁。
4　Australian Human Rights Commission, Value of a justice reinvestment approach (2013), pp5-6.
5　Mark Brown et al, n1, pp494-495.
6　Sentencing Advisory Council, Victorian's Prison Population 2002-2012(2013),p35.
7　Victorian Ombudsman, Investigation into the Rehabilitation and Reintegration of Prisoners in Victoria (2015), p16.
8　Madeleine Smith, Dimuna Phiri, and Sophie Stewart, A Social Reinvestment Approach in Western Australia (2017), p4.
9　Ibid. p5.
10　Bronwyn Naylor and Adam Fletcher, A Justice Reinvestment Approach to Criminal Justice in Australia (2013), p16.
11　Peggy Fulton Hora, Smart Justice(2010), p30. なお、西オーストラリア州のドラッグ・コートにつき、前田忠弘「西オーストラリア州の量刑と犯罪者処遇」甲南法学51巻4号（2011年）236-241頁。
12　Ibid, p28.
13　Ibid, p41.
14　前田・前掲注（11）236頁。
15　Bronwhy and Adam, n10, p18.
16　David Indermaur and Lynne Roberts, Drug Courts in Australia: The First Generation, 15 Current Issues in Criminal Justice 136, 144 (2003).

17 森久・前掲注（2）334-336頁。
18 Bronwhy and Adam, n10, p23.
19 Collingwood地区の近隣司法センターの紹介につき、森久智江「オーストラリア少年司法におけるRestorative Justiceの現代的意義」山口直也『新時代の比較少年法』（成文堂、2017年）86-89頁。
20 Bronwhy and Adam, n10, p13.
21 Ibid. pp13-14.
22 www.smartjustice.org.au
23 Victorian Ombudsman, n7, p5.
24 ビクトリア州のクーリ法廷につき、森久・前掲注（19）84-86頁。
25 Victorian Ombudsman, n7, p8.
26 ビクトリア州の拘禁猶予に関する議論につき、森久・前掲注（2）332-333頁。
27 Victorian Ombudsman, n7, p20.なお、CBOの問題点につき、森久・前掲注（2）325頁。
28 Sentencing Act 1991, s.5(1).
29 Victorian Ombudsman, n7, pp131-136.
30 Ibid. p131.
31 Ibid. p132.
32 Ibid. p136.
33 Ibid. p142.
34 Ibid. p147.
35 Ibid. p152.
36 Ibid. p152.
37 Madeleine Smith et al, n8, p3.
38 Ibid. p4.
39 Ibid. p10.
40 Ibid. p11.
41 Ibid. p11.
42 Ibid. p17-18.
43 National Association of Community Legal Centre, Inquiry into the Value of a justice reinvestment approach to criminal justice in Australia (2013), pp13-14.
44 Ibid. pp15-16.
45 「新しい」とはいっても、すでに2002年、ビクトリア州矯正局が公表した「Reducing re-offending framework: Setting the scene」では、1990年代の厳罰化、必罰化傾向の中で増加を続けた、刑務所人口を減らすこと、とりわけ被収容者において高い割合を占める再犯者の減少を目的として、「矯正政策」の転換が必要とされ、それは、「①刑事裁判における非拘禁的判決（non-custodial sentence）の積極的活用と、犯罪原因への学際的（multi-disciplinary）かつ多機関連携的（multi-agency）な体系立てられたアプローチによる対応の推進である」ことが森久によって明らかにされていた（森久・前掲注（2）326頁）。
46 National Association of Community Legal Centre, n43, pp6-7.

（まえだ・ただひろ）

第22章
韓国の条件付起訴猶予

西原 有希
九州大学

崔 鍾植
神戸学院大学

1　はじめに

　近時、日本の検察は再犯防止を役割に据え、起訴猶予者に対し積極的な措置をとることで再犯防止を図ろうとする動きを加速させている。背景には次のような動きがある。2009年度に、福祉的な支援を必要とする高齢または障害のある矯正施設退所者を対象に福祉サービス等につなぐ地域生活定着支援センターの設置が開始され、矯正施設退所者を対象とした「出口支援」が行われるようになった。「出口支援」が展開される中で、被疑者や被告人を対象とした「入口支援」の必要性が唱えられるようになり、検察段階でも福祉との「連携」が開始することになる。検察内部の動きとしては、2011年9月に最高検察庁が制定した「検察の理念」が「警察その他の捜査機関のほか、矯正、保護その他の関係機関とも連携し、犯罪の防止や罪を犯した者の更生等の刑事政策の目的に寄与する」ことを検察の基本姿勢に掲げ[1]、検察の刑事政策への積極的な関わりを明らかにした。そして、検察も刑事司法を担う一端として、2012年7月に策定された「再犯防止に向けた総合対策」における再犯防止対策の具体的数値目標（「出所後2年以内に再び刑務所に入所する者等の割合を今後10年間で20％に減少させる（少年院については11％）」）[2]の実現を意識することになった。[3]法制度では、2013年に実質的要件に再犯防止の「必要性」と「相当性」を規定した刑の一部執行猶予が制定されたことも検察の刑事政策的な配慮を強く意識付ける契機となった。[4]
　こうした刑事司法の動きを背景に、検察は再犯防止の取組を具体化させている。地方検察庁への社会福祉士の配置や[5]、保護観察所と連携した「更生緊

急保護事前調整モデル」の試行が見られる。さらに、地方検察庁の中には、検察段階で被疑者に対しプログラムを実施するところも現れた。仙台地方検察庁は、①支援者のいる高齢者・障害者を対象に障害等の度合いに応じた遵守項目を設定し一定期間経過観察を行うプログラムや、②暴力性向が顕著な者に対する心理療法を用いたカウンセリングを行うプログラム、③主に児童虐待事案の被疑者等を対象に遵守守項目を提案するプログラム、④保護観察中の再犯に対し被疑者を処分保留で一旦釈放し一定期間、更生教育の推移を経過観察し最終的な刑事処分の参考とするプログラムを実施している。この他にも、さいたま地検における高齢の万引犯に対し遵守項目を設定し起訴猶予するプログラムや、高松地検での児童虐待被疑者に対する児童虐待防止プロジェクトの実施も報告されている。

しかし、こうした検察の取組は任意の働きかけにとどまるため、より再犯防止を確実にするためには「条件付起訴猶予」の導入が必要との見解が出てきた。太田達也は、起訴猶予に際し、一定の条件を設定し、条件違反の場合は不良措置をとることを前提に「条件付起訴猶予」の制度を設けることを提案する。この条件付起訴猶予の導入の主張は立法化も視野に入れたものであり、条件付起訴猶予は、少年法適用年齢の引き下げと犯罪者の処遇を充実させることを目的に設置された法制審議会（諮問第103号）でも論点の一つとして取り上げられている。

強まる再犯防止の要求の中で条件付起訴猶予の導入が注目され始めている。本稿では、すでに条件付起訴猶予が一部の法律に位置付けられ、また実務においても広く用いられている韓国の実情を下に日本の条件付起訴猶予制度の導入の如何について私見を提示したい。従来韓国の条件付起訴猶予制度の日本への紹介は、主に導入賛成論を後押しするものとして取り上げられてきたが、本稿では、韓国と日本の刑事司法制度の違いや、近時の韓国の条件付起訴猶予を巡る動向からうかがえる問題点に目を向けることにする。

2　韓国の条件付起訴猶予制度の実情

(1) 条件付起訴猶予制度の概要

韓国において条件付起訴猶予とは、検事が被疑者に一定の義務を課しこれを遵守することを条件に起訴猶予するものと定義される。韓国の条件付起訴猶予は日本との検察権限の違いに特徴づけられる。

第22章 韓国の条件付起訴猶予

　日本では警察にも捜査権があるが、韓国では警察には独自の捜査権は与えられていない。捜査の主体はあくまで検察であるため（「刑事訴訟法」第195条・第196条）、警察は検察の指揮権の下、捜査の補助を行うことができるに過ぎない。そのため、令状請求権（「刑事訴訟法」第200条の2、第201条、第215条）も検事にだけ認められた権限である。日本では、警察が微罪処分として検察に送致せずに処理することができるが、韓国では微罪事件も含め検察が処理しなければならない。

　また、韓国は、日本と同様に成人刑事司法で起訴便宜主義を採るが、犯罪少年に対しても同じ権限を検察に与えている。韓国では検事は、①本人の年齢、知能と性行、②被害者に対する関係、③犯行の動機、手段と結果、④犯行後の情況を参酌し（「刑法」第51条）、起訴猶予することができる（「刑事訴訟法」第247条第1項）。

　現行刑事訴訟法が起訴猶予の権限を検事に付与した以上、刑事訴訟法第247条第1項で検事の条件付起訴猶予も認められるとする見解があるが、原則、刑事訴訟法第247条第1項は、「単純起訴猶予」ないし「無条件付起訴猶予」と解されているため、条件付起訴猶予の法的根拠は各法律に個別に定められる必要がある。しかし、明確に法的に位置付けられた条件付起訴猶予は、①犯罪少年に対する条件付起訴猶予（「少年法」第49条の3）、②家庭暴力事犯に対する相談条件付起訴猶予（「家庭内暴力犯罪の処罰等に関する特例法」第9条の2）、③児童虐待事犯に対する条件付起訴猶予（「児童虐待犯罪の処罰等に関する特例法」第26条）の3つだけである。韓国で運用されている条件付起訴猶予の多くは、法的根拠なく実務上用いられているものであり、それには麻薬類使用事犯に対する治療条件付起訴猶予や、性売買初犯者に対する教育条件付起訴猶予、保護観察所善導条件付起訴猶予のように、全国的に実施されているものもあれば、一部の検察庁の試行的運用にとどまるものもある。法的根拠のない条件付起訴猶予について、起訴猶予処分の本質的効力を害しない限度において許容されるという見解がある一方、条件付起訴猶予は実質的に刑罰的性格を有する以上、刑事訴訟法に条件付起訴猶予に対する法的根拠を明示することを求める見解もある。条件付起訴猶予の負担事項と指示事項に制裁的処分が含まれることを認識し、条件付起訴猶予の実施において法的根拠や法院の同意を要求する見解は少なくない。

(2) 少年を対象とした条件付起訴猶予
(a) 導入経緯

　少年司法において日本が家庭裁判所先議主義を採るのに対し、韓国では検事先議主義を採る。韓国における条件付起訴猶予は、検事先議主義を採る少年司法において、成人刑事司法に先立ち用いられるようになった。

　犯罪少年に対する条件付起訴猶予制度のもとを辿れば、ソウル地方検察庁が1972年に少年犯に対する画一的厳罰主義を緩和する目的で作成した、「学生司法取締要綱」にさかのぼる。「学生司法取締要綱」は、当時、学校が少年の善導保護を担当するという社会通念と、学生の親は学生ではない少年の親に比べて保護能力が高いという社会的実情を考慮し、学生の犯罪少年に対する起訴猶予処分を強調するものであった。「学生司法取締要綱」は、①一般予防が要求される重要な事件だけを公判に付すること、②少年院収容に該当する事件だけを少年部に送致すること、③略式請求は控えること、④起訴猶予処分を積極活用することを規定していた。「学生司法取締要綱」は、犯罪少年が学生であるか否かによって差別的扱いをしたため、これに対し批判があり、学生ではない犯罪少年に対しても起訴猶予を拡大するのが望ましいという主張が提起されるようになった。

　1978年に光州地方検察庁が、少年の善導に関心と能力がある民間人を善導委員に委託し、善導委員の善導を条件に全ての犯罪少年に起訴猶予処分を行うことができるとする「少年犯処理指針」を作成した。検察は「少年犯処理指針」を作成するにあたり、特に日本の横浜地検で実施していた「条件付起訴猶予」を参考にした。

　1981年には法務部が「少年善導保護指針」(法務部訓令第88号)を制定し、善導条件付起訴猶予制度は全国で実施されるようになる。その背景には、両極端に陥りがちな保護処分への批判と、検察の少年法院による審判制度に対する不信感があった。1963年の第一次少年法改正で、保護処分は従来の保護者監護、少年保護団体監護、病院委託、感化院送致、少年院送致処分に、保護観察処分が加わり全部で6種類になった。しかし、これら6種類の保護処分のうち、主に保護者監護処分と少年院送致処分が利用されたため、犯罪少年を社会に返す一方で少年院送致という厳しい処分を科すという両極端な処分に対し批判が生じていた。また、当時は保護観察を明確に規定した法令がなく、犯罪少年の事後管理が適切に行われないと考えた検察が、自ら事実上の保護観察を引き受けようとしていたことがあった。

2005年にはじまる第6次少年法改正で、善導条件付起訴猶予制度が少年法改正の論点の一つとして取り上げられる。善導条件付起訴猶予に対しては、司法権の独立に反し、対象少年に法官による裁判を受ける権利を与えず、適正手続の原則にも反するという批判があったが[33]、すでに善導条件付起訴猶予が広く実施されていたことから善導条件付起訴猶予そのものを廃止しようという主張は起きず、少年法第49条の3に善導条件付起訴猶予の根拠条文が置かれた[34]。[35]

善導条件付起訴猶予の法制化に際し、少年法第49条の3が、善導以外の形態の条件付起訴猶予の根拠にもなるよう、題目を「条件付起訴猶予」とし、法サラン委員による善導（第1号）のほか、少年の善導・教育と関連した団体・施設での相談・教育・活動等（第2号）も規定した。改正少年法は、2007年11月23日に国会を通過し、同年12月21日法律第8722号として公布された後、2008年6月22日から施行されるに至った。

(b) 検事決定前調査

2007年に犯罪少年に対する条件付起訴猶予が法的根拠を得たと同時に、検事決定前調査制度（少年法第49条の2）[36]も新設された。検事決定前調査制度は犯罪少年に対する条件付起訴猶予制度の活用と密接に関わっている。検事は、少年被疑事件を処理するため、①少年部送致、公訴提起、起訴猶予等の処分決定に必要な場合、②拘束・不拘束の可否、拘束取消など身柄決定に必要な場合、③起訴猶予を行う場合であって善導条件の内容（犯罪予防支援奉仕委員の善導、少年院または少年分類審査員、代案教育、保護観察官の善導等）決定に必要な場合、④その他調査が必要であると判断する場合、保護観察所長等に少年の品行・経歴・生活環境・要保護性等についての調査を要求することができる（「少年事件検事の決定前調査処理規程」第2条）。

条件付起訴猶予に際し、対象者の選別や条件の内容等を決めるためには、対象者の調査は不可欠となるはずであるが、現状は検事決定前調査が積極的に活用されているわけではない。2008年度から2015年度にかけての検事決定前調査の実施件数を見てみると（表1）、実施件数は増加傾向を示したり減少に転じたり、一貫した動きをとらえることはできないが、各年度とも少年犯罪者処理件数のうち検事決定前調査の実施が10％未満に過ぎないことは共通する。検事決定前調査が起訴猶予を行う場合や善導条件の内容を決定する以外にも用いられることを踏まえると（規程第2条）、条件付起訴猶予の前

表1　検事決定前調査の件数と検察の少年犯罪者処理件数のうち検事決定前調査が行われた件数の割合

年度	検察の少年犯罪者処理件数	検事決定前調査件数	検事決定前調査件数の割合(%)
2008	126,213	1,415	1.12
2009	123,347	3,670	2.98
2010	101,596	4,524	4.45
2011	100,032	3,906	3.91
2012	100,354	5,547	5.53
2013	85,364	5,084	5.96
2014	72,947	5,855	8.03
2015	56,050	3,805	6.79

※"2016범죄백서"(『2016犯罪白書』)474頁表Ⅲ-64、597頁表Ⅳ-26参照。
※検事決定前調査件数の割合は小数点第3位を四捨五入。

提として検事決定前調査が実施されることは極めて少ないといえる。

(3)　条件付起訴猶予の運用状況

　条件付起訴猶予は少年を対象にはじまったが、現在では、少年だけでなく成人に対しても用いられている。例えば、「保護観察所善導条件付起訴猶予」は少年だけでなく成人も対象とする条件付起訴猶予の一つである[37]。もっとも、

表2　保護観察所善導条件付起訴猶予の実施状況

内訳 \ 年	2009	2010	2011	2012	2013
少年	4,419	5,852	6,694	6,172	6,585
成人	1,229	899	1,244	1,344	1,649
全体	5,648	6,751	7,934	7,516	8,234
少年の割合（%）	78.24	86.68	84.37	82.12	79.97

※법무부범죄예방정책국『2014범죄예방정책통계연보』24頁～25頁（善導委託の実施件数）から作成。少年の割合は小数点第3位を四捨五入。

表3 犯罪少年に対する条件付起訴猶予の現況

区分	少年犯全体処分人員	起訴猶予	単純	条件付起訴猶予（2008年以前は「善導」のみ）	条件別現況					
					善導猶予	代案教育青少年非行予防センター	保護観察所善導猶予	その他少年善導教育	その他
'07年	98,315	51,680	42,571	9,109	7,228	544	1,332	−	5
		52.6%	43.3%	9.3%	7.4%	0.6%	1.4%	0.0%	0.0%
'08年	124,442	58,369	48,950	9,419	6,354	799	2,256	−	10
		46.9%	39.3%	7.6%	5.1%	0.6%	1.8%	0.0%	0.0%
'09年	134,056	57,957	47,131	10,826	7,655	729	2,420	−	22
		43.2%	35.2%	8.1%	5.7%	0.5%	1.8%	0.0%	0.0%
'10年	105,012	45,317	38,464	6,853	3,139	406	3,301	−	7
		43.2%	36.6%	6.5%	3.0%	0.4%	3.1%	0.0%	0.0%
'11年	104,205	41,722	35,884	5,838	1,399	305	3,584	−	550
		40.0%	34.4%	5.6%	1.3%	0.3%	3.4%	0.0%	0.5%
'12年	118,732	44,371	31,323	13,048	5,736	329	4,212	−	2,771
		37.4%	26.4%	11.0%	4.8%	0.3%	3.6%	0.0%	2.3%
'13年	101,423	35,130	22,496	12,634	4,656	1,208	3,925	254	2,591
		34.6%	22.2%	12.5%	4.6%	1.2%	3.9%	0.3%	2.6%
'14年	90,143	31,037	15,421	15,616	3,181	4,801	4,589	2,224	821
		34.4%	17.1%	17.3%	3.5%	5.3%	5.1%	2.5%	0.9%
'15年	90,885	30,371	15,354	15,017	3,374	5,352	3,875	1,989	427
		33.4%	16.9%	16.5%	3.7%	5.9%	4.3%	2.2%	0.5%
'16年	87,287	26,558	12,214	14,330	3,172	5,193	3,579	1,820	566
		30.4%	14.0%	16.4%	3.6%	6.0%	4.1%	2.1%	0.7%

※法務部内部資料
※その他：買春者教育プログラム履修条件付、家庭暴力事犯相談所委託条件付、治療保護教育履修条件付、著作権教育条件付、家庭暴力事犯教育条件付、児童・青少年利用わいせつ物事犯教育条件付、児童虐待事犯教育条件付起訴猶予

　実際の運用では主に少年に対して用いられ、成人は例外的な運用にとどまる[38]。一方、「性売買初犯者に対する教育条件付起訴猶予」の実施件数は成人が少年を上回るし[39]、法制化されている「家庭暴力事犯に対する相談条件付起訴猶

予」、「児童虐待事犯に対する条件付起訴猶予」にしても、主に成人が対象となりうる犯罪類型で条件付起訴猶予を設けている。しかし、表2、3、4からすれば、条件付起訴猶予は主に少年を対象に用いられていることが分かる。

⑷ 治療条件付起訴猶予導入法案の不成立

韓国の条件付起訴猶予の法制化は、運用の定着から実務に沿う形で、大きな反対なく実現してきた。しかし、2014年の治療監護法一部改正で治療条件付起訴猶予の法制化が提案されるも、条件付起訴猶予自体に孕む問題点が指摘され、導入が見送られた経緯がある。

2014年9月18日、イ・ハンソン議員ら10名は、「現行法上、酒酔・精神障害者が重い犯罪を犯せば治療監護に付する制度があるが、軽微犯罪を犯した場合には、大部分は罰金刑が賦課され治療を受ける機会はなく、再犯を行う悪循環が反復しているのが現実である。しかし、酒酔・精神障害者の場合、犯罪発生の問題点を解決することができる根源的治療はなく再犯防止は困難なので、軽微犯罪を犯した場合にも刑事司法手続を通じ治療を受けることができるようにすることで再犯を防止する」[40]必要があるとし、「治療監護法一部改正法律案」(議案番号11745)を提出した。この法案の中で、「検事は酒酔・精神障害で禁固以上の刑に該当する罪を犯した被疑者が、治療について同意し、治療期間を定め治療を受けることを条件に、公訴を提起しないことができる」(案第44条の2)とする「治療条件付起訴猶予」が提案されていた。[41]法制司法委員会は、一部犯罪で既に条件付起訴猶予制度の活用があるため、治療条件付起訴猶予の新設は適切であるとの見解を示し、[42]法務部も治療条件付起訴猶予の導入に賛成した。[43]一方、法院は、治療条件付起訴猶予は有罪の宣告なく刑事制裁を賦課する点で無罪推定原則に反すること、[44]治療命令は保安処分的性格が強いため法院の司法的監督を前提とすべきであることを主張した。[45]議員からは、治療条件付起訴猶予が同意を前提にするとしても自発的な同意というよりも「強制された同意」であるとして導入に反対する意見が示された。[46]国会の治療条件付起訴猶予導入を巡る議論は意見の一致を見ず、法制司法委員長が2015年10月28日に法案から治療条件付起訴猶予を削除する修正案を提出し、修正案が同年11月12日に可決されたことで治療条件付起訴猶予の導入は見送られた。[47]

治療条件付起訴猶予の導入に伴う議論は、条件付起訴猶予に内在する問題点を浮き彫りにし、必ずしも条件付起訴猶予が刑事司法上問題ないものとし

(5) 相談条件付起訴猶予の廃止の動き

　既存の条件付起訴猶予について廃止の動きもある。検事が家庭暴力事件を捜査した結果、家庭暴力行為者の性向矯正のために必要であると認めるとき、家庭暴力行為者が相談プログラムを受けることを条件に起訴猶予を行うことができる。相談条件付起訴猶予は、2003年6月に大邱地検尚州支庁が試行し、2007年8月の「家庭暴力犯罪の処罰等に関する特例法」の改正によって同法第9条の2に位置付けられた[48]。しかしその後、2013年と2017年の2回にわたり相談条件付起訴猶予の廃止法案が国会に提出されている。

　2013年4月8日にナム・インスン議員ら13名は、家庭暴力が犯罪であるという事実を国民すべてに明白に認識させ、厳格に対応する必要があるという理由の下[49]、相談条件付起訴猶予は「家庭暴力を非犯罪化させ検察で家庭暴力犯罪を軽く処理する慣行として固まる恐れがある[50]」として、相談条件付起訴猶予の廃止法案を提出した。しかし、法務部長官は「家庭暴力犯罪は行為態様も罪質等が多様で具体的妥当性の側面から相談条件付起訴猶予を通じた教

表4　家庭暴力事犯に対する相談条件付起訴猶予処分の現況及び再犯率

区分 年	家庭暴力事犯	起訴猶予			★のうち再犯者の割合	家庭暴力犯全体の再犯率
		計	単純起訴猶予	相談条件付★		
2007	12,801	2,847 (22.2)	2,670 (93.8)	177 (6.2)	12.4%	未詳
2008	13,373	2,593 (19.4)	2,145 (82.7)	448 (17.3)	11.2%	未詳
2009	12,143	2,197 (18.1)	1,818 (82.7)	379 (17.3)	11.3%	未詳
2010	5,185	918 (17.7)	702 (76.5)	216 (23.5)	15.3%	20.3%
2011	2,941	545 (18.5)	372 (68.3)	173 (31.7)	15.6%	32.9%
2012	3,154	493 (15.6)	302 (61.3)	191 (38.7)	8.9%	32.2%
2013	17,191	2,481 (14.4)	1,982 (79.9)	499 (20.1)	2.8%	11.8%
2014	23,527	2,932 (12.5)	2,213 (75.5)	719 (24.5)	4.2%	11.1%
2015	47,007	4,802 (10.2)	3,951 (82.3)	851 (17.7)	4.4%	4.9%

※박찬걸「家庭暴力行為者対象相談条件付起訴猶予処分의 問題点 및 改善方策」『刑事法의 新動向』第42号（2014年3月）、164頁；趙均錫「韓国における条件付起訴猶予の運用実態と改善方策」640頁から再構成。家庭暴力犯全体の再犯率の統計は、警察庁、『警察統計年報』2016年版。表中の括弧内は％を示す。

化が必要な場合がある」とし、相談条件付起訴猶予制度の廃止について慎重な立場をとり、法院も法務部の意見に同調した。2013年の改正案は、国会任期満了により廃案となったが、2017年3月8日にもナム・インスン議員ら10名が、相談条件付起訴猶予の廃止を含む改正案を提出した。相談条件付起訴猶予の廃止の提案理由について、「相談条件付起訴猶予は、加害者に免罪符を与え、家庭暴力が犯罪行為でないと感じる要素として適用するだけでなく、相談委託を受けた相談所は、相談条件付起訴猶予対象者の不誠実な相談態度や、暴力の程度が深刻な場合にも相談条件付起訴猶予が適用されることについて、問題を提起している。家庭暴力が深刻な犯罪であることを明らかにするため、相談条件付起訴猶予制度を廃止しようとするもの」と説明した。2017年に提出された改正法案は、現在、委員会で審査中である。

(6) 条件付起訴猶予と福祉との関係

　試行段階ではあるが、新たな条件付起訴猶予として、福祉的支援を条件とした条件付起訴猶予の運用が見られる。

　韓国には韓国法務保護福祉公団（以下、公団とする）という更生保護業務の中心的役割を担う全国単一組織がある。更生保護業務は、保護観察業務とともに「保護観察等に関する法律」に規定され、公団は法務部傘下にある保護観察課の管轄下に置かれている。しかし、2011年に更生保護業務の福祉的性格を考慮し、「社会福祉事業法」の社会福祉事業の一つに「保護観察等に関する法律」が位置付けられたことを契機に、更生保護業務の福祉的性格を強調し、更生保護単独立法を制定しようとする動きが生じた。更生保護業務に関する単独立法の成立には至っていないが、更生保護業務を担う公団は福祉的性格を有する機関として見ることができる。

　この公団と連携した「職業訓練参加等条件付起訴猶予」の実施が、清洲地検において2016年4月1日から試行開始した。「職業訓練参加等条件付起訴猶予」は、被疑者の中で生計型犯罪者や無職者等を対象に、公団が提供する職業訓練等プログラムへの参加を条件に起訴猶予するものである。改悛の情が明らかで職業支援等が必要な被疑者を対象とし、対象者には公団の生活館に居住場所を与え、所定の教育参与手当を支給し職業訓練を行う。

　清州地検は、2016年4月1日から2017年1月31日までの職業訓練参加等条件付起訴猶予の実施結果について、36名中17名が教育及び訓練を終え就職に成功したこと、残りの19名は現在職業訓練中であることを公表した。清州地

検の報告では、条件付起訴猶予の成果として、「就業機会の提供を通じた勤労意欲の鼓吹及び再犯の防止」、「資格証取得等を通じた実質的訓練及び就業機会の提供」、「地域企業等の積極的後援と参与」を挙げるとともに、「厳重な事後管理」が必要であることを明らかにした[58]。清州地検は「厳重な事後管理」について、「生計型犯罪者の中で改悛の情が明らかで、求職意思が確固とした対象者に刑罰の代わりに職業訓練の機会を提供する等、善処することがこの制度の趣旨のため、プログラムに参加しなかったり、不誠実な履修者の場合、厳重に処理する必要がある」[59]と述べる。なお、2016年に行った公団京畿支部への聞き取りによれば、対象者が条件に違反した場合、公団は必ず検察に通知しなければならないということであった[60]。教育未履修者について、公団が検察庁に通報し、検察庁は未履修者に対する事件を再起後、通常処理を行う[61]。報告によれば、当時、教育に参加しない対象者の一人について、家族を通じて連絡等をしても継続して参加しない場合には、地検は事件を再起するとの態度を示していた[62]。

(7) 再犯防止効果

韓国の検察側が条件付起訴猶予制度を強く推し続ける最大の根拠は、条件

表5　犯罪少年の再犯率現況（％）

内訳 年	再犯	前回処分別						
		起訴猶予	善導猶予	保護処分	宣告猶予	執行猶予	刑終了	その他
2006	28.9	9.3	1.8	4.1	0.2	0.3	5.6	7.6
2007	29.0	9.8	1.8	4.5	0.2	0.2	5.4	7.1
2008	26.2	8.5	1.5	4.7	0.1	0.2	5.1	6.1
2009	32.3	10.8	1.8	6.8	0.1	0.2	5.5	7.1
2010	35.1	11.7	1.9	9.3	0.1	0.2	4.8	7.1
2011	36.8	12.5	1.1	11.2	0.1	0.1	3.9	7.9
2012	41.3	12.3	1.2	12.8	0.1	0.1	4.7	10.1
2013	44.9	12.6	1.9	16.2	0.1	0.2	4.8	9.1
2014	41.7	11.7	2.1	15.4	0.1	0.2	4.3	7.9
2015	42.6	11.9	2.1	16.5	0.1	0.2	4.8	7.0

＊大検察庁、『犯罪分析』2000年版〜2016年版から再構成。
＊その他：即決審判、手配中、刑執行停止、仮釈放、監護所出所など。

付起訴猶予対象者の再犯率が低いということである。条件付起訴猶予された被疑者の再犯率が低く表れている点は検察が作成した統計が示すところである[63]。表4で見るように、相談条件付起訴猶予となった家庭暴力事犯の再犯率は、家庭暴力犯全体の再犯率より低く、一般暴力犯罪に比してもはるかに低い[64]。しかし、表5の犯罪少年の再犯率についてみると、善導条件付起訴猶予となった犯罪少年の再犯率は、宣告猶予と執行猶予より高く表れている。ここでは、検察が起訴し宣告猶予あるいは執行猶予となった少年よりも、起訴せず条件付起訴猶予となった少年の方が再犯率が高いという結果が見られる。

3　日本への示唆

韓国の条件付起訴猶予を巡る実情から以下の問題を指摘することができる。それらの問題点は、日本の検察の入口支援の積極的取組と本格化する条件付起訴猶予の導入の動きに対する批判としても受け取ることができる。

(1)　検察権限の拡大・濫用

韓国では、条件付起訴猶予は検察権限を拡大し、検察が起訴裁量権を濫用するおそれがあることが以前から指摘されてきた[65]。少年犯罪者に対する条件付起訴猶予を法制化した際、検事決定前調査も合わせて導入されたが、条件付起訴猶予と検事決定前調査の少年法への位置付けは検察権限をより強化するものであるとの批判があった[66]。

検事決定前調査の運用は少なく、対象者の調査を踏まえた実質的判断なく検事が恣意的に条件付起訴猶予を用いている疑いがある。検察の恣意により条件付起訴猶予の運用により偏差が生じる虞に対し、不服申立制度の提案は実現しておらず、検察権限と結びついた検察の条件付起訴猶予の濫用に歯止めをかける制度は用意されていない[67]。また、条件付起訴猶予は各地方検察庁の裁量によって次々とそのときの必要性に応じ新設されているが、起訴猶予の要件を充足していないものも少なくない[68]。

(2)　司法権の侵害

条件付起訴猶予の被疑者に対する負担事項の実質は、「刑罰類似制裁」[69]あるいは「制裁類似的処分」として捉えることができるため、条件付起訴猶予の司法権侵害の問題がある[70]。相談条件付起訴猶予においては、家庭法院で保

護処分として課される相談委託処分（特例法第40条第1項第7号）を検察が起訴段階で「先取り」する意味を持ち[71]、家庭保護事件の処理領域を相当部分侵食していることが指摘されている[72]。

(3) 強制された同意

韓国では、対象者の同意を得ることで無罪推定原則違反と負担事項の強制的制裁性が払拭されると説明する見解がある[73]。しかし、治療監護法一部改正議論で条件付起訴猶予の要件である同意自体が「強制された同意」との批判があった。これは同意によって無罪推定原則違反が解消されるという説明への疑問であり、条件付起訴猶予に無罪推定原則違反という刑事司法の根幹に関わる問題が残されたままであることを露呈した。

(4) 条件付起訴猶予の二義性

韓国では、非刑罰化、ダイバージョンの手段として条件付起訴猶予の必要性が主張されている[74]。一方で、条件付起訴猶予には被疑者に対し警告の性質を帯びた負担事項を賦課することで、国家が被疑者に対する規制を放棄ないし放置していないことを示すために用いられる側面もある[75]。そのため、相談条件付起訴猶予のダイバージョン手段としての側面を批判するべく、相談条件付起訴猶予を廃止し、刑罰を科すべきとの批判がなされるのである。このように、条件付起訴猶予の意味づけは一義的ではなく相反する意味をも内包する[76]。しかし、ダイバージョン、警告、いずれの側面を強調しても、条件付起訴猶予は、前者においてはパターナリスティックに、後者においては厳罰化へと、行き過ぎたものになりやすい可能性を示している。条件付起訴猶予者の条件履行の確認が徹底されていないとの指摘があるが[77]、条件履行の確認と統制を強化すればするほど、かえって対象者の社会復帰の支障となりうる。

(5) 福祉の司法への従属

福祉的性格を有する公団と連携した条件付起訴猶予の実施において、公団は対象者に条件違反があった場合には検事に報告しなければならない。さらに、条件付起訴猶予のプログラムに参加しない対象者について、再起を検討しているとの報告があった。福祉的性格を強調する公団が再起につながる資料を検索に提供しており、自ずと監視的役割を担うことになっている。

4 おわりに

　現在、日本で見られる検察の取組のうち、更生緊急保護事前調整モデルは更生保護法第85条1項6号に基づき実施され、さいたま地検や仙台地検で見られる検察が遵守事項を課し経過観察を行う取組は、刑事訴訟法第第248条の「犯罪後の情況」に基づく検事の終局処分前の働きかけとして整理されている。[78]しかし、これらの検察の積極的取組は「条件」を付しその遵守を求める条件付起訴猶予と実質を同じくし、すでに日本でも事実上の条件付起訴猶予の運用がはじまっていると見ることができる。その実務の運用が検察の再犯防止の実績として喧伝され、「条件付起訴猶予」導入の素地とされるおそれがある。また、近時にみる日本の少年法適用年齢の引き下げ問題と関連し、条件付起訴猶予導入の土台が出来上がる可能性もある。

　先に見た通り、韓国の条件付起訴猶予が直面する問題は、日本の検察の現在の積極的取組と法制化の動きに対しても向けられる批判となる。韓国の条件付起訴猶予の実情を見るに、検察の再犯防止に対する積極的役割認識がもたらすものは、検察権限の拡大と濫用、刑事司法根幹の揺らぎ、そして福祉と結びついた監視の強化ではないだろうか。確かに、日本では単に起訴猶予とするだけでなく福祉的支援や何等かの手立てが必要と思われる対象者は多数存在する。しかし、必要性があるとしても、条件付起訴猶予導入に伴う問題点は韓国の運用からもなお多く残っていることが明らかである以上、それらの対策が整わない限り、条件付起訴猶予の導入には慎重になるべきである。

1 「検察の理念」http://www.kensatsu.go.jp/content/000128767.pdf（最終アクセス日2018年2月4日）。
2 犯罪対策閣僚会議「再犯防止に向けた総合対策」（2012年7月）16頁。http://www.moj.go.jp/content/000100471.pdf（最終アクセス日2018年2月4日）
3 林眞琴「検察と刑事政策」罪と罰50巻3号（2013年）42頁。
4 林・同前41頁、稲田伸夫「再犯防止のための刑の一部の執行猶予制度の導入と検察」罪と罰49巻2号（2012年）3-5頁、伊藤栄二「刑の一部執行猶予制度の導入と検察の課題」井田良ほか編『川端博先生古稀記念論文集（上巻）』（成文堂、2014年）905頁。
5 松本了「東京検察庁社会復帰支援室における『入口』支援の取組み」石川正興編著『司法システムから福祉システムへのダイバージョン・プログラムの現状と課題』（成文堂、2014年）171頁、市原久幸「東京地方検察庁における『入口支援』──検察から福祉へのアプローチ」罪と罰51巻1号（2014年）102頁。
6 更生緊急保護事前調整モデルとは、高齢、障害等の特性に応じ起訴猶予者に対し更生緊急保護の措置を講じるものである。保護観察所が釈放後の福祉サービスの受給や住

7 目黒由幸＝千田早苗「仙台地検における入口支援——地域社会と協働する司法と福祉」法律のひろば67巻12号（2014年）15-16頁。
8 太田達也「条件付起訴猶予に関する一考察」井田良ほか編『新時代の刑事法学（下）——椎橋隆幸先生古稀記念論文集』（信山社、2016年）264-265頁。
9 太田・同前266-267頁。
10 太田・同前266-267頁、太田達也「福祉的支援とダイバージョン——保護観察付執行猶予・条件付起訴猶予・微罪処分」研修782号（2013年）14-17頁、太田達也「起訴猶予と再犯防止措置：積極活用と条件付起訴猶予の導入に向けて」法律時報89巻４号（2017年）８頁、10-11頁。
11 太田・同前「起訴猶予と再犯防止措置」６頁、太田・前掲注（８）267頁。
12 法制審議会少年法・刑事法（少年年齢・犯罪者処遇関係）部会第５回会議（2017年７月27日）論点表。
13 太田・前掲注（10）「福祉的支援とダイバージョン」7頁、11-13頁、太田・前掲注（8）277-291頁、太田・前掲注（10）「起訴猶予と再犯防止措置」9-10頁、趙均錫「韓国における条件付き起訴猶予の運用実態と改善方策」井田良ほか編『新時代の刑事法学（下）——椎橋隆幸先生古稀記念論文集』（信山社、2016年）630-655頁。
14 韓国の条件付起訴猶予の内容については、趙・同前に詳しいため、本稿では詳しく触れない。
15 李銀模『刑事訴訟法』（博英社、2010年）345頁。
16 李・同前67頁。
17 韓国刑事訴訟法第247条第１項「検事は刑法51条の事項を参酌し公訴を提起しないことができる」。
18 이 진국（イ　ジングク）「조건부 기소유예의 도입에 관한 검토」형사정책연구 제15권 제１호（통권 제57호）（2004年）69頁、박 혜진（パク　ヘジン）「현행 조건부 기소유예의 현황 및 개선방안」안암법학43권（2014年）557頁。
19 趙均錫は、保護観察付善導条件付起訴猶予について、法的根拠を有する条件付起訴猶予の一つに挙げる。趙・前掲注（13）637-638頁。しかし、保護観察付条件付起訴猶予が依拠する「保護観察等に関する法律」の第15条第３号（「検事は保護観察官が善導することを条件に公訴提起を猶予し委託した善導業務」）は、保護観察所の管轄事務の一つに過ぎない。第15条第３号の保護観察の「対象者」は、法院の判決による保護観察の命令を受けた者を意味するため、「保護観察等に関する法律」を保護観察所善導条件付起訴猶予の直接的根拠として見ることはできない。허 일태（ホ　イルテ）「조건부 기소유예제도에 관한 연구」전북대학교 법학연구 33（2011.9）21頁、 이 진국（イ　ジングク）・前掲注（18）67頁。
20 趙・前掲注（13）641-643頁。박 혜진（パク　ヘジン）・前掲注（18）563-572頁。
21 趙・前掲注（13）646-647頁。

22　박 혜진（パク　ヘジン）・前掲注（18）582-583頁。
23　박 혜진（パク　ヘジン）・前掲注（18）582-583頁。허 일태（ホ　イルテ）・前掲注（19）24頁。이 진국（イ　ジングク）・前掲注（18）83頁。
24　오 영근／최 병각（オ　ヨングン／チェ　ビョンガク）『선도조건부기소유예제도에 관한 연구』한국형사정책연구원（1994年）19頁。
25　오 영근／최 병각（オ　ヨングン／チェ　ビョンガク）・同前20頁。
26　오 영근／최 병각（オ　ヨングン／チェ　ビョンガク）・同前19-20頁。
27　오 영근／최 병각（オ　ヨングン／チェ　ビョンガク）・同前20頁。
28　오 영근／최 병각（オ　ヨングン／チェ　ビョンガク）・同前20頁。
29　오 영근／최 병각（オ　ヨングン／チェ　ビョンガク）・同前21頁。
30　오 영근／최 병각（オ　ヨングン／チェ　ビョンガク）・同前21-22頁。
31　오 영근／최 병각（オ　ヨングン／チェ　ビョンガク）・同前22頁。
32　오 영근／최 병각（オ　ヨングン／チェ　ビョンガク）・同前22-23頁。
33　오 영근／최 병각（オ　ヨングン／チェ　ビョンガク）・同前89頁。
34　오 영근（オ　ヨングン）「개정소년법의 과제와 전망」형사정책연구 제19권제 2 호（2008年）14頁。
35　少年法第49条の 3
　　検事は被疑者に対し、次の各号に該当する善導等を受けさせて、被疑事件に対する公訴を提起しないことができる。この場合、少年と少年の親権者・後見人等法定代理人の同意を得なければならない。
　　 1 ．犯罪予防支援奉仕委員の善導
　　 2 ．少年の善導・教育と関連した団体・施設での相談・教育・活動等
　　なお、犯罪予防支援奉仕委員（범죄예방 자원봉사위원）の名称は、2015年 1 月24日に法サラン（愛）委員（법사랑위원）に変更された。
36　少年法第49条の 2
　　①検事が少年部送致、公訴提起、起訴猶予等の処分を決定するために必要であると認めれば、被疑者の住居地または検察庁所在地を管轄する保護観察所の長、少年分類審査院長または少年院長（以下「保護観察所長等」という）に被疑者の品行、経歴、生活環境やその他に必要な事項に関する調査を要求することができる。
　　②第 1 項の要求を受けた保護観察所長等は遅滞なくこれを調査し書面で該当検事に通報しなければならず、調査のために必要な場合には所属保護観察官・分類審査官等に被疑者または関係人を出席させ、陳述要求を行う等の方法で必要な事項を調査することができる。
　　③第 2 項による調査を行うときにはあらかじめ被疑者または関係人に調査の趣旨を説明しなければならず、被疑者または関係人の人権を尊重し、職務上の秘密を厳守しなければならない。
　　④検事は保護観察所長等から通報を受けた調査結果を参考にし、少年被疑者を教化・改善するのに最も適した処分を決定しなければならない。
37　保護観察所善導条件付起訴猶予は善導の担い手が保護観察官であることと、対象年齢の制限がない点で、少年法上の善導条件付起訴猶予とは異なる。이 진국（イ　ジングク）・前掲注（18）67頁、박 영규（パク　ヨンキュ）「선도조건부기소유예의 개선방안」소년보호연구 제25호（2014年）156頁。
38　ソウル保護観察所聞き取り（2016年 8 月30日）。

39 性購買者教育受講者数を年齢区別で見ると、14～19歳は0人、19歳は8人、20～30歳は695人、40～50歳は1,385人、50～60歳は705人、60～70歳は217人、70～80歳は36人、80歳以上が4人となっている。법무부 범죄예방정책국『2014 범죄예방정책통계연보』86頁。
40 치료감호법 일부개정법률안（이한성의원 대표발의）제안 이유（治療監護法一部改正法律案（イハンソン委員代理發議）提案理由）1頁。
41 치료감호법 일부개정법률안（治療監護法一部改正法律案）・同前2頁。法律案原文6頁。
 法案第44条の2（治療条件付起訴猶予）
  ①検事は被疑者が治療命令対象者に該当する場合、治療期間を定め治療を受けることを条件に公訴を提起しないことができる。
  ②第1項の場合、検事は被疑者の同意を受けなければならず、被疑者が未成年者又は心神耗弱者であるときには、本人及び法定代理人の同意を受けなければならない。
  ③検事は被疑者が第1項による治療条件を履行しているかの可否の監督を被疑者の住居地を管轄する保護観察所の長に委託することができる。
 法案第44条の3（決定前調査）
  ①検事は被疑者の公訴提起または治療条件付起訴猶予等の処分を決定するため、必要であると認めれば、被疑者の住居地または検察庁所在地を管轄する保護観察所の長に犯罪の動機、被疑者の身体的・心理的特性および状態、家庭環境、職業、生活環境、病歴、治療費用負担能力、再犯危険性等の被疑者に関する事項の調査を要求することができる。
  ②第1項の要求を受けた保護観察所の長は遅滞なく、これを調査し書面で該当検事に知らせなければならない。この場合、必要であると認めれば、被疑者やその他の関係人を召喚し、尋問したり、所属の保護観察官に必要な事項を調査するように言うことができる。
  ③保護観察所の長は第2項の調査のため、必要であると認めれば、国公立機関やその他の団体に事実を調べたり関連の資料の閲覧等の共助を要請することができる。
42 법제사법위원회 수석전문위원 임 중호（イム　ジュンホ）「치료감호법 일부개정법률안 검토보고」（2014.11）6頁。さらに、改正案の保護観察所の長への「治療条件履行の可否の監督」の委託について、出席確認等の事実行為程度にとどまる等消極的であるため、「治療条件の執行」を保護観察所の長に委託するよう修正を求めた。同「치료감호법 일부개정법률안 검토보고」7頁。
43 법무부「検事の治療条件付起訴猶予、決定前調査について意見はない。処罰よりは治療の機会を提供するものであり、また、対象者の同意が必要なだけでなく、児童虐待法と家庭暴力処罰法など、必要な場合に条件付起訴猶予がすでに法律に制度として導入されている」、「すでに条件付起訴猶予は法律にある。特に酒酔いや精神障害の場合には起訴猶予に治療で再犯を防ぐ必要がある」、제335회-법제사법소위　제1차（第335回法制司法小委第1次）（2015年7月16日）5-6頁。
44 제335회-법제사법소위제1차（第335回法制司法小委第1次）・同前5頁。
45 제335회-법제사법소위제1차（第335回法制司法小委第1次）・同前9頁。제337회-법제사법소위제1차（2015年10月20日）3頁。

46 서 기호（ソ ギホ）委員「本人の同意は自発的な同意というよりは強制された同意の可能性が多い。被疑者は起訴猶予すると言われれば、当然治療すると言う」。前掲注（44）9頁。서 기호（ソ ギホ）委員「いかに同意を前提に行うにしても、その同意が被疑者の自由な意思による同意ではない場合が相当多い。理論上から見れば、「同意を受けたのだから問題はない」ということになるが、捜査を受ける被疑者の立場からは、同意しなければ自分が不利な処分が下ることがあるため、仕方なく同意する場合がある」。제337회-법제사법소위제1차（第337回法制司法小委第1次）・同前5頁。
47 법제사법위원회「치료감호법 일부개정법률안 심사보고서」(2015.10) 11-12頁。
48 이 호중（イ ホジュン）「가정폭력사건의 상담조건부 기소유예제도에 대한 비판적 분석」형사정책연구 제16권 제2호 통권제62호（2005年）171頁、정 현미（ジョン ヒョンミ）「가정폭력과 상담조건부 기소유예제도」형사정책연구 제17권 제68호（2006年）135頁、박 찬걸（パク チャンゴル）「가정폭력행위자에 대한 상담조건부 기소유예처분의 문제점 및 개선방안」형사법의 신경향 통권제42호（2014年）161-162頁。
49 가정폭력범죄의 처벌 등에 관한 특례법 일부개정법률안（남인순의원 대표발의, 의안번호4432）（家庭暴力犯罪の処罰等に関する特例法一部改正法律案（ナムインスン代表発議、審議番号4432））1頁。
50 가정폭력범죄의 처벌 등에 관한 특례법 일부개정법률안（家庭暴力犯罪の処罰等に関する特例法一部改正法律案）・同前2頁。
51 제324회–법제사법소위 제1차（2014年4月21日）28頁。
52 가정폭력범죄의 처벌 등에 관한 특례법 일부개정법률안（남인순의원 대표발의, 의안번호6040）2頁。
53 2014年11月20日にキム・チュンジン議員ら10名は、性格の異なる保護観察業務と更生保護業務が、同一の「保護観察等に関する法律」に規定されているために各業務について明確で細分化した規定を置くことに限界があるとして、保護観察業務とは別に、法務保護対象者に対する支援及び法務保護福祉事業に関して規定する「法務保護対象者に関する法律」案を作成し、第19代国会に提出したが、国会任期満了で廃案となった。
54 청주지방검찰청（清州地方検察庁）「생계형 범죄자에게 처벌보다는 직업훈련 기회 제공한다-법무보호복지공단과 연계, 직업훈련 참가 등 조건부기소유예 제도 시행」보도자료（2016.3.30）
55 청주지방검찰청（清州地方検察庁）・同前。
56 청주지방검찰청（清州地方検察庁）・同前。処理手続は次のとおりである。①対象者が希望する場合、検事と面談し決定前の環境調査を行う。プログラムを案内し支援書などを作成する。②検察庁から公団の各支部に職業教育等を依頼する。③公団の支部・センターで、職業訓練教育及び法務保護サービスと法サラン委員のカウンセリングを行う。④教育未履修者については、公団が検察庁に通報する。⑤検察庁は未履修者に対する事件を再起後、通常処理を行う。職業訓練プログラムは第1段階から第4段階で構成され、各段階で参加手当等の支給を行う。就職相談を行う第1段階では参加手当として最大25万ウォンの支給があり（但し、公団で生活する者には支給されない）、就業・創業の教育を実施する第2段階では教育費として最大300万ウォン、訓練参加支援手当として月最大284,000ウォン、訓練奨励金として月最大116,000ウォンの

支給を用意している。同行面接等を行う第3段階では、面接参加のための手当として1回当たり18,000ウォン支給する。就業後の第4段階では勤続1か月で20万ウォン、3ヵ月で50万ウォン、6ヶ月で50万ウォン、1年で60万ウォンの支給があり、1年で合計180万ウォンの手当の支給を行う。

57 청주지방검찰청（清州地方検察庁）、보도자료（2017.2.6）
58 청주지방검찰청（清州地方検察庁）・同前。
59 청주지방검찰청（清州地方検察庁）・同前。
60 公団京畿支部での聞き取り（2016年8月31日）
61 청주지방검찰청（清州地方検察庁）・前掲注（57）。
62 청주지방검찰청（清州地方検察庁）・前掲注（57）。
63 大検察庁『犯罪分析』2000年版-2016年版
64 表4及び大検察庁『犯罪分析』2008年版-2016年版
65 이 진국（イ　ジングク）・前掲注（18）82頁。
66 이 춘화（イ　チュンファ）「소년법상의 검사결정전조사제도에 관한연구」형사정책연구 제20권 제2호（2009年）60頁、75頁。최 종식（チェ　ジョンシク）「제6차 소년법개정의 문제점에 대한　고찰」형사정책 제20권 제1호（2008年）365頁。
67 不服申立制度の提案について、이 진국（イ　ジングク）・前掲注（18）84頁。
68 박 혜진（パク　ヘジン）・前掲注（18）572頁。
69 박 혜진（パク　ヘジン）・前掲注（18）558頁。
70 이 진국（イ　ジングク）・前掲注（18）80頁。이 진국は、条件付起訴猶予に地方法院判事の同意を求める立法の措置が必要であると主張していた。
71 이 호중（イ　ホジュン）・前掲注（48）188頁。
72 정　현미（ジョン　ヒョンミ）「가정폭력과 상담조건부 기소유예제도」형사정책연구제17권（제4호 통권 제68）（2006年）138頁。
73 이 진국（イ　ジングク）・前掲注（18）81-82頁。
74 이 진국（イ　ジングク）・前掲注（18）73-75頁。
75 박 혜진（パク　ヘジン）・前掲注（18）559頁。
76 条件付起訴猶予について、被害者保護の効果的手段としての必要性を認める見解もある。이 진국（イ　ジングク）・前掲注（18）75-76頁。
77 趙・前掲注（13）651頁。
78 太田・前掲注（10）「起訴猶予と再犯防止措置」7頁、太田・前掲注（8）267頁。

（にしはら・ゆき）
（ちぇ・じょんしく）

第4部 地域生活定着支援センター調査結果

第23章
地域生活定着支援センター
全国調査結果について

森久智江・水藤昌彦・木下大生・大塚英理子
立命館大学　　山口県立大学　　　武蔵野大学　　　　愛知教育大学

1　調査概要

　2014年10月～2017年4月にかけて、全国29の地域生活定着支援センター（以下、定着）に対するヒアリング調査を実施した。以下、各調査項目に対する回答結果の概要と若干の整理について述べる。

(1)　調査の対象と方法
　本調査は、全国の各地域から偏りのないよう抽出した定着に対して調査依頼を行い、ヒアリング調査を実施した。
　調査の方法について、まず本調査前に予備調査として3定着での聴き取りを実施し、本調査時は、当該予備調査の結果を基に作成した統一的な「質問票」（具体的質問項目は「調査結果」で示す）を調査前に定着へ送付した。その上で、当研究会所属の研究者（最少2名）が各定着の所在地へ出向いて直接聴き取りを行う、もしくは、当研究会の開催場所へ定着の職員にお越しいただいた上で直接聴き取りを実施した。なお、聴き取りの実施方法としては、質問票の具体的質問項目をベースにした半構造化インタビューによった。

(2)　調査項目
　以下の4つのカテゴリーについてヒアリングを行った。

　Ⅰ．各機関との連携状況（接触の頻度、ケースごとの連絡状況、連携上の困難等）について

Ⅱ．被支援者への具体的対応について
Ⅲ．支援に関する制度的問題点について
Ⅳ．センターのあり方について

(3) 倫理的配慮

倫理的配慮として、調査対象者や定着による支援の対象者のプライバシーを尊重し、ヒアリング結果の公表時には（調査先の各定着名含め）匿名化すること、結果の目的外使用を行わないことをヒアリング対象者に誓約した。最終的に取りまとめた調査結果については、調査対象となった各定着にて事後的にご確認いただいた。

2　調査結果

Ⅰ．各機関との連携状況（接触の頻度、ケースごとの連絡状況、連携上の困難等）について

　1　保護観察所との連携の状況について教えてください。

(1) 保護観察所との連携場面

以下のような場面において連携が行われている。
(ⅰ)　（主に特別調整の）ケースごとの連携

まず基本として、電話連絡、刑事施設訪問時の同行、特別調整（以下、「特調」）対象者の選定会議、公務所照会、他県との連携等、各ケースへの対応において、保護観察所との間で様々な連携が行われている。但し、後述の通りその接触頻度や特調対象者の選定過程は多様である。

(ⅱ)　定例会議の開催

ケースごとの連携とは別に、日常的に何らかの会合をもつという形での連携もある。その場合、保護観察所に限らず、地域の関係機関が集合した上で行われる「合同支援会議」、「連絡協議会」、「連絡調整会議」等の会議がある。但し、このような会議についても、開催頻度はそれぞれであり（月1回、3か月に1回から年2回までのバリエーション）、一切開催していない都道府県もある。

定例会議に参加する関係機関は、保護観察所と定着に加え、刑事施設、更

生保護施設、自治体が入る場合もある。なお、定例会議の主催は保護観察所である場合が少なくないが、自治体の福祉領域の担当者と定着が主催し、保護観察所と刑務所はオブザーバーとして参加する形式を採っているところもある。

(iii) 電話による頻繁な連絡

定例会議を持たない都道府県の中には、むしろ各ケースを通して（週1回、毎日といった）頻繁な電話によるコミュニケーションを取ることで、日常的に関係性を維持しているところもみられる。

(iv) その他

刑事施設退所時の支援にあたり、更生保護施設を積極的に活用している定着の場合は、定着から保護観察所に対して更生保護施設の利用に関する相談を密に行っているところもある。

(2) 保護観察所側の職員の体制・姿勢について

保護観察所側に専門のチームや刑事施設ごとの特調の担当者が置かれている場合もあるが、担当者1名の場合もある。くわえて、数少ない担当者が必ずしも福祉的バックグラウンドを有している訳ではない。しかし、年金・医療情報の提供等、保護観察所による情報収集は非常に有益であることが多数の定着によって指摘されており、福祉的バックグラウンドの有無以上に、公的機関としての情報収集能力を重視している定着もある。

(3) 特調対象者の選定

特調対象者の選定過程は、①手続開始時から選定会議含め定着が関与しているところ、②そもそも定着がほぼ関与しないところがある。①では、「刑務所から定着へ連絡→定着が引き受け可否を検討→保護観察官による面接→正式な依頼→定着による面接」、「刑務所から保護観察所へ依頼→保護観察官と定着が同行面接→正式依頼」といった順序で行われるところがある。②では、「保護観察官による面接→定着へ書類送付→定着による面接」という順序で行われる。

選定面接に必ず定着が同席すべきであるという定着と、保護観察所の自由裁量に任せるべきとの定着があった。当初は同行していなかったものの、保護観察所からの依頼に基づいて、近時、定着による特調対象者選定時面談が行われるようになった定着もある。

②の通り、保護観察所から書面のみが送付され、事前相談・事前面談なしという定着もある。そのような定着の一部には、保護観察所が「定着の支援に馴染む人」を理解しているという、選定に対する一定の信頼が見られる。また、そもそも定着が対象者を選ぶべきではないとして、「定着は選定過程に関わるべきではない」との意見もあった。一方で、保護観察所には福祉の知識はないとして、単独での選定は困難との意見もある。対象者（になりうる被収容者）との面談の趣旨について、保護観察所が「概略説明と情報提供への同意」とし、定着は「本人の意向確認」に重きを置くといった齟齬が見られる定着もあり、全ての定着で対象者選定を保護観察所に任せられる状態にはないようである。

また、保護観察所を通さずに、刑事施設と定着間で候補者について事前のやり取り（刑務所における選定会議→定着への個人票と書面の送付とそれに関する質問）を行い、このやり取りの結果を保護観察所に伝えるといった形式もある。いずれにせよ、選定にかかる最終判断は、形式上必ず保護観察所によって行われるが、定着が「引き受けが難しい」とする場合に強硬に選定が行われるようなことはないようである。

また、現状、定着が取り扱うケース件数には、定着ごとにかなりの差異があるが、これは単なる都道府県による刑事施設数の差異に起因するのみならず、特別調整時の選定のあり方にも問題があるのではないかとの指摘もあった。

(4) 保護観察所との連携にあたっての問題点

①制度開始時と比してかなり改善されたものの、特調の依頼から出所までの期間が短いこと、②保護観察所との日常的な連携が薄かったり、連絡会議等を開催しても単なる規定事項の連絡のみで制度改善に向けた話し合いなどができない、担当保護観察官が短期間で変わったりすることでケースの相談がしにくい、担当保護観察官や保護観察所長等が変わると対応方針も変わること等が挙げられている。

> 2　刑務所に配置されているソーシャルワーカーの方との連携状況について教えてください。

(1) 刑務所SWの役割と定着との連絡

　刑務所SWの役割が各刑務所でどのように認識されているのかには差異がある。①刑務所SWと定着との連絡は刑務官経由で行われる等、飽くまで担当刑務官の補佐である場合、②正規に福祉専門官として配置されている場合、③刑務所SW自身が、刑務所と定着を結ぶ窓口である場合等がある。いずれにしても、定着との定例会議等の場がある場合には、刑務所SWも出席している。

(2) 刑務所SWの勤務形態等

　①フルタイムあるいは週1～2日（3～4日）勤務の非常勤として勤務する。ただし、この形態の非常勤は定着からの連絡が困難な場合が多いとされる。②年度ごとに常勤の契約（最高2年）を行う形態。しかし実質的には特調の制度開始後（3年以上勤務していて）ほぼ刑務所SWの入れ替わりがないところもあり、連絡・相談がしやすいとのことである。逆に、入れ替わりの激しいところ（5年間で3名等）もある。

　刑務所SWの職務状況について、公務所照会、療育手帳の申請・調査、介護保険申請等の対応は、刑務所から刑務所SWへ依頼して行われている。一方で、定着との関係では、定着が刑務所SWに把握してほしいと望むような、福祉的支援を行うにあたって必要な情報を、刑務所SWが的確に把握できているのかについて、「（同じ福祉専門職である）SWだから当然理解できている」とは言い難い状況にあるようである。この点については、後に詳述する。

(3) 刑務所SWとの連携における問題点

　①刑務所内における医療情報の不十分さあるいは誤った内容の提供、②刑務所SW（あるいは刑務所自体）の定着に対する役割認識の誤認（定着はただ「居住先」を見つけてくれるところ等）が招く本人対応の不備（例えば、刑務所SWによる面談が少なすぎる上、本人との関係性構築が出来ていないために、結局改めて定着が本人説明を繰り返すことになるような場合があること）、③刑務所SWが補佐する刑務所職員の考え方によって、実務の方針がその都度変わってしまうこと、④PFI施設の場合、官民の命令系統が異なることによる調整の困難さがあること、⑤刑務所SWが対象者に感情的・情緒的な対応（例えば、福祉的支援を受けることに同意していない被収容者について、刑務所SWの視点からやや強引に定着の支援を受けさせようとすること等）をしてしまう例があること等が指摘されている。

> 3 更生保護施設に配置されている福祉スタッフの方との連携状況について教えてください。

(1) 更生保護施設福祉スタッフの配置状況
　更生保護施設における福祉スタッフは、以下のようなバックグラウンドを有して配置されている場合がある。①元刑務所SW（刑務所内のことがよく判る・刑務所からの信頼も得やすいというメリットがある）、②定着受託母体からの出向MSW、③准看護師の資格を有する人（元刑務官で准看護師資格を有する人も含む）といった類型である。但し、指定更生保護施設でなければ、そもそも福祉スタッフが配置されていない場合や、シフト制で勤務を行っているような場合がある。

(2) 定着が把握している更生保護施設福祉スタッフの職務内容
　①通院・役所同行、病院対応などの日常的な支援、②金銭管理、③定着との電話による情報共有、④更生保護施設における（利用者への）定着や福祉的支援一般への理解促進（福祉的支援の必要性や障がい特性理解の促進、福祉制度等の浸透）等である。特に④については、非常に厳しい生活規範を重視するいわゆる「厳格」なタイプの更生保護施設において、その厳密さゆえに孤独感を感じる場合のある福祉スタッフにとって、自身の役割の重要性や入所者のニーズを他の職員に理解してもらう上できわめて重要とのことである。

(3) 問題点
　①福祉的ニーズを有する定着の支援対象者はそもそも従来の更生保護施設の対象者像や施設入所の目的（「働いて自立」という社会復帰モデル、施設の立地・環境といった特性等）とズレがあり、定着のクライアントが行くべき先として想定されていないため、連携がない、あるいは連携しにくいことが指摘される。しかし一方で、実際には従来も発達障がい等を有する利用者であれば、特に意識することなく更生保護施設に入所している場合や、むしろ利用実績が多い地域も存在している。
　②更生保護施設の福祉スタッフは、他の職員同様に指導員でありながら、同時にSWでもあるということにより、他の職員と同様の宿直等に加えて福祉的業務を行うことで、勤務形態が過重になりやすいことがある。

4 検察に配置されているソーシャルワーカーの方との連携状況について教えてください。

そもそも連携が無い地域がほとんどであり、検察にSWが配置されているかどうかも定着では把握されていないことが多い。検察官・検察事務官から直接、定着が被疑者・被告人段階にある人の相談支援・入口支援を求められることはあるものの、それは検察に配置されたSWとの連携ということではない。

なお、検察SWと何らかの連携がある定着の場合は、個別のケースを通しての連携や、（定着が支援したクライエントの）再犯時の社会復帰支援担当事務官とのやりとり、検察関係者への福祉に関する説明会等の実施等が行われている。

また、検察から直接、自治体や地域の福祉事業者に電話で、福祉的ニーズを有する被疑者・被告人についての相談を持ち掛けられ、対応に慣れておらず、困った自治体や地域福祉事業者から定着に相談がなされる場合もある。

5 自立支援協議会との連携の状況について教えてください。

(1) 自立支援協議会への定着の参加状況

①協議会へ参加してはいるものの、連携の実績のない定着が大多数であった。この場合、具体的には、協議会で定着の説明や講演を行ったり、地域生活支援部会や「触法」等の名称のついたグループに所属したりしてはいるものの、個別具体的な連携には至っていない場合、②協議会自体に参加しておらず、今のところ直接関与する必要性を感じていない、もしくは連携はとりたいが時間的余裕、協議会自体の機能性の程度等に鑑みて現状とれていないというところも少なくない。また、そのような場合に理解を得るには、やはり具体的なケースを持ち込んで協働することが一番有効との声もあった。

さらに、③かつては参加していて、最近は参加していないものの、具体的なケースの持ち込みはあるという定着や、④参加していないが、個別に協議会参加団体とのやり取りをしているという定着もある。一方で、⑤（相談支援からのケース検討、仕事の仕分け等）かなり積極的に協議会へ関与しているという定着もあった。

(2) 問題点

　専門家の配置等、協議会はその地域差が非常に大きいとされ、そもそも協議会自体の運営がうまくいっているところとそうでないところがあるとされる。しかし、後述の通り、ネットワークを拡げるための場として積極的に活用しようとする定着もある中で、必ずしもすべての定着では、社会資源として十分に活用されていない部分も見受けられる。

> 6　前項までにお伺いした以外の機関や団体等で、支援の際の連携先となるところ、そことの連携状況について教えてください。

(1) その他連携先

　①入口支援（調査支援委員会等）や再犯時対応の際に、弁護士会との連携がある。それほど密な関係性が築かれている訳でない定着もあるものの、個別ケースや所属弁護士に対する広報・研修で協働が進んでいる定着もある。成年後見制度との兼ね合いで、日常的に社会福祉士会との連携があるため、それを通じて関係性を構築しているというところもあった。また、②法テラスとは、債務整理、後見人、手帳取得、啓発研修などで連携が行われている。これも地域によっては、業務紹介等の「挨拶」程度の関係の場合もあるとされるが、個別ケースでの連携が進んでいる地域も少なくない。

　③少年鑑別所とは、近年の鑑別所からの積極的な働きかけにより、個別ケースの心理検査等で鑑別所を活用する定着が増え、一定の連携が行われ始めている。④市役所や福祉事務所・保健所等の行政機関とは、各種手続において連携が必要であり、その他個別ケースで⑤相談支援事業所、⑥地域包括センター、⑦特別支援学校等が連携先として挙げられた。⑧病院のMSWや病院との連携は、医師とのやり取りにSWが介在することでスムーズに進むため有効との声がある。⑨精神保健福祉センターとは、研修開催、（方法論や背景に関する）専門的知見提供における連携、⑩救護施設については、精神系の救護施設がとりわけ利用されている。その他、⑪ダルクをはじめとした民間団体や、⑫地域の不動産業者や大家といった社会資源とも居住先確保のための連携が図られている。

　また、⑬社会復帰支援のためのネットワーク協議会等、地域での連携のために構築されたネットワーク組織を通して、「顔の見える連携」を目指し、お互いの出来ることを把握する場を設けているところもある。そのような場

に、都道府県の精神保健福祉士協会、司法書士会が参加しているとのことである。

その他、⑭他都道府県の定着とも、個別ケースやブロック会議等での連携が図られている。

(2) 連携先との関係

多くの定着において、定着開設当初よりも定着そのものの社会的な知名度が上がったことで、かなり各機関との連携が取りやすくなったとの実感が聴かれた。一部連携先からも、定着が何をしている団体であるのか、どのような連携が可能であるのかを想定できた、との声があったようである。

また、様々な連携先との関係構築を、(一般的な研修・会議の実施や、定着からのケース依頼に限らず、むしろ定着による連携先へのサポート実施等の相互メリットを追求する等) 個別ケースの取り扱い時以外にも行っていくことで、ネットワーキングが進められるとの声もあった。

Ⅱ．被支援者への具体的対応について

> 7 支援を実施後 (または実施中)、本人の社会生活に対する意識や本人自身に対する認識の変化を感じることがありますか？また、それはどのような状況・兆候やタイミングからでしょうか？そのような実感を有するケースにおいて、よく見られる要素はどのようなものですか？（例：就職、居住場所、なんらかのサービス、家族関係、年齢、犯罪類型、支援者との関係等に関する特性）

(1) 本人の社会生活に対する意識の変化について

支援を受けたことで社会に対する本人の意識に変化が生じた内容の回答を分析した結果、その変化が生じる契機となった要素として、①人間関係、②状況、③環境、④その他の4つに分類できた。

これらのうち、最もよく見られたのは①人間関係であり、これは、主に支援者や家族との関係性に基づく変化である。とりわけ、定着の職員や入所している福祉施設の職員との関係性が挙げられている。ソーシャルスキルトレーニング（SST）のような「関わり方の訓練」においてではなく、日常生活の人間関係の中で、例えば、率直に悩みを話せることや、本人に対してプ

ラスマイナスいずれの要素も真摯に伝えようとすること等、これまで十分に取れなかったコミュニケーションができるようになったことがきっかけになっているとする回答が多々あった。また、こうしたコミュニケーションとして、当事者同士のコミュニケーションの重要性も指摘されていた。

②状況については2つの方向性があり、本人が「本当に困った状況に置かれた時」、「再犯後に起訴猶予になった時」等、本人にとってマイナスの状況に置かれた際に変化が起こるとされた場合と、一方で、本人にとってプラスの状況、つまり「就職に結びついた時」等にも変化が感じられたとの回答もみられた。

③環境とは、本人が置かれている環境が本人に変化をもたらす場合である。具体的には、精神的に落ち着く場に行くことで安心し、それまでと打って変わって積極的に話すようになったり、家族から見放されてアパートで一人暮らしをしている人が、地域の清掃に参加する話等をしてくれるときに、自身の生活を楽しめるようになっていることが窺えたり、再犯を繰り返す中で、支援の結果として福祉施設に入り、そこで生活するうちにその施設での手伝いをするようになった結果、活き活きとするようになっていったりするケース等が挙げられた。

④その他の要素として、本人が自らの気持ちを発信できるようになった、感謝の言葉を述べられるようになった、自己決定ができるようになった等という本人自身の変化が挙げられた。

また、そもそもこれまで支援に携わってきた中で、本人の変化を感じられなかった、あるいは、悪くなったという回答もあった。さらに、ケースバイケースなので特定できない、本人の変化の評価方法や測定方法が確立していないため、変化があったのかどうか判断ができない、との回答もみられた。

⑵ 本人の自分自身に対する認識の変化について

本人の自分自身に対する認識の変化について、前項の社会生活についての意識のように「変化は感じられなかった」とする回答はなかった。具体的には、ほとんどの定着で、本人が自身を客観的に評価・把握できるようになったという回答と、本人の自己肯定感が高まったという回答が見られた。

なお、このような本人の自分自身に対する認識の変化をもたらした要因について抽出・分類すると、①人間関係、②自己肯定感・自己効力感、③居場所、④仕事、⑤自己理解、⑥家族の6つのカテゴリーであった。

①人間関係について、支援開始後に関係が形成されたこと、他人に相談すること、またコミュニケーションをとる相手がいること、本人の思いを真摯に受け止めている人がいること等、とりわけ支援者との関係性が大きく影響している。そのことが、その他の人々との信頼関係の形成の促進にもつながっていることが指摘された。また、人間との関係性のみではなく、ペットを飼うことが良いとされる例も挙げられた。

②自己肯定感・自己効力感について、これらの向上が変化であると同時に、そのことが、本人にさらなる変化をもたらす要素であることがわかった。例えば、自分の役割ができたこと、自分がしたことで他者に喜んでもらったこと、居住地と職があること等から、自己決定ができるようになったことなどがその例としてあげられた。疎外感を持っている人が多いため、本人に言葉をかける・褒めるといったことを継続していくことも重要とのことであった。

また、「反省・感謝を求めるような指図はしない」、「その人をそのまま受け止めてくれるような受入先を紹介する」ということにより、本人の自己肯定感が保持され、支援にのりやすくなるとの指摘もあった。

③居場所については、居場所を得ることで「ここにいていい、帰ってきていい」と本人自身が自らの居場所を認識できること、それによる安心感を得られること等が指摘されている。④仕事も同じく、本人が居場所を得ることに資している例が挙げられた。しかし、居場所、仕事いずれについても、絶対にそこで継続させるという意識ではなく、「何かやることがあった方がよい」、「嫌だったらやめればよい」というスタンスでいること（一定期間が経過したら異なる選択肢を検討する）にも言及された。

⑤自己理解について、（現在だけなくこれまでも含め）自分自身の生きづらさそのものや、その原因についての理解の促進、また、その解決方法やその糸口が判ることで、本人に変化が生じるということが指摘されている。「本当に困っている人」は意識が変わりやすいので、「本人が本当に困っているのか」を意識しながら支援をしていくことの重要性が指摘された。

また、⑥（子ども等の）家族の存在が、本人が変化する契機になっている例も挙げられた。すぐに家族が積極的に関与してくれるわけではない場合であっても、長い目で見ると細くでも家族と繋がっておくことには意味があるとの指摘もあった。とりわけ、定着が本人と家族の間に入ることで、家族の本人に対する心配が伝わったり、わだかまりが溶けていったりする場合もあるとのことであった。

(3) 変化を促し得る支援の困難について

　本問の趣旨は、本人の変化に関するものであったが、本問への解答の中では、支援者が期待する本人の変化の内容や、また、そのような変化を促しうる支援そのものに困難があることも同時に語られた。具体的には、①規範意識の欠如、②本人が持つ特性、③就労困難、④空き時間があること、⑤見立ての困難性、⑥関係性構築の過程であった。

　①規範意識の欠如について、それが支援を困難にする要素になっていることが指摘された。具体的には、福祉のルールに従わないことが指摘されていたが、よく見られる例として、日常生活の中で暴言を吐く人や「権利意識が強く、支援を『当然』と考えている」人は再犯をしてしまうことが多い旨や、「また刑務所に戻ってもよい」という意識がある人も変化に乏しいと指摘される回答があった。

　②本人が持つ特性について、もともと持つ特性も支援の困難性を高めることが指摘された。例えば、高齢者は認知症がある場合もあることから、言動が矛盾したりして調整が困難になること、逆に、高齢者が自立しているがゆえに、却って日中活動の支援において、活動内容等の選択肢がない、あるいは不足していることも報告されている。高齢者という属性については、変化を感じやすいとする回答と、変化を感じにくいとする回答双方で挙げられる場合があった。少年・若年者についても、十分に本人が持っている力を発揮できるような日中活動支援の困難が指摘された。

　また、本人が性犯罪、放火、窃盗のような、いわゆる「癖」が疑われる犯罪行為類型に関与していた場合も、その支援に困難を来たすことが挙げられた。犯罪行為類型については、性犯罪のように、「深刻な被害を受けた被害者がいるケースは支援が困難」との声もあった。一方で、本人の関与した犯罪類型は、支援における困難には全く関係がなく、飽くまで支援者とのマッチングの問題であるとの指摘もあった。

　③就労困難についても、支援が困難になるキーワードとして挙げられた。一方、高齢者等に対する支援においては、支援上「実は仕事（就職）にあまり重きを置いていない」という逆の見解も示された。

　④本人に空き時間があることが、支援の困難性を高めることも指摘された。日中にやることがないことにより、悪い意味で、いろいろなことを「考えられる時間」が与えられてしまい、再犯に結びつくような行動を起こすことに思考が至ってしまう、ということであった。

⑤見立ての困難性について、例えば、本人が窃盗行為を行ったことがあった場合、それが環境要因からの窃盗であるのか、クレプトマニアであるのか、どのようにそのケースを見立てるのかに関する方法論が明確ではなく、その判別が困難とのことであった。しかし、犯罪行為以前や受刑中の生活との差異で、本人が（良くも悪くも）支援過程においても変化していく（揺れ動く）中で、支援者が適切にアセスメントをしていくことの重要性も指摘された。

⑥関係性構築の過程につき、支援者は、本人に対して良い支援を提供するために信頼関係を構築することを目指すが、一方で、一定期間が経過した後、支援者が本人の生活から徐々に退く際に、「非家族的」な関係性へと転換していく上での困難が語られた。

> 8 支援を実施後（または実施中）、本人が問題行動に至る具体的な危険性を感じることがありますか？また、それはどのような状況・兆候やタイミングからでしょうか？そのような実感を有するケースにおいて、よく見られる要素はどのようなものですか？

(1) 本人が問題行動に至る具体的な危険性を感じる時

本人が問題行動に至る具体的な危険性を感じる時について回答してもらった結果、社会性の低さについての指摘が多く見られた。問題行動に至る兆候やタイミングについて、①行動・言動、②人間関係、③不安定な精神状態、④環境、⑤時期・時間、⑥兆候無しに分類することができた。

①行動・言動の変化から問題行動の兆候やタイミングを見いだすことができるという回答が多く見られた。例えば、日中活動に出てこなくなる等、これまで継続していた、周囲から評価できる行動や行為をしなくなる、という共通性もみられた。

②人間関係についての変化が生じた際、また人間関係において思い通りにならなかった時も、問題行動の兆候としてみて取れることが語られた。支援者も把握していない、新しい人間関係が生じた際等にもその兆候が現われることがわかった。また、信頼関係が構築されているなど、特定の関係にある人との関係が薄れる、関わらなくなっている時も、その兆候が見られることも併せて明らかになった。

③精神状態の不安定さが問題行動の兆候になることもあるとされる。例えば精神状態が落ち込んで食事も摂らなくなった際や、気分が不安定な時、あ

るいは何かしら依存症がある人が依存するものを失った際、ということもあげられた。

　④状況の変化は、例えば、具体的には自由な時間が増えた時が挙げられた。

　⑤時期・時間として、生活が落ち着いた後、約1年後位に問題行動が出現するとの回答が多く見られた。④にも関わるが、衣食住が確保され、当面の生活が落ち着くと、本人が犯罪行為以前から有していた生きづらさが顕在化する場合があることも指摘されている。

　⑥問題行動が出現する前には何かしら兆候があるとの回答を多く得られた一方、何も兆候や変化がない、わからない例もあることがわかった。

⑵　問題行動に至る要素

　問題行動に至るケースでよく見られる要素を訊き、その結果を分類したところ、①本人が持つ特性（障がい特性を含む）、②人間関係、③環境、④ストレスの4カテゴリーに分類できた。

　①特性そのものは多様であるものの、最も多くの定着が挙げたのは、本人が持つ特性（障がい特性を含む）であった。この特性とは、犯罪特性、癖、障がい特性、属性等の本人の特性である。これらの特性は必ずしも同じレベルではなく、どちらかといえば犯罪特性よりも、本人の気質や生い立ち・経験によって形成された思考・行動傾向等の方が、問題行動に強く関連しているとの指摘もなされている。

　回答に見られた問題行動のうち、まず犯罪特性に起因していることが示唆されるものがあった。具体的には、性犯罪の場合は同種行動をとりがちであること、窃盗は問題行動を持つものが圧倒的に多いとの回答が見られた。一方で、犯罪類型は問題行動には関係がない、という見解も多々見られた。癖としては、アルコールやギャンブル等への依存傾向が挙げられた。嗜癖の問題を有している人は、なかなか自身にストレスがかかっていることを言えない傾向があることも指摘されている。

　障がい特性、個人の気質や属性が問題行動の要素の一つとなることも指摘された。障がい特性については、人格障がい、解離がある場合や、個人の気質として（矯正施設内で懲罰を重ねてきた等）衝動性が強い、認知の歪みがある、支援者に対して攻撃的、他罰的傾向が強い場合、属性として高齢者であること等が挙げられた。高齢者については、自分でできるという自尊心の高さが、支援者とのトラブルを招きがちであるとも説明された。また、障がいがある

人の中には、これまで裏切られた経験を多々有しているが故に、他者との関係性・信頼関係構築が困難な場合もあることが指摘されている。一方で、年齢等による差は感じないとの回答もあった。

②人間関係が問題行動を引き起こす要素となることも挙げられた。最も指摘されていたのは孤立であり、例えば、支援者と合わないこと、他者への信頼感の欠如や、近しい関係性の中に問題があることが挙げられた。また、暴力団と関係があること等の反社会的勢力との関係性も指摘された。

こうした関係性の中でも、一番出現の頻度が高かったのが、家族との関係性であった。これは、家族との関係性が悪くなったこと、家庭保護者（父親、母親など）に障がいがあり、本人への対応が不安定であったり、暴力的であったりすること等であった。

③環境については、家庭環境、教育の欠如、生活の不安定さ等があげられた。これらのいずれの項目も、家庭環境にほぼ集約できると考えられる。家庭環境と問題行動の関係については、家庭環境が問題行動の直接的原因となるという説明と、間接的な原因となるという説明がなされた。例えば、家庭環境が困窮状態にあり、それを緩和・解決するためにとる問題行動と、虐待などを受けていたことから派生して問題行動に至る場合等が想定される。いずれにしろ、本人の置かれている環境の劣悪さが、問題行動の原因になる見解が示された。

④本人にストレスがかかる、思い通りにならない状況に直面すると問題行動に至ることも挙げられた。いつまでも表情が硬く、笑顔が出てこないといった状態は、本人に相当のストレスがかかっている場合もあることが指摘された。一方、当初から素直過ぎてなんでも支援者の言うことを聞いてしまうような「良い顔」をする人は、陰で全く異なる行動をしていたり、却ってのちにストレスから支援拒否に至ったりする場合があることも挙げられた。

(3) 対応における留意点・問題点

この質問への回答においては、問題行動への対応における問題点・留意点も語られた。例えば、（従前、SOSを発してもそれを受け止めてもらえなかった経験を積み重ねていたりしたことで）本人が自ら要求を口にできない場合があり、それを支援者が汲む必要があること、また、性犯罪を行った人について、日常生活における性的な衝動にどう対応しているか等についてはプライバシーの侵害になるので、どのように過ごしているか気になったとしてもあまり踏

み込むことができないため苦慮しているとのことであった。

　また、本人の不安定さは、支援者等に対する「試し行動」である場合もあることや、直接本人に関与していない場合であっても人伝に本人の様子を聴いて見守ることも重要であること等が指摘された。本人に対する理解やアセスメントを、周囲の支援者間で、どこかがイニシアティブをとって的確に共有しておかなければ、本人のシグナルを受け止められないとの指摘もあった。

> 9　問題行動の具体的危険性が直ちにないと思われる場合であっても、本人の生活再建や社会復帰が困難と感じられる事例はありますか？

(1) 本人の生活再建や社会復帰が困難と感じられる事例に見られる特性について

　質問に対する回答を分析し分類した結果、①高齢者、②少年、③障がい者、④犯罪特性／嗜癖、⑤その他の特性の5つのカテゴリーに分類できた。なお、それぞれのカテゴリーでも、その属性に特徴的に起因するものと、その属性における社会資源の不足を指摘するものとに分かれた。但し、一部の定着からは、年齢や有している障がい等の特性の問題ではなく、飽くまで本人のそれまでの経験によって、困難の程度が異なるとの指摘もあった。

　①最も多く見られたのは、高齢者であるがゆえに生活再建が困難であるとの回答であった。具体的には、高齢者が示す特性と、高齢者に対する社会資源の不足が挙げられた。

　高齢者の特性については、自立生活はしているものの常時の見守りが必要な場合があること、他者との交流に拒否的であること、地域に馴染めないことなどが挙げられた。ただ、今次の回答からは、「高齢者は…」という前提で語られていたとしても、必ずしも高齢者一般の特性ではなく、個別的な特性であるケースも見受けられた。

　社会資源の不足については、（障がいと高齢の）福祉制度の狭間に陥ってしまう例がよく見られること、（70歳を過ぎると手帳を取得しにくくなることで、サービスの幅が狭まる等）年齢によってはサービスが受給しにくいこと、（とりわけ継続的介護を必要としない高齢者等の）日中活動のための資源が少ないことが挙げられた。

　一方で、高齢で施設に入所してしまうと、「本人がやりがいをもって生き

ていく、本人らしく生きることは困難」であり、「制度上、社会復帰というのは困難」ではあるが、「再犯にまで至らないし、まあ良いかな」と思われるところもあるとの回答もあった。

②少年についても、少年という属性そのものに起因した生活再建の困難さと、少年に対する社会資源が少ないことが生活再建を困難にしているものとに分かれた。

少年の特性が生活再建を困難にするという回答の中には、少年に性犯罪、放火、粗暴犯に関与した人が多いこと、またストレスを発散しようとする傾向があることが困難として指摘された。また、少年という属性ゆえに、成人以上に関係性を強めてしまう家族の問題も指摘された。つまり、家族に問題を抱えている人がいると、少年の生活再建にも影響を及ぼす、という見方である。

一方、少年に対する社会資源の少なさが生活再建を困難にしているという回答もあった。具体的には、少年に特化した受入先が少ないため、必ずしも入院を要する精神疾患がないにもかかわらず、精神科病院へ入院となってしまうこと等が挙げられた。

③障がいがある人については、具体的な障がい名のうち、パーソナリティ障がい、発達障がいが困難なものとして挙げられた。また社会資源について、その不足を指摘するものがあった。たとえば、ボーダーラインレベルの知的障がいを有する人や、発達障がい者支援センターの利用などにあたっては、成人が利用できるところであっても、日々の支援を、理解をもって行ってくれるところばかりではないとの指摘もあった。

④犯罪特性や嗜癖についても挙げられた。嗜癖については、アルコール依存、薬物依存がある場合、犯罪特性については放火の場合が挙げられた。嗜癖については、医療と繋がらなければ難しいとの実感を有している定着もある。

⑤その他特性として、上述した分類には入らないが、生活再建を困難とする他の特性も挙げられた。大別すると、人や社会との関わり方と金銭に関する内容とに分けられる。人や社会とのかかわり方については、（地縁や血縁のない）これまで全く関係のなかった帰住先に帰住した人、対人トラブルを起こしやすい人、社会との接点を持とうとしない人、働くことの意義を見出せない人等が挙げられた。こうした人々の中には、もともと犯罪行為以前から、人や社会とのつながりが薄かった人が多いとの指摘もなされた。社会とのつながりが薄い場合、「今の生活と刑務所の生活を天秤にかけて、（社会内で厳しく金銭管理をされる等のストレスで）少しでも天秤が傾けばすぐに刑務所で

いいや」となってしまうような「ハードルの低さ」を感じるとの回答もあった。この点、「入口支援」時は、まだ社会とのつながりがいくばくか濃い分、支援しやすいとの回答も見られた。金銭については、管理ができない人、何よりもまず金銭が最優先になってしまう人が挙げられた。

また、女性特有（あるいは女性の方が影響大とされる）の事情として、ホルモンバランスの影響や、成育歴から愛着障害が疑われるようなケースは困難を感じるとの回答もあった。

(2) **特性以外の要素について**

特性以外の要素について、「社会資源はフォーマルには整ってきたが、インフォーマルなつながりの形成まで至らない」との指摘も見られた。また、特性に関連する要素として、精神障がい者に対する「故意に犯罪や問題行動に至っている」といった周囲の偏見があり、それが生活再建を阻むものとして挙げられていた。こうした偏見を少なくしていくためにも「当事者が前面に出てきて語ること」ができるような場面がもっとあるべきとの意見もあった。

(3) **困難や危険を感じる場合の対応**

困難や危険につながるような誘因の特定について、可能であればやっていきたいし、対症療法であってもやれることはやりたいとの声もあった。そのためにも、関係機関と定例会等で事例を共有していきたいとのことである。

また、とにかく危険を感じた時には、頻繁な連絡や、その時最も関与している機関と連携を取りながら現状確認をするといった、集中的対応を行うとのことであった。

10　本人がサービスの利用を拒否した場合、どのような対応をされていますか？また、そのような場合、よく見られる要素はどのようなものですか？

---

(1) **本人がサービスの利用を拒否した場合の対応**

本人がサービス利用を拒否した場合の定着の対応について質問した結果、①追わない、②サービスを説明、③連絡先を提示、④拒否する理由の分析、⑤説得、⑥関係構築の試みの要素に分類された。なお、「これまで拒否されたことはない」という回答もあった。

①追わないとの回答は最も多く、サービス利用を拒否された場合は、（すぐに命に関わるようなことではない限り）本人の意向を尊重しそれ以上追うことはないというスタンスを取っているようである。福祉のサービスは、定着が「お願い」をして受けてもらうようなものではなく、本人が「自己決定」することを重視しているとの回答もあった。それが「強制をしない」という「福祉の特質」であるとの指摘もあった。

但し、それで全く縁が切れてしまわないよう、何かしら本人に働きかけるところがほとんどである。例えば、住居確保、生活保護の申請だけは済ませる、いつでも連絡が取れるように支援者側の連絡先を必ず伝えるようにする等である。つまり、できる限り「緩くつながって」おき、拒否されたから即刻支援を終了するわけではないということである。この際、支援者同士で共通理解を取ったうえで一旦終了するということが重要との指摘もあった。また、他の社会資源を何か用いることができないかを検討するとの声もあった。

ただ一部には、設定された特別調整の選定基準に従い、同意がなければ即刻支援終了する、というところもあった。

②サービスを説明するというのが次に多い回答であった。なんとか本人を繋ぎとめようと、サービス内容を再度詳細に説明したり、サービスを受けない場合のその後を本人にイメージしてもらったりと、様々な趣向を凝らした説明をするところもあるようである。例えば、拘禁中であれば何回か面会し、説明方法をその都度変えて説明してみる、グループホームの写真を見せてみる等といった工夫がなされていた。

③説得するというのは、②の説明よりも踏み込んだ対応であると解釈できた回答を分類したものである。具体的には、「粘り強く説得…」、「一生懸命説得…」といった形で、②よりも明確に「説得」を行った旨を明らかにした回答、サービスの内容そのものというよりも、福祉とかかわること自体の重要性等に重きを置いたものをここに分類している。

④拒否する理由の分析は、支援を拒否された場合、その拒否のプロセスや拒否をした理由を分析する、との回答を指す。この場合、単に定着が独自に拒否の理由を分析するだけではなく、「本人の希望通りのことを、できるところまでやってみようと送り出し、問題が起これば、何が問題であったのか、本人・施設を交えて話し合う」といった趣旨の回答がいくつか見られた。これは「拒否も（支援の）プロセス」であるとの考え方に基づいているという。

⑤関係構築の試みについては、拒否の有無に関係なく基本的に多くの定

着が試みているものと思われるが、さらに関係性構築に注力して支援に結び付けようとしているものをここに分類した。例えば、「保護観察等の強制的な枠組みがあった方が確かに楽だが、それは福祉のやることではない。これまでは福祉の枠が狭く、福祉の枠に入らない人が刑務所に入っていた。今後、福祉が基本に戻り、枠にはまらない支援が必要」であるとして、本人が任意でサービスを受けようと考えるような関係性の構築を重視するとの回答があった。

(2) **サービス拒否をする場合によく見られる要素**

サービスが拒否される理由、要素について質問した結果、①本人の思い通りに行かないから、②本人自身の状況やニーズ等に関して理解していないから、③本人や本人の障がいの特性のため、④外部要因のため、⑤サービスを受けるよりも本人にとって他に良い条件があるからといった5つのカテゴリーに分類された。

①サービスを受けることで、本人が自分の思い通りの生活を送れないという考えに至ることで、サービスを拒否するとの回答が最も多く見られた。例えば、自身で金銭管理をしたいのに支援者側が行う場合、施設入所の際に嗜好品の持ち込みが認められない、そもそも自由に生きたい等といった理由が挙げられた。特に、金銭管理について嫌がることが多く、もともと生活保護等について、お金をくれることだけ、あるいはサービスを無料で利用できることだけを福祉であると捉えている場合も多いため、「思っていたのと違う」という拒否感につながることがあるという。また、「施設」という言葉や福祉に対する拒否感が強い人も少なくないとのことである。

この点、受入れ先の中には、たとえば、喫煙について等、それほど規則が厳しくない施設もあり、そういった施設の方が「本人をそのまま受け入れてくれて」いて、うまくいくケースもあるため、本人の意向に沿った受入れ先を選定することも重要との意見もあった。本人に施設でのサービスを説明している際に「それは無理です」との回答を繰り返しているうちに、サービスそのものの拒否に至った例もあったようである。「福祉に乗れる」かどうかは、施設等のルールを守れるか否かであるため、できるだけ本人が選べる「選択肢」を用意したいが、実際にはなかなか提示できる選択肢が少ないとの苦悩も吐露された。

②本人が、自分が置かれている状況を理解できていなかったり、自身の生

活力や障がいがあるために生じる生活困難・課題を理解できていなかったりするとの理由が挙げられた。この場合に多く見られる特性として、元ホームレス経験があることが挙げられており、どのような状況に置かれても生活していけるという自信を持っている人、また、高齢のために認知機能が低下しているにもかかわらず、一人暮らしができると言ってきかない人などが挙げられた。また、これまで働いた経験がある人や、困っていない訳ではないのに、かつての「失敗」を認めなかったり、自らの問題を言語化して説明出来なかったりする場合も、「大丈夫です」と言って支援を断ってしまうことが挙げられた。

この点、①とも関連しているが、「ある程度のところまで支援を受けると先が見通せる」ということが、本人に解ってもらえるよう、話し続けていくしかないとの声もあった。

③本人自身や本人の有する障がいの特性が、支援拒否の要因となる場合があることも指摘された。例えば、自閉症スペクトラム障がいの診断がある人、知的能力が低いゆえに定着のイメージができず拒否に至る人、高齢で説明をすぐに忘れてしまう人等である。本人の特性としては、社会制度に対する理解の不十分さや、20歳で保護観察から外れる少年が拒否に転じるケースがあること等から、若年層が拒否する傾向があることが語られた。

一方で、年齢や本人の特性、犯罪類型等によって、拒否的になったりすることはないとの意見もあった。

④本人の特性や障がいなどが支援拒否につながる例が多く挙げられていたが、一方で、外的な要因から支援拒否に繋がることも指摘されている。例えば、施設が受け入れにあたって本人の前歴に構えてしまい、前もって外出禁止を条件としたことで、本人との間でハレーションを起こしてしまった場合や、(性別や年齢をはじめ)面接する者の特性によって、本人の態度や選択が変わってしまった場合等である。

また、このような特性と拒否との関連には、定着が本人と関わる以前に、定着の情報がどの程度本人に伝わっているかも影響することが指摘された。この点は、刑務所における福祉に関する指導がもともと本人の意思に反していて、出所後にその反動で拒否的になるようなケースがあり、刑務所段階でのマッチングが重要との指摘もなされた。

⑤福祉の支援を受けるよりも、本人にとってより良い条件があると認識されてしまうと、支援を拒否され得るとの回答があった。例えば、友人が支援

してくれる場合や、福祉の支援を受けるよりも金銭を多く入手できる条件があるとされた場合等である。

> 11 支援後（他機関等へ委託後）の本人の状況について、どのようにフォローされていますか？伴走型支援にあたるような、一貫して寄り添う支援者がいる場合は、その支援者がどのようにフォローされているのか教えてください。

(1) **本人の状況をどのようにフォローしているか**

この質問についての回答を、①フォローアップの期間、②フォローアップ終了に関する考え方、③フォローアップの体制と方法の３点についてまとめた。

①どの程度の期間フォローアップしているかについて語られた内容をまとめた。回答は、支援のための訪問頻度と支援期間を回答しているものに分かれた。結論としては、訪問頻度も支援期間も機関・ケースによって様々であり、共通性や法則性は見いだすことはできなかった。

訪問頻度については、本人が落ち着くまで１週間に１回訪問する、月１～２回訪問、２ヶ月に１回、２～３ヶ月に最低１回は訪問、出所後１年程度経過したら半年に１回程度に頻度を落とす等様々で、かつ同じ機関であっても、訪問回数を当該ケースの必要性に応じて変えていることがほとんどであった。

また、フォローする期間について、１～２年、２～３年や４～５年フォローアップすることもあるといった長期に渡るものが一部あるとの回答、６ヶ月で終了したいがそうならないとの回答、本人死亡または完全自立したケース以外は終了しないという、場合によっては終身でフォローしていくように受け取れる回答もあった。いずれにしろ、フォローアップの期間は多様であり、ケースによっても違いがあることが分かった。

②フォローアップ終了に関する考え方について、①の内容と若干重複するが、定着のケースに対する「終了」の考え方に関連してまとめた。特別調整は２年６ヶ月・一般調整は１年６ヶ月と、明確に期間を設定して対応している定着もあったが、そのような対応は極めて少数であった。それ以外は、何かしら定着で目安を定めているか、終了時期は決めていないとの回答がほとんどであった。なお「終了」ではなく、定着内での統計上「〇ヶ月間関与なし」、「本人辞退」といった形で計上しているケースもあるという。

目安については、本人がもう必要ないという意思表示をした際、福祉施設

など受け入れ先が決定した場合、受け入れ施設や地域での相談先のみで対応が可能であろうと思われる状況になった頃に定着のフォローアップは終了するとの見解が多数を占めた。かような目安を示していない場合は、どこで切るか決めていない、自然に引いていく、といった回答も散見された。実際、本人自身が（ヘルパーでも家族でもない）定着がいつまでも顔を見せることに違和感を有する場合もあるという。

また、フォローアップの考え方について以前の問題として、そもそも、「フォローアップの定義が困難」との回答もあった。さらに、フォローアップ自体「依頼されたら行う」との受動的な対応をしている定着も多くあるようである。ここからは、定着から積極的に関わらないことで、「関わりすぎない」ようにしようとする姿勢が見て取れた。また、何かあればいつでも駆けつける姿勢を保持し続けることで、具体的な引受施設・機関・担当者など「支援者の」安心材料としてもらうとの回答もあった。前述のような、比較的柔軟な「終了」の考え方の背景には、本人にいつまでも（犯罪をした人の支援を行う）定着が関与することが、却って本人にとってもスティグマになるという意識や、できるだけ地域福祉による支援に任せていくことで、定着はあくまで支援のコーディネーターとして動けるようになるとの意識があり、定着がフォローアップ自体に関与しすぎないということも、このような意識からきているようである。とりわけ、フォローアップをどの時点で終了させるべきか、近年強く認識し始めた定着ほど、このような認識が強いように思われた。

③フォローアップの体制と方法について、まず、「本人や受入先との連絡を取れるようにしておく」ことでフォローアップとしているという定着が圧倒的多数であった。委託後に何かあればすぐに連絡をするように伝えているとのことである。何か課題が出てきたら、あるいは、定期的にカンファレンス等に参加して必要があれば、再び関与の密度を高めるとの回答は多く見られた。

地域内で単身生活をしている人のフォローアップについては、地域の民生委員の見守りに繋げるとの回答もあった。民生委員以外にも、地域包括支援センター、相談支援事業所、NPO法人、不動産業者、自立準備ホームの管理人、（高齢者をケアする若年者等）同じ施設に入居している当事者等、定着以外に地域でキーマンになりうる誰かにフォローアップの役割の中心を担ってもらうことで、定着が前面に出ないようにしている旨の回答は多々見られた。

また、定着内でのフォローアップ体制について、2人1組のチームで行い、いずれか1人でもフォローアップできるようにしているとの回答があった。ケースのフォローアップ終了を決定する際には、必ず複数担当者間で協議を行うとの回答も多々見られた。

(2) 一貫して寄り添う支援者の支援方法について

　いわゆる「伴走型支援」にあたるような、一貫して寄り添う支援者がいる場合は、その支援者がどのようにフォローしているのかを訊ねた。回答においては、一貫した支援の内容そのものについて語られるよりも、①一貫した支援の提供における課題、②支援に臨む際の姿勢について語られることが多かった。

　①一貫した支援の提供時の課題について、例えば、そもそも定着以外に「伴走者」になりうるような支援者がいないこと、「定着が関わってくれなかったら困る」等、本人よりも支援している事業所の不安感が高い場合があること、そうした不安度にも事業所間で差があること、その差がフォローアップ期間の違いに繋がることが語られた。また、地域福祉の中での入口支援の支援体制が整っていないために、もし今後再犯があった際には定着以外では対応できないとの不安も併せて語られた。一方で、そうした不安感の高い事業者から、頻繁に本人に関する相談が寄せられたりしている訳ではないとのことであった。むしろ、福祉施設内での（定着が関与していない人についての）粗暴行為への対応等を相談されることもあるという。この点からは、定着と事業者間の日常的な信頼関係が築かれていること、また、事業者が有する不安感が必ずしも本人の具体的な問題に基づいたものではないことが窺われる。

　②フォローアップ終了のタイミングの考え方にも関連して、どのような姿勢で支援に臨んでいるかにつき、以下のような姿勢とその背景の違いが見られた。

　まず、「定着があまり継続して関わり過ぎない方がよい」という意見には、定着が継続して関わっていると、刑事施設退所者のレッテルが外れないという考えが根底にあることがわかった。一方、「出来る限り継続して関わるべきである」という意見には、地域からの要請や、継続して関わることそのものが（刑事施設段階から、相談できる相手として一貫して定着が寄り添うため）本人にとって利益であると考えている機関もあった。後者の意見を有する定着では、本人が「刑務所は何も考えなくていいから刑務所（での生活）の方

がいい」と考えている場合、そういう人は自分一人で自分の生活を組み立てることができないので、サービスに繋げるだけでは不十分であるとの意見もあった。この点、刑事司法機関には、むしろ「（再犯のおそれの問題等ではなく、本人がいかに自分で生活できるようになっているかを知るという趣旨で）その後の本人の生活について知ってもらうことが必要」との声もあった。

> 12　刑事施設の出所者に対する支援について、仮釈放（仮退院）者の場合と、満期釈放者の場合で、支援の内容や対応、他機関との連携等に違いはありますか？

(1) 仮釈放（仮退院）者と満期釈放者への支援の内容、対応、多機関連携における特徴について

　まず、①保護観察所／保護司の存在が挙げられた。仮釈放（仮退院）は、満期釈放と異なり、保護観察所／保護司の存在があることが「（刑事施設出所後すぐの時期は特に）強い・はっきりした指導やプログラム等があり、（関与者が増える、福祉に丸投げではないという点で）心強い」との回答があった。これは、受入先となる福祉機関等、地域の各機関や施設にも及んでいるようであるとのことであった。

　しかし一方で、成人の仮釈放者の場合は、保護観察官がそれほど定着と一緒に動いてくれるということもないとの声もあった。少年のケースの場合であれば、福祉施設に保護観察官が出向いて、本人に対して「なぜいまここにいるのか」等を話してもらうケースもあるという。

　①に関連して、②特別遵守事項があること、これも受入先の支援者の「安心感」に繋がっているということであった。具体的には、遵守事項違反があれば保護観察所に伝える、特別遵守事項は施設側の安心につながるといった回答が見られた。また、②に関連して、③再収容がありうることもその特徴として指摘された。事業所等にケースを依頼する場合に、何かあれば再収容される可能性がある旨を伝えて安心してもらっている、ということであった。

　但し、①、②、③すべてに共通することとして、保護観察官署が関与することで、保護観察終了後に（発言・態度の変化等）途端に対応が難しくなるケースもあり、「足枷」として機能することの良し悪しも意見として聴かれた。また、受入先の福祉施設等も、引き受け前は（本人が犯罪をした人であることにより）不安を持っていて保護観察官等に頼る場合であっても、実際の引き

受け後には、一般の利用者とあまりギャップがなかったとの実感を漏らすケースも多いとのことであった。

一方で、そもそも定着が関与するケースの中には、④仮釈放（仮退院）のケースは少ないとの回答も多々あった。この点、「（仮釈放のように）いつ出てこられるのかわからない人の調整をするのは困難」であり、福祉事業者との関係では、「むしろ（満期釈放者に対して行っている特別調整のように、保護観察所よりも）定着が中心になって対応した方がよい」との声も聴かれた。そのため、もともとは満期釈放予定である特別調整対象者が、身上変更で結果的に仮釈放になるようなケースが最もやりやすいとの意見もあった。

(2) 仮釈放（仮退院）者と満期釈放者への支援の違いに基づく課題について

仮釈放（仮退院）者と満期釈放者への支援の違いに基づく課題については、特に違いがないとの実感をもつ定着も多く見られたが、①特別調整か一般調整かの違い、②保護司や保護観察官がいるか否か、③本人の意識の違いという点が挙げられた。

①特別調整（＝主に満期釈放者）と一般調整（＝主に仮釈放（仮退院）者）の違いについて、一般調整では個人票がなく、既往歴や作業歴等の本人の情報についての書類が違うため、面接で本人に直接訊くということであった。定着の中には、一般調整であっても特別調整と何ら変わらない調整を実施しているところもあり、同等の情報をそろえてほしいとの声が聴かれた。

②仮釈放（仮退院）は保護司や保護観察官が付くが、満期釈放は付かないという違いについて、保護観察官がいる仮釈放の方が定着にとっては負担が少ないこと、定着の方から保護観察所に対し（本人の通院同行）等様々な働きかけをして本人の状況を知ってもらったりできることから、「仮釈放の方がやりやすい」との声も聴かれた。しかし、定着の方から保護観察所に対して（早期の特別調整が出来そうなときに）仮釈放にできないか否かを持ち掛けても、本人が刑事施設内で懲罰を多数回受けていたりして、なかなか仮釈放にはならないとの回答もあった。そもそも、帰住先があって仮釈放になれるのであれば、定着の支援は必要ないのではないかとの回答もあった。

また、むしろ保護観察官が関与することで、定着との間で、どちらの話を聴くべきであるのか本人が混乱するケースもあるという。あるいは、保護観察官／保護司と、定着や地域福祉の見立てが異なる場合があり、そのような場合の本人への対応が難しいとされる。この点、支援前に保護観察所との間

で「もし本人が適応できなければ次の受入先を探す」等、事前に対応の協議をしておくことが必要とのことであった。

③本人の意識については、仮釈放では遵守事項や生活行動指針等があることで、保護観察官等が、福祉ではなかなか手の届かない意識レベルに働きかけることができる一方、監視的・保安的にならないよう、定着をはじめとした福祉が意識的に動く必要がある旨が述べられていた。

> **13　対象者が少年の場合と、成人の場合で、支援の内容や対応、他機関との連携等に違いはありますか？**

ここでは、少年への支援内容や対応、他機関との連携についての特徴を訊ねた。その結果、①家族関係の困難、②社会資源の制約、③支援内容／対応方法、④司法制度が挙げられた。少年と成人の対応等に「違いはない」、そもそも少年ケースを扱ったことがないとの回答も見られた。

まず、最も多かったものとして、①少年への支援の場合、成人のそれと比較すると、より家族関係の困難が付きまとうことが語られた（対応そのものに違いはないものの、この点に困難がある旨を述べた定着も多数あった）。例えば、親との愛着問題、親に精神・知的の障がいがある、親権の問題、また親の意向と支援側の意向が合わない（その場合、少年本人が親の意向に流されてしまうことが多い）ことなどが挙げられた。親自身が何らかの生活課題を抱えている場合、少年にとっても生活環境がよくないため、本人の更生にも影響が及ぶことが懸念され、家庭に帰すことが困難となる。ゆえに、親のフォロー等も検討しなければならなくなるため、そのようなケースが困難であることが語られた。

②少年には、利用できる社会資源に制約があることが挙げられた。一番多く挙げられていたのが、少年に特化した受入先がないこと、そのため、一時的に精神科病院に入院となりうることが挙げられていた。その場合でも、一時的に入院してもらい、その間に自立準備ホーム等の別の受入先や単身アパートを探すケース（生活保護を受けつつ、「見守り協力雇用主」を利用する等）が多いとのことである。また、相談支援事業所の職員が親子間を調整する等以外に、家族との再統合のプログラムやサポートが少ないことも指摘された。

③支援内容／対応方法に特徴があることも語られた。例えば、少年の場合、成長や生育ということを勘案しなければならないことが大きな特徴として挙

げられる。そもそも事件前に、「信頼できる大人という存在がこれまで周りにいなかった少年たちなので、福祉サービスを単に提供するだけではなく、サービスとともに育て直しをしている感じ」との回答もあった。したがって、少年と父性や母性のかかわり、学業との関わり、これまでに就労の経験がないこと等にも気を配らなければならないということであった。また、定着が関わる期間も長くなる傾向があるため、先を見越した支援の必要性にも言及されていた。

最後に、少年と成人の違いとして、④司法制度に関連する内容が挙げられた。課題としては、保護観察の有無によって少年の態度が変わってくること、メリットとしては、司法関係者の関わる量（人数）が多いことが挙げられていた。

Ⅲ．支援に関する制度的問題点について

> 14　被支援者の情報は、依頼元から十分に得られますか？その他、情報を集められる際に、問題となっていること、留意されていることがあれば教えてください。

(1) 特別調整事案

定着から要望を出し続けたことで、以前に比べて情報提供の状況が改善してきているとするもの含め、近時は必要な情報は得られているとする回答が多くを占めた。また、（自分自身で服薬できるのか否か等の詳細を含む服薬情報、感染症の有無、外医治療時の情報等の医療情報や、前歴・懲罰内容等の詳細確認等）不足する情報があっても、保護観察所、刑務所等に請求する（もしくは直接行って見せてもらったり、本人に確認したりする）ことで入手できているとする回答が見られた。ただ、保護観察所を通じて追加情報を入手するプロセス自体が（とりわけ他府県の刑事施設等への請求の場合）煩瑣であるという指摘や、まだ刑事施設内に本人がいるにも関わらず相談支援で依頼され、情報が非常に少ないケースがあるとの指摘もあった。

一方、提供される情報が明らかに不足しているとする回答も見られた。中でも、預金情報や年金情報や医療情報が不十分とするもの（とりわけ年金情報は最初から保護観察所で取得してほしいという希望も見られた）、福祉的視点からの情報収集になっていないこと、情報量について依頼元によるばらつき

があること、(例えば、刑事施設内で十分な医学的検査がなされたのかどうか判然としない等)その情報の内容の信憑性の問題があることも指摘された。

その他、必要な情報は概ね得られているものの、刑事施設内での処遇プログラムの内容が開示されないことや、(社会内でどう生活していたのか、支援のとっかかりになるような)犯罪行為前の情報が入手困難であること、保護観察所、刑務所いずれも担当者が変わると情報提供のあり方も変わってしまうこと、少年事件は社会調査等含め情報が詳細であるが高齢受刑者の情報は不足しがちであること、受刑回数が多くなるほど情報量が減少すること、領置品リストのみ開示の遅れがあること等が指摘されている。また、今後の支援者のために、再犯時に本人の情報・エピソード等を伝達できる手段があるとよいといった提案もあった。

(2) 特別調整以外の釈放時支援事案

これは、刑務所からの直接相談による場合や、(刑事施設以外の)行政機関や弁護人からの相談による場合に関する回答である。

特別調整・一般調整ではなく、刑務所から相談支援として相談がなされる場合は、同じ刑務所からの相談であるにも関わらず、それぞれのスキームに乗せられていないため、十分な情報が提供されない場合があるとのことであった。

被疑者・被告人段階において、弁護人から提供される情報については、不足しているとする回答と、(事件のことのみが詳細で)偏りがあるとする回答、十分得られているとする回答が概ね均等に見られた。この点、各地域の弁護士会や定着が中心となって、障がいの有無を確認するための弁護士向けのチェックリストや同意書を作成する等、必要な情報を収集するための取組が行われていることも示唆されている。また、戸籍の取得等、法律的支援の必要なケースについては、既に弁護士と連携出来ている定着もあるが、そうではない定着は弁護士との連携を必要としているとの声もあった。また、被疑者段階の場合は時間的制約があるため、拘置所での面会において時間が不足しているケースも多々あるとのことであった。

また、行政機関からの依頼では通常、十分な情報が提供されないことが多く、情報収集が大変との回答があった。

> 15 支援にあたり、福祉的ニーズ以外の支援として、何らかのプログラム（医療的・心理的カウンセリングや、学習支援等）を提供されていますか？提供している場合は、その内容についても教えてください。

　何らかのプログラム提供については、定着独自では実施していないとの回答が大半を占めた。
　一部、実施している定着では、以下のようなプログラムへの言及がなされた。まず、独自プログラムを実施している定着は、認知行動療法、臨床心理士によるカンファレンスへの出席・支援、カウンセリング、臨床心理士による性犯罪行為者との個別面談、認知への働きかけ、金銭管理の支援、マナー講座（ソーシャルスキル、認知行動療法）等が挙げられた。
　独自にはプログラムを提供していない定着のうち、外部機関へ紹介しているとの回答が半分程度において見られた。紹介先は、医療機関、フリースクール、ダルク等の当事者グループ、知的障がい者相談センター（知的障害者更生相談所）、国立障がい者支援施設、地域の高齢者の集まり、学習支援団体、就労支援団体、社会福祉協議会（以下、社協）等が挙げられた。このような外部機関に紹介する場合、当該プログラム等に通うために、何らかの経済的支援が得られるための支援はしているとの回答もあった。しかし、「生活保護を受けている人の場合、カウンセリングは自費になってしまうので難しい」との困難を吐露する定着もあった。
　一方、何らかの形でプログラム等を提供したいが、社会資源として、（とりわけSSTや金銭管理等を行うところや、対人関係問題解決スキルの取得、発達障がいへの対応ができるところといった）紹介できる外部機関がない地域もあるとのことであった。
　また、一時的にはプログラムを提供していたが、本人に対するカウンセリング等はあまり効果がなかったためにやめたとする定着や、外部機関へ紹介したが本人の抵抗感が強かったとする定着もあった。このような定着の中には、プログラム等よりも、人と関わって「本人の自己肯定感を上げるような取り組み」の方が効果的であったとする回答も見られた。
　定着の中には、以前、刑務所と連携して、刑務所内で音楽療法を行ったというところもあった。この取り組みは、当初、刑務所内で受刑者に対して福

祉サービスの説明をしたいと申し入れたところ、刑務所から「対象となるような受刑者が福祉サービスについて理解するのは能力的に困難」との回答を得たため、まず音楽療法を実施して関係性構築を図ろうとしたとのことであった。しかし、刑務所側から音楽療法をただのレクリエーションとして捉えられ、その後続けられなくなったとのことであった。

16　福祉的ニーズ、あるいはそれ以外の支援のために、現在、不足していると思われる社会資源やサービスがあれば教えてください。

　この項目では、以下のような社会資源やサービスが挙げられた。
　①罪種（性犯罪、放火、窃盗）・嗜癖・依存症などに特化した支援プログラムや、薬物や性犯罪等の犯罪行為に対応できる医療機関（出所者であることが病院に嫌われることが多い）といった、犯罪行為類型に対応するサービス、②高齢で発達障がいのある人に対応できる高齢者サービスや、元気な高齢者のための日中活動・就労先（障害者就労継続支援B型の高齢者版のようなもの。シルバー人材センターは保証人が必要で利用しにくいため）、（対象者が限定される、社協による日常生活自立支援事業以外の）金銭管理支援、発達障がいや軽度知的障がいのある人に特化したサービスや医師の助言等、本人の特性に対応するサービス、③カウンセリング等の心理的サービス、④（介護施設入所時の）保証人サービス（介護保険で保証人なしを理由とする入所拒否は許されていないが、実際には保証人を要求されるため、利用料の支払い見込みの証明、成年後見、身上監護、金銭管理の確保、死後対応の確保等を定着が行っている）、⑤（刑事施設内収容時だけではわからない、社会生活に必要なものをアセスメントするための）中間施設や、出所後しばらく一時的に行動規制ができる強制性を備えた施設、逆に本人をそのまま受け入れてくれるような施設等の居住施設、⑥（支援技術の助言、職員へのスーパービジョンのための）コンサルテーションや、職員も生活の中で支援のあり方を学ぶことができる福祉施設等、福祉の質向上につながるものの必要性が挙げられた。
　その他、存在はするものの既存のサービスや制度の量・質が不足しているものとして、①安心してお願いできる一時的なシェルター（環境が劣悪な場合もあるため）、自立準備ホームや、女性・障がい・（介護を要する）高齢者のための更生保護施設、人工透析が必要な人を一時的に引き受けてくれる施設等の居住施設、②（職員の負担になりやすい）通院の同行支援や、他のサー

ビスへの（本人を「引っ張って」モチベーションを上げようとする）繋ぎ役等の仲介サービス、③出所後に利用予定の施設の受刑中見学、④本人の家族も対象とするファミリー・ソーシャルワーク、⑤（とりわけ元気な高齢者の）余暇・外出支援、⑥（18～20歳の少年のための）学校卒業後の（学業が伴わない少年でも受けられる）社会活動参加への準備性を高める支援、⑦本人が生きがいを見出せる日中活動（賃金は少額でも働くことが出来る場等）、⑧社会内での居場所・集まれる場所や、ゆっくり話を聞いてくれる人がいる場所等が挙げられた。こうした公的なサービスに乗りにくい部分を埋めるべく、定着の職員が本人と一緒にボウリングや映画に行き、その後に悩み相談を聴いたりしている例もあるという。そうした居場所があることで本人の変化が期待できるが、逆に本人が孤立してしまうと、（特に土日に）「救急車を呼ぶ」等の行動に出てしまう場合もあるとのことであった。

一方、「ない社会資源は（定着が）創り出している」との声もあった。例えば、クレプトマニアや摂食障害の自助グループ等を、関係機関を巻き込んで作っていったとの回答があった。また、資源が不足しているというよりも、既存の資源との「パイプの通りをよくするべき」との回答も見られた。つまり「『刑余者』の対応ができない」という理由で拒否される場合があるため、円滑な対応ができる社会資源を増やしていくことが重要とのことである。

17 相談支援事業について、特に課題があれば教えてください。

(1) 地域の相談支援事業所による相談支援事業の課題

地域の相談支援事業所による相談支援事業の課題について、特に課題がないとする回答もあったが、以下のような課題が指摘された。①計画相談を含む従来業務に追われており、地域生活定着促進事業に対応する余裕がない、②定着から相談支援事業所への引き継ぎが困難といった、相談支援事業所の業務量の多さや負担の大きさに関するものが多数を占めた。

また、③地域生活定着促進事業は、本来は相談支援事業所が担うべきであるとの意見、一方、相談支援事業所では県内全域を俯瞰したサービス調整は困難であるので、定着と相談支援事業所がすみ分けるべきといった、定着と相談支援事業所の役割に関する意見も示された。実際のところ、地域の相談支援事業所や行政との間で、研修や申し合わせ等を通じて、このようなすみ分けについての共通理解を作ろうとしている（あるいは作った）定着もある

とのことであった。

その他の課題として、④（入所者の相談のみを請け負う事業所と地域からの相談を請け負う事業所間で等）事業所間の支援能力の差がある、⑤地域によって地域生活定着促進事業への理解度に差がある、⑥自立支援協議会が機能しているか否かと相談しやすい事業所の数が関係している、⑦本人の能力の制約・利用要件を満たさないという理由で相談支援事業が利用できない等が挙げられた。

(2) 定着による相談支援事業の課題

定着自身による相談支援事業の課題について、①相談支援の対象、内容が不明確であり、中には地域の支援者側からの相談も少なくないことや、この枠組みでの「入口支援」の展開には限界があること、②地域包括・相談支援事業所などとのネットワーク・関係形成が必要（必要であり、実際に相談支援事業を通じてネットワーク構築を図っているとの回答もあった）、③地域福祉における「犯罪行為者は定着が支援すべき」という決めつけ（定着以外の福祉機関が中心にはなろうとしないこと）等が挙げられた。これらの回答はいずれも、定着の地域福祉における役割をどのように位置づけるのかにかかわるものである。定着としては、地域から相談が寄せられた場合、自分たちの職務内容であるのか否か判断できない場合もあるとしつつ、「側面支援」として関与する場合もあるとの回答も見られた。また、被疑者・被告人段階の支援（いわゆる「入口支援」）を、この相談支援事業の一環として実施する定着も少なくないが、「更生支援計画書」の作成や公判廷での証言まで行う定着から、飽くまで「入口支援」の主体となる相談支援事業所へのスーパーバイズを行う定着まで、関与のあり方は多様であることが窺われた。

その他、④職員数の不足、⑤障がいの有無・種類が明確ではない事例への対応は相談支援事業の件数に現れにくいこと等が挙げられた。

Ⅳ．センターのあり方について

> 18　センター業務を受託する以前、支援の際のネットワークをどのように構築されてきましたか？また、その受託法人のネットワークやノウハウ、資源等について、現在のセンター業務にどのように活かされていらっしゃいますか？

まず、多くの定着で、もともとの被支援者の中に、犯罪行為を行った人々が実は一定いたことに気づいたという回答が見られた。それゆえに、受託後の業務においても、受託前のネットワークが様々な形で活かされていることが窺われた。

定着業務受託以前のネットワークの活用のあり方について、まず、①もともと法人が持っていたネットワークを基礎にしつつ構築しているという定着では、例えば、法人が何らかの入所施設を持っている場合、そのような施設に積極的に入所してもらうこと等が行われていた。その場合、触法行為を行ったことのある人への対応が法人内で一定問題にはなるものの、却って従来あった施設内での問題行動への関心や理解が深まるケースもあるとのことであった。とりわけ、野宿者支援を行っていた経験を有する法人が受託している場合、「人とのつながり、居場所、関係づくりの視点」による支援ノウハウが活かされているとの回答も見られた。逆に、受託法人に(入所施設等の)すぐに使える資源がないので、自力でなんとかしてきた定着もある。そのような定着は、法人のしがらみ等を受けない分、自由に活動できるとの声もあった。また、あえてネットワークを拡げるため、あるいは、地域生活定着促進事業の必要性を理解してもらうために、法人内に使える資源があっても、可能な限り外に出すという定着もあった。

他に、②都道府県の社会福祉士会としての(あるいは個々の会員同士の)ネットワークを活用する、③自治体の元職員を管理職に据えることで、行政とのつながりを確保する、④協会として受託することにより、加入施設のアセスメント等の力量を上げられる(底上げ)、⑤社協が事務局機能を担うあるいは支援する協議会(施設関係や民生委員)と連携、⑥地域の医療観察法関連施設の活用等、従来の地域での繋がりをできるだけ活かそうとしている回答も見られた。

また、⑦地域からの小さな相談にも何らかのアクションをとることで、その後の関係性構築に繋がるようにする、⑧多様なカラーの事業所があることで、本人に合わせた選択が可能になるようなネットワークを構築する、⑨犯罪行為を行った障がいのある人や高齢者への対応について、一定のノウハウがあるところへの相談ルートの確立等により、既存のネットワークに加えて、新たなネットワーク構築を試みている旨の回答も多々あった。

なお、受託後新たに繋がるようになった先としては、無料定額宿泊所、自立準備ホーム、精神科病院、更生保護施設、弁護士会等が挙げられていた。

定着の受託母体の特性によっては、従来全く繋がりのなかった相手先もあるが、「地域で支えていくという視点からは、様々な選択肢があるべきで、従来のネットワークで完結しない方がよい」との意見があった。

> 19　センターの活動に際して、ケース引き受けの可否等につき、都道府県による具体的指示がありますか？

(1) 指示の有無

　定着と都道府県との関係について、①（月1回の件数報告等）報告義務のみあり指示はない、②何らかの実質的制約が生じること（フォローアップの削減、コーディネートの重視等）はあるが明示的指示はなし、③明示的かつ受けるべきケース（「出口支援」のみ等）を限定した指示がある、④（受託契約時の条件を含め）明示的に受けないようすべきケース（「入口支援」は受けない等）の指示があるといった4つの類型の回答が見られた。

　①の回答をした定着の中には、毎月の都道府県への報告を詳細に行うことや、（何らかの協議会や定着運営のための会議等を通じて）実際のケースについて関与してもらうことで都道府県からの信頼を得られ、特に定着の活動に対して指示はなされないのではないかといった回答や、事業開始当初はかなり具体的に指示がなされていたが、様々なやり取りを経て徐々に指示がなくなったとの回答もあった。

　また、受入先となる福祉施設に対して、定期的に受入拡大のための要望を出している都道府県もあるとのことであった。

(2) 受けられないケースがある場合の各定着の対応

　都道府県との関係で受けられないケースへの対応について、「ひとまず、現状取り組むべきケースに資源を集中するべき」として、一定やむを得ないとの回答もあった。

　しかし、そのようなケースについて、「新たな母体を形成して、そこで担う方向性を考える」という方策や、「相談支援事業所等に重点を移して、定着として行うべき仕事の『仕分け』をしていく」といった方策を採っている定着も多々あった。また、こうした方策は、特に都道府県からの指示がなくとも、前項のネットワーク構築の一環として、定着自らがいずれかの立場決定を行い、積極的にケースの新しい「受け皿」を作ったり、「仕分け」のた

めの条件整備を行ったりしていることも窺われた。

> 20　センター業務として、公式にいわれているものは主に刑事施設出所後の方への支援ですが、センターがそれ以外の役割（例：被疑者・被告人段階の支援等）を求められていることを感じることはありますか？あれば、その求められている役割や、その対応についても教えてください。

　本質問に対する定着への回答は主に、①「入口支援」を行うべきか否かという点と、②「入口支援」を行うべきであるとしても現体制において可能か否かという点に集中した。この点、前項とも関連して、各定着の対応は様々であることが窺われた。

　「入口支援」につき、①行うべきであるし、現に行っているという定着のうち、「円滑に行うことができている」という定着と、「何らかの整理が必要」であるとする定着があった。後者においては、「入口支援」に地域の福祉施設や相談支援事業所に関与してもらうことには意義があるので、それ自体は必要であるものの、捜査機関からダイレクトにそうした福祉機関に連絡がいくよりは、定着が「繋ぎ役」となっておいた方が円滑なのではないかとの意見も見られた。また、「入口支援」は弁護士からの依頼がメインであるが、現状では「弁護活動の一環として福祉的意見を発信することになる」ため、「独立した立場で福祉の意見を述べられるような形を整えるべきである」との意見もあった。また他の定着では「特別調整は保護観察所ができないことを一部定着が担っているように、『入口支援』も弁護士の仕事の一部を定着が担うもの」との理解も示された。そのような中で、「何かしら行動しても起訴されれば結局対象とはならないし、都合の良いように使われている気がする。検察は、協力は求めるが情報は出さない。罪名もバックグラウンドも分からない人を支援しようとしてもできない」、「検察配置のSWの依頼でケース会議に出席したものの、地域との調整も既に行われていたケースであったので、結局何を求められているのかわからなかった」等との意見も聴かれた。

　なお、現に「入口支援」を行っている定着の中でも、「メインは『出口支援』であることを説明し、常に『入口支援』のケースを受けられる訳ではないことを説明する」という定着も見られた。

　また、定着が「入口支援」に取り組むべき理由として、その現実的な必要

性のみならず、「『出口支援』は動きがほぼルーティン化されているきらいがあるが、『入口支援』は様々な動きがあり、社会資源につながなければならない。その意味でセンターの支援方法と社会資源の引き出しの多さにつながるところ」であるとして、積極的な意義を見出している定着も見られた。

②行うべきであるが、現状では取り組むのが困難であるとする定着のうち、例えば、弁護士会等と別のスキームを考える等（弁護士が記入する支援依頼のためのフォーマットの作成と説明会の実施等）、新たな枠組みが必要であるとして、そうしたものを模索しているという定着があった。

③行うべきであるが、現状ではおよそ取り組むのが困難であるため、今はとにかく本分（＝「出口支援」）のみに集中しているという定着があった。また、更生支援計画書をいくら作っても、『入口支援』に対応できるほどの社会資源（受け皿）を開拓できなければ取り組めないとの意見もあった。

そもそも「入口支援」を定着が④行うべきではないとする定着もあった。それは、前項での「都道府県の指示」を理由とするもの、定着自らが、人的・財政的・時間的制約の問題や、「入口支援」は地域に近い基幹相談支援センターや障害福祉課が担うべきとの考え方や、「定着の専門性」のあり方（『入口支援』も含めて司法との連携を行うことではなく、一般福祉との間で互いに「わからない」ことの橋渡しをするのが定着ではないかとの理解）から「定着の役割ではない」と考えているとの回答が見られた。また、そもそも「入口支援」に取り組めるかどうかは都道府県間でかなりの差があるにもかかわらず、全国地域生活定着支援センター協議会が「入口支援」を行う方針を打ち出すのは、サービスの平準化ができない状態においては問題ではないかとの意見も聴かれた。

その他、「入口支援」に直接関連しない「求められる役割」について、地域の福祉関係者からの司法に対する疑問に答えることや、「再犯防止のために（定着で）何か特別なことをしている訳ではなく、生活の中の個々の活動をともにしていくことで結果的に再犯をしないようにしている」ということを丁寧に伝えているとの回答も見られた。逆に、司法関係者に対する障がいや福祉に関する説明を行うことも挙げられた。定着の中には、「そもそも再犯防止を直接の支援の目的とは考えていない」と述べるところも少なくなく、「支援を行うことが結果として再犯防止に繋がる」と考えている旨が聴かれた。また、定着の役割として、「仮釈放者支援一般を定着業務から外すべきではないのではないか」といった意見、少年のケースにおける児童福祉との接続の必要性、生活困窮者支援との接続の必要性、加害者家族への支援等にも言

及された。

> 21 生活困窮者自立支援制度が2015年4月から始まりましたが、この制度によって、従来のセンターの支援の範囲や活動のあり方は変わるでしょうか？また変わる場合、どのように変わるとお考えでしょうか？

　本質問に対する回答としては、多くの定着の認識において「影響がない」とのことであった。具体的には「（定着が関与する人の多くは、生活のベースがなく、自立能力が生活困窮者自立支援制度の対象者よりも低い、すぐに生活保護が必要な人であるため）対象者がほとんど被らない（支援の段階が異なる）」といった回答や、行政が社協やNPO団体に本制度による事業を委託していて、それが「青少年の就労支援団体等であると、定着の対象者とは被らない」との回答、「生活保護のみいくらか使える」、「（あまり積極的とはいえないが）就労関係で担当者とのやり取りはある」といった回答が見られた。少なくとも現行の枠組みでは、同法がどこでも積極的に活用されている状況にはないようで、まだまだ「模索中」との声も聴かれた。
　また、「本来は変わるはずであるが、生活困窮者支援の窓口に行っても、出所者となると定着に回される」として、同制度の対象としない運用がなされている地域もあるようであった。手帳保持者や認知に問題のある人で、触法の問題があると、生活困窮者の窓口の方から、定着の対象者ではないかとの照会がある場合もあるという。
　そもそも、市町村の社協による生活困窮者のケースワークは、業務時間や手順の煩雑さ等の問題からまだ円滑に行われていないとの指摘や、定着以上に（住まいや仕事等の）社会資源の開拓が困難な現状（結局のところ選択肢が生活保護しかない）にあるのではないかとの指摘、定着との間で十分にやり取りが出来ていないとの回答もあった。「定着の対象者の9割は生活困窮者であり、自立支援制度に組み入れていくことは可能であると思われるが、定着の方が既にノウハウの蓄積があるのでかみ合わないかもしれない」とのおそれや、「下手をすると押し付け合いになりかねない」との認識が示され、また、自治体によっては、自立支援事業に定着の事業が組み入れられた結果、予算が削減されている場合もあるため、「今後、具体的な連携のやり方や協力してやっていくための話し合いが必要」、「むしろ行政の中で、触法の人へ

の対応を中心的にやってくれるところになってくれればとの期待がある」、「定着がある程度動いた後に、自立支援の相談に繋ぎ、一緒に面談をするといった運用もありうる」、健常な高齢者については特別調整よりも生活困窮者自立支援制度の方が適しているかもしれないが「刑務所から依頼があれば定着が受けざるを得ず、生活困窮者自立支援制度についての刑務所への広報が必要ではないか」との意見があった。

一方で、「相談相手が1つ増えた」との認識を有している定着もあった。「出所後にお金に困った人が、捕まる前に生活困窮者自立支援に繋がっていくと、そちらの網で拾われていく可能性は広がっていく」との意見も挙げられた。実際、地域で居住後、一定期間が過ぎたケースについては、定着から生活困窮事案として、社協等の事業先に振っているとの定着や、生活保護申請後、支給日までのつなぎとして使える制度を活用したりしている定着もあった。その他、ある定着では、同法の枠組みを利用して、本人の家族や周囲の人たちへの支援を行っているとの回答があった。

> 22 センターで勤務されるようになってから、犯罪をした人に対するイメージに変化はありましたか？あれば、勤務前とどのように変わられたのか教えてください。

まず、本質問への回答として、イメージが「変わった」という回答がほとんどを占めた。具体的にどのように変化したかについて、①「勤務前は凶悪犯罪者が来るものと思っていたが、実際には軽微な犯罪の繰り返し」をしている人々、「普通の人」、「（従来の福祉現場で接していたような）身近な人」であった等、関与した犯罪類型を中心とした「犯罪をした人」像のイメージの変化（こわい、悪い、自分たちが被害に遭うのではないか等のイメージの払拭）、②「ほとんどの人は障がいの見えづらい人」、「弱い人」、「一番困っている人」であり、「（学校や家族等により）早期に福祉に繋がっているべき人」であった等、福祉の手が届く範囲に対する認識の変化（場合によっては、福祉の不備や「見てみぬふりをしてきたこと」に対する衝撃）が挙げられた。とりわけ②については、「『入口支援』とは、本来、被疑者・被告人になる前からの支援」であり、（下関駅放火事件等の実例に鑑みても）早期に福祉に繋がることができていれば、そもそも犯罪に至らなかったのではないかという回答や、「（軽微な犯罪の繰り返しと生活困窮等）こんなつまらないことで刑務所に長くいなく

ちゃならない人がいるのかと驚いた」という意見も見られた。

　また、③支援を通じて、幼少期の虐待やいじめの経験を有する人が多いことに気づく等、本人の「被害者性」や「生きづらさ」、「本人の責任に帰せない事情」、犯罪の背景事情に対するイメージを得たという回答も多々見られた。そのような背景があったとしても、「自分自身の中には、『それ（犯罪行為）はやってはいけないことだ』という思いもある」、「何度も騙されて不信に陥ることもある」等との声もあったが、「定着の対象となる人が矯正施設にいて、何か改善されることはあるのか、出所後の手立てに繋がるものはあるのかと疑問に思った」との声もあった。定着が支援する人の中に、「刑務所の方が楽」だという人がいることや、「シャバで自己肯定感を持てず、自由であることにストレスを感じてしまう人」がいる中で、やはり本人にとっての「仲間」や「居場所」を作ることが何より必要であると感じた旨の意見もあった。

　一方で、④そもそも犯罪をした人とかかわるつもりでいたため、イメージの変化はないという回答や、「触法であれ、障がいがある人であれ、そもそも『人』であることに変わりはないので変化はない」といった回答もあった。こうした回答の背景として、前職が相談支援事業所であり、そこでも触法行為を行った人には会っていたので違和感がない場合や、「書類を見ただけはわからず、会って本人の人となりを理解するという点では従来と同じ」といった意見、「定着は非審判者としての態度で支援し、相手の感情に巻き込まれない、統制された感情が必要」、「（定着専従者として）ある種の割り切りが必要」との意見が示された。

　また、⑤本人に対するイメージではなく、むしろ定着が支援する人に対する「周囲の理解がないこと」や、社会の中での「生き直しの大変さ」を強く感じるという回答も見られた。そうとは言え、「実際に受け入れをした施設等の地域でも、『会ってみれば普通の人』だと感じて、ハードルが下がってきていると思う」等、そのような無理解も徐々に減少してきているとの声もあった。地域福祉にそういう実感を持ってもらうことも「定着の仕事」との意見もあった。たとえば、犯罪をした人に対するイメージが「罪名が付くことによって変わる」との声もあり、例えば、福祉の関係者からすると「万引きを『窃盗』、無銭飲食を『詐欺』と呼ぶだけでかなり違う（マイナスの）印象」を持つため、罪名だけを伝えるのではなく、その人がどういう文脈において何をしたのかを具体的に伝えるべきとの意見もあった。

　その他、別のところで相談支援事業を行っていた際には、地域の入所施設

の意義について悩んでいたが、定着の事業に関与するようになってから、「パッケージで一通り揃っている地域の入所施設の存在意義を感じるようになった」との回答もあった。

> 23 センターの職員として働くことのやりがいや、達成感を感じることがあればそれはどのような時なのか教えてください。

　多くの定着職員は、何らかのやりがいや達成感を感じていることが窺われた。最も多く見られた答えは、①「本人に何らかの変化が生じたとき」であった。本人が周囲の環境に順応し始めたとき、本人がマイナスの感情しかなかったところから変わってきたとき、「刑務所よりもここがいい」、「ありがとう」と本人が言ってくれたときや挨拶ができるようになったとき、本人が「再犯しそうになったけど定着の人が浮かんで止めた」と言われたとき、（特に他の機関との連携・協力の上で）支援がマッチしたことを感じたとき、一定の年数が経過して「元気にやっている」等の連絡を受けた際、落ち着いて生活している様子を見たとき、結果として再犯が防げていると感じたとき等である。定着での本人との関わりは、他の事業に比しても（フォローアップの中で）本人と継続的にやり取りができることから、先行きを見守ることができるのは、やりがいを感じることに繋がりやすいとの意見もあった。

　②職員自身の本人に対する理解が進んだ、信頼感を得られたと感じるときや、職員自身の人脈・知見の広がりやスキルアップも挙げられた。それまで十分に本人を理解できていなかったことへの反省もある一方、やりがいや嬉しさもあるという。「それまで理解できなかった考え方を理解できるようになったこと」、「それまで自分が知らなかった世界を知ることができるのが、この仕事の醍醐味」であるとの回答もあった。

　また、③定着の役割そのものもやりがいとして挙げられた。「定着の対象者は困難の極みを抱えた状態にある人」であり、その人を「社会の中心」に戻すことが定着の仕事であるため、業務は非常に困難であるが、だからこそやりがいがあるとのことであった。こうした難しさがあるからこそ、定着の中での職員間で「チームワークが良い」こと、「単純な失敗のまま放置せず、スーパーバイズし合う」、「やりっぱなし、個人の抱え込み」にならないような体制で取り組めているとの回答もあった。

　さらに、④先に③で述べたような定着の役割が認知・評価されていくこと

や、(刑務所での収容よりも福祉に繋ぐことで) 社会的コストの削減に寄与できているという実感、(例えば再犯があったとき等に) 受入先の施設長や地元の行政が非常に親身になって協力してくれるようになった等、定着の働きに起因する周囲、社会の変化にも喜びを感じるという回答があった。

一方で、⑤フォローが続く限り緊張感があり、達成感はあまりないとの回答や、再犯やドロップアウトがあったとき、薬物関係で暴力団が関与してくる怖さ、本人からの反発や感謝のなさ（やってもらって当たり前という態度の人も多い）、周囲の福祉関係者や行政からの「（『うちは刑務所からの人は受け入れない』等の）心無い対応」等でバーンアウトしそうになることもあるとの回答もあった。しかし、達成感はあまりないとの回答のあった定着でも、「生活が落ち着いたので刑務所に行くことはないだろう」と確信できるケースでは一息つけるとの回答や、再犯のあったケースでも、改めて関係機関間で立て直しができると続けられるとの回答もあった。

24 貴機関の所在する地域における、地域福祉一般の特色（強み・弱み）について教えてください。

本質問を置いた時点で、各地域の福祉一般の特色は相当多様であることが予測されたが、実際のところその通りであったと同時に、定着自身が地元の地域福祉をどのように捉えているのか（また、どのような展望を有しているのか）が本質問への回答から窺われた。

(1) 地域福祉の強みについて

地域福祉の強みとして挙げられた点は、①更生保護施設、刑務所、保護観察所等の既存の刑事司法機関との連携がスムーズであること、②都道府県や市町村の行政機関（各担当部署）が（定着事業の啓発・普及活動含め）協力的であること、③社会資源が豊富であること、④大都市圏ではない分、連携・調整や地域情報が収集しやすかったり、（福祉に関する教育や、社協による入居債務保証等）新しいことを独自に始めやすかったりすることや、障がい・少年・高齢といった分け隔てなく対応していること（例えば、地域包括支援センターの職員に様々な経験の蓄積がある）、⑤一旦関与すれば比較的一生懸命関わり続けてくれること、⑥定着ができる以前から、高齢・障がい等それぞれの一般福祉領域で連携が良くできていたり、各福祉領域の施設がもともと

あったことが挙げられた。
　②に関連して、定着としても、一つの自治体等に協力要請が集中しないように配慮をする等はしているとの回答があった。

(2) 地域福祉の弱みについて

　地域福祉の弱みとして挙げられた点は、①地域生活定着促進事業に関与していない行政地区もあり温度差があることや、地区ごとに協力的か否かの差が激しいこと、②（特に女性、少年等の）受入先や（病院や就労先等）社会資源が少ない（あるいは重度の知的障がいがある人の入所施設等が多くマッチングしない）こと、③否定的な意味で「真面目過ぎる」ために、社会から逸脱した人を受け入れられなかったり、（新規参入の支援団体等も含め）異質なものを受け入れず保守的であったり、責任が持てないからといってケースの引き受けを断わられたりすること、④（強みの②と関連して）どうしても一定の地域に生活保護申請が集中せざるを得なかったり、社会資源がなく帰住しにくい地域があること、⑤過疎化が進んでいて車社会であるため、障がいのある人や生活保護の人が生活しづらいことや、地理的条件や交通事情がよくないために面会等のための出張費がかかること、⑥その地域での文化や人間関係上、飲酒をベースとするコミュニケーションが欠かせないが、飲酒によって本人の問題が生じるケースが少なくないこと、⑦福祉に関する行政の財政状況が厳しいことや「縦割り行政」的対応により繋ぎが難しい場合があること等が挙げられた。

　③と関連して、閉鎖的であると回答した地域の定着であっても、当該地域は同時に「地縁・血縁は強く、もともと地元にいた人だから受け入れよう」という意識や「個人を見る」意識が強いとの回答も見られた。

(3) その他

　そもそも地域福祉の特色がよくわからないという回答もあった。また、「地域の『弱み』はその地域独自の特色であり、それこそを機会をとらえて『強み』に換えていくことが必要」との意見もあった。例えば、当初は「出所者」等といったことで協力を渋る行政や地域福祉に対しても、「成功例の積み重ねと定着によるフォローアップ（＝何かあればすぐに駆け付ける）態勢が浸透したことで、徐々に信頼関係が築ける」、「関係者が頻繁に顔を合わせることで、連携・連絡を取りやすい雰囲気を醸成していくことが重要」との声も

あった。

また、地域の福祉の強みを活かして、犯罪をした人に各地域福祉や行政がいずれ対応できるようになれば「定着はなくなっても良いと思っているが、現状では、各機関がそれぞれの方向を向いているので、そのまとめ役として定着が必要」との意見もあった。

3 その他

ヒアリングにあたって用意した質問項目への回答の他に、以下のような点について言及された。

(1) 定着の予算について

定着の予算状況について、もともと赤字であったものがさらに減額されたために、それに対して都道府県等からの補助がない場合、受託母体が何らかの補填を行っているところ、人員を削減して対応しているところ等があり、いずれも財政面で厳しい状況に置かれている旨が述べられた。

(2) 定着職員のあり方について

定着職員のあり方として、「飽くまでコーディネートのプロ」であるべきで、「マンパワーというよりはシステムで動くものである方がよい」こと、自分でなんでもやろうとせずに「関係機関にいかに動いてもらうかということを業務としているので、(相談をしやすい人ではなく) 力のある関係者に動いてもらえるようになることが重要」とのことであった。そのようなシステマティックな運用を確立していくことが、バーンアウトを防ぐことにもつながるとの意見もあった。

また、そもそも職員の確保に苦労している旨を述べる定着もあった。次項に関連して、「単年度事業で先行きもわからない」事業であるために、「若い人については、いつ定着事業が収束してしまうかわからないので採用できない」、「定着の業務は児童、障がい、高齢いずれの施策にも通じていて、制度を理解していて、かつ人脈・パイプを持っていることが必要なので難しい」との声もあった。

(3) 今後の定着のあり方について

定着の位置づけを法的に規定する（いわゆる法制化する）場合について、「予算措置」と「専門性の明確化」が必要との意見が述べられた。その場合、「入口支援」をやれるだけの十分な体制を整備することも必要なのではないかとの意見も見られた。

　しかし、質問24（3）その他での回答でも言及されていたように、定着自らの存在を「過渡期」のものとして捉えている定着も少なくない。むしろ「定着があることで地域福祉が育たないのではないか」との意見もあった。そのような定着の中には、「特別調整は地域福祉の中に解消して、現在、更生保護として別建てにされてしまっている一般調整（犯罪行為者一般の社会復帰支援）の部分こそ、定着のような福祉機関が関与すべきなのではないか」との意見もあった。保護観察等とは異なり、「息の長い支援」は福祉の得意な分野であり、「福祉にはもっとできることがあるのではないか」、「自分たちの地域を自分たちで考えることができるようになるためのフォローができるのではないか」等と述べられていた。

1　地域別に、北海道東北＝3、関東甲信越＝6、中部＝5、近畿＝4、中四国＝5、九州沖縄＝6であり、受託法人種別としては、社会福祉法人＝9、社会福祉士会＝6、NPO法人＝5、社会福祉協議会＝4、その他＝5である。
2　MSWとは、Medical Social Workerの略称であり、「医療ソーシャルワーカー」のことである。保健医療機関において、社会福祉の立場から患者さんやその家族の方々の抱える経済的・心理的・社会的問題の解決、調整を援助し、社会復帰の促進を図る業務を行う。公益社団法人日本医療社会福祉協会「医療ソーシャルワーカーとは」https://www.jaswhs.or.jp/guide/sw.php（最終閲覧日2018年1月31日）。

（もりひさ・ちえ／みずとう・まさひこ／きのした・だいせい／おおつか・えりこ）

第24章
地域生活定着支援センターの課題と今後

森久 智江
立命館大学

1 はじめに

　本研究班は、全国29の地域生活定着支援センター（以下、定着）の現状に関する調査を実施した（本書「定着調査結果」参照）。
　まず定着について、その概要を説明しておきたい。定着は、2009年に最初の1か所が開設されて以来、2012年までに全国47都道府県・48か所設置された、「特別調整制度」（以下、特調）を中心とする地域生活定着促進事業を行う主体である。実際の運営を行う（定着の実施主体である都道府県から委託を受けた）定着受託母体は、県の直営1か所を除き、社会福祉法人、医療法人、NPO法人単独あるいは複数法人によるネットワーク等であり、各受託母体の主たる支援領域も、障がい者、高齢者、生活困窮者等、また、法人所有の施設も入所・通所施設、病院等、様々である。
　定着の具体的な業務は、①矯正施設退所予定者の帰住地調整を行う「コーディネート業務」、②矯正施設退所者の施設等への定着支援を行う「フォローアップ業務」、③矯正施設退所者等への福祉サービス等についての「相談支援業務」、④地域のネットワークの構築と「連携促進業務」、⑤地域住民の理解が得られるよう普及啓発に努める「情報発信業務」に分けられる。
　本稿は、本書「定着調査結果」を基に、a.定着と関わる機関・制度の課題とは何か、b.定着自身が抱える課題とは何かを検討しつつ、今後の定着のあり方を展望するものである。以下、定着の今後のあり方につき、適宜定着調査の結果を引用しつつ検討を行う。なお、括弧内番号は「定着調査結果」の質問番号を示すこととする。

2　定着と各機関との連携の課題

　定着の連携先を大別すると、(刑務所、保護観察所等の) 刑事司法関係機関と、(自治体や地域福祉機関等) それ以外の機関に分けられる。当初から種々の問題点を指摘され、その連携のあり方が注目されていたのは、主に前者との関係性であった。これは、定着が設置された契機こそ、刑務所をはじめとする刑事司法機関と福祉機関が行う「司法と福祉の連携」であったためである。

　それゆえに前者の連携については、定着設置以降、一定の実践知が蓄積され、特調の運用のあり方等、様々な方法論が各定着や地域ごとに形作られつつある。現状は、それらを整理・検討すべき段階にあるものといえる。一方で、刑事司法関係機関以外との連携についても、本領域における支援の今後の広がりを見据え、刑事司法機関を巻き込みつつも定着を中心とするネットワーク構築や、新たな取り組み等が行われてきたことが、今次の調査から窺われた。

　以下、それぞれについて特筆すべき点や検討を要する点について述べる。

(1) 刑事司法関係機関との連携における中心的課題──「犯罪性」を中心とする対象者観の差異とその後

　定着と各刑事司法機関との連携において、種々の場面で最も顕著に見られる差異は、定着の支援対象となる、本人に対する見方における差異である。定着事業開始当初、定着関係者の間から、しばしば刑事司法機関との文化的差異に基づく連携の困難について指摘がなされていた。それは、刑務所をはじめとした刑事司法機関が、受刑者を飽くまで「犯罪者」として捉え、捜査段階から本人の犯罪行為そのものに関する情報や、それらに基づくリスクについての情報ばかりが伝達され、福祉的な見立てや支援にとって不可欠な、本人の成育歴、日常生活における状態像といった情報が得られないという問題、刑事司法機関の職員がそもそもそういう視点で本人（被収容者）を見ていないという問題であった。

　かような文化的差異の問題につき、定着が全国に整備され、各々の地域での連携のあり方が模索されてきた現状において、本調査における特調対象者の選定過程にかかる回答からは、「かつては想像できなかったほど改善されつつある」との指摘があること等、徐々に一定の共通理解が構築されてきていることが窺える。つまり、実際のケースにかかる個別の連携実践を積み重

ねていく中で、連携において「何が重要であるのか」、「何を重視すればケース対応が比較的うまく進むのか」を体得し、修正が図られてきたものと思われる（質問14等）。

そのことは、本調査結果における、本人の抱えるニーズの捉え方に表れている（質問8）。定着が本人を支援する中で、概ね生活状況が落ち着いてくると、本人が刑事司法に関与する契機となった犯罪行為類型や犯罪行為そのものの問題性よりも、むしろ本人が犯罪行為以前から有していた「生きづらさ」が顕在化すること、日常生活における問題行動と強い連関を有しているのは、犯罪特性よりも、本人の気質や生い立ち・経験によって形成された思考・行動傾向等であることが示されている。このような本人のニーズの核心が一体どこにあるのかに鑑みれば、犯罪行為のみにとらわれた視点で本人を見ていたのでは、犯罪をしなくてもいい生活に繋がるような支援ができないということは明らかであろう。

しかし、実践の成果が相応に積み上げられてきた今でもなお、刑事司法機関と、定着をはじめとする福祉機関の間で、それぞれの文化に基づく認識のズレ自体が完全に埋められたわけではないことも判る。例えば、保護観察所は、歴史的に見れば社会内処遇官署として、出所者の社会復帰に関わる立場で、あるいは、少年を社会内で保護しつつその成長発達を支援する立場で、ある意味、最もフラットな目線に近いところで犯罪行為者を見ているはずの刑事司法関係機関といえよう。ところが、更生保護法成立以降の保護観察の規範化や世論等の影響により、定着とは異なる本人についての「見立て」がなされる場合もあることが、今次の調査においても指摘されていた（質問12等）。保護観察所が、定着による支援内容・枠組みの（特に再犯防止策としての）「信頼性」への疑念を呈する場合や、定着による支援を保護観察処遇に従属するものとして捉えるようなケースも存在することが指摘されているのである。

このような現状に対して、定着としては、検察や裁判所、刑事施設等を含む刑事司法機関の関係者に、再犯のおそれの有無等ではなく、本人がいかに自分で生活できるようになっているかを知るという趣旨で「その後の本人の生活について知ってもらうことが必要」であるとの意向も示された（質問11）。つまり、福祉的支援の結果、本人がどのような「成果」を得たのかを、刑事司法機関の関係者にももっと知ってもらうことで、一定の認識変容が期待できるのではないかということであろう。

ただ、こうした文化的差異のギャップが完全には埋められずとも、前述の通り、実際の両者の連携は必ずしも刑事司法機関主導で進められざるを得ないような状況には陥っていない。それは、本人の日々の生活における現実的・具体的な支援を組み立てられるのが、結局は定着やその調整後の受け皿たる福祉機関であるからに他ならない。そのため、定着の視点に一定の理解を示しつつ、飽くまでも社会復帰支援を中心としたかかわりを「後方支援」できている保護観察所との連携は円滑に進んでいるように見える。現状では少なくとも、特調にかかる期間の厳守や、ケースの引継の徹底、日常的な定着との連絡や定例会議の開催等によって、まずは定着をはじめとする福祉機関と密にコミュニケーションが取れること、定着のニーズを的確に理解できること、そういった関係性を構築できる職員であることが不可欠であるといえよう。

　よって、特調担当の保護観察所職員が福祉的なバックグラウンドを有しているか否か、つまり、福祉的な専門資格を有している職員であるか否かよりも、定着の業務にとって意味ある情報を（公的機関として、時に職員個人の人脈や力量によって）過不足なく適宜入手できる能力があることの方が、現状においては結果的に定着との関係性をうまく築けているということも窺われた。もちろん長期的には、保護観察所に特調業務を専門的に担う職員を、福祉的専門性を有することを前提に置くことが望ましいことは確かであろう。

(2) 特別調整制度の課題
(a) 特調対象者選定過程への定着の関与

　特調は、定着設置時、最も中心的業務として想定された業務である。この制度の対象者の選定過程について、調査結果からは大きく分けて2つのあり方があることが明らかとなった（質問1）。定例会議等で選定の最初から定着が意見を出して選定を進める「全過程関与型」と、保護観察所からの依頼に基づいて、初めて選定候補者との（同行）面接に出向く「一部関与型」である。また、本調査においては、そもそも定着が特調対象者の選定（福祉として誰を支援すべきか選ぶこと）に関与すべきではないとの意見もあった。

　本調査実施前は、定着が全般に関与する前者が望ましいモデルであることが想定されたが、実際には、前項で述べた文化的差異を、どの程度、またどのように修正してきたのかという経緯も地域ごとに異なり、いずれの方式が適しているのかは各地域の状況によって異なるものと思われる。

但し、保護観察所が特調という制度の本質的意義を体得的に理解するには、むしろ「一部関与型」が望ましいようにも思われた。例えば、①特調対象者として優先すべき対象者像の共有、②本人とのコミュニケーションにおいて重視するべき要素（制度説明や情報提供への同意の取得プロセス、社会生活に関する本人の意向）の共有、③刑務所SWによる特調候補者絞り込みの過程と基準の共有に、保護観察所職員が主体的・自律的に取り組むためには、つまり、定着に「丸投げ」にならないためには、定着の同行面接に至るまでの過程において、まさにケースワーカー的に動くことにこそ意義があるものといえよう。この点、もし定着が特調対象者の選定に一切関与すべきでないとすれば、その場合はなおさら、刑務所SW、保護観察所のあり方を通じた、特調対象者になりうる人の支援ニーズの把握のあり方が問題となるといえる。この場合は、「一部関与型」以上に、刑務所SWや保護観察所の責任がより大きくなるといえよう。

　実際、本調査結果からは、①～③のような各要素の共有が、関係者間でどの程度なされているのかにより、定着による保護観察所への信頼の度合いに差異が生じていることは明らかであった。少なくとも、これらの共有を促進しうるような定例会議の開催や、個々のケースの選定過程における関わりを積極的に促進していくべきであろう。現状の仕組みにおいて、本来、そのためのハブになるべきであるのは、福祉機関に限られない地域の多様な機関に声をかけていくことができる保護観察所なのではないだろうか。

(b)　刑務所SWの役割

　刑務所SWについては、刑務所内での労働環境という外的環境の問題と、その力量や対象者理解等に定着との間で離齬があるというSWとしての資質の問題等について、一定の地域で差異があることが明らかとなった（質問2)[3]。そのため、定着が刑務所SWに対して期待する役割として、「単なる施設内における本人情報の提供者」に留まり、特調・一般調整を要する対象者のスクリーニングまでを期待していない定着もあったことは事実である。一方で、一部の刑事施設においては、保護観察所への連絡前に、直接定着に個別のケースの事前相談を積極的に行うSWや、特調に乗りえない被収容者の調整を自ら行うSWもいることが指摘されている。

　刑務所SWの力量や対象者理解といった、SWとしての資質の問題について、現時点で、刑事施設内の被収容者の生活状況に直接触れられる可能性があり

うる主体が、飽くまで刑務所SWであることに留意すべきである。刑務所内で本人に対して行われた福祉にかかる指導が、そもそも本人の意思に反したものであったために、出所後に定着でサービス拒否に至るような場合もあることからすれば（質問10）、他の刑務所職員が本人の意思に反したサービス利用を促していないかどうか、福祉職としての専門性をもって、本人の意思を確保していく（権利擁護していく）ことはきわめて重要であるといえる（質問12）。

その意味では、特調に限定されず、現行制度上選択しうるどのスキームによって、どのような支援を行うべきであるのか、出所後の適切な支援に繋げるためのケースワークを最初に行う存在として、SWが施設内で被収容者の生活に日常的に関与できる体制は不可欠であろう。しかしながら、刑務所SW自身の資質の問題以前に、そもそも刑務所SWが勤務する刑務所内での労働環境の問題があることも指摘しておかなければならない。刑務所SWが刑務所内で、本人の生活状況に直接触れることを許容されていない場合や、SWとして果たすべき役割を理解されていない場合、いくらSW本人にその力量があったとしても、それは発揮され得ないこととなる。ゆえに、現行の刑務所SWの人的配置や権限を強化することが、果たして唯一の解決策であるのか否かについては、検討の余地があるように思われる。例えば、定着との間で共通理解を持てる地域のSWが、施設内に「入っていくことができる」体制を築くという選択肢もありうるのではないか。具体的には、定着の人員体制を強化し、定着所属のSWが刑務所SWとしても勤務できるようにしていくという方向性もあるであろう。[4]

(3) 定着による「入口支援」への関与の現状

今次の調査によれば、検察組織や、検察に置かれているSWと、日常的に連携を採っている定着は決して多くなく、そもそも当該地域の検察におけるSWの有無も把握されていない場合もある（質問4）。検察におけるいわゆる「入口支援」への定着の関与についても、そもそも都道府県の指示でできない、現状の定着のリソースでは対応不可能といった定着もある（質問19、20）。

一方、弁護士会等との連携による「入口支援」につき、定着と弁護士会間で組織的対応が進んでいる地域においては、連携関係の構築に向けた両者の定期的な接触と、共同による研修や会議等の活動があり、その上で、個別事件を通じた連携が行われている。つまり、個別事件での連携の前提として、

例えば、被疑者・被告人の障がいの有無のチェックリスト、「入口支援」のための弁護士からの情報提供フォーマットや本人の同意書を作成・共有し、福祉による支援について弁護士会等と協力して研修を行った上で、個々の事件に取り組むといった方法が採られている（質問6、14）。

「入口支援」自体は、時間的制約や（本人が身柄拘束されている場合等）環境的制約がある中で、迅速かつ（本人が刑事手続の途上にあることを踏まえた）的確な対応を求められるものである。その点では、マンパワー等の理由から、現状全ての定着において実践可能であるとは言い難い上、そもそも「入口支援」を現行の定着の体制の中で行うことは、本来地域福祉が取り組むべき領域に定着が踏み込むことになり、福祉的ニーズのある犯罪をした人への支援を定着のみが担うような脆弱な体制は望ましくないと考える定着の声もある（質問20）。

この点、今後の相談支援事業のあり方含め、後に詳述する。

⑷　受け皿やネットワークの構築・拡大のための連携の促進――多様な地域福祉や社会資源との連携

地域福祉や様々な社会資源との連携について、連携の程度等に差はあるものの、個別ケースの連携は有している定着が多く見られた（質問5、6）。加えて、研修や勉強会等を通じたネットワークの構築と受け皿の拡大が目指され、実際に、一部の定着では功を奏していることも明らかとなった（質問6、18、24）。

ここでは、公刊物で紹介されている、地域福祉との連携強化の先進例として、長崎定着の場合を参照したい。同定着所長の伊豆丸剛史によれば、2012（平24）年に、障害者自立支援法の改正によって自立支援協議会が法定化されたことに伴い、同協議会をベースとして、定着の支援対象者の支援において、官民が一体的に課題解決に向けた「多機関による持続性の高い支援体制」のための「協働スキーム（システム）」を構築してきたことが明らかにされている。[5]

長崎では、「矯正施設入所者」や「逮捕勾留中の被疑者・被告人」等への支援を長崎定着が開始する際、長崎定着と同協議会とが協働し、情報共有や必要な福祉的手立てに関する協議と、同協議会の各参加者間で「どの社会資源が適しているか」、「どのような支援体制が必要か」等といった帰住に係る調整・協議を、官民で実施しているのだという。同協議会に参加している多

分野・多職種の関係機関が、適宜相互に「受け皿」となれるための関係性をここで構築しているのである。

なお、長崎では、このような多機関連携を今後担っていくであろう、人材の育成のための取組も行われている。長崎大学と長崎純心大学の学生を中心とする「長崎多職種連携・たまごの会」は、医師や社会福祉士等を目指す学生同士が、出生前診断や高齢者の残薬・服薬問題等、医療や福祉に関連するテーマについて、専門家を交えつつ勉強会を行う団体である[6]。「犯罪行為を行った障がいのある人」の問題について議論するにあたり、伊豆丸もこの会の講師として複数回招かれている[7]。将来の多職種連携における「底上げ」のために、このような長期的視点に立った取り組みもなされているのである。

このような地域のネットワーク構築は、決して自立支援協議会の法定化のみによって進んだものではなく、多様な関係機関に対して、定着による地道な働きかけが行われた結果であることが、伊豆丸によって指摘されている。個別ケース連携に止まらない、また、個別ケース連携においても、地域による支援の継続性を目指して、積極的に社会資源のネットワーク構築とその活用を行うことで、定着にとってだけでなく、関係機関にとっても相互利益のある関係性構築がなされているものと思われる。

3　定着支援センターによる本人支援の課題

(1) 支援提供とその継続性のためのラポール形成の課題

調査結果からは、支援における重要な事項として、まずもって被支援者本人との信頼関係の構築（いわゆるラポール形成）に関わることが随所で挙げられている（質問7、8等）。これは、本人に支援を受け入れてもらうための前提であり、また、継続的な支援を実施していくための前提でもある。さらに、本人の行動が変容していく過程の初期には、まず「本人の自分自身に対する認識の変化」があり、そのような「自己認識の変化」の重要な契機として、様々な他者との関係性の構築が在ることも回答の中で指摘されている（質問7）。つまり、本人とのラポール形成は、支援者がまず意識的に行うべき必須事項であるといえる。

しかし、実際には以下のような要因により、その障壁があることが明らかとなった。まず、①被支援者本人の課題として、支援を受けることへのモチベーションが無いような場合や一定のラポールが形成された後の不安定さ

(「試し行動」の繰り返し等）の問題、②制度的課題については、特調の候補者として挙げられてからの定着との接触時間の短さ等、刑事司法制度における時間的制約との関係で、ラポール形成に至るまでの時間が確保できないことが挙げられている。

①については、とにかくきっかけを掴むべく繰り返し本人と接して、本人を見ながら関係性を築いていくこと、また、そのための本人に関する情報を支援者間で共有することの重要性が指摘されている。定着が支援を行う人の中には、そもそも自らにかかるストレスについて他者に伝えられない人や、犯罪行為以前から他者や社会との繋がりが希薄であった人が少なくないことから、環境や人間関係への適応過程は直線的ではないということを踏まえた、継続的・重畳的支援が必要とされる。

ただ、機関間で引継可能な書面等の情報と異なり、人的関係におけるラポールは引継ぎができない。ゆえに②についても①と関連して、特調対象者か否かに関わらず、福祉的支援を受ける可能性がある場合に地域の福祉職が、定着とともに刑事司法手続段階から本人にかかわれる機会を十分に確保しつつ、関係性構築を行っていくことが必要であるといえる。

(2) 本人支援のための社会資源の不足
(a) 受け入れ先としての社会資源

多くの定着で指摘されていたのは、やはり本人を支援していくための社会資源が不足しているという問題点であった（質問9、16）。例えば、（日中活動等）多様な高齢者に対応できる社会資源の不足、（少年、高齢者いずれも）年齢や障がいの程度等の不適合により、制度の隙間に陥ってしまうこと等、純粋に既存の制度では不足していることが明らかな資源がある。また、フォーマルな制度ではカバーできない、インフォーマルなつながりの形成が不十分であったり、福祉的ニーズのある刑事司法に関与した人への社会の理解が十分に進んでいなかったり、あるいは当事者が語ることのできる場が少ない等、資源そのものの不足にくわえ、それらを繋ぐことのできる要素の不足を指摘するものがあった。

このような社会資源の不足に共通していることは、これらが、定着が関与する領域、つまり福祉的ニーズのある犯罪をした人についてのみに限られた問題というよりも、社会一般・福祉一般における課題として捉えられるべき問題を含んでいるということのように思われる。一般的に不足している資源

であるからこそ、犯罪をした人への支援においては、その不足はより深刻であるともいえる。

しかしこの点、今次の調査では「無い社会資源は創り出している」との回答や、既存の資源との繋がりを円滑にしていくべきであるといった定着の回答もあった。前述のネットワーク構築とも関連するが、一般的に不足していると思われる資源については、むしろ定着が支援する人々への対応を契機に、地域の資源を有効に連結させたり、創出したりすることが、結果的に当該地域の福祉的課題の解決等にも繋がるものといえる。すべての資源を創り出せるわけではないにしても、地域に同様のニーズがあるのであれば、それへの対応を試みるべく他領域の支援者や自治体が協力していくことが必要なのではないだろうか。

(b) 社会資源としての「支援者」のあり方―支援者の意識と専門職育成

日本における福祉職にとって、いまだ「司法と福祉の連携」の領域は、メジャーな領域であるとは言い難い。従来から指摘されている通り[8]、本領域のケースや関与している福祉職の少なさや、関与している福祉職間での知識や経験の格差があることが明らかになっている（質問17等）。

これは単に「司法と福祉の連携」という「比較的新しい」とされる領域についての知識・経験の有無だけの問題なのであろうか。確かにこの背景に、当該領域にかかる福祉職養成課程における教育の問題、現役の福祉職に対する研修の問題、実践におけるスーパービジョンに係る問題等があることも事実である。しかし従来も、野宿者支援や障がい者支援の中で、刑事司法に関与した人たちは存在したのであり、また、「福祉になじまない」とされてきた人たちや問題行動（行動障害）等への対応も必要とされてきたのである。そういった人への対応において、福祉はどのような姿勢で臨んできたのであろうか。

本調査の結果においては、刑事司法に関与した犯罪をした人の支援にかかわることで、受入先の支援者について、従来の「福祉になじまない」人に対する関心や理解が深まったとの声もあった（質問18）。その意味では、この領域の人たちとのかかわりを通して、従来の福祉的支援における支援者の意識や対応のあり方が、今後なお変容していく可能性もあるのではないか（質問23）。

支援者の意識の問題は、ある意味「古くて新しい課題」であるが[9]、専門職

研修や肯定的に評価すべき実務(いわゆるグッド・プラクティス)の共有を積み重ねていくことが、福祉職そのものの専門職としての底上げに繋がるであろう。またそのことは、そもそもの福祉職養成課程のあり方についても影響を及ぼすものと思われる。

(3) 本人を中心に据えた支援のあり方
ⓐ 支援の見立てとその評価に対する本人の参加

一般に、本人に対する支援を行う際には、まず支援として「何を提供すべきか」というアセスメントをした上で、実際の支援を行い、その後、結果的に「うまくいっているのか」というアセスメントを行うこととなろう[10]。

例えば、本人の変化と就労の困難の関係性について、「(就労支援を行ったものの)就労が困難なので、本人に良い変化が生じない」という評価を行ったとする。しかし、この評価によって必ずしも「本人の就労の困難さ」と「本人の変化の困難」との間に直接的な因果関係があることが説明された訳ではない。そもそもこの評価の背景には「就職さえできれば、本人に良い変化がもたらされる」という前提があるものといえる。

しかし、常に「就職さえできれば本人に良い変化がもたらされる」という前提を用いてアセスメントを行うことができるのであろうか。確かに、一般的には就労が本人の居場所の確保や、自己効力感に繋がり得ることも指摘されている(質問7)。ただ、本人にとって意味のある支援の質を担保し、客観的にも適切な支援であることを確保するには、(就労や居住等の)個々の支援要素の有無や成否だけではなく、本人の目線から見た継続的・統合的生活が成立しているのかどうかが重要な指標となり得る。

これは、本人の参画なくして判断できないことである。つまり、まずは本人が支援に拒否感を示さないことがひとつの指標となり得るものと思われる。その意味で、「支援拒否」やマイナスと思われる「変化」は、このような判断を行うべき重要な契機ともなるのである。

ⓑ 支援拒否された場合の対応──支援プロセスとしての「拒否」

当然ながら、現状、「支援拒否」しているクライエントに支援を強制することはできず、本調査結果においても、ほとんどの定着がそうである旨回答している(質問10)。本人から支援を拒否された場合、「サービスを説明し」たり、「説得をする」定着もあるが、多くの定着は、まず「追わない」こと

を基本とし、本人には一応いつでも支援できることを伝える。つまり、関係性を完全には切らないまま緩くつながっておくということが行われる。

このことは、現行制度において、定着による支援が本人の同意を前提とした支援であることはもちろん、「強制的な支援」が、前述のような「本人の目線から見た継続的・統合的生活」には繋がりにくいためともいえる。「保護観察等の強制的な枠組みがあった方が確かに楽だが、それは福祉のやることではな」く、「福祉が基本に戻り、(従来、福祉の枠に入れずに刑務所に収容されていた人がいたような狭い)枠にはまらない支援が必要」との定着による指摘は、まさに「本人の目線から見た継続的・統合的生活」のための支援を行うという福祉の本質を示しているものといえる。

また、本調査結果においては、「拒否も(支援の)プロセス」であることが語られている(質問10)。本人から支援を受けることを拒否されたとしても、それは一時的な通過点に過ぎず、「拒否」の理由を分析しつつ、本人との新たな関係性構築に活かしていくことができるということである。ラポール同様、このような「拒否」の過程の活かし方についても、複数の支援者が並列的に関与していくことで、適切な支援プロセスを引き継いでいくことができるといえよう。

またこの点は、次項のフォローアップのあり方にも関わる。

(4) フォローアップのあり方――定着による支援の終了について

定着の支援がいつ「終了」するのか、いわゆる「フォローアップ業務」の終了をどの時点で観念するのかは、各定着で考え方がかなり異なった点のひとつであった(質問11)。

その差異は、本人や受入先に対して「定着が関与する」ということに、どのような意味を見出すのかによって生じるものといえる。たとえば、定着が本人に長くかかわることはスティグマになる(そのため、むしろ長くかかわり過ぎない方がいい)、あるいは地域福祉が育ちにくいという考え方、また、定着が長くかかわることで受入先に「丸投げ」したわけではないことを示す、あるいは定着が刑事司法に関与した人の支援に関する専門性を有していることを示すという考え方、(委託主体の都道府県との関係で)フォローアップ業務としてカウントするものを「適正化」する必要性があるため、早期に退くという考え方等がある。

しかし、本質的には、定着が「フォローアップ業務」として積極的に関与

すること自体というよりも、受入先等の支援者や本人と「完全には繋がりを切らない（＝何かあれば協力・支援できる体制を残しておく）」ことに重点があることも明らかとなった。つまり、「フォローアップ業務」がいつ終わるのかということではなく、受入先や本人が、若干の時間をおいても定着との関係性が完全に断絶した訳ではないという認識を持てる、それだけの信頼感を構築できたかどうかが問題とされているのである。また、そのような状態を作るためには、日常的なネットワーク構築によって、他の機関や本人が、定着に「相談できる」関係性を築いておくことが不可欠である。

　このような定着によるバックアップ体制を整えつつも、「かかわり過ぎない」というスタンスで本人に接していくことが、本人にとっても、直接支援を行う受入先にとっても、徐々に刑事司法手続から離れた生活を確立していく上で、やはり望ましいように思われる。

4　定着支援事業の制度的課題

(1)　各機関からの情報提供・共有のあり方
(a)　矯正施設等からの情報提供のあり方

　本調査結果においては、特調対象者に関するものを主として、矯正施設からの情報提供の状況につき、制度初期よりかなり改善されているとの評価がなされている（質問14）。しかし、一部定着で指摘された問題点として、①（特に追加情報の入手時には）定着に最終的に情報提供がなされるまでの所要時間が長い（間に保護観察所が介在して煩瑣である）こと、②（特に医療情報等について）提供される情報内容の信頼性に問題があることが挙げられた。

　②は、前述の対象者像の問題に起因する、情報収集の目的の差異（施設内での秩序維持・保安の視点から必要と思われる情報と、社会内での生活にあたっての本人の強みや支援ニーズを検討する視点からの情報のどちらを収集しようとしているのか）や、提供される情報を収集する担い手としての刑務所職員や刑務所SWの情報収集・分析能力に対する懸念の表れであることも明らかとなった。刑務所SWのあり方とともに、本来、どのような立場性を有する人がこのような情報収集を行うべきであるのか、改めて検討する必要があるのではないだろうか。

(b) 被疑者・被告人段階での支援における弁護士との情報共有について

　前述の通り、いわゆる「入口支援」における情報提供については、各定着、弁護士会や弁護士個人ごとの違いが顕著に表れた（質問14、20）。

　ただ、弁護士会との連携関係は、「入口支援」の促進のみならず、地域の法律専門家たる弁護士が定着、ひいては福祉の役割について理解を深め、（生活保護申請や戸籍の取得等）法律専門家による法的支援を支援過程に活かしていくことができ、両者にとって中長期的かつ互恵的な効果を生じることに繋がるものと思われる。

　このような観点からすれば、弁護士会との連携は、必ずしも定着による「入口支援」とのみ関連付けられて追求されるべきものではなく、刑事施設内での本人の問題解決や「出口支援」における法的支援のための連携にも及ぶべきものである。地域の相談支援事業所や福祉事業者を巻き込みながら弁護士会との連携体制を築くことも、各地域の状況に応じて追及されるべきであるといえよう。

(2) 福祉的ニーズ以外の支援の必要性

　本調査結果においては、福祉的ニーズへの対応に加えて、その必要性を認識されている支援として、本人の認知や問題解決のパターンなど、個人の内的因子へ働きかける支援の必要性も示唆された（質問15、16）。たとえば、性犯罪、窃盗癖等の嗜癖にかかる問題への対応は、心理・教育的なアプローチを中心とすることとなるが、現状では、①外部協力者、定着支援センター職員が支援を提供しているところと、②必要性は感じているものの、今のところ提供は難しいとするところがあった。

　かような嗜癖行動に関する問題は、従来の刑事施設、更生保護施設や保護観察においても、（薬物や性犯罪については一定のプログラムがあるとはいえ）必ずしも十分に対応がなされてきたものではない。とりわけ、一時的なプログラム受講のみならず、本人の日常生活とかかわって、その効果を持続させたり、アプローチが有効に機能するための素地を整えていったりすることに、それほど積極的に取り組まれてきたとは言い難いであろう。

　しかし、近時の「司法と福祉の連携」による支援の中で、従来対応困難とされてきた対象者についても、定着をはじめとする福祉が、何らかの形で対応しなければならないという意識を有しているものといえる。それはまさに、本人の日常生活のための支援を行う過程において、再犯防止への直接的方策

としてではなく、本人の生活の質を向上、あるいは維持するために、本人の抱えるこのようなニーズにも対応していく必要性が現実的に生じるからである。つまり、福祉の中で認識されているこのようなニーズへの対応は、本人への日常生活支援から内発的に生じているものといえる。

そのことは、一時的にプログラム提供を行ってみたり、プログラム提供を行う外部機関に紹介したりしてみたものの、あまり効果がなかった、あるいは「本人の自己肯定感を上げるような取り組み」の方が効果的であったとする調査回答に表れている。本人の犯罪特性に直接働きかけるような何らかのプログラムだけを「特効薬」的に用いようとしても、結局「本人の日常生活」そのものの質を向上させることにはうまく繋がらないのである。確かに、現在不足しているが今後必要とされる社会資源に関する回答（質問16）においては、きわめて多様な社会資源が足りないことが指摘されているが、これらは、いずれかがあれば足りるという性質のものではなく、本人のニーズにフィットするものを模索するにあたり、福祉が有しておくことが望ましい多様な選択肢が挙げられているものと捉えるべきであろう。

(3) 相談支援事業の必要性・重要性と役割分化

前述の「入口支援」を定着の業務として捉えるべきか否かといった問題に関連するが、相談支援に関する質問17においては、定着と地域それぞれの相談支援事業のあり方につき、各定着の考え方が明らかとなった。

まず、多くの定着の回答に共通する見解は、福祉的ニーズのある犯罪をした人への支援において、相談支援事業そのものの必要性・重要性は明白であるということである。ゆえに、地域の相談支援事業所によるもの、定着によるもの、いずれにしても相談支援事業を強化していくことが、地域社会におけるセイフティーネットの構築と、具体的な社会復帰支援のためのネットワーク構築において重要な役割を果たす、ということについては争いがないように思われる。

前述の「フォローアップ業務」の考え方にも関連して、福祉的ニーズのある犯罪をした人に対して、「入口」・「出口」問わず、定着のみによる対応はおよそ現実的ではないこと、また、本来的には定着がなくとも地域の相談支援事業所が定着に代わる役割を果たしていくことも可能なのではないかとの意見もあった（質問17、20、24関連）。

現状では、相談支援事業所が、地域におけるサービス提供内容の調整を中

心に、いわゆる「入口支援」を行っている地域もある。一方、定着による相談支援業務は、圏域全体のサービス提供者間の調整を行うことで、地域の相談支援と分担を行い、また、刑事司法に関与した人に関する相談を受ける「ワンストップサービス」的な役割を果たしている定着、さらにこの枠組みで「入口支援」を行っている定着もある。

しかし、このような役割分担の現状において、やはり地域の相談支援事業所には、人的・財政的資源の不足や支援能力のばらつきがあり、自立支援協議会がどれぐらい機能しているかによって相談できる事業所の数に限りがあること等の課題が指摘され、一方、定着については（「入口支援」をも含み得る）相談支援事業の内容・対象の不明確さ、そのことに起因する相談支援事業での負担や実績の評価がなされにくいこと等が課題として挙げられている。短期的・中期的には、地域ごとのネットワーク構築の特性にもよるため、相談支援事業における役割分化としてどれが最も適切であるのかは地域によって異なるものと思われるが、相談支援事業そのものの重要性・必要性に鑑みれば、事業所・定着いずれによるものであれ、当該事業として行われるべきであることが認められるものについては、実績として評価し、その業務に必要な人的・物的整備を行っていくべきであろう。

5 定着支援センターという事業主体のあり方

(1) 専門職養成・育成のあり方

本調査結果においては、定着をはじめとする福祉専門職が、福祉的ニーズのある犯罪をした人に関与したことで、その人間像や支援のあり方についての考え方に、かなり変化があったことが窺われる（質問22、23）。つまり、定着において実際に本人にかかわった結果、「犯罪＝本人（犯罪者）」という視点ではなく、福祉的ニーズを含めた様々な「本人の負因」が「犯罪という形で表出した」という視点が形成されているのである。（一部、もともとこうした視点を有していたという専門職も存在するものの）このような新たな視点が形成されることは、福祉が本人に関与する際、犯罪行為ではなく本人に着目することから当然に生じうる変化であろう。

既に資格を有している地域の専門職にとっても、このような変化を通した共通理解を持ってもらうことはきわめて重要である。本調査結果においては、受入先となりうる福祉事業者に、まずは最初の１ケースを引き受けてもらう

ことで受け入れの姿勢が変わることも指摘されていることから、その「最初の1ケース」の引き受けに繋がるための取組みが必要であろう。例えば、大阪府で定着を受託している「よりそいネットおおさか」や、国立のぞみの園では、既に受入経験のある事業者に勤務する人の声や、実際に支援を受けた人の声を聴く機会等を、研修やセミナーという形で設けている[12]。支援者による受入経験の共有のみならず、実際に支援を受けた当事者の声を聴くこと、また、実際に地域で生活している当事者の生活状況を知ってもらうことは、支援を経て本人が得た「成果」を目の当たりにすることであり、専門職の行う支援が本人にとって、また社会にとって、どのような意義を持ちうるのかを確認できる貴重な機会であるといえる。質問23で回答がなされた「やりがい」の観点から言っても、このような機会を設けることが、支援に取り組むきっかけになり得るのではないだろうか。

　その上で、今後、当該領域の専門職養成・育成（とりわけ実践の最初の段階）においては、①司法領域のクライエントに関する知識の習得とともに、②経験に基づくクライエントの人間像の変化を経験することも重要なのではないか。前述の「たまごの会」のような、実践との早期接触や実習機会の活用等が、②をもたらすものとして有効であると思われる。

(2) 定着受託法人の個性と地域福祉の強みに根差したネットワーク形成のあり方

(a) 定着の個性と地域の強みの多様性

　前述の通り、定着の受託母体の属性や各地域における福祉の強みはきわめて多様であることから、すべての定着において、ネットワークの構築方法は決して一様にはなりえない。たとえば、定着受託法人の大きさ、そのバックグラウンド、活動方針としてどのような価値を重視しているか、使える資源をどれだけ当初から有していたか等によって、事業開始当初にどの程度のネットワーク構築を必要としうるのかということ自体に差異がある。

　しかし、支援を行うクライエントの多様性やそれに伴う支援の選択肢の必要性に鑑みれば、どれほど大きな法人であっても、持続可能で、かつ支援の質を高めることのできるようなネットワークが拡大・強化されることが望ましい。また、そもそも刑事司法に関与する以前の支援の段階で、刑事司法に関わるような事態になり得ないような地域支援のあり方を追求していく上でも、ネットワーク構築はすべての定着にとって重要であるといえよう。

さらに、そのネットワークの拡大や強化の方法論については、地域の状況は異なっても相互に参照できる部分はあるであろう。まず、地域福祉をはじめとする社会資源として当該地域にどのようなものがあるのかを把握し、定着自身が関係性を作っていくためのアクションを起こすことが必要である。定着のみではそれが困難なのであれば、保護観察所をはじめとした公的機関を巻き込んでいくべきであり、むしろ、公的機関にはそこに協力していく義務があるものと言うべきであろう。

(b)　国及び自治体による定着事業に対する姿勢
　定着受託法人の属性・力量のばらつきがあることを前提として、果たして国や自治体には何ができるのであろうか。今次の調査でも、各自治体の姿勢や取り組みには温度差があり、定着との関係性構築のあり方もそれぞれであった。
　しかし、例えば今後、各定着間の格差を埋めていくために、国は何をするべきであるのか[13]。飽くまで各法人や自治体における地域福祉の強みを活かしながら、サービスにおける最低基準の設定と、そのための財政的基盤の確保や、支援手続の適正化、専門職養成のための研修支援を行うことは不可欠なのではないか。つまり、国や自治体が、定着事業を官による管理の下で画一化していくのではなく、その自律性を活かしていく形で下支えする体制を盤石にしていく必要があると思われる。

(3)　中期的展望における「入口支援」のあり方
　現行制度を前提とした場合、そもそも「入口支援」の意義として重要なことは何であるのか。それを実現するのはどのような主体であることが望ましいのか、またそれは継続可能なものであるのかを考える必要がある。「入口支援」の意義とそれに取り組む主体の適正性・持続可能性は密接に関連しているからである。
　現在の検察配置のSWが主体となって行っている調整、「入口支援」の多くは、緊急的な居住場所確保のための支援であり、本人の福祉的ニーズに総体的に対応するものには必ずしもなっていない。しかし、一部定着が行う「入口支援」には、今次の調査結果から、①もし実刑になったとしても（出所後含む）その後の支援に繋げていくことを前提として、本人の福祉的ニーズに応じた支援計画策定や支援を実施している場合と、②検察SWによる調整同

様、弁護人等の求めに応じて、ひとまず起訴や実刑を回避するために、一時的な居場所確保といった支援以上の射程を有していない、ということにならざるをえない場合とがありうることがわかる。①は、刑事司法に関与したことを契機として、本人の同意のもとに福祉が長期的に関わることも視野に入れた支援であるが、②は刑事司法手続の中での不起訴や減刑を得るための一時的措置でしかないとも捉えられる。ただし、「入口支援」を行う定着の多くは、①の観点で「入口支援」を行おうとしている。なぜなら、本人の生活の質の向上や権利擁護という観点からは、本来SWが行うべき支援の方向性として、当然①が想定されうるからである。

しかしながら、これは定着が純粋に福祉として本人にかかわるからこそ可能となる姿勢である。刑事司法手続における処分判断と直接関連せず、また手続から解放された後にも、本人に権利制約なく関与し続けることを想定できるからこそ、「入口」の段階であっても本人への支援を構想できるのである。とりわけ、刑事司法制度に何度も関与せざるをえないような状況にある人にとって、かような考え方に立った支援は不可欠である。

次項の通り、長期的には「出口」と「入口」という概念から脱し、本人の生活支援として純化していくためには、現行の「入口支援」においても、刑事司法手続における処分とは離れた支援のあり方を確立していくべきであろう。[14]

(4) 定着の果たすべき役割とその長期的展望──「入口」と「出口」という概念を超えて

前項の通り、地域で生活する犯罪をした人への支援は、本来地域福祉が担うべきであり、定着という事業主体について「長期的には解消すべき」との声がある（3．その他）。また、定着を存続するとすれば、その基盤をいかに確保していくのかも問題となりうる。

実際のところ、「出口支援」を主として、現状においては定着が介在しなければ支援できないクライエントは確かに存在するであろう。地域福祉における当該領域のクライエントに対する理解は、この間一定進んだとはいえ、支援理念や方法論の共有の不十分さ等から、定着を即時に解消できる状況にはないと思われる。

ただ、当該領域における支援体制について、中期的・長期的展望をもつ必要性はある。すなわち、中期的には、現行体制で各ケースに対応していくた

めのハブとして、定着が安定的に機能していくことを、財政的にも社会的にも確保する必要がある。そのための予算措置や、受託母体の選定のあり方については、これまで蓄積された実践知を損なうことのないよう、不安定な運用がなされるべきではない。

　その上で、長期的な視点に立つと、「定着解消論」は、福祉的ニーズを有する犯罪をした人について、生活困窮者支援等の一般福祉の中で対応していく可能性を考慮するものであり、支援の継続性や刑事司法に関与した人への支援の一般化の観点からは、望ましい方向性であるように思われる。つまり、医学的に障がいが認定できるか否か、高齢であるか否か等の基準によって各サービスの対象者を選別するのではなく、「生活において生きづらさを感じている人」が「生きる」ための支援をする、そのためのワンストップサービスが可能になることが、最終的に目指されるべき方向性なのではないか。そのような単一の窓口を通じて、個別の地域の福祉事業者に対する支援依頼を、本人のニーズに応じて並列的に行うことができるようになること、これが長期的には追求されるべき像であるように思われる[15]。そのような支援が可能になった時、もはや刑事司法の「入口」であるのか「出口」であるのかといった区別に意味はなく、地域における支援として統一的に観念することができるであろう。

6　むすびにかえて

　本調査では、定着事業を刑事政策的な「再犯防止」のための施策の一環と位置付け、その問題点を指摘する調査や、定着という事業形態における福祉サービスとしての利用実態等の調査ではなく、「刑事司法に関与した結果、今、目の前にいるクライエント」が、「社会の中で生きていくことを支援する」ということに日々尽力する、そういう定着の現場での取り組みを、①本人が自律的・継続的に「生きる」ことを支援するのに資する「よき実践」を構成しているものは何か、②上記①に繋がる持続的なネットワーク構築のために何が機能しうるのかを明らかにすることを目指した。それが、支援者及び本人にとって、本事業が意義あるものであることを示すことなのではないかと考えたからである。

　またそのことが、一見迂遠ではあっても、結果的には、社会福祉サービスそのものの発展や、刑事政策的に望ましい状況を社会にもたらすことにも繋

がるのではないか。そうした視点に立って調査・分析を行った。その視点について、今次の調査を通して確信を得たものと言わねばならない。

　今回の調査にあたって、業務多忙な中、全国29か所の定着職員の方々に快くご協力を戴き、非常に熱心にヒアリングに応じていただいた。ここで改めて心から御礼申し上げたい。定着でご尽力される皆様、そして地域における支援のあり方の今後にとって、本調査の結果がほんの少しでもお役に立てるものになれば幸いである。

1　厚生労働省「矯正施設退所者の地域生活定着支援（地域生活定着促進事業）」http://www.mhlw.go.jp/stf/seisakunitsuite/bunya/hukushi_kaigo/seikatsuhogo/kyouseishisetsu/index.html（最終アクセス日2018年1月15日）、一般社団法人全国地域生活定着支援センター協議会「地域生活定着支援センターに関すること」http://zenteikyo.org/（最終アクセス日2018年1月15日）。
2　いわゆる「司法と福祉の連携」開始当初の問題点については、森久智江「障害のある犯罪行為者への支援とソーシャル・インクルージョン」矯正・保護総合センター研究年報5号（2015年）58-63頁を参照。
3　本書・朴論文参照。
4　この点、刑事立法研究会「改訂・刑事拘禁法要綱案（2002年改訂）」第82（刑事立法研究会編『21世紀の刑事施設　グローバル・スタンダードと市民参加』（日本評論社、2003年）300頁以下）及び刑事立法研究会社会内処遇班「更生保護基本法要綱試案」（龍谷大学矯正・保護研究センター研究年報5号（2008年）112頁以下）においては、刑事施設内に配置されるSWは、各地方公共団体から派遣され、その育成や配置の義務を国及び地方公共団体が負うこととしている。定着が特調対象者を選別すべきか否かという点とも関連して、定着を解消して地域福祉に関与するSWを刑事施設に配置すべきかであるのかは、将来的に検討されるべき問題である。
5　伊豆丸剛史「地域生活定着支援センターと多機関連携（特集：刑務所出所者等の社会復帰支援と国民理解）」犯罪と非行180号（2015年）79-83頁。
6　長崎大学医学部生HP「長崎多職種連携たまごの会」http://nagasakimedstudent.wixsite.com/mysite/blank-25（最終閲覧日2018年1月15日）。同会の取組の意義を総体的に論じるものとして、吉田麻衣＝潮谷有二＝永田康浩＝奥村あすか＝宮野澄男「『長崎多職種連携・たまごの会』の形成・発展過程に関する一研究――社会保障制度における地域包括ケアを支える医療と福祉人材の養成に関する取り組み（その1）」純心人文研究23号（2017年）63-90頁。
7　「新たな"人材育成モデル"へ　医療と福祉の大学生ら連携『たまごの会』」長崎新聞2016年5月25日。「たまごの会」のFacebookページでは、これ以降も伊豆丸が複数回講師として招聘されており、活発な議論が行われた様子が伝えられている。
8　大村美保「地域生活支援に関する諸研究　障害福祉領域における実態調査から」生島浩編著『触法障害者の地域生活支援――その実践と課題』（金剛出版、2017年）68頁。
9　本書・木下論文参照。くわえて、現在は、それらの人が、一定カテゴリー化されて、刑事司法関係者から、時に「要・再犯予防」のラベルを付けられて、福祉の側に送り

10 アセスメントの基本的な考え方については、本書・森久（第3章）論文参照。
11 長期的には、相談支援事業そのものの新規性等、それが置かれた現状に鑑みて、このあたりのモデル論を詰めることも必要であろう。
12 一般社団法人よりそいネットおおさか「セミナー案内」http://yorisoi-osaka.jp/category/news/seminar/（最終アクセス日2018年1月15日）、独立行政法人国立重度知的障害者総合施設のぞみの園「養成・研修」http://www.nozomi.go.jp/training/index.html（最終アクセス日2018年1月15日）。いずれも、主に支援者を対象としたセミナーにおいて、刑事司法手続に関与した障がいのある人を当事者ゲストとして、その声を聴くという試みを行っている。
13 この点、国や地方公共団体が、犯罪をした人の社会復帰支援においていかなる責務を果たすべきかにつき、刑事立法研究会社会内処遇班・前掲注（4）第4では、「刑事手続に伴う弊害の除去」と「本人の社会復帰を促進するために必要な社会的援助の提供」、「民間の団体」や「個人の自立的な活動」の支援、これらの者との「連携協力」に努めるよう規定する。
14 その意味で、福祉的支援と刑事司法手続との関係がより密接にならざるを得ない条件付起訴猶予制度は、かような方向性に逆行するものといえる。
15 無論、こうした改革の方向性を実現することが現実的に可能となるには、福祉制度全体のグランドデザイン改革がなされることが必要となろう。日本の現行制度において、刑事司法に関与した人への社会復帰支援は、歴史的経緯も踏まえ、一般福祉とは異なる領域として観念されており、その生活上の現実的困難への対応のためには定着のような「窓口」を構想せざるを得ない状況にある。また、そもそも福祉制度それ自体が、障がい、高齢等、各々の（生物学的・医学的）属性に応じて支援領域が分化され、必ずしも個人が抱える現実的（社会的）困難の解消を中心に据えた支援にはなっていないのである。その意味で、本人が直面している困難への対応を行うものとして、福祉制度自体が再編されることがまずもって前提となろう。近時の障害者権利条約における「障害」や「人権」概念の解釈に照らせば、このような方向性は国際的にも妥当なものであると思われる。同条約による示唆と犯罪をした人への支援のあり方につき、森久智江「『犯罪行為者の社会復帰支援』から『人が「生きる」を支える』のために：障害者権利条約における人権概念と人権価値の転換による示唆（土井政和教授退職記念論文集）」法政研究84巻3号（2017年）751-780頁参照。

（もりひさ・ちえ）

執筆者一覧（論文掲載順）

○土井　政和（九州大学名誉教授）
○水藤　昌彦（山口県立大学社会福祉学部教授）
○森久　智江（立命館大学法学部教授）
　相澤　育郎（立命館大学立命館グローバル・イノベーション研究機構専門研究員）
○正木　祐史（静岡大学地域法実務実践センター教授）
　木下　大生（武蔵野大学人間科学部准教授／社会福祉士）
　本庄　　武（一橋大学大学院法学研究科教授）
　中村　悠人（東京経済大学現代法学部准教授）
　金澤　真理（大阪市立大学大学院法学研究科教授）
　渕野　貴生（立命館大学大学院法務研究科教授）
　高平　奇恵（東京経済大学現代法学部准教授／弁護士）
　原田　和明（中部学院大学通信教育部人間福祉学科非常勤講師／社会福祉士／精神保健福祉士）
　朴　　姫淑（旭川大学保健福祉学部准教授）
　髙橋　有紀（福島大学行政政策学類准教授）
　安田　恵美（國學院大學法学部准教授）
　丸山　泰弘（立正大学法学部准教授）
　武内　謙治（九州大学大学院法学研究院教授）
　井上　宜裕（九州大学大学院法学研究院教授）
　石田　侑矢（九州大学大学院法学府博士後期課程・日本学術振興会特別研究員（DC））
　田中　祥之（一橋大学大学院法学研究科博士後期課程）
　前田　忠弘（甲南大学法学部教授）
　西原　有希（九州大学大学院法学研究院協力研究員）
　崔　　鍾植（神戸学院大学法学部研究員）
　大塚英理子（愛知教育大学教育ガバナンス講座助教）

○編集委員

（2018年4月1日現在）

責任編集

土井　政和（どい・まさかず）
　九州大学名誉教授。専門は刑事政策。九州大学法学部助手、助教授、教授、同大学院法学研究院教授を経て、2018年3月末、同職を定年退職。権利論を基底に据えた犯罪行為者の社会復帰論とそれを支える処遇としての社会的援助を主張してきた。
　主な共著として、刑事立法研究会『非拘禁的措置と社会内処遇の課題と展望』（現代人文社、2012年）、刑事立法研究会『更生保護制度改革のゆくえ』（現代人文社、2007年）、クラウス・ラウベンタール（堀雄と共訳）『ドイツ行刑法』（矯正協会、2006年）などがある。

正木　祐史（まさき・ゆうし）
　静岡大学地域法実務実践センター教授。専門は少年法、刑事法。立教大学法学部助手、静岡大学人文学部助教授、同大学院法務研究科教授を経て、2016年4月より現職（法務研究科兼任）。少年司法手続・権利保障や、社会内処遇の法的規律の研究等に携わる。
　主な共著書に、交通法科学研究会編『危険運転致死傷罪の総合的研究——重罰化立法の検証』（日本評論社、2005年）、武内謙治編『少年事件の裁判員裁判』（現代人文社、2014年）など、共編著として、松田純＝江口昌克＝正木祐史編『ケースブック心理臨床の倫理と法』（知泉書館、2009年）。

水藤　昌彦（みずとう・まさひこ）
　山口県立大学社会福祉学部教授。専門は司法福祉、フォレンジック・ソーシャルワーク。2001年からビクトリア州政府ヒューマン・サービス省にて、障害のある犯罪行為者への対応などに関わる。その後、社会福祉法人北摂杉の子会、山口県立大学社会福祉学部准教授を経て、2017年より現職。独立行政法人国立のぞみの園参事を兼務。
　主な共著書に『司法福祉：罪を犯した人への支援の理論と実践〔第2版〕』（法律文化社、2017年）、『更生支援計画をつくる』（現代人文社、2016年）、『司法福祉を学ぶ』（ミネルヴァ書房、2013年）などがある。

森久　智江（もりひさ・ちえ）
　立命館大学法学部教授。専門は犯罪学、少年法、刑事訴訟法。九州大学大学院法学研究院助教、立命館大学法学部准教授を経て、2017年より現職。犯罪をした人の社会復帰と犯罪に向き合う社会のあり方について、修復的司法の観点から研究に取り組む。
　主な共著として、『司法の期待に福祉はどう応えるのか〜福祉の自立性と司法との連携〜』（独立行政法人国立重度知的障害者総合施設のぞみの園、2016年）、『非拘禁的措置と社会内処遇の課題と展望』（現代人文社、2012年）などがある。

「司法と福祉の連携」の展開と課題

2018年5月31日　第1版第1刷発行

編　　　者………刑事立法研究会
責任編集………土井政和・正木祐史・水藤昌彦・森久智江
発 行 人………成澤壽信
編 集 人………木野村香映・北井大輔
発 行 所………株式会社現代人文社
　　　　　　　　〒160-0004　東京都新宿区四谷2-10八ッ橋ビル7階
　　　　　　　　振替　00130-3-52366
　　　　　　　　電話　03-5379-0307(代表)
　　　　　　　　FAX 03-5379-5388
　　　　　　　　E-Mail henshu@genjin.jp(代表)／hanbai@genjin.jp(販売)
　　　　　　　　Web http://www.genjin.jp
発 売 所………株式会社大学図書
印 刷 所………株式会社ミツワ
装　　　幀………Malpu Design(宮崎萌美)

検印省略　Printed in Japan
ISBN978-4-87798-698-8 C3032
Ⓒ 2018 Keijirippo-Kenkyukai, Masakazu DOI, Yushi MASAKI, Masahiko MIZUTO, Chie MORIHISA

本書の一部あるいは全部を無断で複写・転載・転訳載などをすること、または磁気媒体等に入力することは、法律で認められた場合を除き、著作者および出版者の権利の侵害となりますので、これらの行為をする場合には、あらかじめ小社また編集者宛に承諾を求めてください。